普通高等教育人力资源管理专业系列教材

绩 效 管 理

第 2 版

主　编　颜世富

副主编　朱　丽　葛健婷

机 械 工 业 出 版 社

本书包括绩效管理的历史与发展、胜任力与绩效改进、绩效考评方法、绩效管理系统运转、绩效指标标准与权重设计、绩效考评质量分析、绩效考评结果应用、绩效风险管理等内容，并在书的最后给出了国家电网有限公司的综合性绩效管理案例。本书不仅对绩效管理的发展、绩效管理的概念、绩效管理系统、绩效考评方法等相关知识和工具进行了全面的阐述与介绍，而且针对绩效管理流程中的各个环节、各个步骤进行了具体分析，并对每一环节的具体操作方法进行了详细讲解，第八章还特别介绍了企业在实施绩效管理过程中可能存在的风险，提出了有效规避风险的建议和方法。

本书将国际化与本土化相结合，通过大量的图表和案例，生动、直观地展现了绩效管理的原理、操作方法与操作步骤。选编入本书的案例，基本都是根据第一手资料编写而成的。

本书既可以作为高等院校管理类专业本科生、学术型硕士研究生的教材，也可以作为 MBA、EMBA 和各类管理培训的教材，还可以供关心管理理论及其运用的人士参考。

图书在版编目（CIP）数据

绩效管理 / 颜世富主编 . —2 版 . —北京：机械工业出版社，2022.7（2023.1 重印）
普通高等教育人力资源管理专业系列教材
ISBN 978-7-111-71055-4

Ⅰ.①绩… Ⅱ.①颜… Ⅲ.①企业绩效 - 企业管理 - 高等学校 - 教材 Ⅳ.① F272.5

中国版本图书馆 CIP 数据核字（2022）第 107515 号

机械工业出版社（北京市百万庄大街 22 号　邮政编码 100037）
策划编辑：曹俊玲　　　　　　责任编辑：曹俊玲　何　洋
责任校对：樊钟英　王　延　　封面设计：张　静
责任印制：任维东
北京中兴印刷有限公司印刷
2023 年 1 月第 2 版第 2 次印刷
184mm×260mm · 25 印张 · 618 千字
标准书号：ISBN 978-7-111-71055-4
定价：78.00 元

电话服务	网络服务
客服电话：010-88361066	机　工　官　网：www.cmpbook.com
010-88379833	机　工　官　博：weibo.com/cmp1952
010-68326294	金　书　网：www.golden-book.com
封底无防伪标均为盗版	机工教育服务网：www.cmpedu.com

第 2 版前言

管理工作有很多抓手，绩效管理是最重要的抓手之一；管理工作有很多重点，绩效管理是重中之重；管理工作有很多难点，绩效管理是众多难点之一。

本书是 2014 年《绩效管理》第 1 版的修订版。感谢读者的厚爱，2014 年第 1 版出版以来，多次重印，除了一些大学、企业、培训机构选作教材外，一些从事管理工作的人士也大量使用。

绩效管理很重要，是管理工作的核心工作之一，尤其是企业管理，很多时候是以成败论英雄、以绩效定地位的。绩效管理是一门复杂的学问。什么是绩效？绩效的内容包括哪些方面？绩效考评的出发点和理念是什么？绩效考评和绩效管理有哪些区别？绩效考评应该使用哪些方法？考评指标和指标值什么时候确定？指标的权重如何确定，谁来确定，确定了之后是否可以调整？绩效管理应该由谁来牵头，由哪些部门来具体执行？绩效考评结果如何与工资调整、奖金计算、职务升迁挂钩？

2006 年，在中共中央组织部领导干部考评中心召集的平衡计分卡试点课题评审会议上，中国石油天然气集团有限公司（简称中国石油）一位从事绩效管理的资深人士感叹道："绩效管理工作，应付容易，做好艰难。"我自己从事近 20 年绩效管理的教学、培训和咨询，也深有同感。凡是做管理工作的人员，都在直接或间接地进行绩效管理，有的人明确具体地使用 MBO、KPI、BSC、OKR 等工具，有的人凭经验凭感觉排计划、定指标、做考评、将奖金与考评挂钩、考评后进行谈话等。

绩效考评、绩效管理是把双刃剑，运用得好，可以促进组织发展，提升组织绩效；使用不当，会给组织带来一些负面影响。是否需要开展绩效考评，如何开展绩效管理，从古至今都有争议。索尼（SONY）前常务董事、机器人研发负责人士井利忠（笔名"天外伺朗"）写过一篇文章《绩效主义毁了索尼》。这篇文章是 2006 年发表的，到 2021 年还有人在争论文章的观点。我个人的看法是，不是绩效考评、绩效管理让索尼当时走了下坡路，而是对绩效管理运用不当才出现了一些问题。索尼后来在管理上、技术上坚持创新，现在又成为一家优秀的公司。对于具体的绩效管理工具，国内外都有不同的观点。例如，对于平衡计分卡的态度，有的机构和个人达到了崇拜的地步，有的学者也提出了批评意见。马歇尔·迈耶（Marshall W. Meyer）2005 年出版的《绩效测量反思——超越平衡计分卡》一书，对平衡计分卡（BSC）等绩效考评工具存在的问题进行了批评，提出了基于活动的盈利能力分析（ABPA）方法，使企业能够同时追求客户端的客户差异与职能端的效率，把战略决策推进到客户层次来实现。

本书的内容尽量包含古今中外绩效管理的成果。例如，对于中国古代的绩效管理思想，我们认为也有许多现代应用价值：①一把手重视，皇帝亲自抓官员的绩效管理。绩效管理是一把手工程，领导不重视，只依靠人力资源等部门是难以做好绩效管理工作的。②专门设立绩效管理机构。③主观、定性考评为主，客观、定量为辅。④平时考评和任期考评相结合。

对官员的考评既有平时的抽查、述职、巡视等考评,又有任期比较全面、长期的考评等。考评周期比较长,有利于官员做长远打算,而不是搞短期的政绩工程。⑤重视考评结果的使用。通过考评官吏的德、才、勤、廉、功而定黜陟,决定升迁罢免。绩效考评如果不与职务升迁、收入增减联系起来,人们就不会加以重视。西方绩效考评指标从开始时对非量化指标的否定及对财务指标的热衷,发展到今日对主观评价和非财务指标重新加以重视,绩效管理的内涵更深刻、评价更加全面。本书积极吸收了西方绩效管理新理念、新成果,例如,专门增加了绩效改进的内容,在案例中对目标和关键绩效结果(OKR)等内容进行了介绍。

本书专门研究绩效管理和绩效考评。对于绩效管理的名称和内容,学术界基本上达成了一致,认为绩效管理是一个包括绩效计划、绩效实施与管理、绩效考评和绩效反馈的系统,但是对于绩效考评的名称和含义,有多种见解、多种提法。例如,把绩效考评称为绩效考核、绩效评估、业绩评价、效绩考核、业绩考核、绩效测评。关于绩效考评,在中共中央组织部下发的有关文件中一般用"考核评价","考核"与"评价"并用;在国务院国资委下发的文件中习惯使用"业绩考核";我国企业中一般习惯使用"业绩考核"或"绩效考核"。考核的意思是考查、审核,大家习惯说的"绩效考核",实际上既包括考查、审核,也包括评价的内容。另外,"考核"习惯与定量指标相对应,绩效考核评价的内容既包括定量指标,也包括定性指标,使用"考评"体现了绩效考核评价的全面性。所以,我们认为使用"绩效考评"更加全面、准确、科学。在本书的正文中,主要使用"绩效考评"的说法,绩效考评是对任职者的能力素质、工作过程和工作结果进行考查、审核和评估的过程;本书的案例中,为尊重企业的习惯用法,基本上都保留了"绩效考核"或"考核"的说法。

本书的最大亮点之一,是我们选用的案例基本上都是原创的。我们选用的国家电网、中国石油、中国建筑、中交集团、中国兵器工业集团有限公司、国投集团、东风集团、济南热力、宝钢不锈钢、IBM公司、英特尔公司等企业的案例,都是由这些企业的工作人员(或者曾就职的人员)单独编写,或者与我们一起编写完成的。所有案例中,我们重点对国家电网进行了深入研究,从总部到上海、浙江、山东、江苏、四川、宁夏、甘肃等省级公司,以及有关地市州县的供电公司,基层单位供电所、班组,都进行了调研。

细心的读者会发现,这些案例中,知名央企所占比例大。如今,我国国有企业在世界经济舞台上的影响力越来越大,2020年世界500强榜单上有48家央企和32家地方国企。对于国有企业的强大,不熟悉国企的人可能会简单地以为国企的强大主要靠政府扶持、靠垄断获取资源和市场,深入国有企业,我们会发现,国家电网、中国石油等国有企业的管理水平、技术创新等有些方面已经走在世界同行的前列,由跟跑变为领跑了。

大家从这些丰富的央企绩效管理案例中,既可以学习优秀企业如何引进、借鉴先进的绩效管理思想和做法,又可以学习优秀企业如何在引进、借鉴之后创新和超越,如何从跟跑者向引领者转变。我最近向一些外企、合资企业、民企的高管介绍了一些央企的管理模式、绩效管理等方面的情况,大家基本上都是先吃惊,后佩服。除了央企绩效管理案例外,我们编写的外资企业案例也值得大家深入探讨。

本书编写队伍由大学教师、咨询顾问和企业人士共同组成,强强联合。编写者所在的单位,如上海交通大学、北京大学、清华大学均是百年老校;案例涉及的单位,如国家电网、中国石油、中国建筑、中交集团、东风集团、中国兵器工业集团有限公司等,均是世界500强企业;上海慧圣咨询公司,为国家电网公司、中国石油、中国石化、中国宝武、东方航空、上汽集团、SAP 中国、FT-AMD（苏州通富超威）、利欧股份、海特高新、华海药业等企业的总部以及分子公司提供过 20 余年咨询与培训服务。我们这支编写队伍，可以说是"纵横交错、知行合一"的组合。

本书由上海交通大学工商管理专业博士研究生导师、心理与行为科学研究院双聘教授、上海慧圣咨询公司董事长颜世富担任主编，北京大学朱丽和上海慧圣咨询公司葛健婷担任副主编。具体参加编写的人员有：上海交通大学安泰经济与管理学院颜世富、杨君、张稚怡，北京大学国家发展研究院朱丽，上海交通大学东方管理研究中心倪英，清华大学经济与管理学院戚耀元，暨南大学管理学院徐洁，国家电网有限公司吕春泉、李峰、鞠宇平、邵红山、刘辉、李东伟，中国石油北京管理干部学院周文祥，中国石油北京销售分公司王婧，中国石油润滑油分公司闫好强，国家石油天然气管网集团有限公司王焕胜，国家投资集团杜晓宇，中国兵器工业集团李鹏、谌飞、徐余庆、马骁、陈明月，中国建筑集团李翔宇，中交集团林荣安，东风集团张有妮、陈君，IBM 公司张颖，上海慧圣咨询公司葛健婷、郭淞、陈霜晶、邓志文、严奉云、高雅琪。本书在编写过程中，上海交通大学安泰经济与管理学院研究生罗钊、危羽西、杨艺晨等做了一些协助性工作。

真诚感谢国务院国资委有关领导，以及上海交通大学安泰经济管理学院、上海慧圣咨询公司有关同事的帮助。

绩效管理工作是一项复杂的系统工程，涉及许多影响因素，本书肯定存在许多不足之处，敬请各位读者提出意见和修改建议，大家共同为绩效管理这门学问添砖加瓦。

主编联系电子邮箱：sfyan@sjtu.edu.cn。

颜世富
于上海交通大学安泰经济与管理学院主楼 18 楼

第1版前言

本书力图体现全面系统、融贯中西、科学实用的要求，对古今中外的绩效管理思想及新近的研究成果进行系统的收集、整理、归纳、提高和完善。

本书编写队伍由大学教师、经验丰富的绩效管理咨询顾问和绩效薪酬管理的实务人士共同组成，其中，上海交通大学安泰经济与管理学院工商管理专业博士研究生导师、东方管理研究中心主任、上海慧圣咨询公司董事长颜世富担任主编，上海慧圣咨询公司副总经理陈霜晶、上海交通大学安泰经济与管理学院博士马喜芳担任副主编。具体参加编写的人员有上海交通大学颜世富、张静抒、马喜芳，复旦大学蒋强，同济大学任浩，华东师范大学王锋，上海慧圣咨询公司陈霜晶、乔杨、黄碧兰、沈舒琪，上海慧正咨询公司龚尧甫，IBM公司张颖。本书的案例基本上都是由上海慧圣咨询公司的咨询案例和收集的案例改写而成的，上海慧圣咨询公司常务副总经理郭淞、总经理助理周小涛等人是其中某些咨询案例的项目经理。

编者从事绩效考评、绩效管理的教学与咨询工作已经有十几年时间，目前，除了企业重视绩效外，党政机关及事业单位几乎都在开展绩效考评工作了，这是管理工作的一大进步。虽然大家普遍觉得绩效考评、绩效管理重要，但真正把绩效管理工作做好的机构并不多。在中共中央组织部领导干部考评中心召开的平衡计分卡试点工作总结会议上，中国石油的一位领导感叹道："绩效管理应付容易，做好艰难。"

绩效管理工作复杂，考评理念不同、指标不同、指标的权重不同、指标值的处理方式不同、指标值的应用不同，都会出现明显不同的结果。下面来看两个真实案例。在一所知名大学里，一位教学水平和师风师德广受赞扬的教师，由于没有发表论文，到年近60岁去世时还仅仅是个讲师。这位教师的教学水平有口皆碑，他的课程在学生网上评教活动中，曾以罕见的满分居全校之首，很多学生称他为"碰到过的最好的老师"。他去世后，多位教师坦陈："我教课比他还差得远。"在另一所大学，一位25岁的年轻教师仅因在国外学术期刊上发表过多篇论文就被破格评为教授，其教龄竟未满一年。这两所大学的绩效管理体系都出现了明显的问题。高等院校会犯绩效管理的错误，其他企业、党政机关及事业单位在绩效管理工作中也存在很多问题。

咨询实践表明，在我国，许多企业之所以做不好绩效管理工作，关键在于它们的高层管理人员和人力资源管理人员缺乏绩效管理知识，不知道如何有效地开展这项工作。例如，一些董事长、总经理不知道当代绩效概念包括素质、行为和结果等内容，没有梳理公司战略就罗列了一大堆指标，没有认真地进行工作分析就进行考评，胡乱处理指标值、权重、考评分数等数据，没有把考评结果与薪酬挂钩，没有进行绩效反馈等。绩效管理是一个系统，如果按照系统观念来认真开展绩效管理，肯定能够取得良好的效果。例如，中国石油宁夏石化公司通过构建科学的绩效管理体系，使整个公司的管理水平明显上了一个台阶，公司的绩效明显提升。

学习一门学科，熟悉它的发展历史，了解它的来龙去脉，有助于全面、系统地理解学政体系、掌握关键知识点。本书对中国和西方绩效管理思想做了概括介绍。中国古代有着丰富的绩效考评（考绩）思想，各朝代在考核标准、程序、等级评定和升降赏罚等方面各具特色。例如，管仲指出，考选人才应"赏有功之劳，封贤圣之德"；《吕氏春秋》提出了"八观六验"人才考评法；刘劭的《人物志》提出了"八观五验法"；董仲舒主张考绩要与奖惩措施密切挂钩，他在《春秋繁露·考功名》中针对考评等级提出了三级九等的方法；明代则已使用了强制分布法。

编者在编写本书过程中，参考了大量前贤的案例、思想和文字；本书中有些案例和内容也引用了部分优秀文献，我们竭尽所能地与这些文献的作者进行了联系，一些未能取得联系的作者，请见书后速与我们联系，以便我们支付相应的报酬。对这些文献的作者，我们再次表示诚挚的谢意！

越是学习思考，越是深入管理实践，就越感受到绩效管理的复杂、高深。真诚希望读者对我们编写的这本《绩效管理》提出宝贵意见与建议，大家共同为丰富和发展绩效管理学科做贡献。

主编联系电子邮箱：sfyan@sjtu.edu.cn。

颜世富

目录

第 2 版前言
第 1 版前言
第一章　绩效管理的历史与发展 ··· 1
　　本章要点 ·· 1
　　导入案例　大禹治水与国网四川绵阳供电公司的抗洪抢修 ·························· 1
　　第一节　中国古代的绩效管理思想 ··· 4
　　第二节　中华人民共和国成立后的绩效管理发展历程 ······························· 13
　　第三节　西方绩效管理的发展历程 ··· 18
　　第四节　绩效管理的相关概念 ··· 27
　　第五节　影响员工绩效的因素 ··· 38
　　关键词 ·· 43
　　思考题 ·· 43
　　案例分析讨论　东风集团绩效管理体系的实践与创新 ····························· 44

第二章　胜任力与绩效改进 ··· 53
　　本章要点 ·· 53
　　导入案例　济南热力提升组织资本取得高绩效 ······································· 53
　　第一节　胜任力的相关概念 ··· 56
　　第二节　胜任力对绩效管理的作用 ··· 66
　　第三节　建立胜任力模型的方法 ·· 73
　　第四节　胜任力评估 ·· 80
　　第五节　绩效改进 ··· 90
　　关键词 ·· 99
　　思考题 ·· 99
　　案例分析讨论　宝钢不锈钢公司建立胜任力模型 ··································· 99

第三章　绩效考评方法 ·· 105
　　本章要点 ·· 105
　　导入案例　国网浙江电力综合应用绩效考核方法 ··································· 105
　　第一节　传统绩效考评方法 ··· 109
　　第二节　财务绩效评估法 ·· 126
　　第三节　关键绩效指标法 ·· 129
　　第四节　平衡计分卡 ··· 146

  第五节 绩效棱柱 …………………………………………………………… 163
  关键词 ……………………………………………………………………… 166
  思考题 ……………………………………………………………………… 167
  案例分析讨论 平衡计分卡在中国石油的战略实践 …………………… 167

第四章 绩效管理系统运转 ……………………………………………………… 176
  本章要点 …………………………………………………………………… 176
  导入案例 中交集团科学打造差异化考核体系 ………………………… 176
  第一节 绩效管理系统 …………………………………………………… 182
  第二节 绩效计划 ………………………………………………………… 187
  第三节 绩效指标体系设计 ……………………………………………… 192
  第四节 绩效考评 ………………………………………………………… 201
  第五节 绩效反馈面谈 …………………………………………………… 211
  第六节 绩效考评的保障 ……………………………………………………… 216
  关键词 ……………………………………………………………………… 227
  思考题 ……………………………………………………………………… 227
  案例分析讨论 中国兵器工业集团有限公司差异化绩效考核探索实践 ………… 227

第五章 绩效指标标准与权重设计 …………………………………………………… 237
  本章要点 …………………………………………………………………… 237
  导入案例 国网上海市南供电公司的指标责任分解 …………………… 237
  第一节 绩效指标标准概述 ……………………………………………… 240
  第二节 绩效指标标准的设计 …………………………………………… 242
  第三节 绩效指标权重的设计 …………………………………………… 249
  关键词 ……………………………………………………………………… 259
  思考题 ……………………………………………………………………… 259
  案例分析讨论 国投分类考核引导高质量发展 ………………………… 259

第六章 绩效考评质量分析 ……………………………………………………… 263
  本章要点 …………………………………………………………………… 263
  导入案例 国网江西电力"3+1"体检式绩效诊断法 …………………… 263
  第一节 信度与效度 ……………………………………………………… 268
  第二节 信度系数与效度系数的计算 …………………………………… 276
  第三节 提高绩效考评质量的对策 ……………………………………… 283
  关键词 ……………………………………………………………………… 287
  思考题 ……………………………………………………………………… 287
  案例分析讨论 关于中澳合作"中国领导人才绩效评估体系研究"项目
  开展情况的报告 …………………………………………………………… 287

第七章 绩效考评结果应用 ……………………………………………………… 293
  本章要点 …………………………………………………………………… 293
  导入案例 IBM 公司基于绩效的激励措施 …………………………… 293
  第一节 绩效考评结果与激励机制的互动效应 ………………………… 295

第二节　绩效考评结果在经济性激励方面的应用·······299
第三节　绩效考评结果在非经济性激励方面的应用·······316
关键词·······323
思考题·······323
案例分析讨论　中国建筑以战略促增长、以业绩论英雄·······324

第八章　绩效风险管理·······328
本章要点·······328
导入案例　MSK公司绩效管理制度（节选）·······328
第一节　人力资源管理风险·······333
第二节　绩效管理风险·······338
第三节　绩效管理制度·······344
第四节　绩效管理系统配套建设·······350
关键词·······357
思考题·······357
案例分析讨论　OKR与英特尔的绩效管理·······357

第九章　综合案例：国家电网有限公司"全方位全动力"绩效管理体系·······364

参考文献·······383

第一章

绩效管理的历史与发展

本章要点

绩效管理是管理工作的核心内容之一,只要是有组织的劳动、生产、工作,就会有绩效考评和绩效管理。本章系统地介绍了中国古代绩效管理思想、中华人民共和国成立后的绩效管理发展历程,以及西方绩效管理发展历程,并对绩效管理的当代动态进行了介绍,同时对影响员工绩效的因素进行了分析,使读者对绩效管理的相关知识有框架性的认知,认识到绩效管理思想源远流长、内容丰富多彩。

导入案例

大禹治水与国网四川绵阳供电公司的抗洪抢修

2020年7月到8月,绵阳市北川县先后遭遇多轮暴雨密集侵袭,降水总量和降水强度达到极致,道路中断、电力中断、通信中断、房屋垮塌。北川作为2008年汶川"5·12"特大地震的极重灾区,暴雨诱发的地质灾害点多面广,受灾程度甚至超过了"5·12"地震。北川老县城北面有一隘口,明朝称为"旧关岭",现称为"曲山关",曲山关以西北是"关内",曲山关以东南是"关外"。"关内"地区因多山,公路多为盘山道路,雨季容易发生泥石流、山洪、坍方等地质灾害。8月暴雨过后,北川"关内"受灾严重,北川电网多处电线杆倒杆断线。北川境内3座35kV变电站、4条35kV线路、27条10kV线路受影响,1050个变压器台区停运,涉及停电户数23 890户,停电范围几乎涵盖全部乡镇的3/4。

灾情发生后,国网北川县供电公司领导及时安排抢修复电工作,党委书记和抢修复电突击队队员带着巡线工具和干粮,跋山涉水,开展线路故障特巡。除了国网北川县供电公司全力投入抗洪抢修外,国网绵阳供电公司统一安排部署下属单位齐心协力打好这场抢修攻坚战。8月23日,国网绵阳供电公司输电运检中心组成17人抢险突击队,奔赴北川开展抗洪抢修支援。出发前,中心领导班子强调所有作业一定要在保证安全的前提下进行,一切行动听从指挥,党员同志要率先垂范,安全完成抢险任务。8月24日,国网绵阳供电公司下属江油市供电公司召开应急援建北川抢险动员会,对驰援北川电网的人员和车辆安排、物资保障及安全保障等方面进行了部署,对抢险过程中的人身安全、交通安全、工作纪律等提出了要求,强调全员时刻绷紧安全弦、抢险不冒险,有序开展抢修,全力支援北川抢险,确保圆满完成任务。

如果运用素质、行为和结果这个绩效结构模型来分析上古传说中的大禹治水,可以发现,禹从素质上看,正德厚生、严于律己、兢兢业业、勤俭节约、公而忘私、三过家门而不入;从行为上看,翻山越岭、淌河过川、走遍各地,善于组织发动群众,召集百姓前来协助,他视察河道,并检讨、总结了鲧治水失败的原因和教训,改革治水方法,以疏导河川为主导,逢山开山,遇洼筑堤,以疏通水道利用水向低处流的自然趋势,疏通了九河,引洪水入海;结果是,经过13年治理,终于取得成功,消除了中原洪水泛滥的灾祸。当时对治水结果的处罚和奖励都很直接。据说尧命令禹的父亲鲧治水,鲧受命治理洪水水患,历时9年未能平息洪水灾祸而被杀头。而禹因为治水有功,人们为表达对禹的感激之情,尊称他为"大禹""神禹"。

禹之后的4000多年,国家电网是如何考核抗洪抢险期间下属单位及员工绩效表现的呢?

2020年8月,在国网绵阳市供电公司抗洪抢修阶段,上海交通大学组织与人力资源专业博士研究生导师、上海慧圣咨询公司董事长颜世富,与国家电网有限公司(简称国家电网)人力资源部领导、国网四川电力公司人力资源部门负责人、国网绵阳市供电公司人力资源部门负责人、国网北川县供电公司总经理及党委书记等,多次沟通、交流、讨论国家电网"全方位全动力绩效管理体系"在基层单位的实践运用,以及国家电网各级单位如何主动履行政治责任、经济责任和社会责任等。

按照国家电网绩效管理工作的分级管理原则,国网四川电力公司考核绵阳市供电公司,绵阳市供电公司考核北川县供电公司。国网绵阳市供电公司成立于1975年,是国网四川电力公司直属的企业,截至2020年年底,公司资产总额达1667亿元,年售电量2372亿kW•h,电网规模居全省电网前列,是绵阳市内最主要的电网规划、建设、运营和电力供应企业。国网绵阳市供电公司对北川县等供电公司重点考核经营效益、投入产出、市场竞争、内部营运等方面的指标,如表1-1所示。

表1-1　2020年国网绵阳市供电公司考核下属县供电公司指标体系

序　号	指　标　名　称
1	有效资产管理规范性
2	工程全过程精益管控
3	成本预算精益管控
4	运检重点任务指数
5	项目管理指数
6	可靠性指数
7	模拟利润
8	市场占有率
9	电费回收率
10	重点改革举措及重点工作完成情况
11	建设任务完成指标
12	获得电力指数
13	线损率
14	智能营销管理成效
15	计量、项目管理
16	停电计划完成率
17	员工绩效工资倍比

第一章 绩效管理的历史与发展

国网四川电力公司对下属地市供电公司的考核指标及目标值均在年初以签订业绩考核责任书的形式明确，严格执行过程管控和年度考核兑现。但是，发生新冠肺炎疫情、重大地质灾害等情况后如何考核呢？国网绵阳市供电公司人力资源部主任介绍，对每个单位下达的业绩指标目标值，主要根据上年指标完成情况以及各个单位不同的实际情况而确定，原则上绩效指标目标值下达之后不能更改，但若发生不可抗力引起的突发重大事件，可以申请调整考核指标目标值，报绩效管理委员会审核通过执行。同时，公司有业绩考核特殊事项清单制度，对各单位抢险救灾、政治保电、扶贫攻坚等履行政治责任、社会责任的事项，在考核时予以合理还原，指标牵头部门会研究提出特殊事项考核意见。

国网绵阳市供电公司考核国网北川县供电公司的指标，来源于国网四川电力公司下达的指标。省公司对各单位的考核指标目标值和指标权重，因下属公司业务性质、规模的不同而有所区别。国网四川电力公司统筹全省地市级供电企业内外部特点差异，将考核指标设计为效益贡献型、管理提升型和综合发展型三种方案，供基层自主选择申报，分别侧重于经营效益、内部运营管理和均衡发展三方面的考核权重，如表1-2所示。

表1-2　2020年国网四川电力公司基层单位企业业绩考核指标体系

序　号	考核指标
一、经营效益指标	
1	模拟利润
2	资产投入产出效率
3	工程资产与可控成本管理
4	电费回收率
二、运营效率指标	
5	职工劳动生产率
6	发展投资效率
7	电网优质运行指数
8	线损率
三、市场服务指标	
9	市场占有率
10	获得电力指数
11	电网运行安全与经济调度
四、创新成长指标	
12	科技创新与数字化发展指数
13	改革创新目标实现率

国网四川电力公司所属22家地市供电企业均可结合自身优势，选择有针对性的方案和灵活组合指标权重进行申报，对于申报方案与战略定位偏差较大的单位，采取双向沟通的方式协商确定最终方案。这三种方案体现了不同的发展模式。例如，成都供电公司经营效益较好、售电量增长较快，可以选择效益贡献型；南充市大工业售电量占比不大，主要依靠居民用电量提升，但是企业管理能力和成效显著，则南充供电公司可以选择管理提升型；德阳供电公司两方面都较好，就可以选择综合发展型。

国网四川电力公司基于互动式目标约定的差异化业绩考核奖惩机制的建立，在联合基数法理论（HU理论）之上，通过自主申报，倒逼基层单位提高其对内部资源的整合、管理能力，提升目标值预测的准确率；通过弹性奖惩，激发基层单位的内生动力，在兼顾发展需求和机会公平的基础上，激励各级单位持续提质创效、贡献业绩，形成了从考核激励端施加压力、在经营管理端形成动力的良好局面。

若说绩效考核是面子，薪酬分配就是里子，各单位都希望将里子和面子结合起来，既要绩效考核排名靠前，又要让工资总额随着绩效提升而增长。国网四川电力公司将供电公司的绩效考核排名绝对值及同比升降值均纳入其增量工资总额核算，工资收入与绩效考核结果挂钩以后，大家意识到工资是自己挣出来的，有效激发了工作积极性。

（资料来源：上海慧圣咨询公司数据库。）

上面这个案例反映了绩效管理的重要性和复杂性：绩效考评十分重要，在古代，甚至可以用绩效考评结果决定人的生死，如禹的父亲鲧就是因为治水没有成功被处死的。那么，绩效考评的出发点和理念是什么？什么是绩效，绩效的内容包括哪些方面？绩效考评和绩效管理有哪些区别？考评指标和指标值什么时候确定，谁来确定，确定了之后是否可以调整？绩效管理应该由谁来牵头，由哪些部门来具体执行？

绩效（performance），有些机构和个人又称之为业绩、效绩，这里统称为绩效。也许大家对绩效和绩效管理这两个概念不陌生，但是对它们有正确理解的人并不多，能够正确进行绩效管理的机构更少。虽然绩效管理是人力资源管理乃至整个企业管理的核心工作之一，但是在现实工作中，由于各种各样的原因，有些组织的绩效考评、绩效管理往往流于形式。因此，正确认识绩效管理中存在的问题，积极寻求建立有效的绩效管理体系的方法，对于每个组织来说都具有十分重要的意义。本章主要介绍绩效管理的历史、绩效及绩效管理的概念以及绩效管理的意义。

第一节　中国古代的绩效管理思想

绩效考评，在我国古代称为"考绩""考课""考核""考查""考成""考满"等。我国古代有着丰富的绩效管理思想，历代帝王重视考绩，以此奖优罚劣、进贤退拙，所以它源远流长、相承不辍。苏洵在《上皇帝书》中说："夫有官必有课，有课必有赏罚。有官而无课，是无官也；有课而无赏罚，是无课也。"这里的"课"就是考评的意思。苏洵建议，有官员，就必须进行考评；有考评，就必须配套相应的奖惩制度。虽然我国古代探讨和实施的考绩多是针对官吏而言的，但是这些思想对于企业的绩效管理同样具有启发意义。

一、先秦时期的绩效管理思想

据《尚书》《史记》等著作记载，尧舜禹就使用了考绩之法，以奖勤罚懒、扬善抑恶、进贤退拙。尧选舜做接班人，就是重复考绩、长期评估的结果。《尚书·舜典》记载："帝曰：'格！汝舜。询事考言，乃言底可绩，三载。汝陟帝位。'"舜也以考绩驭才，他设12牧分管政事，委任22人为主管，并以考绩之法来定奖罚和留退。"帝曰：'咨！汝二十有二人，钦哉！惟时亮天功。'三载考绩，三考，黜陟幽明，庶绩咸熙。"（《虞书·舜典》）这里提及的"三岁一考功，三考绌陟"（《史记·五帝本纪》）考绩办法，在其他史料中也有记载。由此可知尧舜的考绩方法，其时间是3年一考，以3次考绩来决定黜陟，即9年为一循环，期满后再进行奖罚、黜陟。考绩逐步依秩而行。如舜考12牧，而12牧再考其下属。此时考绩的执行很严格，12牧依时令、顺天理、勤耕作，成绩卓著，被屡次奖励；而鲧治水9年而无成，被舜杀于羽山。

尧舜禹时代的考评注重实绩，坚持"明试以功"的考绩观。"明试以功"就是实际考察成绩的意思。如在《尧典》《舜典》中都有记载，尧不因为众人一致推举舜而马上让其接替帝位，而是把最亲近的两个女儿嫁给他，近距离、长时间地考察舜的德行；又让他"慎徽五典"，结果是"五典克从"；让他"纳于百揆"，结果是"百揆时叙"；让他"宾于四门"，结果是"四门穆穆"；让他"纳于大麓"，结果是"烈风雷雨弗迷"。经过长达三年的"询事考言"，尧才确信舜的德行才能，而扶持其"陟帝位"。舜对四方诸侯的考察也是如此："五载一巡守，群后四朝。敷奏以言，明试以功，车服以庸""三载考绩，三考，黜陟幽明"。上古考绩的特点是：注重人的社会名声，更注重其实绩；不仅注重实绩，而且要动态地考察。如禹虽然已有实践经验和政绩，但舜还是要对他进行实际工作考察，所以派他去治水。直到治理水患取得了巨大成就，得到了人们的称赞和爱戴，禹才正式接替了舜。除此之外，部落联盟大酋长和其他首领的选用也是如此。

周代在承袭先前考绩制度的基础上，进行了合理的改革。周吸取鲧因治水不力而被杀且无益于治水的教训，规定"三岁而小考其功"，即3年进行一次小考，政绩好的就转为正式使用，不好的就降职或罢免；"九岁而大考有功"，即9年进行一次大考，对有功者进行奖赏，对不称职者给予惩罚。周实行"小考"与"大考"，并把考绩与试官结合起来，更便于及时发现并罢免不称职者，降低了鲧的悲剧重演的可能性。于国于民以及对被考者而言，这样的改革都是十分必要且有利的。

《周礼》是重要的先秦典籍之一，包涵着丰富的官吏考评内容，是研究先秦官吏考评制度不可或缺的资料。该书对若干官吏考评制度进行了较为系统的探讨。《周礼》所述官吏考评的范围非常广泛，涵盖了各级行政组织。其中有很多官吏负有考评职能，六官系统内的各分属长官对其属官往往具有直接考评之责。考评主司的设置呈现出层次性，最下层的考评主司为六官系统内部各分属长官，更上一层考评主司为六官系统长官，最上一层考评主司为太宰、小宰等官吏。随着考评层次的不断上升，其考评范围逐渐扩大，考评的重要性也逐渐加强。这种层级考评主司的设置使考评形成了一个较为完整的体系，复杂的考评职事得以顺利开展。

《周礼》中的考评标准也已经比较完备和成熟。例如，官计涉及官吏考评标准问题。郑玄曰："官计，谓小宰之六计，所以断群吏之治。"（（清）阮元校刻《周礼注疏》，《十三经注疏》本）官计，即考察官对吏员的监督考课，使人知勉励而不敢怠慢。"六计"是对政府官员的考察：一曰廉善，考其是否德行有闻、品行端正；二曰廉能，考其是否才干出众、力能胜任；三曰廉敬，考其是否恭敬小心、勤恳谨慎；四曰廉正，考其是否刚正忠直、清廉不染；五曰廉法，考其是否依法治事、守法不失；六曰廉辩，考其是否临事不疑、明察善断。可以看出，后世的"德、能、勤、绩、廉"考评标准，在《周礼》中已经基本具备。德、能已明确指出，小宰之"敬"已含有勤的含义，而司士之"功"则相当于后世的绩。

《周礼》所述考评时间主要分为短期考评、年终考评以及三年期考评三种。考评方式有文书考评、察访考评、巡狩朝觐考评三种。其中，巡守朝觐考评仅是针对诸侯国国君而言的，文书考评是最主要的考评方式。《周礼》所述六官系统官吏众多，由于官吏职责各异，因此对其考评的内容也有很大差异。《周礼》中官吏的考评内容与太宰八法的官职联系密切，从某种程度上来看是官职决定了官吏的考评内容。考评结果影响爵位的升降、俸禄的增减。对于一些在官府中任职的小吏，即府、史等，他们没有官爵和俸禄，给予他们的待遇称为"稍食"。考评后，往往要对其稍食数量进行增减。如《周礼·天官冢宰·亨人/兽医》云："岁终，则稽其医事，以制其食。"其意为通过考评医者的医疗成绩来决定其稍食数量。除以上奖惩措施外，较为严厉的惩罚措施是对官吏处以刑罚。《周礼·天官冢宰·宰夫》云："凡失财用物辟名者，以官刑诏冢宰而诛之。"其意为凡钱粮财物使用失当，以及做假账的，就要根据官刑报告冢宰（官名）对其处以刑罚。

《管子·霸言》指出，考选人才应"赏有功之劳""封贤圣之德"。可见，管仲对人才的评价，既看重素质高低，又看重在实际工作中是否"有功"。《管子·立政》主张："君之所审者三：一曰德不当其位；二曰功不当其禄；三曰能不当其官。"这里管仲将德、功、能列为君主考评官吏的三大标准，并称之为治理国家的"三本"。《管子·山权数》中高度重视赏罚在国家治理中的地位："恶恶乎来刑，善善乎来荣，戒也。此之谓国戒。"赏罚是规范吏治的措施。要实现国家各级官吏奉公守法，不能仅仅依靠其个人的品德，更为重要的是建立健全完备的奖惩机制。对于各级官吏，国家法度对其行为要进行约束与限定："有善者，赏之以列爵之尊、田地之厚""有过者，罚之以废亡之辱、僇死之刑"。（《管子·君臣上》）赏罚必须公正，赏罚不公就会削弱民众对国家法度的信任，并且模糊民众的行为准则，日久必然产生祸患。要保证赏罚的法源依据是国家法度，就必须杜绝以喜、怒、爱、恶定赏罚："喜无以赏，怒无以杀；喜以赏，怒以杀，怨乃起，令乃废。"（《管子·版法》）国家管理的制度，必须从正向的调整机制激励与反向的调整机制惩戒两个方面共同调节社会行为。就正向的调整机制激励而言，法具有论功计劳的激励功能："论功计劳，未尝失法律也。"（《管子·七法》）"论功计劳"是绩效考评和奖惩的重要原则。

春秋时期的孔子不仅从多个角度提出评价人的依据，而且提出自己考评人的方法。人的德行、性格不容易识别，孔子重视行为、过程的观察与考评。他认为，考评人不能只是"听其言"，还要"观其行"，即"视其所以，观其所由，察其所安"。只有将"听言"与"观行"结合起来，并长期考察，才能正确地评价一个人。

战国时期，一些思想家专门就考绩理论进行了研究。荀子认为要设立"相"一职主管考绩："相者，论列百官之长，要百事之听，以饰朝廷臣下百吏之分，度其功劳，论其庆赏，岁终奉其成功以效于君。当则可，不可则废。"（《荀子·王霸》）也就是主张相的职责是考评百官，规定职分，计功行赏，年终向君主述职。

战国时期对官吏的年终考评已经普遍形成一种制度，当时最主要的考绩方法称为"上计"。上，即向上级汇报；所谓"计"，就是计书、计算、计账、计簿，即统计的簿册。上计的范围比较广，包括仓库存粮数字、垦田和赋税数目、户口统计、治安情况及监狱犯人数目等。每年年初，重要部门的主管官吏和地方主管官吏把各种预算写在木卷上交给国君，由国君派人将木卷剖分为二，国君执右卷，官吏执左卷，年终由国君执右卷进行查核。这就是"上计"。高级官员对下级官吏也主要根据这种思路进行考评。

二、秦汉时期的绩效管理思想

公元前221年，秦国统一天下。法家的绩效管理思想在秦国发展壮大过程中发挥了重要影响，在《商君书》和《韩非子》这两部法家经典著作中，"功"字的使用频率非常高，其中《商君书》达53次，《韩非子》达260次。"事功"或者说绩效理念得到了商鞅、韩非的高度重视。秦自商鞅变法之后，历代君主均崇法家之说。孝公时，商鞅废采邑而为县，废井田，听民自由买卖，设军功之制，"宗室非有军功，论不得为属籍"。秦之富国强兵，亦循商鞅之言，采农战政策，经过数世的经营，果然"益强富厚，轻诸侯"。商鞅设计的军功爵位制共分20级，分别为：一级公士，二上造，三簪袅，四不更，五大夫，六官大夫，七公大夫，八公乘，九五大夫，十左庶长，十一右庶长，十二左更，十三中更，十四右更，十五少上造，十六大上造（大良造），十七驷车庶长，十八大庶长，十九关内侯，二十彻侯。军功授爵制度规定：秦国的士兵只要斩获敌人"甲士"（敌军的军官）一个首级，就可以获得一级爵位"公士"、田一顷、宅一处和仆人一个。斩获的首级越多，获得的爵位就越高。奖赏的证据就是敌人的首级，就是说在战后把敌人的首级砍下来带回军营，作为证据。如果一个士兵在战场上斩获两个敌人"甲士"的首级，他做囚犯的父母就可以立即释放，如果他的妻子是奴隶，也可以转为平民；杀五个敌人"甲士"可拥有五户人的仆人；打一次胜仗，小官升一级，大官升三级。在军中，爵位高低不同，每顿吃的饭菜都不一样：三级爵（簪袅）有精米一斗、酱半升、菜羹一盘；二级爵位"上造"只能吃粗米；没有爵位的普通士兵能填饱肚子就不错了。军功爵是可以传子的，如果父亲战死疆场，他的功劳可以记在儿子头上。一人获得军功，全家都可以受益。当爵位到五大夫时，可衣食300户的租税；如果军功杰出，衣食600户的租税，可以养士（自己的家臣与武士）。商鞅设计的按功行赏的军功授爵制度，大大调动了士兵的积极性，提高了军队的战斗力。

秦朝建立后，继承了上计制度，构成了中央到地方的县上计于郡、郡上计于中央的系统，在内容上以"五善五失"作为考评标准。"五善"为"一曰忠信敬上；二曰清廉毋谤；三曰举事审当；四曰喜为善行；五曰恭敬多让"。

汉承秦制，两汉时的官吏考评制度主要是课计制，即考课和上计。其中，上计是指地方各州、郡长官向中央汇报自己的政绩；考课则是指上级有关机构根据上计的政绩对下级官吏进行考评。考课与上计是考评系统中同时进行的方向相反的两个流程。西汉时期对官吏的考课主要有上计制度、监察制度和选举考课合一的仕进制度。上计制度着重考绩，以赏为主；监察制度着重考失，以罚为主；而选举考课合一的仕进制度着重考能，以晋升为主。三者结合为一个整体，加之比较固定的程序规则和机构，维系着当时的官僚体系。

汉代郡、县平时都有工作记录，县为集簿，郡为计簿。秋冬岁尽，各县将户数增减、农田垦殖、社会安定状况等上计于郡；郡再加以汇编，上报丞相、御史两府；丞相府分管中央机构和地方郡国首相的考评，御史府负责核实被考评官吏的政绩的虚实；最后"集其成上于天子，天子常于正月旦朝贺时，接受上计"。《说文》把考课之"课"解释为"试也"，注曰："《汉书》之考课是也。"有现在所说的考试、检查、考评之意。一般是每年一小考，称为常课，仅作为对官吏的评判；三年一大考，称为大课，常作为升迁的依据。西汉初年是由郡守考课县吏，丞相、御史考课九卿及郡国守相。各州、郡对其所属县的考评结束后，汇集各县情况编制计簿，由上计吏送达中央。西汉末年至东汉，尚书台逐步发展起来，位高权重。此时的考课虽名义上由三公负责，但实际上尚书台下设的三公曹掌握了上计考课的实权。汉代评定政绩的方法，或评分，或定等，或"功劳案"，都存在一种"量化"的趋向。垦田、户口、狱讼等都是通过数量反映出来的，而不能用数量表示的其他行政事务，也通过一定的标准换算成分数。这就使不同官吏的政绩具有可比性。

董仲舒主张考绩要与奖惩措施密切挂钩。他在《春秋繁露·考功名第二十一》中对官吏考评提出了以下原则："有功者赏，有罪者罚。功盛者赏显，罪多者罚重。不能致功，虽有贤名，不予之赏；官职不废，虽有愚名，不加之罚。赏罚用于实，不用于名；贤愚在于质，不在于文。"他还针对考评等级提出了三级九等的方法，即在上、中、下三级中，每级内再分上、中、下三等，如上上、上中、上下，这样就一共有九等了。

考绩升迁主要有三种情况：尤异、超迁和增秩。官吏考课，政绩最好的称为"尤异"。考课获"尤异"评价的往往获得升迁。《汉书·赵广汉传》曰："察廉为阳翟令。以治行尤异，迁京辅都尉，守京兆尹。"《后汉书·杜诗传》曰："拜成皋令，视事三岁，举政尤异。再迁为沛郡都尉，转汝南都尉，所在称治。"汉代对政绩才能超群或政绩卓著的人才，往往会越级提拔或快速擢升，这种现象称为超迁。考课优等的奖励可以是升迁，也可以是留任原职、增秩赐金。

东汉时期，考绩理论得到较大发展。思想家王符认为，官吏是国家各项法令制度的具体执行者，要使各项法令制度得到较好的实施，就必须"治吏"，而实现"治吏"的主要手段就是考绩。只有考绩，才能分清贤愚忠奸，这直接关系到国家的安危治乱。对于如何进行考评，王符认为要以其名而考其实，"官无废职、位无非人""名理者必效于实"，不同的官吏要有不同的"实"去考评。他提出了对从守相令到三公九卿等高级官员考评的不同标准。为了防止考评工作一般化，他还提出考评重点要放在将相权臣和"言不忠行"者五种人身上，通过考评，以其功绩决定其进退，"赏有功，黜不肖"（《潜夫论·考绩》）。

两汉时期的考评在程序化、规范化等方面较秦代都有所发展，并形成了一定的规模，考评的内容和组织机构也更加严密，成为一项重要的官吏管理制度。我国古代官吏的考评制度在此时基本确立，考绩日益规范化：①设专门考绩机构。考绩先由宗正后由吏部负责，下设宗师，主管官吏考绩黜陟之事。这是汉朝的独创，以后便沿传下来。②按职位高低和权力大小各主考课事务，形成层次分明、实效显著的考课方式。③以三年为考绩周期，即每三年考评官吏政绩而进行黜陟，缩短了考绩周期，便于发现人才。④将考课制度与监察制度相结合。这样既保证了考课的真实性，又为官吏的奖惩升降提供了可靠依据。在三年考绩的规定之外，皇帝或属臣随时派人对下属官吏进行考评，发现能者则擢升，遇到赃吏、贪官、失职或能力不及者，及时惩治。薛宣当年就是这样以很快的速度被提拔到丞相之位的。⑤考课采用会议形式，主考官提出各种问题，被考课官吏需据实回答，最后由主考官综合事先呈报的相关文书，定出等级，奖勤罚懒。这种公开评议的方式有效防止了通同作弊，从而保证了考课制度的公正合理。

三、三国两晋南北朝时期的绩效管理思想

三国两晋南北朝时期，曹魏刘劭受明帝之命制定官吏考课法七十二条，但是由于受当时条件所限，未能全部实施。晋朝考评郡县以五项内容为依据："一曰正身；二曰勤百姓；三曰抚孤寡；四曰敦本息末；五曰去人事。"北魏实行九品中正制，侧重根据考评结果对官吏分级分等使用。北周则以"清身心、敦教化、尽地利、擢贤民、恤狱讼、均赋役"六条作为考评内容。可见，这一时期已开始对官吏进行多角度的考评。

北魏道武帝至明元帝时期，虽然设置了各级地方官吏，但官员的素质比较低。中央初建了尚书台，但其时设时撤，考课并没有一个固定的机构来执行。北魏为了有效考评各级官

吏是否称职，派出大使巡行各地。道武帝时期的大使巡行，不仅重视对官员政绩的考评，而且非常注重官员的德行。其中，对政绩的考评主要包括官员任期内的农业（劝课农桑）、户口（流民归附）、学校教化（开建学校）等关系国计民生的内容。太武帝时期，官员考课制度处于草创时期，对官吏考课的方式主要有三种：皇帝行幸，吏民举告，州刺史、太守、县令层层考课。考课的对象主要是地方官吏，并第一次出现对中央官员进行考课。文成帝时期，地方官吏的考课制度初步形成。太安诏书具体规定了考课的内容，即农业、赋役、户口、法律、用人，成为以后考课地方官吏的标准。考课也由专人南部尚书来负责；考课的对象不仅包括在任的地方官吏，而且包括升迁或离任的官吏。这一时期的考课方式包括遣使巡行、皇帝亲巡、召民秀、计椽对问等，形式多样。考课的主要对象是地方官吏。孝文帝亲政后，考课正式确立为一种制度。此时，地方官吏的考课已有完备的令文，即每年年底，州镇长官"列牧守治状。及至再考，随其品第，以彰黜陟"。

宣武帝时期，考课制度在各个方面更加完善。考课由专门的机构尚书考功曹负责，尚书考功郎中主持对百官的考课事宜。考功令规定了衡量官员治行的标准为三等九品；与之相对应的黜陟品级也由孝文帝时期的三等七品变成了三等九品。考课令文日趋完善，出现了景明考格、正始考格、延昌元年考格、延昌三年考格等几种考格。

四、唐代的绩效管理思想

考课到唐代得到进一步完善，其中唐太宗做出了极大的贡献。唐太宗委任吏部主管文武百官的考课，下设考功郎中、员外郎，分别对朝廷内的京官和京都外的外官进行考课。唐制规定，官吏无论职位高低、出身门第如何，都要经过考评。每年一小考，评定被考评者的等级；三至五年一大考，综合考评这几年的政绩以决定升降与奖惩。官吏考评由专门的机构——下属于尚书省的吏部考功司负责，这是历史上首次出现专门的考评管理机构。年终集中考评的时候，另从京官中选派两名威望高者分别主管京官和外官考评；又设给事中、中书舍人各一人，分别监督京官和外官考评，称为监中外官考使。考功郎中掌判京官考评，员外郎掌判外官考评。

在唐代，官吏分为流内和流外两类，对官吏进行分层分类管理，对重点工作进行重点考评。将官员按照官职大小分为"职事官"（一至九品）和"流外官"（无品秩），相当于现代的高层管理者和基层管理者。通过职能分类的方法，化繁为简，为名目繁多、职责各异的职事官制定了统一、明确的评价标准。其中，流内分九品，每品有副，自四品以下，每品分为上、中、下，共十二阶，从太师开始。流外是指九品以下的官吏，即流内以外的下级官吏。流外也有品级，考课优秀者可以进阶甚至递升到流内，即入流。唐代的考课对流内与流外也是有区别的。

概括来说，唐代在官员考课上不仅注重绩效（行），更注重能力素质（操守、才干、作风），并为所有职事官制定了统一的、固定的行为标准——"四善"（相当于当下流行的素质模型），即"德义有闻、清慎明著、公平可称、恪勤匪懈"。同时，将大小职事官按照职能类型划分为二十七类（《唐六典·尚书吏部》），并为每一类职能制定最优绩效标准（类似于现代人力资源绩效考评的行为锚定法），称为"二十七最"。例如，主管人员选拔官员的最高绩效标准为选贤任能、人尽其才（"铨衡人物，擢尽才良"）；主管司法断狱官员的最高绩效标准为及时断案、科学公正（"决断不滞，与夺合理"）；主管教学官员的最高绩效标准为因材施教、人才济济（"训导有方，生徒充业"）等。唐代流内官的考课内容，就是以这"四善"和"二十七最"为品德才干考核标准。

唐代对流内官依上述内容考课，将其分为三等九级。三等为上、中、下，而每等又有上、中、下三级，三等共九级：上上、上中、上下、中上、中中、中下、下上、下中、下下。具体评定是：一最以上有四善，为上上；一最以上有三善，或无最而有四善，为上中；一最以上有二善，或无最而有三善，为上下；一最以上有一善，或无最而有二善，为中上；一最以上而无善，或无最而有一善，为中中；职事粗理，善最皆无，为中下；爱憎任情，处断乖理，为下上；背公向私，职务废阙，为下中；居官谄诈，贪浊有状，为下下。对流外官的考课就要简单得多，主要考其行、能、功、过，分上、中、下、下下四等，即"清谨勤公，勘当明审为上；居官不怠，执事无私为中；不勤其职，数有愆犯为下；背公向私，贪浊有状为下下"。无论流内官还是流外官，皆依考课结果等级定黜陟。例如，无论流内流外之官，得中上以上等第者进一阶，加禄一季；得中中者，守本职本禄；得中下以下者降官一阶，夺禄一季。

由上述可见，唐代的考课方法是很细致、具体的，且奖罚严明，并收得了很好的效果。

五、宋金元时期的绩效管理思想

宋代基本上沿袭了唐代的考课制度，但在机构设置和权力分配上有所变化。宋朝初期，设审官院、考课院分别负责京朝官和地方官的考课事宜，并由御史台纠察监督百官。对于考评的时间，不仅继续保留每年一小考、三年一大考的做法，而且规定义官三年一任、武官五年一任。宋代对不同类别的官吏采用不同的考评指标体系：①京官三等考评法。宋代考评称为"磨勘"，即检查复核，以防止申报不实或奖惩升降不妥。②县令四善三最法。这是由唐代的"四善二十七最"演变而来的。其中，四善是德义有闻、清慎明著、公平可称、恪勤匪懈，与唐代相同。三最是"狱讼无冤，催科不扰为治事之最；农桑垦殖，水利兴修为劝课之最；屏除奸盗，人获安处，振恤困穷，不致流移为抚养之最"。根据善最的多少划分等次。③路、州"七事考"。宋代由监司负责路一级的转运使、提点刑狱使以及知州官员的考评。考评以"七事"为标准："一曰举官当否，二曰劝课桑农、增垦田畴，三曰户口增损，四曰兴利除害，五曰事失案察，六曰较正刑狱，七曰盗贼多寡。"宋代的考评制度——磨勘制以年资为重要依据，"凡内外官，计在官之日，满一岁为一考，三考为一任"。考评记录积累起来成为官吏的资历，任职期满后，根据对资历的审核决定其日后是否升迁。这种完全凭资历而非政绩的升迁，"不问其功而问其久"，以至"官以资则庸人并进"。这样，宋代的官吏考评制度基本是论资排辈晋升，使得官员大多因循守旧，不求有功，但求无过。宋代的人事制度由此开始走向保守。

金代的地方考课制度基本承袭隋唐，借鉴宋制，形成了独具特色的考课制度。金世宗重视职官的考评，曾诏御史台曰："自三公以下，官僚善恶邪正，当审察之。"（《金史·卷六·本纪第六·世宗上》）并且多次采取巡访的方式严格考评地方官员，如"大定间，数遣使者分道考察廉能，当时号为得人"。（《金史·卷一百一·列传第三十九》）大定癸卯春，"朝廷遣使察丞，簿中有政迹者擢县令"。（《金文最·卷七十三》）金代专职地方考课机构为吏部，兼职地方考课机构有御史台，司农司、行司农司、大司农司，提刑司，按察司等。金代地方职官考课制度经历了三个时期：太祖太宗时期为萌芽和初步确立时期；熙宗至世宗时期为形成和发展时期；章宗至金末为成熟及逐渐衰落时期。金代地方职官考课的标准主要有循资法、"四善十七最""六事县令法"。金代地方职官考课的方式主要有上奏法、询问法、记簿法、巡访法等。金代对地方职官考课进行处理与迁除，金代的地方职官考课制度具有与其他朝代不同的特点。金章宗于泰和四年"因辽、宋旧制"，在对"四善二十七最"进行修改和补充后，制定了独具特色的考评地方职官的"四善十七最"考课法，这是继唐后最详细的考课法。金代"四善"与唐代"四善"是一致的，是针对官员的品行操守方面提出的。"十七最"既有对"二十七最"的继承，如"决断不滞，与夺合理，为判事之最"，又有根据金代实际情况而进行的更改。例如，唐朝地处中原，"其二十曰耕耨以时，收获成课，为屯官之最"。而金代比较重视牧业，规定"二曰赋役均平，田野加辟，为牧民之最"。"四善十七最"是金代最详细并且成文的考课法，是对金代固有循资考课方法的一个改革，是金代正式颁布实行的较完备的考课制度。此时除"四善十七最"外，金代对地方县令以下也实行考课法，"夏四月丙申，诏定县令以下考课法"。（《金史·卷十二·本纪第十二·宣宗纪》）此考课法是对"四善十七最"的进一步补充，使地方职官考课制度更加完备。金宣宗十分注重对地方官员的考课，"严考核之法，能吏不乏"。（《金史·卷一百二十八·列传第六十六·循吏传》）在考绩方法上，建立行止簿、贴黄簿，并与铨选紧密结合的考课方式。这是金代的独创。行止簿、贴黄簿类似官员的档案。档案以姓为类，记载官员的政绩、资考等内容。这为金代考评地方官员提供了依据，也说明金代对官员管理的加强。

元代官吏考课方法有廉访与计月制两种。廉访是指每个道都设肃政廉访司，每司有肃政廉访使八人，二人留司掌握总的情况，其余六人分临所部巡查官员的功过优劣，所有民政钱粮等事均在考课之列。计月制是指根据职务规定其任职的期限。元代诸衙门及行省、宣慰司官，常例30个月为一考，三考为一任；外任官常例36个月为一考，三考为一任。官员的循年资升迁，到三品为止。三品以上由皇帝根据需要选拔任命，"不拘常调"。元代考绩不讲求治绩如何，单凭任官的时间长短以定等级高低，这实是循资考绩的方法。

六、明清时期的绩效管理思想

明朝建立后，明太祖朱元璋花大力气振兴考绩制度，也曾一度出现新的转机，对加强吏治有明显作用。明太祖很重视考绩，认为仁君要奖勤罚懒。明代考绩分为两部分：一为考察，二为考满。前者主要考臣吏的过失，后者主要考官吏的功劳。

明之考察，专察臣吏的不足，在规定时间里进行，且分京察和外察两种。考察内容主要有八个方面：贪、酷、浮躁、不及、老、病、罢、不谨。考察周期是京察京官为六年，在巳、亥年进行；外察外官为三年，在戌、丑、辰、未年进行。京官四品以上者，自陈过失，由皇帝裁决；五品以下者，由察官考察，写成文字，奏报皇帝。外察时，由州、县向府报、向布政司汇报考察情况，每三年一次巡抚、巡按通核其属事状，定出处理意见，连同材料上报，听候皇帝发落。根据几方面的考察情况，处理分为五等，内官外官相同：①致仕，即辞官回家，撤销俸禄；②降调，即降职调到别的地方为官；③闲居，即让其闲暇独处，不给官职且降低薪俸；④为民，即回归原籍，削职撤俸而为耕民；⑤贪污，即交法司依照规章进行办罪，并规定受过处分的人永不录用。

与考察相辅而行的是考满。明之考满，名目有三：称职、平常、不称职。根据对官吏政绩的考评，将被考者相应地分为三类，称职被列为上等，平常是中等，不称职为下等。考满为三年一考，三考为满，考满也与试官相结合，分三个步骤进行：首考发给凭证，称初考；二考六年，称再考；三考则九年，称通考。考满后，决定去留、转正和升降。诸部寺所属官吏，开始所授职务，必须经过三考合格方可真正授官职，列入官吏册编。洪武十四年，考满之法基本形成定制，在京的吏、礼、户、工、刑、兵六部五品以下官吏，由本衙门正官考评其行能，检查其勤怠；四品以上官吏及一切近侍官与御史，以及太医院、钦天监、王府官不在常选之人，任满黜陟，由皇帝亲自决定。洪武十一年，明太祖曾公开处理考满类别不同的官员。洪武十八年，吏部宣布天下布、按、府、州、县朝觐官共4117人，考满结果为称职的占1/10，平常的占7/10，不称职的占1/10，贪污卑劣的占1/10。明太祖命称职者升，平常者复职，不称职者降，贪污卑劣者付法司治罪。明太祖的严格和重视，使其在位期间吏治日益完善。但明太祖以后，明代考绩也日益腐败了。

清代考察继承了明代的传统，由吏部考功司负责，对京官的考绩称为"京察"，对外官的考绩称为"大计"。京察为三年一次，分别在子、卯、午、酉年进行。京察以"四格八法"为考评内容。所谓"四格"，即守、政、才、年。其中，守又分廉、平、贪；政又分勤、平、怠；才又分长、平、段；年又分青、中、老。所谓"八法"，是指贪、酷、罢软无力、不谨、年老、有疾、浮躁、才力不及，与明制相同。考评结果也分若干等次，据此对官吏进行奖惩、升降。京官自翰林院、詹事府、各部部员均要赴都察院过堂，材料移交吏部。一、二品官吏由皇帝直接考绩，三品京堂官由吏部开列事实，四、五品官吏由特简王大臣考评，均报皇帝裁决。大计是对地方总督、巡抚及其下属官吏的考绩，规定三年进行一次，在寅、巳、申、亥年进行。其考评程序与京察相似，各地总督、巡抚也可自陈政事得失，其下属官吏由总督、巡抚出具考语，注明称职或不称职，最后汇总至吏部考课。大计的考评内容是"二等八法"。二等即卓异与供职。卓异，即官吏的政绩突出、优于他人，可以升迁；供职，即其作为平庸，无所建树，不能升迁。

作为封建社会末期的清朝，官场上的腐败形势已积重难返："至各堂官考核司属，朝夕同事，孰肯破情面、秉至公？其中钻营奔竞，弊不胜言。"

通过上面的分析，可以发现，我国古代的绩效管理思想主要有以下几个方面的现代应用价值：①一把手重视，皇帝亲自抓考绩。绩效管理是一把手工程，领导不重视，只依靠人力资源等部门是难以做好绩效管理工作的。②专门设立绩效管理机构。BSC的提出者卡普兰等人主张，专门成立战略管理或绩效管理机构，推动绩效管理。我国目前在选拔任用干部方面有中共中央组织部等机构，但是，对于干部具体在如何干、干得如何等方面，没有专门的机构进行管理。加强绩效管理机构建设，对于预防腐败具有重要的现实意义。③以主观、定性考评为主，客观、定量考评为辅。考评方式方法是否科学，主要看是否有助于组织的稳定和发展，是否促进组织本身的绩效得到改进。从1990年以来，人们对以净资产收益率等财务指标为主的量化考评提出了批评，主要看重财务指标的考评。这容易导致个人和组织急功近利，采取短期行为，结果是不能可持续性发展，不能带来幸福的生活。④平时考评和任期考评相结合。对官吏的考评既有平时的抽查、述职、巡视等，又有比较全面、长期的考评等。考评周期比较长，有利于官吏有长远打算，而不是搞短期的政绩工程。⑤重视考评结果的使用。我国古代通过考评官吏的德、才、勤、廉、功而定黜陟，甚至决定生死。绩效考评如果不与职务升迁、收入增减联系起来，人们就不会加以重视。

总之，我国古代在绩效考评的领导重视、专门机构设立、考评计划、考评内容、考评周期、考评结果应用等方面的一些优秀理念和具体做法，值得学习、借鉴和弘扬，坚持主观与客观相结合、定性与定量相结合、长期与短期相结合等原则，可以帮助组织改进现有的绩效管理系统。

第二节 中华人民共和国成立后的绩效管理发展历程

1949 年中华人民共和国成立后的绩效管理发展可划分为四个阶段：以计划经济为主的绩效考评；以财务指标为主的绩效考评；关键绩效指标（KPI）、平衡计分卡（BSC）和经济增加值（EVA）等绩效考评工具的引进和应用；全员绩效管理。

一、以计划经济为主的绩效考评

1949 年—1992 年，我国的绩效考评发展阶段可以概括为以计划经济为主的绩效考评。1949 年中华人民共和国成立后，我国借鉴苏联的做法，实行高度集中的计划经济体制。国家对整个国民经济实行严格的计划管理，由此形成了一套与计划管理相适应的国有企业财务体系。这一体系以资产管理、成本管理和利润管理为主要内容，以计划控制为基本环节。

在计划经济前半阶段，我国对国有企业实行高度集中的计划经济管理体制，国有企业基本没有经营自主权，其所需的资金和各种生产要素由政府无偿拨付，所生产的产品、规格、数量由政府计划决定，产品和劳务由政府统一调拨和销售，财务上实行统收统支，利润全部上缴，亏损全部核销。国有企业只是作为国家经济管理部门的派生机构而存在的经济单位。由于原材料由国家统一定价，生产的产品也由国家按计划价统一收购或调拨，整个价格体系不能反映生产成本，产值和利润也无从谈起。因此，国家当时只能采用产品产量、产品质量、节约降耗等作为主要的绩效测评指标，并以是否完成国家下达的年初计划任务作为测评标准。在这种绩效测评体系下，存在只讲产值不讲效益、只求数量不求质量、只抓生产不抓销售、只重投入不重生产效益、追求规模忽视技术创新等严重弊端。由于历史原因，那时的企业几乎没有正式的绩效考评及管理系统，基本上实行平均主义。对于做出特殊贡献的员工主要进行以精神鼓励为主、物质鼓励为辅的特别奖励；对犯有重大过失的员工则进行以行政处罚为主的惩罚。当时就是以这种有限的奖惩作为平均主义政策的调剂手段。

在这一阶段，为了有效提高企业生产能力、缓解物资供应紧张状况，政府部门在对国有企业经营绩效进行评价时，往往根据指令计划，以企业产品产量为关键指标。这一模式极大地推动了我国工业体系的建立，巩固了国民经济的主导地位。但这种只讲企业绝对产量、忽视相对经济效益的评价思路，产生了一系列问题，如亏损企业获奖、亏损企业负责人升职等，给国家造成了很大的负担和损失等。于是，在 20 世纪 60 年代初期，不少经济学家提出国有企业应以利润为中心进行考核的思路。

1978 年，随着党的第十一届三中全会的召开，国家工作重点转向经济建设，平均主义被逐渐打破，企业开始根据员工的能力与贡献来确定其报酬，逐步拉开分配收入的差距。但是，人情化管理色彩依然浓厚，考评往往是凭领导人员的主观感觉，缺乏客观标准，考评标准与收入分配之间没有建立起科学的对应关系。十一届三中全会以后，国家对国有企业实施以"放权让利"为主要措施的改革。20世纪80年代后期的承包制改革，将放权让利演绎到极致。承包制所实行的单纯的实现利润或上缴利税的考评方法虽然在短期内激发了企业自主经营的积极性，促进了国有经济的整体发展，但也造成了企业经营者以牺牲企业长远利益为巨额代价的后果。

1982年，国家经济委员会、国家计划委员会、国家统计局、财政部、劳动人事部和中国人民银行六部委联合颁布了《定期公布主要经济效果指标的实施细则》，建立了包括工业总产值及增长率、主要工业产品产量完成计划情况、主要工业产品质量稳定提高率、主要工业产品原材料燃料动力消耗降低率、工业产品优质品率、实现利润及增长率、上缴利润及增长率、企业产值利税率及增长率、销售收入利润率及增长率、定额流动资金周转天数和加速率、产成品资金占用额和降低率、可比产品成本降低额及降低率、全员劳动生产率及增长率、职工重伤死亡人员及降低率等在内的16项主要经济效益指标，作为企业绩效考评的主要依据，并运用综合计分法，将报告期与基期指标进行对比，测评、计算企业经济效益动态发展指数。这套绩效测评体系淡化了企业产值的概念，约束了对单一指标的片面追求，较为充分地考虑了现代绩效概念的结果与过程维度指标，即效益维度的利润、产值利税指标，效率维度的过程效率与结果效率指标，协同维度的相关者利益协同指标（体现在职工伤亡率、上缴利税及增长率、产品优质品率等方面）。

1988年，国家统计局等有关部门在原有基础上又明确了销售利润率、劳动生产率、资金利税率等8项评价指标。这两个具有代表性的文件（指《定期公布主要经济效果指标的实施细则》及其修正版）体现了改革开放初期我国评价企业绩效的基本思路，即以产值和利润为主。这些评价方法虽然能够对企业的经营获利和经济效益给予全面评价，但却从客观上诱发了国有企业经营行为的短期化。并且，这种考评内容过多、计算复杂的评价体系，在当时的市场环境与企业管理水平下也很难得到推广。

1992年，国家计划委员会、国务院生产办、国家统计局联合下发了工业经济评价考核6项指标（工业产品销售率、工业资金利税率、工业增加值率、成本费用利润率、全员劳动生产率、流动资产周转率），重点考核评价我国工业经济的运行效益。从绩效概念的内涵上看，该测评指标体系并无重大突破，没有衍生出更深层次的绩效内涵，但由于该体系根据指标的重要程度对每项指标进行了权重分配，并采用了标准值的概念，使用全国统一的标准值进行测评计分，在一定程度上缓和了以前绩效测评体系中产生的"棘轮效应"。

二、以财务指标为主的绩效考评

1993年—1999年我国的绩效考评发展阶段可以概括为以财务指标为主的绩效考评。在总结20世纪80年代国有企业改革经验教训的基础上，1993年党的第十四届三中全会明确提出国有企业改革的方向是建立适应市场经济要求、产权明晰、权责明确、政企分开、管理科学的现代企业制度。随着《中华人民共和国公司法》的颁布实施，全社会对落实出资人制度、建立规范的企业法人治理结构达成了共识。在建立和完善现代企业制度的过程中，计划经济逐步被市场经济所取代，原有的适应计划经济体制的较单一的企业财务绩效评价指标体系已完全不适应市场经济对企业绩效评价的要求。在这种时代背景下，1993年，财政部颁布《企业财务通则》和《企业会计准则》，规定了8项新的财务测评指标，分别从偿债能力（流动比率、速动比率、资产负债率）、营运能力（应收账款周转率、存货周转率）和盈利能力（资本金利润率、营业收入利润率和成本费用利润率）三个方面来测评企业的财务状况及经营成果。尽管该套绩效测评体系全部引用了财务指标，有其作为企业绩效测评体系的不足，但其突破性的意义在于：①强调了效率维度中的"结果效率"指标测评；②在协同维度上引入了债权人、国家出资人等利益相关者的利益协同指标。

受到传统财务管理模式的影响，该套财务绩效评价指标体系仍然带有计划经济体制的痕迹，如在评价指标体系设置中仍侧重政府部门管理的需要，这在反映盈利能力的营业收入利税率等指标上体现得尤为明显。另外，没有充分体现投资者的要求以及企业的综合经济效益。

1995年，财政部根据国有企业监管的要求、国有资产管理的特点和新财务会计制度的规定，制定了《企业经济效益评价指标体系（试行）》的10项指标，包括销售利润率、总资产报酬率、资本收益率、资本保值增值率、资产负债率、流动比率、应收账款周转率、存货周转率、社会贡献率、社会积累率等，从投资者、债权人和社会贡献三个方面对具体企业的经营绩效进行测评。新的经济效益评价指标体系相较20世纪80年代以前的国有企业经营绩效评价办法有了明显进步，尤其是"社会贡献率"和"社会积累率"指标，具有一定的独创性。这套评价办法对纠正片面追求发展速度、强调单一利润、忽视经济效益和企业长远发展问题，促进企业转变发展方式，引导企业走内涵型集约化发展道路等均具有十分重要的意义。但是，这种评价体系的局限性也是显而易见的：①评价指标中将税收，特别是增值税也作为企业的经济效益指标进行考核，具有明显的行政管理的特点；②没有反映企业的知识与智力资产方面的绩效评价指标；③没有考虑现金流量在绩效评价中的重要作用；④该指标体系未将非财务指标融合进来，忽视了非财务指标的作用等。

我国企业从20世纪90年代中期开始逐步引入目标管理体系（MBO）。该体系强调客观、量化的考核，用事先承诺的标准来考核企业员工实际完成工作的绩效，以达到最终改善绩效的目的。但是，在这一过程中，仍然存在着由于目标设定不合理而造成员工绩效与企业绩效不合拍的脱节现象。正是这些原因，引发了后面一些对新的绩效管理方法的尝试和变革，包括自2000年逐渐被国内引进和应用的KPI、BSC等。

1997年，为适应社会主义市场经济体制的建立和新财税制度的全面实行，国家统计局会同国家经济贸易委员会、国家计划委员会将1992年的6项考核指标调整为7项指标（总资产贡献率、资本保值增值率、资产负债率、流动资产周转率、成本费用利润率、全员劳动生产率、产品销售率），重点从企业的盈利能力、发展能力、营运能力、偿债能力等方面对企业绩效进行测评。尽管该体系主要是适应新财税制度而做出的相应调整，而且仍限于财务角度的测评，但从绩效概念的角度来看，新体系在继承了以前绩效维度及其相应指标的情况下，对发展能力提出了新的要求。它反映了国家对于企业在协同维度上"长短期利益协同"的要求，使得可持续发展能力成为绩效中的一项重要内容。

1999年，为适应我国社会主义市场经济体系的发展和现代企业制度的建立，财政部、人事部、国家经济贸易委员会、国家计划委员会联合颁布了《国有资本金效绩评价规则》和《国有资本金效绩评价操作细则》。新颁布的企业效绩评价体系吸收借鉴了国外绩效评价的思路，采用多层次评价指标，增加了非财务评价指标，力图实现多层次修正和多因素互补，无论是评价体系的构架还是评价指标的设置都与国际绩效评价实现了初步接轨。该体系包括8项基本指标、16项修正指标和8项评价指标共32项指标，分别从财务效益状况、资产运营状况、偿债能力状况和发展能力状况四个方面对企业绩效进行综合测评。对这四项内容进行评价的 32 项指标由基本指标、修正指标和专家评价指标三个层次构成。

三、KPI、BSC 和 EVA 等绩效考评工具的引进和应用

2000 年—2008 年，KPI、BSC 和 EVA 等绩效考评工具在西方得到进一步推广和应用。在这个时期，我国国内的一些商学院及一些国内外咨询公司也开始传播和引进 KPI、BSC 和 EVA 等先进的绩效考评工具。此时，中国石油、中国移动、宝钢等公司先后聘请国内外咨询公司帮助其建立以 KPI、BSC 为核心的绩效管理体系。

2002 年，财政部、国家经济贸易委员会、中央企业工作委员会、劳动和社会保障部和国家计划委员会在总结前述绩效考评体系实践经验的基础上，对《国有资本金效绩评价操作细则》进行了修订，形成了包括 8 项基本指标、12 项修正指标和 8 项评议指标在内的企业绩效测评体系。从其对绩效概念和内涵的影响上看，该体系包含了绩效指标的 3 个维度、6 个方面，较为全面和科学。尽管如此，该体系仍然存在一些需要完善的地方：存在按照现行会计制度计算净利润的某种程度的失真和扭曲，而且忽略了对权益资本成本的确认；应用的指标虽多，看似全面，但未能表明指标所反映的内容与实现企业最终目标之间的因果关系，因而显得生硬；对被评价者缺乏指导性，不利于其积极配合，难免会削弱激励的效果；对同一大类各种行业的企业采用统一的指标权重而忽略其发展阶段、竞争地位和战略等现实存在的差异，显然是不够合理的；整个体系中，能反映无形资产价值的非财务指标仅占 20%，而且相互之间缺乏逻辑联系，这种状况可能会影响经营者在无形资产方面进行投资的积极性。

值得一提的是，企业履行社会责任、实施环境保护在该阶段的法律中也有了明确规定。国家环境保护总局已于 2003 年 9 月发布《关于企业环境信息公开的公告》，其中规定了"必须公开的环境信息"和"自愿公开的环境信息"。《国务院关于落实科学发展观加强环境保护的决定》（国发〔2005〕39 号）规定"企业应当公开环境信息"。2006 年 1 月生效的《中华人民共和国公司法》修订案总则第五条明确要求："公司从事经营活动，必须遵守法律、行政法规，遵守社会公德、商业道德，诚实守信，接受政府和社会公众的监督，承担社会责任。" 2006 年 9 月 25 日，深圳证券交易所对外发布《深圳证券交易所上市公司社会责任指引》，倡导上市公司积极承担社会责任。随后，深圳证券交易所还鼓励上市公司按照全球报告倡议组织（Global Reporting Initiative，GRI）发布的《可持续发展报告指南》中的国际标准编制并披露社会责任报告，鼓励中介机构开展上市公司社会责任评价工作、编制上市公司社会责任指数等。《国务院关于印发节能减排综合性工作方案的通知》（国发〔2007〕115 号）规定："加强上市公司环保核查"。中国证券监督管理委员会《关于重污染行业生产经营公司 IPO 申请申报文件的通知》（发行监管函〔2008〕6 号）规定："从事火力发电、钢铁、水泥、电解铝行业和跨省从事其他重污染行业生产经营公司首发申请首次公开发行股票的，申请文件中应当提供国家环境保护总局的核查意见；未取得相关意见的，不受理申请。"

2007 年，国务院国资委正式启用重新修订的、始于 2003 年的《中央企业负责人经营业绩考核暂行办法》（简称《暂行办法》），对央企负责人实行年度经营绩效与任期经营绩效双考核。

年度经营绩效考核指标包括基本指标与分类指标。基本指标包括年度利润总额和净资产收益率指标。年度利润总额是指经核定后的企业合并报表利润总额。企业年度利润计算可加上经核准的当期企业消化以前年度潜亏,并扣除通过变卖企业主业优质资产等取得的非经常性收益。净资产收益率是指企业考核当期净利润与平均净资产的比率。净资产中不含少数股东权益,净利润中不含少数股东损益。分类指标由国资委根据企业所处行业特点,综合考虑反映企业经营管理水平、技术创新投入及风险控制能力等因素确定。新的《暂行办法》首次明确鼓励企业使用经济增加值(EVA)指标进行年度经营绩效考核。凡企业使用经济增加值指标且经济增加值比上一年有改善和提高的,给予奖励。

任期经营绩效考核指标也包括基本指标和分类指标。基本指标包括国有资产保值增值率和三年主营业务收入平均增长率。国有资产保值增值率是指企业考核期末扣除客观因素(由国资委核定)后的所有者权益与考核期初所有者权益的比率,计算公式为

$$国有资产保值率 = \frac{考核期末扣除客观因素后的所有者权益}{考核期初所有者权益} \times 100\%$$

企业年度国有资产保值增值结果以国资委确认的结果为准。三年主营业务收入平均增长率是指企业主营业务连续三年的平均增长情况,计算公式为

$$三年主营业务收入平均增长率 = \left(\sqrt[3]{\frac{考核期末当年主营业务收入}{三年前主营业务收入}} - 1 \right) \times 100\%$$

分类指标也由国资委根据企业所处行业特点,针对企业管理"短板",综合考虑反映企业技术创新能力、资源节约和环境保护水平、可持续发展能力及核心竞争力等因素来确定。尽管这仅是国资委针对央企负责人所设定的绩效测评体系,但是如果从绩效概念的角度来看,除未以市场基础的效益指标来考核其绩效外,该测评体系在效益维度上的指标包括了应计制基础的利益总额、经济基础的 EVA,在效率维度上也体现了"过程效率"与"结果效率"的有效结合;在协同维度上,尽管国资委是站在国家出资人代表的角度来对央企负责人进行绩效测评,但仍然坚持了对其他利益相关者的利益协同(如风险控制能力、资源节约、环境保护等),同时坚持了对"长短期利益协同"兼顾的测评,有效引入了技术创新投入、可持续发展能力及核心竞争力因素测评的指标要求。

四、全员绩效管理

2009 年,我国中央企业开始实施全员绩效管理。所谓全员绩效管理,简单地说,就是指凡是上班的人员都要参加考评,横向到边,纵向到底,将企业、部门、员工目标紧密相连,采用科学的管理方法,对企业各部门及员工的行为表现、劳动态度、工作结果及综合素质进行全面检测、考核、分析和评价,是从目标、程序导向到意愿、行为、效果导向,从事前策划到过程监测,从事后考评到绩效改进的全程动态控制。有效的全员绩效管理能使企业形成约束、牵引、激励及竞争淘汰四种机制,对员工产生控制、吸引、推动及压力四种力量,不断改善企业氛围,优化工作环境,持续激励员工,从而提升企业的工作效率和经济效益。

2009 年,国务院国资委印发了《关于进一步加强中央企业全员绩效考核工作的指导意见》(简称《意见》)。《意见》要求各中央企业充分认识到全员绩效考核工作的重要性,认

识到绩效考核制度的健全是激励广大员工的制度保障，是落实全员经营责任，调动好、保护好、发挥好广大企业管理者和员工的积极性，发展壮大国有经济的重要手段，并提出要采取自上而下的方式推动绩效考核在中央企业的进一步实施，向着"上水平、更规范、更精准"的方向发展。国资委鼓励中央企业采用 KPI、BSC、EVA、360 度反馈评价等先进的绩效管理方法，深入推动全员绩效管理。中国石油集团等国有企业积极贯彻落实国资委文件精神，推动"横向到边，纵向到底"的全员绩效考核工作。

2010 年 8 月，国资委又发布了全员绩效考核情况核查计分办法，要求企业做到有目标、有跟踪、有评价、有反馈，考核与奖惩挂钩，赏罚分明，通过全员绩效考核，促进企业深化内部制度改革，建立起管理者能上能下、员工能进能出、薪酬能升能降的有效激励机制。

全员绩效考核从考核的幅度和深度的范畴来定位，是针对企业全部成员实施的绩效考核。从人员职务纵向划分，全员绩效考核中的全员是指上至企业总裁（有些企业也包括董事长），下至最基层的员工；从组织层次上划分，是对各个部门和具体成员的考核。通过此手段做到"工作有标准、管理全覆盖、考核无盲区、奖惩有依据"，达到激发员工潜能、激活企业生产力的目的。

全员绩效考核是对部门或个人的工作成绩和效果进行全面考查与核定的程序、方式、方法的总称，是一种周期性检查与评估绩效表现的管理系统。在全员绩效考核实施过程中，需要关注任务的完成情况、工作效率和工作效益三个方面。通过对各个员工（部门）在一定时间内的任务完成情况进行核定（包括任务完成的质量和数量两个方面），对员工的工作成绩和效果进行评价，以此作为企业员工升职、加薪、薪酬福利调整的依据。全员绩效考核还是对员工资源整合利用的考核，即对企业资源和个人资源综合利用能力的考核，包括时间、资金、设备、信息知识及人力资源等方面，还包括员工的工作方式、工作能力及工作态度等。企业员工工作岗位的职责不同、内容不同，其考核的评价标准也不同。

第三节　西方绩效管理的发展历程

我国早期的绩效管理思想虽然博大精深，但系统的绩效管理理论却最先出现于西方，而且时至今日，西方绩效管理理论在全球依然占有主导地位。古希腊、古罗马一些思想家对社会分工、绩效考评、论功行赏等绩效管理思想有所论及。例如，柏拉图提出，应该表扬那些功勋卓著、智勇双全的优秀人物，给他们唱赞美诗，给他们特殊礼遇，给予上座、羊羔美酒。从系统流程来看，西方的绩效管理经历了从一开始单纯的绩效考评阶段，发展到后来较为系统完善的绩效计划、绩效考评实施、绩效反馈和考核结果应用的绩效管理体系阶段。随着经济与管理水平的发展，越来越多的管理者和研究者意识到西方传统绩效考评的局限性和不足。现代绩效管理正是在对传统绩效考评进行改进和发展的基础上逐渐形成和发展起来的。传统的绩效考评是一个相对独立的部分，通常与组织中的其他背景因素相脱离，如组织目标和战略、组织文化、管理者的承诺和支持等，而这些背景因素对于成功地实施绩效考评有着非常重要的作用；传统的绩效考评对提高员工的满意度和绩效的作用有限，对完成组织目标的作用也不大。这些都促进了绩效管理体系的不断发展和完善。

一、成本绩效管理时期

在西方工业领域，罗伯特·欧文斯（Robert Owens）最先于19世纪初将绩效考核引入苏格兰。美国军方于1813年开始采用绩效考核。1854年—1870年，英国为了改变公务员效率低下的状况，开始了长达数十年的文官制度改革，关注表现、重视才能的考核制度最终建立。考核制度的实行大大提高了政府行政管理的科学性，增强了政府的廉洁与效能。美国学习英国的实践，于1887年正式建立了考核制度，强调文官的任用、加薪和晋级均以工作考核为依据，论功行赏，也就是此后美国企业进行绩效考核的鼻祖——功绩制。企业借鉴此做法，在内部实行绩效考核，通过考核评价员工的表现、实绩、能力和工作适应性等方面，作为奖惩、培训、辞退、任用等企业行为的基础与依据。

蒸汽机时代的到来，使企业规模日趋扩大。纺织业、铁路业、钢铁业和商业的管理者根据各自行业的经营特点先后建立了相应的绩效测评指标，用于激励和评价企业内部的经营效率。而规模经济的优势使得这些企业只需关注同类产品的生产效率，如每米布料所耗用的棉花、每吨铁轨所耗用的焦炭、销售毛利等，这些指标都是按照明确的产品类型和经营过程建立起来的，它们"都是通过将投入资源转化为完工产品销售收入来衡量经营效率的"。企业的管理者秉持着这样的理念：只要企业的基本经营活动被有效地执行了，那么企业就将获利。随着成本会计第一次革命和资本主义商品货币经济的产生，以及资本主义手工工场的出现，原有的在一般商品货币经济条件下仅仅以计算盈利为目的的简单的将本求利思想，已逐渐被如何提高生产效率，以便尽可能多地获取利润的思想所取代。

19世纪末，由工业革命引发的生产方式的变革，迫切需要更加先进的企业绩效度量系统，较复杂的成本会计核算与评价制度已不能满足资本家最大限度地提高生产效率以攫取利润的要求。这是因为已有的成本核算是事后的分析计算，反应迟钝，不便于进行成本控制。管理会计作为管理控制手段之一，已经从传统的财务会计领域分离出来。这一时期的绩效管理主要是一方面利用财务会计系统所生成的财务数据来分析评价企业整体绩效，另一方面利用管理会计、成本会计提供的数据来分析评价过程绩效；绩效的优劣主要通过投资报酬率、单位产品成本等财务指标来反映。

1903年，美国工程师泰勒（F. W. Taylor）对工作效率进行了系统的研究，并按照理想状态为每种产品制定了原材料和人工的数量标准。在这一系列实践的基础上，泰勒创造了具有划时代意义的科学管理理论，其核心就是企业内部如何通过实现各项生产和工作的标准化来提高生产和工作效率，尽可能减少一切可能避免的浪费，从而达到提高企业利润的目的。泰勒的科学管理理论侧重的是效率维度下的"过程效率"。

科学管理理论出现以后，西方国家对成本绩效评价方法的研究逐步深入，典型成果如美国会计工作者哈瑞（Harry）于1911年设计的标准成本制度，即通过标准成本及差异分析制度的建立，实现成本控制。这标志着成本控制由被动的事后控制转变为积极、主动的事前预算和事中控制，也使得标准成本的执行情况和差异分析结果成为该时期评价企业经营绩效的主要指标，达到了对成本进行管理的目的。将取得的盈利与耗费的成本进行比较，也进一步反映了企业管理者对"过程效率"和"结果效率"的双重控制。

成本绩效管理是绩效管理发展的基础，这种考评容易操作；然而，这种绩效管理单一地从成本的角度进行，过于简单，不能满足从事多种经营的综合性发展的绩效管理需要。

二、财务绩效管理时期

20世纪初,资本主义市场经济进入稳步发展时期,自由竞争过渡到了垄断竞争,为企业绩效考评指标进一步创新提供了机会。

1903年,合并创办的杜邦公司提供了新型企业组织结构原型。面对需要协调的垂直式综合型企业的多种经营、市场组织,以及如何将资本投向利润最大的经济活动等问题,杜邦公司设计了多个重要的经营和预算指标。其中,持续时间最长且最重要的指标就是投资报酬率(ROI)。投资报酬率为企业整体及其各部门的经营绩效提供了考评依据,并将投资报酬率分解为两个重要的财务指标——销售利润率和资产周转率,成为对企业财务经营绩效进行分析的重要依据。20世纪60年代以前,运用得比较广泛的财务绩效评价指标是销售利润率。这是因为在当时的情况下,许多控股公司的重点目标是税负最小化,母公司一般只注重子公司的现金流量而极少关心其绩效评价,许多控股公司出于成本效益及管理的方便考虑,通常借助"投资中心"或"利润中心"实施对子公司的管理与控制。

随着杜邦公司、通用汽车公司这类多部门企业组织形式的发展,投资报酬率指标的应用范围得到进一步拓展。因为这种分散或多部门企业组织的建立目的是获得规模经济收益——从提供范围广泛的一系列相关产品中获利。到了20世纪60年代,运用得最为广泛的绩效评价指标主要是预算、税前利润和剩余收益等,并把它们作为对企业管理者补偿的依据。这一时期的绩效评价始终与产量相联系。

1917年,福布斯(Forbes)开始采用资产报酬率(ROA)指标来比较工业企业与铁路企业的绩效。1918年,美国参议院第一次提出通过一个共同的盈利指标,即投入资本净收益对企业征税。1929年,标准统计公司(标准普尔公司前身)的执行编辑斯隆(Laurence H.Sloan)采用投入资本的收益(earning on invested capital,EOIC),利用公开财务报表对美国最大的550家上市公司在1926年—1927年的企业经营情况进行了全面的统计分析,以反映企业的经营情况。所有这些都进一步丰富了企业绩效在"效益"与"效率"两个维度上的内涵。1928年,作为财务状况综合评价的先驱者之一,亚历山大·沃尔(Alexander Wole)在出版的《信用晴雨表研究》和《财务报表比率分析》中运用沃尔比重分析法,提出了信用能力指数的概念。他将财务比率(即流动比率)、产权固定资产比率、存货周转率、资金周转率、应收账款周转率、固定资产周转率和自有资本七个财务指标用线性关系结合起来,并分别给定各指标的比重,然后确定标准比率(以行业平均数为基础),将实际比率与标准比率相比,得出相对比率,将此相对比率与各指标比重相乘,得出总评分,进而对企业的信用水平做出评价。沃尔的信用能力指数测评主要用于银行对企业的信用及偿债能力的评估,是当时除了业主或股东之外,作为企业外部的重要利益相关者——银行对企业绩效进行评估的主要工具。杜邦分析体系的出现标志着财务绩效评价指标体系的形成,而作为另一种综合分析方法的沃尔比重分析法,则极大地促进了绩效评价理论与实务的发展,但其由于局限于财务领域,相对重视内部经营管理而忽视了外部市场的评价。

20世纪70年代,在绩效考评指标方面,麦尔尼斯(Melnnes)对30家美国跨国企业1971年的绩效进行考评分析后,发表了《跨国公司财务控制系统实证调查》一文,强调最常用的绩效考评指标为投资报酬率,包括净资产回报率(RONA);其次为预算比较和历史比较。在帕森(Person)与莱西格(Lezig)对400家跨国企业1979年经营状况所做的问卷调查分析中，采用的绩效考评财务指标还有销售利润率、每股收益、现金流量和内部报酬率（IRR）等。其中经营利润和现金流量已成为该时期绩效考评的重要因素。对管理者的补偿根据每股收益（EPS）、每股收益的增长以及与竞争对手相比的回报指标情况而定。

20世纪80年代以后，对企业经营绩效的考评形成了以财务指标为主、非财务指标为辅的考评体系。美国的许多企业（包括跨国公司）已意识到过分强调短期财务绩效是美国企业与欧洲和日本企业竞争时处于不利地位的重要原因，于是它们把着眼点更多地转向企业长期竞争优势的形成和保持上，对管理者的考评以是否实现了股东财富最大化为根据，而不是依据短期的财务绩效状况。由此，非财务指标在绩效考评中的作用越来越重要。像摩托罗拉和IBM公司都非常重视过程能力、产品生产周期、客户满意度、保修成本等评价指标。因此，这个时期是以财务指标为主、非财务指标为补充的绩效评价时期。

三、基于经济增加值的绩效管理

1982年，美国思腾思特（Stern&Stewart）咨询公司提出经济增加值（EVA）概念，它衡量的是企业资本收益和资本成本之间的差额。它最重要的特点就是从股东角度定义企业的利润，考虑了企业投入的所有资本的成本，并在利用会计信息时尽量进行调整，以消除会计失真，因此能够更加真实地反映一个企业的真正绩效。

更为重要的是，EVA指标的设计着眼于企业的长远发展，而不像净利润一样仅仅是一种短视指标。因此，应用该指标能够鼓励经营者做出能给企业带来长远利益的投资决策，如新产品的研究与开发、人力资源的培养等。

EVA之所以出现，主要原因就在于狭义会计基础指标存在内在缺陷。狭义会计基础指标虽然应用广泛，但随着传统市场经济发展为现代市场经济，企业的目标从利润最大化发展为股东财富最大化。传统方法越来越不能反映企业的真实经营绩效，具体表现在：会计收益的计算未考虑所有资本的补偿成本，仅仅解释了债务资本的成本，忽略了对权益资本成本的补偿；会计方法的可选择性以及财务报表的编制具有相当的弹性，使会计收益存在某种程度的失真，往往不能准确地反映企业的经营绩效；会计收益是一种短视指标，片面强调利润容易造成企业管理者为追求短期效益而牺牲企业长期利益的短期行为。EVA最大的创新不仅在于将权益成本作为会计利润的减项，还战略性地将支出当作投资作为会计利润的加项，从而较好地实现了企业在短期利益与长远利益间的协同。这在革命性地形成了效益维度下的"经济增加值（EVA）"内涵的同时，也构成了协同维度的另外一个重要内涵：长短期利益协同。

除了会计基础的绩效评价体系仍然在沿用以外，以EVA为代表的绩效评价指标的应用是一大特色。作为一个综合性的财务绩效评价指标，EVA具有传统会计利润指标无法比拟的优势，但依然存在烦琐的数据调整、对纯财务指标的过分依赖和对非财务指标的忽视等问题。

1997年，杰夫里（Jeffrey）等人提出了修正的经济增加值（REVA）指标。其理由是：企业用于创造利润的资本价值总额既不是企业资产的账面价值，也不是企业资产的经济价值，而是其市场价值。账面价值不能反映资产的实际价值。虽然经济价值对账面价值做了调整，但是经济价值的着眼点仍是当前，无法反映市场对企业未来收益的预期，因而要用通过对经济价值的修正得到市场价值。这里所谓的市场价值，是指企业利用其资产创造的未来收益的现值，它不仅反映了企业资产的经济价值，而且反映了市场对企业管理者利用资产创造收益的能力的评价。从绩效概念的角度来看，REVA主要强调了效益维度中市场基础的绩效测评指标。

四、基于战略的绩效管理

随着经济全球化和世界经济一体化，新经济时期到来，金融工具使用频繁以及市场瞬息万变，在全球范围内竞争加剧。企业要生存和发展，就必须有战略眼光和长远奋斗目标。为了实现企业的战略目标，就必须形成和保持企业的核心竞争优势，而战略性竞争优势即核心竞争优势的形成与保持是由多方面因素而不是单一因素决定的，那些影响企业战略经营成功的重要因素应在绩效评价指标体系中得到充分体现。

1990年，马克奈尔、林奇和克罗斯（McNair，Lynch & Cross）提出了"把企业总体战略与财务和非财务信息相互结合起来"的绩效金字塔模型。该模型从战略管理的角度给出了绩效评价指标体系之间的因果关系。企业总体战略位于最高层，战略目标传递的过程是多级瀑布式的，它首先传递给企业的绩效单位（strategy business unit，SBU），由此产生了市场满意度指标和财务绩效指标。战略目标再继续向下传递给企业的业务经营系统，产生的指标有客户满意度、灵活性、生产效率等，前两者共同构成组织的市场目标，生产效率则构成财务指标。最后战略目标传递到作业中心层面，它们由质量、交货期、周转期和成本等构成，质量和交货期共同构成客户满意度，交货期和周转期共同构成灵活性，周转期和成本共同构成生产效率。由此，绩效评价信息渗透到整个企业的各个层面，并逐级向上反馈，其最终目的是使高层管理人员可以利用绩效评价信息为企业制定未来的战略目标。

绩效金字塔着重强调了组织战略在确定绩效指标中所扮演的重要角色，反映了战略目标和绩效指标的互动性，揭示了战略目标自上而下和经营指标自下而上逐级重复运动的等级结构。这个循环过程揭示了企业持续发展的能力，对正确评价企业绩效具有重要指导意义。就绩效金字塔模型对绩效概念的扩展而言，其突破性的意义在于：首先在绩效测评体系内确立了战略的驱动地位，并以战略下推的形式，形成了效益、效率与协同三个维度上的绩效测评指标体系；其次是在协同维度上引入了市场/客户满意度、质量等相关者利益协同指标，效率维度上的指标在沿用生产效率指标的同时，还引入了灵活性指标、周转率指标；最后是金字塔模型初步构建了绩效管理的组织层级，为配合战略在企业内各个层级的执行及其结果建立了有效的反馈机制。绩效金字塔这种关注绩效动因与结果之间的设计，与战略制定过程中平衡计分卡应用的因果思想和指标体系综合性都极为相似，但是，它没有考虑到企业的学习和创新能力，没有形成良好的可操作系统。因此，尽管这种方法在理论上比较成功，但是在实际中较少被采用。

1990年，在美国石水公司、FMC公司等12家企业的协助下，美国诺朗诺顿研究所（Nolan Norton Institute）进行了一项题为"未来组织绩效衡量方法"的课题研究。历时一年多，该课题组提出了一套全新的绩效衡量系统，即平衡计分卡（balanced scored card，BSC）。平衡计分卡既是一个绩效评价系统，也是一个有效的战略管理系统。平衡计分卡的发明者美国著名管理会计专家、哈佛商学院的卡普兰（R. S. Kaplan）教授和诺朗诺顿研究所所长、美国复兴全球战略集团创始人兼总裁的诺顿（D. P. Norton）从飞机驾驶舱中的标度盘和指示器受到启发：如同驾驶员需要掌握诸如燃料、飞行速度、高度、方向、目的地以及其他能够说明当前和未来环境的众多信息一样，企业管理者应从以下四个方面来考察企业的绩效：我们怎样满足股东（财务角度）；客户如何看我们（客户角度）；我们必须擅长什么（内部运营角度）；我们能否继续提高并创造价值（学习与成长角度）。之所以将其命名为"平衡计分卡"，是因为这种绩效评价方法可以综合反映和兼顾企业长短期目标、财务和非财务指标、滞后和先行指标，以及外部与内部等多方面的综合绩效评价情况。平衡计分卡主要用于对企业在财务、客户、内部运营以及学习与成长四个方面的绩效进行衡量。此后，卡普兰和诺顿于1992年、1993年和1996年在《哈佛商业评论》杂志上分别发表了题为《平衡计分卡：提高绩效的衡量方法》《平衡计分卡的应用》和《将平衡计分卡用于战略管理系统》的三篇论文。他们二人在此基础上又结合美国一些企业应用平衡计分卡的实践经验，在1996年出版了《平衡计分卡：一种革命性的评估和管理系统》一书。2001年，随着平衡计分卡在全球范围内的风靡，卡普兰和诺顿在总结成功实践企业经验的基础上，在出版的第二本著作《战略中心组织》中详尽阐述了如何通过平衡计分卡，依据公司战略建立组织管理模式，并将企业的核心流程聚焦于战略实践。该著作的出版，标志着平衡计分卡开始成为组织管理的重要工具。

平衡计分卡对绩效概念在多方面进行了扩展。首先，在效益维度上，平衡计分卡引入了股东价值最大化的衡量指标，它既可以表现为短期的以广义会计为基础的收益指标，也可表现为长期的股东总收益这样的以市场为基础的效益指标。其次，在效率维度上，平衡计分卡的内部效率测评指标来自对客户满意度有最大影响的业务流程，包括质量、周转期、员工技能、生产率和生产成本等。平衡计分卡还强调应努力确定和测评企业的核心能力，以确保持久的市场领先地位所需要的关键技术和运营流程，强化效率与战略的适配性，将过程效率和结果效率都融入"增强企业可持续发展的核心竞争力"的内涵。最后，在协同维度上，平衡计分卡同时引入了股东、客户、员工三个最为核心的相关者利益协同指标，平衡计分卡中除用财务绩效来满足股东需求外，对于客户，也引入了旨在提高客户满意度的相关指标，如时间、质量、性能、服务、成本。如平衡计分卡将衡量维度拓展至企业的学习与发展能力，"我们如何才能够不断地改进和增加价值"，进而将测量和提高未来企业成功的可能性与客户的需求和满意度紧密相连。综上所述，平衡计分卡绩效测评体系拓宽了管理者的视野，使人们对绩效概念的认识上升到一个新的历史高度。

五、基于利益相关者的绩效管理

对组织而言，在现在以及将来保持繁荣的最佳途径是考虑其所有重要的利益相关者的需求，并努力满足他们的需求。基于此，需要以利益相关者需求为基础创造新的绩效评价方法。

1984年，针对前期随着企业控制权市场出现所导致的大量敌意收购现象，一个代表美国大企业的"商务圆桌"（Business Round Table）组织发布了一份文件，支持企业控制权应以利益相关者为重的观点。虽然利益相关者的概念早在1963年就已出现，并在安索夫（H.Igor Ansoff）的《公司战略》一书中得以运用，但作为企业绩效管理的基本要求，其首次受到人们的广泛关注是在1984年。"商务圆桌"文件关注的利益相关者，除了相关股东和放贷银行外，还有被收购企业的员工。这也是相关者利益协同内涵的进一步发展。

2002年，英国克兰菲尔德大学管理学院企业绩效管理中心的尼利（Neely）、亚当斯（Adams）、肯尼尔利（Kennerley）提出绩效棱柱测评框架。他们认为平衡计分卡最大的问题在于只考虑了股东、客户和员工的利益，而忽视了其他利益相关者，如供应商、定规者、利益集团以及当地社团的重要性，因而未能从利益相关者的角度来认识企业的经营目标和发展战略，从而也不能准确地确定提高利益相关者满意度的关键动因。

绩效棱柱的发明者认为，现在以及将来，对于组织而言，在21世纪长期生存和保持繁荣的最佳途径是考虑其所有重要的利益相关者的需求，并努力满足他们的需求。因为这些重要的利益相关者对企业及其实现价值的能力都具有重大的影响。

确实，一些利益相关者比其他利益相关者更重要，但是，在如今这个拥有丰富信息的社会中，只注重一部分表面上更具有影响力的利益相关者，如股东和客户，而忽视其他利益相关者需求的做法是一种近视而且幼稚的行为。基于这样的理念，从利益相关者的分析出发，构建了一种新颖的绩效测评及管理框架。这个框架是一种三维模型，它包括相互关联的五个方面，即考虑了五个特殊的重要问题：①利益相关者的满意程度——谁是企业的主要利益相关者？他们的愿望和要求是什么？②利益相关者的贡献——企业要从利益相关者那里获得什么？③战略——企业应该采取什么战略来满足利益相关者的需求，同时也满足企业自身的需求？④流程——企业需要执行什么样的流程才能执行战略？⑤能力——企业需要具备什么样的能力来运作这些流程？这五个特殊的重要问题就构成了绩效体系的五个方面，即绩效体系以"利益相关者的满意程度"为出发点，并将"利益相关者的贡献"与之对应，形成企业与每一个利益相关者之间的等价交换：企业想从利益相关者那里获得所需要的，利益相关者也想从组织那里获得所需要的。企业与利益相关者之间的这种动态关系，需要企业明确应采取什么样的战略，以保证为其利益相关者分配资源，从而实现价值；为了实施这些战略，企业还要考虑需要什么样的流程，必须做到既有效果又有效率。在其内部，只有当企业拥有适当的资源，如合适的人力、良好的实践、领先的技术和综合的物质基础结构，那么流程才能得到执行。从绩效概念的内涵来看，绩效棱柱认为测评指标体系是"提供了那些为了进行管理而需要回答的问题所需要的信息"，这些信息来自对企业的每一个重要利益相关者的满意度和贡献度的测评，以及与之相关的战略、流程与能力的相互匹配情况。它涉及前述绩效概念的三个维度、五个方面的全部指标，而且从企业的所有重要利益相关者的角度，对相关者利益的协同提出了更加严格的要求。它要求企业建立重要利益相关者雷达扫描系统，进一步提高利益相关者管理能力，对企业运营进行全息式的绩效管理。

美国学者索尼菲尔德（Sonenfeld）从社会责任和社会敏感性两个方面提出了企业绩效的外部利益相关者评价方法。克拉尔森（Clarkson）于1995年从企业、员工、股东、消费者、供应商、公众利益相关者等方面建立了评价企业社会绩效的RDAP模式。该模式是在借鉴科克伦（Cochran）的四种社会责任战略术语的基础上提出的。具体包括：对抗型（reactive），否认并不履行社会责任；防御型（defensive），承认但消极对待并尽量少地承担社会责任；适应型（accommodative），承认、接受社会责任但是仅限于被要求的；预见型（proactive），预见未来将要承担的社会责任。该方法的缺点是评价的数据等资料信息均来自企业内部。贝尔曼（Berman）、威克斯（Wicks）、科萨（Kotha）和约翰（Jones）于1999年采用了体现利益相关者的指标来衡量企业利益相关者关系对企业财务绩效的影响，他们聚焦于对企业非常重要的五个主要利益相关者领域，即股东、自然环境、多元化、产品安全性及与社区的关系。

2000年，达文波特（Davenport）以伍德（Wood）公司社会绩效模型和弗里曼的利益相关者框架为基础，从企业伦理行为、利益相关者责任和环境责任三个方面，按照"公司公民身份"的要求，对企业绩效进行了评价。西尔盖（Sirgy）于 2002 年提出了"利益相关者关系质量"的概念，将利益相关者分为内部利益相关者、外部利益相关者和远侧利益相关者，建立了基于上述三种利益相关者关系质量的绩效评价体系。

六、主观评价和非财务指标

20 世纪 90 年代以来，随着信息技术的快速发展以及经济全球化和一体化的到来，区域竞争逐渐升级为全球竞争，企业的组织结构、治理模式等不断变革。在这种新形势下，仅仅依赖于传统财务指标和量化指标的绩效评价方法已不能满足日益复杂的企业环境需要。如果说管理从当初的科学管理时代发展到现在的管理科学时代，那么绩效管理也随之持续创新并发生了深刻的变化。它的核心是不仅关心财务信息和量化指标，更关注非财务信息和主观评价，并将财务信息与非财务信息、客观量化与主观评价结合起来应用于企业的生产和管理实践中，这样就能够站在战略的高度上进行管理。主观绩效评价的积极作用包括增强激励效果、抑制组织中的机会主义行为、降低员工收益风险等。

主观绩效评价是相对于客观绩效评价提出的概念。客观绩效评价一般是指基于定量的绩效指标和固定的计算公式，将实际绩效与设定的绩效标准相比较的绩效评价方法；而主观绩效评价则是基于评价者个人主观判断或基于主观指标的绩效评价方法。与客观指标的可观察和可验证特性相反，主观指标是指无法经客观验证的、通常只对评价者个人来说是可观察的指标；相对于基于固定计算公式的、以量化的客观绩效指标为依据的奖励计划，人们将包含上述主观因素的激励契约称为主观性奖励计划或随意性奖励计划。

1994 年，美国注册会计师协会财务报告特别委员会完成了一份题为《改进企业报告——着眼于用户》的综合研究报告。该报告提出，企业的一切经营活动都必须以客户的需求为中心，财务报告的改进，必须从原来着重于财务信息，扩展到如市场占有率质量水平、客户满意程度、员工情况、投入产出、革新情况等非财务信息；从原来着重于最终经营成果，扩展到企业的经营目标与策略，产业结构对企业的影响、企业面临的各种机会和风险等有关企业的背景信息和前瞻性信息。该报告特别强调，非财务信息应在企业财务报告中占有相当大的比重。在该报告中提出的非财务指标主要包括市场占有率、质量控制、客户满意程度、产品研究与开发、人才开发、生产安全、员工流动情况、分公司与总公司之间的协调性、各责任单位之间的协调性、企业与所在地政府部门之间的协调性等。

在关注非财务方面信息，以平衡计分卡为标志，绩效管理开始注重财务指标与非财务指标、短期结果与长期结果、客观与主观的平衡。如何重构绩效评价系统，将那些影响战略成功的关键因素充分反映在评价指标体系中，更加重视客户、员工等非财务绩效，成为绩效评价必须解决的关键问题，由此也进入了企业绩效评价快速发展的创新时期。随着平衡计分卡的出现及其巨大作用，许多学者开始将研究转向非财务指标的选取、应用及其绩效后果，并取得了一系列研究成果，主要分为以下四个方面：①研究以战略为导向的非财务指标的使用与绩效的内在关系，并发现评价指标与企业战略相关性越强，股东的投资报酬率就越高，同时，非财务指标中的市场地位、质量、组织结构等与企业长期绩效之间也存在相关关系。②证明非财务指标与企业绩效的关系，主要集中于客户满意度和全面质量管理（TQM）这两类指标，并发现非财务指标的使用会带来更好的绩效。③基于代理理论的研究，一方面从管理效率的角度分析综合绩效评价体系能否有效反映管理行为,另一方面研究非财务指标在经理人报酬契约中的作用。④基于权变理论研究不同变量对非财务指标选择的影响,即基于管理会计柔性化的特点,综合评价指标必须与企业特征相符时才能更好地发挥功能,这些特征包括企业经营战略、生命周期、行业特性等。

七、绩效管理的反思与创新

绩效考评和绩效管理本身具有的复杂性,令企业管理人员和学者对现存的绩效考评工具不满,发现这些工具都具有不同程度的局限性,在管理实践和理论探索方面,提出了一些新主张和新的绩效考评方法。

1994年,美国学者克里斯托弗·梅尔(Christopher Meyer)在发表的《正确的绩效测评如何有助于团队的成功》一文中指出,许多公司已经从以控制为导向的、职能分工的等级组织,转变为快速的、水平的多功能团队。在这些公司中,传统的绩效测评体系不仅不能支持团队发展,反而削弱它们。许多经理未能认识到,以结果为中心的传统测评指标虽然可能有助于纪录经营业绩,但不能帮助一个多功能的团队对使之能够执行某一程序的行为或能力进行监督;而且,这些测评结果的指标也不能告诉团队成员他们必须怎样做才能提高绩效。因此,必须对目前的测评体系按照下述四个原则进行修改,以使团队的效率最大化:①测评体系的中心目的应该是帮助团队,而不是由高级经理评价所取得的成绩;②一个得到授权的团队在设计自己的测评体系时,必须发挥主导作用;③由于团队是对涉及多个职能部门的价值实现程序(如产品开发、订单的履行或为客户服务)负责,它的测评指标必须能够追踪这一程序的执行情况;④团队应采用有限数量的测评指标。

马歇尔·迈耶(Marshall W. Meyer)2005年出版的《绩效测量反思——超越平衡计分卡》一书中指出,在绩效测量上,"我们希望测量的"与"我们能够测量的"两者之间存在差距。对平衡计分卡等绩效考评工具存在的问题进行了批评,提出基于活动的盈利能力分析(ABPA)方法,使企业能够同时追求客户端的客户差异以及职能端的效率,把战略决策推进到客户层次来实现。

M.塔玛拉·钱德勒(M. Tamra Chandler)在2016年出版的《如何进行绩效管理》一书中,提出传统的绩效管理存在八个致命缺陷:①没有证据表明传统的绩效管理带来绩效提高;②传统的绩效管理阻碍了反馈的接受,并限制了诚实的对话;③绩效考评通常强调消极方面,而不是侧重积极方面;④绩效考评重点在于个人,但是系统或组织的挑战往往对个人表现有显著的影响;⑤在绩效判断和评分上,不可能实现公平和标准化;⑥根据评估结果制定人才决策是不可靠的;⑦将人与人进行比较,会打破创造协作文化的工作氛围;⑧为绩效掏钱不能提高绩效。钱德勒提出的八个缺陷本身的观点也比较偏激,只是供人们参考。她认为,要创建高绩效组织,在绩效管理上需要进行八项根本性转化:①从需要知道转变为透明;②从管理层推动转变为授权给员工;③从关注过去的绩效转变为关注未来的能力;④从"一刀切"转变为量身定制;⑤从少量选择转变为多样化的输入和丰富的对话;⑥从控制和监督转变为通过期望来管理;⑦促进合作,从个人的度量转变为集体的承诺;⑧提供真正的奖励,从与绩效挂钩的薪酬转变为与能力挂钩的薪酬。钱德勒提出的八项根本性转变,是她自己多年从事管理咨询的经验总结,具有一定的参考价值。

总而言之,西方绩效考评指标从开始时对非量化指标的否定及对财务指标的热衷,发展到今日对主观评价和非财务指标重新加以重视，说明管理已从当初的科学管理时代发展到了现在的管理科学时代，绩效管理的内涵更深刻、评价更加全面。

第四节 绩效管理的相关概念

绩效在管理工作中已受到普遍重视，但是，人们对绩效的定义至今仍然没有取得一致的意见。贝茨（Bates）和霍尔顿（Holton）于1995年指出："绩效是一个多维建构，测量的因素不同，其结果也会不同。"因此，要想测量和管理绩效，必须先对其进行界定，弄清楚确切内涵。

一、绩效与绩效考评的概念

一般可以从组织、团体、个体三个层面给绩效下定义，层面不同，绩效所包含的内容、影响因素及其测量方法也不同。关于绩效定义主要有四种观点：绩效是结果；绩效是行为；绩效是结果和行为的统一；绩效是能力、行为和结果的统一。

1984年，伯纳丁（Bernadin）等人认为："绩效应该定义为工作的结果，因为这些工作结果与组织的战略目标、客户满意感及所投资金的关系最为密切"，绩效是"在特定时间范围内，在特定工作职能或活动上生产出的结果记录"。凯恩（Kane）于1996年指出，绩效是"一个人留下的东西，这种东西与目的相对独立存在"。不难看出，"绩效是结果"的观点认为，绩效是工作所达到的结果，是一个人工作成绩的记录。表示绩效结果的相关概念有职责（accountabilities）、关键结果领域（key result areas）、结果（results）、责任、任务及事务（duties，tasks and activities）、目的（objectives）、目标（goals or targets）、生产量（outputs）、关键成功因素（critical success factors）等。

一些人对绩效是工作成绩、目标实现、结果、生产量的观点提出了挑战，认可绩效的行为观点，即"绩效是行为"。这并不是说绩效的行为定义中不能包容目标，墨菲（Murphy）于1990年给绩效下的定义是："绩效是与一个人在其中工作的组织或组织单元的目标有关的一组行为。"坎贝尔（Campbell）于1990年指出："绩效是行为，应该与结果区分开，因为结果会受系统因素的影响。"之后，在1993年，他再次给绩效下了定义："绩效是行为的同义词，它是人们实际的行为表现并是能观察得到的。就定义而言，它只包括与组织目标有关的行动或行为，能够用个人的熟练程度（即贡献水平）来定等级（测量）。绩效是组织雇人来做并需做好的事情。绩效不是行为后果或结果，而是行为本身……绩效由个体控制下的与目标相关的行为组成，不论这些行为是认知的、生理的、心智活动的或人际的。"1993年，博尔曼（Borman）和莫托威多（Motowidlo）还对行为、绩效和结果进行了界定，他们认为：行为是人们工作时的所作所为；绩效是具有可评价要素的行为，这些行为对个人或组织效率具有积极或消极作用；结果是因为绩效而改变的人或者事的状态、条件等，从而有利于或者阻碍组织目标的实现。

布鲁姆巴（Brumbrach，1988）认为，行为是人们工作中的所作所为，它由人来表现。行为是结果的工具，同时它自身也是结果，是为完成某项工作所付出的脑力和体力的结果，并且能与结果分开进行判断。

在卡普兰和诺顿提出的平衡计分卡中，人力资本和组织资本是绩效的重要组成部分。人力资本包括知识、技能、经验和健康状况等内容；组织资本包括企业文化、团队建设和领导力等内容。人力资本和组织资本是个人或组织的能力。

在绩效管理的具体实践中，应采用较为宽泛的绩效概念，即包括能力、行为和结果三个方面。所以，绩效是指企业内员工个体或群体能力在一定环境中表现出来的程度和效果，以及个体或群体在实现预定目标的过程中所采取的行为及其做出的成就和贡献。它通常包括两个方面的含义：一方面是指员工的工作结果；另一方面是指影响员工工作结果的行为表现、工作过程以及员工素质。简单地说，绩效就是能力、工作过程和工作结果的统一体。

绩效考评，一般又称为绩效考核、绩效评估、业绩评价、效绩考核、业绩考核，本书中主要使用"绩效考评"的说法。绩效考评是对任职者的能力素质、工作过程和工作结果进行考查、审核和评估的过程。

关于绩效考评，在中共中央组织部下发的有关文件中一般用"考核评价"，"考核"与"评价"并用；在国务院国资委下发的文件中习惯使用"考核"；我国企业中一般习惯使用"考核"。考核的意思指考察、审核，现实中大家习惯说的"绩效考核"，实际上既包括考察、审核，还包括评价的内容。例如，国务院国资委在考核国家电网公司、中国航天科技集团、招商局集团等公司的绩效时，在审核它们的"两利四率"（"两利"即净利润、利润总额；"四率"即营业收入、资产负债率、研发投入强度、全员劳动生产率）指标值的同时，会评估、判断这三家央企是否完成了年初约定的任务完成情况。所以，我们认为使用"绩效考评"更加全面、准确、科学。"考核"习惯与定量指标相对应，当代绩效考核评价的内容既包括定量指标，也包括定性指标，使用"考评"体现了绩效考核评价的全面性。

绩效考评作为一种衡量、评价、影响任职者工作表现的手段，可以起到检查、督促及控制的作用，并以此来帮助任职者挖掘潜能、激发工作积极性，促进企业提高组织绩效。关于绩效考评的具体内容，将在第四章进行具体介绍。

二、绩效的结构

在研究绩效内涵的同时，很多学者对其结构进行了探索，对绩效的结构进行了多视角的研究，坎贝尔对美国军队的选拔与分类方案进行了一系列的探索性因素分析与验证性因素分析，结果发现了核心技术熟练程度、一般军事熟练程度、努力与领导、自律和保持适宜的军事状态五个绩效维度。坎贝尔等认为，绩效由特定工作任务的熟练行为（在工作的核心技术或任务上的行为表现）、非特定工作任务的熟练行为（在组织中的行为表现）、书面与口语沟通能力、展示努力程度（为了完成组织交办的任务而发挥较高的努力水平，并持续不断地付出）、保持个人自律（如按时上班、遵守公司章程）、促进同事与团队的绩效表现（包括帮助同事解决与工作有关的问题和个人问题、为同事树立榜样以及促进同事对组织活动的参与）、监督与领导（影响下属的行为）、行政管理（在不与下属直接接触的情况下帮助管理、报告或定义组织目标的任务，如决策、计划、信息加工等心理活动）八个维度组成，每一维度又包括许多更为具体的特征。其中，特定任务与行为是区分开来的。卡茨（Katz）和卡恩（Kahn）提出的三维分类法，他们把绩效结构分为三个方面：①加入组织，并留在组织中；②能够达到或者超过组织对员工所规定的职责及绩效标准；③积极、主动地实行组织对员工要求和规定之外的活动，如帮助同事、与同事合作、为组织的发展提供建议等。奥根（Organ）等人提出了组织公民行为、亲组织行为、组织奉献精神等概念，来描述人们的自发性行为。这些概念在提法上存在差异，但都表现为一种行为，都强调组织中的合作和助人，并影响绩效评估的结果。

从以上分析可以看出，研究者均注意到了组织所规定的行为和自发的角色行为都能够促进组织目标的实现，而且这两种行为被区分开。在自发行为中，对组织公民行为、亲组织行为和组织奉献精神等也予以区分。

1992年、1993年，博尔曼和莫托威多在分别对419名、991名在职空军技师进行测试的基础上，第一次提出了关系绩效（contextual performance）和任务绩效（task performance）的两维度工作绩效概念。他们认为，任务绩效是指任务的完成情况，是组织所规定的行为，是与特定工作中核心的技术活动有关的所有行为，包括：①直接把原材料等转化为产品或者服务的活动；②那些用来维持组织顺利、高效运转的活动，这些活动与组织的核心技术具有密切的联系。关系绩效又称情境绩效、关联绩效、周边绩效，是指在社会和动机关系中完成组织工作的人际和意志行为。这种行为是自发的，具有组织公民性、组织奉献精神或与特定任务无关的绩效行为，它不直接增加核心的技术活动，但却为核心的技术活动保持广泛的、组织的、社会的和心理的环境，包括自愿执行职务要求之外的活动、能够尽力完成自己的任务、对他人进行帮助和合作、服从组织的规则和程序、支持和维护组织目标等。博尔曼和莫托威多提出的任务绩效和关系绩效，是以以下几点为依据的：①许多工作结果并不一定是个体行为所致，可能会受到与工作无关的其他因素的影响（Cardy and Dobbins，1994；Murphy and Clebeland，1995）；②员工没有平等地完成工作的机会，并且在工作中的表现不一定都与工作任务有关（Murphy，1989）；③过分关注结果会导致忽视重要的过程和人际因素，不适当地强调结果可能会在工作要求上误导员工。博尔曼和莫托威多提出的关系绩效主要来源于以前的概念，包括组织公民行为和亲组织行为，以及他们在研究士兵绩效时发现的与团队绩效有关但不属于任务绩效的因素。

1994年，莫托威多和斯考特（Scotter）对421名航空技工的整体绩效、任务绩效和关系绩效进行评定，通过对任务绩效、关系绩效和整体绩效间的相关和逐步回归分析，发现任务绩效和关系绩效独立地对整体绩效起作用，从而证实了任务绩效和关系绩效的区分。1996年，康威（Conway）采用多质-多评价者方法和验证性因素分析对作为独立成分的任务绩效和关系绩效的效度进行了分析，结果支持将作业绩效和关系绩效作为独立成分，并且，非管理职务的作业绩效和关系绩效的差异比管理职务的作业绩效和关系绩效的差异更明显。1996年，斯考特和莫托威多认为作业绩效包括对作业的精通和有效完成作业的动机，将关系绩效分为人际促进和职务奉献，关系绩效包括人际技能、维持良好的工作关系和帮助他人完成作业的动机。人际促进包括协助同事完成绩效、助人等行为；职务奉献（敬业精神）包括自律的行为，如勤奋工作、积极主动、遵守规则等。

2000年，科尔曼（Coleman）和博尔曼应用因素分析等方法对以往研究中提出的27种关系绩效行为进行整合，提出一个三维模型：人际关系的公民绩效、组织公民绩效和工作-作业责任感。人际关系的公民绩效由有利于他人的行为组成，包括利他行为、帮助他人、与他人合作的行为、社会参与、人际促进、谦虚以及文明礼貌的行为。组织公民绩效由有利于组织的行为组成，包括遵守组织规则和章程，赞同、支持和捍卫组织目标，认同组织的价值和方针，在困难时期留在组织以及愿意对外代表组织，并表现出忠诚、服从、公平竞争精神、公民品德和责任感。工作-作业责任感主要由有利于工作或作业的行为组成，包括为完成自己的作业活动而必需的持久的热情和额外的努力、自愿承担非正式的作业活动、对组织改革的建议、首创精神以及承担的额外责任。2000年，波德萨科夫（Podsakoff）对已有的理论进行归纳与总结，概括了组织公民行为的七个维度构成，如表1-3所示。

表1-3 组织公民行为的七个维度

维 度	定 义	来 源
帮助行为（helping behavior）	帮助别人完成与组织有关的任务和工作的自主行为，包括自愿帮助他人处理工作中的问题，或阻止工作中问题的发生。帮助行为被每一位研究者视为公民行为的一种重要形式	Smith、Organ和Near（1983），Organ（1988），Podsakoff等（1990）定义的第一部分：利他主义（altruism）、维护和平（peacemaking）、维护领导（cheerleading）维度；Graham的人际互助（interpersonal helping），William和Anderson（1991）的指向个体的组织公民行为（OCBI），Van Scotter和Motowidlo（1986）的人际促进（interpersonal facilitation），George和Brief（1992）的帮助他人模型定义的第二部分引入了Organ（1988，1990）提出的礼貌观念，包括采取行动帮助同事阻止问题发生。所有的实证研究都证实了这些形式的帮助行为都负荷于一个因素
组织顺从（organizational compliance）	遵守并超过组织对员工的最低工作要求，遵守纪律，按时上下班和休息等；严肃认真、尽心尽责对待工作的行为。这个维度表明个人对组织规则、制度和程序的内化和接受，即使在没有人注意和监督的情况下也一丝不苟地遵守这些制度	Smith等（1993）称之为类化顺从；Graham（1991）称之为组织服从；Willams和Anderson（1991）的指向组织的组织公民行为（OCBO），并且包括了VanScotter和Motowidlo在工作奉献结构中的一些内容。把这种行为列入公民行为是因为虽然组织希望每个员工在任何时候都能遵守公司的制度、规章和程序，但许多员工却做不到。因此，一个员工如果能够在无人监督的情况下遵守规章制度，就被认为是好公民
运动员精神（sportsmanship）	由Organ在1990年首次提出，是指个体在工作环境不理想的情况下仍然坚守岗位、毫无怨言，为了团体的利益甘愿牺牲一些个人的兴趣和爱好，不轻易否决别人的意见等	Organ（1988）、Podsakoff等（1990）、Mackenize（1993）的实证研究表明运动员精神是一个独立的维度，有不同的前因和后果变量
公民美德（civic virtue）	作为组织的公民积极参加和自觉关心组织各项活动的行为。表现在宏观利益水平上，承诺与组织作为一个整体。具体表现为：愿意参加组织的管理活动，如参加会议，参加方针讨论，对组织应采取的策略发表自己的观点；寻求组织最高利益，如报告并消除威胁或可疑现象，注意安全，甚至不惜付出个人代价。这些行为反映了个体把自己视同为组织的一部分，如同公民作为国家成员一样，接受其应负担的责任	Organ（1988，1990）称之为公民美德；Graham（1989）称之为组织参与；George和Brief（1992）称之为组织保卫

（续）

维　度	定　义	来　源
个人主动性 （individual initiative）	从事与任务相关行为的水平已经远远超过所要求的水平或一般所期望的水平，而且具有自发特点。它是为了提高个人任务或组织绩效，创造和创新的自发行为，持续保持高昂的热情和努力完成个人工作，自愿承担额外的责任，并鼓励组织中的其他员工也这样做	Organ 的责任意识维度；Graham 和 Moorman（1989）、Blakely（1995）的个人勤奋和个人主动力维度；George（1992）的提建议维度；VanScotter 和 Motowidlo 的工作奉献维度的某些方面；Borman、Motowidlo（1993，1997）的坚持热情、自愿完成任务维度；Morrison 和 Philp 的工作负责维度。Organ 指出这种行为形式与角色内行为方式很难区分，因为它们之间只是在程度上，而不是在类型上有区别。所以，一些研究者没有在他们的研究中加入这一维度，因为在实践上它很难与角色内行为或任务绩效相区别
组织忠诚 （organizational loyalty）	对组织忠诚，并维护组织的利益，传播良好意愿和保护组织，认同、支持、维护组织目标。本质上，组织忠诚负担向外界推销和宣传组织，保护和防御组织外的威胁，在不利条件下能保证实现承诺	Graham（1989，1991）的忠诚支持（拥护）和组织忠诚；George 等的传播良好意愿和保护组织；Borman 和 Motowidlo（1993，1997）的认同、支持、维护组织目标构成。Moorman 和 Blakely（1995）认为这一维度与其他几种公民行为存在区别，但随后他们所做的验证性因素分析并没有能够证实这一点
自我发展 （self development）	员工从事提高知识、技术、能力的自愿行为。根据 George 和 Brief（1992）的解释，它包括寻求和利用先进的培训课程，使自己在专业领域不落后于最新的发展，甚至为了扩大自己对组织做出贡献的范围而去学习新技术	Katz（1964）、George 和 Brief（1992）认为自我发展是公民行为的关键维度。在国外还没有实证研究，然而它明显是一种与其他维度不同的自主性员工行为，有可能通过与其他维度不同的某种方式促进组织绩效

（资料来源：Podsakoff P M, Mackenzie S B, Paine J B, Bachrach D G. Organizational citizenship behaviors: A critical review of the theoretical and empirical literature and suggestions for future research, 2000.）

一些学者认为，关系绩效的特征维度概括起来主要有处理工作压力、工作/作业责任感、组织改进建议、提出建设性意见、说服别人接受建议和指导等。

不同学者关于绩效结构的研究表明，任务绩效和关系绩效不是完全独立存在的，而且这两种绩效的独立程度在不同职务类型上有所差异。

奥沃思（Allworth）和赫斯基思（Hesketh）（1997）指出，应在任务绩效和关系绩效的基础上增加员工应对环境变化的适应性绩效成分（adaptive performance），并通过两大样本（$N=317$，$N=368$）的研究，证实了适应性绩效确实独立存在于任务绩效和关系绩效之外。此后，在学术界掀起了有关绩效结构的又一个高潮——适应绩效。相应地，对适应性绩效概念的理解出现了不同的版本：有人认为它是对广泛的、不同类型任务的一种适应性行为（Campbell，et al，1993）；有人理解为个体进行自我管理和学习新经验时所产生的效能（London&Mone，1999）；还有人称之为"角色灵活性"，意指适应各种角色所要求的能力总和（Murphy&Jackson，1999），更有效地适应绩效能够解释动态变化环境中个体对环境和工作要求的适应性问题（Hesketh&Neal，1999）。在有关适应性绩效的纬度模型中，最具代表性的当属普拉科斯（Pulakos）等（2000，2002）在前人研究基础上提出的八维模型：①创新适应性绩效。动态和变化性的组织工作情境要求个体能够解决非典型的、反常规及复杂的问题。②不确定适应性绩效。阿什福德（Ashford）（1986）认为工作情景中的不确定性源自诸多因素，如组织结构的重构，所有权的转移，可获取资源的减少等。③学习适应性绩效。④人际适应绩效。⑤文化适应性绩效。随着经济日益全球化，以及员工变换工作或组织的频繁程度，在不同文化和环境中，完成工作的有效性已被提上日程（Ilgen，1999）。⑥物理环境适应绩效。⑦工作压力适应性绩效。它要求员工在面对压力情境或要求较高的工作任务时，必须能保持沉着冷静；对出乎预料的信息或情境不会做出过激的反应；面临严峻问题时，能采取建设性的解决方法；对待那些寻求帮助的人或事能保持积极的心态，并愿意尽力帮助其摆脱困境。⑧紧急事件适应性绩效。

总之，前人的研究结论，无论是三维分类还是二维结构等，都使绩效的结构变得更丰富。除了任务结构，还包括非任务结构，它可以概括为三个方面：利他人行为、利组织行为以及利工作行为。它可以形成良好的组织氛围，对组织绩效产生积极的促进作用。绩效结构的提出也深化了人们对绩效的认识，促进了对绩效的研究和管理实践的发展。

三、绩效管理的概念

绩效管理是指各级管理者和员工为了达到组织目标共同参与的绩效计划制订、绩效沟通、绩效考评、绩效考评结果应用、绩效目标提升的持续循环过程。绩效管理的目的是持续提升个人、部门和组织的绩效。绩效管理过程关注于如何衡量员工的工作职责、工作绩效；员工和主管之间应如何共同努力以维持、完善和提高员工的工作绩效，员工的工作对企业目标实现的影响，试图找出影响绩效的障碍，并排除障碍，最后解决问题等。

绩效管理与绩效考评是不同的，后者是事后评估工作的结果，而前者是事前计划、事中管理、事后评估。实质上，绩效管理就是针对企业绩效采用一系列科学、有效的措施进行管理以提高绩效。美国学者罗伯特·巴克沃（Robert Bacal）认为，绩效管理是一个持续的交流过程，该过程由员工和其直接主管之间达成协议来完成，并在协议中对未来的工作达成共同目标和理解，将其可能受益的组织、管理者及员工都融入绩效管理系统中来。有效的绩效系统就是通过帮助管理者和员工更好地工作而使组织完成其短期或长期目标的过程。

从"绩效考评"到"绩效管理"，虽只有两字之差，却蕴涵着管理理念的深刻变革。由于绩效考评中考评者与被考评者处于分离状态，双方对考评的项目、标准和目的各有自己的理解，往往容易造成信息、知识的相互封锁，不利于团队建设，也不利于组织绩效的改善，尤其在今天这样一个竞争日益激烈的信息社会中，其弊端更为显著。因此，从"绩效考评"到"绩效管理"是人力资源管理发展的必然转变。

可见，绩效管理就是通过持续动态的沟通来真正达到提高绩效、实现企业目标、促进员工发展的管理过程。首先，实施绩效管理的唯一目的是帮助员工个人、部门及企业提高绩效，它是管理者与员工之间的真诚合作，是为了更及时有效地解决问题，而不是批评和指责员工；其次，绩效管理虽表面上看是关注绩效低下的问题，实际上却旨在实现企业的成功与进步；最后，绩效管理需在平时投入大量的沟通时间，做到防患于未然。

四、绩效管理的内容

绩效管理的内容可以从工作绩效层面和战略层面展开描述。

从工作绩效层面看，绩效管理系统由三个部分组成：绩效的界定、绩效的衡量以及绩效信息的反馈。首先，绩效管理系统要具体说明绩效的哪些方面对于组织来说是最重要的，这主要是通过工作分析来完成的，即分析工作目标和工作职责，这就是绩效计划；其次，通过绩效评估来对上述各个方面的绩效进行衡量——绩效评估是对员工的绩效进行管理的主要方法；最后，通过绩效反馈阶段向员工提供绩效信息反馈，以便他们能够根据组织的目标来改进自己的绩效。绩效反馈还可以通过借助薪酬系统对优良绩效提供报酬这样一个过程来实现。

从战略层面上看，绩效管理的内容包括绩效计划、绩效沟通、数据收集与问题分析、绩效评估与评价、薪酬管理、员工满意度与积极性、人事决策与调整等。因为绩效管理本身是一个持续的沟通过程，它需要由员工和管理者共同协作完成；它强调管理者和员工的双向沟通、双向协调，在工作目标中双方达成一致；在工作进行过程中，管理者针对员工的具体情况进行具体的辅导和监督，帮助员工不断改进绩效，提高工作能力，为达成工作目标而共同努力。综上所述，绩效管理的主要内容如图 1-1 所示。

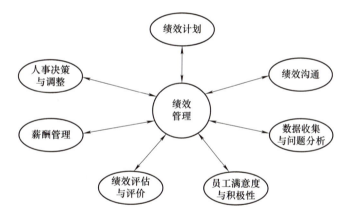

图 1-1　绩效管理的主要内容

五、绩效管理的目的

企业构建绩效管理系统就是为了实现企业战略目标而对企业资源进行规划、组织和使用，并实现客户期望的一个管理过程。它主要表现为企业为了实现各项目标，采用科学的方法，通过对员工的工作表现、工作成果和综合素质的全面分析和评估，改善组织行为，充分调动员工的工作积极性，不断挖掘其潜力的一系列管理活动。

（一）战略目的

首先同时也是最重要的一点，绩效管理系统应当将员工的工作活动与组织的目标联系起来。执行组织战略的主要方法是：首先界定为了实现某种战略所必需的结果、行为以及员工的个人特征；然后设计相应的绩效衡量和反馈系统，从而确保员工能够最大限度地展现出这样一些特征、表现出一些行为以及创造出这样一些结果。为了达到这样一种战略目的，绩效管理系统本身必须具有一定的灵活性，因为当组织的目标和战略发生变化时，组织所期望的结果、行为以及员工的特征也需要随之发生相应的变化。

（二）管理目的

组织在多项管理决策中都要使用绩效管理信息，尤其是绩效评估信息，其中包括薪资管理（加薪）决策、晋升决策、保留解雇决策、临时解雇、对个人绩效的认可等。因此，绩效管理为组织的多项管理决策提供依据。

（三）开发目的

绩效管理的第三个目的是对员工进行进一步的开发，以使他们能够更加有效地完成工作。当一位员工的工作完成情况没有达到他所应当达到的水平时，绩效管理就寻求改善其绩效的方法。在绩效评估过程中所提供的反馈，就是指出员工所存在的弱点和不足。然而，从比较理想的角度来说，绩效管理系统并不仅仅是指出员工绩效不佳的方面，同时还要找出导致这种绩效不佳的原因所在，如存在技能缺陷、动机问题或者员工提高绩效障碍等。

管理者在与员工面对面地讨论绩效问题时，可能双方都会感到不舒服。这种面对面的讨论方式尽管对于工作群体的有效性而言是必需的，但它会使得群体内部的日常工作关系变得紧张。当然，对于所有的员工都给予较高的评价有利于将这种冲突发生的可能性降到最低程度，可是这样绩效管理系统的开发目的又无法实现。

员工发展着重员工能力的提升，借助绩效考评，评估员工的目前能力并预测其未来潜力，为每位员工量身定制一套发展计划。因此绩效考评之后，主管即可将现有员工分为四大类，如表 1-4 所示。

表 1-4　四种类型的员工

		目前能力	
		不　足	足　够
未来潜力	不足	此类员工不但绩效不佳，且无未来潜力可言。当企业的营运状况尚可时，并不会马上处理这些人；一旦不景气、营运不善，即会考虑处理这些人，给予他们优退方案（优于《劳动法》标准），希望他们能主动离开	这类员工通常为企业早期以当时的用人标准雇用的人员。随着科技发展，工作方法、程序皆已改变，现在良好的绩效表现乃是因多年工作经验累积而来。对于此类员工给予的发展，目标设定为"绩效维持"。因为若不继续发展他们，随着环境的快速变化，这些员工将会逐渐落后
	足够	这些员工通常是刚被雇用或晋升到新的岗位上（位于学习曲线的初期），因为尚未熟能生巧，有良好的潜力却没有良好的绩效表现。针对此类员工，发展目标设定为"绩效改善"	要给予此类员工发展的机会，否则他们容易离开企业，故员工发展的目标设定为"前程管理"。要规划他们在企业内部的下一项工作，让他们在企业中发展个人前程

作为一个有效的绩效管理系统，其目的是将员工的活动与组织的战略目标联系在一起，并且为组织对员工所做出的管理决策提供有效而且有用的信息，同时还要向员工提供有用的开发反馈。对于通过人力资源赢得竞争优势的需要来说，达到上述三个目的是至关重要的。

六、绩效管理的层次

企业绩效管理的过程就是密切监控企业运营情况，不断进行反馈控制，使企业向既定的目标迈进的过程。作为一个由不同的部门和人员组成的复杂系统，企业内部有各种各样的子系统（部门、流程、团队、员工等），绩效管理关注的焦点就在于怎样提高不同领域的工作绩效，使各个层次能够协同工作，共同为企业的战略目标服务。绩效管理的层次可以按照以下两种分类方法划分：

（一）按照考察对象和管理方法分类

按照考察对象和管理方法的不同，企业绩效管理可以分为自上而下的三个层次：组织绩效、部门或团队绩效和个人绩效。

1. 组织绩效

所谓组织绩效，是指在一定时期内整个组织所取得的绩效。组织绩效所包含的内容随时间的变化发生了一定的演变。20世纪六七十年代，人们大多从财务的角度界定组织的绩效，如销售额、利润率、投资报酬率等；后来又开始对非财务指标加以重视，到20世纪80年代，在对企业进行绩效评估时，逐渐形成了一套以财务指标为主、非财务指标为辅的企业绩效评估指标体系。1992年，哈佛商学院教授罗伯特·S.卡普兰（Robert S.Kaplan）和复兴全球战略集团的创始人兼总裁大卫·P.诺顿（David P.Norton）在《哈佛商业评论》上发表了《综合平衡计分卡——良好的绩效测评》一文，为组织绩效评估提供了一个全面的框架，用以把企业的战略目标转化为一套系统的绩效评估指标。这些指标从财务、客户、内部运营及学习与成长四个方面对组织绩效进行评价，把财务指标与非财务指标、短期指标与长期指标、滞后指标与引导性指标等结合起来，成为目前世界范围内广泛流行的组织绩效评估指标体系。

2. 部门或团队绩效

组织在实现战略目标的过程中要履行多方面的职能、从事多方面的活动。为了提高组织运行效率，往往把相近的职能合并，组建特定的部门来履行该项职能，把同类专家集中在同一部门以提高专业化水平，实现规模效益；或根据实际任务的需要组建一定的项目小组或工作团队，以提高对快速多变环境的灵活适应和快速反应能力。因此，在组织实现其战略目标的过程中，部门或团队是基本的战略业务单位，部门或团队绩效目标的实现是组织战略目标实现的基础和保证。部门或团队的绩效包括部门或团队的任务目标实现情况，以及为其他部门或团队提供的服务、支持、协调、配合、沟通等方面的行为表现。在对部门或团队绩效进行评价时，一方面要从完成工作任务的数量、质量、时限与费用等方面进行评价；另一方面还要引入内部客户的概念，对组织的业务流程进行分析，根据不同部门或团队之间在工作业务流程中的关系，只要一个部门为其他部门或团队提供产品或服务，那么接受产品或服务的部门或团队就是该部门或团队的一个客户，其他内部客户满意度也成为该部门或团队绩效的重要组成部分。

3. 个人绩效

部门或团队是由个人组成的，只有充分激发部门或团队内每一位员工的积极性与创造性，才能有效地实现部门或团队的绩效目标。个人绩效是指在完成工作目标与任务的过程中所体现出的个人工作成果。它既包括任务绩效，也包括周边绩效或关系绩效。

绩效管理的重要工作之一就是将企业的战略逐级分解到部门、流程和个人。只有每个级别和层次的绩效管理工作形成一个有机的整体，一个企业才能有良好的绩效表现。

（二）按照绩效管理的考评内容分类

根据绩效管理的考评内容的不同，企业绩效管理也可以分为三类：基于特征的绩效管理、基于员工行为的绩效管理和基于结果的绩效管理。

1）基于特征的绩效管理衡量员工的个人特征，如决策能力、忠诚度等。这种绩效考评方法回答"人"怎么样，而不是"事"做得怎么样。

2）基于员工行为的绩效管理主要应用于员工的工作完成方式对于组织目标的实现非常重要的情况下，是对员工工作过程的考评。例如，行为锚定等级法就是一种基于行为的绩效考评方法。

3）基于结果的绩效管理是事先为员工制定考评标准，然后将员工的工作效果与标准进行比较的绩效考评方法。现代的绩效考评方法大部分是基于结果的，如目标管理法、绩效标准法等。

七、绩效考评的影响因素

绩效考评的要素包括绩效考评主体、绩效指标、考评标准、绩效资料收集方式与方法、考评成绩计算等，每个要素对考评的结果及其科学性都有一定影响。

考评主体有上级、同级、下级、自我、客户以及专门机构。不同考评主体不仅对被考评者的了解和认识程度有很大差异，而且对被考评者的工作、工作的相对重要性及其价值等方面都存在认识上的差异。

对绩效考评结果影响最大的因素是工作本身的多样性。这种多样性表现在工作性质、工作产出的表现形式以及各种工作相互之间的影响上。基于对多样性的认识，在实践中人们选择绩效指标时有以下几种导向：

1）结果导向性：结果可以直接量化到具体的岗位或个人。

2）过程导向性：结果不可具体量化，但过程明确而可控。

3）员工品质导向性：结果不易观察，过程灵活多变。

考评方法、考评成绩的计算也是影响考评结果的重要因素。绩效考评方法从评价手段来看，可以分为主观评价法与客观评价法；而从考核成绩的表达来看，可以分为定量考评法与定性考评法；根据考评资料收集方式与方法，又可分为指标考评法、观察法、报告法、写实法、记录法等。每一种方法都有其优点和适用条件，也有其局限性，在现实应用中可以根据需要进行灵活选择与组合。

八、绩效管理与绩效考评的区别

绩效管理与绩效考评既有密切的联系，又有明显的区别。绩效管理与绩效考评相比较，其区别具体表现在以下几个方面：

（一）人性观不同

无论把人作为一种工具还是一种可开发和利用的资源，传统绩效考评的出发点都是把人当作实现企业目标的一种手段。其人性观是"人之初，性本恶"，考评则是"鞭策之鞭"，即通过考评促使员工达到绩效要求。而绩效管理的人性观是现代的以人为本的人性理念。所谓的以人为本，就是把人当作人，而不是当作任何形式的工具，人是世间最高的价值，人本身就是目的。当企业利益和人自身的利益趋于一致时，为了实现自身的价值，人能在被信任、授权、激励的条件下自觉地发挥积极性和创造性。

（二）作用不同

绩效考评的作用主要是通过对个人工作绩效的评估，掌握每个员工的工作情况，以便做出人力资源管理决策，如确定绩效工资、确定晋升资格等。现代绩效管理除了有绩效考评的以上作用外，其更深层的目的是有效推动个人的行为表现，引导企业全体员工从个人开始，以至各个部门或事业部共同朝着企业整体战略目标迈进。

（三）涵盖的内容不同

绩效考评只是管理过程中的一个环节，并且只在特定的时间进行，强调事后评价。而现代绩效管理是一个完整的管理过程，并且持续不断地进行着，伴随着管理的全过程，强调的是全程沟通和事后反馈。

（四）输出结果的使用目的不同

传统绩效考评的输出结果主要用于薪酬的调整与分配；现代绩效管理中，考评结果最重要的用途是作为员工培训与发展的绩效改进计划。通过绩效管理过程，员工在绩效考评结果中知道并认可自己的成功之处和不足之处，然后在主管人员的帮助下制订出个人发展计划（individual development plan）。主管人员认可其计划并承诺提供员工实现计划所需的资源和帮助，并在此基础上帮助员工制定职业生涯发展规划。

（五）侧重点不同

传统的绩效考评侧重于考评过程的执行和考评结果的判断，考评往往以下达命令的方式进行。而现代绩效管理侧重于持续的沟通和反馈，尤其强调双向沟通。在绩效管理过程中，一方面，管理人员需要了解员工工作的进展情况，需要找出潜在的问题以便尽快解决，需要掌握年终的绩效反馈信息以便制订第二年更有效的绩效计划，需要掌握怎样才能更好地帮助员工的有关信息；另一方面，员工也需要收到与绩效反馈有关的信息，如工作的重要程度、提高绩效的方法等。管理人员和员工在沟通过程中的位置不断变换，既是信息发送者，又是信息接收者，通过交谈、协商等方式达到有效的沟通。

（六）参与方式不同

虽然传统绩效考评和现代绩效管理的参与者一样，都是人力资源管理部、各部门管理者和员工，但他们在两种不同过程中的参与方式不一样。传统的绩效考评过程通常由管理层或人力资源部门制订绩效计划和绩效标准，员工对为他们设定的目标不承担任何责任，他们不知道上级主管对他们的期望是什么，也不知道自己将如何被考评。所以，常出现这种情况，即人力资源管理部门的人经常要花大量的时间去追逐管理者，以监督他们绩效考评表的完成。管理者和员工都认为考评只是人力资源管理部门的工作，因而在整个过程中只是被动地参与。而在现代绩效管理过程中，员工由于可以亲自参与绩效管理的各个过程——制定指标、绩效沟通和绩效反馈等，充分体会到绩效管理对自己的近期和长远发展的作用，从而增加了参与的主动性和积极性。

（七）达到的效果不同

传统绩效考评的目的就是通过考评得到关于员工工作情况和工作效果的结论，以便于对员工按照其绩效进行奖励和惩罚，因而考评过程常常使员工感到紧张、焦虑和压抑，很容易引起员工的反感；而且，由于碍于情面或是害怕受到惩罚，员工往往不愿意提供真实的信息，使得绩效考评结果无法全面、客观地反映真实情况。现代绩效管理考评的主要目的不是奖励和惩罚，而是用于员工的绩效改进计划和职业生涯规划，使员工打消绩效不好就要受惩罚的顾虑，从而客观、公正地填写绩效信息；并且在考评以后，还要针对员工的情况对其考评结果进行诊断和反馈，帮助员工认识和改进自己，从而真正达到提高和改进绩效的目的。

第五节　影响员工绩效的因素

员工个人绩效与团队绩效、组织绩效相互联系、不可分割。员工绩效的高低直接影响到企业的盈利状况及未来经营发展的方向，其重要性毋庸置疑。在对理论和实践双重把握的基础上，本节总结了影响员工绩效的七大关键因素。

一、能力因素

本领有高低，能力有大小。毋庸置疑，能力大小对绩效的提高程度的确有关键影响，当然其影响既可能是正面的，也有可能是负面的。对于工作中"能力"的定义，大多数人的认识并不一定正确。在企业中，员工的能力是指与其工作任务相匹配的做事本领。因此，"匹配"才是能力是否对工作绩效有影响的主要因素。一个人只有从事适合发挥自己才能的工作，即只有其能力与工作岗位相匹配，才可能有良好的绩效。

从不同角度来看，能力可以分为不同类型。按照特征的不同，能力可分为体能、智能和技能三类。体能是指个体的身体素质和健康程度。有些企业对员工的体能要求比较高，如建筑业、机械制造业、航空运输业的许多企业需要身体健康、体力充沛、能长期站立工作的员工。智能是指个体理解事物本质和应用科学知识分析、处理问题的能力。例如科研开发、广告咨询、律师或会计师事务所以及各类培训机构等企业，只有选择智能高的员工才能取得良好的个体及组织绩效。技能是指个体运用所掌握的专业技术解决实际问题的能力。技术含量高的企业或岗位需要技能高的员工，例如从事IT行业的人员需要熟悉软件开发程序或能熟练操作计算机。

具体到企业的实际工作中，能力可分为专业技术能力、创新能力和人际关系协调能力。专业技术能力是指员工从事某项具体工作的基本能力，也就是上面所说的技能。不具备专业知识、无法胜任自己岗位的员工不可能有好的个体绩效。企业面临的竞争越激烈，员工的创新能力,尤其是担任产品开发、市场拓展的员工的创新能力就越重要。而良好的人际关系协调能力则是企业里各级管理者必须具备的。管理人员不仅需要具备较强的组织能力,能够合理调配人员、布置任务,促进生产经营过程有序稳定进行,还需要有良好的协调能力,善于协调部门内部及不同部门之间的关系,营造企业内部融洽进取的氛围,同时也要善于处理与企业有直接或间接关系的各种社会团体和个人的关系,避免冲突和纠纷,为企业的发展创造健康良好的外部环境。

二、个性因素

具有不同个性的员工适宜从事不同类型的工作,即使从事同样的工作,管理者的领导方法也应针对不同个体的性格特征采用不同的方式,才能保证个体能力最大限度地发挥和绩效最大限度地提高。

心理学对人格、个性、气质和性格有着详细的分析,这里简单地描述为个性。人力资源专家常说:"思想决定行动;行动决定习惯;习惯决定性格;性格决定命运。"可见性格已不仅仅是影响绩效的因素,甚至可以直接影响一个人的命运。个性的流派、分类都比较复杂,测验个性的权威工具有 MMPI、16PF、CPI、EPQ、EPPS 和 MBTI 等。

巴里克(Barrick)和芒特(Mount)所做的一项元分析发现,大五人格(big five personality)中的责任感能有效地预测职业群体的职务绩效。泰德(Tett)、杰克逊(Jackson)和罗斯坦(Rothstein)用假设检验的方法,运用人格定向的职务分析,进行多元分析,结果发现,大五人格模型中的所有人格维度都能有效地预测工作绩效。大五人格维度产生于自然语言的因素分析,它的根据是所谓的"词汇假设",即人类个性的每个重要方面都会由语言中的一个或多个词汇来表示。目前人格理论学家能普遍接受的五个主要个性因素是情绪稳定性、社交外向性、宜人性、责任感和思维开放性。每个因素既是相关特质的集合,又是一种连续体。例如,一个人拥有宜人性因素一端的特质时被描绘成温和和体贴的,而具有这一因素另一端个性的人则被认为是冷漠和无礼的。各个个性因素的特征如下:①情绪稳定性。情绪稳定性是指引起个体负面情绪的刺激数量和强度。在情绪稳定性指标上得分高者较少受环境影响,对刺激强度的容忍性较高;而得分低者会受很多事件的困扰,对刺激强度的容忍性也比较低。在这一指标上得分高的人比其他人倾向于以一种更理性的方式体验生活,他们在工作或个人生活中通常是冷静的、情绪平稳的和放松的。这类特质是很多社会角色的基础,如航空飞行员和外科医生。而得分低的人可能会体验到更多负面情绪,对生活的满意感较低。情绪稳定性太低会影响工作绩效。②社交外向性。社交外向性是指个体拥有的相处自在的社会关系的数量。在社交外向性指标上得分高者拥有大量的社交关系,并对社会交往乐此不疲;在社交外向性指标上得分低者的社交关系数量少,并且不热衷于社交活动。很多工作同时需要外向和内向的素质。在这一指标上得分高的群体可能更具有支配性,并且精力充沛、言语活跃,显得比大多数人更友好和开放。这类外向的特质是某些社会角色的基础,如营销人员、政治家和娱乐业工作者等。社交外向性得分低的人显得比一般人更独立、保守和稳定,并且更适应单独工作的情形。这类内向特质是某些社会角色的基础,如产品经理、自然科学家等。③宜人性。宜人性是指个体对其他人所持的态度。在宜人性指标上得分高者会同时兼顾其周围的人的行为节奏;而得分低者只重视自己的行为节奏。在宜人性指标上得分高者倾向于个人需要服从群体需要,接受群体规范而不固着个体标准,对他们而言，和谐更为重要。这类个性特质是某些核心社会角色的基础，如教师、社会工作者等。在宜人性指标上得分低者更关注的是个人标准和个人需要，对他们而言，权力更重要，他们跟随自己的行为节奏，并不与他人合拍。这类个性特质是某些社会角色的基础，如企业家、军事领导者等。④责任感。责任感是指在工作和生活中表现出强烈的方向感、原则性和成就动机。同时，责任感也与个体所关注的目标数量有关。在责任感指标上得分高者具备高度的自律性，使个体和职业目标协调一致，他们通常在学术和职业领域富有成就，但也可能成为工作狂。这类个性特质是某些社会角色的基础，如经理主管人员以及高成就者。在责任感指标上得分低者对其目标的承诺低，并且容易分心，他们经常会因为偶然出现的想法、活动或人而影响手边的工作；他们并没有缩减工作，只是很大一部分工作努力不是目标导向的；他们显得更通融，对各种可能性的接纳度也更高，注重即时即刻的感受。这样的个性特质通常会体现在艺术家身上。责任感指标上得分居中者张弛有度、收放自如，他们与前两者都能共同工作。他们的这种平衡特质使自身不容易被大家疏远，同时也能帮助那些工作过分专注者放松一下、享受生活。⑤思维开放性。思维开放性是指个体被吸引的兴趣数量以及对新现象和新体验的接纳或抵制程度。在思维开放性指标上得分高者迷恋于新奇和有创意的事物或现象，一般来说，他们崇尚自由，善于反思和内省，热衷于概念思考、艺术活动和情感体验。这类特质是某些社会角色的基础，如企业家、变革者、艺术家和理论科学家等。思维开放性得分低者兴趣狭隘，习惯于熟悉的内容。这类特质是某些社会角色的基础，如会计师、产品经理等。一方面，思维开放性得分居中者在必要时能开拓新异事物，但此类活动过度时会感到厌倦；另一方面，他们也能长时间关注同一内容，但最终他们又会渴望创新。上述五个维度中，每一个维度都对行为过程和行为结果有影响。众多研究表明，责任感对绩效有明显的影响。

三、动机因素

巴甫洛夫的条件反射理论证明行为的产生是需要诱因的，也就是说，人的行为都存在一定的动机。动机对于员工绩效来说是关键因素之一。一个能力很强、才华出众的人如果没有较强的工作动机，也会一事无成。那么在组织中个体的工作动机究竟是什么呢？

美国心理学家马斯洛（A.H.Maslow）提出了著名的需求层次理论。这一理论认为，人类有五种层次的需要：生理需要、安全需要、社交需要、尊重需要和自我实现需要。人希望最大限度地发挥自身潜力，从而达到自己追求的更高境界。在一般情况下，人们按照这五个层次逐级追逐自身需要的满足，未满足的需要就是其工作、奋斗的动机。马斯洛晚年又在五个层次需要的基础上，提出了超个人需要（灵性需要）。当低层次的需要满足后，更高一层次的需要就变成新的动机。在企业中，个体绩效的好坏很大程度上取决于个体需要的满足与否。按照这一理论的分析，目前有很多企业的员工来自偏远贫穷的农村地区，他们受教育程度较低，工作动机还局限于生理、安全和社交这些较低层次需要的满足，那么，这些企业想要取得个体绩效的最佳效果，就必须保证提供令员工基本满意的工资收入、相对安全的工作环境及比较信服的上级领导。

赫茨伯格（Frederick Herzberg）则把态度作为工作的动机，提出了有名的双因素理论。这一理论把能引起员工工作满意的因素称为激励因素，包括成就感、责任感、晋升、个人发展的可能性等，这些因素的改善可以对员工产生强大而持久的激励作用；把引起员工不满意的因素称为保健因素，包括工资、工作条件、人际关系、企业政策等，这些因素的改善可以预防或消除员工的不满情绪，但不能直接起到提高绩效的作用。赫茨伯格的这一理论是建立在对会计师、工程师、律师等比较高级工作人员的调查结果的基础上的，所以有一定的局限性。但是，对于一些如咨询策划、广告宣传、科技开发等聚集着素质比较高的员工的企业来说，为正确了解员工的工作态度，分析影响个体绩效的这两方面因素是大有裨益的。

管理学家弗鲁姆（Victor H.Vroom）的期望理论比较全面地诠释了动机对行为的拉动过程。期望理论认为，动机强度取决于效价、期望值和工具性三者的乘积。效价是指个体对某一诱因的偏爱程度。例如，对金钱、地位的渴望越强烈，效价就越高，对人的拉动力也就越大。期望值是个体对通过努力可能会取得优秀成绩的预测结果。预测成功的可能性越大，期望值就越高。工具性是个体对某一水平的绩效将使自己获得某一报酬的相信程度。如果个体相信绩效优异一定会得到自己想要的诱因，工具性就高。在现实生活中，经常听到有些企业发出这样的抱怨：企业制定了非常优厚的激励措施，但员工的工作积极性并没有随之提高，个体绩效也不尽理想。究其原因，就是企业的管理者不了解这样一个事实：如果员工无法预测自己通过努力可以取得享有这份待遇的成就，或者即使取得了成绩却不相信企业能够真正实施奖励措施，那么员工的工作动机是不会被拉升的。这个理论更适用于现代企业管理：只有员工最偏爱的诱因被发掘，且依此确立合理的、员工可以真正享受到好处的薪酬结构，个体的绩效才可能大大提高。

亚当斯（J.S.Adams）的公平理论认为，员工经常会就自己的所得与其他人的所得相比较，当自己的所得与付出之比的数值小于其他员工的所得与付出之比时，他就会感到明显的不公平，要么要求企业提高自己的所得，要么减少对企业的付出；同时，员工也会将自己现在的所得与付出之比与以前的所得与付出之比相比较，当前者较小时，他也会感到明显的不公平，从而自动减少对企业的付出。无论是哪一种情况发生，员工的绩效都会有或多或少的降低。因此，企业一定要采取相关措施，以消除或防止员工产生不公平感，如采取保密工资制、积极主动地与员工进行沟通等。

四、价值观因素

俗话说："没有规矩，不成方圆。"在企业管理中必须有规章制度来约束员工的行为，使得员工的工作符合企业的要求。但是，再细致的企业制度也会有鞭长莫及的时候，在制度约束不到的地方，只有企业的核心价值观能够指导员工的行动。当员工已经完全接受了企业的核心价值观时，其行为会超越制度的要求。所以，在员工的价值观与企业的核心价值观达成一致后，规章制度就没有太大作用了，制度约束的行为已经变成了员工的自觉行为，个体绩效也就得到了充分保证。这就是价值观的巨大力量。

在任何一个企业中，企业的价值观和员工的价值观都不能被剥离开来独自考虑，良好的企业文化必须兼顾企业与个人的价值观，如果不多加分析，而简单地制定一个看似美妙却缺乏群众基础的企业价值观，以此来达到鼓舞员工士气、提高个体绩效、推动企业长远发展的目的，那就无异于缘木求鱼，结果往往会令管理者大失所望。例如，微软公司对企业价值观有非常具体而明确的说明：实现我们的使命需要积极向上的、具有创造力和活力的杰出员工。而且，他们又应该认同如下价值观：①正直诚实；②对客户、合作伙伴和新技术充满热情；③直率地与人相处，尊重他人并且助人为乐；④勇于迎接挑战，并且坚持不懈；⑤严于律己，善于思考，坚持自我提高和完善；⑥对客户、股东、合作伙伴或者其他员工而言，在承诺结果和质量方面值得信赖。

值得一提的是，目前许多企业在建立自己的价值观时，还停留在全心全意为客户服务的阶段，一些企业甚至提出"服务客户，放弃自我"的口号。其实这种理念已经落后，不符合现代企业的经营思想。企业价值取向应该是调动一切可利用资源为外部客户及内部员工共同创造价值、提供满意服务。美国营销专家乔比·约翰（Joby John）说："内部员工的不满有时比外部客户的抱怨更可怕，客户的抱怨损失的是一块市场，而员工的不满则可能弄垮整个企业。"所以，如果没有正确的、切实可行的、得到员工认可的价值观，企业就很难取得良好的个体绩效和组织绩效。

五、压力因素

压力反应是个体对某一没有足够能力应对的重要情景的情绪与生理反应。对压力如果处理得不好，可能会给个体带来危害或使目标不能实现。工作上的压力也是影响个体绩效的重要因素之一。在企业中，工作压力表现在以下几个方面：①工作负担。太多的任务需要完成，没有足够的工作时间，没有相应的工作能力去完成任务等。②工作条件。恶劣的工作环境，如太冷或太热、噪声过大、空气污染、出差频繁、事故、放射性污染、上下班不方便等。③人际关系。无法与同事、上司、下属建立良好的工作关系，或者难以适应团队工作等。④组织变革。目前组织变革如并购、重组、裁员等是一种国际潮流，在这种潮流下，许多员工不得不重新考虑自己的事业发展、学习新的技能、适应新的角色，这些都会引起较大的压力反应。⑤工作与家庭冲突。工作与家庭的矛盾对于已婚员工，尤其是双职工，也会增加一定的工作压力。

研究表明，中等水平的压力能使员工的工作绩效达到最高。如果完全没有压力，工作缺乏挑战性，绩效也会很低；若压力增至一定水平后继续加大，绩效也会被削弱。长期的和过大的压力不仅会影响员工的个体绩效，甚至会危害个体的身体健康、心理健康，如可能引发神经衰弱、癌症，以及各种消化系统、呼吸系统和心脑血管疾病，或出现焦虑症、强迫症、抑郁症等精神障碍。

值得关注的是，在当今经济飞速发展而竞争日益激烈的企业中，工作压力过大已成为许多员工不得不承受的现实，也是管理者必须予以解决或缓解的难题。企业应努力改善工作条件，营造团结和睦的工作氛围，对工作进行合理的设计或调整，并尽量为员工提供各类体育锻炼、心理咨询等健康项目，使员工的压力处于可承受的水平，从而保证达到最佳个体绩效。

六、考评因素

每个企业都有自己的考评体系，但有关调查显示，真正拥有适合自身发展的考评体系的企业不到总数的20%。也就是说，大多数企业的绩效考评或流于形式，或有失公平，都达不到应有的效果。例如，某企业员工 A 无论是努力程度还是所取得的绩效都高于同一部门的员工 B，但每次到年末考评时，他的得分都跟 B 一样，发给他们的工资和奖金也都是一样的。渐渐地，A 的心中就形成了这样一种印象：干多和干少都一样。于是，他变得不再努力，也不再积极工作，实际绩效自然就降低了。

要提高员工的绩效，组织必须在绩效考评上坚持以下原则：①考评目标明晰化。只有组织的考评目标一目了然，员工才能有明确的绩效目标，这是员工提高绩效水平的前提。②反馈与修改。组织只有及时把考评结果向员工反馈，员工才能把有助于工作绩效提高的行为坚持下来，发扬光大；对不足之处，加以纠正和弥补。③信度与效度。信度是指考评的一致性和稳定性；效度是指考评的准确性。具有可靠性和准确性才能保证绩效考评的公正性，从而使员工产生公平心理，愿意改进自己的绩效。④定期化与制度化。绩效考评是一种连续的、长期的管理过程。要想取得持续改进员工绩效的结果，绩效考评就必须定期化、制度化。

七、培训因素

当企业新开拓一个市场或新开发出一种产品或新上一条生产线时，就必然要有员工进行相关的业务或操作。但需指出的一点是，员工对新的业务并不是很熟悉，所以要给他们提供培训与指导。员工在新的领域所能取得绩效的好坏除了自身因素的影响外，与培训的效果是直接相关的。如果企业为了节省成本，提供的培训不到位、敷衍了事，带来的后果将是员工的不熟练与技能欠缺，进而影响他们潜能的发挥。

此外，对新加入企业的员工也需要提供相关业务或领域的培训。特别是对刚刚走出校门的大学生，他们的理论知识可能比较扎实，但缺乏实践技能，培训的目的是让他们尽快了解企业的文化与章程，熟悉业务，尽快融入企业，同时给予他们工作和岗位上的指导，以提高其未来工作的绩效。

总之，影响员工绩效的因素有很多，对于员工自身的因素，企业管理者一定要积极、主动地与员工进行沟通，帮助他们解决问题；对于企业层面的影响因素，则需要找出问题的关键点，及时做出处理，从而提高员工的实际工作绩效。

【关键词】

绩效　　　　绩效考评　　　绩效管理　　　绩效结构　　　任务绩效
关系绩效　　适应绩效　　　组织绩效　　　部门绩效　　　个人绩效

【思考题】

1．我国绩效管理思想对当代绩效管理有哪些启发？
2．西方绩效管理思想的发展经历了哪些阶段？分别有哪些主要内容？
3．如何理解绩效结构？
4．如何理解任务绩效与关系绩效？

5．如何理解适应绩效？
6．绩效考评与绩效管理有何区别？
7．影响员工绩效的因素有哪些？

【案例分析讨论】

东风集团绩效管理体系的实践与创新

东风汽车集团有限公司（简称东风集团）成立于1969年，经过50多年的发展，东风集团已经由当初计划经济体制下产销不足万辆的单一货车生产企业，逐步发展成为市场经济体制下全产业链布局的特大型现代化汽车集团。2019年，东风集团下属汽车及相关法人子企业共计313家，集团直接管理的二级单位35家，其中自主及合资整车企业14家，整车生产基地27个，业务布局覆盖全国14个省份及海外市场。2019年东风集团共生产汽车361.8万辆，销售汽车360.9万辆，在中国汽车市场的份额达14%，总体产销量稳居行业第二，商用车销量位居行业第一。2019年东风集团实现工业总产值5147.3亿元，上缴税费503.9亿元，位居世界500强第82位、中国企业500强第20位。

一、东风集团绩效管理体系的发展历程

东风集团的绩效管理起步于1983年，随着企业的发展，总体经历了五个阶段的演变：

（一）第一阶段：PQC考核（1983年—1985年）

1983年起，二汽（东风集团于1969年建厂时名为第二汽车制造厂，简称二汽）开始推行以全面质量管理为基础、全面技术经济效益承包责任制为主的"双全面"承包责任制考核。考核方法采取条块结合的双轨制考核体制和PQC计奖法，即以"P×Q×C"计算考评成绩。

其中，P（起奖指标）规定各专业厂必须完成的汽车生产和利润上缴；Q（否决指标）包括产品质量、工作质量和服务质量，通过加权平均的方法计算质量系数；C（加扣分指标）主要是技术经济指标。

这个阶段的主要特点是由单纯考核指标计划发展到考核以经济效益为中心的指标计划、项目计划和工作计划为一体的综合经营计划。

（二）第二阶段：厂长目标责任制（1985年—2000年）

1985年起，二汽作为厂长负责制的试点单位，开始逐步推行厂长责任制，总厂和所属各专业分厂均实行厂长负责制：总厂厂长要组织全厂完成国家下达的指令性计划和市场调整计划，严格履行经济合同；专业分厂厂长要组织职工完成总厂下达计划，严格执行各项生产经营计划。推行"以全面质量管理为基础、以全面技术进步为核心、以全面经济效益为目标"的"三全面"分层经营承包责任制。

1990年，二汽制定了《管理目标检查与考核管理办法》，要求做好厂长任期目标的中间管理工作，并对管理目标开展年中诊断评价工作。

这个阶段的主要特点是全面推行厂长责任制，完善了领导制度，建立了统一、强有力、

高效的生产指挥和经营管理系统。

（三）第三阶段：EVA 考核（2000 年—2003 年）

2000 年起，东风公司（东风集团于 1992 年更名为东风汽车公司，简称东风公司）EVA 考核分配体系实践探索正式启动。实施 EVA 考核，旨在突出以公司财富增长为中心的原则。是在公司考核以效益为中心的基础上，进一步突出对各责任单位为公司创造财富的增量进行考核评价。

东风公司对可以量化效益指标的单位，全部纳入公司 EVA 考核评价范围。EVA 目标作为主要考核指标，与单位工资总额进行工效挂钩；对考核费用的单位，按照考核费用的方式，分别依据可控费用和全额费用进行考核；对公司机关职能部门，则与整个公司 EVA 总目标的完成情况挂钩。

这个阶段的主要特点是推行 EVA 考核制度改革，促进竞争机制、激励机制和退出机制的建立和完善，重点以实施全面薪酬战略为主。

（四）第四阶段：KPI 考核（2004 年—2015 年）

随着东风公司全面国际合作重组的展开，尤其是主业实现整体海外上市后，东风公司已经由单一生产企业逐步发展成为现代化汽车集团。为适应新体制、新机制要求，东风公司在绩效管理方面对标国内外先进企业，不断促进公司全价值链管理的优化，构建战略导向型的绩效管理体系。

2004 年起，东风公司开始导入基于平衡计分卡（BSC）的关键绩效指标（KPI），逐步构建了一整套覆盖全集团、以事业计划为纲领、以价值创造为核心、以全员为对象、以 KPI 为主要工具、以年度和任期考评为主要形式、具有东风特色的绩效管理体系。从几年的运行情况看，初步实现了科学、合理评价下属控股子企业及合资公司中方派驻员团队，推动集团整体绩效不断提升，落实公司中长期事业计划，为公司"十二五"规划的良好开局提供了强有力的支撑。

这个阶段的特点是建立了以事业单元经营团队为主体、以事业计划为导向、以预算管理为基础的集团化企业绩效管理体系。

（五）第五阶段：差异化 KPI 考核（2016 年至今）

随着公司"十三五"规划的实施，公司持续深化改革，推动体制机制创新，为激发企业活力，进一步优化绩效管理体系。在平衡计分卡（BSC）的关键绩效指标（KPI）基础上，强化企业分类，实施差异化考核。从战略定位、业务特点和发展周期三个维度对东风集团（东风公司于 2017 年更名为东风汽车集团有限公司，简称东风集团）下属各事业单元进行分类，根据分类标准确定各单元的战略任务和业绩目标。分类开展对标工作，寻找行业竞争对手，展开全面对标，实现强优势、补短板，并将短板指标纳入考核，以提升经营水平。

东风集团现行绩效管理体系如图 1-2 所示。

这个阶段的主要特点是强化市场导向，以各事业单元的使命和所处的市场竞争环境为依据确定各自的考核指标和目标。差异化考核指标体系的建立，有利于突出考核重点，更加客观有效地评价各事业单元业绩表现，最大限度地发挥各事业单元管理人员的工作积极性。

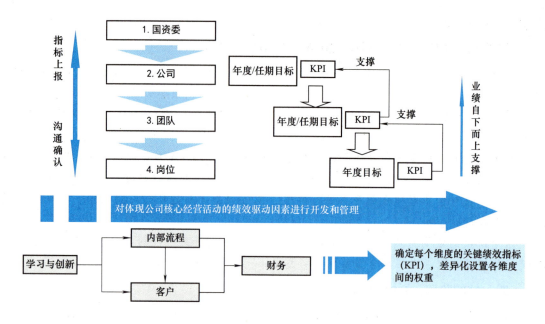

图1-2 东风集团现行绩效管理体系

二、东风集团绩效管理体系实践取得的经验

东风集团绩效管理经历了从计划到市场、从单一指标到综合性考量、从工厂管理到集团化管理、从简单追求计划达成到经济效益、战略目标、效率提升并重的管理过程。近年来，根据国资委对中央企业工作要求以及内外部环境的变化，东风集团每年会对绩效管理体系进行逐步优化，不断推进体系创新，促进集团高质量发展目标达成。目前东风集团实行的是以关键绩效指标（KPI）为基础的战略绩效管理，并在实践中逐步建立了具有东风特色的集团化绩效管理体系和文化。

在汽车行业竞争环境极其复杂的今天，准确制定企业目标及实现目标的方法尤为重要。传统财务绩效考评主要是依靠传统财务指标，如收入、利润、现金流以及各种财务比率等对企业绩效进行评估。这些常用评估指标的建立不可避免地具有滞后性，有偏重短期利益和内部利益等缺陷。平衡计分卡的使用可以弥补传统财务绩效评价的不足，从财务、客户内部运营以及学习与成长四个维度建立能够反映企业多方面绩效的指标。

东风集团绩效管理在平衡计分卡的实践应用中，尤为关注各方平衡（见表1-5）。这其中包括财务指标和非财务指标的平衡、长期目标和短期目标的平衡、外部客户和内部管理的平衡、绩效结果和过程管理的平衡、定性指标和定量指标的平衡等多个方面。平衡计分卡的运用将企业的使命和战略转变为特定的目标和指标，理顺了关于股东和客户的外部指标和业务流程创新、学习与成长的逻辑关系，兼顾反映当期经营成果指标和驱动未来业绩的指标，确保了企业短期利益与长期利益的有效结合。

1. 差异化管理是适应集团化企业发展的必然要求

对于一个集团化企业，在组织架构上呈现事业部制结构，每个事业部都构成了相对独立的事业单元。这些事业单元在成立背景、战略定位、业务形态、发展阶段等各方面都会存在较大差异。集团的战略目标和事业计划必须依靠各事业单元具体实现，每个事业单元需要发挥的作用也各不相同，因此，差异化绩效目标设置是集团化企业绩效管理的必然选择。在实施绩效管理的过程中，要坚持绩效管理对象差异化、绩效项目选取差异化、绩效指标设置差异化。

表1-5 东风集团经营单元团队 KPI 平衡计分卡应用模板

维度	驱动因素	KPI名称	指标达成目标			
			门槛	目标	挑战1	挑战2
财务	效益营运	利润				
		经营现金流				
市场	市场开拓	汽车销售/营业收入	具体设定四档目标值			
		市场占有率/外部市场营收增长率				
管理	管理提升	全员劳动生产率、人事费用率				
		个性指标风险管理、全价值链降成本等				
发展	重点建设项目	新产品、新技术、新业务、重点项目、新模式				

从集团绩效管理的实践来看，绩效指标项目及指标值需要结合具体情况，差异化地设置。在指标项目的选取上，针对战略定位、业务类型、经营周期的不同，综合考虑设定差异化的考核内容：按照战略定位的不同，可分为利润、销量、技术、管理方法贡献等；按照业务类型的不同，可分为整车、零部件、研发、金融、辅业及其他业务等；按照经营周期的不同，可分为筹建期、成长期、稳定期和调整期。在指标值的设置上，有的事业单元业务规模大、经营基础好、盈利能力强，在绩效体系设计中，应下达较高的任务指标，以压力和动力推进员工加快发展，攀登新的业绩高峰；有的事业单元规模小、盈利水平低，以实现自收自支、消化人力成本为绩效管理指标。这种差别考量的方式可以强化集团战略要求的落实，并提升绩效管理的可操作性（见表1-6）。

2. 对标管理是促进企业发展的有效手段

对于集团化企业发展来讲，对标管理是一种较为先进的管理方式。它是通过与业内优秀企业的标准进行比较，寻求对其中的差距和存在的问题进行管理和改进的过程。通过对标，企业就能够朝着正确的方向不断改进和发展。在这个过程中，企业要寻求有效的标杆，结合自身的发展状况进行分析，从而在管理方式和管理手段上予以改进，提升管理水平。

东风集团绩效管理应用对标的实践过程中，也在不断地探索、完善和延伸，按照"跟自身比看进步，跟行业比看竞争优势和短板，跟国内国际先进企业比看差距"的基本原则，综合确定 KPI 指标和目标。

（1）市场对标。市场是企业生存的基础，通过横向对标不同市场需求差异、不同竞品的竞争优势，合理制定各事业单元的 KPI 指标，不仅纵向关注自身成长水平，更要注重横向与行业和竞争对手的比较，要求跑赢大市且超越竞争对手。

（2）行业对标。以国内外的先进企业作为标杆，从各个方面与标杆企业进行比较、分析、判断，从而明确自身存在的缺陷或者有哪些竞争优势，这样的分析和比较对于管理效率的提升具有重要作用。

表 1-6 东风集团经营单元 KPI 分类考核原则示例（非真实情况）

公司对各单位的战略定位	整车单位	合资乘用车	自主乘用车	商用车	零部件装备单位	核心零部件	一般零部件	水平事业单位	销售	物流	金融	研发单位	传统汽车研发	新能源汽车研发	改制单位
调整															M
稳定	A		C			F			I				K		
成长	B		D			G					J			L	
筹建				E			H								

整车单位

整车单位	对各单位的战略定位分类	对各单位的战略定位
A	最重要的销量和利润的贡献者，为公司输出管理和技术	
B	树立高端车的品牌形象	
C	业务转型、销量突破、实现扭亏	
D	实现销售规模的突破，提升核心竞争力	
E	重塑行业领先地位	

零部件装备单位

零部件装备单位	对各单位的战略定位
F	发展壮大公司零部件事业，树立东风零部件事业在行业中核心竞争力
G	树立公司在核心动力总成中的竞争能力
H	公司零部件及汽车后市场业务的重要承担者

水平事业单位

水平事业单位	对各单位的战略定位
I	形成具有竞争力的海外战略区域市场
J	支持整车销售，为公司贡献利润

研发单位

研发单位	对各单位的战略定位
K	构建自主乘用车的核心商品竞争能力
L	提升电动车核心零部件竞争力

改制单位

改制单位	对各单位的战略定位
M	推进公司级改革改制课题的如期达成，维持稳定

（3）内部对标。集团内各事业单元是相对独立的业务实体，具有完整的价值链。集团管理中，通过对内部各事业单元在同类业务的对标，发现薄弱单元的薄弱环节，帮助其改善，从而提升市场竞争力。

3．绩效评价结果的合理应用是调动干部员工积极性的有效方法

绩效评价是绩效管理循环中的一个重要环节。绩效评价的最终目的都是通过对绩效评价结果的综合运用，推动干部员工为企业创造更大的价值。

东风集团的绩效评价分为单位绩效评价和个人绩效评价。单位绩效评价是个人绩效评价的基础，并对员工个人在年度奖金兑现、薪酬调整、培训、职业发展和岗位调整等方面产生直接影响。

（1）东风集团绩效考核主要包括年度绩效考核、任（定）期综合考核，实行个人绩效与单位绩效相关联，岗位业绩考核和个人行为评价相结合、考核结果与绩效薪酬相挂钩的原则，根据事业单元组织绩效结果确定组织内个人绩效结果的强制比例分布（见表1-7），促使个人关注事业单元整体业绩。高管人员年度绩效结果、任期绩效结果与年度绩效薪酬、任期激励收入挂钩，如表1-7和图1-3所示。

表1-7 集团个人绩效结果与组织绩效的强制比例分布关系（非真实数据）

组织绩效	个人绩效结果的强制比例分布				
	A	B	C	D	E
A	<30%	<50%	20%		≥0%
B	<20%	<40%	40%		≥0%
C	<10%	<30%	50%		≥10%
D	0	<20%	30%		≥50%
E	0	<10%	20%		≥70%

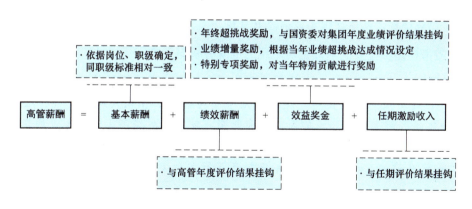

图1-3 集团高管人员年度工资构成

（2）集团总部员工绩效以年度为周期设定并考核，根据总部职能部门组织绩效结果确定部门员工绩效结果比例分布（强制比例与高管一致），员工个人绩效评价结果直接与绩效工资相挂钩，如表1-8所示。

表 1-8 集团总部员工年度薪酬业绩工资发放比例（非真实数据）

公司绩效评价结果	个人绩效评价结果				
	A	B	C	D	E
A	1.50	*	*	*	*
B	*	1.20	*	*	*
C	*	*	1.00	*	*
D	*	*	*	0.50	*
E	*	*	*	*	0.00

三、在绩效管理实践中需注意的问题

1. 绩效考核体系的有效执行对企业事业计划制订能力要求较高

事业计划是企业结合自身经营资源、依据客观外部事业环境的变化，明确在未来一段时期的发展目标和达成目标的行动计划。为促使事业计划得以实施，企业将事业计划与绩效考核进行融合，以事业计划目标作为绩效考核的输入来源，实现目标统一。反过来讲，这也要求事业计划具备较强的可执行、可落地、可持续性，避免与实际经营体系脱节，造成绩效考核目标指引偏差。

2. 绩效考核体系的良好运行要与企业全面预算管理有效衔接

全面预算管理是现代每个企业内部都存在的一项基本的管理控制方法，贯穿于整个企业运营流程，有着把控全局的作用。全面预算管理的开展是绩效考核的基础，而绩效考核是实行全面预算管理的关键，这两者的有效衔接共同构成一个企业的预算编制、考核奖惩等环节。在实际执行过程中，制定预算时需要考虑行业需求、法规政策等外部环境的平稳性，提高预算目标的科学性和可实现性；需要强化全面预算管理与绩效考核目标一致的意识，注重预算目标实现的质量，共同实现企业的战略目标。

3. 绩效考核指标设置的前提是对市场的准确分析与预判

在这个瞬息万变的时代，企业绩效管理作为企业战略目标落地的工具，绩效目标，尤其是长期目标的制定越来越困难。这为绩效考核指标的选择以及绩效评价标准的制定带来了更大的挑战。影响外部环境的因素较为复杂，包括宏观经济因素、政策法规因素、区域环境因素、产业环境因素、竞争者的因素和客户因素等多个方面，绩效考核需要对外部环境进行准确的分析和预判，做好市场及行业的对标，从而分解组织的绩效考核指标。

4. 绩效考核评价要在实际工作改善中得到运用

绩效考核作为企业对组织和个人激励机制的有效前提，其最终目标是提升和改善组织和个人的业绩。因此，对于绩效考核，要"结果"更要"效果"，在考核评价过程中发现工作短板和弱项，查不足、找原因、定措施，为下一步工作改善确定方向和路径，形成PDCA

循环[一]，由个人绩效改善带动组织绩效优化，最终实现集团整体绩效提升。

四、在新的历史阶段，全面优化东风集团绩效管理体系

党的十八大以来，改革开放和社会主义现代化建设取得了历史性成就，中国特色社会主义进入了新的历史发展阶段。东风集团作为中央企业，肩负着巨大的历史责任和使命。

2018年，国内新车销售市场出现28年以来首次下滑，国内汽车市场开始由高速增长阶段转变为高质量发展阶段，这对车企及经销商产生重大影响，我国车市进入存量竞争的状态。面对新的市场环境，东风集团坚持以习近平新时代中国特色社会主义思想为指导，全面贯彻落实党的十九大精神和党中央、国务院关于深化国有企业改革、完善国有资产管理体制的一系列重大决策部署，落实国有资产保值增值责任，建立健全有效的激励约束机制，力争加快成为具有全球竞争力的世界一流企业。

为适应新的环境变化，落实中央及国资委要求，解决集团绩效现存问题，推动集团战略达成，东风集团在2020年上半年再次对绩效体系进行优化（见图1-4）。

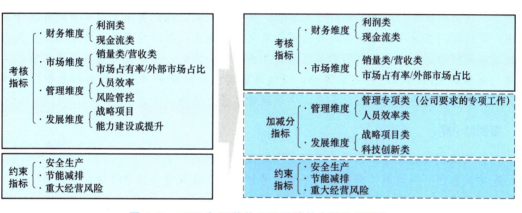

图1-4　2020年经营单元组织绩效考核体系优化

主要变化如下：

（1）紧紧围绕质量第一效益优先，简化考核指标，突出高质量发展。为始终坚持新发展理念，加快质量变革、效率变革、动力变革，引导经营单元对标高质量发展要求，不断提高经济效益，实现质量更高、效益更好、结构更优的发展，东风集团在经营单元组织绩效考核中结合实际落实好中央企业"两利三率"（净利润、利润总额、资产负债率、营收利润率、研发经费投入率）的要求，进一步简化考核内容，强化业绩导向，突出质量效益考核，重点关注"有利润的销量、有现金流的利润"。

（2）强化服务国家战略，以加减分项目的形式鼓励各单位技术创新、业务创新、模式创新。为强化服务国家战略，坚守央企责任担当，突出创新驱动，坚持自主创新，不断提升集团在行业中的引领能力和业务竞争力。在新的绩效体系中，将上级要求的专项工作、集团战略中需推进的核心项目以及各单位当年度重点工作统一纳入加减分项目。对需要进行探索、创新、研究的重点项目不提前设置目标，以事后评价的方式鼓励各单位大胆进行技术创

[一] PDCA循环是由美国质量管理专家沃特·休哈特（Walter A. Shewhart）提出并由戴明（W.E.Deming）采纳、宣传进而普及的。PDCA循环的含义是将管理分为四个阶段，即Plan（计划）、Do（执行）、Check（检查）和Act（处理）。

新、业务创新、模式创新。对经营业绩达成远超预期的、承担集团战略项目并做出重大贡献的、科技创新取得重大成果的、在经营管理和人员效率等领域取得重大突破的、承担公司重大协同项目并取得明显成效的事业单元，在评价时给予额外加分奖励。

（3）以动态调节机制应对市场及内外部环境变化，最大限度地调动各事业单元工作积极性。在实际绩效考核过程中，会出现由于内外部环境变化及突发事件，造成年初设定目标存在指引偏差。如2020年年初发生的新冠肺炎疫情，给东风集团的正常生产经营带来极大的影响。为了更好地解决绩效考核目标偏差影响，东风集团建立了目标动态考核机制，增强目标弹性，采取"5+7"及"9+3"的目标动态调节机制，最大限度地调动经营单元的工作积极性。这是在每年6月和10月，基于对全年市场形势、集团经营情况的全面评估及预判，制定更符合当前实际且具有挑战性的经营目标，在年底绩效考核评价中考虑动态目标的达成情况，予以奖励加分。

（4）建立职能部门与事业单元绩效考核双挂钩机制，促进集团各职能业务线能力提升。为切实达到以考核促改善的目的，集团建立职能部门KPI与经营单元考核指标双挂钩的工作机制，强化职能部门服务基层能力和意识。具体做法是，在经营单元组织绩效考核评价过程中，职能部门在对相关考核指标提出评价意见的基础上，要对经营单元的未来工作提出改善建议以及行动计划，并帮助经营单元推进业务提升；同时，将此提升改善专项工作作为职能部门来年的KPI指标进行跟踪评价，促使职能部门提升服务基层的能力和意识，最终达到促进集团各职能业务线的能力提升，实现经营质量改善的目的。

案例讨论题：

1. 东风集团绩效管理工作各个阶段的主要做法分别是什么？
2. 东风集团分别运用了哪些国内外绩效考核方法？比较这些考核方法的针对性。
3. 如何进一步优化东风集团绩效管理体系？

第二章

胜任力与绩效改进

本章要点

绩效考评、绩效管理的目标是绩效改进，提高组织绩效。个人能力和组织能力是绩效的组成部分之一，胜任力模型作为一种有效的管理工具，被越来越广泛地应用于人力资源招聘配置、培训开发、绩效管理和薪酬设计等实践中。本章主要介绍胜任力、绩效改进的相关知识以及在企业管理工作中的应用。绩效管理的理想境界是提升员工和组织的能力，不用进行绩效考评却能够达到高绩效的状态。

导入案例

济南热力提升组织资本取得高绩效

很多北方人可能对于每年冬天的供暖早就习以为常，殊不知这背后有多少人的辛苦付出。济南每年最冷的时候往往是济南热力集团有限公司（简称济南热力）最忙的时候，客服中心每天会接到各式各样的电话：

"我家的暖气怎么不热了？"

"暖气管怎么会漏水呢？"

"你们修管道，为什么要停我们暖气呢？"

施工队每天奔波于各个小区、施工现场之间，最忙的时候部门负责人会轮流值班，只为保障万千用户能够度过一个温暖的冬天。一般企业技术服务类的一线员工经常抱怨工作强度大、工资低，可是在倡导"知行合一，为人民服务"的济南热力，员工们始终满怀一腔热忱，积极投入到工作当中。很多公司同样制定了各种绩效考核办法对员工进行绩效考核，为什么管理效果与济南热力有差别呢？

济南热力把绩效管理作为公司改革创新和日常工作的抓手。2012年潘世英出任济南热力党委书记兼董事长，到任时发现公司的管理基础非常薄弱：没有制度、没有文件、没有规范、没有预算和计划、没有计算机。潘世英以积极的心态面对这些问题，耐心地将困难逐一解决：配备计算机、建立周考核制度，利用办公自动化（OA）系统布置本周应该完成哪些工作、下一周应该做些什么。2013年、2014年考核走上正轨，济南热力开始建章立制，编写年度计划，进行预算管理、固定资产投资等管理工作。济南热力采用全方位考核方式，包括党务指标、财务指标、生产指标等。最开始的全方位考核只采用打分制，只包含生产指标和客户指标两个方面，致使年终兑现的时候无法拉开档次。为高效率开展考核工作，每年年初都会有考核记录，年底算账都将以此为基础，解决考核指标如何制定、如何使用、如何与奖金挂钩等问题，并于每年10月份开始制订下一年度的建设计划。2017年、2018年开始逐步拉开档次，员工都接受了差异化考核。后来对绩效管理体系不断进行优化，济南热力与上海慧圣咨询有限责任公司合作，建立了"平衡计分卡+KPI+特别奖励奖"的绩效管理体系。

潘世英主张绩效考核、考核激励要与中国国情及员工素养结合在一起。2012年，济南热力的薪酬比同行业低1000多元，为了提高大家的工作积极性，潘世英到公司的第一年就为全体员工涨工资，平均涨幅500元，并且连涨5年。之前公司也给员工发了绩效奖金，但是一些员工对于收入增加没有多少获得感。济南热力在合并了济南城投设计有限公司之后，采取了既有民营企业的灵活机制，又有国有企业的保底机制的管理方式。公司现有的工作能保证员工的薪资，市场化的工作则与民营企业的工作方式进行对标。多样化、差异化的分类绩效考核保证了员工的积极性，提升了员工的市场化意识，从年底考核结果可以看出，这种考核管理办法是正确、有效的。有的时候，员工除了工资待遇，还希望得到尊严和荣誉。之前公司改革遇到过这种情况：因为部门合并需要，把一些员工的主管头衔取消了，但是工资并没有变化，依然引起了这些员工的不满。对于有些人员，面子比金钱收入更重要。因此，潘世英认为食堂经理也可以叫总经理，在提升员工自尊的同时，也可以促使员工积极为公司服务。

除了制定了严格的以KPI为主的绩效考核办法外，在企业精神建设、能力锻炼、组织资本提升方面，潘世英也率领大家勇猛拼搏、奋发向上。

潘世英在企业精神、组织能力建设方面着实用功。山东是孔孟之乡，是中华优秀传统文化的主要发源地之一。潘世英本人热爱中华优秀传统文化，并积极响应党中央、国务院的号召，在济南热力大力弘扬中华优秀传统文化。2017年1月，中共中央办公厅、国务院办公厅印发了《关于实施中华优秀传统文化传承发展工程的意见》。文件明确提出，中华优秀传统文化"是中华民族生生不息、发展壮大的丰厚滋养，是中国特色社会主义植根的文化沃土，是当代中国发展的突出优势"。党的十八大以来，以习近平同志为核心的党中央高度重视中华优秀传统文化的传承发展，站在实现中华民族伟大复兴的战略新高度，从国家战略资源的高度重视继承优秀传统文化，将传承弘扬发展中华优秀传统文化与建设中国特色社会主义紧密结合，从推动中华民族现代化进程的角度创新发展优秀传统文化，使之成为实现"两个一百年"奋斗目标和中华民族伟大复兴中国梦的根本性力量。特别是习近平同志高度重视传承与弘扬中华优秀传统文化，认为中华优秀传统文化是我们中华民族的根和魂，"泱泱中华，历史悠久，文明博大。中华民族在几千年历史中创造和延续的中华优秀传统文化，是中华民族的根和魂。"（2014年12月20日习近平在庆祝澳门回归祖国15周年大会暨澳门特别行政区第四届政府就职典礼上的讲话）这明确指出中华优秀传统文化是中国精神、中国力量、中国文化软实力的源泉，是当代中国发展的突出优势。2014年10月13日，习近平主持中共中央政治局第十八次集体学习时的讲话中指出，中华优秀传统文化，对于治国理政具有重要的帮助："治理国家和社会，今天遇到的很多事情都可以在历史上找到影子，历史上发生过的很多事情也都可以作为今天的镜鉴。中国的今天是从中国的昨天和前天发展而来的。要治理好今天的中国，需要对我国历史和传统文化有深入了解，也需要对我国古代治国理政的探索和智慧进行积极总结。"潘世英深刻领会习近平的讲话精神，在熟读《老子》

《论语》《孟子》《传习录》等经典著作的同时，要求企业干部认真学习这些经典著作，对于重要章节甚至要求能够背诵。在工作间歇或者开会中间，潘世英会对干部进行抽查，看他们对经典著作的精华章句是否记住了、领会了。潘世英把中华优秀传统文化的精髓和济南热力的实际结合起来，把"知行合一，为人民服务"作为集团的核心价值观，作为整个集团行动的指南针、方向盘。济南热力除了认真学习中华优秀传统文化知识外，也组织管理人员、技术骨干到上海交通大学、山东大学等高等院校学习当代管理知识、科学技术。

自2012年担任济南热力董事长以来，潘世英从崭新维度为企业绘制发展坐标——以全新宏观视角审视和修正企业微观管理，以打造一流绿色供热企业为目标："要站在世界地图前面看热力，要面向2050年审视今天的热力，要敢于奋楫争先，要敢于开创伟业！"以"使生活更舒适，让生态更文明"为企业使命，以"知行合一，为人民服务"为企业价值观，牢固树立"六个意识"，争创全国"六个一流"，在打造"四个中心"、建设"大强美富通"现代化省会城市的伟大征程中争做爆破手、突击队和先行军！

潘世英毫不松懈地抓班子队伍的领导力建设。①牢固树立看齐意识。进一步开展"党员群众向中层干部看齐，中层干部向集团领导看齐"活动，不断增强看齐意识、责任意识、担当意识。他本人率先垂范，公而忘私，节假日也坚持勤奋工作。②充分发扬民主作风。完善"决策权"，严格执行"三重一大"民主决策制度。凡属方针政策性的大事、全局性的问题，以及干部推荐、任免、奖惩等重大问题，必须经集体充分酝酿、协商，坚持少数服从多数原则，由领导班子集体讨论决定。③切实强化团结协作。班子成员团结一致，切实做到了大事讲原则，小事讲风格，共事讲友谊，工作讲奉献，董事长与总经理工作上实现无缝衔接，凝心聚力推动热力集团工作再创新佳绩。④倡导"提前"工作原则，形成主动工作氛围。每年10月份即着手制订下一年度建设计划，采暖季在保证供热运行的同时即开始进行所有热源、管网等建设项目的手续办理，按照"停暖之日即开工之时"工作原则，采暖季结束后立刻全力以赴投入工程建设。⑤执行"40字工作原则"，加强集团内部执行力建设，严格执行工作主体责任制，对工作开展不及时、工作效果不理想部门及人员进行严肃处理。

高绩效是领导和大家共同奋斗取得的。截至2019年年底，济南热力共有30多家子公司，员工人数由2012年的1300多人发展到3000余人，供热面积由1000多万平方米扩大为1.5亿m^2，总收入由4亿元左右增长到40多亿元。企业在全国同行业率先推出精准供热管理和"供暖管家"服务模式，打造低碳环保供热，构建多热源互补模式，供热能耗持续降低，铸造"暖万家"品牌。济南热力已成为济南市率先达到超低排放标准、山东省首家实现联网运行、全国供热规模第二的国内一流热企。济南热力在全国首提精准供热，以科技引领供热发展。建立综合数字化供热指挥调度系统，实现五级智能监控，热网调节实现自动化、智能化，完成热网调节周期由"日"级别到"分"级别的跨越。通过对二次管网进行优化调节，实现所有用户的热平衡，用户温度不超过控制标准的±1℃，一个采暖季每平方米耗能降低。全面布局新能源供热，创新供热发展之路。面对供暖界"绿色供暖革命"，济南热力对新能源供暖方式进行果断尝试，走出了一条创新发展之路。开展空气源、污水源、高压电极蓄热锅炉、燃气锅炉、电厂余热利用、地热资源供热等清洁取暖项目，成功实施了济南市大气污染防治"十大行动"之一的华电章丘余热利用项目，其管网之长、管径之大在山东省均属首创，是目前济南市余热利用量最大的热企。实施的中央商务区供冷项目，实现了济南市热企由单一供热向冷暖联供的新跨越，逐渐形成了稳定可靠的多方式、多元化的能源供应格局。

济南热力在人力资本、组织资本等方面的能力建设，对绩效改进发挥了重要影响。对绩效概念的理解，应该从以往片面看重结果的观点，向绩效是能力、行为和结果的统一体的观点转变。

（资料来源：上海慧圣咨询公司数据库。）

济南热力取得高绩效，与其董事长高度重视公司能力建设密切相关。学术界对绩效的理解，一般认为绩效是能力、行为和结果的统一体。但是在现实中，一些人还是容易把绩效简单地理解为结果、财务指标。一些企业习惯用"业绩"而不是"绩效"，甚至有的企业把绩效考评的职能划归到财务部，从深层次来看，还是对绩效概念的理解没有与时俱进。学习胜任力知识可以帮助我们更加全面地理解绩效的定义。绩效考评、绩效管理的目标是绩效改进，提高组织绩效。当今世界，企业面临着日益激烈的市场竞争，如何促使员工取得高绩效成为管理者关注的核心问题。胜任力是与高绩效密切联系的一个概念，个人或者组织能力提升可以促进绩效改进、绩效提高。

第一节　胜任力的相关概念

以哈佛大学戴维·麦克利兰（David McClelland）教授为首的研究小组，经过大量研究发现，传统的学术能力和知识技能测评并不能预示工作绩效的高低和个人生涯的成功。而且，上述测评方法通常对少数民族、妇女和社会较低阶层人士不尽公平。同时他们发现，从根本上影响个人绩效的是"成就动机""人际理解""团队影响力"等一些可称为"胜任力"的内容。之后小组又进一步将其明确定义为"能区分在特定的工作岗位和组织环境中绩效水平的个人特征"。1973年，麦克利兰发表了题为《测量胜任力而非智力》的文章，为胜任力理论奠定了基础。

一、胜任力

（一）胜任力的概念

《辞海》中对"胜任"一词的解释是指"足以承受或担任"。这是一个有几千年历史的汉语词语，《易·系辞下》中就有："'鼎折足，覆公餗，其形渥，凶。'言不胜其任也。"《庄子·秋水》中有："且夫知不知是非之竟，而犹欲观于庄子之言，是犹使蚊负山，商蚷驰河也，必不胜任矣。"庄子的这句话中"胜任"一词的意义，基本上与人们平常所说的"胜任"意义相同。但是，人力资源管理中所说的"胜任力"与日常生活和工作中所说的"胜任"意义有比较大的区别。在英文文献中，描述胜任力的词汇有"competency"和"competence"，其含义有所区别。伯曼（Berman）认为，"competency"一词多用于识别绩效、技能和行为等，而"competence"多用于功能的整合。麦克利兰认为，"competence"强调个人的能力，"competency"强调实际表现。competence（胜任力）是一个抽象、笼统的概念，狭义地讲，它指的是个体能够达到某个职位的绩效要求的一种状态或综合品质。相比之下，competency（胜任特征）则是相对于某个具体的岗位或工作任务而言的特质或特性。也就是说，competence 具体到某个特定的岗位或任务上，可以提炼出一项或数项 competency。competency 的中文译名有很多，如"能力""胜任力""素质""胜任素质""才能""才干""资质"等。

胜任力概念的创立和发展经历了一个长期的阶段。古罗马时期，胜任力（competency）被用来作为一名好的罗马战士的评价标准。当时人们绘制胜任力侧写图（competency profiling）描绘好的罗马战士应具备的素质。科学意义上的胜任力研究起源于20世纪初，"科学管理之父"泰勒（F.W.Taylor）所进行的"时间动作研究"（time and motion study）被誉为"管理胜任力运动"（management competencies movement）。1898年，在伯利恒钢铁公司大股东沃顿（Joseph Wharton）的鼓动下，泰勒以顾问身份进入伯利恒钢铁公司（Bethlehem Steel Company），认识到优秀工人和较差工人在完成他们工作时的差异。因此，他建议管理者用时间和动作分析方法去界定工人的胜任力由哪些成分构成，同时采用系统的培训和发展活动提高工人的胜任力，进而提高组织效能。泰勒指出："管理人员的责任是细致地研究每一个工人的性格、脾气和工作表现，找出他们的能力；另一方面，更重要的是发现每一个工人向前发展的可能性，并且逐步地系统地训练，帮助和指导每个工人，为他们提供上进的机会。这样，使工人在雇用他的公司里，能担任最高、最有兴趣、最有利、最适合他们能力的工作。"泰勒的研究思想产生了极其深远的影响，至今的工作分析方法可以被认为是由"时间-动作研究"演化而来的。泰勒在伯利恒钢铁公司还进行了著名的"搬运生铁块试验"，是在这家公司的五座高炉的产品搬运班组大约75名工人中进行的。这一研究改进了操作方法，训练了工人，结果使生铁块的搬运量提高了3倍。

1958年，美国哈佛大学心理学家戴维·麦克利兰出版了《才能和社会——人才识别的新角度》一书，阐述了人的某些个性特征和他所表现出来的工作取向（如工作态度、习惯）之间的联系，但此书中并没有出现"胜任力"的概念。1959年，罗伯特·怀特（Robert White）在《心理学评鉴》杂志上发表论文《再谈激励——胜任力的概念》，首次正式提到与"人才识别"和"个人特性"有相关意义的"胜任力"（competence）一词；1963年，他发表另一篇文章《人际关系胜任力》，对胜任力和社会生活之间的关系做了更深入的分析和探索。

20世纪70年代初，美国国务院邀请麦克利兰及其同事查理斯·戴雷（Charles Daily）帮助解决在外交官选拔中遇到的一个难题——为了挑选到合适的外交人员，国务院采用了非常严苛的测试。内容包括三方面：①智商；②学历、文凭和成绩；③一般人文常识和相关的文化背景知识（包括美国历史、欧美文化、英文、政治、经济等）。能够通过测试的人，在当时都被认为是"才高八斗"的。遗憾的是，测试效果却并不理想：一方面，尽管经常有黑人和其他少数人种申请该岗位，但测试选出的一般都是白人男性；另一方面，经过这样严格挑选出来的外交官，在日后的工作表现上却良莠不齐。麦克利兰和同事采取了一种全新的行为事件访谈法来进行研究。在完成外交官项目的过程中，麦克利兰等人分别于1972年和1973年联合发表了两篇文章《改进海外文化事务官员的甄选》和《评估用于测量优秀海外文化事务官员的必备素质的新方法》。1973年，麦克利兰发表文章《测量胜任力而非智力》，对以往的智力和能力倾向测验进行了批评，提出用测量胜任力来替代传统智力测验的观点。例如，文中麦克利兰指出："我们在选拔一名警察时考察其是否能够找出单词间的相似之处，到底有何必要？"而这恰恰是传统智力测验的常见题型。相反，他认为：

"如果你想测试谁有可能成为一名好警察,那么就去看看好的警察到底都在做些什么,然后以此为样本来筛选候选人。"也就是说,真正具有鉴别性的是员工的高绩效行为特征,麦克利兰将此称为"胜任力"(competency)。这是一篇具有里程碑式意义的文章,构建了以"competence"而不是"talent"为核心思想的体系,奠定了麦克利兰在胜任力研究领域的地位。同时,麦克利兰的研究也为后来胜任力的研究提供了理论依据。1982年,麦克利兰和博亚特兹(Boyatzis)出版了《胜任的经理:一个高效的绩效模型》一书,自此,胜任力被广泛应用于美英等国的企业人力资源管理、教育组织和政府机构等领域,并掀起了胜任力研究与应用的热潮。

关于胜任力的定义有多种观点。博亚特兹认为胜任力是一个人所拥有的导致其在一个工作岗位上取得出色业绩的潜在特征,它可能是动机、特质、技能、自我形象或社会角色或他所使用的知识实体等。史考特·派瑞(Scott B. Parry)认为胜任力是影响一个人工作主要部分的一组知识、态度和技能;它与工作业绩相关;与一般公认的标准相反,它可以通过培训和发展来提高。雷诺德(Lenord)认为胜任力包含三个概念:一是个人特质,即个人独具的特质,包括知识、技能和行为;二是可验证性,即个人所表现出来的、可以确认的部分;三是产生绩效的可能性,即除了现在的绩效表现,还注重未来的绩效。整合这三个概念,胜任力是个人可验证的特质,包括可能产生绩效所具备的知识、技能和行为。科克里尔(Cockerill)认为胜任力是相对稳定的行为,这些行为所连续创立的程序可以使组织能够了解、适应新的环境要求,并能对环境加以改变,以更好地适应不同利益的需要。布兰切罗(Blancero)等人的研究将50项能力分为核心胜任力、杠杆胜任力和角色胜任力。拜厄姆(Byham)和莫耶(Moyer)认为胜任力是一切与工作有关的行为、动机与知识,而这些行为、动机与知识是可以被分类的。胜任力分为行为胜任力,是指能够导致绩效好坏的个人行为,包括言辞与行动;知识胜任力,是指为个人所知晓的事实、技能、专业、程序、工作和组织等;动机胜任力,是指个人对工作、组织或地点的感受。桑德伯格(Sandberg)在他的研究中指出:"工作中的胜任力并不是指所有的知识和技能,而是指那些在工作时人们所使用的知识和技能。"除了上述观点,关于胜任力还有多种定义,如表2-1所示。

表2-1 胜任力定义综述

学者	时间	对胜任力的定义
McClelland	1973年	与工作或工作绩效或生活中其他重要成果直接相关或相联系的知识、技能、能力、特质或动机
Guglielmine	1979年	包括3个方面:一是概念胜任力(包括决策能力、为组织利益寻找机会与创新的能力、分析经济与竞争环境的能力以及如企业家一般的思考能力等);二是人际胜任力(包括沟通、领导、谈判、分析及自我成长的态度等);三是技能胜任力(包括计划个人事业、掌管自我时间的能力等)
McLagan	1980年	所谓才能,是指一个人在某个角色或职务上有优越绩效的能力。它可能是知识、技能、智慧策略或综合以上三者的结果;它可以应用在一个或多个工作单位中。胜任力的涵盖范围视其被希望的用途而定
Klemp	1980年	个体具有的那些与高效或优异的工作绩效有因果关系的特性
Boyatzis	1983年	是一个人所拥有的导致其在一个工作岗位上取得出色业绩的潜在的特征,它可能是动机、特质、技能、自我形象或社会角色或他所使用的知识实体等

（续）

学者	时间	对胜任力的定义
Guion	1991年	预示个体在不同情境中行为或思考方式的潜在特质，通常可持续较长一段时间
Spencer	1993年	能将某一工作（或组织、文化）中有卓越成就者与表现平平者区分开来的个人潜在的深层次特征。它可以是动机、特质、自我形象、态度或价值观、某领域的知识、认知或行为技能等任何可以被可靠测量或计数的，并且能显著区分优秀绩效者和普通绩效者的个体特征
McClelland	1994年	它可以是动机、特质、自我概念、态度和价值观、具体的知识、认知或行为技能，也就是可以被准确测量或计算的某些特性。这些特性能够很明确地区别出高效率的绩效执行者和低效率的绩效执行者
Fleishman	1995年	知识、技能、能力、动机、信仰、价值观和兴趣的混合体
Mirabile	1997年	与高绩效相联系的知识、技能、能力和特征。行为是胜任力的明确表达，是一些素质、技能、能力或特征的可观察的展示，也是一整套假定为可以被观察、教授、习得和测量的行为
Parry	1998年	影响一个人大部分工作（角色或指责）的一些相关的知识、技能和态度，它们与工作绩效紧密相连，并可用一些被广泛接受的标准进行测量，且可以通过培训和发展加以改善和提高
Schweek	1999年	在某一情境中完成工作所必需的一系列行为模式。这些行为与高工作绩效有关，并且通过工作中的高绩效个体得以具体表现
王重鸣	2000年	导致高管理绩效的知识、技能、能力，以及价值观、个性、动机等特征
仲理峰和时勘	2003年	把某岗位中表现优异者和表现平平者区别开来的个体潜在的、较为持久的行为特征（behavioral characteristics）。这些特征可以是认知、意识、态度的、情感的、动力的或倾向性的等
C.Woodruff	2016年	员工岗位胜任素质不仅包括员工个人综合素养，也包括与工作任务相关的技能

尽管关于胜任力的定义众多，戴维·麦克利兰的定义影响最大。他认为胜任力是指"与工作或工作绩效或生活中其他重要成果直接相关或相联系的知识、技能、能力、特质或动机"。这一突破性创见很快得到学术界的认可，"胜任运动"（compencity movement）也逐渐风靡影响力由美国到整个企业界。麦克利兰创建 McBer 公司终身致力于为企业和政府等提供胜任力方面的咨询和应用服务。斯宾塞（Spencer）等人的观点具有综合性，他们认为，胜任力是指特质、动机、自我概念、社会角色、态度、价值观、知识、技能等能够可靠测量，并可以把高绩效员工与一般绩效员工区分开来的任何个体特征。简单地说，胜任力是指能够将绩效优异者与绩效平平者区分开来的核心特征。其中，较容易通过培训、教育来发展的知识和技能是对任职者的基本要求，称为基准性胜任力（threshold competency）；而在短期内较难改变和发展的特质、动机、自我概念、社会角色、态度、价值观等高绩效者在岗位上获得成功所必须具备的条件，统称为鉴别性胜任力（differentiating competency）。学者们还提出了冰山模型（iceberg model）、洋葱模型（the onion model）和《胜任力词典》，构建了包括专业技术人员、销售人员、社区服务人员、管理人员和企业家在内的通用胜任力模型。

总而言之，胜任力具备三个重要特征：①胜任力与工作绩效密切相关，并能够预测未来的绩效；②胜任力与任务情景相联系，具有动态性；③胜任力能够区分绩效优秀者与绩效平平者。因此，并不是所有的知识、技能、个人特征都被认为是胜任力，只有满足这三个重要特征才能被认为是胜任力。

（二）胜任力与一些相似概念的区别

1. 胜任力与技能的区别

胜任力与技能之间有几个主要的不同点：①技能是在明显的行为中表现的，如在稳定的组织环境中用常规程序处理和计划好的任务，显示出结合具体任务的组织特性（Kanungo&Misra，1992）；而与智力和感知活动相结合的胜任力是在复杂的非常规任务和多变的环境条件下被需要的。②一般化程度不同。技能更任务中心化，胜任力更普遍、通用（Parry，1998）。③胜任表现可能并不一定是一个潜在技能。对于稳定环境下的常规任务，技能对行为和结果的影响不通过限于不稳定环境下的非常规任务的管理胜任力来检测（Antonacopoulou & Fitz Gerald，1996）。

2. 胜任力与态度的区别

态度是关于客观事物、人和事件的评价性指向——要么喜欢要么不喜欢。员工的工作态度就是员工对工作的喜欢或不喜欢。通常，对于喜欢的工作，员工往往会产生较高的绩效。态度会影响胜任力，因为这里胜任力指的是员工胜任工作、产生优秀绩效的能力。胜任力评估包括两个维度：观察者评估胜任力，如基于绩效的归因；自我感知胜任力或感觉胜任力（Markus，Cross & Wurf，1990）。胜任力的自我感知维度促成了态度的构成，尤其是那些自我观念。

3. 胜任力与学识的区别

学识又称为知识。知识是人类社会历史经验的总结和概括，是存在于个体之外的东西，具有客观性，但可以被个体领会、理解、掌握。知识本身并不是个性的胜任力特征，但胜任力和知识有着密切联系：一方面，胜任力是在掌握知识的过程中形成和发展的，离开了学习和训练，胜任力就得不到发展；另一方面，掌握知识又是以一定的胜任力为前提的，它制约着掌握知识的速度与程度。

4. 胜任力与人格特质的区别

人格特质是个体在不同情景下所表现出来的一致的反应方式和与他人交往方式的综合，是可测量的。人格特质主要受遗传、环境和情境影响。一般来说，人格特质是稳定的，但在不同情境下也会有所不同。胜任力的形成会受到人格特质的影响，但胜任力的含义更广泛。一些胜任力常常更多地使用人格特质中的思考特性，且成为应用于管理者的领导特征理论的延伸。

5. 胜任力与任职资格的区别

胜任力关注的是优秀员工应具备的深层次的特质，包括动机、品性、能力、个性等；任职资格关注的是合格员工应具备的基本的特质，包括知识、技能、经验、学历等因素。两者只能相互补充，而不能相互替代。只有将任职资格与胜任力相结合，才能保证获得真正的优秀人才。企业在开展胜任力项目前，应正确区分两者之间的区别与联系。根据胜任力与任职资格的特征，结合企业的实际情况，在人力资源管理的实践中，将任职资格作为人才选拔与招聘的"门槛"类标准,把胜任力作为人才选拔与招聘的"发展"类标准;将任职资格的内容作为人才上岗培训的重要内容,把胜任力模型的内容作为人才能力提升与开发的重要内容。

(三)胜任力的构成要素及其特点

由于胜任力定义中包含外显的行为和内隐的动机等,所以胜任力模型中有一部分是内隐成分。人们将胜任力模型形象地比喻成漂浮于水中的一座冰山:水上部分代表表层特征,如行为、知识和技能等,这些特征容易感知到,但不能预测或决定能否有卓越的表现;而处在水下的深层胜任特征,如社会角色定位、态度、价值观、自我认知、品质、动机等,则决定着人们的行为与表现,如图2-1所示。麦克利兰认为,胜任力模型(competency model)可以划分为两大部分:水上冰山部分(行为、知识和技能),即基准性胜任力特征,这只是对胜任者基础素质的要求,但它不能把表现优异者与表现平平者区分开来;水下冰山部分,包括社会角色定位、态度、价值观、自我认知、品质和动机等胜任力特征,可以统称为鉴别性胜任力特征,是区分表现优异者与表现平平者的关键因素。

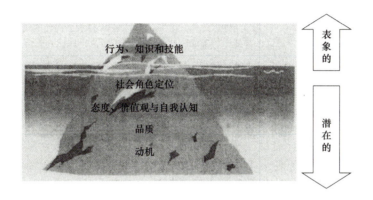

图2-1 胜任力冰山模型

冰山顶部可见的是第一层水平与完成工作或与岗位有关的必须具备的可观察到的知识和技能。正如斯宾塞所说,岗位和任务能够被恰当地执行所需要的能力——指导性的知识和技能可以通过专业培训学习到。冰山在水面下的部分,就是通常所指的人的潜能,从上到下的深度不同,表示被挖掘与感知的难易程度不同。在水下越深,通常越不容易被感知与挖掘;而在水面上的表象部分,即人的行为、知识和技能,则易被感知。深层次的胜任力比表层的胜任力重要。麦克利兰(1993)描述以胜任力为基础的人格特性时,认为人格深层结构,如人的动机和自我意向是区分表现优异者和表现平平者的关键因素,也是在岗位上或特定情景下取得成功的决定性因素。

(1)动机。动机是指推动个人为达到一定目标而采取行动的内驱力。动机会推动和指导个人行为方式朝着有利于目标实现的方向前进,并防止发生偏离。

(2)品质。品质是指个性、身体特征对环境与各种信息所表现出来的一贯反应。品质与动机可以预测个人在长期无人监督下的工作状态。

(3)态度、价值观与自我认知。态度、价值观与自我认知是指个人自我评价的结果。它们作为动机的反映,可以预测短期有人监督条件下人的行为方式。

(4)社会角色定位。社会角色定位是指基于态度与价值观的行为方式与风格。

（5）行为、知识和技能。技能是指结构化地运用知识完成某项具体工作的能力，即对某一特定领域所需技术与知识的掌握情况。

二、胜任力模型

胜任力模型（competency model）是指对组织或企业中的某一个岗位，依据其职责要求所提出的为完成本职责而需要的能力支持要素的总和。美国劳动部提供的一般胜任力模型如表 2-2 所示。

表 2-2　美国劳动部提供的一般胜任力模型

表现技能	适应性	复原力	从冲突和困难境地恢复；将逆境视为学习机会；响应时间压力，以解决问题的行为面对人际冲突；经受住恶劣的评论和脾气；在压力下仍然尊重他人
		适应变化	开放性地接受改变，寻找可帮助组织的方法；对变化做出支持性的反应；为效率而服从团队的共识和变化；抵制危险和非法的变化
	人际	团队参与	与他人合作，为集体献计献策；表达自己的正反面意见；不在队友背后说三道四；愿意面对团队的绩效问题
	团队参与	显示领导	通过思想、感情和意见的沟通来看待一个岗位；鼓励、说服或用其他方式激励群体或个人；挑战现有的程序、政策或优先权
		冲突管理	直接表达自己的意见；倾听和理解他人的想法；必要时使用权威表达不同意见；接受负反馈并以此为鉴；为解决分歧而谈判以求得共识
		接受异见	与不同背景的个人一起有效工作；与具有不同信仰、社会背景、教育背景的人共事时表现较强的包容性；避免陈腔滥调；纠正轻视和敌视其他群体的意见
		提供服务	为满足顾客而尽量沟通与努力；帮助他人达到其需要和目标；用引人入胜的说辞和具有说服力的态度面对难以相处的顾客
	工作习惯	诚信表现	收集和使用信息时尊重保密性、商业道德、组织机密；用事实说话；在决策中避免听信流言蜚语和主观意见；保持事情的真实完整；完整和精确地书写文档
		自我管理	无人管理时使用标准操作程序和工作说明指导自己的行为；按与结果相关的重要性对工作排序；分配时间并按照时间表执行；定期做出政策程序规则未规定的工作决策
		激励自我和他人	开始并鼓励他人一同开展工作；遵循行动计划，表现出努力工作和取得可量结果的热情；快速完成任务；努力赶超自我与他人
		服从程序	理解、遵从并鼓励他人按预定政策和程序办事，即使这样做较为麻烦；当政策或程序影响效率时，能说服别人改进绩效
技术知识和工作技能	掌握资源	分配资金	使用和准备预算，做出成本和盈利预测，保存预算支付的详细历史记录，并进行合理的判断
		分配材料、设备	获得、存储、分配原材料、设备、空间和最终产品，使其达到效用最大化
		分配人力资源	评价知识、技能并相应地分配工作，评估绩效并提供有效反馈

（续）

技术知识和工作技能	掌握信息	获取和评估信息	确定数据需要，从已有来源获取或自行创建，并且评估它的关联性和精确性
		组织和维护信息	组织、进行和保留书面档案、电子记录或其他系统样式的信息格式
		传播和沟通信息	选择和分析所获信息，并使用口头、书面、图示、照片或多媒体形式进行传播沟通
		使用计算机	使用计算机获得、组织、分析、沟通信息
	系统工作	理解系统	了解社会性、组织性、技术性系统如何工作，并在其中进行有效操作
		监控和纠正表现	辨别趋势，预测行动对系统运行的影响，诊断系统或组织中的职能背离，并采取必要措施纠正绩效
		改进和设计系统	提供有效建议，修改已有系统来改进产品或服务，发展新的或备选系统
	技术	选用技术	判断应使用何种进程、工具或机械，包括计算机和相关软件程序，可产生已设计的结果，并帮助他人学习
		根据任务应用技术	理解全面意向和合适进程，设计和操作机械，包括计算机和相关程序系统
		维护和改进技术	防止、发现和解决机械、计算机和其他技术应用中的问题

（资料来源：The Secretary's Commission on Achieving Necessary Skills：What Work Requires of Schools：A SCANS Report for America 2000，U.S Department of Labor，June 1991；Green，1996.）

胜任力模型就是用行为方式来定义和描述员工完成工作需要具备的知识、技巧、品质和工作能力，通过对不同层次的定义和相应层次具体行为的描述，确定核心能力的组合和完成特定工作所要求的熟练程度。由于胜任力只有在日常行为中得以体现，才能为企业带来价值，所以在模型中对每项胜任力都定义了相应的关键行为作为参考，来判断胜任力的掌握程度。

对于普遍的个人特点进行归纳得到的模型称为一般性胜任力模型。由于调研范围大、样本多，一般性胜任力模型具有一定的通用性。除一般性胜任力模型外，还有针对行业、层级、职能的胜任力模型，如经理人胜任力模型，此模型是根据高绩效的管理者的行为制定的，如表2-3所示。

表2-3 经理人胜任力模型

管理特性	领导	激励与授权他人以达到组织目标
	计划和组织	组织和安排事件、活动和资源；提出和建立时间表和计划书
	说服力	影响、劝说或感动他人，让其同意、接受或改变行为
	专业知识	了解技术或专业工作方法，并持续掌握技术知识
职业特性	问题解决与分析	分析问题并分解成若干部分，基于相关信息做出系统的、理性的判断
	商业意识	明白并应用商业与财务原则；有成本收益观念、市场观念和增值观念

（续）

企业家特性	创新	创建新的和富有想象力的方法投入工作；确定新方法并展示出质疑传统的想法
	战略性	展示出对事物的全面看法，富有远见卓识
	人际敏感	敏感而有效地与他人互动；尊重他人，愉快地与他人进行合作
个人特性	弹性	顺利适应需求与环境的变化
	自我激励	自我承诺，向目标努力前进；显示出热情与企业意识

组织对胜任力模型的选择受很多因素的影响，包括胜任力如何使用、组织资源如何使用和发展等。无论模型特性或模型类别如何，大多组织鼓励精简模型，即对每个模型只强调 5~10 个最重要的胜任力。

三、胜任力词典

提出胜任力模型后，麦克利兰继续深化其研究。1989 年，麦克利兰开始对全球各类组织的 200 多项工作所涉及的胜任素质进行观察。经过深入研究，他从众多的胜任素质中提炼出 21 项通用的胜任素质要素，这 21 项胜任素质要素概括了人们在日常生活和行为中所表现出来的知识与技能、社会角色定位、自我概念、特质和动机等特点，形成了普遍适用的管理人员的胜任力模型。在此基础上，由麦克利兰主持的咨询机构 Hay-McBer 公司于 1996 年首次出版了《分级素质词典》，又称《胜任素质词典》《胜任力词典》等。通用的《胜任力词典》包括 6 个基本胜任素质群和 21 项胜任素质要素。这 21 项胜任素质要素便构成了《胜任力词典》的基本内容，并且每项素质都有对应的各种行为特征加以阐释。在《胜任力词典》中，这 21 项胜任素质要素按照内容或作用的相似程度划分为若干个胜任力族，每个胜任力族通常有 2~5 种具体胜任力要素，每项胜任力都有一个总体释义与对应行为特征的分级说明。

麦克利兰提出的胜任素质的概念，对人力资源管理产生了重大的影响。它涉及人力资源管理的各个方面，分别为工作分析、人员招聘、人员考评、人员培训以及人员激励提供了可操作的方法。与以往的方法相比，胜任素质是从组织战略的需要出发，以强化核心竞争力和提高组织长远绩效为目标的一种人力资源管理工具。素质模型的有效运用需要遵循一定的步骤：

首先，不同类型的工作对素质的要求是不一样的，需要确定哪些素质是该类工作岗位所需要的胜任素质。确定胜任素质主要有两条基本原则：①有效性。判断一项胜任素质的唯一标准是能否显著区分出工作业绩，这就意味着所确认的胜任素质必须在优秀员工和一般员工之间有明显的、可以衡量的差别。②客观性。判断一项胜任素质能否区分工作业绩，必须以客观数据为依据。

其次，在确定胜任素质后，组织要建立能衡量个人胜任素质水平的测评系统，这个测评系统也要经过客观数据的检验，并且要能区分工作业绩。

最后，在准确测量的基础上，设计出胜任素质测评结果在各种人力资源管理工作中的具体应用办法。

事实上，《胜任力词典》的意义就在于，即使存在地域、文化、环境、条件的差异，它仍可以解释胜任力对同类工作但不同绩效结果之间影响作用的相似性。或者可以说，从事同类工作的绩优人员所具备的胜任力及其内涵,在全世界范围内并没有太大本质上的差异。当然,在实际运用过程中,这 21 项胜任素质要素的具体含义与相应级别定义都要经过严格的专业标准测试与企业中不同层级、类别人员的行为实践与评估,根据企业所处行业特点及其自身特性(包括所处发展阶段、掌握资源的成熟度等外部条件的完善程度等),通过胜任素质要素(主要指专业素质与通用素质,这两类素质的内容与分级会随行业不同而有较大差异)的不断修订、增删与重新组合,才能形成符合行业与企业个性需要的《胜任力词典》。

顾名思义,前面阐述的《胜任力词典》是对胜任力清晰地定义、级别划分、行为特征描述以及应用示范。这里的"行为特征"通常是指人们的感受、思维和行动的方式,能够表现胜任力的一系列可观察的行动。为了有更强的操作指导性,可以针对不同级别的行为特征,通过还原具体工作的真实场景归纳出行为示范,便于应用于人才选拔评估、培训示范、绩效考评等工作中。表 2-4 和表 2-5 是上海慧圣咨询公司为某建筑工程企业制作的项目经理胜任力模型中"诚信正直"要素的《胜任力词典》示例及评价等级行为示范。

表 2-4 《胜任力词典》示例

胜任力名称			诚 信 正 直
定义			诚实守信且富有正义感,在工作中遇到压力、阻力、诱惑等情况时能恪守道德准则,以公司利益为重
评 价 等 级			
等级	代号	名称	行为特征描述
零级	A0	行为不端	欺上瞒下,不能真实、客观地评价别人 在压力、诱惑面前,自控力不足,存在违规违纪行为 以权谋私,滥用权力压制下属,谋取私利 拉帮结派,打击报复,破坏团队内部安定团结
一级	A1	品行端正	在公司及项目组内,对做出的承诺能努力兑现 与人为善,与同事交往能够做到顺畅沟通,矛盾较少 不做损害公司和项目组利益的事情 当工作中没有明显利益冲突,压力、阻力较小时,能坚持执行国家有关法律法规、公司相关规章制度
二级	A2	秉公办事	向上级或相关部门客观公正地反映项目组的内部情况 对他人所提出的违反公司和项目组规定的要求和提议,能够果断拒绝 能够做到按章公办,不滥用手中的权力 对自己要求较高,自我约束能力强
三级	A3	大公无私	在个人利益与公司利益发生严重冲突时,选择有利于公司利益的做法 在与利益相关部门的交往中关注信誉,以诚待人 面对下属、同事违反公司规章、规定及道德准则的行为,挺身而出,给予制止或揭发 在错综复杂的利益和关系面前,保持头脑清醒
四级	A4	高洁守信	无论何人,当其违反公司规章、规定及道德准则时,都能给予制止或揭发 衷心拥护公司"诚信"的企业精神,鼓励项目组员工诚信正直的行为 在面对压力或诱惑时,坚持按公司及项目组的规章制度办事 将员工诚信文化养成作为系统工作来抓,制定相关措施,从软环境和硬约束出发,营造良好氛围

表 2-5　评价等级行为示范

代号	内　容
A1	行为示范 1："有一次，因为工程需要，我们组织工人开展了夜间施工，因为时间比较急，所以夜施许可还没申请下来，地方相关部门来进行检查，我们还是把情况向他们进行了客观反映。虽然最后被罚了钱，但这么做是对的，应该告诉人家真实情况。" 行为示范 2："以工程为主线的项目经理要能以事业为重。有的只想借工程出个名或捞好处，只管吃吃喝喝，让手下做事情，不深入管理。我觉得必须在这个岗位上坚守自己的道德标准，不能滥用权力，否则想干好工作很难。"
A2	行为示范 1："有一次，一个民工队绑铁丝绑得不到位，好多地方都是应付的。我发现了这个问题，就去找包工头理论。那个人让我睁一只眼闭一只眼就算了，对工程没什么大影响，如果重新绑，他们很费事，又浪费时间。我果断地拒绝了，坚持让他们去做这件事。项目上有的事情该坚持就要坚持，出了问题就是大麻烦。" 行为示范 2："作为项目经理，手中是有一定的权力，公司对我们也敢于放权，主要是为了工作能够灵活机动，更好地开展项目。但权力不能滥用，否则下面的人也会不服气。比如我跟哪个人关系好，就给他安排好干的活儿，和哪个人关系僵，就给人家安排不好干的活儿，这么做事情肯定不行，到最后项目就没法管理了。"
A3	行为示范 1："在一个项目中，我们跟供货方订阀门，原来谈的价格是 2 万元，而实际买时花 1 万多元，节省了很多钱。如果我不省 1 万元，只省几千元，自己从中拿一些好处，领导也不能说我什么，但这样就是品质有问题。做我们这行的，一定要正直，按照道德标准做事。" 行为示范 2："有一次项目临时结构爆破的时候，领导提前把爆破的时间定下来了。这个爆破因为要与消防局等相关部门联系，时间定得早。但我们当时的防护没有做好，给我留下的做防护的时间不够，从安全上来讲这很危险。我就要求不要爆破，做好防护再爆破。领导说不行，已经与消防局联系好了，必须进行。我觉得这是原则问题，因此我当时开了停工单给领导。"
A4	行为示范 1："每个工程项目所处的环境都不简单，要协调多方关系，要给各方面都留下好印象，这样项目才能顺利开展，减少阻碍。就拿地方上来说，对他们说过的话一定要算数。比如答应了他们今晚把路面清理干净，就绝不能拖到明天早晨。诚信非常重要，这对项目有好处。" 行为示范 2："××公司的企业精神里面就有诚信这项内容，保持诚信对项目组很重要。我就曾经在内部会议上公开表示，要发现诚信正直的精神，对做得好的，要推广，要奖赏！"

（资料来源：上海慧圣咨询公司数据库。）

第二节　胜任力对绩效管理的作用

基于胜任力的绩效管理是以胜任力分析为起点，确定导致未来成功的变量。它以产生高绩效作为最终判断标准，以行为过程为研究对象。行为导向是其应用的主要特点，因为行为反映了胜任力，而且管理者关心并需记录的也只是较稳定的、可描述的、与绩效有关的行为。正因如此，寻找胜任力的主要方法就是有效地归纳高绩效者的关键行为。

一、胜任力能够通过驱动行为来影响绩效结果

定义胜任力需要绩效标准，因此需要先定义绩效。正如前文所述，绩效一般包括三方面的含义：第一是指能力、素质；第二是指员工的工作结果；第三是指影响员工工作结果的行为和表现。胜任力决定人的行为；行为与其他外部因素共同导致结果/产出；关键的行为绩效反映胜任力，所以可以用关键行为评价胜任力，用胜任力预测结果/产出。对企业来

说，最终注重的是结果/产出，所以需要通过胜任力模型来管理行为绩效，预测未来的结果/产出。

任何行为都是行为人思考的结果，或者说，思考先于行动而决定着一个人的行动方式。这里，思考可能受个人动机的影响。作为一个具有成就动机的人，会不断考虑事情怎样才能做得更好，并因此决定着他制订具体计划和思考问题的方式等。同样地，任何一种行为的发生都与某种知识、技能的投入有关，否则行为本身也就漫无目的、毫无意义了。图2-2阐释了胜任力对行为的驱动影响。

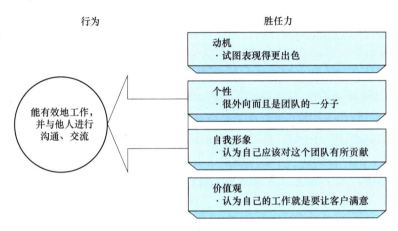

图 2-2　胜任力对行为的驱动影响

从投入产出的角度来说，动机、个性、自我形象、价值观、社会角色定位、态度、知识与技能等都决定并作用于人的行为，直至最终驱动绩效的产生。而胜任力构成要素则以单个或综合的潜在部分"推动"或"阻碍"了表象部分，从而使得胜任力最后影响、作用于行为的过程乃至结果（见图2-3）。

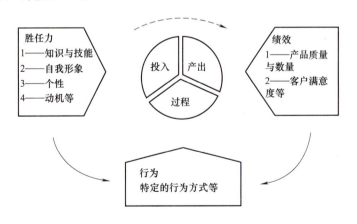

图 2-3　胜任力的投入产出模型

从图2-3可以看出，胜任力与行为及绩效之间的驱动关系可以简单表示为

合适的胜任力（适合做什么）+ 有效的行为方式（应该怎么做）= 高绩效（做了什么）

式中

合适的胜任力（适合做什么）= 强动机 + 合适的个性与价值观 +……+ 必备的知识与技能

从胜任力与行为及绩效之间内在的驱动关系引申开来，对企业而言，员工的胜任力与企业的愿景、价值观以及战略目标的实现也是密切相关的。这种关系主要体现在员工胜任力与行为之间共同作用，从而驱动个人、团队、部门绩效目标乃至企业战略的实现。

二、胜任力的应用有利于完善绩效管理沟通

绩效管理的目的是持续地改进提升，绩效考评只是其中的一个环节，更重要的是绩效沟通。胜任力模型找到区分优秀与普通的指标，以它为基础确立的绩效考评指标，是经过科学论证并且系统化的考评体系，使考评者与被考评者找到共同沟通的基础。双方通过对目标完成情况、绩效提高程度和能力的评估，可以帮助员工完成目标、完善自我，并了解自身在企业中的事业发展机会。对能力的评估通常包括：员工的管理能力和具备素质的优势与劣势如何；员工的潜在胜任能力和发展趋势怎样；员工需要什么样的胜任能力和经验才能满足岗位所需要的条件；要采取何种培训弥补员工经验和胜任能力的不足等。通过对员工的胜任能力进行评估，充分了解员工的胜任能力状态，分析阻碍员工获得更好绩效的因素，以及员工的事业目标和他们的愿望。根据这些信息，在上级的支持下，员工制定出绩效和胜任能力发展目标及行动步骤，从而在工作中不断改变自身的行为，最终取得个人和企业期望的绩效成果。

在绩效沟通中，员工胜任力模型为实现企业战略目标、部门/团队绩效目标以及员工绩效目标提供了方向与共同语言。图2-4展示了员工胜任力模型与企业绩效目标实现之间的关系，它也是一张绩效沟通地图。由此可见，无论是从企业还是从员工的角度，员工胜任力模型为成就企业对员工的有效管理、企业获得持续成功架设了共同的桥梁。因此，它成为企业建构人力资源管理系统的起点与基石。

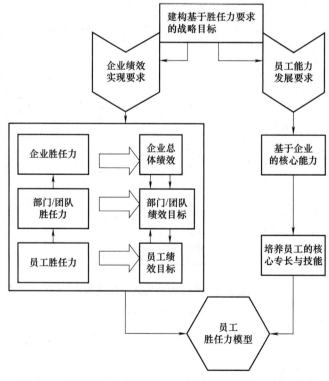

图2-4　员工胜任力模型与企业绩效目标实现之间的关系

三、员工胜任力有利于提升组织绩效

胜任力作为企业竞争优势的一部分,是组织具备的应对变革与激烈的外部竞争、取胜于竞争对手的能力的集合。现在,企业对各种资源的独占与差异化使用已经变得越来越难以实现,即企业获取竞争优势的传统方法已经失效。因此,企业的竞争优势来源于持续提供一系列比竞争对手更好的产品与服务,并能更快地适应外部环境变化,通过不断学习,及时调整行动。而这一切的实现都依赖于组织的核心资源,即组织中的人力资源。因此,归根结底,组织获取胜任力的源泉在于持续建构组织中人力资源所具备的核心专长与技能。核心专长与技能的核心要义即为胜任力,即组织中从事不同工作的员工所具备的动机、个性与品质、社会角色定位、价值观等,如图 2-5 所示。

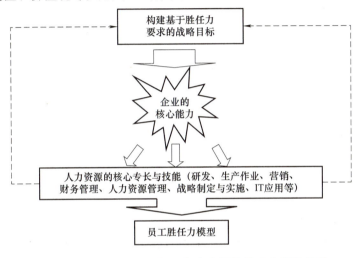

图 2-5　组织的核心能力和人力资源的核心专长与技能

如此一来,在企业的胜任力、企业核心能力、企业中人力资源的核心专长与技能以及员工胜任力之间构建了一种关系,这种关系为基于组织的胜任力与战略目标思考员工胜任力模型的建立提供了合理而有效的切入点,从而使员工的胜任力要求能够基于企业战略目标的牵引与要求进行明确的界定。

从企业的角度来看,胜任力模型是推进企业核心能力构建和进行组织变革、建立高绩效文化的有效推进器。它有利于企业进行人力资源盘点,明晰目前能力储备与未来要求之间的差距;建立了一套参照体系,帮助企业更好地选拔、培养、激励那些能为企业核心竞争优势的构建做出贡献的员工;可以更加有效地组合人才,以实现企业的经营目标;便于企业集中优势资源用于最急需或对经营影响重大的能力培训和发展;建立了能力发展阶梯;便于企业内部人员的横向调动和发展,可以更有效地进行员工职业发展路径规划。

从员工的角度来看,胜任力模型为员工指明了努力的方向,使员工明白他们的做事方法与做事内容同样重要;鼓励针对个人的技能增长进行激励,可以帮助员工更好地提高个人绩效;了解并实践与企业经营战略相一致的人力资源管理体系。

四、胜任力在绩效管理中的应用

胜任力在绩效管理中主要应用于对员工个人绩效的衡量,主要与行为锚定等级评价法、360

度绩效考评法等方法结合运用。传统的岗位绩效管理以目标评价和量化指标评估为主，胜任力模型的引入能够有效弥补量化考核中的一系列弱项，包括对行为考评的忽视、考评指标的粗放界定、绩效指导的缺失等，是对传统岗位绩效管理的有力补充和完善，如图2-6所示。

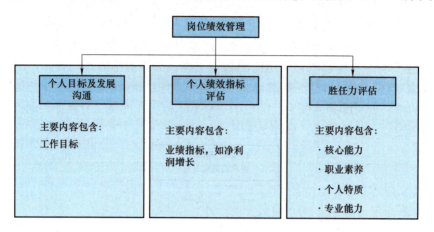

图 2-6　岗位绩效管理

（一）胜任力模型考评更加关注行为，而不是结果

以量化为主的考评关注结果，忽略了对行为的监控，也忽略了"行为导致结果"这一事实，未免显得本末倒置。正如家长所深知的一个道理：若想让子女取得好成绩（即好的"绩效结果"），必须对其平时的行为加以控制，如上课认真听讲、放学后按时完成作业等。因为如果没有行为的点滴积累，考试就很难取得好成绩。

胜任力模型构建的关键工作是把绩优者的行为描述出来。表2-6为某岗位360度绩效考评表。可以看到，"组织协调能力""计划能力"等项均有详细的行为描述，实现了考查要素"可模仿、可观测、可操作"。这一点尤其适用于那些工作较为复杂、工作产出无法量化的岗位以及一些特殊的岗位和高级别管理人员岗位。目前许多政府机构、企业开始引入胜任力及其典型行为作为绩效考评的内容，对员工的日常行为进行观察与监控。

表 2-6　360度绩效考评表

就以下胜任能力，用5分制对员工进行评价	评价尺度：用5分制表示绩效水平 1. 出色：总是超出期望值 2. 很好：总是能达到或超出期望值 3. 好：总是能达到期望值 4. 满意：有时不能达到期望值 5. 不满意：总是不能达到期望值
胜 任 能 力	等　级
组织协调能力 1）从项目组层面对内部人、财、物、机进行调整、调配 2）抓住工程项目的重点、难点，在项目组内资源的协调调配上对这些工作进行优先考虑 3）与其他项目组、上级公司、社会资源进行广泛联系，寻找并利用外部资源，以满足工程开展的需要	

(续)

胜 任 能 力	等 级
计划能力 1）能够指导他人制订计划 2）有效地制订本职范围内的工作计划，预先分配时间，安排人、财、物、机等其他资源 3）整合各项资源，确保计划的实行达到最优效果 4）关注计划实施的控制与动态修正	
危机处理能力 1）头脑敏捷，能够想到不同的方法排除疑难，并对方法进行比较，选择最优方法 2）有效组织调配所掌握的资源对突发状况进行处理 3）危机处理效果显著，能够解决问题，相关各方有积极评价	
沟通能力 1）言简意赅、表述清晰，使他人能够快速理解自己的意思 2）快速抓住他人所表达内容的要点 3）在交流中心态平和，在良好的气氛下达到沟通的目的	

（二）对考评要点的层次划分比较清晰，便于理解与应用

胜任力模型中的各素质要素通常会有详细的维度划分。图2-7为某岗位胜任力模型的维度划分，该模型分为五个维度，各维度又分为不同的素质要素，这就给考评者提供了清晰、系统的考评思路，有利于考评者更加全面地评价被考评者的综合素质。

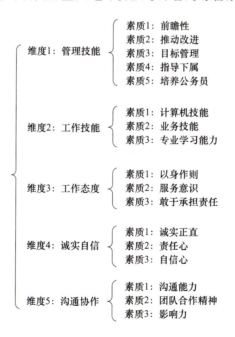

图2-7　某岗位胜任力模型的维度划分

（三）差异化的考评要求

胜任力模型构建的基本思路是"不同的岗位有不同的胜任力要求"，因此，建立模型的

过程便是深入了解各岗位特点、挖掘本岗位优秀任职人员的内在特质。建模的一项重要工作便是对素质要素进行层次划分，以区别本素质要素对不同层级、不同岗位人员的差异化要求。如表 2-7 所示，"自信"这一素质要素分为四个层次，假设对于财务部门的人员来说，对一般人员的要求可以设定在 A1 ～ A2 级，而财务主管因承担的工作职责、管理难度不同，对其要求会相对高一些，可考虑设定在 A3 ～ A4 级。

表 2-7　胜任力模型层级划分

级别	行 为 描 述
A1	能在岗位职责范围内独立做出决定
A2	对自己的判断有信心，不回避冲突，敢于表达自己的观点和想法
A3	敢于质疑权威或上级的观点，能用自己的行动证明自己的观点和想法
A4	愿意接受挑战，愿意承担额外的责任，对于具有挑战性的任务感到兴奋

（四）从"以考评对象为核心"转变为"以考评目的为核心"

引入行为考评之后，考评的重点由对结果的苛责转变为对行为的指导，最终结果是员工工作方式的改善，这恰恰符合了绩效管理的目的——职业行为的改进。一方面，胜任力模型中的行为描述通常综合了大量本岗位优秀员工的先进行为与心得体会，既易于理解，又可作为"活教材"帮助其他员工提升素质；另一方面，在评定胜任力之后，有明确的胜任力考评表（见表 2-8）标识出胜任力要求与实际水平之间的差距，也就是实际胜任能力与期望值之间的差距，这会激发员工审视自身的不足，主动采取提高自身素质的措施，以改进工作现状。

表 2-8　胜任力考评表

特　质	要　素	测 评 水 平	岗位胜任水平	差　值	差值绝对值
个人特质	自信心	3	3	0	0
	主动性	2	3	-1	1
	诚信	3	4	-1	1
	创新意识	5	4	1	1
	责任感	3	4	-1	1
角色能力	计划控制	4	4	0	0
	培养下属	5	3	2	2
	团队协作	4	4	0	0
	关系建立	4	4	0	0
	客户导向	3	4	-1	1
	信息及资源整合	3	4	-1	1
	组织承诺	5	4	1	1
	决策执行力	4	4	0	0
核心能力	沟通能力	3	3	0	0
	影响力	4	3	1	1
	成就导向	1	5	-4	4

（续）

特　质	要　素	测评水平	岗位胜任水平	差　值	差值绝对值
核心能力	学习能力	4	4	0	0
	分析式思考	3	4	-1	1
	概念式思考	4	4	0	0
总数			72		15

第三节　建立胜任力模型的方法

由上文介绍可知，胜任力是一系列导致高绩效的个体潜在特性，需要从行为入手进行描述，使用科学的方法进行归类，并由绩效标准衡量其有效性。

一、建立胜任力模型的过程

在很多咨询服务机构为企业提供咨询服务时，建立企业胜任力模型是一项重要的业务。它们的建立过程大致相同，如图2-8所示。

（1）企业战略确认。建立企业胜任力模型时需要研究长短期的竞争挑战和组织期待的文化。特别重要的是，要明确胜任力模型将主要用在何处，侧重于绩效考评、选拔、职业发展或培训。只有了解企业的愿景，才能了解组织与员工的目标与共同利益，建立符合企业文化和员工可接受的有效胜任力模型。

（2）数据收集。建立企业胜任力模型时，需要选择合适的方法来收集各类必要的数据信息，这是建立过程中的主要工作。主要的数据收集方法包括：

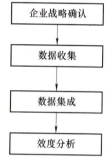

图2-8　胜任力模型的建立过程

1）行为事件访谈法。行为事件访谈法是建立胜任力模型时最为常见的数据收集方法之一。其主要形式是与高绩效者面谈，有时也会找一些普通绩效的员工作为参照对象，让他们讲述自己的成功故事。面谈的目的是识别引致高绩效的行为。与一批成功者面谈，并比较他们的成功故事，对照成功者中的细微绩效差距，可以找出支持高绩效的关键行为主体。

2）其他个人数据采集技术法。有时难以对高绩效的行为事件进行归纳，且随着组织的变化，过去成功并不意味着现在甚至将来也成功，此时往往需要对关键管理岗位进行其他数据采集，了解成功的行为。

3）焦点小组法。焦点小组法（focus group）又称小组访谈法，是一种常用的研究方法，一般由研究训练的调查者主持，采用半结构的方式与被调查者交谈。具体应用是让人们列举出高绩效者普遍具备的胜任力项目，或者提供足够的事例。这种方法比行为事件访谈法拥有更宽的信息来源，而且更加有效地集中于未来导向的成功因素。

4）问卷调查法。问卷调查法的主要形式是将一系列行为用书面形式列出，并加以描述，要求被调查者指出哪些行为是组织中的高绩效者才有的。这对于修正适合组织的模型十分有效。

5）专家数据库法。专家数据库法是指从已有的胜任力模型中找出专家共同认可重要的信息，即在类似的模型环境中识别出重要的胜任力信息。

在数据收集过程中，一般都会寻求多个方法的组合，以保证其效度、信度和广泛性的平衡。表 2-9 对上述五种数据收集方法进行了比较。

表 2-9 数据收集方法比较

方　　法	信　　度	效　　度	广　泛　性
行为事件访谈法	高	低	中/高
其他个人数据采集技术法	中/低	高	低
焦点小组法	中/低	中	高
问卷调查法	中/高	高	高
专家数据库法	中	高	低

（3）数据集成。收集完数据后，需要对数据进行集成、统计分析；但也有人只通过职责和访谈结果列出胜任力项目，缺乏可信度。

（4）效度分析。模型初具规模之后，建立过程并没有结束，还需要通过绩效考评进行效度验证。只有在经过一定时间后，员工的绩效符合胜任力模型的预测，才能证明此模型是有效的。而这一步往往被很多企业所忽视，建立的模型就失去了其区分绩效的效用了。

二、胜任力的识别方法

（一）行为事件访谈法

为了识别和测评胜任力，由麦克利兰领导的研究小组开始寻找能够具体发现胜任力的方法，几经尝试，创造了行为事件访谈法（behavior event interview，BEI）。行为事件访谈法采用开放式的行为回顾式探察技术，让被访谈者找出和描述他们在工作中最成功和最不成功的三件事，然后详细地报告当时发生了什么。具体包括：这个情境是怎样引起的？牵涉哪些人？被访谈者当时是怎么想的，感觉如何？在当时的情境中想完成什么？实际上又做了些什么？结果如何？然后对访谈内容进行分析，确定访谈者所表现出来的胜任特征。通过对比担任某一任务角色的卓越成就者和表现平平者所体现出的胜任特征差异，确定该任务角色的胜任特征模型。首次采用行为事件访谈法的是一个为美国政府甄选驻外服务官（foreign service information officers，FSIO）的项目。20 世纪 70 年代初，麦克利兰创立的管理咨询公司接到美国政府要求帮助挑选 FSIO 的任务。FSIO 的使命是借助图书馆管理、外交文化活动以及对当地人民的演讲和对话等手段，来宣扬美国的对外政策，使得更多的人理解和喜欢美国。要成为 FSIO，必须通过一项被称为"驻外服务官员测试"的十分苛刻的考试，关键评价内容包括：①智商；②学历、文凭和成绩；③一般人文常识与相关的文化背景知识，包括美国历史、西方文化、英文以及政治、经济等专业知识。由于测试要求具有较深的文化背景知识，来自非主流文化背景的少数民族等群体便失去了竞争优势。

1970 年以前，FSIO 基本上是清一色的白人男性，然而实践证明，经过严格挑选的 FSIO 中的许多人并不能胜任自己的工作。这正是政府求助于麦克利兰的原因。麦克利兰的研究小组认为，首先应该解决的问题是：如果传统的选择标准不能有效地甄选胜任者，那么什么样的标准是合理和正确的？为了找到答案，他们采用了对比分析的方法。具体步骤是：

先找出表现最为优异的 FSIO 和一般称职的人员，分为杰出者与适用者两组，借助行为事件访谈法分别与他们进行特殊沟通，总结出杰出者与适用者在行为和思维方式上的差异。实践证明，这种方法非常有效。一般而言，杰出者所表现出来的特质在适用者身上是找不到的，这恰恰是研究小组所需要的称为可"编码"的信息。研究小组将这类特质按照特定的原则分类并划分层级，最终得到了体现杰出与平庸之间差异的特质体系，这就是今天所称的胜任力模型的雏形。

当年麦克利兰的项目小组为美国政府建立的 FSIO 胜任力模型中有以下三种核心胜任力：

（1）跨文化的人际敏感性，即深入了解不同的文化，准确理解不同文化背景下他人的言行，并明确自身文化背景可能带来的思维定式的能力。

（2）人的积极期望，即尊重他人的尊严和价值，即使在压力下也能保持对他人的积极期望的能力。

（3）快速进入当地政治网络，即迅速了解当地人际关系网络和相关人员政治倾向的能力。

这三种核心胜任力都是通过研究杰出者的具体工作行为后得出的。后来的事实充分证明，以胜任力为依据来选择 FSIO 是明智的。经过不断地修订和"升级"，直至今天，美国政府仍将这三条胜任力作为选拔 FSIO 的主要依据。

麦克利兰采用行为事件访谈法还帮助过两家跨国公司建立了高层管理人员的胜任特征模型。研究结果表明，使用新建立的胜任特征模型作为高层管理人员选拔的标准，使企业高层管理人员的离职率从原来的 49% 下降到了 6.3%。追踪研究还发现，在所有新聘任的高层管理人员中，达到所要求的胜任特征标准的人员中有 47% 的人在一年后的表现比较出色，而没有达到胜任特征标准的人员中只有 22% 的人表现比较出色。

（二）工作分析——过程驱动方法

过程驱动方法是咨询公司 McBer（现在是 Hay-McBer 集团的一部分）提出来的。过程驱动方法是用来指导胜任力评估的最古老的方法，之所以叫作过程驱动方法，是因为该方法更多地强调工作过程，研究人员把目光集中在高绩效者身上，观察他们工作，记录他们的成效和他们为了完成工作所做的一切。

应用过程驱动方法的关键步骤包括：

（1）调查岗位的工作责任、任务、义务、角色和工作环境、工作、团队或专业。

（2）抽取高绩效者的个性特征。

（3）调整胜任力模型。

在调查阶段，小组的主要任务是形成有经验的范例，小组成员表述工作所需求的作为工作输出、工作责任以及与高绩效联系起来的人格特征行为。然后抽取范例的个性特征：一是辨别高绩效者的个性胜任力特征；二是辨别一般绩效者的个性胜任力特征。胜任力在两个范例中表现的都是最弱的胜任力特征，这样的胜任力特征仅仅是完成胜任力模型发展的基础。最后修正这个模型，方法是用模型测试决定胜任力模型是否能够得以发展。

（三）输出驱动方法

输出驱动方法主要集中在工作的目标、专业、团队小组，输出高绩效者产生的结果，通过检查输出来获得胜任力。

应用输出驱动方法获得胜任力的主要步骤如下：

（1）收集所有关于职责、任务、责任、角色和岗位的工作环境、专业、小组等的可利用的信息。

（2）建立专家顾问团，管理目标及人员。

（3）在组织的胜任力模型研究中表述关于可能影响工作、岗位、团队或专业变化的因素。

（4）遵循工作输出的菜单，发展与工作输出相联系的工作品质需求的菜单，设计一系列工作胜任力或联系到每一个胜任力的指标。

（5）通过对工作输出的分析确定一系列工作品质的重要性。

（6）发展胜任力草图。

（四）趋势驱动方法

现实中环境和策略的变化太迅速，用从过去行为中提取的知识预测未来是不够的，甚至可能是有害的，这导致了趋势驱动方法的产生。趋势驱动方法是把注意力放在影响岗位、工作、团队、专业的未来趋势上，这种方法强调人们必须知道即将变化的环境是什么，需要什么胜任力。要实现这种方法，首先需分离影响组织、工作、岗位或专业的关键变化或趋势，然后针对工作中的变化制定需要的胜任力（Rothwell，Prescott，Taylor，1998）。

（五）专家调查法

当直接跟踪工作人员进行研究不可能或者时间、成本等客观因素不允许时，可以考虑采用专家调查法，这也是人力资源管理研究中经常使用的方法之一。被调查的专家通常是该工作领域经验丰富的人士（有时是绩效优异者本人）或者从事该领域研究的专家。调查人员可事先将经过一定研究筛选出的胜任力呈现给被调查者，请他从中选择自己认为与实现高绩效密切相关的因素。调查的形式可以多种多样，如电话调查、问卷调查、访谈调查等。一般来讲，被调查者样本容量越大、代表性越强，所得到的结果也就越接近实际情况。专家调查法是在短时间内识别胜任力的简洁而有效的方法，但其结果往往带有被调查者的主观性，可以通过进一步在实际工作中的检验来修改完善。

当然，有关胜任力的识别方法不局限于本书介绍的这几种，在此就不一一列举了。

三、胜任力模型的建立方法

（一）工作胜任力评价法

1. 方法

工作胜任力评价法偏重于使用严密的实证研究进行胜任力评估，以帮助企业确定何种胜任力可以产生有别于平均职务绩效水准的优秀绩效。此方法通过访查绩效优秀的员工和绩效普通的员工，了解他们各自的职务绩效，一旦确定了绩效优秀者所具备的能力，再加上其他相关的职务因素，就可以根据这些要素建立胜任力模型。这一方法最初是由麦克利兰和他的同事共同创建的。乔治·克莱普（George Klemp，Jr.）于1982年在其发表的文章中，对这个主题做了如下评论：

在如何雇用及训练人员以达到最大效益的问题上，胜任力评估是一个非常有力的新方法。它与传统的职务分析方法的显著差别在于，它指出从事某个职务所需要的关键知识、能力及个性。胜任力评估的出发点是一个很简单的前提：要了解担任某一职务需要什么条件的最佳方法是分析该职务的杰出绩效者，研究到底是什么原因使他们有杰出表现。因此，胜任力评估主要评估的是担任这个职务的人，而非这个职务本身。

2. 步骤

使用工作胜任力评价法建立胜任力模型，必须完成以下三个基本步骤：

（1）研究职务的构成要素（即职务的任务与活动、角色、组织环境与课题）以及优秀职务绩效的需求条件。

研究流程的第一个任务是确定与记录职务构成要素。为了完成这个任务，必须成立一支专门的团队，该团队成员应包含职务专家、担任此职务的人、担任此职务者的经理人以及对此职务有杰出经验或专业知识的人。

这支专门团队负责定义职务绩效条件，作为职务发展的标准，用以测量职务绩效的优劣。例如，顾客满意度指标、利润、生产与关闭情况、生产力指标、品质指标等，都是职务绩效条件的例子。

专门团队也负责描述为达成每个职务成果必须执行的职务任务与活动。一项职务任务或活动唯有与职务成果的达成有直接关联，才算得上与绩效有重要关联。

接下来，专门团队应该拟出一份他们认为绩效优秀的员工必须具备的个人特质（如知识、技能、思维模式）清单，同时，也要为每项个人特质指定行为证明，即所谓的"行为指标"。

此外，专门团队还必须补充绩效优秀的员工和绩效普通的员工共同具备的技术性胜任力和其他个人特质。个人特质清单将送交给担任该职务的人，他们必须根据每项特质对优秀绩效的重要性做评定，在此基础上再经过分析，制作成特质目录。该目录便是对绩效优秀的员工应该具备特性的"最佳估计"。

专门团队最后的任务是辨认出优秀（或杰出的）职务绩效者。团队成员将私下指出谁是绩效优秀的员工、谁是绩效普通的员工，他们用以辨别、区分的资料还包括生产力指标、销售水准、不满意水平等。

此外，也可以要求目前担任此职务的人指出他们认为的同事中堪称绩效优秀者和绩效普通者。在此方法下将产生两份名单：一份是绩效优秀的员工，另一份则是绩效普通的员工。

（2）研究绩效优秀员工的特性，并据此建立胜任力模型。

可以采用行为事件访谈法、其他个人数据采集技术法、焦点小组法、问卷调查法、专家数据库法等获取有关胜任力数据，一般以行为事件访谈法为主。

行为事件访谈一般采用问卷和面谈相结合的方式。访谈者会拟一个提问的提纲，并以此把握面谈的方向与节奏。行为事件访谈法的进行对象是 8～12 位绩效优秀的员工和相同人数的绩效普通的员工。

访谈者在访谈前并不知道受访对象的绩效水平。每位受访者被要求指出他（她）个人觉得特别有成效或成果特别令人欣慰的两个职务状况，以及他（她）个人觉得成果特别不满意、最感挫折的两个职务状况，并详细描述每个状况。访谈者应尽量鼓励受访者用自己的话详尽地描述成功或失败的工作经历，以及他们是如何做的、感想如何等，在行为事件访谈结束时，最好让受访者总结一下事件成功或失败的原因。

由于访谈的时间较长，一般需要 1～3h，所以访谈者在征得受访者同意后应用录音设备把内容记录下来，以便整理出详尽的、有统一格式的访谈报告，并由训练有素的专业人员对该报告进行内容分析。专业人员应对优秀组和普通组的要素指标发生频次和相关的程度统计指标进行比较，找出两组的共性与差异特征，根据不同的主题进行特征归类，并根据频次的集中程度，估计出各类特征值的大致权重。

基础的统计比较方法（如变异分析）可以用来辨识明显区分绩效优秀的员工和绩效普通的员工的重要能力。从分析中可以辨识出两种能力：①绩效优秀的员工具备的能力；②绩效优秀的员工和绩效普通的员工都具备的能力。绩效优秀的员工和绩效普通的员工都具备的能力是最起码的胜任力，只有绩效优秀的员工具备的能力才是明显区分优秀职务绩效与普通职务绩效的能力，这两组能力被用来建立胜任力模型。

（3）使胜任力模型生效。有三种方法可以使胜任力模型生效：

1）重复原先的研究。使胜任力模型生效的第一种方法是重复原先的研究流程，使用相同的研究流程或技巧，并且从模型所针对的对象中选择至少两组"对等"的研究实验对象进行重复研究。

2）应用其他研究流程。应用其他研究流程有不同的方法可供选择：①由专门团队对职务专家或其他对职务、职务的要求及其情况非常了解的人组成的审查小组进行调查，要求审查小组成员提供他们关于初步研究流程得出的胜任力模型的意见。调查的设计与方法视职务的内容、可供完成调查工作的时间以及组织内（或通过组织外契约服务）可提供分析与评估结果的技术支援等因素而定。②测试员工的胜任力。这种方法在使胜任力模型中的"非具体"胜任力生效方面可能会有些问题。例如，为使这类胜任力生效，可靠的统计方法可能需要使用一群测试项目，作为其中某些胜任力的替代品。为证明这些替代的测试项目或研究测试方法是否有效可靠，可能要花费很多时间与成本，为了正确分析，也需要熟练而精确的统计分析技巧。这些活动需要高素质的专业人员才能完成。

3）采用具有该职务专业知识的外部专家所组成的审查小组，由小组成员对胜任力模型的内容做出他们的专业判断。这是使胜任力模型生效的第三种方法。必须非常谨慎地挑选审查小组的成员，他们必须是在该领域备受信赖、享有盛誉的专家。

3. 采用工作胜任力评价法的益处

与其他方法相比，工作胜任力评价法有许多益处，主要包括以下几个方面：

（1）当职务的绩效层面与特性难以观察与定义时，即职务需要非常多的"非具体"能力时，工作胜任力评价法在分析职务上非常实用。

（2）工作胜任力评价法可应用于许多职务，它能够探查职务绩效中较难以捉摸的要素。这使它成为所有胜任力模型发展中极具价值的工具，因为它能够挑选出比较完整的胜任力。

（3）工作胜任力评价法参考的是绩效优秀员工的所作所为，而非所有担任此职务员工的所作所为。因此，工作胜任力评价法很容易辨识出真正对职务绩效有显著影响的胜任力。

（4）工作胜任力评价法调查职务的内在事实，它是参考实际的、特定的职务绩效行为产生的胜任力，而非参考人们对职务绩效需求条件的假设。

（5）工作胜任力评价法在辨识优秀绩效所需要的情绪特性方面非常实用。

（6）工作胜任力评价法所建立的胜任力模型可立即被用来作为员工训练或教育的方向。

由于工作胜任力评价法记录的是实际绩效，因此不需要根据职务行为做任何推论。

（二）修正的工作胜任力评价法

修正的工作胜任力评价法与工作胜任力评价法的区别在于：对绩效优秀的员工与绩效普通的员工不是采取面对面访谈的方式，而是把访谈问题罗列在纸上，要求员工写下重要的行为，或者以电子邮件的方式传送访谈问题。

这种方法的缺点是：①当资料的收集不是采取面对面访谈的方式时，访谈者无法与受访者直接互动，因此无法探究某些细节；②接受调查的员工通常不愿意为这类调查花费太多时间与精力来详细作答，因此不回复调查的比率可能比其他方法高。

总而言之，当决定采用工作胜任力评价法，但又很难与员工进行面对面访谈时，修正的工作胜任力评价法可帮助收集一些资料。

（三）概括性模型覆盖方法

1. 方法

采取概括性模型覆盖方法建立胜任力模型，并不需要完成工作胜任力评价法中的许多步骤，它主要是沿用或移植组织中现有的、相关研究使用的胜任力模型。如今已经发展出不少针对特定职务与职业的胜任力模型，尤其是对于创业者、专业学会、职业工会、研究人员、零售商等，都有不少专业与职业的胜任力模型。人力资源管理人员相互交流他们所发展出来的胜任力模型与研究报告，也已经蔚然成风。

2. 步骤

（1）完成战略系统模型中的需求分析、评估与规划，完成战略等级的分析。

（2）为战略性组织环境下的职务建立草拟的胜任力模型。

先组成一支职务专家团队，再由此团队建立草拟的胜任力模型，制定三套胜任力，包括区分绩效优秀员工和绩效普通员工的能力、绩效优秀员工和绩效普通员工都具备的能力、所有职务执行者都应具备的技术能力。

（3）让一组绩效优秀的员工检验草拟的胜任力模型，对草拟的胜任力模型提出修改建议并解释其理由。在绩效优秀的员工完成这项检验后，专门团队将根据绩效优秀员工的建议修正模型，直至满意。

（4）利用最终完成的胜任力模型及战略环境相关信息，在现有的相关研究使用的胜任力模型中寻找一个（或几个）与此最终模型最相符者。

（四）量身打造的概括性模型方法

1. 方法

量身打造的概括性模型方法首先依靠研究人员试验性地辨识所有可能的概括性胜任力，这些概括性胜任力能充分说明组织中某个职务的绩效优秀员工和绩效普通员工的特性；接着研究人员再深入研究这些概括性胜任力，以组织的环境背景及职务本身为基础加以诠释，进而厘清绩效优秀员工在胜任力上的特性；最后研究人员也研究胜任力模型所需要的其他属性。将胜任力条件与上述其他属性结合，用以建立胜任力模型。

2. 步骤

（1）取得最初顾客的支持，并制订计划。
（2）收集与检视所有和职务相关的信息，准备职务信息报告或卷宗。
（3）对初步拟出的胜任力进行研究。
（4）组织一支专门团队。
（5）召集团队成员开会，并拟出一个"最佳估计"胜任力模型的草稿。
（6）在组织中对此"最佳估计"胜任力模型的草稿进行研究，并建立最终的胜任力模型。
（7）向顾客简要说明此计划结果，准备并设计出计划的最终成品。

（五）灵活的工作胜任力模型方法

1. 方法

灵活的工作胜任力模型方法是用一种基于未来的模型，以广泛而全面的信息来源作为研究基础，试图在高度变化的组织环境中，针对不断变化的职务角色、职务成果及成功绩效，建立一种概括的、一步接一步的流程，并从中发展出建立概括的、弹性的、量身打造的胜任力模型所需要的职务要素。

2. 步骤

（1）收集并检验所有和职务相关的信息，准备一份职务相关信息报告。
（2）组成专家审查小组，小组成员包括资深的组织领导者、经理、与研究主题相关的专家。
（3）提出在组织环境背景下目前及未来有关职务的假设。
（4）拟出一份职务成果清单，清单中可能包括每项成果的品质标准。
（5）拟出一份胜任力清单，以及每项胜任力的行为指标。
（6）通过对职务成果的综合分析，拟出一份职务角色清单。
（7）建立一个或多个胜任力模型。
（8）向顾客简要说明计划成果，准备并设计出计划的最终成品。

建立胜任力模型的最佳方式是结合上述各种方法的长处，避免运用单一方法。例如，专业体育队会先观察运动员在场上的表现，并进行面谈、性格测试、健康检查、运动技术考核、身体素质评估等，此后才决定是否聘用。各种评估方法的运用可以提高评价的可信度和一致性。

第四节 胜任力评估

绩效考评是绩效管理的重要环节。在将胜任力应用于绩效管理的过程中，也不可避免地会遇到胜任力评估这一环节。胜任力评估是绩效考评的组成部分，即对胜任力模型中的胜任力要素进行评估。与针对绩效指标进行的绩效考评一样，胜任力评估也有其特定的流程与方法。

一、胜任力评估的实施流程

胜任力评估的实施流程包括四个阶段：评估准备阶段、评估实施阶段、评估分析与决策阶段、评估结果反馈与应用阶段。胜任力评估的实施流程如图 2-9 所示。

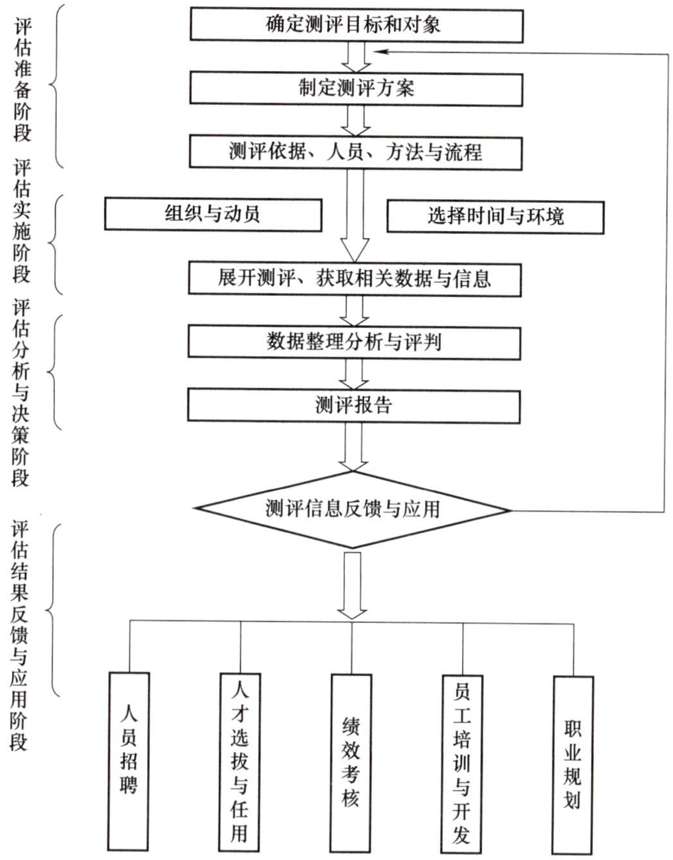

```
评估准备阶段 ┤  确定测评目标和对象
              │  制定测评方案
              │  测评依据、人员、方法与流程
评估实施阶段 ┤  组织与动员    选择时间与环境
              │  展开测评、获取相关数据与信息
评估分析与决策阶段 ┤ 数据整理分析与评判
                    │ 测评报告
评估结果反馈与应用阶段 ┤ 测评信息反馈与应用
    → 人员招聘 | 人才选拔与任用 | 绩效考核 | 员工培训与开发 | 职业规划
```

图 2-9　胜任力评估的实施流程

（资料来源：胡蓓，张文辉. 职业胜任力测评[M]. 武汉：华中科技大学出版社，2012.）

（一）评估准备阶段

评估准备阶段是每一次具体评估工作的必备阶段，准备阶段的工作是否充分、细致，直接影响到整个评估工作的质量和进度。评估准备阶段的工作主要包括以下几个方面：

1. 确定评估目标和对象

胜任力评估是人力资源管理工作的一个组成部分，评估必须为人力资源管理的总体目标服务，而不是为了评估而评估。因此，每一次评估首先需要明确评估的具体目标：是为招聘人才，还是为考评员工绩效；是为机构调整，还是为制度变革；是为组织的人员变动、选拔、晋升提供依据，还是为员工培训开发和职业规划提供指导等。评估目标不同，会导致评估工作的侧重点、内容和方法各异。只有明确评估的具体目标，才能保证评估工作有的放矢并达到预期的效果。

评估对象的范围是评估工作需要首先明确的事项，包括确定要评估的是哪一类人员，是技术人员、管理人员、销售人员还是其他人员，以及各类人员的范围，如管理人员处于哪一个层次、涉及哪些部门等。针对不同的评估对象，相应的评估依据、内容和方法都会有所不同。

2. 制定评估方案

评估方案的制定是评估准备阶段最为关键和重要的工作。评估方案是对某一评估活动的总体设计、部署和安排，评估工作的开展必须围绕和依据评估方案来施行。一份规范的评估方案至少包括评估的目标与性质、评估对象、评估内容与标准、评估方式与方法、评估的组织管理、评估实施步骤、评估活动的日程安排和注意事项。制定评估方案时必须做到细致周密、职责分明、科学可行。

3. 评估依据、人员、方法与流程

评估方案的核心内容是在明确评估目标、对象的前提下，确定评估的参照标准，安排合适的评估人员，选择适宜的评估方法，制定评估的标准流程，以及确定实施的基本原则和要求。

胜任力评估的参照标准就是相应岗位的胜任力模型。胜任力模型一旦确定，就为相应人员的评估确定了评估项目结构和评估指标体系。因此，胜任力模型的建立是胜任力评估的一项基础性工作。

评估人员是评估工作的具体实施者，评估人员的素质及其组成会直接影响评估工作的质量和效果。对评估人员的基本要求是：处事公正，坚持原则，遇事有主见，善于独立思考，做事认真细致、有条理；有一定的实际工作经验；接受过评估方面的专业训练，具有一定的评估专业知识和技能。在评估人员的组成上，最好是由一定数量的熟悉评估对象的工作内容和要求、有一定同类工作经验的人员与一定数量的专业评估人员搭配组成评估小组，共同实施评估工作。一般在评估工作开展之前，需要对那些缺乏专业评估知识和技能的评估人员进行培训，使其掌握评估具体规程、操作方法、突发事件处理等评估知识和技能；同时，对于外聘的专业评估人员也需要有一个熟悉企业情况，特别是评估所涉及岗位和工作的有关详细情况的过程。

不同的评估目标和对象需要运用不同的评估方法或者方法组合，这在评估流程上也会有局部差异。因此，每一次评估时都要从满足评估目标的要求出发，根据评估对象的不同情况，选择相应的评估方法和评估流程。

（二）评估实施阶段

评估实施阶段是评估人员依据既定的评估方案，对被评估者进行评估并获取评估数据的过程。具体内容如下：

1. 评估动员

评估动员就是要让所有被评估者明确评估的意义和目的，以积极配合的态度参加评估。如果被评估者对评估工作抱有抵触情绪，就很难取得好的评估效果和达到预期的评估目的。

2. 选择评估时间和环境

评估时间和环境的选择会对评估效果有不同程度的影响，因此在具体实施评估时应选择恰当的时间和适宜的环境。

3. 测量和获取评估数据

测量和获取评估数据的工作就是评估人员运用相应的评估方法对被评估者进行实际测量，并获取被评估者相关方面的信息和数据的过程。不同的评估方法和工具在测量和获取被

评估者的相关信息和数据方面有着不同的规则和要求，具体如何测量和获取被评估者的数据详见本书有关评估方法的介绍。依据胜任力评估体系的标准化原则，在测量和获取评估数据时，要让每一个被评估者都在同等的条件下，按照统一的标准和程序接受评估。

（三）评估分析与决策阶段

评估分析与决策阶段是在评估实施阶段工作的基础上，对测量得到的信息和数据进行综合、整理、分析和评价的阶段。主要包括以下两方面的工作：

1. 数据整理分析与评价

统一回收评估数据之后，就要对所获取的原始数据进行整理分析，并最终确定被评估者的评估结果。一般来说，数据处理可以按照专门的统计方法和标准通过计算机进行，处理结果表现为数字和图表。测试人员在对这些数字和图表进行综合分析的基础上，确定被评估者的评估结果，并通过数字或者文字的方式对评估结果予以描述。数字描述是指利用评估得到的分值对被评估者的某些特性进行评价；而文字描述则是通过文字的方式对被评估者进行相应评价。

2. 评估报告

一般而言，胜任力评估最终都要形成一份名为"评估报告书"的综合性文件。评估报告分为个体报告和总体报告两种：个体报告是对被评估者个人评估结果的综合分析和评价，主要提供给被评估者个人或用人单位参考；总体报告是在委托评估单位的大量员工同时参加某项评估时，最终需要提交给委托单位的有关评估结果的总体性报告，主要为委托单位提供内部人员选拔任用、培训开发、岗位调整等管理和决策工作的参考依据。

（四）评估结果反馈与应用阶段

评估结果的反馈有两个方面的含义：一是指将评估结果准确无误、适时地反馈给评估对象本人、上司或委托者，向他们解释分数的含义，并帮助他们充分利用评估的信息开展多方面的工作；二是指在评估结束后通过一些反馈途径来检验评估结果，如可以跟踪被评估者的工作绩效，看是否与评估的预测相符以判断评估的效度，还可以通过专家或群众来判断评估的准确度。

许多专家认为针对个人的评估反馈应该带有咨询性质。咨询式反馈可以帮助被评估者明确事业的发展方向。同样，评估结果也会显出一部分人不适合从事管理工作，因此可以引导他们选择适合自身条件的职业发展方向。

评估结果的应用是指组织可以将评估结果及从评估中获取的多方面信息应用到组织的人员招聘、人才选拔与任用、绩效考评、员工培训与开发、员工职业开发指导等有关管理工作之中，以提高有关管理活动的针对性和有效性。

二、胜任力评估技术

胜任力评估技术有很多，如心理测量、面试、笔试、履历分析、笔迹分析、关键事件判断测验、演讲、绩效模拟以及综合性的评价中心技术（assessment center）等。

（一）心理测试

心理测试产生于对个别差异鉴别的需要，广泛应用于教育、企事业人员的挑选与评价。

在这一过程中，人们编制了许多心理测试量表。其中，比较有影响的心理测试有比奈-西蒙智力测试、卡特尔16PF（人格因素）测试、爱德华个性偏好量表（EPPS）、明尼苏达多项人格测验（MMPI）等。在众多心理测试的定义中，阿纳斯塔西（Anastasi）所下的定义比较确切：心理测试实质上是行为样组的客观的和标准化的测量。这个定义告诉人们以下几点：

（1）心理测试是对行为的测量。这些行为主要是心理的而不是反射性的生理行为，是外显行为而不是内部心理活动，是一组行为而不是单个行为。

（2）心理测试是对一组行为样本的测量。所测量的行为样本是具有代表性的一组行为。任何个体在不同时间、空间与条件下的行为表现是不尽相同的，如果所测评的行为抽样不同，则所得到的结果就会不同。

（3）心理测试的行为样组不一定是真实行为，而往往是概括化了的模拟行为。

（4）心理测试是一种标准化的测试。所谓标准化，是指测试的编制、实施、记分以及测试分数解释程序具有一致性。

（5）心理测试是一种力求客观化的测量。

（二）面试

面试是一种通过精心设计、以交流和观察为主要手段、以了解被评估者素质及相关信息为目的的测试方式。在面试过程中，主考官可以根据被评估者当场对所提问题的回答，考察其运用专业知识分析问题的熟练程度、求职动机、个人修养、实践经验、思维的敏捷性、语言表达能力等；通过对被评估者面试过程中行为特征的观察和分析，考察其外表、气质、风度、情绪的稳定性以及在外界压力下的应变能力。

根据标准化的不同程度，面试可分为结构化面试、非结构化面试和半结构化面试。

（1）结构化面试也称标准化面试，是根据所制定的评价指标，运用特定的问题评价方法和评价标准，严格遵循特定程序，通过测评人员与被评估者面对面的言语交流，对被评估者进行评价的标准化过程。

（2）非结构化面试是指没有既定的模式、框架和程序，主考官可以"随意"向被评估者提出问题，而对被评估者来说也无固定答题标准的面试形式。

（3）半结构化面试是介于非结构化面试和结构化面试之间的一种形式。面试中对有的内容做统一的规定，对有的内容则不做统一的规定，也就是在预先设计好的试题基础上，在面试中主考官还会向应试者提出一些随机性的试题。

面试作为一种职业胜任力测评方式，与一般的谈话有所不同：①面试中主考官起主导作用，被评估者起主体作用；而谈话中双方的地位是平等的。②大多数面试中的问题是预先设定的；而谈话的内容比较多样化，随机性较强。

（三）管理游戏

管理游戏又称为商业游戏，也是评价中心常用的测评技术之一，主要用于考察被评估者的战略规划能力、团队协作能力和领导能力等。管理游戏具有情境性、真实性和趣味性的特点，可以提高被评估者参与游戏的兴趣和积极性，从而真实地反映其能力并使其在游戏中训练和学习很多技能。但是，评价中心实施起来比较复杂、难度很大，特别是当管理游戏需要较大的场地或者需要不断地变换场地时，被评估者的行为常常难以观察。另外，当管理游戏用于培训时，有时其情境可能过于复杂，以至于有些人没能表现得很好，造成受训者很难学到知识。

（四）文件筐测试

文件筐测试取名于经理办公桌上存放组织文件的文件筐。它是一种用纸与笔完成的测试，测试的题目描述了工作岗位的实际任务。备忘录中的问题从实际岗位的工作分析中产生并能代表实际工作任务。实施文件筐测试时，被评估者通常需要先熟悉提供的材料，包括组织结构、企业使命、管理制度和相关政策等背景材料以及备忘录中介绍的情况和提出的问题，然后根据所提的问题提出自己的解决方案和行动建议。被评估者提交答卷后，评委可能会对被评估者进行面谈，让其解释答题的整体指导思想和所提解决方案的原因。

（五）无领导小组讨论

无领导小组讨论是采用情景模拟的方式对被评估者进行的集体面试。此种测评方式是通过给一定数目的被评估者（一般是 5～7 人一组）一个与拟任岗位相关、性质相近或者一般性的问题，让被评估者就此进行一定时间（一般是 1h 左右）的讨论，来检测他们的组织协调、口头表达、辩论说服、处理人际关系、非言语沟通等方面的能力和素质，以及自信程度、进取心、责任心和灵活性等个性特点和风格。在无领导小组讨论中，不指定哪一个小组成员是领导者或者主持人，小组中的每一个人都可以根据所提的问题进行自由讨论，测评人员则通过每一个人的表现对其能力和素质做出判断，并实事求是地给他们打分。

（六）角色扮演

角色扮演是一种主要用以测评人际关系处理能力的情景模拟测评技术。在角色扮演测试中，一般会设置一系列尖锐的人际矛盾与人际冲突，要求被评估者扮演某一角色并进入角色情景中去处理各种问题和矛盾。角色扮演的时间一般较短，为 10～30min。测评人员通过对被评估者在不同角色情景中表现出的行为进行观察和记录，测评其素质潜能。

（七）案例分析

案例分析是一种主要用于评估人的综合分析思维能力的测评方法。评价中心在实施测评时，会向被评估者提供一段背景材料并提出相应的问题，被评估者通过阅读提供的材料，做出决策或者提出解决问题的方法和意见。案例分析测评适用于各级管理人员，只是根据各级管理人员所承担的责任的不同，所提供的背景材料和要解决的问题会有所不同。被评估者在完成案例分析后，也许会被要求在评委面前做讲演或与其他被评估者讨论该案例，以便于测评人员更好地对他们的有关能力和素质做出判断。

（八）履历分析

履历分析又称为资历评价、履历表测量、简历分析等。履历分析是通过对被评估者的个人背景、工作与生活经历进行分析，来判断其对未来岗位适应性的一种人才评估方法，是相对独立于心理测试技术、评价中心技术的一种人才评估技术。近年来，这一方式越来越受到人力资源管理部门的重视，被广泛地用于人员选拔、胜任力评估等人力资源管理活动中。履历资料包括了个体的背景信息和生活经历信息。

履历分析借助个人履历档案，了解其成长历程和工作绩效，从而对其知识、能力、背景等有一定的了解。其基本原理是：个体未来行为的最好预测变量是过去发生过的行为。

履历分析就是在进行岗位调研分析的基础上，按照岗位要求，对应聘者的年龄、学历、受训经历、工作经验、工作绩效和相关工作背景等进行细致定量分析，通过询问申请者关于个人背景和生活经历的一些问题，了解其人格等方面的非认知因素。

（九）笔迹分析

笔迹分析是以书写字迹分析为基础，根据书写者笔迹的特点和规律，鉴定书写者的性格、能力、心理和行为方式等特征的一种人才测评技术。

笔迹具有反映书写人的书写技能、习惯和整体素质的必然性。书写活动与人的心理机制有着密切的联系，在形成笔迹时，个人的心理活动、个性心理特征、行为方式始终参与书写运动的全部过程。笔迹中的笔画线条、书写速度、笔力分布、字体、全篇笔迹的安排布局等，无不与书写者当时的心境、固有的个性心理特征等有关。因此，笔迹既能反映书写人的书写技能和习惯，也蕴涵着书写人的部分性格、能力、心理和行为方式等信息。

笔迹分析是以笔迹学、笔迹心理学为基础的新兴学科。研究表明，笔迹与个体人格特征有一定的联系，其科学性得到了普遍的肯定。所以，笔迹分析已经进入很多人才素质测评领域，成为一种常规测评人才素质的手段。但是，笔迹分析的信度、效度问题一直是学术界争议的话题。研究者应从科学的角度出发，发展和完善笔迹心理学，让笔迹分析有更坚实的理论基础，从而为人才素质测评提供有利的手段和依据。

（十）关键事件判断测验

关键事件判断测验是指通过对实际工作情景中关键事件的精心加工和再设计，运用关键事件诱发胜任力、捕捉胜任力的一种人才评价技术。

关键事件判断测验以工作情景中的关键事件作为测验的基础，选取合适的关键事件是其关键。因此，关键事件判断测验对关键事件的选取有以下四个方面的要求：

（1）关键事件必须包括问题情景、工作目标、实际行为和工作结果四个关键要素。
（2）关键事件必须是绩效关联事件，能区分有效绩效和无效绩效。
（3）关键事件包含一个或若干个工作胜任力单元，能激活、诱发胜任力。
（4）关键事件是工作和组织情景中的复杂性、两难性或多难性事件，既可以是结构化事件，也可以是非结构化事件。

现实工作中很少单独采用一种方法评估胜任力，一般是对多种方法组合使用。评价中心就是综合方法的应用。评价中心是一种测定一群人中每个个体在多种情景事件中表现出的行为特征的操作程序，是一种综合运用多种测评工具对被评估者的综合能力和素质进行评判的方法。评价中心综合运用多种测评手段，避免了单一的测评方法的局限性。需要强调的是，评价中心不是一种具体的方法，而是多种方法的组合，是一种程序，是一组标准化的评价活动。评价中心是一种鉴别被评估者的胜任力的十分有效的技术。

三、胜任力评估实践

以下将展示上海慧圣咨询公司（简称慧圣咨询）提供的某企业人力资源管理岗位胜任力评估实践过程。

（一）基于胜任力的工作分析

基于胜任力的工作分析是一种以胜任力为基本框架，通过对优秀员工的关键特征的分析和对组织环境与组织变量的分析，来确定岗位胜任要求和组织核心胜任力的工作分析方法，也是一种人员导向的工作分析方法。通过这种方法确定的职务要求一方面能够满足组织当前对岗位的要求，另一方面也能够适应组织发展的需要。组织要想在人力资源上获取竞争优势，以实现可持续发展，基于胜任力的工作分析越来越重要，也越来越趋向于未来导向和战略导向，即按照组织未来发展的要求来重构岗位职责和工作任务，确认职务要求。

基于胜任力工作分析的目的就是从适应组织长远发展的需要出发，在明确各类工作和岗位的内容、特点、职责要求和绩效目标的前提下，建立有关人员从事相应工作的胜任力模型。

本案例中，慧圣咨询项目组通过工作分析技术对人力资源经理岗位进行工作分析，撰写出该岗位的工作说明书。

（二）建立胜任力模型

慧圣咨询项目组在工作说明书的基础上提炼出人力资源经理岗位的胜任力模型以及胜任力要素及其等级要求，如表 2-10 所示。

表 2-10　人力资源经理胜任力要素及其等级要求

胜任力要素	评价等级标准					等级要求
	零级	一级	二级	三级	四级	
岗位：人力资源部经理						
组织协调能力	管理混乱	日常组织	关系协调	资源整合		二级
计划能力	执行乏力	参与配合	组织落实	全局调控		三级
沟通能力	交流障碍	意图传递	顺畅交流	深层沟通	增进互动	三级
责任心	敷衍消极	主动工作	勇于负责	以企为家		二级

（三）选择评估工具

确定了胜任力要素及其等级要求，就相当于确定了绩效考核指标与指标值。接下来，便需要确定适宜的评估方法。慧圣咨询项目组根据企业实际情况，确定采用面试、无领导小组讨论、心理测试等技术来进行胜任力评估。

1. 面试

面试题目的设计依据是胜任力模型的胜任力要素。如要考察人力资源经理胜任力模型中的沟通能力，可参照以下题目：

事件：在工资发放过程中，公司的薪酬专员比之前多扣了员工的工资，原因是养老保险基数有所调整。正常情况下，公司为了便于操作，每年 1～3 月是按照上一年度的工资基数计算养老保险的，第 4 个月才按照新的工资水平计算，如果新的工资水平与上一年度不同，前 3 个月的养老保险多退少补。在这次的工资发放过程中，养老保险基数上调了，实际每个月要多交 50 元，因为第 4 个月还要补扣前 3 个月少交的，这样一共就要比之前多扣 200 元。本次工资发放后，大约有 20 名员工来问为什么多扣了工资，此薪酬专员对前 10 名员工均耐心给予解释，但对后 10 名员工解释时就有些不耐烦了。

问题：您如何评价这件事情？如果您是本公司人力资源部经理，您会如何指导这名薪酬专员的工作？您觉得这件事情会对人力资源部的工作造成什么影响？

出题思路：该问题属于情境性问题，主要考察沟通能力。应试者应明确沟通在人力资源工作中的重要性，能以恰当的沟通方式解决具体问题，并能意识到不同的沟通方式会给对方带来不同的心理感受，能依据丰富的工作经验对人力资源工作的相关工作流程做出准确的安排。慧圣咨询项目组设计了面试评委使用的评委评分参考标准（见表2-11）。

表2-11 评委评分参考标准

级别	得分	评 分 标 准
零级	0	认为此事件没有任何问题，该薪酬专员做得很好，应得到表扬
一级	2	认为此事件会造成公司员工对人力资源部工作产生不满情绪，但薪酬专员后续的不耐烦是可以理解的
二级	4	认为此事件会造成公司员工对人力资源部工作产生不满情绪，此薪酬专员应对每名员工做耐心说明，并应在后续工作中通过某种方式（如发送集体邮件等）向全体员工对此事件进行解释说明
三级	8	认为此事件会造成公司员工对人力资源部工作产生不满情绪，此薪酬专员应在发放工资前就通过某种方式（如发送集体邮件等）向全体员工对此事件进行解释说明，并指导该薪酬专员站在员工的角度考虑问题
四级	10	认为此事件会造成公司员工对人力资源部工作产生不满情绪，此薪酬专员应在发放工资前就通过某种方式（如发送集体邮件等）向全体员工对此事件进行解释说明，并指导该薪酬专员站在员工的角度考虑问题，并在人力资源部内部强调沟通的重要性，之后及时鼓励和表扬人力资源部内因良好沟通取得优秀绩效的人员事迹。事后反思此事件过程，考虑搭建公司员工与人力资源部交流互动的平台，如可建立人力资源部QQ群/微信群

2. 无领导小组讨论

针对人力资源部经理的胜任力模型，特编制无领导小组讨论题目并评分。

要求：

（1）请您首先用5min的时间阅读以下材料，并将答案及理由写在答题纸上，在此期间，请不要相互讨论。

（2）在主考官说"讨论开始"之后进行自由讨论，讨论时间限制在30min以内。在讨论开始时，每个人首先要用1min阐述自己的观点。注意：每人每次发言时间不要超过2min，但对发言次数不做限制。在讨论期间，你们的任务是：整个小组达成一项决议，即对问题达成共识。

（3）讨论结束后，小组选派一名代表向主考官报告讨论情况和结果，为时2min。

（4）小组代表发言结束后，请您将讨论前写的答案和理由交给主考官。

材料：

你是X公司B部门的一位中层管理者，公司现在将你调到A部门担任部门主任。你知道A部门在大家的眼里一直是个烂摊子，公司是让你去"扭转乾坤"的。调任之后的一周内，你初步了解了A部门的具体情况，总结如下：

A部门可以说处于无管理状态。几乎所有员工都无视公司规章制度，迟到早退已经习以为常，午间休息时间大家都习惯外出就餐，下午工作时间推后半小时左右已约定俗成。部门办公人员都有自己的办公室，平时工作期间均大门紧闭，没有为员工服务的意识，作为领导者也不方便监督工作。部门物品堆放杂乱，卫生一塌糊涂，尤其是卫生间，几乎让人无法使用。

A 部门的员工情况也很复杂：一部分是比你年龄大、资质深的老员工，其中个别几个还是之前当过科长的；还有一部分是从 C 部门调配过来的，他们形成一个小团体，平时有意见就向领导反映，如果领导不理会或者没有按照他们的想法解决，他们就用自己的办法抵抗；剩下的其他人长期在 A 部门任职，已经习惯了工作懒散的状态，对你也存有戒心。

针对这种情况，有两种解决方案待选：一是以工作为取向，施行强制性管理；二是以人为取向，施行人性化管理。你会选择哪种方案呢？慧圣咨询项目组设计了评委使用的无领导小组讨论评价标准（见表 2-12）。

表 2-12　无领导小组讨论评价标准

评价维度	分数及评价标准		求职者 A 得分
参与讨论的积极性和主动性	100	发起小组讨论；在讨论的全过程中都表现主动	
	75	在大部分时候主动提出自己的想法；对他人的想法进行评论	
	50	……	
	25	……	
	0	……	
语言表达能力	100	以可被理解的方式传达观点和信息；使用正确的语言传递消息和报告信息；对听到的内容进行核实，确保他人所说能被准确地听取；当信息没有被理解的时候主动提问	
	75	能基本正确地使用语言传递信息和报告信息；当信息没有被理解时主动提问；能基本顺利地传达观点和信息	
	50	……	
	25	……	
	0	……	
倾听/注意力	100	积极地理解、解释和阐明小组传达的观点，并且用自己的话来表达对它的理解。个人用适当的目光接触做出回答，探身过去，保持可接受的姿态，带头接受，并用身体语言鼓励参与者	
	75	理解信息并用适当的目光接触做出反应，探身过去，保持较好的姿态，带头接受，并参与讨论	
	50	……	
	25	……	
	0	……	

3. 心理测试

对该岗位的多种综合素质同时进行测试可选择心理测试，测试结果可以辅助评价应试者的综合素质能力。本案例中选择了爱德华个人偏好量表（EPPS），其测试结果能帮助测评人员较快地了解被试者的性格与需求特点。爱德华个人偏好量表的部分试题举例如下：

（1）A. 当我的朋友有麻烦时，我喜欢帮助他们。
　　　B. 对我所承担的一切事情，我都尽我最大的努力去做。
（2）A. 我喜欢探求伟人对我所感兴趣的各种问题的看法。
　　　B. 我喜欢完成具有重大意义的事情。
（3）A. 我喜欢我写的所有东西都很精确、清楚、有条理。
　　　B. 我喜欢在某些岗位、专业或专门项目上成为公认的权威。
（4）A. 我喜欢随我的意志来去自如。
　　　B. 我喜欢能够自豪地说我将一个难题成功解决了。
（5）A. 我喜欢解答其他人觉得很困难的谜语与问题。
　　　B. 我喜欢遵从指示去做别人期待我做的事。

（四）撰写胜任力评估报告

在这一阶段，慧圣咨询项目组对评估得到的信息和数据进行统合、整理、分析和评价，形成胜任力评估报告，包括以下几方面内容：测评基本信息、面试报告、无领导小组讨论分析报告、心理测评报告、岗位胜任力综合评估报告。某被评估者的综合评估结果如表 2-13 所示。

表 2-13　岗位胜任特征综合评估

评估项目	适岗性评估总分	适岗性评估得分	权　重
专家面试	100	82	70%
无领导小组讨论	100	91	30%
评价总分	84.7		
心理素质测评	结果参照心理素质测评报告，心理素质测评结果作为参考项		
结论与建议	适岗性评估得分较高，个人履历、基本素质和综合素质与岗位要求匹配度较高		

第五节　绩效改进

绩效改进是改进人员、流程、组织的一门科学和艺术，与传统绩效管理理念不同，现代绩效管理的根本目的是不断提高员工能力和持续改进员工工作绩效。良好的、可持续的绩效改进能够使企业不断优化和适应社会发展的需求。

一、绩效改进的定义

绩效改进有多个名称，包括绩效改进（PI）、绩效技术（PT）、人类绩效技术（HPT）和人类绩效改进（HPI）。四个名称稍有差异，导致它们的侧重点也有些细微的差异。人类绩效技术（HPT）和人类绩效改进（HPI）侧重于改进人/员工的绩效；绩效技术（PT）侧重于采用一系列方法和程序改善工作、员工、工作场所或世界。绩效改进（PI）是指通过成功指标、当前或基准情况与期望结果进行比较，找出组织或员工工作绩效中的差距，制订并实施有针对性的改进计划来提高员工或组织绩效水平的过程。绩效改进的对象主要是各类企业/公司、事业单位、组织等，另外，绩效改进对象也可以应用于人类整体、国家这类超大型群体或组织。

绩效改进是一种综合性的方法，因此它融合了来自多个学科的理念和理论。相关理论如下：

（1）克里斯·阿吉里斯（Chris Argyris）的行为科学理论，进行了关于人类行为的思考和调查，提出了学习型组织、双路径学习和反馈系统的概念。

（2）戴明（W.Edwards Deming）的全面质量管理（TQM），提出了"14点"质量模型。

（3）彼得·德鲁克（Peter Drucker）的管理科学，提出了确立分散大型组织、目标管理和知识型员工角色的概念。

（4）罗伯特·加涅（Robert Cagné）的教学系统设计提出了信息处理模型、教学九事件、学习的五种类型。托马斯·吉尔伯特（Thomas Gilbert）的行为工程创立了人类绩效技术领域，提出关注工作场所的变化，如信息资源、激励、知识、能力、绩效改进动机，以及认为"缺乏绩效支持是取得优秀工作绩效的最大障碍"。

（5）乔·哈里斯（Joe Harless）的前端分析理论着重于诊断早期的问题所在，因为问题的原因常常隐含了解决方案。前端分析是描述在解决方案的提出前所适用的严密的诊断框架。

（6）罗杰·考夫曼（Roger Kaufman）提出大环境（社会）、宏观（组织）和微观（个人）三个层次的影响因素，强调绩效改进工作对社会的影响，以及绩效改进应当有清晰的规划。

（7）唐纳德·科克帕特里克（Donald Kirkpatrick）的四层级评估理论提出了评估标准四个层级——反应、学习、行为和结果，阐明了评估对绩效改进和培训的作用。

（8）马尔科姆·诺尔斯（Malcolm Knowles）的成人教育理论，提出了成人学习应该是终生的，成功的成人学习应当订立学习契约，成人学习需要了解学习的目的，成人需要将相应的经验应用到学习中，应用问题解决方法。

（9）吉尔里·拉姆勒（Geary Rummler）提出组织绩效包括三个层面：从业者的组织、流程和个人层面。他强调改进组织流程的重要性。

（10）彼得·圣吉（Peter Senge）的学习型组织理论提出了学习型组织的五个关键要素——自我超越、构建模型、共同愿景、团队学习、系统思维，倡导达成高水平绩效的系统导向方法。

二、绩效改进方法的分类

组织绩效改进方法主要是指绩效改进过程采取的相应方法和模型。而通常所说的组织绩效改进方法是指绩效分析得出原因和差距后采取的绩效干预措施。绩效改进依赖于在多个相关领域中所获取的知识及实际应用，绩效改进的基础来源于各种学科，因此绩效改进方法也来自各个学科的方法。绩效改进方法的类型主要包括教育类、绩效支持类、质量改进类、个人发展类、人力资源管理类、组织设计与发展类、组织沟通类、岗位分析/工作设计类、财务类等，如表2-14所示。

表 2-14 绩效改进方法的分类

序号	类 型	具体方法
1	教育类	知识管理、组织性学习、学习管理系统、内容管理系统、教育/培训、自主学习、在职学习、及时学习、行动学习、混合式学习、技术和非技术学习、社会学习、互动学习技术、企业学习、课堂学习、远程/分布式学习、在线/电子学习、利用虚拟图像等学习、游戏/模拟
2	绩效支持类	绩效支持工具（PST）或工作辅助、电子绩效支持系统（EPSS）、文件编制和标准、专家系统
3	质量改进类	全面质量管理（TQM）、持续改进、预防性维护（PM）、六西格玛、精益组织
4	个人发展类	反馈、教练、指导、情商、社会智商、文化智商、专业实践社区
5	人力资源管理类	员工配置、员工发展、员工保留、薪酬/福利、健康与保健、退休规划、劳动关系
6	组织设计与发展类	继任规划、职业发展通道、领导力发展、高端人才发展、管理能力发展、督导能力发展
7	组织沟通类	通信网络、信息系统、建议系统、申诉系统、争端解决、社交媒体
8	岗位分析/工作设计类	岗位分析、工作设计
9	财务类	公开账簿管理、利润与成本中心、资本投资与支出、现金流分析、现金流预测、兼并、收购、合资

三、部分绩效改进方法介绍

由于绩效改进方法比较多，这里选取几种进行介绍。在组织绩效出现不同的"症状"时，不同的组织需要根据自身的情况和需要进行选择和使用绩效改进方法。在实际选择适合的绩效改进方法时，不同的方法从不同的角度揭示了绩效改进的方向。

（一）卓越绩效管理

卓越绩效管理提炼和集合了国际卓越成功组织的先进经验和优秀基因，是一种整合化的综合绩效管理创新方法。卓越绩效管理（performance excellence management）是 20 世纪 80 年代后期美国创建的成功的企业管理模式。其核心是强化组织的创新活动和提高顾客满意程度，追求卓越的经营绩效，使组织和个人得到进步和发展，并使组织持续获得成功。这是一种国际上广泛认同的组织综合管理的有效方法或工具，适用于企业、事业单位、医院和学校。卓越绩效模式来源于美国波多里奇质量奖中追求卓越绩效的管理思想，是在全面质量管理和 ISO 9000 系列国际标准的基础上发展起来的，集成了现代质量管理的多种先进理念，代表了质量管理的先进水平。卓越绩效模式经实践证明是成功的，受到很多国家和企业的青睐。

卓越绩效模式是基于大质量观对影响质量的因素进行全面综合的管理，是对全面质量管理的进一步标准化、具体化和规范化；卓越绩效模式超越了 ISO 9000 系列标准中"顾客满意"的宗旨，追求更为长远的、综合的所有相关方的平衡的满意；卓越绩效体现了质量因素相互关联、系统管理的思想，它强调各因素间的影响，提供的不是目标或准则，而是一种现代经营管理的理念和方法；卓越绩效模式提供了一种更为开放的管理思路，每个企业可以根据自身条件进行具体操作和创新，为后续质量管理的发展提供了广阔的发展空间。

卓越绩效管理是当今世界上一种先进的经营管理模式，由领导、战略、顾客与市场、测量分析与改进、人力资源、过程管理、经营结果七个方面的内容构成。其中，领导掌控着整个组织的前进方向，并关注着经营结果；领导、战略、顾客与市场构成领导作用三角，起驱动作用，关注组织做正确的事；人力资源、过程管理、经营结果构成经营结果三角，关注组织如何正确地做事；而测量分析与改进是组织运作之基础，是链接两个三角的链条，并转动着改进和创新的 PDCA 之轮。

从卓越绩效模式的特点来看，它对各类企业具有普遍适用性，应用范围覆盖了服务业、制造业等。卓越绩效模式追求的是质量上的不断改进、追求卓越，而企业只有不断优化产品和服务质量，才能在竞争激烈的市场中立足并获利。

卓越绩效管理通过建立卓越绩效标准描述卓越企业的管理信念和行为，改进组织的整体效率和能力。通过卓越绩效标准，组织可以分析自身与卓越组织的差别，探索组织的最佳运作方法，提高组织的绩效水平。卓越绩效管理的特征如下：

（1）追求组织的可持续发展。组织只有通过创新才能形成竞争优势，才能在激烈的竞争中取胜。卓越绩效模式旨在引导组织追求卓越绩效，通过强化组织创新来追求卓越的经营绩效，在通过创新追求卓越的过程中实现持续改进。

（2）关注需求。卓越绩效模式把以顾客和市场为中心作为组织质量管理的第一原则。顾客驱动的卓越体现了组织必须通过产品创新、服务创新、管理创新、市场创新来不断满足顾客当前和未来的需求，考虑如何为顾客创造价值，提高顾客满意和忠诚程度。

（3）重视学习和知识。组织和个人的学习是卓越绩效模式的核心价值观之一，知识是创新活动重要的输入要素，而创新构筑于组织及其人员所积累知识的基础上，通过学习增加组织和个人的知识存量，带给组织更强的可持续性和更大的绩效优势，为创新活动积累基础；同时，创新过程也会增加知识量的积累，有效利用这些知识的能力有着至关重要的意义。

（4）强调创新管理。从卓越绩效模式的创新内涵可知，创新不只是某次创新，也不仅仅是新现象的发现、新产品的开发或者新市场的创造，而是一种整体协同机制。领导者要将创新融入组织的日常工作中，制定创新战略，构建有利于创新的内部环境，培养员工的知识运用能力，引导组织的创新，确保创新的持续性。与 ISO 9000 相比，卓越绩效模式不是符合性标准，而是成熟度标准。它不规定组织应达到某一水平，而是引导组织建立一个持续改进的系统，帮助其进行管理的改进和创新，推动组织获得长期成功。它的价值在于持续提高组织的整体有效性和综合竞争能力，促进组织和个人的学习创新。因此，促进创新、创造卓越是卓越绩效模式的核心和目的。在卓越绩效模式的灵魂——11 条相互关联的核心价值观和原则中，创新不仅贯穿其中，而且通过第 7 条"促进创新的管理"进行了专门阐述。

（5）注重过程管理。组织的绩效源于过程，体现于结果。《卓越绩效评价准则》中的过程管理是实施持续改进和创新以提升组织的整体绩效，进而实现组织愿景的途径。过程管理决定了提供产品和服务的质量、效率、周期和成本，是能否实现卓越的关键。无论是制造业、服务业，还是其他类型的组织，在追求卓越的过程中都先识别为组织增值的关键过程，再思考如何对这些过程进行创新。

（二）标杆管理

标杆管理又称对标管理。标杆管理最早实践源于 20 世纪 60 年代的国际商用机器公司

（IBM）。通过开展内部绩效标杆管理，IBM缩小了相同部门的绩效差距，并将内部最优产品流程确定为公司统一标准。标杆管理经过了半个多世纪的实践检验，已被证明是现代西方发达国家管理活动中，支持组织不断改进和获得竞争优势的最重要的管理方式之一。20世纪70年代，施乐公司面对日本竞争对手佳能的挑战，学习IBM的做法，将标杆管理作为绩效改进的基本手段与工具，并正式提出了标杆管理的概念。通过标杆管理，施乐公司的制造成本降低了50%，产品开发周期缩短了25%，人均创收增加了20%，产品开箱合格率从92%上升到99.5%，重新夺回了原先失去的市场份额。施乐的成功使得摩托罗拉、IBM、杜邦、通用电气等公司纷纷仿效，实施标杆管理，在全球范围内寻找业内经营实践最好的公司进行标杆比较和超越，成功地获取了竞争优势。据美国1997年的一项研究表明，1996年世界500强组织中有近90%的组织在日常管理活动中应用了标杆管理，其中包括柯达、施乐等公司。20世纪90年代开始，标杆管理又被引入政府改革的过程中，成为促进政府绩效改进的战略性工具。在美国生产力与质量中心看来，标杆管理是一个系统的、持续性的评估过程，通过不断地将组织流程与世界上居于领先地位的组织相比较，以获得帮助组织改善组织绩效的信息。具体来说，标杆管理是组织、部门或个人将自己的产品、服务、生产流程、管理模式与同行业内或行业外的领袖型组织做比较，借鉴学习他人的先进经验，改善自身不足，从而提高竞争力，是追赶或超越标杆组织的一种良性循环的管理方法。

2020年6月，国务院国有资产监督管理委员会（简称国资委）根据习近平总书记的重要指示精神，下发《关于开展对标世界一流管理提升行动的通知》（简称《通知》），对国有重点企业开展对标提升行动做出了具体安排部署。《通知》要求，国有重点企业要通过加强战略、组织、运营、财务、科技、风险、人力资源、信息化八大方面的管理，着力提升战略引领、科学管控、精益运营、价值创造、自主创新、合规经营、科学选人用人、系统集成八大能力。要求各大国企以全球领先企业的管理为"参考系"，全面查找自身不足，并找到解决问题的方法。希望用2~3年的时间推动中央企业与地方国有重点企业基本形成中国特色现代国有企业管理体系，总体管理能力明显增强，部分企业管理达到或接近世界一流水平。国资委领导要求，要做好与世界一流管理对标的工作，最为核心的就是要找准对标的对象，先解决"跟谁对"的问题。

标杆管理的本质是一种面向实践、面向过程的管理方式，它的基本思想就是系统优化、不断完善和持续改进。标杆管理可以突破组织的职能分工界限、组织性质与行业局限，它重视实际经验，强调具体的环节、界面和流程，因而更具有特色。标杆管理是一种渐进的管理方法，其思想就是组织的业务、流程、环节都可以解剖、分解和细化。组织可以根据需要去寻找整体最佳实践或者优秀部分来进行标杆比较，或者先学习部分，再学习整体，或者先从整体把握方向，再从部分具体分步实施。

标杆超越是通过对比和分析业内外领先企业的经营方式，对本企业的产品或服务、业务流程、管理方式等关键成功因素进行改进，使组织成为同行业最佳的系统过程。标杆超越是将组织自身的关键业绩行为与最强的竞争对手或业内外领先的、有名望的组织的关键业绩行为作为基准进行评价与比较，然后借鉴学习。标杆超越是一种有目的、有目标的学习过程，它的基本思想是系统优化、不断完善和持续改进。

标杆的类型如表2-15所示。企业标杆的设立比较灵活，可以将优秀企业的某个管理"片断"作为标杆，也可以将优秀企业整体作为标杆。

表 2-15　标杆的类型

类　型	内　　容
内部标杆	以组织内部操作为基准的标杆管理，是最简单且易操作的标杆管理之一。它通过辨识内部绩效标杆的标准，即确立内部标杆管理的主要目标，做到组织内的信息共享。辨识组织内部最佳职能或流程及其实践，然后推广到组织的其他部门，不失为提高组织绩效最便捷的方法之一
竞争标杆	以竞争对象为基准的标杆管理。竞争标杆管理的目标是与有着相同市场的组织在产品、服务和工作流程等方面的绩效与实践进行比较，直接面对竞争者
职能标杆	以行业领先者或某些组织的优秀职能操作者为基准进行的标杆管理。职能标杆管理的合作者常常能相互分享一些技术和市场信息，标杆的基准是非竞争性外部组织及其职能或业务实践。由于没有直接的竞争者，因此合作者往往较愿意提供和分享技术与市场信息
流程标杆	以最佳工作流程为基准进行的标杆管理。流程标杆管理的对象是类似的工作流程，而不是某项业务与操作职能或实践，因此，流程标杆管理可以跨不同类型组织进行

进行标杆超越的实质是组织变革：通过学习同行业的经验，改掉制约企业发展的陋习，提升企业绩效的过程。标杆管理的具体实施内容因行业与组织而异，实施中要注重实施的可操作性。根据组织的特点，组织标杆管理实施步骤大致如下：

（1）确定学习的内容、学习的对象和学习的目标。组织实施标杆管理，首先要确定学习的内容（标杆项目）和学习的对象（标杆组织），并确定实施标杆管理需要达到什么样的目标（标杆目标）。标杆项目的选择会因标杆类型的不同而不同，也会因组织优势和劣势的不同而不同。分析最佳模式与寻找标杆项目是一项比较烦琐的工作，需要开发一套对标杆研究策略。其中包括：首先，实地考察并收集标杆数据；其次，处理、加工标杆数据并进行分析；最后，与组织自身同组数据进行比较，进一步确立组织自身应该改进的地方，必要时还需要借助外部咨询和外部专门数据库。在大量收集有关信息和有相关专家参与的基础上，针对具体情况确定不同的比较目标。可以在组织内部寻找绩效好、效率高的部门作为比较目标，也可以寻找其他组织的先进实践作为比较目标。如果分析的对象是其他组织，那么不仅需要参考其他组织的最佳实践，而且要参照一些与组织自身情况相近的组织。只有这样，才能够制定出可操作、可实现的分步实施目标。

（2）制订实现目标的具体计划与策略。这是实施标杆管理的关键。一方面，要创造一种环境，使组织中的人员能够自觉和自愿地学习和变革，以实现组织的目标；另一方面，要创建一系列有效的计划和行动，通过实践赶上并超过比较目标，这是打造组织核心竞争力的关键所在。因为标杆本身并不能解决组织中存在的问题，组织必须根据这些具体计划采取切实的行动，实现既定的目标。

（3）比较与系统学习。将本组织指标与标杆指标进行全面比较，找出差距，分析差距产生的原因，然后提出缩小差距的具体行动计划与方案。在实施计划之前，组织应当培训全体员工，让员工了解组织的优势和不足，并尽量让员工参与具体行动计划的制订。只有这样，才能最终保证计划的有效实施。而且标杆管理往往会涉及业务流程再造，需要改变一些人惯有的行为方式，甚至触及个人的利益。因此，组织方面要消除思想上的阻力，另一方面，就是创建一组最佳的实践和实现方法，以赶上并超过标杆对象。

（4）评估与提高。实施标杆管理是一个长期的渐进过程。在每一轮学习完成时，都需要重新检查和审视对标杆研究的假设和标杆管理的目标，以不断提升实施效果。标杆管理只有起点没有终点，组织应当在持续学习中不断把握机遇与提升优势，避免危机并发扬优势。

（三）精益管理

精益管理源于精益生产，是一种以客户需求为拉动，以消灭浪费和不断改善为核心，使企业以最少的投入获取成本和运作效益显著改善的全新的生产管理模式。它的特点是强调客户对时间和价值的要求，以科学合理的制造体系为客户带来增值。精益管理从人出发，通过构建精益文化来影响和激励员工，在精益改善中培养员工并逐渐形成企业的生产技术体系，通过精益改善等实践活动及精益文化的交互作用，使企业在技术层面和文化层面逐渐达到精益。所谓精益管理，是指运用细致入微的管理手段将有限的资源发挥最大效能。"精"就是指更少的投入；而"益"是指更多的产出。精益管理的核心是以最小资源投入，包括人力、设备、资金、材料、时间和空间，通过不断地降低成本、提高质量、增强生产灵活性、实现无废品和零库存等手段，消除一切无效劳动和浪费，从而创造出尽可能多的价值，为顾客提供新产品和及时的服务。可见，精益管理具有追求零库存、无缺点、无浪费、准时反应等极限目标，强调以"人"为本，并注重全面质量管理等特征。

精益管理的概念起源于丰田生产方式（toyota production system，TPS）。丰田生产方式萌芽于20世纪50年代，丰田公司创始人丰田喜一郎在吸收了美国福特生产方式经验的基础上提出了"准时制"（JIT）的思想。后来，丰田公司重用了大野耐一等一系列憎恶"浪费现象"的高管，通过这些在实践中的实物性研究和大力推动下，经过20多年的改造、创新和发展，使丰田生产方式逐渐成熟。最先人们用"准时制（JIT）生产"来总结丰田公司在生产管理方面的特殊优点，后来欧美国家的企业管理研究人员又将这种生产管理模式称为"精益生产"（lean production）。随着各国学者研究的深入和企业实践的发展，人们将精益思想从精益生产中提炼出来，并突破了原来仅仅涉及的生产领域，逐步将其扩大到企业的各项职能管理当中，形成了精益管理的科学方法。

日本产业工人的优秀品质铸就了日本企业的敬业精神和精益价值观，这也是日本产业工人能在生产作业中不断追求尽善尽美和持续改善的本源所在，更是精益生产方式形成的基础。精益生产方式造就了日本汽车产业的辉煌和核心竞争能力，也促成了精益管理模式的形成。

1990年，麻省理工学院沃麦克（James P.Womack）教授等人撰写了《精益生产方式——改变世界的机器》一书，对日本企业取得的成功经验进行总结，提出了精益生产（lean production）的概念。书中在做了大量的调查和对比后，认为日本丰田汽车公司的生产方式是最适合现代制造业的一种生产组织管理方式，称之为精益生产方式。1996年，沃麦克又与琼斯（Daniel T.Jones）合著了《精益思想》（*Lean Thinking*）一书。该书总结了由大量生产过渡到精益生产所要遵循的原则，进一步阐述了精益生产的思想内涵：树立与浪费针锋相对的精益思想。随着全球资源的继续稀缺，精益管理的思想受到越来越多的国家重视。

德国在日本成功实现精益生产的基础上将其拓展，提出了精益管理思想，并在制造业中广泛应用，并取得了良好的成效。我国也在20世纪90年代中期开始引入精益管理，主要应用在机械、汽车行业。经过多年的探索和尝试，精益管理思想已深入渗透企业管理的每一个角落，精益管理方法已运用到企业运行的每一个环节。

谈及"精益管理"时，很多人会与"精益生产"混为一谈。其实，精益生产是制造业的一种作业模式，或称为"生产方式"（通常人们称之为"丰田生产方式"或"精益生产方式"），这一生产方式下开发出来的管理工具都是为了剔除在生产作业过程中出现的任何浪费现象。而精益管理则是精益生产方式经过理论研究学者和实践者高度总结得出的管理方法的结晶，它是在长期的精益生产实践中经过去粗取精、去伪存真、由表及里、由此及彼而形成的管理模式和方法。它是从仅以生产管理实践为研究对象的一门企业生产管理应用分支学科上升到以整个企业管理的各个应用分支学科门类为研究对象的一种企业管理的应用方法和价值理念。这一方法和价值理念在管理应用的实践中必然受到管理者和被管理者价值观和哲学思想的限制。因此，这一企业管理学科门类的发展一直受到不同国家文化和哲学观点的影响。管理的目的归根到底是要让每一个人以最佳的方式创造价值、支撑企业战略目标，精益管理需要有效地控制人的因素并充分发挥人的智慧，才能发挥持久的效力。

精益管理的核心是精益思想。精益思想要求企业找到最佳方法消灭浪费，确立提供给顾客的价值，明确每一项产品的价值流，使产品在从最初的概念直至到达顾客的过程中流动顺畅，让顾客成为生产的拉动者，在企业管理中精益求精、尽善尽美。因而精益管理要把彻底消除一切浪费的精益思想贯彻到企业的整个经营管理之中，以最优为目标，全方位、持续地推进精益改进，使精益思想在整个管理领域中得到应用和拓展。

精益管理是指将精益的理念运用到生产以及其他经营的各个主要环节中。其核心是消除一切无效作业和浪费，提高效率，降低成本，提升质量，达到企业利润的最大化。企业通过无止境地追求这一目标，以保证自身强大的竞争力，从而得到持续改进，永远保持进步。

精益管理的目标可以概括为：企业在为顾客提供满意的产品与服务的同时，把浪费降到最低程度。企业生产活动中的浪费很多，常见的有：积压——因无需求造成的积压和多余的库存；过度加工——实际上不需要的加工和程序；多余搬运——不必要的物品移动；等候——因生产活动的上游不能按时交货或提供服务而等待；多余的运动——人员在工作中不必要的动作，提供给顾客并不需要的服务和产品。努力消除这些浪费是精益管理最重要的内容。

四、绩效改进/人类绩效技术（HPT）模型

绩效改进/人类绩效技术（HPT）模型是比较成熟的模型，可广泛应用于管理工作中。它是一种循证式思考方式，因此成为工作场所绩效改进诊断的方法和战略工具。绩效改进/人类绩效技术（HPT）模型具有响应性、适应性、侧重于绩效问责制和完整性的特点。绩效改进实践是需要建立在绩效改进核心四要素，即以结果为导向、系统化方法、价值和协作（RSVP）以及最初的四项绩效技术标准基础之上的。绩效改进/人类绩效技术（HPT）模型由绩效分析、原因分析、干预措施的选择与设计及开发、干预措施的实施与维护以及评估五个阶段构成。

（1）绩效分析。绩效分析是绩效改进/人类绩效技术（HPT）模型的第一个阶段，分析内容有组织分析、环境分析和差距分析三项内容。组织分析包括分析组织的愿景、使命、价值、目的和战略，以及分析推动变革的关键问题。环境分析用于确定和区分支持绩效改进的优先次序。环境分析的内容有世界（文化、社会、社会责任）、工作场所（组织、资源、工具、利益相关者、竞争）、工作（工作流程、程序、责任、工效）、员工（知识、技能、能力、动机、期望等）。差距分析主要是指对变革开始时的状况或现状，与期望状况或变革以及改进完成的最终或成功状态之间的状况进行对比得出的结论。

（2）原因分析。原因分析用于确定需要或机会差距存在的原因。绩效差距产生的原因包括可能源于缺乏环境的支持，也可能是员工个人缺乏相应的技能和知识、能力等。

（3）干预措施的选择与设计及开发。干预措施的选择与设计及开发是绩效改进/人类绩效技术（HPT）模型的第三个阶段。干预措施，简单地讲就是为解决组织内部差距提出的解决方案。干预措施的选择应当以结果、影响、价值、成本，以及对组织和形势有利为导向。成功干预措施的标准有投资回报率、可持续性、问责制等。干预措施的设计是关于绩效改进干预措施的选择与设计及开发阶段的计划部分。其中，干预措施的设计和开发主要是明确干预措施或干预措施计划中所包含的项目，并且提供了实施干预措施以及支持成功结果所需的材料或计划。干预措施的类型有教育、绩效支持、岗位分析/工作设计、个人发展、人力资源开发、组织沟通、组织设计与发展、财务系统。

（4）干预措施的实施与维护。干预措施的实施和维护是绩效改进/人类绩效技术（HPT）模型的第四个阶段。干预措施的实施是将选定的干预措施付诸实践；干预措施的维护是指各方面的作用能够在未来得到充分发挥，确保领导层认可并适应于干预措施的实施。采用的相关技术有伙伴协作、网络与建立联盟、过程咨询、员工发展、沟通、项目管理等。绩效改进工作采用项目管理方法，并且进行细心规划，从而确保各个方面在预算内按时完成预定目标。

（5）评估。评估是绩效改进/人类绩效技术（HPT）模型的重要环节，如图2-10所示。在整个模型的整个流程中都需要进行评估。

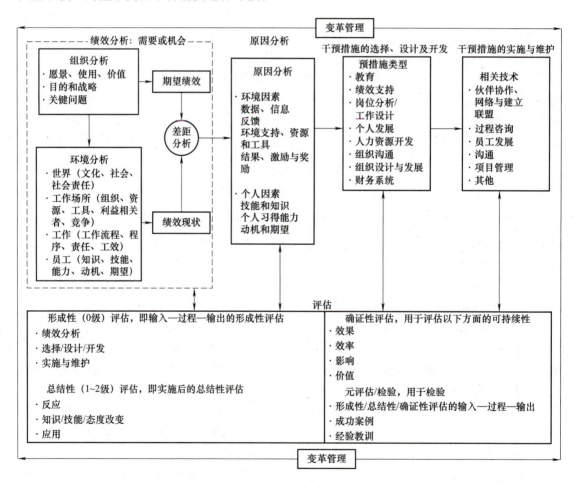

图2-10 绩效改进/人类绩效技术（HPT）模型

这里的评估有四类：第一类是形成性（0级）评估，即输入—过程—输出的形成性评估；第二类总结性（1～2级）评估，即实施后的总结性评估；第三类是确证性评估，用于评估效果、效率、影响、价值等方面的可持续性；第四类是元评估/检验，用于检验。

影响因素分析是以绩效分析的结果为基础的。绩效分析指明了问题"是什么"。而影响因素分析则对此信息进行更深入的挖掘，进一步告诉人们"为什么"。托马斯·吉尔伯特（Thomas F.Gilbert）的行为工程模型把引起绩效差距的原因归结为环境因素（数据/信息、工具及激励措施）或个人因素（知识、技能及动机）。韦斯伯德（Weisbord）以行为工程模型为基础开发出了六盒模型。六盒模型与行为工程模型一样，都是致力于通过对推动因素或积极行为的影响以及障碍或消极行为影响的确定，找出存在绩效差距的原因。该模型中的六个盒子所代表的分别是期望和反馈、工具和资源、结果和激励、技能和知识、人员筛选和任务安排（能力），以及动机和偏好（态度）。

从各种相关的信息源收集数据并进行分析，以此来确定导致绩效差距的所有因素。此后还要对这些数据进行进一步的分析，以确定哪些原因是主要原因。整合型评估结构把与数据收集和分析过程都划分为影响因素分析的过程，并使之与形成性评估相联系。此外，这些过程所产出的数据，即导致绩效差距的主要原因，则被看作是影响因素分析的产出，并且作为人类绩效技术流程中干预措施选择及设计这一步的输入。

原因分析也称影响因素分析，它是人类绩效技术模型中绩效分析的最重要的环节，也是绩效改进的基础。原因分析主要分析两个方面的因素：环境因素和个人因素。环境因素取决于管理层或领导层，如工具、资源、激励或奖金方面的动机因素，以及做好工作的充足休息和反馈等。个人因素主要是指个人自身的技能、知识达到预期的能力，以及达到期望的渴求与动机。

【关键词】

胜任力　　　　胜任力模型　　　胜任力词典　　　行为事件访谈法　　　绩效改进
卓越绩效管理　标杆管理　　　　精益管理　　　　绩效改进模型

【思考题】

1. 怎样理解胜任力的内涵？
2. 胜任力对于绩效管理有哪些积极作用？
3. 如何建立胜任力模型？测评胜任力有哪些方法？
4. 绩效改进的意义是什么？
5. 绩效改进有哪些方法？
6. 绩效改进/人类绩效技术（HPT）模型的流程包括哪些阶段？

【案例分析讨论】

宝钢不锈钢公司建立胜任力模型

宝钢集团不锈钢公司（简称宝钢不锈钢）是国有大型制造型企业，为了配合新生产线的建设，迫切需要提高现有人员的素质。由于新生产线的建设是在公司裁减和分流人员、"求生存与求发展"并存等复杂的背景下开展的，因此公司希望寻找切实可行的方法，给予员工能力提升方面的标准，并且能够应用于绩效考评、培训开发、人员选拔等多个方面。

经过深思熟虑，宝钢不锈钢的领导确定与上海慧圣咨询公司合作，借助外部专业力量，建立新产线的关键岗位胜任力模型，为绩效、培训等人力资源管理模块提供依据。

建立胜任力模型最主要的工作是胜任力的研究与开发。这是一项基础性工作，花费时间长。胜任力研究与开发阶段的步骤如图2-11所示。

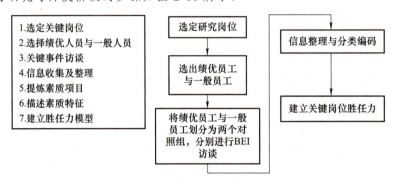

图2-11 胜任力研究与开发阶段的步骤

一、选出关键岗位，确定绩优标准并选出接受访谈的员工

宝钢不锈钢与慧圣咨询项目组从新生产线中选出十几个对新生产线的产品质量起着决定性作用的关键岗位，对这些岗位建立胜任力模型可以基本适应未来整个生产线的要求（见表2-16）。针对每个岗位，宝钢不锈钢从现有新线预备员工中选出绩效优秀的员工和绩效一般的员工至少两名作为访谈对象，以做对比。对各重要岗位，公司选择了2组以上的比较对象，以保证胜任力模型的准确性。公司结合了考查指标（安全生产率、产成品质量等）较好，以及上级、同事对其绩效反映也较好的各岗位劳模、操作能手、骨干作为绩优员工，将平时表现一般的新线预备员工作为绩效一般员工，选择了各23名员工作为访谈对象。慧圣咨询项目组对这17个关键岗位的46名员工进行了BEI访谈。

表2-16 宝钢不锈钢新生产线的部分关键岗位

炼铁系统				
区域	岗位对象	岗位	人员素质要求	岗位主要职责
设备	电气	点检	中技或中级工以上	设备巡检
炼钢系统				
区域	岗位对象	岗位	人员素质要求	岗位主要职责
设备	电气	点检	技校或中级以上	设备巡检
轧钢系统				
区域	工种	岗位	人员素质要求	岗位主要职责
设备	电气	点检	技校或中级以上	设备巡检

二、实施 BEI 访谈

由于新生产线是面向未来的岗位,没有成熟的工作说明书,项目组通过工作分析与观察、交谈等手段与工具,了解所要访谈人物的背景情况等。

BEI 访谈的实施步骤如下:

第一步:BEI 访谈准备。通过工作分析与工作说明书等手段与工具,了解所要访谈人物的背景情况,包括被访谈者的姓名、职务、组织状况等。

第二步:访谈内容介绍说明。目的是使访谈者与被访谈者相互信任,形成一种友好的氛围,从而使整个访谈过程轻松愉快,保证信息的全面、真实。

第三步:梳理工作职责。了解被访谈者的实际工作内容,包括关键工作行为以及与其他岗位的工作流程关系等。

第四步:进行 BEI 访谈。BEI 的核心目的是了解被访谈者对关键事件全面详尽的描述,事件的数量以 2~3 个为宜。这个步骤的工作是访谈的主要内容,需要整理和分析的内容也最多。

第五步:提炼与描述素质特征。经过 BEI 访谈之后,结合访谈记录与相关资料提炼与工作有关的素质特征。

第六步:访谈结束与资料整理。访谈结束时,感谢被访谈者花费时间提供了有价值的信息,并表示认同。为了防止对某些关键细节的疏漏与遗忘,接下来要立刻总结访谈资料,记录整个访谈内容,并通过回放录音获得新的线索,包括对被访者个性的简要描述,对还不十分清楚的问题做出说明,以及明确尚无法确定的工作必备素质等,以便在之后的访谈中可以进一步调查与确认。

访谈之后,项目组对访谈笔记和录音记录进行了整理。下面以电气点检岗位绩效优秀的员工为例,介绍主要过程。

岗位:炼铁电气作业区点检组组长

主要工作职责:设备点检、资料安排、维修安排、安全监督。

上级:作业长。

成功事件:××机器三天两头地出现故障,我与电气修理人员一起,一直观察研究为什么会出故障。经过一周多时间,我们发现是控制上有问题,电线也有短路。于是我就想如果能控制车自动停车走位,那么就可以解决问题。我回家以后又翻了些以前看过的书,联系学过的东西,提出了对这个问题的解决思路。我与修理人员一起添加了一个装置,可以让车自动停车走位,防止了这样的故障再发生,现在这台设备一直很好用。我花了一些心思就成功了,感到很开心。我们这道工序是"生命线",若它出现故障就会影响生产,对厂里也是一种浪费和损失,解决了问题,对成本、生产上也有好处。

不成功事件:我有点急性子,有一次跟一个师傅因工作上的事争了起来,他顺口骂了我,令我很生气,让他向我道歉,他不肯,我就动了手。后来我冷静下来想想,大家都是为了工作,他也不是存心的,就有些后悔了。于是我跟他谈了,我先道歉说自己脾气不好,他也说他有不对,后来我们和解了,现在我们的关系非常铁。现在我不会再像以前那样了。人在一个地方,人际关系很重要:人际关系不好,活儿也做不好,工作也不好开展;人际关系搞好了,下面的工人其实都很好说话,工作开展也会很顺利。

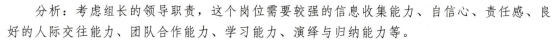

分析：考虑组长的领导职责，这个岗位需要较强的信息收集能力、自信心、责任感、良好的人际交往能力、团队合作能力、学习能力、演绎与归纳能力等。

其他表现岗位素质的词句：

（1）自信心：我是组长，我非常熟悉技术；我说话都是有依据的，设备方面的意见一般都以我们为主。

（2）专业知识与技能：我对所管的设备相当熟悉；技术基础、技艺知识最重要；精通所有设备的结构、功能情况。

（3）主动性：主动对照说明书查找原因。

（4）责任感：责任心比较强，因为如果不小心处理坏了，成本就上去了；责任心强了以后，多看多做，产量质量就会比较好；不能出废品，不然一炉钢就报废了。

（5）演绎与归纳：多看多摸索，总结经验；经验要丰富，平时注意积累经验。

（6）成就导向：我才当了1个月的组长，领导对我的工作评价很好；自己当了组长，就要干出名堂来。

（7）团队合作：一个组要团结一致；这几个工作环节都有密切联系；上下家配合很好。

（8）学习能力：好好学习，不要留遗憾；多学习，产量质量就会比较好；要把学到的知识消化了，才能做好。

比较分析：可以对不同绩效的员工的谈话进行分析、总结。在故障诊断阶段，绩优电气点检工与修理人员一起沟通，会抓住一些关键故障特征，注意与修理人员的交流，并且能很好地说服修理人员；而一般点检工只是观察机器、发现故障，在与修理人员交流过程中表现欠佳。在故障维修阶段，绩优点检工会协助修理人员一起进行故障判断和维修，并伴有逻辑思维和方法，以快捷地达到目的；而一般点检工只负责把情况反映给修理工即可。在收尾阶段，绩优点检工会想办法防止此类问题再次发生；而一般点检工在把问题交给修理人员后就离开。在人际关系、责任心、演绎与归纳、专业知识、团队合作、学习能力等方面两者有着明显差异。因此，根据与其他点检岗位人员访谈记录的整理，就可以对此岗位的素质给予定义和定级。

三、建立关键岗位胜任力模型

项目组成员每天各自整理访谈资料，然后交换资料，再对对方小组的访谈做一份整理，对已提取的素质进行检验、确认、补充。访谈结束后，项目组参考专家文献中列出的20种员工素质，并结合公司收集到的原始材料，共同界定素质要素的定义、内容、维度等，并提炼出关键岗位的素质和级别。

在整理、对照和比较了绩优员工和一般员工的若干组访谈记录后，项目组发现，不同工作区的电气点检工所需要的胜任力都几乎是一样的。参考已有的研究成果将素质分成不同的维度和级别：用"A"表示行动的强度与完整性，它展现了素质对驱动绩效目标实现的强度，以及为实现绩效目标而采取行动的完整性；用"B"表示影响范围的大小，它表示受该素质影响的人的数量与层级以及规模的大小；用"C"表示主动程度，包括行动的复杂程度与行为人在主观方面的努力程度。最后整理出一份公司新生产线关键岗位的胜任力模型框架。这份框架再经公司人力资源部、分厂车间领导修正改进后得以完成。

电气点检岗位的胜任力模型要素

电气点检工的岗位职责主要是：负责组织分厂电气设备的年修、定修工作；控制维修成本；推进电气设备的技术改造工作；制订并落实电气设备管理工作计划；协调各部门、各单位的工作关系。

电气点检工素质模型共包括10项素质要素：成就导向、主动精神、责任感、自信、演绎与归纳思绪、专业知识、信息寻求、学习能力、团队合作、人际沟通。现以其中的成就导向为例加以说明。

成就导向表明一个人始终渴望有所建树，能够不断给自己设定新的或更高更多的目标，并从这些目标的设定或达成中获得某种满足。这种对成就的不断追求能够给予人动力，使人忘却精力的付出，能够使人不断接受新的目标、迎接新的挑战。

成就导向是指希望更好地达到目标或完成任务。这个目标或任务可能是个人过去曾经取得过的成绩，可能是一种客观的标准，可能是将个人同他人相比较的结果，也可能是自己设定的具有挑战性的目标，甚至可能是任何人从未做过的事情。

这些人通常会有这样的行为：

1）我对自己的要求是该做完的工作一定要把它做完，即使再累也没关系。

2）为了熟悉设备，我把来不及看的资料带回家，肯定要消化掉这些资料的内容。

3）没有做过××维修之前我很害怕，在自己成功做过第一次维修后，我很激动，就好像高三时参加成人仪式，觉得自己一下子长大了。

4）这些设备我都很熟悉，熟悉到设备就像我的老朋友，闭着眼睛我都知道每台设备的状况。

5）×××很自豪地对我说："我把问题都解决了！"

6）工作成绩好，我很高兴、很有成就感，否则，我会觉得很难过。

成就导向的级别定义如表2-17所示。

表2-17 成就导向的级别定义

级别	行为描述
A	目标的设定
A.0	没有明确的工作目标，对工作没有什么兴趣
A.1	关注工作任务本身，虽工作很辛苦，但绩效并不显著
A.2	个人有把工作做好的要求，试图把工作做好、做对，但由于缺乏合适的方法，导致绩效效果不明显
A.3	对工作的目标就是设法达成上级或组织设定的标准，例如组织制定的质量标准、产量标准等
A.4	形成自己关于"绩优"的标准，如成本支出、质量等级、花费的时间等，但是不具备太强的挑战性
A.5	关注绩效改进，虽然没有设定具体的目标，但对整个系统或工作方法、工作流程采取了具体的变革或创新，这些改进的目的是提高绩效
A.6	设定具有挑战性的目标，并努力达成挑战性的目标
A.7	分析情况，面对未来的不确定性，敢于承担一定的风险而进行创新，能正确地面对挫折，坚韧不拔，不断努力
B	影响的范围（要求目标的设定在B.3以上）
B.1	影响个人绩效，通过时间管理和良好的人际沟通努力改善自己的绩效
B.2	影响一个班组的绩效，以提高系统效率，改进班组绩效
B.3	影响一个作业区的绩效

（续）

级别	行 为 描 述
B.4	影响一个车间的组织或公司某一部门的绩效
B.5	影响一个企业/组织的绩效
C	创新程度（要求目标的设定在C.3以上）
C.0	没有任何创新
C.1	对工作有些创新，但企业中的其他人或其他部门早已做过了
C.2	对工作进行创新，但对企业并不具备普遍意义
C.3	对工作进行创新，并对企业具备普遍意义

电气点检岗位胜任力模型中对成就导向要素的定义为：

A.5：关注绩效改进，虽然没有设定具体的目标，但对整个系统或工作方法、工作流程采取了具体的变革或创新，这些改进的目的是提高绩效。

B.3：影响一个作业区的绩效。

C.2：对工作进行创新，但对企业并不具备普遍意义。

（资料来源：上海慧圣咨询公司数据库。）

案例讨论题：

1. 行为事件访谈法有哪些操作要点？
2. 如何分析、归纳、提炼访谈资料？
3. 宝钢不锈钢建立的胜任力模型对公司发展有哪些帮助？

第三章

绩效考评方法

> **本章要点**
>
> 绩效考评方法是绩效管理的重要工具。本章将介绍传统绩效考评方法、财务绩效评估法,同时具体介绍目前应用比较广泛的关键绩效指标法与平衡计分卡,此外,还将介绍绩效棱柱等绩效管理模型。在具体的绩效管理工作中,一般是多种方法综合运用。

导入案例

国网浙江电力综合应用绩效考核方法

国网浙江省电力有限公司(简称浙江电力)以建设和运营电网为核心业务,承担着保障更安全、更经济、更清洁、可持续的电力供应的基本使命,是浙江省能源领域的核心企业。截至 2019 年年底,公司管理所属单位 95 家,其中业务单位 17 家、地市供电公司 11 家、县供电公司 67 家,营业收入 2548 亿元,全员劳动生产率 144.63 万元/人·年。公司曾荣获全国文明单位、中国一流电力公司、全国五一劳动奖状、电力行业 AAA 级信用企业、全国电力供应行业排头兵企业、浙江省工业大奖金奖等称号,企业负责人业绩考核连续八年保持国家电网公司前三。

目前浙江电力推行的绩效考核方法主要有关键绩效指标法、目标任务制、工作积分制、任务负责制、360 度考核法等。

(一)关键绩效指标法

关键绩效指标法是指对单位主要经营效益、管理成效等进行综合量化评价的考核方式。它主要针对地市公司、直属单位、县公司等企业负责人以及所属职能部门、实施机构等。

1. 企业负责人绩效考核

浙江电力基层单位企业负责人的绩效考核以发展战略为引领,以年度重点任务以及各单位核心业务为考核重点,科学设置各单位绩效考核指标。企业负责人的绩效考核按照企业的功能、定位和特点,对地市公司、直属单位实施差异化管理和考核。在地市公司推行"效益+效率+服务"考核模式,引导供电企业严控成本、精准投资、提升效益等。在直属单位推行"效益+X"考核模式,支撑保障类单位采用"效益+支撑",市场化单位采用"市场+发展",重点考核为公司和电网发展提供可持续的科研支撑、技术服务和智力支持的能力。

2. 组织绩效考核

公司组织绩效考核一般针对所属职能部门、实施机构，考核各部门或单位在落实上级企业负责人绩效考核以及公司内部发展过程中指标任务的完成情况和综合表现。例如国网浙江省电力有限公司杭州供电公司（简称杭州公司）的绩效考核。

实施步骤一：分层管理。实施纵向分层，浙江电力的 KPI 主要由公司各职能部门承担，各职能部门作为考核责任主体，将 KPI、重点工作任务分解落实到各基层单位，再开展横向分解，将年度 KPI 分解到月（季）度。杭州公司的 KPI 分解如图 3-1 所示。

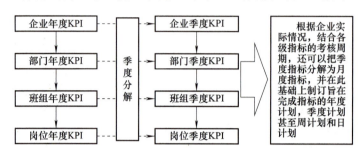

图 3-1　杭州公司 KPI 分解示意图

杭州公司强化分层考核，设立公司、部门、班组三级绩效管理工作组。由公司领导组成绩效管理委员会，对部门单位提出考核和奖励意见；由中层干部、分工会主席、绩效管理员、班组长等组成二级绩效管理工作小组，负责二级考核工作的组织和实施，主要考核市县公司绩效指标、同业对标、年度重点工作等内容；各班组成立以班组长、班组绩效管理员、工会小组长和部员工代表组成的三级绩效管理工作小组，负责三级绩效管理工作的组织和实施，考核内容是对组织考核指标和重点工作任务的细化分解，以及个人工作业绩、行为规范、综合评价等指标。

实施步骤二：分类管理。按照考核职责及管理要求，将考核对象分为考核责任部门、县级供电公司、城区供电公司、专业支撑单位和省管产业单位五类，并制定针对性的考核指标体系。

实施步骤三：开展考核。将考核框架统一为目标任务、党建考评、附加指标和专项评价四部分，各部分根据年度和月（季）度考核制定相应的考核重点。实施月、季、年度考核，将月度和季度考核结果纳入年度结果中。月度考核以问题为导向，重点强调指标的过程管控；季度考核包括公司领导评价和部门（单位）评价；年度考核以公司年度战略目标为导向，重点关注整体业绩的完成情况。

（二）目标任务制

目标任务制是对上级组织考核指标和重点工作任务的细化分解，以及对组织、员工的管理职能、岗位职责、业务流程进行分析提炼的一种考核方式。它主要适用于各级部门、车间、项目团队，以及管理类、技术类岗位员工。

浙江电力对公司本部管理人员的考核内容主要包括目标任务指标、综合评价指标和附加指标。目标任务指标包括关键绩效指标和重点工作任务（含督办事项）。其中，重点工作任务（含督办事项）是指部门应承担的重点工作任务和督办事项，分为公司级、部门级、日常工作级三个级别,从"量、质、期"三个维度制定评价标准。综合评价指标包括党建工作评价、专业工作评价和民主测评。附加指标包括鼓励指标和减项指标。

国网浙江省电力有限公司宁波供电公司(简称宁波公司)对部门管理人员进行目标管理,由部门负责人与员工根据公司、部门年度指标共同商议制定个人目标任务。按照关键指标、重点任务的重要级别制定目标值和基础分,从"数量、质量、周期"三个维度,按照"卓越、优秀、良好、较差"四个级别进行分档评价和加权赋分。根据员工月度目标任务数量、质量完成情况,由部门负责人对其打分,同时结合组织绩效联动分解至个人,得出员工个人月度积分。由部门负责人、其他职能部门负责人、基层单位负责人、公司分管领导等分别从履职能力、沟通协作能力、管理能力、专业业绩等方面,结合上年同期情况和预期目标进行定性评价。

国网浙江省电力有限公司绍兴供电公司(简称绍兴公司)对部门负责人的绩效考核实行部门绩效与部门团队绩效的双联动,通过签订部门负责人绩效责任书,将完成结果与预期目标值进行比较并实施考核。部门绩效指标来自对公司关键绩效指标的承接,包括KPI、目标考核和专项工作考核。其中,KPI指标分为年度KPI指标和月度KPI指标。目标考核指标分为公司级重点工作、部门级重点工作和公司督办工作。专项工作是由公司全面管理所要求的各类工作,包括生产责任追究考核、守法廉政考核等。团队绩效考核主要考察部门团队在部门关键周边绩效方面的表现,包括科技创新、培训成长、精神文明、财务管控等方面的指标。

(三)工作积分制

工作积分制是对员工工作数量和工作质量完成情况进行量化累积计分的一种考核方式。它主要适用于技能类和服务类岗位的一线员工。浙江电力的一线班组员工主要采用工作积分制,灵活运用各种量化方法,通过以件计酬、以分计酬、以时计酬等多种形式科学量化地开展考核,准确衡量各类一线班组员工的业绩贡献。

(1)以件计酬。杭州公司在变检中心实行以件计酬的形式,通过持票作业奖(监护作业奖)对员工在安全生产中的贡献度进行量化考评,促进现场安全生产工作的良性运转。量化每张工作票的点数。持票点数=工作类型系数×作业风险系数×工作持续天数×组织模式系数。

对每位工作负责人当月所有工作票对应的持票点数进行累加,持票作业奖=持票点数×作业奖基数,基数为70元,如在稽查中发现违章行为或工作票填写不规范,则在持票作业奖中予以相应扣除。此外,在中型、大型组织模式下,各专业负责人虽不持票,但承担了持票人的职责,因此设立监护作业奖,计算方式同持票作业奖。

国网浙江省电力有限公司衢州供电公司(简称衢州公司)在变电检修班组试点将智能运检系统和绩效管理系统打通,大量检修数据被瞬间激活,工作票数据直接变现为价值积分,兼职计分员只要录入撰写报告、纪律考勤等少量数据就能完成结果统计。通过画像发现基础属性和行为过程对员工积分的影响,盘点人员结构、人员配置情况,为专业生产计划安排、岗位定员、人员梯队建设等应用提供辅助决策。

(2)以分计酬。宁波公司创新中长期激励机制,面向广大基层员工,从绩效表现、工作资历、能力素质、卓越业绩、单位贡献、违章惩处六个维度,建立员工中长期价值贡献积分体系。根据员工近五年的业绩积分变化情况,动态评价员工星级,按照1~5共五个星级分档建立星级津贴激励标准，引导员工扎根基层，立足本职岗位成长成才。

（3）以时计酬。绍兴公司在变电检修室实行以时计酬的工作积分制，通过深入分析各类作业任务在劳动时间、劳动规律等方面的差异性，对工区所有作业项进行罗列，按照作业时间特征、整活零活特征、专业分工特征、能力覆盖特征对所有作业项进行细分，在"工时定额、记分方法、工分定价、积分计酬"四个关键绩效环节分别确定"1"种基础方法覆盖具有共性的作业任务、"N"种补充方法覆盖具有个性的作业任务的"1+N"一线员工工时积分计酬机制。用工时积分直接兑现绩效薪酬的做法，充分体现了"多劳多得"的价值分配理念，实现了对员工实际工作业绩和贡献的激励作用。

（四）任务负责制

任务负责制是将工作任务或业务以承担负责的形式分配，按照责任大小、任务多少计算的一种考核方式。它主要适用于工程建设、营销服务类等岗位员工。通过充分授予组织或团队绩效经理人考核分配权，强化绩效经理人主体责任，提高员工参与度以及工作积极性，发挥集体的创造性和凝聚力，保证产品和服务质量的全面提高。

国网浙江省电力有限公司湖州供电公司（简称湖州公司）供电所绩效管理采用所长任务负责制，主要包括薪酬总额核算、绩效经理人制度、工作量化管理等内容。薪酬总额核算工作是指区县供电公司将供电所员工的年度薪酬总额以一定策略核算后，打包给所长负责分配。该策略破除了按人数核算薪酬总额的惯例，调整为与供电所总体工作数量及工作质量挂钩，具体是以供电所承担的用户数、线路长度、台区数量等客观数据初核，以供电指标质量、电费回收、综合评价等质量数据进行调节。绩效经理人制度是指赋予供电所长绩效管理的相关权限，包括员工考核权、薪酬分配权、职业生涯发展建议权等，最大限度支持所长有效、快速开展工作。工作量化管理包括"与上级组织绩效联动"和"员工月度精益计分"两项内容，具体量化员工劳动付出的数量与质量，客观评价员工工作绩效。

（五）360度考核法

360度考核法是由员工自己、上司、直接下属、同仁同事甚至顾客等从全方位、各角度来评估人员的一种考核方法，主要适用于管理类岗位员工。浙江电力的360度考核法主要应用在中层干部考核中，从思想政治素质、能力素质、工作作风、工作业绩和廉洁自律等方面内容，以工作业绩考核为主，并通过年度考核、日常考核和专项考查，对中层干部进行全方位、全范围考核。

国网浙江省电力有限公司嘉兴供电公司（简称嘉兴公司）对干部的年度考核一般可分为公司领导测评、中层干部互评、群众测评和业绩评价四个部分，业绩评价占比最大。其中，公司领导测评是由公司领导对公司中层干部按德、能、勤、绩、廉五个分项进行测评打分。中层干部互评是由各中层干部根据工作性质、工作范围、业务相关性等情况，按团结协作、廉洁自律、工作绩效、大局意识、综合能力等方面对其他中层干部进行测评打分。群众测评是由所在党委（总支、支部）的员工，对本单位的中层干部进行测评。业绩评价是按中层干部所在单位（部门）的年度综合绩效得分，在基层联合支部担任职务的领导，业绩分取其所在支部各单位年度绩效综合得分的平均分。

除了上述考核方法外，2004年开始，浙江电力富阳供电公司还与上海慧圣咨询公司合作，推行了以平衡计分卡为核心的绩效考核体系建设。该经验经总结提炼后在浙江电力其他单位得到了推广应用，取得了良好的成效。

（资料来源：上海慧圣咨询公司数据库。）

一般企业很少单独使用一种绩效考评方法来进行绩效考评，如浙江电力根据考评对象、考评任务的不同，综合使用了多种绩效考评方法。绩效考评方法是企业绩效考评的具体方法与手段，不同的考评方法会带来不同的效果。一套好的绩效考评方法可以更有效地提供更多的信息，为决定员工的调资、升职、调动、培训等提供更好的信息来源，是企业开展绩效考评的具体手段。美国管理协会（American Management Association，AMA）曾经进行了一项研究，对隶属于该协会的人力资源部门、财务部门、市场部门及信息系统部门的588个组织使用的各种绩效考评方法的频率进行了调查分析。结果表明，被提到的最常用的方法是目标管理法，使用率为85.9%，接下来依次是文字叙述评价法（81.5%）、关键事件评价法（79.4%）、图表等级评定法（64.8%）、加权核对表格法（56.4%）、行为锚定等级评价法（35%）；最不常用的是平行比较法（16.3%）、强制分布法（26.4%）。显然，大多数组织不只使用一种方法。可见，不同的绩效考评方法所适用的对象、目的不同。其产生的作用也各不相同。本章将对绩效考评方法进行系统的介绍。

第一节　传统绩效考评方法

绩效考评方法直接影响到绩效考评的成效和考评结果的准确性。所以，考评方法应该具有代表性，具备信度和效度，并能为组织所接受。信度是指考评的可靠性；效度是指考评的准确性。一项好的考评方法应该具有普遍性，可以鉴别员工的行为差异，并使评估者可以客观地做出评价。企业所采用的绩效考评方法差异比较大，传统绩效考评方法有比较法、特征法、目标管理法、工作标准法、图表等级评价法、关键事件法、行为锚定等级评价法、混合标准量表法等。

一、比较法

比较法是一种相对标准的度量方法，其主要原理是综合各量度的内容，将员工以优劣次序排列。这种方法的好处是操作简单，而且评估者因为必须做出优劣决定，不会把全部员工评为优等或中等；但这种方法不能显示出员工之间的差距。常用的比较法主要有以下几类。

（一）直接排列法

直接排列法是将员工的整体工作表现顺序排列出来（见表3-1）。这种方法也称为个体排序法，就是把员工按绩效从好到差的顺序进行排列。这种方法假定排第1和排第2的员工的区别与排第21和排第22的员工的区别相同，即使其中一些员工可能被紧密地分成一组，但这种方法不允许有相似之处。结果就是从绩效最好的员工一直排到最不满意的，形成清晰的员工排序。

表 3-1　直接排序法（示例）

部门：财务部
员工人数：10

姓名	序号	姓名	序号
A	10	F	1
B	7	G	9
C	4	H	3
D	8	I	5
E	6	J	2

（二）间隔排列法

在间隔排序法中，主管按照绩效表现先选择表现最好的员工排在榜首，然后选择工作表现最差的员工排在榜尾；再从剩下的员工中选择表现最好的员工排榜首之下，又从剩下的员工中选择表现最差者排在榜尾之上，依次类推。这种绩效评估方法的要素既可以是整体绩效，也可以是某项特定的工作或体现绩效的某个方面。

（三）两两配对比较法

顾名思义，两两配对比较法就是把每个员工与其他员工一一配对，分别比较。每一次比较时，给表现好的员工记"+"，另一个员工就记"-"。将所有员工都比较完后，计算每个人"+"的个数，依此对员工做出评价：谁的"+"个数多，他的名次就排在前面。表 3-2 为两两配对比较法示例。

表 3-2　两两配对比较法（示例）

被对比人	对比人				
	A	B	C	D	E
A		-	+	+	+
B	+		+	+	+
C	-	-		+	+
D	-	-	-		-
E	-	-	-	+	
"+"的个数	1	0	2	4	3

例如，A 与 B 相比，A 强于 B，就在对应的栏中记"+"；而 A 与 C 相比，A 不如 C，就记"-"。这样，五名员工全部比较完后，计算他们"+"的个数，A 是 1 个，B 是 0 个，C 是 2 个，D 是 4 个，E 是 3 个。这五名员工的优劣顺序就很容易看出来了：D>E>C>A>B。将某一员工与所有其他员工逐一比较，若该员工优于其他员工，他就是最佳员工，依次类推。这种方法准确度高，但操作烦琐，故不适用于人数多的量度，每次评估人数宜在 10 人以内。

使用这种方法时评估者需要做出的比较次数，可依下式计算而得：

$$n_0 = \frac{N(N-1)}{2} \qquad (3-1)$$

式中，N 为接受评估的人数。

例如，有10名员工接受评估，代入公式得 $n_0=10（10-1）÷2=45$，则评估者需要做出45次比较。

为降低评估者的主观程度，可用多个不同的工作维度做比较。采用的维度越多，比较次数也越多。采用该方法计算比较次数的公式为

$$n_1 = \frac{D[N(N-1)]}{2} \qquad (3-2)$$

式中，D 为工作维度；N 为接受评估的人数。

例如，有10名员工就5项工作接受评估，按照式（3-2）得出

$$n_1 = \frac{5 \times [10 \times (10-1)]}{2} = 225$$

所以评估者要做225次比较。

很明显，接受评估的人数或使用的工作维度越多，上述方法的使用就越繁复。

（四）人物比较法

人物比较法就是在绩效考评之前，先选出一位员工，以其各方面表现作为标准，对其他员工进行考评。如表3-3所示，使用方法是与基准人物相比，在相应栏中打"√"。其中，A表示更优秀；B表示比较优秀；C表示相似；D表示比较差；E表示更差。

使用这种方法往往比使用其他方法更能激发员工的工作积极性。

表3-3　人物比较法（示例）

考评项目：工作积极性
基准人物姓名：×××

被考评者姓名	档次				
	A	B	C	D	E
甲					
乙					
丙					
丁					
戊					

被称为"科学管理之父"的泰勒曾经做过一个生铁搬运的试验。开始时这些工人每人每天可以搬运12.5t生铁。后来，泰勒找到一位体格强壮的人，经过训练，他每天可以搬运47.5t生铁。泰勒就以每天搬运47.5t生铁的工作量为标准，对工人进行考评，以此来发放工资。结果，工人的生产效率大幅度提高。

（五）强制分布法

强制分布法（forced distribution method）又称为强制分配法、硬性分布法，需要评估者将工作小组中的成员分配到一种类似正态分布的有限数量的类型中去。例如，把最好的10%的员工放在最高等级的小组中，次之的20%的员工放在次一级的小组中，再次之的40%放在中间等级的小组中，再次之的20%放在倒数第二级的小组中，余下的10%放在最低等级的小组中。这种方法基于一个有争议的假设，即所有小组中都有同样比例的优秀、一

般、较差表现的员工分布。可以想象，如果一个部门中全是优秀员工，则部门经理可能难以决定应该把谁放在较低等级的小组中。

强制分布法与"按照一条曲线进行等级评定"的意思基本相同。使用这种方法，就意味着要提前确定准备按照一个什么样的比例将被评估者分配到每一个工作绩效等级中。例如，可能会按照下述比例原则来确定员工的工作绩效分布情况：

绩效最高的 15%；绩效较高的 20%；绩效一般的 30%；绩效低于要求水平的 20%；绩效很低的 15%。

在实际操作过程中，这种评价工具的使用方法通常是这样的：首先将准备评价的每一位员工的姓名分别写在一张小卡片上，然后根据每一种评价要素来对员工进行评价，最后根据评价结果将这些代表员工的卡片放到相应的工作绩效等级中。

强制分布法的优点是有利于管理控制，特别是在引入员工淘汰机制的企业中，它能明确筛选出淘汰对象。由于员工担心因多次落入绩效最低区间而遭解雇，因而具有强制激励和鞭策功能。当然，它的缺点也同样明显：如果一个部门中的员工的确都十分优秀，若强制进行正态分布划分等级，可能会带来多方面的弊端。

总之，强制分布法是根据量度的内容，将员工排序，按预定的百分率，将员工分等级，示例如表 3-4 所示。

表 3-4 强制分布法（示例）

工作表现	工作表现百分率分配
优异	表现优异的不多于 8%：员工持续地超越产品数量和品质的指定标准，并在指定期限内完成工作
良好	表现良好的不多于 18%：员工经常超越产品数量和品质的指定标准，并在指定期限内完成工作
普通	表现普通的不多于 44%：员工一般都达到产品数量和品质的指定标准，并在指定期限内完成工作
不佳	表现不佳的不少于 20%：员工有时未能达到产品数量和品质的指定标准，或未能在指定期限内完成工作
差	表现差的不少于 10%：员工持续未能达到产品数量和品质的指定标准，并未能在指定期限内完成工作

强制分布法迫使评估者对员工的表现做出比较，但员工的表现往往未必符合预定的百分率分配。例如，在上述示例里，实际上表现优异的员工人数可能多于 8%。

二、特征法

美国学者乔治·伯兰德（George Bohlander）和斯科特·斯内尔（Scott Snell）在所著的《人力资源管理》一书中，将绩效考评方法划分为特征法、行为法和结果法三类。特征法是用来评估一名员工所拥有的与工作有关的重要的知识、技术和能力的方法。这一方法可细分为图解评估法、混合标准法、强制分布法和描述法。其中，图解评估法和描述法是特征法中常用的两种方法。特征法是绩效考评中普遍采用的一种方法，由考评者根据量表对员工每一个考评项目的表现做出评价。企业一般会采用统一的考评表，考评表的内容一般不因工作而异，评估项目为员工应有的特征，包括基本能力、业务能力、工作态度，以及勤奋、聪明、反应敏捷等个人特质。具体如表 3-5 所示。

表 3-5　等级量表特征法

考评内容	考评项目	说　　明	评　　定
基本能力	知　识	是否充分具备现任职务所要求的基础理论知识和实际业务知识	A　B　C　D　E 10　8　6　4　2
业务能力	理解力	是否充分理解上级指示，干脆、利落、大方地完成本职工作任务，不需上级反复指示	A　B　C　D　E 10　8　6　4　2
业务能力	判断力	是否充分理解上级意图，正确把握现状，随机应变，处理好工作	A　B　C　D　E 10　8　6　4　2
业务能力	表达力	是否具备现任职务所要求的表达能力（口头和文字），能否进行一般的联络、说明工作	A　B　C　D　E 10　8　6　4　2
业务能力	交涉力	在与企业内外的人员交涉时，是否具备使双方诚恳接受或达成协议的能力	A　B　C　D　E 10　8　6　4　2
工作态度	纪律性	是否严格遵守工作纪律和规章制度，不早退、缺勤等；是否严格遵守工作汇报制度，按时进行工作报告	A　B　C　D　E 10　8　6　4　2
工作态度	协作性	在工作中，是否充分考虑别人的处境，是否主动协助上级、同事做好工作	A　B　C　D　E 10　8　6　4　2
工作态度	积极性、责任感	对分配的任务是否不讲条件、主动积极，尽量多做工作，主动改进，挑战困难	A　B　C　D　E 10　8　6　4　2
评定标准 A. 非常优秀，理想状态 B. 优秀，满足要求 C. 基本满足要求 D. 略有不足 E. 不满足要求		分数换算 A. 72 分及以上 B. 64～71 分 C. 48～63 分 D. 32～47 分 E. 31 分及以下	合计分 评语 考评人签字

三、目标管理法

目标管理（management by objective，MBO）的思想是美国管理学家彼得·德鲁克（Peter F.Drucker）首先提出来的。他在 1954 年出版的《管理实践》一书中首次使用了目标管理的概念，并提出"目标管理和自我控制"的主张。关于目标管理的概念，德鲁克认为："所谓目标管理，就是管理目标，也就是依据目标进行的管理。"德鲁克认为，任何企业都必须成为一个真正的整体。企业每个员工所做的贡献各不相同，但是，他们都必须为了一个共同的目标做出自己的贡献。目标管理的精髓就是共同的责任感和团队合作。按照德鲁克的观点，目标管理一方面强调管理的目标导向，另一方面强调内部控制，即管理方面的员工自我控制。由于这种思想体现了现代管理的基本理论和原则，适应社会化大生产的客观要求，因而受到了世界各国管理学者和企业家的广泛重视。目标管理法特别重视和利用员工对组织的贡献，它也是一种潜在有效的评价员工绩效的方法。此方法普遍地运用于对专业人员和管理人员的评价。在传统绩效考评方法中，常常使用员工的个人品质作为评价绩效的标准。另外，考评负责人的作用类似于法官的作用。运用目标管理法，评价过程的关注点从员工的工作态度转移到工作绩效上，考评负责人也从公断人转换成顾问和促进者。此外，员工也从消极的旁观者转换成积极的参与者。

目标管理法主要有以下几个实施步骤：

（1）确定组织目标。制订整个组织下一年的工作计划，并确定相应的组织目标。

（2）确定部门目标。由各部门领导及其上级共同确定本部门的目标。

（3）讨论部门目标。部门领导就本部门目标与部门下属展开讨论（一般是在全部门的会议上），并要求他们分别制订自己的个人行动计划。换言之，在这一步骤上需要明确的是：本部门的每一位员工如何才能为部门目标的实现做出贡献。

（4）对预期成果的界定（确定个人目标）。在这一步，部门领导与其下属共同确定短期的绩效目标。

（5）工作绩效评估。对工作结果进行审查。部门领导就每一位员工的实际工作成绩与他们事前商定的预期目标加以比较。

（6）提供反馈。部门领导定期召开绩效评估会议，与下属，一起对预期目标的达成和进度进行讨论。

成功的目标管理系统必须满足以下几个要求：①目标应该是可以量化和衡量的，要尽量避免无法衡量或不能核对的目标。目标还应具有挑战性，但又是可以达到的。例如，工作目标"提高产品质量"不具体、无法衡量，而"每100个单位产品中的次品不超过2个"就比较好。②要求员工参与目标确立的过程。员工与部门经理一起建立目标，然后在如何达到目标方面，部门经理给予员工一定的自由度。参与目标建立使得员工成为该过程的一部分，目标的所有权增加了员工获得满足感的可能性。③目标和行动计划必须作为管理人员与员工之间定期商讨员工绩效的基础。部门经理首先审查目标实现的程度，然后审查解决遗留问题需要采取的措施。在目标管理下，部门经理在整个评价时期要保持联系渠道公开。在评价会见期间，解决问题的讨论仅仅是另一种形式的反馈面谈，其目的在于根据计划帮助员工进步。与此同时，就可以为下一个评价期建立新的目标，并且开始评价过程的循环。

目标管理法的优点包括：①作为一种绩效评估工具，目标管理得到了广泛应用。许多研究人员认为，目标管理具有较高的有效性，它通过指导和监控行为提高工作绩效。也就是说，作为一种有效的反馈工具，目标管理使员工知道对他们的期望是什么，从而把时间和精力投入能最大限度地实现重要组织目标的行为中去。研究进一步指出，当目标具体而具有挑战性、员工得到目标完成情况的反馈以及当员工因完成目标而得到奖励时，员工表现得最好。②从公平的角度来看，目标管理较为公平，因为绩效标准是按相对客观的条件来设定的，因而评分相对没有偏见。目标管理相当实用且费用不高，目标的开发也不需要像开发行为锚定式评定量表或行为观察量表那样花力气，必要的信息通常由员工填写，由主管批准或者修订。③在完成目标时，员工有更多的切身利益牵涉其中，因此员工会对其工作环境有更多的感知，因而目标管理会使员工及主管之间的沟通变得更顺畅。

目标管理也有一些缺点，并存在若干潜在的问题：①尽管目标管理使员工的注意力集中在目标上，但它没有具体指出达到目标所要求的行为。这对一些员工，尤其是需要更多指导的新员工来说，是一个问题。经理应该为这些员工提供"行为步骤"，具体指出他们需要做什么才能成功实现目标。②目标管理倾向于聚焦短期目标，即能在每年年底加以测量的目标。这使员工可能会因试图达到短期目标而牺牲长期目标。例如，一位开发部的经理由于要完成今年新产品开发的任务,可能会完全启用老员工而忽视新员工。这种行为有可能损害产品研发的未来前景(即长期目标的完成)。③绩效标准因员工不同而不同,因此,目标管理没有为相互比较提供共同的基础。例如,为一位"中等"员工设置的目标可能比为那些"高等"员工设置的目标具有较小的挑战性,两者的绩效无从比较。所以目标管理作为一种决策工具,其作用受到了限制。④目标管理经常不能被使用者接纳。经理不喜欢目标管理所要求的大量书面工作,另外,他们也许会担心员工参与目标设定会夺取了他们的权力。有这样顾虑的经理就不会恰当地遵循目标管理程序。而且,员工通常也不喜欢目标带来的绩效压力和由此产生的紧张感。

四、工作标准法

工作标准法(work standards approach)常用于生产线工人。从根本上讲,工作标准法是为这些员工确立工作目标的一种方式。它包括确立标准或期望产出水平,然后将每个员工的绩效与标准进行比较。总的来说,工作标准法反映了一名普通员工的平均产出,并试图明确每天应有的产出。可以使用多种方法来确立工作标准,表3-6概括了其中一些比较常用的方法。

表3-6 建立工作标准的常用方法

方　　法	适　用　范　围
工作小组的平均产量	当所有的员工从事相同或大致相同的工作时
特别挑选的员工的绩效	当所有的员工从事基本相同的工作,而采用小组平均法麻烦且费时时
时间研究	当岗位涉及重复性任务时
工作样本	当员工从事各种非周期性的工作,并且没有固定的模式或周期时
专家意见	当没有更直接的方法可采用时

工作标准法的一个优点是绩效评估是建立在高度客观的因素之上的。为了使其有效,被评价的员工必须认为评价标准是公正的。工作标准法最严重的缺陷是不同种类的工作之间的标准缺乏可比性。

现代组织很少单独采用工作标准法进行绩效考评。在某些情况下,生产标准仍作为考评程序的一部分,这时一般支付员工计件工资。生产数量仅仅是工作成绩的一部分,其他一些方面也应被考虑到。当进行提升,需要根据员工之间互相比较的结果确定薪金时,单独以计件工作记录作为绩效标准就不可行了。除此之外,越来越少的工作能单独用生产水平来衡量员工绩效。因为一个员工的生产量至少部分地依赖于其他员工的绩效。如果生产线停止或协同工作的其他人表现不佳,个人的生产就不可避免地受影响。许多现代工作并不仅仅是承担每小时生产多少的任务;相反,员工的工作与他人的职责或任务有联系,而这些是无法直接衡量的。

五、图表等级评价法

图表等级评价法(graphic rating scale method)又称为图尺度评价法,是一种要求评价者明确一种标准,以便对员工的工作量、独立性、出勤率、工作知识以及合作精神进行评价的绩效考评方法。表3-7就是一种典型的评价表。它列举了一些绩效构成要素(如"质量"和"数量"),还列举了跨越范围很宽的工作绩效等级(从"不令人满意"到"非常优异")。在进行工作绩效考评时,首先针对每一位员工从每一项评价要素中找出最符合其绩效状况的分数,然后将每一位员工所得到的所有分值加总,即得到其最终的工作绩效考评结果。

表 3-7　图表等级评价法评价表

工作量——员工每个工作日的工作量				
( )	( )	( )	( )	( )
没有达到	刚好达到	比较勤奋	满意	非常优异
可信赖程度——只需最少监督就能令人满意地完成指定工作的能力				
( )	( )	( )	( )	( )
需严加监督	有时需监督	合理监督下能完成工作	不太需要监督	自动自发
工作知识——员工为取得满意的工作绩效应该具备的有关工作任务的信息				
( )	( )	( )	( )	( )
知识缺乏	某些方面知识缺乏	了解大部分工作	了解各方面工作	对工作各方面熟悉
出勤率——每天上班且遵守工作时间的守信性				
( )	( )	( )	( )	( )
不出勤	不按时出勤	合理监督下能按时出勤	按时出勤且不需要监督	自觉守时全勤
……				

另一个图表等级评价法(一个5分制的表,见表3-8)评定量表的示例向评估者展示了一系列被认为是成功工作绩效所必需的个人特征(如合作性、适应性、成熟性、动机),每一特征都伴有1~5分的评定量级。量表上的分数用数字或描述性的词或短语加以规定,用以表示不同的绩效水平。量表的中间分数通常被锚定为"平均""适度""满意"或"达标"。

表 3-8　图表等级评价法评定量表

指导语
用下列评定量表根据每一品质评价该员工:
5=优秀:你所知道的最好员工
4=良好:满足所有的工作标准,并超过一些标准
3=中等:满足所有的工作标准
2=需要改进:某些方面需要改进
1=不令人满意:不可接受

A. 衣着和仪表	1	2	3	4	5
B. 自信心	1	2	3	4	5
C. 可靠程度	1	2	3	4	5
D. 机智	1	2	3	4	5
E. 态度	1	2	3	4	5
F. 合作	1	2	3	4	5
G. 热情	1	2	3	4	5
H. 知识	1	2	3	4	5

图表等级评价法的优点是实用而且开发成本小,人力资源专业人士能够很快地开发出这种图表形式。因为个人特征和锚定物是在一般水平上写出的,所以它是一种适用于组织中全部或大部分工作的形式。

图表等级评价法的缺点在于不能有效地指导行为。也就是说，评定量表不能清楚地指明员工必须做什么才能得到某个确定的评分，因而他们对被期望做什么一无所知。例如，在"态度"这一项上，某员工被评为"2"这个级别，可能很难找出改进的办法。另外，图表等级评价法也不能提供良好的反馈机制。

与图表等级评价法相关的另一个问题是评定的准确性。由于评定量表上的分数未被明确规定，所以员工绩效很可能得不到准确的评定。例如，两位评定者可能用截然不同的方式来解释"平均"标准，这样未被明确规定的绩效标准会导致评定失误的增加，还有可能形成产生偏见的各种机制。

图表等级评价法主要是针对每一项评定的重点或考评项目，预先订立基准，包括用不间断分数表示的尺度和依等级间断分数表示的尺度，前者称为连续尺度法，而后者称为非连续尺度法。在实际运用中，常以后者为主。

六、关键事件法

关键事件法（critical incident method，CIM）又称关键事件技术（critical incident technique，CIT），由美国学者福莱纳根（J. C. Flanagan）于1949年在《人事评价的一种新途径》（*A new approach to evaluating personnel*）一书中提出。福莱纳根认为，关键事件法是一种直接观察人的行为并收集相关数据的测评方法，其目的是通过该技术提高实际工作的有效性。关键事件法利用一些从一线管理者或员工那里收集到的工作表现中的特别事例进行考核。关键事件法的理论基础是：每一项工作中都有一些关键事件，业绩好的员工在这些事件上表现出色，而业绩差的员工则正好相反。关键事件法先从领导、员工或其他熟悉岗位工作的人那里收集一系列与职务行为相关的事件，然后描述"特别好"或"特别差"的职务绩效。在大量收集这些关键事件以后，再对它们进行分类，并总结出职务的关键特征和行为要求。

关键事件法考虑了职务的动态特点和静态特点。对每一事件的描述内容，包括：①导致事件发生的原因和背景；②员工的特别有效或多余的行为；③关键行为的后果；④员工自己能否支配或控制上述后果。这包含了三个重点：①观察；②书面记录员工所做的事情；③有关工作成败的关键事件。

通常在这种方法中，几个员工和一线管理者汇集了一系列与特别好的或特别差的工作表现有关的实际工作经验，而对平常的或一般的工作表现均不予考虑。特别好的工作表现可以把最好的员工从一般员工中挑选出来。因此，这种方法强调的是最好或最差工作表现的关键事件所代表的活动。一旦选定了考评的关键事件，所应用的特别方法也就确定下来了。关键事件法一般有以下几种：

（一）年度报告法

年度报告法的一种形式是一线监督者保持考核期内员工关键事件的连续记载。监督者每年报告决定员工表现的每一项记录，其中特别好的或特别差的事件就代表了员工在考核期内的绩效。在考核期中没有或很少记录的员工所做的工作是令人满意的，他们的绩效既不高于也不低于预期的绩效水平（标准或平均绩效水平）。

年度报告法的优点是它特别针对工作，工作联系性强，而且由于考核是在特定日期就特定事件进行的，因此考核者很少或不受偏见的影响。

年度报告法的主要缺点是很难保证员工表现的精确记载。由于监督者更优先地考虑其他事情，因此常常没有充足的时间记录员工表现。这种不完善可能是由于监督者的偏见或单纯由于缺乏时间和努力。如果管理层对监督者进行必要的训练，使他们能客观、全面地记载员工的关键事件，这种考评方法也可以用于开发性目标。年度报告法的另一缺点是缺乏关于员工的比较数据，很难用关键事件的记录来比较不同员工的绩效。

（二）关键事件清单法

关键事件法也可以开发一个与员工绩效相联系的关键行为清单来进行绩效考评。这种考评方法要对每一个员工给出适当的关键项目，考评者只简单地检查员工在某一项目上是否表现出众。出色的员工将得到很多检查记号，表明他们在考评期内表现很好；一般员工则只得到很少的检查记号，因为他们仅在很少的情况下表现出众。

关键事件清单法常常给予不同的项目不同的权重，以表示某些项目比其他项目重要。通常权重不让被考评者知道。基本上将某位员工关键事件清单上的检查记号汇总以后，就可以得到这位员工的数量型考评结果。由于这种方法产生的结果是员工绩效的数字型总分，因此必须为组织内的每一个岗位制订一个考评清单，很费时间而且费用很高。

（三）行为定位评级表法

行为定位评级表法把行为考评与评级量表结合在一起，用量表对绩效进行评级，并以关键行为事件对量表值做出定位。这种量表用于评价性目标，很容易获得与绩效增长和提升可能性相联系的数字型考评结果。这种方法也能用于开发性目标，因为它是与工作紧密相连的，而且用代表性好的工作成绩的关键事件作为评价事项。

行为定位评级表法通常可作为其他绩效考评方法的一种良好补充。它有以下优点：①它为管理人员向员工解释绩效考评结果提供了一些确切的事实证据；②它确保管理人员在对员工的绩效进行考评时，所依据的是员工在整个年度中的表现（因为这些关键事件是在一年中累积下来的），而不是员工在最近一段时期内的表现；③保存动态的关键事件记录还可以使管理人员获得一份关于员工消除不良绩效的具体措施。

运用关键事件法的注意事项：①所记录事件必须是关键事件。即属于典型的"好的"或"不好的"事件。判断是否属于关键事件，其主要依据在于事件的特点与影响性质。所记录的关键事件必须是与被考评者的关键绩效指标有关的事件。②关键事件法一般不单独作为绩效考评的工具来使用，而是与其他绩效考评方法结合使用，为其他考评方法提供事实依据。③坚持"STAR"原则（即情景、任务、行动和结果），记录的关键事件应当是员工的具体行为，不能加入考评者的主观评价，要把事实与推测区分开来，记录的事件必须强调事件的结果或影响。④关键事件的记录要贯穿于整个工作期间，不能仅仅集中在工作最后的几周或几个月里。⑤关键事件法是基于行为的绩效考评技术，特别适用于那些不仅仅以结果来衡量工作绩效，而且要注重一些重要行为表现的工作岗位。

七、行为锚定等级评价法

行为锚定等级评价（behaviorally anchored rating scale，BARS）法是关键事件法和图表等级评价法的综合，它是将同一职务工作的各种特定工作行为进行评分度量，建立一个锚定评分量表，以此为依据确定员工绩效水平的绩效考评方法。其核心与图表等级评价法一样,但重点不是落在绩效结果上,而是在工作中表现出来的职能行为上,其假设是职能行为将会产生有效的工作绩效。行为锚定等级评价法通常要求按照以下五个步骤来进行:

(1)获取关键事件。首先要求对工作较为了解的人(通常是工作承担者及其主管人员)对一些代表优良绩效的关键事件进行描述。

(2)建立绩效评价等级。然后由这些人将关键事件合并为为数不多的几个绩效要素(5~10个),并对绩效要素的内容加以界定。

(3)对关键事件重新加以分配。这时由另外一组同样对工作比较了解的人来对原始的关键事件进行重排,确定每一关键事件的最后位置。

(4)对关键事件进行评定。第二组人被要求对关键事件中所描述的行为进行评定(一般使用7点或9点等级尺度评定法),以判断它们能否有效地代表某一工作业绩要素所要求的绩效水平。

(5)确立最终的工作绩效评价体系。对于每一个工作绩效要素来说,都将有一组关键事件(通常6~7个)来作为其行为锚。

行为锚定等级评价法大多数使用"工作维度"这个术语来表示构成工作的任务和责任的广泛范畴。每种工作一般有几个维度,对每个维度都必须制订独立的评分量表。

某企业内训师授课行为锚定等级评价如表3-9所示。

表3-9 某企业内训师授课行为锚定等级评价

维度:课堂培训教学技能
优秀: 7. 内训师清楚、正确、简明、生动地回答学员的问题 6. 内训师清楚、正确地回答学员的问题 5. 当试图强调某一点时,内训师会使用例子
中等: 4. 内训师用清楚、明白的方式授课 3. 内训师基本能够让学员明白所教内容 2. 讲课时内训师表现出许多令人厌烦的习惯
极差: 1. 内训师在班上对学员进行不合理的批评

采用行为锚定等级评价法评价绩效,要求评价者阅读每一个量表上的锚定一览表,通过对员工工作行为最匹配锚定的比较,查找与该锚定相对应的分值。工作中所有可以确定的维度都可采用这种方法。将查找出的分值与所有的工作维度结合,就得到了完整的评价。

行为锚定等级评价法有以下优点:①行为锚定等级是通过管理人员及工作承担者双方的积极参与制订的,增加了这种方法被接受的可能性。②锚定是由实际完成工作的员工根据其观察和经验制订的。③各种工作绩效要素之间有着较强的相互独立性。将众多的关键事件归纳为5~6种要素,使各要素之间的相对独立性很强。比如,在这种方法下,评价者很少会仅仅因为某员工的"知觉能力"所得到的评价等级高,就将此人的所有绩效要素都评为高级。这就避免了考评中的晕轮效应(halo effect)。④具有良好的连贯性。使用行为锚定等级评价法进行测评,不同的评价者对同一个员工进行评价时,其结果都是类似的。⑤行为锚定等级评价法可为某一员工的工作绩效提供具体反馈。

行为锚定等级评价法的一个主要缺点是其设计需要相当多的时间和工作。此外，还需为不同的工作制订不同的表格。

八、混合标准量表法

（一）混合标准量表法的原理

混合标准量表（mixed standard scales，MSS）法又称混合标准尺度法，简称混合量表法。作为与工作标准相比较的一种绩效考评方法，混合标准量表法是由美国学者伯兰兹（Blanz）和吉塞利（Ghiselli）于1972年在传统评价量表的基础上提出的。混合标准量表法最初是作为特性导向尺度法开发出来的。但是，这种技术后来却被用在以行为描述而不是以特性导向描述为基础的绩效评价工具中，被当作一种减少绩效考评误差的手段。

（二）混合标准量表的设计

混合标准量表的基本设计步骤如下：

（1）确定考评维度（即评估的主要因素）。考评维度往往由设计者根据组织的实际需要、被考评者所从事工作的性质、岗位标准、任职资格等因素决定。伯纳丁（H.J.Bernadin）和凯恩（J.S.Kane）提出了在绩效考评中最常用的六个主要维度，如表3-10所示。

表3-10　绩效考评中的六个主要维度

维　度	描　述
质量	完成某项活动的过程或结果的水平，是否采用了理想的方式进行工作，是否达到了该活动的目的
数量	即生产数量，可用货币价值、生产产品的数量或完成生产活动周期的次数表示
及时性	对合作双方而言，一项活动是否在可能的最早时间内完成或产出结果，以便为其他人继续下一阶段的活动提供充足时间
成本节约	对组织内部资源（如人力资源、资本、技术和原材料）的有效运用，从而达到收益最大化或损失最小化的目的
监督的需要	被评价者在其工作过程中，是否需要上级主管的帮助和指导，是否需要上级主管介入来减少负面结果的产生
人际影响	被评价者在其工作过程中，是否能在其同事间、下属间营造自尊和友善合作的气氛

若考评的维度范围较大，也可以在每一个维度下拟出几个子维度指标。例如，在对某一公司的产品营销人员进行定薪评估的混合量表中，预先设了七个维度，分别为团队合作、沟通能力、市场洞察力、工作主动性、责任心、纪律性和社交能力。在这些维度下又可设子维度指标。如在"团队合作"这个维度下，又设了大局观、分享知识、认同和影响力四个子维度指标（见表3-11）。

表3-11　产品营销人员维度表

维度（权重）	子维度（权重）
团队合作（0.27）	大局观（0.25）、分享知识（0.25）、认同（0.25）、影响力（0.25）
沟通能力（0.13）	表达（0.5）、领悟（0.5）
市场洞察力（0.2）	产业（0.3）、产品（0.3）、营销（0.4）

（续）

维度（权重）	子维度（权重）
工作主动性（0.16）	无
责任心（0.1）	无
纪律性（0.07）	无
社交能力（0.07）	无

（2）维度的表达。维度的表达是指为每一个考评维度的好、中、差三等分别拟出一条范例性陈述句。若维度中包含子维度指标，则对每一个子维度考评指标拟出好、中、差的范例性陈述句。如对团队合作这个维度的一些子维度指标的行为描述如表 3-12 所示。

表 3-12　团队合作维度指标的行为描述

子维度	行 为 描 述
A11	具有良好的大局观，努力协作完成本部门工作，并配合其他部门共同达成公司的目标，在公司面临紧急情况时，能与本部门人员及其他部门通力合作，及时达成公司目标
A12	能意识到本部门的工作目标，必要时也能给予其他部门一些配合
A13	在工作中，常常不能意识到个人的工作应以公司和部门的利益为主
A21	经常与同事探讨工作方法和质量的改进
A22	有时会与同事探讨工作方法和质量的改进
A23	当同事向自己请教时，表现得很不愿意
A31	尊重同事和其他部门的工作成就，并愿意以他们为榜样
A32	对部门和其他同事的工作成就不太在乎
A33	对部门和其他同事的工作成就满不在乎，有时甚至会对表现好的同事冷嘲热讽
A41	积极鼓励团队的所有成员共同探讨和解决问题
A42	有时会让团队的其他成员共同探讨和解决问题
A43	很少听取团队其他成员的意见，在团队中往往自己说了算

（3）设立每一个维度和子维度指标的权重。由于考评的角度不同、目的不同，每一个维度的重要性也就各异。如表 3-11 是对产品营销人员考评的维度，所以团队合作和市场洞察力就较为重要，而相比较而言，纪律性就不是那么重要。每一个子维度指标又是维度各个方面的分别体现，因此也可以因重要性而调整权重，但必须确保每组子维度指标的权重之和为 1，维度的权重之和也为 1。

（4）打乱每一个考评指标的好、中、差行为的陈述句次序，使每一个考评维度不易被考评人看出。这样掩盖了评分等级，能确保考评者不会因为某一点的认同而肯定了被考评者的全部内容。可以说，打乱次序是混合标准量表法的最大特色，也是检验考评者是否有效、认真、可靠地进行考评的重要手段，当然对于提高考评的效度与信度也起着重要作用。本书后面介绍的逻辑有效性检验就是检验考评者打分是否有效的一个定量方法。

（三）混合标准量表法的实施

在完成对整个混合标准量表的设计后，由人力资源部门或者相关主管部门对所有考评者发放量表。为了使考评更加具有客观性，被考评者本人及其上级、下级和同事都可以作为考评者参与考评。必要时，还可以外聘专家进行考评。

考评的过程就是要求被考评者针对被打乱的混合标准量表中的反映某一指标好、中、差行为的陈述句逐一进行评价，若范例描述的情况与被考评者的实际工作表现相符，则在此范例陈述句后写上"="；若被考评者的表现优于范例描述的情况，则在此范例陈述句后写上"+"；若被考评者的表现不及范例描述的情况，则在此范例陈述句后写上"−"。

评判人员根据他们所给的符号做出评判，考评被考评者的表现。具体实施步骤如下：

（1）逻辑有效性判断。首先把打乱了次序的陈述句按照原先的维度分布重新进行排列。对于每一个维度或子维度的三种描述，考评者都会给出三种答案，这里的有些回答是不符合逻辑的。例如，前面明明评估了优于"好的行为之表述"（给予"+"），后面评估时却认为在同一子维度指标中劣于"差的行为之表述"（给予"−"）。也就是说，对同一个维度或子维度，优于优者、劣于劣者，这显然不符合逻辑，应该视为无效。另外，可以用数字1、2、3分别表示"+"或">"（优于某一行为表述）、"="（等于某一行为表述）、"−"或"<"（劣于某一行为表述）符号。其所有逻辑有效组合如表3-13所示。

表3-13 逻辑有效性判断表

描述	逻辑有效的评分组合	3分表示好于行为描述（>或+） 2分表示等于行为描述（=） 1分表示差于行为描述（<或−）								
	九种有效组合种类	一	二	三	四	五	六	七	八	九
好	好的行为描述得分	3	2	2	1	2	1	1	1	1
中	中等行为描述得分	3	3	2	3	2	2	1	1	1
差	差的行为描述得分	3	3	3	3	2	3	3	2	1
分值（组合分值之和）		7	6	5	5	4	4	3	2	1

在整个混合量表中，若是某个考评者的无效率达到一定程度（如>30%），则舍弃该评价表。可以用Excel或Access软件编写一个小程序来建立一个计算权重的模板，以便快速地处理第一手评估数据。

（2）求和，计算总分。如表3-13所示，对所有逻辑有效组合赋予一定的分值，如最好的表现是第一种组合，优于优者，赋予最高分7分，然后依次类推，最差的表现是劣于劣者，赋予最低分1分。经过测算与小样本试验，"三、四"两个有效组合经过实证判断为具有同一性的等级，属于"较优秀"，因此给出了同一个分值"5"；"五、六"两个有效组合也为同一等级"4"。将评估结果转化为分数值，然后由每一个子维度的分数乘以权重，得出维度的分数；每个维度的分数乘以权重，得出总分。这个总分就是一个考评者对被考评者的评价分数。

（3）求得最后分数。对所有被考评者的有效评价分数进行统计汇总，去除个别的偏离值（大于90%分位点或小于10%分位点），再求统计数（平均或75%分位点，根据实际情况而定），就能得到该被考评者的分数。若是觉得其中的评价有主次之分，还可以加权平均得到最后的结果。

(四)对混合标准量表法的评价

混合标准量表法的优越性主要表现在以下几方面。

(1)考评的信度和效度高。这是混合标准量表法最突出的一个优点。所谓信度,是指绩效考评系统的一致程度,它的一种重要类型是考评者的信度,包括内部一致性信度和再测信度。在用混合标准量表进行考评时,有效性检验就是在一定程度上对再测信度的一种检验。通过检验,它排除了短时间内前后不一致的情况,这一点是其他考评方法无法实现的。所谓效度,是指反映客观实际情况的程度和准确性。混合标准量表的使用就是通过一系列范例性陈述句,逐渐挖掘出考评者对被考评者的真实评价。好、中、差三个等级的评价能很好地起到提醒、激发灵感的作用,从而保证考评的效度。

(2)考评的精度高。所谓精度,是指被考评者的绩效详细程度。对于每一个被考评者而言,其得分来源(即绩效的表现)都可以从混合标准量表中找到答案。混合标准量表的每一个维度及每一个子维度的范例性陈述句都为绩效的具体表现提供了参考依据。

(3)易于操作、适应性强。混合标准量表法的操作步骤简单,而且一旦设计好混合标准量表,今后的考评都可以依此操作。所谓适应性,是指该考评方法的适用范围广。混合标准量表法既适用于对一般工作人员的考评,也适用于对管理人员的考评,适应性较强。

但是,混合标准量表法也存在着一些不足之处:首先,这种技术与组织战略之间常常不一致。这些方法之所以会被使用,是因为其开发比较简单,并且相同的考评方法可用于任何组织和任何战略。其次,这些绩效考评方法常常只有非常模糊的绩效标准,因而可能会导致不同的考评者对绩效标准做出不同的解释。正因为如此,不同的考评者常常会得出差异非常大的评价等级和排定的绩效顺序。最后,在实际工作过程中,各种复杂因素左右着员工的行为,有限的几个维度描述难以表达其现实行为等。以上这些不足之处还需要结合其他考评方法加以弥补。

九、360度绩效考评法

(一)360度绩效考评法的概念

360度绩效考评法主要是依据信息来源划分的。传统的考评多是自上而下,由上级主管对下属工作进行的单向评定。而360度绩效考评,其涉及的考评者不仅有被考评者的上级主管,还包括其他与之密切接触的人员,如同事、下属、客户,以及本人自评。它是一种从不同层面收集考评信息,从多个视角对员工进行综合绩效考评并提供反馈的方法,或者说是一种基于上级、同事、下级和客户等信息资源收集信息、评估绩效并提供反馈的方法。360度,顾名思义,就是多角度或全视角。这种方法的出发点就是从所有可能的渠道收集信息。

360度绩效考评法作为绩效管理的一种新工具,正在被越来越多的国际知名大企业使用。据调查,在《财富》杂志排名前1000位的企业中,已有90%的企业在使用不同形式的360度绩效考评法。如IBM、摩根士丹利、诺基亚、福特、迪士尼、西屋电气等,都把360度绩效考评法用于人力资源管理和开发。

现代经济飞速发展,要求企业的组织结构、组织管理、组织文化不断调整,以适应市场的变化;知识经济时代的到来,要求企业加快建立职业经理人队伍;而扁平化结构、矩阵式管理、参与式管理、团队协作、关注员工职业生涯发展、注重客户满意度等新管理理念和管理方式，使传统人力资源自上而下的单向绩效考核方式和结果导向不再适应当今人力资源管理的需要。360度绩效考评法正是适应这一需要而产生的。从国内外现有的考核工具看，360度绩效考评法是其中相对客观、全面、科学的一种绩效考评方法。尽管这种方法可以在年中收集信息，但典型的360度绩效考评法是一年收集一次评估信息。

上级考评者主要考评被考评者的指导统率能力、业务推进能力、全局驾驭能力、计划决策能力、洞察创新能力；同级考评者主要考评被考评者的协作能力，包括部门合作、同事协作发挥团队优势、创造和维护良好的工作氛围等；下级考评者主要考评被考评者的领导水平、以身作则、知人善任、驾驭局面的能力、业务能力、正确授权、对员工的培养等；客户考评者主要考评被考评者的服务态度、服务水平、服务质量、服务效果等。

即使同是上级考评，对不同被考评者的着重点也不一样。例如，对业务部门经理考评的是其业务发展、经营管理、人事管理、风险防范四大方面；而对于职能部门经理则主要看其组织协调能力、对业务部门的支持、对分支机构的垂直监管等。每个层面的考评表除封闭式表格外，还附有开放式表格。开放式表格的主要内容包括：被考评者分管的部门工作还存在哪些薄弱环节，应如何改进；本部门工作中有哪些好的做法可在企业中推广；作为管理者，被考评者具有的突出优点和缺点有哪些等。通过开放式表格，可以了解到被考评者所在部门或所主管工作中存在的薄弱环节，在业务拓展和内部管理上一些好的做法，被考评者作为管理者的突出优点，尤其是被考评者急需提高与改进的方面。

360度绩效考评法有下列特点：

（1）全方位、多角度。从任何一个方面去观察人做出的判断都难免有片面之处。360度绩效考评法的考评者来自企业内外的不同层面，得到考评信息的角度更多，考核评价更全面、更客观。

（2）误差小。360度绩效考评法的考评者不仅来自不同层面，而且每个层面的考评者都有若干名，考评结果取其平均值，从统计学的角度看，其结果更接近于客观情况，可减少个人偏见及评分误差。

（3）分类考核。针对不同的被考评者，如公司领导、职能部门经理和业务部门经理、地区营运长、营业部经理，分别使用不同的考评量表，针对性强。

（4）实行匿名考评。为了保证考评结果的可靠性、减少考评者的顾虑，360度绩效考评法采用匿名方式，使考评者能够客观地进行评价。

（5）开放性。使用开放式表格，能收集到很多比较中肯的评价意见。

由于评级方法的使用和考评准确性与客观性方面的原因，大多数专家都认为，采用360度绩效考评法，要将它作为一种为员工提供绩效信息的方法，其结果可作为提升岗位或薪酬的参考，而不要完全据此做出直接决策。

360度绩效考评法的结果固然比其他考核方法更客观、更准确、更全面，但应该更看重从考评中收集到的信息，如被考评者的优点、缺点及需改进的方面，并通过反馈，使被考评者改进工作方法，提高工作绩效，为企业创造更多的效益。

与其他考评方法一样，360度绩效考评法也有它的缺点。这种方法得到的价值主要不是取决于考评表格，而是取决于通过这些信息发现员工的长处和不足，以帮助员工提高绩效。就像其他所有的绩效考评方法一样，它最终的成功取决于人的因素，即人与人之间的沟通。要通过反馈沟通，发挥考评的导向牵引作用，引导员工不断改进工作、完善自我。

进行360度绩效考评，关键在于考评反馈。为确保考评效果，首先应对相关人员进行大量的培训工作。例如，在反馈过程中，考评人员需要对员工的绩效进行评价，企业为了使考评人员在考评过程中采用相同的考评标准，常常需要在考评前对他们进行培训。然而，由于成本的原因，许多企业忽视了360度绩效考评中这重要的一步。同时，由于对员工的考评结果进行反馈需要一系列的传达程序，这个过程往往需要花费几周甚至几个月的时间，无疑增加了考评人员的工作量。所以，尽管许多企业花费大量的资金用来进行360度绩效考评，但效果并不是很理想。因此，许多企业希望借助互联网来进行360度绩效考评，特别是考评反馈这一环节。

（二）基于互联网的360度绩效考评法

基于互联网的360度绩效考评法是一种新型的、有效的考评模式。许多服务提供商已开发出基于互联网的360度绩效考评系统，这种系统只需公司管理层对网络环境进行维护，服务提供商通过电话或在线协调即可顺利进行。通常情况下，基于互联网的360度绩效考评过程如下：

首先，服务提供商利用电子邮件向员工发送考评时间与考评指导信息。员工收到这些信息后，通过服务器登录服务提供商提供的网站，输入个人账号与密码，建立对自己进行考评的考评人员的名单。员工必选的考评人员在他们的考评人员列表库中已经存在，其余的考评人员名单在系统的数据库中已建立，员工只需对他们进行选择即可。通常，员工的上级或协调人员会浏览员工对评分人员的选择情况，以确保员工所选择的考评小组的公正性。

然后，员工向考评人员发送电子邮件，请求他们上网完成对自己的考评。在考评窗口，员工填写好调查问卷，考评人员根据填写好的调查问卷进行考评，并对该考评循环中其他员工的反馈结果进行相互比较，从而拟出反馈报告。网络环境具有对考评的具体运行程序的解释性说明，包括时间期限、考评工具的内容、用电子邮件进行交流的措辞、考评人员的身份验证以及反馈报告的操作流程等。

基于互联网的360度绩效考评法的优点如下：

（1）辅助工作变得简便、快捷。多数基于互联网的360度绩效考评系统都不需要采用书面操作，员工、考评人员、协调人员的工作都变得简单、快捷。书信交流由电子邮件代替；面对面沟通由网上交流取代；考评信息能够得到有效收集与比较；网上互动的模拟考评培训简化了培训流程，自动反馈系统提高了反馈信息的传递效率。

（2）评分人员的工作量大大减少。简明扼要的问卷调查、高质量的网页制作效果，能够有效地提高考评效率，大大减少考评人员的工作量。此外，企业也可在反馈系统中对考评人员所需进行考评的员工数量采取限制措施。员工在选择考评人员时，如果某个考评人员被选择的次数超出了最大设定值，系统会通知员工选择其他考评人员。

（3）考评结果的准确性进一步提高。采用互联网形式能够提高考评人员的责任心，从而提高考评结果的准确性。企业提高考评人员的责任心的一个有效措施是：要求对相同的员工进行考评的考评小组成员对他人的考评行为做出评价。同时，系统根据模板中的设定，对超出默认考评范围的考评人员提出及时的、友好的警告，建议考评人员参考标准模板中获得该分数员工所需具备的条件，拒绝接受考评人员毫无根据的考评。

（4）有效地促进员工行为的改进。采用互联网进行考评，在考评结束后，员工可登录网站，阅读考评人员对自己做出的反馈报告，并在上司的帮助下，识别出自身关键的发展需求，从而制订有效的个人发展计划。每隔几个月，员工可根据最新的工作成果更新自己的调查问卷，重复上述考评过程，获得相应的新的反馈报告，适时更新自己的发展计划，从而使自己的工作行为与企业的目标一致。

（5）成本大大降低。利用企业内部网、使用计算机软件进行的360度绩效考评，需要在计算机系统中安装软件，因此，企业必须支付软件的购买、安装、升级、维护等高额费用。而将互联网作为反馈平台，能够解决360度绩效考评成本高昂的问题。由于大量的行政管理工作由系统自动完成，所需的行政管理工作量也大大减少，从而降低了管理成本。企业只需支付一定的费用就能登录相关网站，完成整个反馈过程。而且，网络系统的升级由服务提供商完成，由于有众多用户共同承担升级的成本，势必降低企业向服务提供商支付的费用。据统计，采用基于互联网的360度绩效考评，企业每年在每个员工身上的花费不超过90美元，其中还包括通过互联网对每个员工提供深度反馈报告的花费。此外，采用基于互联网的360度绩效考评不受地域的限制，这为那些存在地域差异的企业以及跨国公司带来更大的利益。

具体运用360度绩效考评法时，有两个方面需要引起高度重视：①360度绩效考评法主要用于工作改进，考评结果不要直接与薪酬挂钩。如果考评结果直接与奖金等物质激励相关联，就容易导致考评者的评分不真实。②直接主管评分结果的权重不要高于35%。现实360度绩效考评工作中，有的机构中直接主管打分权重占80%以上，这就失去了360度绩效考评本身的意义。360度绩效考评的本意是为了多角度、全方位来考评工作人员的绩效，如果直接主管的权重过高，其他维度的考评就形同虚设，导致相关人员缺乏参与评估的积极性。

第二节　财务绩效评估法

财务绩效评估是指应用财务指标体系，对绩效进行科学、适宜的评价。其内涵涉及财务指标的选取、指标体系的建立以及评价方法的选取等。财务绩效评估将绩效考评限定在财务的范畴，具有一定的局限性，但同时又与非财务指标区别开来，有利于理清绩效评估的层次。目前比较流行的财务绩效评估法有沃尔评价指标体系、经济增加值（EVA）法。

一、沃尔评价指标体系

亚历山大·沃尔（Alexander Wole）是财务状况综合评价的先驱之一，他在20世纪初出版的《信用晴雨表研究》和《财务报表比率分析》中提出了信用能力指数的概念，把若干个财务比率用线性关系结合起来，以评价企业的信用水平。他选择了七种财务指标，分别给出其相应比重，如表3-14所示。

各财务指标的权重之和为100。然后确定标准比率，并与实际比率相比较，评出每项指标的得分，然后求出总评分。

表 3-14　沃尔评价指标

财务指标	权重	财务指标	权重
流动比率	25	销售额/应收账款	10
净资产/负债	25	销售额/固定资产	10
资产/固定资产	15	销售额/净资产	5
销售成本/存货	10		

沃尔评价指标体系在实际中应用方便，但其赋权具有主观性，对异常值反应敏感，在理论上还有待证明。

二、经济增加值法

价值最大化是现代企业的最终目标，而对于股份制企业，尤其是上市公司，企业价值最大化就意味着股东投资价值的最大化，这就要求衡量企业绩效的指标必须准确反映未来股东创造的价值。根据公开财务报表计算出的净利润、每股收益、投资报酬率、净现金流量或净资产收益率是衡量企业经营绩效的传统方法。这些指标的缺陷主要表现在：没有扣除企业权益资本的成本，即一种机会成本；基于稳健性原则，在确认收入和费用时采取保守的态度，从而对企业资本和利润的反映存在部分失真，这些缺陷导致人们无法据此准确地判断出企业为股东创造的价值。

在新的商业环境下，传统的会计衡量标准和旧的管理模式日趋落伍，新技术的发展使传统的会计准则越发不实用。为了适应新形势的要求，企业迫切需要新的财务指标来衡量其经营绩效。有的优秀企业开始采用一些强有力的财务分析和衡量指标，如息税前净资产收益率（RONABIT）、经济增加值（EVA）、市场增加值（MVA）、现值现金流量投资报酬率（CFROI）等。在这些指标中，经济增加值最受重视，影响最深远。

（一）经济增加值的含义与基本思路

经济增加值（economic value added，EVA）是公司在扣除了投资者的资本成本后所创造的价值。EVA 指标于 1982 年首先由美国思腾思特（Stern Stewart）管理咨询公司提出并申请版权。它是基于税后净营业利润、产生这些利润所需要的资本投入和投入资本总成本的一种企业绩效财务评定指标。

在计算 EVA 时，所用到的三个要素为税后净营业利润、投入资本和加权平均资本成本率（WACC）。其计算公式为

$$EVA = 税后净营业利润 - （投入资本总额 \times WACC）$$

经济增加值的基本思路是：企业的投资者可以自由地将他们投资于企业的资本变现，并将其投资于其他资产。因此，投资者从企业至少应获得其投资的机会成本。也就是说，从经营利润中扣除按权益的经济价值计算的资本的机会成本后，才是股东从经营活动中得到的增值收益。经济增加值的大小取决于企业的经营效率和对资产负债的管理。

（二）经济增加值绩效评价指标的特点

（1）能将股东利益与企业的经营绩效紧密联系在一起。与以往的绩效考评工具不同的

是，经济增加值考虑了对所有者投入资本所应获得的投资机会报酬的补偿，量化了企业能够提供给投资者的增值收益，消除了传统会计利润对债务资本使用的有偿性和所有者资本使用的无偿性的差别对待，可以避免高估企业利润，真实反映股东财富的增加。

（2）有利于企业内部财务管理体系的协调和统一，避免财务决策与执行之间的冲突。在许多公司，管理层在进行资本预算时采用贴现现金流量（DCF）指标，而在绩效评价时却又采用基于利润的另一指标，如每股收益（EPS）、净资产收益率（ROE）等。这显然违背了事前预算和事后评价要采用同一指标的原则，不仅容易引起企业内部管理的混乱，而且公司的各项经营活动也难以保持一致。而 EVA 指标不仅可以用于绩效评价，而且可以用于资本预算、收购定价、激励性补偿计划等几乎企业财务的所有方面。这是经济增加值更容易改变企业绩效考评观念的一个重要原因。

（3）有利于减少传统会计指标对经济效率的扭曲，能真实地反映企业绩效。经济增加值与基于利润的传统指标之间最大的区别在于它考虑了权益资本成本，从而能够更准确地评价企业绩效。另外，GAAP（generally accepted accounting principles，一般公认会计原则）有一个重大缺陷：坚持将企业的一些长期支出全部计入当期费用，而不是将这些长期开支予以资本化并在适当的期限内摊销。经济增加值指标在计算时对标准的会计处理进行了一系列调整，尽量消除权责发生制和会计谨慎性原则对企业经营绩效所造成的扭曲性影响，从而有利于更真实地反映企业的经营绩效。

（4）考虑了货币的时间价值，是一个动态指标。现有的会计核算中对资本的保值增值一般采用静态指标衡量，以收入净值为基准核算。所造成的后果是资金使用者通常缺乏资金的经济效益观念，不注重货币的时间价值因素，没有想到占用资金不提供任何效果或效果不大，实际上是企业的损失。而经济增加值则通过引入货币时间价值的计量，使有关经济效益的分析评价建立在全面、客观、可比的基础上。

（5）与市场增加值正相关，能正确评估企业的市场价值。市场增加值（MVA）是指企业全部资产的市场价值与股东和债权人投入企业的资本总额之间的差额。它是一个以资产的市场价值为基础的绩效考评指标。由于市场增加值可以直接度量企业给股东带来的收益，故已成为国际上衡量企业价值变化的通用指标。其计算公式为

$$MVA = \frac{(ROIC - WACC) \times 投资资本}{WACC - R}$$

式中，R 为企业未来年度现金流的增长速度；ROIC 为投入资本回报率（return on invested capital）。

（6）概念简明，易于应用。经济增加值的概念并不深奥，即使是非财务专业人员也能够从对该指标的简单描述中理解其含义，这使得它在企业内部的推广非常顺畅。事实上，在思腾思特公司推出经济增加值指标的同一时期，其他企业和学者也开发了许多以股东价值为基础的绩效衡量指标，如投资的现金流量收益、现金价值增量、股东价值增量、调整经济增加值等。这些指标在理念上与经济增加值基本一致，但它们的计算相对比较复杂，从而使其在企业内部的推广受到阻碍。因此，越来越多的企业选择了经济增加值指标。

当然，经济增加值指标并非十全十美，它的不足之处包括：①经济增加值是一个绝对

值,不便于不同规模企业之间绩效的比较;②尽管对会计处理方法进行了必要的调整,但是在实际工作中,经营者仍然可以通过推迟费用的确认、提前收入的实现和降低一些必要支出等方法来"包装"经营绩效。

(三) EVA 的应用意义

对企业来讲,股东的资本金和留存收益不再是免费的,它们也必须得到应有的回报,因此,管理者会更加英明地使用资本,提高资本运营管理能力,利用资产重组提高效率;缩短决策时间,充分发挥企业的生产能力,提高运作效率;追求有经济利润的健康增长,而不是盲目地投产新项目、介入新产业、扩大企业的规模。处理好这些问题,企业在管理上就会更科学,资产流动性以及资金周转率也会提高。而且,由于经济增加值反映了投资者投资于企业所能获得的真实报酬,因此能够正确引导投资者将资金投向能为社会真正创造财富的企业,从而促使社会资源得到合理有效配置,实现社会财富的不断增长。

同时,经济增加值不鼓励以牺牲长期绩效的代价来夸大短期效果,而是着眼于企业的长远发展,鼓励经营者采取能够给企业带来长远利益的投资决策,如新产品的研究和开发、人力资源的培养等,更注重企业的长期健康发展。

更为重要的是,经济增加值便于对上市公司进行综合分析。投资者通过对公司真实价值与市场价值的比较,来分析判断公司是否具有投资价值,对于公司创造的所有者权益的未来增值部分的评估尤为重要,而经济增加值正是其决定性因素。同时,经济增加值率,即经济增加值/投资额的波动也在一定程度上反映了公司的运营状况。尽管该指标并非万能,但是将其与其他的财务指标结合使用,能对公司的运营状况起到一定的预警作用。它设法排除了非经营努力的、偶然而非长期稳定因素的干扰,具有较强的实用性,能够较好地分辨上市公司利润的来源,一定限度地限制上市公司采取非经营性措施,如关联交易、会计手段和利用地方政府财政支持等虚增利润的做法。投资者机会成本的引入使得整个模型更加合理和完整,使经济增加值具有更广泛的可比性,并且揭示了投资者真正的投资回报率的底线。这种做法弥补了原有的绩效评估指标只能反映公司创造价值的"绝对值",而无法考察利润创造对投资者的真正含义的缺陷。

第三节 关键绩效指标法

关键绩效指标(key performance indicator,KPI)法,是基于公司战略,通过对工作绩效特征的分析,提炼出的最能代表绩效的若干关键指标体系,并以此为基础进行绩效考评的方法。KPI 是衡量企业战略实施效果的关键指标,其目的是建立一种机制,将企业战略转化为企业的内部过程和活动,以不断增强企业的核心竞争力和持续取得高效益。

一、关键绩效指标概述

(一)理解关键绩效指标

作为一种绩效考评体系设计的基础,可以从以下三个方面深入理解关键绩效指标的具体含义:

（1）关键绩效指标是用于考评和管理被考评者绩效的可量化的或可行为化的标准体系。也就是说，关键绩效指标是一个标准化的体系，它必须是可量化的，如果难以量化，那么必须是可以行为化的。如果可量化和可行为化这两个特征都无法满足，那么就不是符合要求的关键绩效指标。

（2）关键绩效指标体现为对组织战略目标有增值作用的绩效指标。也就是说，关键绩效指标是连接个体绩效和组织战略目标的一个桥梁。既然关键绩效指标是针对对组织战略目标起到增值作用的工作产出而设定的指标，那么基于关键绩效指标对绩效进行管理，就可以保证真正对组织有贡献的行为受到鼓励。

（3）通过在关键绩效指标上达成的承诺，员工和管理人员就可以进行工作期望、工作表现和未来发展等方面的沟通。关键绩效指标是进行绩效沟通的基石，是组织中关于绩效沟通的共同辞典。有了这样一本辞典，管理人员和员工在沟通时就可以有共同语言。

从表 3-15 中可以看出基于 KPI 的绩效考评体系与一般绩效考评体系的区别。

表 3-15 基于 KPI 的绩效考评体系与一般绩效考评体系的区别

绩效考评体系比较项目	基于 KPI 的绩效考评体系	一般绩效考评体系
假设前提	假设人们会采取一切必要的行为努力达到事先确定的目标	假设人们不会主动采取行动以实现目标，假定人们不清楚应采取什么行动以实现目标，假定制定与实施战略与一般员工无关
考评的目的	以战略为中心，把体系的设计与运用都为达成组织战略目标服务	以控制为中心，指标体系的设计与运用来源于控制的意图，也是为更有效地控制个人的行为服务
指标的产生	在组织内部自上而下地对战略目标进行层层分解而产生	通常是自下而上地根据个人以往的绩效与目标产生的
指标的来源	基于组织战略目标与竞争要求的各项增值性工作产出	来源于特定的程序，即对过去行为与绩效的修正
指标的构成及作用	通过将财务指标与非财务指标相结合，体现关注短期效益，兼顾长期发展的原则，指标本身不仅传达了结果，也传递了产生结果的过程	以财务指标为主、非财务指标为辅，注重对过去绩效的评价，指导绩效改进的出发点是过去的绩效存在的问题，绩效改进行动与战略需要脱钩

在企业中，员工的绩效具体体现为完成工作的数量、质量、时间、花费的成本费用等。关键绩效指标是一系列既独立又相关、可以测定及评估、能较完整地描述员工岗位职责及绩效不同侧面的重点因素。

通过在关键绩效指标上达成的承诺，员工与管理人员就可以进行工作期望、工作表现和未来发展等方面的沟通。所以，关键绩效指标是进行绩效沟通的基石，是组织中关于绩效沟通的指南。因此，从这个角度来看，制定关键绩效指标在绩效管理系统中是必不可少的重要环节，二者的关系如图 3-2 所示。关键绩效指标实质上体现了绩效管理的系统观点。

关键绩效指标分为定量指标和定性指标两大类。其中，定量指标建立在统计数据的基础上，把统计数据作为主要的数据来源，通过建立数学模型，以数学手段，计算出指标的数值，如财务指标、服务指标和经营运作指标等。定性指标是那些难以用数学手段进行计算的指标，它们主要由考评者利用自身的知识和经验，直接给员工打分或做出模糊判断（如很好、好、一般、差或很差），如职能部门的满意度指标等。具体绩效指标的类型如表 3-16 所示。

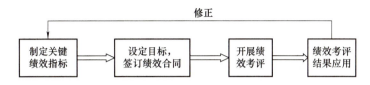

图 3-2　绩效管理系统与关键绩效指标的关系

表 3-16　绩效指标的类型

指标类型	举例	证据来源
数量	产量 销售额 利润	绩效记录 财务数据
质量	破损率 独特性 准确性	生产记录 上级评估 客户评估
成本	单位产品的成本 投资回报率	财务数据
时间	及时性 进入市场的时间 供货周期	上级评估 客户评估

通过制定关键绩效指标，并在此基础上开展绩效管理工作，能够使经营管理者清楚地了解对企业价值较为关键的经营活动的情况，使经营管理者能及时诊断经营中的问题，并为上下级之间的交流沟通提供客观基础，使员工集中精力于对绩效有最大驱动力的经营活动，为评价员工的绩效提供客观依据。

（二）关键绩效指标的建立

KPI 考评的一个重要的管理假设是一句管理名言："你不能度量它，就不能管理它。"所以，KPI 一定要抓住那些能有效量化的指标或者将之有效量化。而且在实践中应抓住那些亟须改进的指标，提高绩效考评的灵活性。当然，KPI 的数量并不是越少越好，而是要抓住绩效特征的根本。KPI 在指标数量上要少而精，在指标性质上要基于战略流程与企业远景相连接，在操作上要保证部门和个人可以控制。

建立 KPI 首先要以企业战略目标为指导，找出企业的业务重点——20/80 原则。20/80 原则是指在一个企业的价值创造过程中，20% 的骨干人员创造企业 80% 的价值。在每个部门和每位员工身上 "20/80 原则" 同样适用，即 80% 的工作任务是由 20% 的关键行为完成的。抓住 20% 的关键行为，进行分析和衡量，就能抓住绩效评价的重心。然后，再找出这些关键业务领域的关键绩效指标。部门主管依据企业级 KPI 建立部门级 KPI，并对相应部门的 KPI 进行分解，使其成为更细的 KPI 及各岗位的绩效衡量指标，这些绩效衡量指标就是员工考评的要素和依据。指标体系确立之后，还需要设定考评尺度标准。尺度标准是指在各个指标上分别应该达到什么样的水平，解决"被考评者怎样做，做多少"的问题。最后，审核。审核的目的是确保这些 KPI 能够全面、客观地反映被考评对象的绩效，易于操作。

二、关键绩效指标体系的设计

企业建立绩效考评的指标体系，无论是应用于组织、团队或是个人的绩效考评，都应基于以下目的：

（1）能清晰地描述绩效考评对象的组织工作产出。

（2）针对每一项工作产出提取绩效指标和标准。

（3）划分各项增值产出的相对重要性等级。

（4）能追踪绩效考评对象的实际绩效水平，以便将考评对象的实际表现与要求的绩效标准进行对照。

按照这样的指标体系标准，可以依如图 3-3 所示的步骤设计关键绩效指标体系。

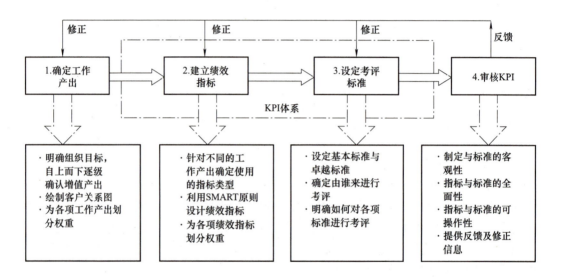

图 3-3　关键绩效指标体系的设计步骤

（一）确定工作产出

不同层次的绩效指标都是由组织战略目标分解而成的，因此在设定不同层次的关键绩效指标时，也要首先回顾组织整体目标和各个业务单元的工作目标。工作产出是设定关键绩效指标的基础，它可以是有形的产品，也可以是一种作为结果的状态。工作产出可以针对某个员工，也可以针对某个团队。工作产出通常是以企业级关键绩效指标、部门级绩效指标或业务流程为导向。在分析工作产出时，需要区分和界定被评估对象是组织内外的哪些客户，必须提供哪些产品或服务，这些产品或服务在被考评对象的工作中所占的比重如何。

1. 确定工作产出的方式

通常可以绘制客户关系图来明确工作产出。客户关系图就是通过图示的方式表现一个个体或团队对组织内外客户的工作产出。绘制客户关系图的核心思想是将某个个体或团队的工作产出提供的对象当作是这个个体或团队的客户。这样的客户包括内部客户和外部客户。例如，通过如图 3-4 所示的客户关系图来确定销售秘书的工作产出。

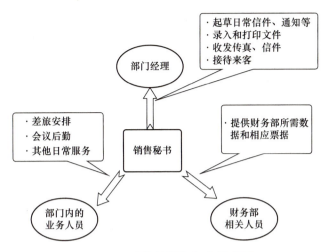

图 3-4　销售秘书的客户关系图

从图 3-4 可以看出，销售秘书的客户主要有三类：一是部门经理；二是部门内的业务人员；三是财务部相关人员。这里将销售秘书的上级经理也作为其客户。

销售秘书对部门经理的工作产出有：①起草日常信件、通知等；②录入和打印文件；③收发传真、信件；④接待来客。

向部门内的业务人员提供的工作产出有：①差旅安排；②会议后勤；③其他日常服务。

向财务部相关人员提供的工作产出有：提供财务部所需数据和相应票据。

客户关系图不仅适用于对个体的工作产出进行分析，也适用于对团队的工作产出进行分析。

使用客户关系图的方式来界定工作产出，进而对绩效指标进行考评，能够用工作产出的方式将个体或团队的绩效与组织内外的其他个体和团队联系起来，增强每个个体或团队的服务意识，同时能够清楚地看到个体或团队对整个组织的贡献。这种直观的方式有利于全面了解个体或团队的产出，不易产生较大遗漏。

2. 确定工作产出遵循的原则

（1）增值产出原则。增值产出原则是指工作产出必须与组织目标相一致，即在组织的价值链上能够产生直接或间接增值的工作产出。

（2）客户导向原则。凡是被考评者的工作产出输出的对象，无论是组织外部的还是内部的都构成客户。定义工作产出需要从客户的需求出发。这里尤其强调的是组织内部客户的概念，这里把组织内部不同部门或个人之间工作产出的相互输入输出也当作客户关系。

（3）结果优先原则。工作产出应尽量表现为某项活动的结果，若实在难以界定，则考虑过程中的关键行为。一般来说，定义工作产出首先要考虑最终工作结果，对于有些工作，如果最终结果难以确定，那么就采用过程中的关键行为。

（4）设定权重的原则。各项工作产出应该有权重。设置权重时，要根据各项工作产出在工作目标中的"重要性"，而不仅仅是花费时间的多少来设定。

（二）建立绩效指标

建立 KPI 首先要明确企业的战略目标，并在企业例会上利用头脑风暴法、鱼骨图分析法等多种方法，找出企业的业务重点。这些业务重点即是企业的关键结果领域，也就是说，应将这些业务重点作为考评企业价值的标准。确定业务重点以后，再用头脑风暴法找出这些关键结果领域的关键绩效指标（KPI），将这些KPI定为企业级KPI。然后，各系统的主管对相应系统的KPI进行分解，确定相关要素目标，分析绩效驱动因素（技术、组织、人），确定实现目标的工作流程，分解出各系统部门级KPI，确定KPI体系。接着，各系统的主管和部门人员一起将KPI进一步细分，分解为更细的KPI及岗位的绩效衡量指标。这些绩效衡量指标就是员工考评的要素和依据。同时，这种对KPI体系的建立和测评工作过程本身，就是统一全体员工朝着企业战略目标努力的过程，也将对各部门管理者的绩效管理工作起到很大的促进作用。

1. KPI 的类型

常见的KPI主要有四种类型：数量、质量、成本和时间。数量一般表现为产量、销售额、利润等；质量一般表现为准确性、独特性、返修率、破损率等；成本一般表现为单位产品的成本和投资回报率；时间则通过供货周期、及时性来体现。

在建立KPI时，可以从试图回答以下问题的角度入手：

（1）通常在考评工作产出时，我们关心什么？（数量、质量、成本、时间）

（2）怎样衡量这些工作产出的数量、质量、成本和时间？

（3）是否存在可以追踪的数量或百分比？如果存在这样的数量指标，请把它们列出来。

（4）如果没有数量化的指标来考评工作产出，那么可以选择其他什么指标来考评工作结果完成得好不好？能否描述一下工作结果完成得好是什么样的状态？有哪些关键衡量因素？

2. 建立 KPI 的方式

通常，采用三种方式建立企业的KPI体系：依据部门承担责任的不同建立KPI体系；依据职类、职种工作性质的不同建立KPI体系；从战略角度出发，依据平衡计分卡建立KPI体系。平衡计分卡方法将在下一节介绍。下面分别介绍前两种方法：

（1）依据部门承担责任的不同建立KPI体系。依据部门承担责任的不同建立KPI体系的方式，主要强调部门从本身承担责任的角度，对企业的目标进行分解，进而形成指标。这种方式的优势在于突出部门参与，但是有可能导致战略稀释现象的发生，指标可能更多的是对部门管理责任的体现，而忽略了对流程责任的体现。依据部门承担责任的不同建立KPI体系示例如表3-17所示。

表 3-17 依据部门承担责任的不同建立 KPI 体系示例

部　门	指标侧重	指标名称
市场部	市场份额指标	销售增长率、市场占有率、品牌认知度、销售目标完成率、市场竞争比率
	客户服务指标	投诉处理及时率、客户回访率、客户档案完整率、客户流失率
	经营安全指标	贷款回收率、成品周转率、销售费用投入产出比
生产管理部	成本指标	生产效率、原料损耗率、设备利用率、设备生产率
	质量指标	成品一次合格率
	经营安全指标	原料周转率、设备周转率、在制品周转率

（续）

部门	指标侧重	指标名称
技术部	成本指标	设计损失率
	质量指标	设计错误再发生率、项目及时完成率、第一次设计完成到投产的修改次数
	竞争指标	在竞争对手前推出新产品数量、在竞争对手前推出新产品的销量
采购部	成本指标	采购价格指数、原材料库存周转率
	质量指标	采购达成率、供应商交货一次合格率
人力资源部	经营安全指标	员工自然流动率、人员需求达成率、培训覆盖率
……	……	……

（2）依据职类、职种工作性质的不同建立 KPI 体系。依据职类、职种建立的 KPI 体系突出了对组织具体策略目标的响应，各专业职业类别按照组织制定的每一项目标提出专业的相应措施。但是，这种设置指标的方式增加了部门的管理难度，有可能出现忽视部门管理责任的现象。而且，依据职种工作性质确定的 KPI 体系更多的是结果性指标，缺乏驱动性指标对过程的描述。依据职类、职种工作性质的不同建立 KPI 体系的示例如表 3-18 所示。

表 3-18　依据职类、职种工作性质的不同建立 KPI 体系示例

职类	职种	职种定义	指标名称
管理服务类	财务	负责资产的计划、管理、使用与评估工作，对企业财务系统的安全运营与效益承担责任	预算费用控制、支出审核失误率、资金调度达成率
	人力资源开发	依据战略要求，保障人才供给，优化人才结构，提高员工整体素质，对人力资源开发与管理系统的有效运营承担责任	员工自然流动率、人员需求达成率、培训计划达成率、核心人才流失率
市场类	营销支持	及时有效地为营销提供支持与服务，对企业的产品与服务品牌的认知度、忠诚度、美誉度承担责任	市场占有率、品牌认知度、投诉处理率、客户档案完整率
	营销	从事产品市场拓展与商务处理工作，及时满足客户需要，对企业产品的市场占有率与覆盖面承担责任	销售目标达成率、销售增长率、销售费用投入产出比
	采购	保障原辅料的有效供应，对原辅料的质量及供应及时有效承担责任	采购任务达成率、采购价格指数、供应商一次交货合格率
技术类	工艺技术	从事原料仓储、生产工艺的技术支持，保障生产工艺准确实施，保养生产线，对生产环节的高效运行承担责任	设计及时完成率、技术服务满意度
	研发	从事产品及相关技术等的研发与创新工作，对确立产品及技术在行业中的优势地位承担责任	设计损失率、第一次设计完成到投产修改次数、单项目及时完成率
……	……	……	……

3. 选择 KPI

KPI 体系建立以后，会发现指标非常多，得出的一套指标涵盖的范围也比较广，如果直接以这种指标进行监控，主管根本不可能对这么多指标给予同等注意。因此，需要对 KPI 进行进一步的分析和选择，以确定企业需要重点关注的 KPI。

通常有三种方式来选择 KPI：①外部导向法，又称标杆基准法；②成功关键分析法；③采用平衡计分卡思想的战略进行目标分解。

（1）采用标杆基准法选择 KPI。标杆基准法是企业将自身的关键绩效行为与最强的竞争企业或在行业中领先的、有名望的企业的关键绩效行为作为基准进行评价和比较。分析这些基准企业的绩效形成原因，在此基础上建立本企业可持续发展的关键绩效标准及绩效改进的最优策略的程序与方法。标杆基准法成功的关键在于寻找业界最优绩效标准作为参照的基准数据（如客户满意度、劳动生产效率、资金周转速度等）。确定最优绩效标准后，企业以最优绩效标准为牵引，确定企业成功的关键领域，通过各部门及员工持续不断的绩效改进，缩小与最优绩效标准之间的差距。

标杆基准法示例如图 3-5 所示。

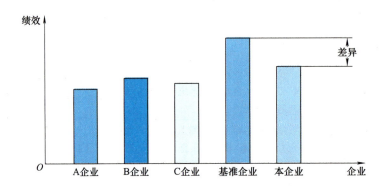

图 3-5　标杆基准法示例

1）标杆基准的分类。标杆基准可以有不同的选择标准，通常有两种分类方式：按照特性划分或按照参照对象划分。

按照特性的不同，标杆基准可以分为以下三类：

① 战略与战术的标杆系统（总体战略标准、职能战略标准、产品标准、职能标准、最佳实践标准等）。

② 管理职能的标杆系统（市场营销、人力资源、生产作业等）。

③ 跨职能的标杆系统（客户标准、成本标准等）。

按照参照对象的不同，标杆基准可以分为以下三类：

① 个体行为标杆。

② 流程标杆。

③ 系统标杆。

2）采用标杆基准法选择 KPI 的基本程序。

① 详细了解企业关键业务流程与管理策略，从构成这些流程的关键节点切入，找出企业运营的瓶颈。

② 选择并研究行业领先者，剖析行业领先者的共同特征，构建行业标杆的基本框架。

③ 深入分析标杆企业的经营模式，系统剖析与归纳其竞争优势的来源（包括个体行为标杆、职能标杆、流程标杆与系统标杆），总结其成功的关键要素。

④ 将标杆企业的绩效与本企业的绩效进行比较与分析，找出存在的差异，借鉴其成功经验，确定适合本企业的、能够赶上甚至超越标杆企业的 KPI。

（2）采用成功关键分析法选择 KPI。成功关键分析法，就是要寻找一个企业成功的关键要点，并对企业成功的关键要点进行监控，通过分析企业获得成功或取得市场领先地位的关键要素，提炼出导致成功的关键绩效模块（又称 KPI 维度）；再把绩效模块层层分解为关键要素，为了便于对这些要素进行量化考评与分析，需将要素细分为各项指标，即 KPI。

采用成功关键分析法选择 KPI 的步骤如下：

1）通过成功关键分析法（见图 3-6），寻找企业成功的关键要素，即确定企业的 KPI 维度，也就是明晰要获得优秀绩效所必需的条件和要实现的目标。寻找企业成功的关键要素，基本上涉及三方面的问题：①这个企业为什么成功，过去成功靠什么，过去成功有哪些要素；②分析在过去的成功要素之中，哪些能够使企业持续成功，哪些已经成为企业持续成功的障碍；③要研究一个企业，就要面向未来，根据企业的战略规划，明晰未来的追求目标是什么，未来成功的关键究竟是什么。

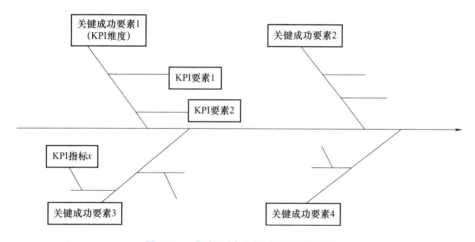

图 3-6　成功关键分析法（鱼骨图）

2）进一步分解。对模块进行解析和细化，即确定 KPI 要素。KPI 要素提供了一种描述性的工作要求，是对维度目标的细化。

3）确定 KPI。对于一个要素，可能有众多用于反映其特性的指标，根据 KPI 考评方法的要求和便于考评人员实际操作的要求，需要对众多指标进行筛选，以最终确定 KPI。指标筛选的原则是：①有效性，即该项指标能够客观、集中地反映要素的要求；②量化性，即尽量使用量化衡量标准，避免凭感觉、主观判断影响考评结果的公正、公平；③易测算性，即考评测算的数据资料能够比较容易获得，并且计算过程尽量简单。

（3）采用战略目标分解法选择 KPI。战略目标分解法的流程如下：

1）确定企业战略。企业各级目标的来源必须是企业的战略目标，只有经过战略目标的层层分解，才能保证所有部门和员工的努力方向与企业保持一致。企业战略目标是根据企业发展状况和环境的变化不断调整的，在不同的发展时期有着不同的经营重点。

2）业务价值树分析。业务重点是为了实现企业的战略目标必须完成的重点，这些重点就是企业的关键绩效领域。战略目标确定以后，就要通过价值树分析（见图 3-7）对战略方案和计划进行考评，并按照它们对创造企业价值的贡献大小进行排序，分别建立企业的价值体系，以此找出企业中数目有限的关键战略价值驱动因素，进而确定关键的岗位和部门。

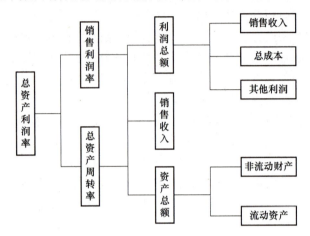

图 3-7　价值树分析示例

3）关键驱动因素分析。通常要进行两方面工作：①进行关键驱动因素的敏感性分析，找出对企业整体价值最有影响的几个财务指标；②将后置的财务价值驱动因素与前置的非财务价值驱动因素连接起来，一般情况下是借助平衡计分卡的思想，通过战略目标分解来建立这种关系。

4）一级、二级 KPI 确定。

战略目标分解法的基本流程如图 3-8 所示。

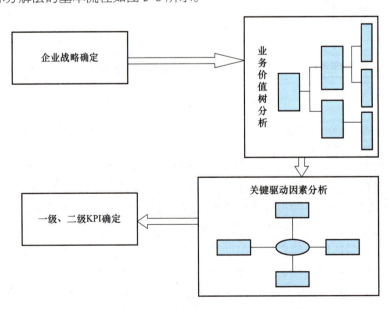

图 3-8　战略目标分解法的基本流程

4. 确定指标权重

权重是一个相对的概念。某个指标的权重是该指标相对于其他指标的重要程度的数字表现。一组指标的权重分配反映了相应岗位的职责及绩效不同侧面的重要程度。指标的权重是企业的"指挥棒"，体现着企业的引导意图和价值观，权重的高低意味着对员工工作活动的期望大小。设置指标权重也是绩效评价的需要，它将直接影响评价的结果。因此，在实际工作中，应合理设置指标的权重，突出重点指标和目标，使多目标结构优化，实现整体最优。确定指标权重的方法主要有经验法和权值因子判断表法。

（1）经验法。经验法是一种主要依据历史数据和专家直观判断确定权重的简单方法。从"硬件"上讲，这种方法需要企业有比较完整的考评记录和相应的结果评价；从"软件"上讲，它是决策者个人根据自己的经验和对各项绩效指标重要程度的认识，或者从引导意图出发，对各项评价指标的权重进行分配，也可以是集体讨论的结果。经验法的缺点是容易造成片面性，数据的信度、效度也不高；但这种方法效率高、成本低，容易为人所接受，适合专家治理型企业。

（2）权值因子判断表法。关于这种方法的详细介绍见第五章第三节的相关内容。由于指标权重是企业评价的"指挥棒"，权重的设计应该突出重点目标，体现出管理者的引导意图和价值观，而且权重的设计还直接影响到考评的结果，因此，应用上述方法初步确定指标权重，还必须经过相关部门的审核和讨论，确保指标权重的分配与企业整体指导原则相符，同时确保指标层层分解下去。

（三）设定考评标准

完成对指标的设置之后，就需要对指标设置考评标准。一般来说，指标是指从哪些方面对工作产出进行衡量或考评，而标准是指在各个指标上应该分别达到什么水平、什么程度；指标解决的是需要考评问题的内容，而标准解决的是被考评者的工作做得怎样或完成多少的问题。

界定绩效指标之后，设定绩效的考评标准就成了一件比较容易的事情。对于量化的指标，标准通常是一个范围。如果被考评者的绩效表现超出标准的上限，则说明被考评者具有超出期望水平的卓越绩效表现；如果被考评者的绩效表现低于标准的下限，则说明被考评者存在着绩效不足的问题，需要进行改进。对于非量化的绩效指标，在设定考评标准时往往从客户的角度出发，需要回答"客户期望被考评者做到什么程度"的问题。表 3-19 列举了一些绩效指标与考评标准示例。

表 3-19　绩效指标与考评标准示例

指 标 类 型	具体绩效指标	考 评 标 准
量化指标	年销售额	年销售额为 20 万 ~ 30 万元
	税前利润百分比	税前利润为 18% ~ 20%
	体现企业形象	使用高质量的材料、恰当的颜色和式样代表和提升企业的形象
非量化指标	性价比	产品的价值超过了价格
	独特性	客户反映与他们见到的同类产品不同
	耐用性	产品的使用时间足够长

（四）审核 KPI

审核 KPI 的目的主要是确认这些 KPI 是否能够全面、客观地反映被考评者的工作绩效，以及是否适于考评操作，从而为适时调整工作产出、绩效指标和具体标准提供所需信息。审核 KPI 应主要从以下几个方面进行：

1. 工作产出是否为最终产品

由于通过 KPI 进行考评主要是对工作结果的考评，因此在设定 KPI 的时候也主要关注与工作目标相关的最终结果。在最终结果可以界定与衡量的情况下，尽量不去追究过程中的过多细节。

2. KPI 是否可以被观察和证明

在设定了 KPI 之后，就要依据这些 KPI 对被考评者的工作表现进行跟踪和考评。所以，这些 KPI 必须是可以被观察和证明的。

3. 多个考评者对同一个绩效指标进行考评，结果能否一致

良好的 KPI 应该具有清晰、明确的行为性考评标准。只有在这样的基准上，不同的考评者对同一个绩效指标进行考评时才能有一致的考评标准，从而取得一致的考评结果。

4. KPI 的总和是否可以解释被考评者 80% 以上的工作目标

KPI 是否能够全面覆盖被考评者工作目标的主要方面，也就是所抽取的关键行为的代表性问题，是人们十分关注的一个问题。因此，在审核 KPI 的时候，需要重新审视一下被考评者主要的工作目标，看看所选的 KPI 是否可以解释被考评者的主要工作目标。

5. 是否从客户的角度来界定 KPI

由于很多 KPI 都是从客户的角度出发来考虑的，把客户满意的标准当作被考评者的工作目标，所以，在设定 KPI 时，需要审视其能否体现出服务客户的意识。

6. 跟踪和监控 KPI 是否可以操作

不仅仅要设定 KPI，还需要考虑如何依据这些 KPI 对被考评者的工作行为进行衡量和考评，因此，必须有一系列可以实施的跟踪和监控 KPI 的操作性方法。如果无法得到与关键绩效指标有关的被考评者的行为表现，那么 KPI 也就失去了意义。

7. 是否留下超越标准的空间

需要注意的是，KPI 规定的是要求被考评者达到工作目标的基本标准，也就是说是一种工作合格的标准。因此，绩效标准应该设置在大多数被考评者通过努力能够达到的范围之内，对于超越这个范围的绩效表现，则可以认定为卓越。

三、制定关键绩效指标的原则

（一）科学性原则

无论利用什么样的定性、定量方法建立关键绩效指标体系，都是对客观现实的抽象和描述，都必须依据一套合理的科学方法来建立指标体系。这些指标体系要能抽象出人员绩效

中最重要、最本质和最有代表性的东西。对客观实际抽象描述得越清楚、越简练，其科学性就越强。

（二）可操作性原则

设计关键绩效指标就是为了将其应用于实践，能反映实际的情况，因此必须保证指标的可操作性。在保证考评结果客观性、全面性的条件下，指标体系要尽可能简化。绩效指标所需的数据应易于采集，指标项目应通俗易懂，容易被执行人理解和接受。要对每一指标都给予明确定义，建立完善的信息收集渠道。

（三）目标导向性原则

衡量绩效的指标一般都比较多，需要对指标进行选择。目标导向性原则是指制定关键绩效指标时，必须依据企业目标、部门目标、岗位目标等来进行。

（四）可控制性原则

被考评者应对绩效指标的达成具有相当的控制能力。要使所设计的指标体系项目均为被考评对象所能控制的因素，而不受其他人的影响。在订立目标及进行绩效考评时，应考虑岗位的任职者能否控制该指标的结果，如果任职者不能控制，则该项指标就不能作为任职者的绩效衡量指标。

在确定关键绩效指标时，许多人习惯使用 SMART 原则。SMART 原则包括以下内容：

1. 具体性原则

具体性（specific）是指绩效指标要切中特定的工作目标，不是笼统的，而应该适度细化，并且随情境变化而有所变化，有明确的实现步骤和措施。

2. 可度量性原则

可度量性（measurable）就是指绩效指标或者是量化的，或者是行为化的，验证这些绩效指标的数据或信息是可以获得的，在成本、时限、质量和数量上有明确的规定。

3. 可接受性或可实现性原则

可接受性或可实现性（accepted/attainable/achievable）是指绩效指标在付出努力的情况下可以实现，要避免设定过高或过低的目标水平。

4. 工作相关性或现实性原则

工作相关性或现实性（relevant/realistic）是指绩效指标是实实在在的，是可以被证明和观察得到的，而并非假设的。

5. 时效性原则

时效性（time-bound）是指在绩效指标中要使用一定的时间单位，即设定完成这些绩效指标的期限。

表 3-20 体现了在确定绩效指标时，应如何运用这些重要的原则，怎样做符合原则，怎样做不符合原则。

表 3-20　确定关键绩效指标的原则

原则	正确做法	错误做法
具体性	切中目标	抽象
	适度细化	未精细化
	随情景变化	复制其他情境中的指标
可度量性	数量化的	主观判断
	行为化的	非行为化描述
	数据或信息可获取	数据和信息无从获取
可实现性	在付出努力的情况下可以实现	过高或过低的目标
	在适度期限内实现	期限过长
现实性	可证明的	假设的
	可观察的	不可观察的
时效性	使用时间单位	不考虑时效性
	关注效率	模糊的时间概念

四、关键绩效指标法的优劣分析

关键绩效指标将结果指标与过程指标有机地结合在一起，能更公正、真实、全面地反映被考评者的工作绩效，并有利于判断被考评者的能力到底如何，优势和劣势在哪里，从而对被考评者提出进一步的改进意见。关键绩效指标体系的建立和测评工作本身，也是统一全体员工朝着企业战略目标努力的过程，也会对各部门管理者的绩效管理工作起到很大的促进作用。关键绩效指标实际上是对企业组织运作过程中关键成功因素的提炼和归纳，是对部门和个人工作目标起导向作用的引导指标体系，对于纯粹的绩效考评来说是一种有效的方法。但是，由于关键绩效指标之间没有明确的内在联系，考评还是过多地定位于部门及其内部个体绩效的结果，而忽视了部门绩效之间的内在逻辑与组织战略实施之间的关系。因此，这种考评还没能跨越其职能障碍，没能在让员工了解并利用其中内在的多重相互关系、发挥员工推动组织战略实施的整体优势、使战略的导向牵引作用贯彻于员工的绩效考评与行为改进方面取得突破。与平衡计分卡相比，关键绩效指标绩效考评的落实层面没有得到战略管理意义的深化。

五、关键绩效指标设计过程中易出现的问题及解决思路

（一）关键绩效指标设计原则误区及解决思路

当进行关键绩效指标设计时，设计者被要求遵循 SMART 原则。一般来讲，关键绩效指标的设计者对 SMART 原则是很熟悉的，但是在实际应用时，却往往容易陷入以下误区：

1. 对具体原则理解偏差带来的指标过分细化问题

具体原则的本意是指绩效考评要切中特定的工作指标，不能笼统，但是不少设计者理解成，若指标不能笼统，就应尽量细化。然而，过分细化的指标可能导致指标不能成为影响企业价值创造的关键驱动因素。例如，某化工原料制造企业在其原来的关键绩效指标考

评体系中，对办公室平日负责办公用品发放的文员也设定了一个考评指标："办公用品发放态度"。相关人员对这一指标的解释是，为了取得员工的理解且便于操作，对每个员工的工作都设定了指标，并对每个指标都进行了细化，力求达到具体可行。而实际上，这个"办公用品发放态度"指标尽管可以用来衡量文员的工作效果，但它对企业的价值创造并非是关键的。因此，将该指标纳入关键绩效指标体系是不合适的。

2. 对可度量原则理解偏差带来的关键指标遗漏问题

可度量原则是指绩效指标是量化或者行为化的，验证这些绩效指标的数据或信息是可以获得的。可度量原则是所有关键绩效指标设计者应注重的一个"灵魂性"原则，因为考评的可行性往往与这个原则的遵循有最直接的关系。然而，可度量并不单纯指可量化，可度量原则并不要求所有的关键绩效指标都必须是量化指标。但是，在关键绩效指标实际设计过程中，一些设计者过分追求量化，尽力使所有的指标都可以被量化。诚然，量化的指标更便于考评和对比，但过分追求指标的量化程度，往往会使一些不可量化的关键指标被遗漏在关键绩效指标体系之外。例如，销售部门的绝大多数指标是可以量化的，因此应尽量采用量化指标；而人力资源部门的某些工作是难以量化的，这时如果仍旧强调指标的可量化性，则会导致该部门的关键绩效指标数量不足，不能反映其工作中的关键绩效。

3. 对可实现性原则理解偏差带来的指标"中庸"问题

可实现性原则是指绩效指标在付出努力的情况下可以被实现，要避免设立过高或过低的目标。由于过高的目标可能导致员工和企业无论怎样努力都无法完成，这样指标就形同虚设，没有任何意义；而过低的目标又起不到激励作用。因此，关键绩效指标的设计者为避免目标设置的两极化，往往趋于"中庸"——通常选择均值作为指标。但是，并非所有"中庸"的目标都是合适的，指标的选择需要与行业的成长性、企业的成长性及产品的生命周期结合起来考虑。例如，某软件公司是一家成长型企业，2020年的销售收入是800万元。在制定2021年的关键绩效指标体系时，对于销售收入这一指标的确定，最初是定在1980万元。咨询公司介入关键绩效指标体系设计后，指出这一目标定得太高，很难实现，会丧失激励作用。而后，该企业又通过市场调查，重新估算了2021年的销售收入，认为销售收入应定在900万～1300万元，并准备将两者的平均数1100万元作为销售收入考评指标。咨询公司在综合各方面因素，尤其是分析了该企业的成长性后提出，1100万元这个看似"中庸"的目标对一家处在成长阶段的企业来说，尽管高于上一年的销售收入，但与通过积极努力可以实现的1300万元相比，激励效果仍显不足。于是，咨询公司建议选择1300万元作为销售收入考评指标。该指标是在该企业现有实力下，员工经过努力，而且是巨大的努力后，是可以实现的。因此，对于可实现原则的正确理解是，指标不仅要可以实现，还必须是经过巨大努力才可以实现的，这样考评指标才可以起到激励作用。

4. 对现实性原则的回避带来的考评偏离目标问题

现实性原则是指绩效指标是实实在在的，是可以被证明和观察得到的。由于考评需要费用，而企业本身却是利益驱动性的，很多企业内部关键绩效指标体系设计者为了迎合企业希望尽量降低成本的想法，对企业内部一些需要支付一定费用的关键绩效指标采取了舍弃的做法，以便减小考评难度、降低考评成本，而他们的理由往往是依据现实性原则，提出指标"不可被观察和证明"。实际上，在很多情况下，因这个借口被舍弃的指标对企业战略的达成是起到关键作用的。甚至因这类指标被舍弃得过多，导致关键绩效指标体系与企业战略目标脱离，它所衡量的岗位的努力方向也将与企业战略目标的实现产生分歧。因此，如果由于企业内部的知识资源和技术水平有限，暂时无法考评这类指标，而这类指标又正是影响企业价值创造的关键驱动因素，那么可以寻求外部帮助，如聘请外部的专家或咨询公司进行关键绩效指标设计，不能因为费用问题影响对关键绩效指标的正确抉择。

5. 对时效性原则理解偏差带来的考评周期过短问题

时效性原则是指注重完成绩效指标的特定期限，指标的完成不能遥遥无期。企业内部设计关键绩效指标时，有时会出现周期过短问题。有些设计者虽然是企业内的中高层管理人员，但是其中的一些人并没有接受过系统的绩效考评培训，对考评的规律性把握不足，对考评认识不够深入。他们往往认为，为了及时了解员工状况及工作动态，考评周期越短越好。这种认识较为偏颇。实践中，不同的指标应该有不同的考评周期，有些指标是可以在短期内收到成效的，可以每季度考评一次；而有些指标是需要长时间才可以看出效果的，则可能需要每年考评一次。但是，在一般情况下，不宜每月考评，因为这会浪费大量的人力和物力，打乱正常的工作计划，使考评成为企业的负担，长此以往，考评制度势必流于形式。

（二）KPI 设计缺陷及解决思路

很多企业建立 KPI 之后无法达到预期的目的，这往往是 KPI 设计存在缺陷造成的。常见的缺陷有以下几个方面：

1. KPI 与 KRA 混淆

很多企业在进行 KPI 设计时，常将 KPI 与 KRA 混淆。KRA（关键成果领域）是英文 "key result area" 的缩写，也可以称为关键职责，有目标的性质。KRA 与 KPI 是相互联系的，每一个 KPI 都要有相应的 KRA。例如，某公司销售经理有一项 KRA 是 "完成全年销售计划"，那么与之对应的 KPI 就是 "全年销售收入"。实际上，KPI 是关键绩效指标，不是目标，但可以借此确定目标。KPI 是反映一个部门或员工关键绩效贡献的评价指标，即衡量绩效贡献的多少，是衡量目标实现的程度。一旦各部门或岗位的 KRA 明确后，每个人的工作重点也就清楚了，相应的工作重点，即阶段性关键的绩效贡献也就能够明确，这可以避免一些对实现目标没有意义的无效工作。

2. KPI 数量过多或过少

有些设计者认为，KPI 越多越好、越详细越好，便于全面考评；但也有些设计者认为，KPI 少一些，才能突出工作重点。并不是所有指标都可以成为 KPI，只有那些对企业战略目标的实现起推动作用的，才可以成为企业的 KPI。一般说来，KPI 数量控制在 7 个左右为宜。因为过多的指标无法突出关键所在，也增加了考评的难度；而过少的指标会使每个指标的权重过大，使人过分专注于一两个关键指标，而忽略了其他应办事宜。

3. KPI 非量化

KPI 非量化与之前所述的可度量性原则误区并不矛盾。可度量性原则误区侧重于不可以偏激地追求指标的全面量化程度，而这里强调的是在定量指标和定性指标都可以使用的情况下，应尽量使用定量指标。

现实中，很多企业设置的 KPI 为 "人员配置合理程度""日常工作的表现" 等，而且很多相关指导书籍中也经常使用这样的指标。当然，定性指标并非不可采用，在一些情况下，工作很难量化，使用定性指标是可以的。但是，这样的定性指标一定要具有可操作性，并且要有可供实际测量的软指标量表。事实上，非量化的绩效指标在实际操作中是很难考评的，而且这样的 KPI 会大大增加考评者的主观因素。例如，"日常工作表现"如果是部门经理负责考评下属员工的指标，在没有其他辅助工具的情况下，很可能出现经理按照关系亲疏远近打分的情况，这样则丧失了考评的公平、公正。

因此，在 KPI 设计中，如果可以使用定量指标，则应尽量使用定量指标，一方面减少定性指标的工作量，另一方面也可减少定性指标的主观性。

4. KPI 重复提取

有些企业的 KPI 中包含"出勤率"或"迟到率"这样的指标，应该说这种指标是不合理的。首先，很多企业的"出勤率"直接与工资挂钩，少去一天就扣一天的工资（带薪假期除外）。如果在 KPI 体系中还要设定这样一个指标，则是重复提取。类似地，某些工作内容如果已经直接与奖惩制度挂钩，则不应再记入 KPI 体系。其次，KPI 是绩效指标，而不是能力或态度指标。KPI 关注的只是绩效方面，在很多情况下，"出勤率"与绩效之间并不具有正相关关系。

5. KPI 信息来源不明确或来源成本过高

有些 KPI 符合了可量化、可操作性的标准之后，却依然无法达到考评的效果，主要原因是指标信息来源不明确或获取成本过高，后一种情况尤为突出。例如，"市场占有率"这一指标，从表面上看，完全可以量化，在现实中，很多销售人员的 KPI 中都有这一指标。但仔细分析一下，确定这个指标需要的外部支持非常大，最主要的就是进行市场调查，如调查市场有多大、这一产品销售额有多少。可能对于某些大企业来说，这是可以做到的，它们拥有自己的市场调查机构；然而，对于绝大多数的企业来说，这种调查工作需要依赖于外部的调查机构，这将大大增加考评的成本。所以，有些企业对这个调查过程会偷工减料，致使考评无法达到预期目的。一些看起来很"完美"的指标，恰恰由于没有明确的信息来源或获取成本过高，导致失去预期效用，使考评流于形式。因此，在设计 KPI 体系的时候，要特别留意那些看似"完美"的指标，如果这些指标没有明确的信息来源或获取成本过高，则不要使用。

（三）KPI 应用缺陷及解决思路

即使在 KPI 设计合理的情况下，绩效考评有时也难以完全发挥效用，主要是由于 KPI 在实际应用中存在以下缺陷：

1. KPI 设定固化

通常，KPI 设定之后，应该具有一定的稳定性，不应轻易更改，否则，整个 KPI 体系的操作将失去其系统的连续性和可比较性。正常情况下，一套合理的 KPI 设定之后，应适用于整个经营周期。但是，这并不意味着 KPI 设定之后就具有了刚性、不能改变。实际上，企业阶段性目标或工作中的重点不同，相应各个部门的目标也随之发生变化，在阶段性绩效的衡量上重点也不同，因此，KPI 存在阶段性、可变性或权重的可变性。如果 KPI 与企业战略目标脱离，则它所衡量的岗位的努力方向也将与企业战略目标的实现产生分歧。KPI 与实际工作不对应是绩效考评流于形式的一个重要因素。

2. 应用 KPI 考评之后，缺乏必要的沟通过程

在企业里，很多基层员工对绩效考评怀有莫名的惧怕和抵触情绪，觉得绩效考评就是"管制""束缚""惩罚"的代名词；而某些中高层人员只把绩效考评与"工资待遇"等同起来，或者使考评流于形式，单纯为考评而考评。这种情况的出现与 KPI 设置的初衷相悖。绩效考评是一种激励手段，是为了发现工作中的不足并予以弥补，以促进绩效改进和提高。为改变这种状况，就要求沟通在先。高层管理者要做的是，在工作过程中与下属不断沟通，辅导与帮助下属，记录员工的工作数据或事实依据，以保证目标达成的一致性。这比考评本身更重要。简而言之，就是要在考评之后，让被考评者清楚地知道，在上一个考评期间内，他的工作在哪些方面存在不足，以及下一个阶段应该如何改进。另外，考评结果不能被束之高阁，更不能成为恐吓员工、刺激中层的工具。在许多有关绩效考评的书籍中也或多或少地提出了一些与 KPI 相关的注意问题，但是，在实践中这些问题仍反复出现，这说明对 KPI 的本质与特点的理解和把握需要一个过程，正确而有效地进行 KPI 实务需要经过对经验、教训的认真总结与思考。举例说明如表 3-21 所示。

表 3-21　FYDL 电力公司客户服务中心的 KPI

考评指标	指标说明	信息来源	考评频次
客户满意度	客户对客户服务工作的实际感受与其期望值比较的程度，由企管科组织考评，具体方法由企管科统一设计、统计问卷，由客户服务中心发放、回收	客户服务中心	月度
事故报修派工单下发及时率	（1－超期下发数/应下发总数）×100%	客户服务中心	月度
停电预告信息发布及时率	（1－未及时发布数/应发布总数）×100%	客户服务中心	月度
台账、报表差错数	查出的有误的台账（台账是指主要由该岗位员工负责统计的报修宗数等数据）、报表数据的数量	客户服务中心	月度
客户资料归档率	（实际归档的文件个数/应归档的文件个数）×100%	客户服务中心	月度
客户投诉及时反馈率	（1－超时未反馈数/客户投诉数）×100%，主要考评相关岗位人员对客户投诉的跟进反馈	客户服务中心	月度
客户问题办结回复率	（1－超期办结数/应办结数）×100%，客户问题是指故障报修、业务咨询等问题，客户投诉不计入在内	客户服务中心	月度
95598 接通率	95598 电话的接通次数	客户服务中心	月度

（资料来源：上海慧圣咨询公司数据库。）

第四节　平衡计分卡

一、平衡计分卡的优势

相较其他几种新兴的绩效考评方法，平衡计分卡具有独特的优势——平衡观和战略观。

它不仅是作为一种企业的绩效考评体系,更为重要的是作为企业的战略管理系统而存在。

(一)平衡计分卡的平衡观

平衡计分卡的平衡观体现在以下几个方面:①它平衡了外部衡量指标(股东与客户)和内部衡量指标(内部运营、技术、学习、创新与成长等);②它平衡了成果衡量指标(如利润、市场占有率)和动因衡量指标(如新产品开发投资、员工训练、信息和设备更新等);③它平衡了客观衡量指标(如利润、员工流动率、顾客抱怨次数)和主观衡量指标(如客户满意度、员工忠诚度等);④它平衡了企业横向(各功能部分)和纵向(各级管理层)的关系,使它们都能作为一个整体来行动;⑤它平衡了有形资产衡量指标(如利润、资产收益率)和无形资产衡量指标(如客户满意度、员工忠诚度等);⑥它平衡了短期衡量指标(如利润)和长期平衡指标(如研发费用、员工培训费用等),保持了战略、行为和度量的一致性。

平衡计分卡通过在观念、组织、管理等方面平衡机制的建立,能有效防范失衡现象的发生。

(1)多元思维。认识的深度与广度取决于认识对象的范围。因而,如果把思维限制在某一类范围之内,对企业发展规律的认识和把握就狭小、有限。没有正确的认识,就没有正确的衡量,也就没有正确的管理和战略。平衡计分卡多方面平衡的贡献在于,它引导各类经理人员超越了内部目标、短期目标,提高了新经济时代下对企业发展规律认识的广度和深度,为企业组织创新、制度创新、管理创新奠定了基础,进而使企业的整体效率显著提高。同时,平衡计分卡也引导投资人在对企业价值的认识上,不局限于审视历史财务数据所体现的历史财务结果,而更多地关注影响企业未来发展的动力、活力和竞争力等其他重要因素。

(2)多元有机协调。影响企业发展的要素很多,平衡计分卡不是将这些要素简单地罗列在一起,而是有机地挑选、整合,否则,就仍然会出现信息冗余的典型现象。平衡计分卡可以使管理者将注意力集中于少数几个关键指标。经典的平衡计分卡有四个组成部分,每部分有5~6个关键指标,总体一般控制在20个左右。这些指标是经过精心设计的,有助于实现企业的战略目标,且各目标和测评指标之间存在内在的逻辑关系,从而有效防止企业机能失调行为发生。

(3)多利益群体兼顾。当今社会越来越多的利益团体要求企业对众多的、经常存在相互冲突的委托责任负责。这些利益团体包括员工、客户、政府、媒体等。企业既然作为资产的受托人对诸多方面负有受托责任,就有必要提供多方面的信息以说明其工作绩效,解除其受托责任。利润是衡量企业成功与否的重要尺度,但不是唯一的尺度,其他方面的尺度还有战略目标的完成情况和管理能力的高低,包括市场占有率、劳动生产率、产品先进性、人力资源开发情况、对社会问题的积极程度以及对社区的影响等。平衡计分卡则迎合了这一需要。

(4)多角度评价与激励。建立在平衡计分卡基础上的激励制度,较之基于传统的财务指标体系的激励机制更加全面、客观、公允。对被考评者的客观、公正评价会激励其更加努力工作,也会提高其对企业资源配置的整体效率。

(二)平衡计分卡的战略观

传统的评价体系包括作业和管理控制系统,都是由成本和财务模式驱动的,是围绕财务评价和财务目标建立起来的,与企业实现长期战略目标关系不大。由于它过分强调短期财务评价,从而在战略的设计和实施之间留下缺口,造成战略制定和战略实施严重脱节。一些调查表明，用来制定和评价战略的信息大部分都是拙劣的或平庸的，数据的大部分内容不能突出关键问题。提供给高级管理人员的业务视野也很狭窄，使主管人员过于关注经营，而不关注战略和发展方向。结果导致企业在与竞争对手的竞争中行动迟缓、举步维艰而难以取胜。如果说这种缺口和脱节在工业化时代还算不上致命的话，信息时代则是不能容忍这种缺陷的存在和维持的。20 世纪 80 年代以来，激烈的国际竞争和全球化的经营战略使得企业的管理者迫切认识到：必须重组与战略实施密切相关的决策过程、管理结构、绩效评估和激励政策，并努力获取现在及未来与战略目标息息相关的信息。平衡计分卡成功地揭示并弥补了传统经营绩效考评系统的严重缺陷，紧紧围绕企业的战略目标，并将企业的长期战略和短期行动联系起来。平衡计分卡通过把企业的战略、任务和决策转化为具体的、全面的、可操作的目标和指标，而变成激励、传播、沟通、团结和学习的多功能的战略管理系统。卡普兰教授和诺顿教授曾多次强调了平衡计分卡的战略观。其中，具有代表性的是他们发表在《哈佛商业评论》上的文章《把平衡计分卡作为战略管理体系的基石》，全面阐述了平衡计分卡的战略观。多年实践证明了战略观是平衡计分卡的成功和优势的核心之一。可以说，战略观进一步提升了平衡计分卡的价值。

平衡计分卡的战略观具体体现在远景目标战略化、战略目标具体化、战略实施团队化以及增强战略反馈和学习等方面。

1. 远景目标战略化

平衡计分卡立足于企业的战略，制定企业的远景及可实现的战略。在当今的竞争环境中，诸如质量、市场占有率、及时供货、创新、客户满意、高质量的员工队伍、生命周期等要素已被视为影响企业竞争力的重要战略要素。平衡计分卡的四类目标及具体评估指标体系中吸纳了上述重要的战略要素。例如，美国一家公司的远景目标是"作为客户欢迎的供货商，我们应该成为行业的领导者，这是我们的使命"，并由此构架出公司的战略目标。该战略的五个要素是：超出需要的服务；高水平的客户满意度；安全、设备可靠性、灵敏性和成本效率的持续改进；高素质员工；实现股东预期。

2. 战略目标具体化

平衡计分卡将战略目标转化为详细的、可操作的具体目标和行动。例如，为了确定财务目标，必须考虑究竟是注重收入、市场扩张和盈利能力，还是注重现金流动的生成。从客户角度来说，必须明确在哪些客户群体和市场部分中竞争。如果战略目标为选定的"最受客户欢迎的供应商"，则应向客户提供出色的服务，那么什么是出色的服务和谁是选定的客户，就要予以明确。有时，平衡计分卡还将企业战略规划与年度预算编制过程相结合，从数量上予以估计和反映。

3. 战略实施团队化

平衡计分卡实施的效果和水平的提高不能仅仅依靠几个决策人员，而必须调动全体员工的生产和管理积极性。要保证全员参与，则要注重对战略目标和评价方法在各个层次上的传播与沟通，使上至总经理下至每一位员工，都十分明确战略、平衡计分卡和自己日常工作三者之间的密切关系，清楚自己在企业战略中的作用与贡献，从而保证战略理解和战略实施的一致性和彻底性，进而有效地推动实现企业目前及长远的经营目标。

4. 增强战略反馈和学习

面对信息时代的快速变革和高度不确定性的特征，卡普兰和诺顿积极倡导增强平衡计分卡实施过程中的战略反馈和学习。它要求及时获取反馈结果，包括已计划好的战略是否被严格贯彻执行，以及该战略是否仍是可行的战略、成功的战略。前者是单循环的反馈与学习，后者则是结合了既定计划所依据的假设条件及客观环境发生的变化所进行的反馈与学习。这一动态的、双循环的反馈与学习系统进一步增强了平衡计分卡的战略性，使企业能及时追踪、把握不断变化的新环境下的新机遇，同时摆脱、规避新环境下的新威胁和风险，不断提高企业在激烈竞争环境下的适应能力和竞争能力。

二、平衡计分卡的特点

平衡计分卡反映了财务与非财务衡量方法之间的平衡、长期目标与短期目标之间的平衡、外部与内部的平衡、结果与过程的平衡、管理绩效与经营绩效的平衡等多个方面，所以能反映组织综合经营状况，使绩效考评趋于平衡和完善，利于组织长期发展。

正因如此，平衡计分卡考评方法突破了传统的以财务作为唯一指标的衡量工具，实现了多个方面的平衡。平衡计分卡与传统考评体系比较，具有以下特点：

1. 平衡计分卡为企业战略管理提供强有力的支持

随着全球经济一体化进程的加快、市场竞争的不断加剧，战略管理对企业持续发展越来越重要。平衡计分卡的评价内容与相关指标和企业战略目标紧密相连，企业战略的实施可以通过对平衡计分卡的全面管理来完成。

2. 平衡计分卡可以提高企业整体管理效率

平衡计分卡所涉及的四项内容都是企业成功的关键要素，通过平衡计分卡所提供的管理报告，将看似不相关的要素有机地结合在一起，可以大大节约企业管理者的时间，提高企业管理的整体效率，为企业未来成功发展奠定坚实的基础。

3. 注重团队合作，防止企业管理机能失调

团队精神是一个企业文化的集中表现，平衡计分卡通过对企业各要素的组合，让管理者能同时考虑企业各职能部门在企业整体中的不同作用与功能，使他们认识到某一领域的工作改进可能是以其他领域的退步为代价换来的，促使企业管理部门考虑决策时从企业整体出发，慎重选择可行方案。

4. 平衡计分卡可增强企业的激励作用，提高员工的参与意识

传统的绩效考评体系强调管理者希望（或要求）下属采取什么行动，然后通过评价来证实下属是否采取了行动以及行动的结果如何，整个控制系统强调的是对行为结果的控制与考核。而平衡计分卡则强调目标管理，鼓励下属创造性地而非被动地达成目标，这一管理系统强调的是激励动力。因为一方面，在具体管理问题上，企业高层管理者并不一定比中下层管理人员更了解情况，所做出的决策也不一定比下属更明智，所以由企业高层管理人员规定下属的行为方式是不恰当的；另一方面，目前企业绩效考评体系大多是由财务专业人士设计并监督实施的，但是，由于专业领域的差别，财务专业人士并不清楚企业经营管理、技术创新等方面的关键问题，因而无法对企业整体经营绩效进行科学、合理的计量与评价。

5. 平衡计分卡可以减少信息负担

在当今信息时代，企业很少会因为信息过少而苦恼，随着全员管理的引进，当企业员工或顾问向企业提出建议时，新的信息指标总是不断增加，这会导致企业高层决策者处理信息的负担大大加重。而平衡计分卡可以使企业管理者仅仅关注少数非常关键的相关指标，在保证满足企业管理需要的同时，尽量减少信息负担。

三、平衡计分卡的主要内容

在工业时代，为促进和监督企业的财务资本和实物资本的有效分配，许多大企业建立了财务控制系统，使用的主要是单一财务指标，如经营利润、资本报酬率、资产收益率、资产负债率、流动比率、速动比率以及每股盈余等，这些指标在评价经营部门绩效和为管理者提供决策方面曾发挥了重要作用。但随着信息时代的到来，企业竞争日益激烈，若企业仅仅提高生产效率和内部管理水平，不可能获得持续的竞争优势，还要考虑诸如企业市场份额、同行企业的竞争能力、客户保持、客户满意度、企业的经营和创新能力以及员工满意度等因素，单一的财务指标体系已不能满足企业绩效考评的要求，因此，一套新的、科学的企业绩效考评体系——平衡计分卡应运而生。

所谓平衡计分卡，就是从财务、客户、内部业务流程、学习与成长四个维度（见图 3-9），将组织的战略落实为可操作的衡量指标和目标值的一种新型的绩效管理系统。当然，平衡计分卡也可以分为三个维度或五个维度等，一般是四个维度。设计平衡计分卡的目的就是要建立"实现战略制导"的绩效管理系统，从而保证企业战略得到有效的执行。平衡计分卡是加强企业战略执行力的最有效的战略管理工具。

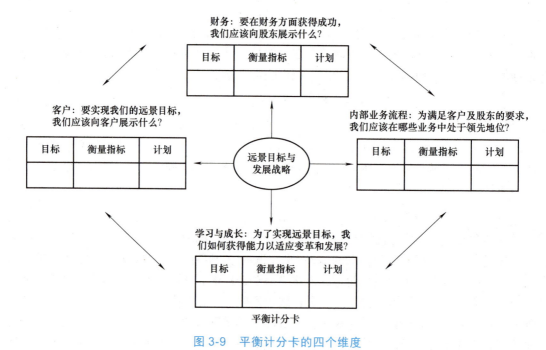

图 3-9　平衡计分卡的四个维度

从图 3-9 可以看出，经典的平衡计分卡既包含财务指标，又涉及客户、内部业务流程及学习与成长三个维度的业务指标，这三个维度的业务指标是未来财务绩效的驱动器。在平衡计分卡的实施过程中，通过将战略进行转换、沟通与教育，建立个人计分卡、实施战略、战略反馈与学习等过程，可以有效地进行绩效管理，将绩效管理与战略实施结合在一起。

（一）财务维度

企业财务类绩效指标能综合反映企业绩效，可以直接体现股东的利益，因此一直被广泛地应用于对企业绩效的控制和评价，并在平衡计分卡中予以保留。常用的财务类绩效指标主要包括净资产收益率、总资产周转率、资产负债率、营业收入增长率、现金流量和经济增加值等。

（二）客户维度

随着买方市场的形成，以客户满意为中心已成为大多数企业最基本、最重要的经营理念之一。平衡计分卡要求管理者把自己为客户服务的承诺转化为具体的测评指标，这些指标应能反映真正与客户有关的各种因素。一般来说，客户方面的测评指标主要包括客户获取度、客户满意度、客户保持度、客户忠诚度、客户盈利能力以及市场份额等。但是，这些评估手段仅从表面上反映了企业客户方面的绩效，为了企业的长远发展，还必须从整个业务流程中树立真正体现为客户创造价值的理念，即从产品的市场定位、产品的设计、产品的生产、产品的销售及服务等各个方面着手，从时间、质量和价格等多方面满足客户的要求，从根本上吸引、保持客户，维持一定的客户群，提高企业的市场竞争能力。

（三）内部业务流程维度

企业财务绩效的实现、客户各种需求的满足以及股东价值的追求，都需要靠其内部良好的经营来支撑。一般而言，企业的内部业务流程包括创新、经营和售后服务三方面。平衡计分卡中用来衡量创新能力的指标主要有新产品开发时间、新产品销售收入占总收入的比例、损益平衡时间、成果转化能力等；衡量经营能力的指标主要有时间、成本和质量；衡量售后服务能力的指标主要有产品退货率、产品维修天数、售后服务一次成功的比例、客户付款时间等。

（四）学习与成长维度

企业员工的学习与成长可视为前三个维度的"推进器"及"培育器"。一般来说，企业的学习和成长主要体现在人力资本、信息系统和组织资本三个方面的资源上。反映人力资本方面的指标主要有员工的满意程度、稳定性、创新性等；反映信息系统的指标有信息系统、数据库和网络设施能力等；反映组织资本的指标有企业文化、领导力等。这些将在后文展开具体介绍。

一套完整的平衡计分卡体系的内容包括：①企业战略地图；②企业层面平衡计分卡、企业领导绩效计划；③部门层面平衡计分卡、部门领导绩效计划；④企业绩效指标库；⑤绩效管理流程，包括绩效计划编制流程、绩效计划调整流程、KPI信息收集流程、绩效考评流程、考评申诉流程；⑥绩效管理制度；⑦绩效管理流程表单，包括绩效计划调整申请单、KPI指标收集表、KPI指标汇总表、KPI指标提供表、述职报告、考评申诉单等。

四、平衡计分卡的实施步骤

平衡计分卡的实施步骤主要可分为：制定企业的远景目标与发展战略；把组织经营战略

转化为一系列的衡量指标；将战略与企业、部门、个人的短期目标挂钩；战略的具体实施、反馈和中期调整、修正；建立健全的考评体系，根据平衡计分卡的完成情况进行奖惩。

（一）制定企业的远景目标与发展战略

平衡计分卡贯穿于企业战略管理的全过程。由于应用平衡计分卡时，把组织经营战略转化为一系列的目标和衡量指标，因此平衡计分卡对企业战略有较高的要求，企业应在符合和保证实现企业使命的条件下，在充分利用环境中存在的各种机会和创造机会的基础上，确定企业与环境的关系，规定企业的经营范围、成长方向和竞争对策，合理地调整企业结构和分配企业的全部资源，从而使企业获得竞争优势，制定出适合本企业成长与发展的远景目标与发展战略。企业战略要力求满足适合性、可衡量性、合意性、易懂性、激励性和灵活性的要求。

企业所处生命周期阶段的不同导致其战略有很大差异，所以制定企业的发展战略应注意企业所处的发展阶段，不同的发展阶段有不同的企业发展战略。通常，成长期企业的战略主要是通过开发产品或服务来赢得市场和客户，构建起企业发展所需的各方面，以期获得长期回报；维护期企业的战略主要是提高生产能力，保持或提升市场份额，获得丰厚的利润；成熟期企业的战略主要是收获前两个阶段中投资所产生的利润。

平衡计分卡还能使管理层对战略进行重新审视和修改，为管理层提供了就经营战略进行具体交流的机会。同时，因为战略制定和战略实施是一个交互式过程，在运用平衡计分卡评价组织经营绩效之后，管理者了解了战略执行情况，可对战略进行检验和调整。

（二）把组织经营战略转化为一系列的衡量指标

平衡计分卡是一个战略实施机制，它把组织战略和一整套衡量指标相联系，弥补了制定战略和实施战略之间的差距，能使企业战略被有效地实施。为了使企业战略有效实施，可逐步把组织战略转化为财务、客户、内部业务流程、学习与成长四个方面的衡量指标。

1. 为重要的财务绩效变量设置衡量指标

财务类绩效指标的设置是平衡计分卡指标设置的第一步，它一般位于平衡计分卡的最上端，因此也是非常重要的一步，往往会对其他维度指标的设置产生重大影响。由于平衡计分卡的各项指标来自企业的战略转换，所以在设置财务类绩效指标时，应结合企业战略重点认真思考，使设定的财务类绩效指标与企业的财务战略目标保持一致。

在设置财务类绩效指标时，对处于不同生命周期的企业，可以尝试从盈利/收入、成本与生产力/效率、资产使用状况三个维度进行考虑。盈利/收入是指增加产品与服务的提供、获得新客户或市场、调整产品与服务的结构以实现增值，以及重新确定产品与服务的价格；成本与生产力/效率是指降低产品与服务的所有相关成本；资产使用状况是要关注企业的运营资本水平，通过新业务来利用空闲资源的生产能力，提高资源的使用效率及清除盈利不足的资产等。应当注意的是，企业处于不同的生命周期，财务类绩效目标在上述三个维度的关注点是不一样的，推导出的具体指标也应有较大差异。例如，处于高速成长期的企业在盈利/收入方面关注的是销售收入的增长，而处于成熟期的企业关注的则是不同产品线的盈利情况。卡普兰与诺顿给出的企业在不同生命周期对财务绩效的主要要求如表 3-22 所示。

表 3-22 企业在不同生命周期对财务绩效的主要要求

财务类绩效指标 生命周期		战略目标对财务绩效的主要要求		
		盈利／收入	成本与生产力／效率	资产利用状况
企业的 生命周期	成长期	（1）销售增长率 （2）新品收入占总收入的比重 （3）新增客户收入占总收入的比重	（1）单位员工平均营运收入 （2）成本费用额控制	（1）投资收入率 （2）研发投资（占销售收入的比重）
	成熟期	（1）目标客户市场份额 （2）产品线盈利 （3）新服务收入占总收入的比重	（1）成本占竞争对手成本的比重 （2）成本下降比率 （3）非直接成本（如销售费用等）	（1）流动资金比率 （2）资本支出回报率 （3）资产利用率
	衰退期	（1）不同产品线盈利率 （2）不同客户盈利率 （3）无盈利客户的比重	单位成本降低	（1）资产负债率 （2）投资金额

2. 为重要的客户绩效变量设置衡量指标

从客户角度的平衡计分卡来看，管理者必须定义企业希望加入竞争的目标市场。目标市场包括现有和潜在的客户。然后，管理者设计一些衡量指标来追踪企业在目标市场上创造客户满意度和忠诚度的能力。客户观点通常包括一些与客户忠诚度相关的核心或普通的衡量指标。这些输出指标包括客户满意度、客户印象、新客户需求、客户盈利能力和在目标市场上的份额等。尽管这些客户衡量指标对各种企业来说都很普遍，但企业对这些指标可以进行个性化的选择，使其适合企业盈利最多、增长最快的目标客户群。例如，客户满意度、客户印象、客户忠诚度和市场份额只适用于那些希望成为产品或服务市场上重要提供者的企业。

一般在设定客户类指标时应考虑的两个维度是客户核心成果度量和客户价值主张。客户核心成果度量是指对企业在客户、市场方面要获得的最终成果。它包括很多企业都希望采用的五个方面：市场占有率、老客户保有率、新客户增加率、客户满意度及客户利润率。这五个方面有着内在的因果逻辑关系：客户满意度支持着老客户保有率、新客户增加率和客户利润率，而老客户保有率和新客户增加率则支持着市场占有率，如图 3-10 所示。

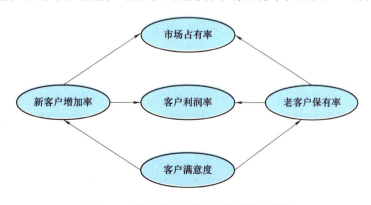

图 3-10 客户核心成果度量因果关系链

而客户价值主张则代表企业通过产品和服务所提供给客户的属性，是核心客户成果量度的驱动因素和领先指标。因为只有关注了客户的真正需求、价值主张，企业才能获得客户方面的良好成果。这个指标设置的目的是创造目标市场中的客户忠诚度和满意度。客户价值主张的目标与指标主要要求关注企业产品和服务的价格、属性、客户关系、形象和声誉等，不同行业、不同客户群体对上述要素的关注点是不同的。卡普兰与诺顿曾总结出一个通用的模式：产品与服务特征、客户关系、形象及声誉。产品与服务的特征反映的是产品与服务的属性，包括产品与服务的质量、价格与性能等多方面；客户关系要求企业提高交货速度与售后服务质量，其中包括对客户需求的反应时间、交货时间及察觉客户购买产品的感觉三个方面；而形象及声誉则是吸引客户购买企业产品的两个抽象因素，它除了取决于前面两个要素外，还与企业在品牌和形象方面的建设有关。

3. 为重要的内部业务流程绩效变量设置衡量指标

从内部业务流程的角度来看，管理者必须建立企业在实施其战略时所有重要的内部业务流程。内部业务流程代表了使企业能够完成下列任务的处理过程：交付能够吸引和保持目标市场上客户的价值变量；满足股东财务回报的需求。因此，内部业务流程指标应该关注对客户满意度和完成企业财务目标有重大影响的流程。

每个企业都有一套独特的客户创造价值和产生超额财务回报的流程。内部价值链模型提供了一个便利的模型帮助企业制定其目标与内部业务流程的衡量手段。一般的企业价值链包含运营流程、客户管理流程、创新流程、社会与法规流程四个主要的业务流程（见图3-11）。

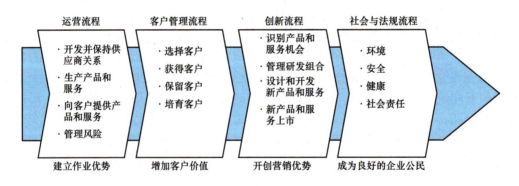

图3-11 一般的企业价值链

（1）运营流程。运营流程是从企业接受订单开始，直至向客户发售产品或提供服务为止的整个活动过程。它包括接受订单、采购、生产加工、交货等活动。这些流程强调效率、连贯、及时性。可以从质量、数量、时间、成本等方面制定相关的衡量指标，如处理过程中的缺陷率、产出比率（产出的产品与投入的原材料之比）、安排产品批量、原材料整理时间或批量生产准备时间、存货率、订单发送准确率等指标（见表3-23）。

（2）客户管理流程。客户管理流程是指企业如何选择客户、获得客户、保留客户、培育客户而进行的有效活动。客户管理流程的核心内容主要包括三个方面：如何选择客户、如何获得客户、如何保留客户，涉及的指标有战略客户数量、非盈利客户百分比等（见表3-24）。

表 3-23 运营流程指标示例

运营管理流程中的核心内容之一：开发并保持供应商关系

流 程 目 标	可能涉及的指标
降低获得成本	获得材料和服务的作业成本、采购成本占采购总价的百分比、电子化采购的百分比等
获得适时交付的供应能力	交货及时率、订单迟到率、供应商直接将订货送到生产流程的百分比等
开发高质量供应商的能力	送货免检的供应商百分比、到达订货中每百万件的次品数或次品率等
运用来自供应商的新理念	来自供应商的创新数量
建立供应商伙伴关系	直接向客户提供服务的供应商数量
外包成熟的、非核心的产品和服务	外包关系数量、外包伙伴的标杆绩效

表 3-24 客户管理流程指标示例

客户管理流程中的核心内容之一：客户选择

流 程 目 标	可能涉及的指标
了解细分客户	细分客户的盈利贡献
筛选非盈利客户	非盈利客户百分比
瞄准高价值客户	战略客户数量
管理品牌	关于品牌认知和偏好的客户调查
说明：避免陷入试图成为所有可能客户的最佳供应商的陷阱！	

（3）创新流程。创新流程是指企业通过市场调查了解客户目前与未来的需要，决定是否设计和开发新的产品（或进行产品改良）的过程。管理者对市场的调研主要是定义市场的容量、客户偏好的特点、目标市场的价格敏感度。该流程涉及的指标有企业在市场上领先的新产品数量、新产品的销售程度等（见表 3-25）。

表 3-25 创新流程指标示例

创新流程中的核心内容之一：新产品上市

流 程 目 标	可能涉及的指标
新产品快速上市	从试产到全面实现产能的时间、再设计循环数量、新产品上市数量
新产品有效生产	新产品的制造成本、消费者对新产品的满意度、新产品制造流程产量等
新产品的有效营销、分销和销售额	新产品的六个月销售收入、新产品脱销或毁约次数

（4）社会与法规流程。社会与法规流程越来越受跨国公司和国内大型企业重视。企业为了持续获得在其生产和销售的国家和地区进行经营的权利，必须遵守所在国家和地区为企业经营活动设定的有关环境、员工健康和福利、雇用和招聘活动的标准。一般来讲，社会与法规流程主要涉及四个方面（见表 3-26）。

表 3-26　社会与法规流程涉及的四个方面

社会与法规流程涉及的四个方面	流 程 目 标
环境	能源和资源消耗、污水和废气排放、固体废物处理、产品环境影响
安全和健康	减少安全生产事故、职业劳动安全、劳动保护等
雇用和招聘	对象的多样性、招聘失业者
社会责任	社区计划、联合非营利组织

平衡计分卡评估企业内部业务流程与传统的衡量指标有很大差异。传统的方法希望监控和改善现有的业务流程。这些方法不仅包括财务类指标，还有一些质量和时间尺度，但它们主要还是集中于现有流程的改进。相反地，平衡计分卡可以建立全新的流程使企业能够满足客户与股东的需求。例如，通过平衡计分卡的一部分，企业可以实现开发一个新的流程来预测客户需求，可提供新的客户服务。平衡计分卡的差异还表现在它将创新流程融合到内部业务流程中。创新流程对大部分企业来说，是一个强大的未来利润"驱动器"。平衡计分卡的内部业务流程可以将创新流程和运营流程的目标与衡量方法结合起来。

4. 为重要的学习与成长变量设置衡量指标

企业的学习与成长过程包括人力资本、信息资本和组织资本三个部分。

（1）人力资本。只有充分发挥员工的积极性和创新能力才能使企业立于不败之地。使用的指标包括：

1）员工的满意程度。员工满意是提高生产率、提高市场占有率的前提条件。评价方法可采用年度调查或滚动调查的方法。调查项目可分为决策参与程度、工作认可程度、创造性的鼓励程度、充分发挥才能的程度以及对企业总体满意程度等。该指标应结合员工的稳定性和创新性考虑。

2）员工的稳定性。员工的稳定性以保持员工长期被雇用为目标。因为企业在员工身上进行了长期投资，员工辞职则是企业在人力资本投资上的损失，尤其是掌握了企业核心技术的高级雇员。该指标通过主要的人事变动百分比计量，尤其是高级雇员的人事变动，是考评的重要指标之一。

3）员工的创新性。员工的创新性反映企业的发展潜力，可用员工每年申请的专利或研制出的非专利技术数计量，也可用员工获得的奖金额计量。例如，部分企业员工每年的创新奖金超过了他们的年工资，这充分鼓励了员工的创新性。

（2）信息资本。信息资本方面涉及的指标有信息系统、数据库和网络基础设施能力等。信息系统的生产能力可以通过及时准确地把关键客户和内部经营的信息传递给制定决策和工作的一线员工所用的时间来计量。

（3）组织资本。组织资本是企业执行战略所需要的发动并持续变革流程的组织能力，是用来检查员工激励与全面的企业成功因素及内部经营效率的情况。组织资本一般包括文化、领导力、协调、团队精神等几个方面。在平衡计分卡中，组织资本的衡量指标中所指的文化是执行战略所需要的使命、愿景和价值观的意识和内在化；领导力的衡量指标是指调动企业朝着战略发展的各级高素质领导的可获得性；协调方面的衡量指标是指组织各级的战略与目标、激励协调一致；团队精神涉及的指标是指知识、员工资产与战略潜力的共享。

依据上述步骤，把组织经营战略转化为一系列的衡量指标，可以建立一个绩效衡量指标体系，如图 3-12 所示。在对绩效指标的把握上应注意以下几个方面：贵精而不在多；贵敏感而不迟钝，能被有效量化；贵明确而不模糊；贵关键而不空泛，要抓住关键绩效指标。同样，在设置平衡计分卡的衡量指标时也应遵循 SMART 原则。

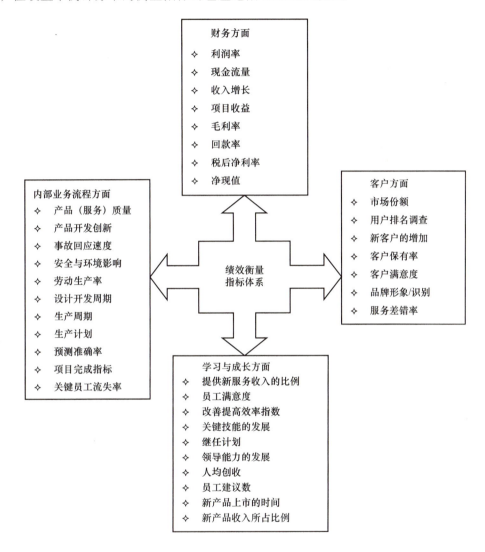

图 3-12　绩效衡量指标体系

（三）将战略与企业、部门、个人的短期目标挂钩

平衡计分卡中的目标和衡量指标是相互联系的，这种联系不仅包括因果关系，而且包括结果的衡量和引起结果的过程衡量的结合，最终反映组织战略。绩效考评指标选定后，则需要确定每一指标所对应的具体目标。为了有效避免出现企业战略目标、部门计划目标、个人绩效考评目标的纵向矛盾，以及各部门之间计划的横向不和谐，需要进行战略目标分解。

在战略分解过程中，要求在保证企业目标实现的前提下层层分解，并在分解过程中上下沟通，达成共识，从而形成上下一致、左右协调的绩效考评目标。目标分解过程是员工和上级协商制定考评目标，然后以这些目标作为绩效考评的基础。它是一个循环的过程，从设定共同的企业战略目标开始，经过循环最终回到这一点。在制定目标时，员工与上级进行讨论、回顾和修改，并最终使双方都满意。员工在设定目标的同时，还必须制定达到目标的详细步骤。在考评期间，由于目标数据已经可以取得，因此可以评定员工完成目标的程度。在此期间，当取得新的数据或其他方面数据时，可以修正目标。一个评估期间结束后，员工用他所能得到的实际数据对所完成的工作进行自我评估。面谈即上级和员工一起对考评结果进行分析，找出不足之处，以便改进。最后一个步骤是回顾员工工作与企业工作之间的联系。

为了达到制定绩效指标的目标，企业应该将这看成是整个管理体系的一个组成部分，而不单单是上级工作的附加部分。上级必须和员工共同制定目标。在实际操作过程中，应注意以下几点：

（1）上级和员工必须愿意一起制定目标。数据显示，这种目标的制定过程能使员工的工作绩效提高10%～25%。这一过程之所以起作用，是因为这一过程帮助员工将精力集中在重要工作上，并促使员工对自己完成的工作负责。另外，这一过程也建立起一个自动反馈系统，因为员工可以经常依照目标对工作进行自我评估。

（2）目标应该是长期和短期并存的，且是可量化和可测量的。而且，在制定目标时，还必须说明实现目标的步骤。

（3）预期的结果必须在员工的控制之中。

（4）目标必须在每一个层次上保持一致。

（5）上级和员工必须留出特定的时间来对目标进行回顾和评估。

（四）战略的具体实施、反馈和中期调整、修正

绩效考评指标和目标确定之后，系统、科学的绩效考评内容设定体系便形成了。随后有必要制定《绩效考评——工作计划表》（见表3-27），将员工绩效考评内容用书面形式记录下来，作为绩效考评的依据。

表3-27 绩效考评——工作计划表

岗位名称						
姓名			岗位编号			
			绩效期限			
维度	关键绩效指标（KPI）	衡量标准	计算方法	权重	数据来源	备注
财务						
客户						
内部业务流程						
学习与成长						

本人签字：
年　月　日

在计划的实施过程中，上级要及时、有效地检查并监督，并根据企业内外情况的变化做出合理的调整。为了保证计划有效实施，企业应建立畅通的反馈渠道，使员工在实施过程中遇到的问题能够得到及时解决。

（五）建立健全的考评体系，根据平衡计分卡的完成情况进行奖惩

建立健全的考评体系，将员工奖金、晋升、教育培训等与员工所完成平衡计分卡的情况直接挂钩，形成有效的管理回路。在薪酬结构方面，应建立绩效考评和年终奖金制度，对平衡计分卡完成好的员工进行奖励，对完成不佳的员工进行惩罚；在教育培训方面，让优秀员工进行深造提高，让完成不佳者进行强制性学习；在晋升方面，建立优胜劣汰、能上能下的机制，实行能者上、庸者让、平者下。使平衡计分卡的实施实现评价员工的绩效和能力，激发员工的热情和潜力，最大限度地开发和利用企业的人力资源，从而提高整个企业的绩效水平的目的。

五、平衡计分卡的实施条件和企业特征

（一）平衡计分卡的实施条件

平衡计分卡的成功实施，依赖于企业的管理水平、信息化程度、员工素质水平等。所以，平衡计分卡的实施对企业有一定的要求。

1. 管理质量高

企业管理质量要较高，管理达到程序化、规范化、精细化，使企业战略的每个层次都能有效地实施，最后达到预期的目标。

2. 信息化水平高

企业应提供自动化的方法，针对纳入平衡计分卡解决方案中的所有数据加以收集与摘要，并使用现有的营运、分析及通信工具，使信息传递准确、可靠、及时、快捷。

3. 员工素质水平高

员工素质水平的情况影响平衡计分卡的实施效果，高层和中层员工的素质水平尤为关键。

4. 对战略目标的合理分解

对企业战略目标的合理分解是平衡计分卡成功实施的关键。企业战略目标要进行层层分解，转化成一系列可衡量、可实施的具体目标，并在实施中进行合理的调整与修正。

（二）实施平衡计分卡的企业特征

依据平衡计分卡的内部特性和实施条件，在有以下特征的企业中实施平衡计分卡，能提高成功率和有效性：

1. 战略导向型企业

战略导向型企业引进了战略管理理念，对战略的制定、分解及有效实施都有较为丰富的经验，这为平衡计分卡的实施奠定了良好的基础。

2. 竞争激烈、竞争压力大的企业

在竞争激烈、竞争压力大的企业中实施平衡计分卡，有助于增强实施的决心与力度，

3. 注重管理民主化的企业

注重管理民主化的企业为实施平衡计分卡提供了畅通的渠道。在平衡计分卡的实施中，对企业战略进行分解要求企业具备民主化。只有如此，才能使战略合理分解，使实施过程中员工遇到的问题能够被及时反馈到高层，并得到解决。

4. 成本管理水平高（使用作业成本法）的企业

成本管理水平高的企业注重企业成本的有效控制，解决了财务指标有效确定的问题，并使企业力求在客户、内部业务流程、学习与成长等方面的管理得到突破。

六、平衡计分卡有待进一步实践和完善

平衡计分卡是一个全新的企业绩效考评系统。从已实行该系统的美国企业来看，它们大多数都收到了良好的效果，并对平衡计分卡给予了较高的评价。例如，美孚公司美国营销与炼油分公司从企业到企业内部各有关专业公司和服务部门，再到员工个人，都全面实行平衡计分卡，有效地推动了全公司及其各单位经营业务的顺利开展。但就总体来说，平衡计分卡绩效考评系统还需要在更广范围和较长时间的实践中加以补充和完善，对有些问题仍需要探索和研究。例如，平衡计分卡中的评价指标与原有的企业日常绩效指标是何关系，它们之间有无重叠和矛盾；对平衡计分卡中的一些目标和指标，究竟应如何进行具体评价和考核，特别是对客户忠诚和满意程度、员工满意程度之类的指标，应如何进行定量评价；一个企业中，从企业整体到企业内部各经营和服务单位，再到员工个人，在制定平衡计分卡的各项目标和指标时，如何协调和保持上下级之间、各经营单位和服务单位之间、员工个人之间的平衡、统一；平衡计分卡绩效的评定如何与奖励相联系，实现有效激励的问题等，所有这些都有待进一步探讨和解决。

七、平衡计分卡系统建设前期准备的流程

构建平衡计分卡的前期准备活动是按照一定的先后顺序开展的，这些按照先后顺序开展的活动就构成了平衡计分卡建设前期准备的流程。

第一步，组建平衡计分卡的推进团队。

在前期准备活动中，首先要做的是建立一个推进团队。这个推进团队一定要能保证对平衡计分卡系统建设具有强劲的推动力，只有当将平衡计分卡建立起来后，才能解散，将平衡计分卡的日常运作监控与维护移交给固定的部门或团队。

第二步，编制平衡计分卡建设的推进计划。

组建好推进团队后，推进小组就要制订平衡计分卡建设计划。该计划一般会制订得比较详细，计划中对每一个活动在什么时间完成、责任人是谁、产出的成果是什么等都应当有清楚的界定。

第三步，进行平衡计分卡建设前期调查。

为了掌握企业绩效管理的现状，还有必要组织一次大面积的前期调查，最常规的调查手段是访谈和问卷调查，当然在后面的步骤中还可以通过资料的调阅来获得一些有关企业绩

效管理的信息。

第四步，进行前期宣传，组织培训与学习。

为了获得企业全体人员的支持，让他们参与并理解整个平衡计分卡的建设，推进小组还要做好实施的宣传工作并组织相关人员（特别是企业中、高层管理者）参加培训与学习。

第五步，收集所需的信息资料并进行战略分析。

在开始构建平衡计分卡之前，要收集相关信息以作为平衡计分卡的输入。这些信息资料既包括企业战略、财务、生产、质量等方面的信息，也包括企业所处行业等外部环境等方面的信息。信息的来源有两个方面：企业内部及外部。在完成资料收集后，就需要进行战略的分析工作。

八、实施平衡计分卡应当注意的问题

平衡计分卡作为企业的一种战略管理模式，是对欧美先进企业的管理经验的高度概括和总结，是 20 世纪末到 21 世纪初现代企业战略管理模式的一种创新和进步。但这并不等于说现代企业管理中遇到的一切问题都可以通过它来解决。因此，在实施平衡计分卡时，应当注意处理好以下几个问题：

（一）推行平衡计分卡体系是"一把手工程"

根据很多公司平衡计分卡的实施经验发现，如果只是人力资源部牵头推进平衡计分卡，实际上是很难取得预期效果的。因为平衡计分卡是战略执行工具，而企业战略是由董事会确定的，一般是以董事长为代表负责战略的落地。有统计数据表明，90% 的企业战略都没有落地，主要问题就出在董事会战略确定之后没得到有效的执行。确定战略、分解战略、整合资源、监督纠正管理中的失误，这些重要工作只有企业的一把手才能胜任。例如，国家电网公司等公司专门成立了绩效管理委员会，由董事长任主任。

（二）建立的平衡计分卡体系要符合企业实际

平衡计分卡是一种全新的企业绩效考评系统，尽管很多实行该种系统的企业取得了良好的效果，但是也应该看到其推行的难度。而且，在推行时极可能遇到企业文化的阻碍。因此要想在企业建立平衡计分卡，必须密切结合企业的实际。

平衡计分卡的建立涉及企业的各个部分，它将企业、各部门、个人的积极性联系起来达到一个共同的目标。然而，不同的企业有不同的背景和战略任务，所以，各企业平衡计分卡四个维度的目标及其衡量指标也各不相同。即使目标相同，其衡量指标也可以不一样。而且，不同企业指标之间的相关性也不同。因此，盲目模仿或抄袭其他企业的平衡计分卡，不但无法充分发挥平衡计分卡的优势，反而会影响对企业绩效的正确评价。所以，建立平衡计分卡体系时，必须在企业内外进行沟通和联系，开发出具有企业自身特色、符合企业实际的平衡计分卡。

（三）要理顺平衡计分卡指标体系之间的逻辑关系

在平衡计分卡的四个维度中，财务方面把企业战略量化为一套被广泛认可的测评指标；客户方面将组织的战略与各部门及个人的目标联系起来；内部业务流程方面实现企业流程改进、产品创新、合乎法规；学习与成长方面是反馈与学习，随时反映学习心得，使企业能及时修改战略。它们之间不是相互独立的，而是一条因果链，展示了绩效和绩效动因之间的关系。例如，为改善和提高企业经营绩效，就必须提高财务方面的计量指标，财务方面绩效指标的提高是现有消费额不断增加和现有客户保持忠诚的结果；要做到这些，必须使产品或服务赢得客户的信赖；要使客户信赖，必须提供让客户满意的产品，为此需改进内部生产过程；要改进内部产生过程，必须对员工进行培训，开发新的信息系统。

（四）平衡计分卡的执行要与奖励制度结合

平衡计分卡关系到企业的方方面面，涉及企业的各个子系统和分支系统，要设计出科学可行的平衡计分卡并很好地实施，离不开企业全员参与，因为平衡计分卡的应用不仅涉及企业未来发展和整体利益，而且涉及每一个岗位、每一个部门乃至每一个员工的工作和切身利益。企业中每个员工的职责虽然不同，但是，使用平衡计分卡会使大家清楚企业的战略方向，有助于群策群力，也可以使每个人的工作更具有方向性，从而增强每个员工的工作能力和效率。为充分发挥平衡计分卡的效果，需要在重点业务部门及个人层次上实施平衡计分卡，使各个层次的注意力都集中于各自的工作绩效上。这就需要将平衡计分卡的实施结果与奖励制度挂钩，注意对员工的奖励与惩罚，使激励制度与绩效评价互为依托。一方面，平衡计分卡绩效评价为企业的奖励与惩罚提供了依据；另一方面，企业的激励制度又会使平衡计分卡绩效考评变得更有意义。

（五）应对变化及时进行调整

平衡计分卡建成后并非是一成不变的，在实施过程中，可能会出现一些不合理、不完善的地方，需要及时进行修正和调整。

可以利用战略地图等工具进行调整。战略地图是描述和沟通企业战略的动态可视工具，当实现企业战略目标的各种关键要素及其因果关系被清晰地描述出来后，可以便于企业对战略目标和衡量指标的制定和管理。

企业经营发展的最终的目的是保证股东价值增加，而要实现股东价值增加就必须持续保持企业利润增长。通过战略地图对实现企业战略目标因果关系的描述，面对目前日益激烈的国内外市场，企业要实现利润的增长，一方面要增加国内外的销售收入，另外一方面要加强各种成本费用控制，不断提高产品的盈利能力。而新产品开发能力则是企业核心竞争力的重要体现，也是企业持续保持利润增长的重要手段。

企业环境发生变化，战略就应该随之调整，战略调整之后平衡计分卡体系也应该相应调整，平衡计分卡的四个维度及指标也就相应地发生变化。如表 3-28 所示，财务类、客户类、内部运营类、学习与发展类平衡计分卡的四个维度的指标应该进行相应的调整。企业产品在国内外市场上的占有率标志了企业财务目标的收入来源，而不断提高客户满意度的目的就是保持和增加企业产品在国内外市场上的占有率。在内部业务流程方面提高客户管理水平、产品性能、产品质量和缩短新品上市周期对一级市场开发、客户满意度提升有着直接的影响；在学习发展方面，企业在做好人才梯队管理的同时，也需要关注企业员工整体素质的提升，加强员工培训与教育是关键。员工满意度也是企业需要关注的，改善企业的薪酬福利管理和文化沟通氛围是提高员工满意度的关键要素。企业只有重视人才梯队建设和员工素质的提升，不断提高员工满意度，才能获得良好的运营表现。

XJT 股份有限公司副总经理平衡计分卡如表 3-28 所示。

表 3-28　XJT 股份有限公司副总经理平衡计分卡

指标类型	权重	考评指标	目标值（N）	指标说明	信息来源	考评频次	考评标准
财务类 （45%）	15%	产量			财务部	年度	
	15%	单位产品成本下降率			财务部	年度	
	10%	新品销售比例			财务部	年度	
	5%	OEM 销售收入			财务部	年度	
客户类 （5%）	5%	新客户增长数			商务部	年度	
内部运营类 （40%）	12%	订单需求满足率			商务部	年度	
	10%	产品返修率			品管部	年度	
	10%	质量损失率			品管部	年度	
	8%	新品上市计划完成率			计划部	年度	
学习与发展类 （10%）	5%	分管部门员工满意度			人力资源部	年度	
	5%	分管部门员工培训率			人力资源部	年度	

（资料来源：上海慧圣咨询公司咨询案例。）

第五节　绩效棱柱

平衡计分卡将企业的战略和远景目标分解为财务、客户、内部业务流程及学习与成长四个方面。再进而转换为可计量的、细化的目标或手段。平衡计分卡突破了仅关注财务指标的局限性，还着眼于股东、客户和员工，但它忽略了其他重要利益相关方。绩效棱柱很好地解决了这一问题。

绩效棱柱是由英国克兰菲尔德管理学院的安迪·尼利（Andy Needly）和埃森哲咨询公司的克里斯·亚当斯（Chris Adams）等于 2000 年首先提出的。它以现存的绩效测量框架和方法为基础，通过对它们进行创新和整合，提出一种更为全面并且易于理解的绩效管理框架来弥补上述方面的局限性，从而更好地为企业管理服务。

一、绩效棱柱模型理论分析

绩效棱柱展示的是全面的绩效衡量结构，它没有假定唯一要紧的利益相关者是股东和客户，也没有假定对财务方面应该用一些非财务指标来补充。它是建立在那些已经存在并且在一直寻求弥补其不足的结构的基础之上，为洞察企业绩效管理的真正难题和面对现实的挑战提供了一个有效的、全面的框架。

绩效棱柱包括相互关联的五个方面：利益相关者的满意、利益相关者的贡献、战略、流程、能力。具有内在紧凑联系的这五个层面共同构成了一个绩效计量的三维体系。图 3-13 为绩效棱柱展开图。

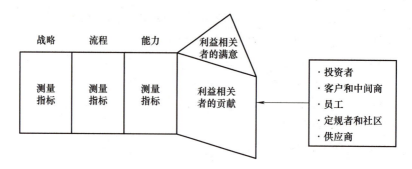

图 3-13　绩效棱柱展开图

这个框架为什么是这样的？它是基于如下逻辑思路构建的：在当今的经营环境下，那些致力于获得长期成功的组织必须非常清楚地了解谁是它们的主要利益相关者以及它们的愿望和要求是什么。但是，仅有清楚的认识是不够的。为了满足它们自己的要求，组织还必须从它们的利益相关者那里获得一些东西，通常包括来自投资者的资金和信用、来自客户的忠诚和利润、来自员工的想法和技术以及来自供应商的原料和服务等。它们还需要明确所要采取的战略，以保证实现分配给利益相关者的价值。为了实施这些战略，它们还要考虑企业需要什么样的流程，必须做到既有效果又有效率。在其内部，组织只有拥有适当的能力、适当的人力、良好的实践、领先的技术和物质基础结构，才能使流程得以执行。

这五个方面可以用一种棱柱的形式来表现。这种棱柱有不同的折射面，它可以清晰地反映那些隐藏的复杂的事务，表明绩效测量和管理中真正复杂的东西。从传统的一维空间框架结构也可以看到复杂事物的组成元素，但是它们只提出了绩效的某个方面，还应该认识到包含它们提出的全部内容，即压缩成一个关于绩效的单一模型是很必要的。然而，并不能进行简单的压缩，为了从整体上来理解，就需要通过绩效棱柱来观察这些相互联系的各个方面（见图 3-14）。

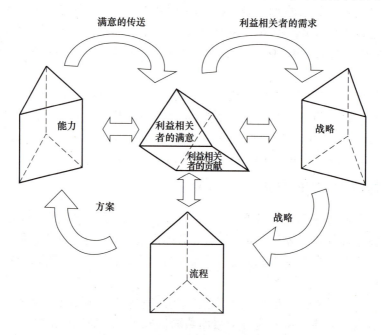

图 3-14　传送利益相关者的价值

从本质上讲，绩效棱柱为以一种理性的方式通盘考虑企业的这些关键问题提供了一个结构，使执行者能基于可用信息做出决策。

绩效测量贯穿于绩效模型的五个方面。而且，结合企业实际情况，每个方面又都可以进一步细化和分解为许多具体问题，每个问题都必须用计量指标来表示。由于模型的五个方面具有内在联系，因此由模型衍生出来的计量指标之间自然也就具有相互依存的关系。测量指标不局限于财务指标，也不强调以非财务指标作为对财务指标的补充，而是以绩效棱柱的五个层面为引导。只要能更好地使这五个层面发挥作用、更好地实现企业目标的测量指标，都可以引入测量体系之中，如财务指标、非财务指标、历史指标、前瞻性指标、核心指标、辅助指标、内部指标、外部指标、数量指标、描述性指标、背景指标等。将这些看似纷乱复杂的指标置于绩效棱柱模型中，就可以使这些指标的关系明确化，并相互依存、相互强化，从而更好地做出决策。例如，在利益相关者的满意层面，可考虑的计量指标有：①股东，如投资回报率、股票市价、经济附加值、市盈率、净资产收益率等；②债权人，如资产负债率、流动比率、速动比率、利息保障倍数等；③员工，如员工满意度等；④客户，如客户满意度、客户投诉率等；⑤合作伙伴，如投诉次数等；⑥监管方，如违规事件的次数及性质等。

在其他四个方面可以类似地得出一系列测量指标或方法。但根据绩效模型得出的众多可供选择的指标，还需要考虑绩效测量信息的可获得性、计量指标的相关性与重要性、精确性与简洁性的权衡、计量指标的可控制性等，最后得出一个精简高效的、能更好地服务于企业的指标体系。

设计好绩效管理体系后，任务并没有就此结束，还要将它传达给员工，并对他们进行辅导，在工作中不断地进行信息沟通与反馈。对企业进行实时评价和前瞻性控制，并根据实际工作中反馈的信息，不断地对绩效管理体系进行修正与升级，使工作与管理体系互相促进、不断提升。

一般来说，企业的利益相关者主要有投资者、客户和中间商、员工、定规者和社区以及供应商。不同利益相关者的需求不同，因此，企业相应的战略、流程、能力也不同。企业应针对不同的利益相关者，应用绩效棱柱设计相应的测量内容。例如，对于以利润为目标的企业来说，投资者是重要的利益相关者。在以投资者为中心的绩效棱柱应用中，企业应清楚地知道他们的愿望和要求。同时，也应清楚地知道组织想从他们身上获得什么。只有对此有清楚的认识，才能设计出能满足双方需要的战略，并执行战略流程，发展相关能力。

虽然从理论上讲基于绩效棱柱模型的绩效管理是近乎完美的，但在实际操作中仍然存在着一些不可完全克服的问题，如：

（1）非财务指标难以计量，且精确度不够。

（2）财务指标与非财务指标的权衡和搭配困难。

（3）由于现有的管理者补偿大多是依据财务绩效制定的，这可能会破坏非财务绩效与管理者补偿之间的应有联系。

（4）若绩效模型衍生的指标过多，则可能分散管理者的注意力，甚至令其无所适从。

（5）过分强调根据实际与标准的对比而调整，易使企业陷入一种自我封闭的循环中，不利于产生新的改进机制。

二、绩效棱柱对绩效管理理念的突破

（一）关注所有重要的利益相关者

企业只注重一个利益相关者（股东）的需求就能生存和发展的时代已经远去了；企业只注重两个利益相关者（股东和客户）的需求就能生存和发展的时代即使还没有过去，也为期不长了。在一个企业中，所有的利益相关者都在一个"生态系统"中相互作用。现在以及将来，对组织来讲，能够长期生存和发展的最好途径是考虑其所有重要的利益相关者的需求，并且努力满足他们的需求。只注重一部分表面上更具有影响力的利益相关者，如股东和客户，而忽视其他利益相关者需求的做法是缺乏远见的。

21世纪的组织由于几个方面的原因而不得不考虑所有利益相关者的愿望和要求：首先，如果组织不能满足其利益相关者的特殊需求，那么将处于利益相关者反抗和拒绝合作的危险境地，这也就意味着投资越来越少、客户越来越少、员工士气下降、更高的成本以及更多的调查；其次，在法律上和道德伦理上，组织对其利益相关者负有责任；最后，在中介和特殊利益团体流行的时代，组织需要保护来之不易的商誉。

（二）重新认识绩效管理的起点

关于绩效测量的一个普遍认识是，绩效测量是从战略中衍生、推导出来的，即是以战略为起点的。但人们为了从战略中获得这种方法，却从根本上误解了这种方法的目的和战略角色。绩效测量方法是为了帮助人们朝着他们想要达到的方向而设计的，它帮助管理者明确是否将达到他们确定的目标。然而，战略并不是最终的目的；相反，它只是所选择的战略——如何达到所期望的目标的路线。执行战略将使企业更好地将价值传递给其利益相关方，如投资者、债权人、客户及中介、员工、供应商、监管方及社会。因此，绩效测量的起点应是谁是组织的利益相关者以及他们的愿望和要求是什么，即为利益相关者创造价值，而非战略。

（三）灵活性强且能够不断地自我完善

绩效棱柱设计得非常有弹性，它既可以适应宽泛的要求，也能适应严格的要求。如果只需要测量绩效管理的部分方面，如一个单独的利益相关者或者一个特殊的业务程序，那么使用绩效棱柱就能够设计出一个测量系统和适当的测量方法（和其他辅助方法）来解释它们。如果需要改进一个宽泛的企业或业务单元的绩效管理，绩效棱柱同样能够做到。同时，绩效棱柱又有不断自我完善的机制。定期评估和更新测量方法和测量系统，使其不断地适应组织的需要。

【关键词】

目标管理法　　　　360度绩效考评法　　　EVA　　　　　　关键绩效指标
SMART原则　　　　平衡计分卡　　　　　　绩效棱柱

【思考题】

1. 简述 MBO、KPI、BSC 之间的区别与联系。
2. 如何建立关键绩效指标体系？
3. 如何理解"平衡计分卡是企业战略执行的工具"？
4. 构建平衡计分卡需要哪些流程？构建平衡计分卡体系应该注意哪些问题？
5. 绩效棱柱对绩效管理有哪些突破？

【案例分析讨论】

平衡计分卡在中国石油的战略实践

一、中国石油应用平衡计分卡的背景及历程

中国石油天然气集团有限公司（简称中国石油）是1998年7月在原中国石油天然气总公司基础上组建的特大型石油石化企业集团，2017年12月完成公司制改制。中国石油是国有独资公司，是产炼运销储贸一体化的综合性国际能源公司，主营业务包括国内外石油天然气勘探开发、炼油化工、油气销售、管道运输、国际贸易、工程技术服务、工程建设、装备制造、金融服务、新能源开发等。中国石油在《财富》杂志全球500强排名，从2017年至今一直保持在第四位；在世界50家大石油公司的综合排名中，2020年位居第三。

20世纪末，国家要求中国石油到美国资本市场上市。此前，中国石油的绩效评价以计划经济时期的经济责任制考核为主，这种以量（工作量）、本（成本）、利（利润）为主要内容的考核，满足不了资本市场要求建立以投资回报、风险管控为主要内容，符合国际通行做法的激励机制要求。探索建立一套符合资本市场要求、具有中国石油特色的先进绩效管理体系，成为确保中国石油成功上市的当务之急。为此，按照新体制新机制要求，中国石油组建了由周文祥、吴正斌、朱长根、王立平等人组成的专门研究团队，对壳牌、BP等国际知名石油公司的绩效管理理念、考核办法进行了系统研究，借鉴国际大石油公司的成功做法，在世界知名咨询公司的帮助下，克服了上市在即、时间紧迫、投资者对以绩效为基础的激励机制期望较高等压力，克服了内部企业类型多、发展规模和利润贡献差异性大、难于用一把尺子衡量，且国内缺乏可借鉴经验等困难，应用关键绩效指标（KPI）法、360度绩效考评法等工具建立绩效考核制度体系和运行机制，在较短时间内建立了以KPI考核为重点、以提高经济效益和资产经营效率为导向、定量与定性相结合、激励与约束相匹配的高中级管理人员和操作服务人员绩效管理体系，较好地满足了资本市场和内部管控要求，实现了中国石油绩效管理的平稳起步、有效运行、从无到有的创新突破。

中国石油这套以KPI为主要考核内容的绩效管理体系，在当时起到了激励先进鞭策后进、引领超额完成业绩目标的作用，属于比较先进的绩效管理方式。但随着社会的进步，信息化和经济全球化快速发展，企业间竞争日趋激烈，知识资本的地位日益凸显，竞争的焦点更多体现在市场份额、客户关系、员工与顾客满意程度、作业流程，以及企业在经营、管理上的学习及创新能力等方面，成为塑造组织核心能力和创造持续竞争优势的决定因素。以经

济效益等 KPI 为核心的绩效管理体系的弊端逐渐显现，为解决好业务快速发展、规模迅速壮大带来的发展规模速度与发展质量效益之间的矛盾，强化战略执行与管控，更好地协同内外部关系和利益诉求，更加适应公司战略调整的新要求，中国石油绩效管理体系随之进行了多次调整、充实、完善和创新。2005 年，中国石油周文祥、王焕胜、闫好强等人，以承担中澳合作中国国有企业领导人才平衡计分卡绩效考核体系研究项目为契机，选择了长庆油田、兰州石化和华南销售（现广东销售）等上、中、下游有代表性的企业进行试点，边研究边应用，边探索边改进。在三年多的时间里，研发团队在中组部特聘专家格瑞汉姆（澳方）、颜世富（中方）等人指导下，结合国资委深化经济增加值考核要求，研究提出应用平衡计分卡（BSC）和经济增加值（EVA）理论方法，改进提升中国石油绩效考核体系的建议方案。2008 年，集团公司高层批准了将 BSC 和 EVA 应用到整个绩效管理体系。当时除了在中国石油集团总部全面开展外，还特别选择了管理水平和基础都比较好的海外勘探开发公司进行推广。该公司战略发展部郑炯、陆如泉等人聘请了平衡计分卡咨询公司来协助实施，在较短的时间内开发出了符合海外业务战略发展的绩效考评体系并取得了显著成效。其后，中国石油又针对不同管理层级、不同岗位的特点，先后制定印发了六项管理制度，建立了有中国石油特色、行之有效的绩效管理体系。至此，中国石油进入了以价值管理为导向、以平衡计分卡为总体管理框架、以绩效合同为载体、以 KPI 为主要内容、从战略目标制定到绩效评价激励的全面绩效管理阶段，实现了由财务模式向价值模式、战略模式的升级迭代，在生产经营管理中发挥重要作用，起到很好效果，成为中国石油绩效管理提升的重要里程碑。

二、绩效考核体系搭建及战略落地分析

将公司战略转化为执行语言。众所周知，世界卓越企业绩效管理大体都经历了目标管理（MBO）、360 度绩效评估、KPI、EVA、BSC 等阶段。中国石油 2000 年建立和推行的以 KPI 为主要方法的绩效考核体系，在管理理念和思路方法上有较大改变，其后又迭代升级成 BSC 体系。在具体操作中不是简单机械地照搬照抄，而是注意结合国情和自身实际，汲取实践经验，循序渐进，逐步深化，融入了中国文化和中国石油元素，成为具有中国石油特色的绩效考核，提升了公司战略执行力和组织整体绩效。下面按照平衡计分卡的理论体系，从战略陈述、制定战略地图和平衡计分卡、细化并完善绩效指标体系等八个方面，对中国石油将其战略转化为执行语言的过程进行分析。

（一）明晰中国石油的战略陈述

实施平衡计分卡之前，必须认真描述公司使命、核心价值观和愿景等战略层面内容。中国石油对这项工作是逐步完善的。2014 年，周文祥、王坚强、刘孝成、任柏民、罗文等人通过集团公司课题，采用 SWOT 分析、PESTEL 分析等方法，结合公司发展规划纲要，全面分析论证中国石油在政治（political）、经济（economic）、社会（sociocultural）、技术（technological）、环境（environmental）和法规（legal）等内外部环境的优势（strengths）、劣势（weaknesses）、机会（opportunities）和威胁（threats），最后定位中国石油的使命为"奉献绿色能源，创造美好生活"，核心价值观为"忠诚、创业、求实、奉献"，愿景为"到 2020 年，将中国石油建设成为拥有一流技术、生产一流产品、客户最满意、最具社会责任

的世界一流综合性国际能源公司"。

（二）制定中国石油的战略地图和平衡计分卡

从 2006 年起，周文祥、王焕胜、闫好强、孙凤湘、卢宝华、陆如泉、王婧等一批人员在中组部领导干部考评中心周省时、缪沐阳的指导下，在认真分析使命、核心价值观、愿景和发展规划的深刻内涵、核心内容和逻辑关系的基础上，经过多次研讨、调研、培训和试点，制定了中国石油集团公司、股份公司和专业公司三个层级 10 个类别的战略地图和平衡计分卡，厘清了每个层级的发展战略、主要目标、重点工作及衡量指标，使战略目标清晰具体，更具执行性。在新的绩效指标体系中，中国石油继续沿用了原 KPI 体系的效益类、营运类称谓，分别代表平衡计分卡的财务层面、内部业务流程层面，同时增加了两个层面，选用大家易理解、易接受的服务类、人员类称谓，分别代表平衡计分卡的客户层面和学习与成长层面。每年从 10 月份开始，起草小组在研究分析国资委考核集团公司负责人年度和任期业绩目标，以及集团公司五年发展规划、年度生产经营计划的基础上，结合专业公司和部分地区公司的调研情况，起草下一年度绩效合同初稿。绩效合同初稿形成后，要多次书面征求机关部门、专业公司和地区公司受约人的意见，并对反馈的意见进行认真梳理和分析，与相关部门和专业公司研究确认，对绩效合同的个别指标及目标值做修改完善，形成上报管理层的送审稿。绩效考核主要指标都是按照战略发展要求和机关部门、专业公司和地区公司承担的工作任务、职责分工所确定的，所有指标及目标值要与机关部门、专业公司和地区公司沟通达成一致意见。

1. 财务层面（效益类）

在投资资本回报率增加的战略目标之下，中国石油采取两项重要的主题：生产力提升和销售收入增长，如图 3-15 所示。

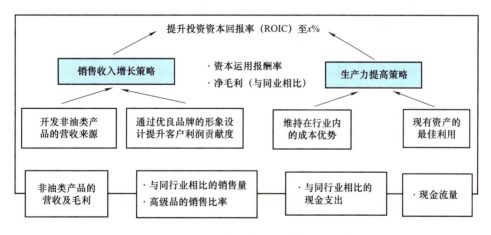

图 3-15　中国石油的战略地图：财务层面（效益类）

首先，生产力提升主要通过降低成本和提高资产利用效率来达成。

（1）降低成本。中国石油的目标是成为行业中的领导者，其衡量指标是成本、节能节水和人员控制等指标。

（2）提高资产利用。其衡量的指标是总资产周转率、应收款项，这要求员工利用现有资产创造更高的产能，以及降低库存量。

第二个主题销售收入增长，主要包括产品销售量的增加，以及非油类产品的销售收入增加。

（1）销售量的增加。对一般性的石油类产品而言，销售量的增长率必须高于产业的平均成长率；对高价位的产品而言，其销售量占所有产品的销售量的比率必须逐年提高。

（2）非油类产品的销售收入增加。2008年，增设非油考核指标，当年非油业务实现收入15.8亿元、利润1.3亿元。非油业务历经10多年发展，目前已成为销售板块增收创效的重要业务领域。

2．客户层面（服务类）

2008年，为弥补这套绩效管理体系的缺失，中国石油增加了这个层面，并在所有高管人员的合同中增设了客户服务满意度指标，销售分公司建立了中国石油客服体系和95504全国统一呼叫平台，促进了"以市场为导向、以客户为中心、以效益为目标"的营销机制形成，提高了中国石油的社会满意度和客户服务满意度，如图3-16所示。

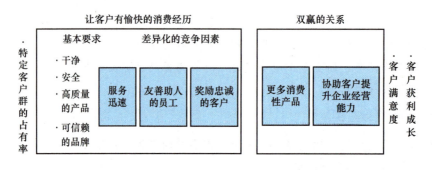

图3-16 中国石油的战略地图：客户层面（服务类）

中国石油的客户关系战略，通过提供优越的客户购买体验和高质量的服务，为中国石油带来了更多销售收入和利润。这一指标本身也具备容易沟通和反映新战略的特色。

3．内部业务流程层面（营运类）

2008年，中国石油明确界定了财务和客户层面期望达到的成果后，又将其内部流程（营运类）的KPI体系直接与客户层面的目标相衔接，设置了有关成本的降低、固定资产生产力和高附加值产品率的提升等指标，并加大涵盖维护环境、健康与安全目标的安全环保事故、污染物排放控制等指标的考核力度，以提升中国石油在EHS方面的绩效。安全环保部门的领导认为，细化安全事故责任，就是一种领先指标。进一步加大安全生产管控力度，助力中国石油树立"优秀企业公民"形象，保护员工健康，得到中国石油高层领导的高度重视，并将之列为企业平衡计分卡的目标。

4．学习与成长层面（人员类）

学习与成长类是新增指标项。这一指标是支持中国石油的战略得以实现的根基：培养训练有素、士气高昂的员工，以及建立切合实际需求的信息系统。①选用核心能力与技能、反腐倡廉、信息系统建设应用等指标，推动提升员工能力和信息系统应用。②加强骨干队伍建设，通过举办专题培训班、开展业务研讨、分享最佳实践等方式，培养熟悉业务、精干高效的绩效管理队伍，及时解决绩效管理业务的重点难点问题。其中，周文祥等人执笔编写了《业绩管理指导》等八套培训教材，聘请哈佛大学教授卡普兰、国资委领导等国内外知名专家教授授课，累计培训业务骨干2000余人次。③加强绩效管理信息化建设。从2006年开始，周文祥等人经过近三年的努力，研发了中国石油绩效管理信息收集、监控和管理系统。该系统在SAP系统标准功能和灵活配置的基础上，融合了平衡计分卡等先进绩效管理思想，利用现代信息技术，对各项指标进行在线收集和自动计算汇总、多维分析、预警，实现了绩效管理从合同制订、指标值报送、跟踪监控、综合分值计算、结果反馈等流程的系统化、网络化、自动化，减少了手工劳动，提高了数据处理分析的及时性、精准性，将绩效管理信息资本准备度提升到了一个新的高度。

如何找出衡量和落实战略目标最恰当的指标，可能是四个层面中最困难的。理想来说，中国石油希望能够确定各个员工所需的特定技能和信息，以提升内部流程的绩效，并提供客户企业的价值主张。为使这一战略目标能够顺利达成，中国石油必须衡量其战略绩效指标的准备度，如图3-17所示。

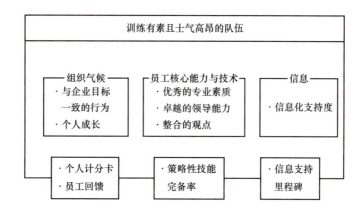

图3-17　中国石油的战略地图：学习与成长层面（人员类）

（三）细化并完善绩效指标体系

在指标数量上，一般为10个左右。在指标选择上，以定量指标为主；难以量化的，采用定性评价，并明确时间、质量要求和评分细则。定量指标以经济增加值（EVA）、投资回报、利润、成本、安全和技术经济指标为主，反映企业生产经营管理成果；定性指标以服务质量、反腐倡廉、队伍管理、安全维稳等为主，反映客户关系管理和无形资产开发。在权重设置上，根据不同岗位对同一目标的控制和贡献不同，尽量做到权责匹配。在目标值确定上，强调把企业自身发展纵向比与行业先进横向比结合，避免"鞭打快牛"和保护落后。通过这种纵向提升、横向对比、权责匹配、定性指标定量化、定量指标对标化，有效解决了战略制定与考核评价脱节问题。表3-29为中国石油管理人员年度绩效合同（样本），表3-30为中国石油专业技术人员年度绩效合同（样本），表3-31为中国石油操作服务人员年度绩效合同（样本）。

表 3-29 中国石油管理人员年度绩效合同（样本）

指标类别		关键绩效指标	权重	单位	目标值	一季度完成值	…	四季度完成值	年度完成值	年度得分
岗位主要职责（3～5项）	效益类	EVA	15%	万元						
		成本费用控制	15%							
	服务类	服务满意度	15%	—						
		目标客户占有率（适用于工程技术、工程建设、销售业务）	5%	—						
	营运类	重点业务管理指标1		—						
		重点业务管理指标2	30%	—						
		安全环保		—						
		…								
	人员类	管理水平评价	15%	—						
		核心员工培养计划	5%	人						

表 3-30 中国石油专业技术人员年度绩效合同（样本）

指标类别		关键绩效指标	权重	单位	目标值	半年完成值	年度完成值	年度得分
效益类		价值贡献	20%	万元				
服务类		服务满意度	10%	—				
营运类		技术能力指标	50%	—				
		运行效率		—				
		质量		—				
人员类	岗位主要职责（3～5项）	工作行为（主要包括工作的积极性、主动性、协作精神、团队意识、责任心、服从意识等）	20%	—				
		素质能力提升						

表 3-31 中国石油操作服务人员年度绩效合同（样本）

指标类别		关键绩效指标	权重	单位	目标值	1月完成值	…	12月完成值	年度完成值	年度得分
效益类		成本费用控制	10%	万元						
服务类		服务满意度	20%	—						
营运类		主要工作量（包括数量、质量）	50%	—						
		关键事项（包括生产质量、责任、安全操作、清洁卫生、岗位异常情况处理能力、设备维护保养等）		—						
人员类	岗位主要职责（3～5项）	遵守纪律、团结协作、个人技能、工作态度、执行力度等	20%	—						

三、绩效考核成效及价值呈现

为了实践新战略,中国石油在资源整合和人员激励上采取了以下措施:

(1)建立了以价值为导向的战略管理新机制。这套机制包括战略沟通机制、责任落实机制、跟踪回顾机制、纠偏校正机制等,使公司各战略形成了 PDCA 循环,提高了战略执行的一致性。中国石油以前衡量效益采用的是利润和应收款项情况等财务指标,在现在的管理体系里,吸取安然公司破产的教训,在效益类(财务层面)指标中引入真实反映价值创造的 EVA。以前 KPI 考核体系中没有客户指标,在明确客户价值主张的基础上,新建立的 BSC 考核体系增加了服务类(客户层面),从客户的视角描述自己如何与其他竞争对手不同,并明确了客户群、竞争区域和市场定位等问题。

(2)健全完善组织管理体系。中国石油成立了绩效考核委员会、EVA 考核推进工作领导小组及其办公室,每年召开两次专题会议研究部署绩效考核工作,加强对绩效考核工作的统一领导和综合协调,形成了由绩效考核办公室牵头,机关各部门、各专业公司、各单位共同参与、上下衔接、分级分类实施的组织管理体系,实行统一考核政策、考核标准、工作部署、审定结果、奖惩兑现的"五统一"工作制度,明晰了从绩效合同制订、指标目标(完成)值确定、考核方案征求意见到管理层会议审定的运行流程。年度考核从当年 12 月开始到次年 4 月结束;任期考核从任期审计结束后,在三个月内完成。健全的组织管理体系、集团党组领导的高度重视、各方面的积极配合,为绩效考核工作顺利推进提供了重要保障,确保了考核工作的统一、规范和高效。

(3)持续加大考核结果应用力度。首先,科学确定经营管理难度系数。在综合考虑反映企业规模、管理幅度的普遍性因素的基础上,补充了安全环保风险、技术复杂程度、市场竞争程度等体现行业特点、业务难点的特殊性因素,做到了用一套办法、"一把尺子"考量所有单位,增强了考核结果的可比性和公平性。其次,实行考核结果分级挂钩制度。将年度和任期绩效考核最终结果按一定比例分为 A、B、C、D、E 五级,年度绩效考核结果主要与效益年薪、综合考评挂钩,任期绩效考核结果主要与任用、延期效益年薪和中长期激励挂钩,以更好地激励先进、鞭策后进。最后,严格奖惩兑现。严格按考核结果实施奖惩,拉开效益年薪兑现差距,同类别领导人员最高与最低相差 60%;对考核结果为 D、E 级的单位主要领导进行诫勉谈话,触动了领导人员的"面子""票子"和"位子"。

将战略落地转化为员工行为,中国石油的业务发展组织效能呈现上升趋势。中国石油选择了客户关系差异化战略之后,所面临的挑战之一便是如何将其传统的、以内部运作为焦点的组织,转变为以外部客户为焦点的组织。这样的改变不能单靠高层管理人员的报告,而必须向下植根到每一个基层员工的日常活动,使其了解战略的内涵以及个人肩负的责任,才能确保战略的成功。平衡计分卡在这里扮演了将高层战略转化为每位员工日常作业活动的桥梁,以使真正的战略执行者——前线与后线支援的所有员工——能在工作岗位上有效地共同致力于战略目标的实现。中国石油的高层领导每年年初都要在公司工作会议上强调员工对战略认知和使命感的重要性,持续推动全面沟通,以确保每一位员工对战略的了解,解决了企业的战略规划落实操作性差和不同层级组织横向不协调、纵向不一致等问题,促进了企业学习变革,提升了战略规划落地的组织运行质量效率和持久竞争优势。中国石油在 150 家中央企业参加的国资委业绩管理工作会上做了关于绩效考核做法典型发言,得到中澳合作研究项目中外专家的高度评价。其中，中国石油兰州石化公司的平衡计分卡绩效考核体系建立和推广应用，还获得了平衡计分卡创始人卡普兰教授颁发的中国战略执行明星型组织奖。

（资料来源：中国石油北京管理干部学院周文祥等撰写。）

案例讨论题：

1. 公司战略如何通过绩效考核落到实处？
2. 分析中国石油的绩效合同结构和内容。
3. 如何利用绩效考核结果进行激励？
4. 分析中国石油实施平衡计分卡的流程。
5. 平衡计分卡与其他绩效考核方法相比较，具有哪些优势和局限？

第四章

绩效管理系统运转

本章要点

绩效管理牵涉面很广,是一项系统工程。一般来说,绩效管理系统包括绩效计划、绩效实施与管理、绩效考评和绩效反馈,它们的共同目标是提高绩效。绩效计划就是管理者和员工就目标设定和目标分解达成共识的过程。绩效实施与管理中最重要的就是绩效沟通。绩效沟通就是一个管理者和员工双方追踪进展情况,找到影响绩效的障碍以及得到使双方成功所需信息的过程。绩效考评就是管理者和员工一起评估员工对绩效计划中所定目标的完成情况的过程。绩效反馈就是把绩效考评的结果以面谈的形式反馈到个人,双方通过沟通识别引致个人、部门甚至整个组织绩效问题的真实原因,以及解决问题、提高绩效的过程。本章从绩效管理系统良性运转的角度出发,介绍绩效管理系统如何设计、如何运转,以及绩效管理流程等内容。

导入案例

中交集团科学打造差异化考核体系

中国交通建设集团(简称中交集团)是全球领先的特大型基础设施综合服务商,主要从事交通基础设施的投资建设运营、装备制造、房地产及城市综合开发等,为客户提供投资融资、咨询规划、设计建造、管理运营一揽子解决方案和一体化服务。

截至 2019 年年底,中交集团在全球 121 个国家和地区设立了 240 个境外机构,在 157 个国家和地区开展实质性业务,是世界最大的港口设计建设公司、最大的公路与桥梁设计建设公司、最大的疏浚公司、最大的集装箱起重机制造公司、最大的海上石油钻井平台设计公司;是我国最大的国际工程承包公司、最大的高速公路投资商。中交集团的 60 多家全资、控股子公司当中,有作为我国诸多行业先行者的百年老店,有不断成长壮大的国企骨干,有在改革开放大潮中涌现的现代企业,有推动公司结构调整而成立的后起之秀,还有并购而来的国内外先进企业。2020 年,中交集团居《财富》世界 500 强第 78 位;在国务院国资委经营业绩考核中实现"15 连 A";在 ENR"全球最大 250 家国际承包商"榜单中,连续 14 年荣膺中国企业首席。

中交集团顺应公司发展,不断打磨升级业绩考核体系。经营业绩考核是保障公司战略得到有效执行和战略目标顺利实现的重要工具。中交集团自组建以来,每一次战略升级与重大调整都伴随着业绩考核制度修订,一方面全面对接国务院国资委的相关要求,另一方面根据自身的实际情况,发挥考核指挥棒作用,引导集团战略落地见效。至2016年,中交集团以国有资本投资公司试点改革为契机,紧密围绕全面深化改革总体部署,坚持科学分类、精准引导、动态监控、刚性兑现,打造出一套导向清晰、作用突出、成效明显的分类差异化考核体系,为企业改革发展注入了活力,2016年—2019年,中交集团新签合同额、利润总额、经济增加值年均复合增长率分别达到12.68%、10.08%和15.26%,支撑中交集团成为唯一一家荣获国资委业绩考核"15连A"成绩的建筑央企,《国资报告》将中交集团作为十八大以来央企业绩考核典型案例,考核制度入选国企改革简报,供国务院领导参阅。

一、科学分类,夯实差异化考核体系的基础前提

(一)细化"十大分类"做支撑

中交集团按照"全球知名工程承包商、城市综合体开发运营商、特色房地产商、基础设施综合投资商、海洋重工与港口装备制造服务商"发展方向,根据被考核主体的战略定位、行业属性、业务领域等因素,将所属企业划分为十大类。在此基础上,以各企业的业务细类、发展阶段为依据再进行细化,目前已将45家子企业划分为23小类,4个事业部各为1小类,基于此制定不同的考核指标体系。未来,随着新企业、新业态、新模式的涌现,中交集团考核体系还会根据企业改革进展情况,对上述类别划分进行动态调整和持续扩容,实现对被考核主体的精准分类与充分细化,为差异化确定各类考核主体的考核方案持续创造有利条件。中交集团被考核主体的分类情况如图4-1所示。

图4-1 中交集团被考核主体的分类情况

(二)树立"五大导向"明方向

在精准分类的基础上,中交集团量体裁衣,各有侧重,明确了五项差异化考核导向,进一步压实主体责任。其中,对于事业部、区域总部,侧重关注其业务统筹、区域协调;对于子集团,侧重关注其战略落实、市场开拓;对于外经平台企业,侧重关注其海外市场开发、战略协同;对于基建企业,侧重关注其运营质量提升、业务结构调整;对于设计企业,

侧重关注其技术进步、前端引领；对于投资运营类企业，侧重关注其资产结构、投资效益；对于金融服务类企业，侧重关注其风险控制、内部服务；对于装备制造类企业，侧重关注其资金周转、业务结构调整；对于物资公司、资管公司等其他企业，侧重关注其功能发挥、产业效益。总体而言，注重大型企业的高质量稳健发展及中小型企业的高速度健康发展。

（三）编制"九项文件"强保障

针对不同业务领域，中交集团搭建了由"1个考核办法主体+4个实施文件+4个说明文件"组成的"1+4+4"积木式经营业绩考核制度体系。考核办法主体简明扼要，对业绩考核的基本问题做出原则性、框架性政策规定，并保持稳定。实施文件与说明文件则根据新形势和新任务的要求按年度进行适当调整，对每个子企业都可以根据其综合情况选取考核重点构建适合其发展要求的个性化考核方案。积木式制度体系实现了考核办法主体与指标体系、目标责任书的相对分离，保障了考核制度在灵活开放下的总体稳定，使精准考核由理念成为现实。中交集团"1+4+4"积木式考核制度体系如图4-2所示。

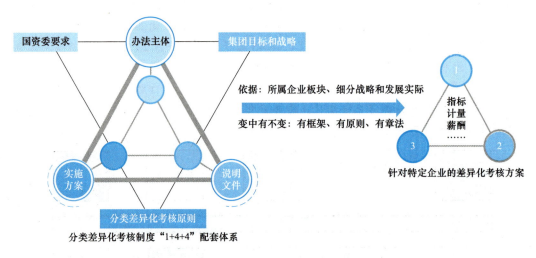

图4-2 中交集团"1+4+4"积木式考核制度体系

二、精准引导，优化差异化考核体系的指标目标

（一）构建"3+1"指标体系，强化引导作用

中交集团所属单位考核指标主要包含基本运营类指标、战略引领类指标、管理控制类指标"三大常规考核指标"和专项考核指标"一个专项指标"。基本运营类指标旨在考核子企业的运营结果、运营质量和持续发展能力，分为基本指标和分类指标，占整体权重的80%。基本指标反映出资人关心的共性问题，即利润总额和经济增加值；分类指标反映企业差异化的个性问题，重点关注企业发展短板。战略引领类指标旨在考核子企业执行集团战略的情况，是集团贯彻落实"国企治理体系和治理能力现代化的排头兵、企业高质量发展的排头兵、企业全球化发展的排头兵"和海外优先发展战略等重大战略的重要保障。管理控制类指标旨在重点考核与集团管控、重点任务要求相关的管理事项，为只扣分不加分指标，对党建、安全、质量、环保等重大风险指标实施一票否决，引导企业牢牢树立红线意识、严格履行社会责任、主动担当央企重任。专项考核指标旨在重点落实上级部署的专项任务和临时性

重大任务,能够即插即用、灵活运用。近年来,专项考核主要聚焦"降应收账款、降存货、控负债、控成本、治亏损、快周转"等重大专项任务。上述指标中,所有战略引领指标、管理控制指标、专项考核指标以及部分基本运营类指标均按照企业类别差异化设置,差异化设置指标占整体权重的50%。2020年中交基金业绩考核指标体系如表4-1所示。

表4-1 2020年中交基金业绩考核指标体系

指标类别		指标名称	单位	基本分
基本运营类指标	基本指标	净利润	万元	20
		经济增加值	万元	20
	分类指标	营业收入利润率	(%)	15
		基金投放规模	万元	10
		基金管理规模	万元	10
战略引领类指标		基金内部投放比率	(%)	10
		优化集团及成员企业资产结构(减少带息负债金额)	万元	15
管理控制类指标		安全管理	—	最多扣6分
		环保管理	—	最多扣4分
		资金管理	—	最多扣6分
		党建工作	—	最多扣2分
		目标管理	—	最多扣2分
		法律风险管理	—	最多扣2分

(二)设置"两个维度"差异化目标值,强化激励作用

一方面,以"企业自报、集团主导"为原则确立基本指标目标值。由集团根据年度经营计划、各单位上年完成情况等确立基准值计算规则,将考核目标值分为"一、二、三"三档(即高于、等于、低于基准值),企业可以根据自身实际情况,选择档位报送目标。在同样完成考核目标的情况下,档位越高,结果越好,"高报低完成""低报高完成"均无法获得理想得分。这一机制的确立,有效降低了目标制定博弈成本,鼓励各单位在量力而行的基础上树立高目标导向。近年来,主动报送一档目标值的企业占比始终高于80%,有效促进了集团整体发展目标的圆满完成。另一方面,引入对标成果确立考核指标标准值。根据对标结果制定集团不同行业企业相对指标对标标准值。标准值分为优秀、良好、平均、较低、较差,考核时根据企业完成值所属的区间进行计分,有效避免了目标值对考核得分的影响,同时极大调动了企业开展对标管理的积极性。中交集团业绩考核分档目标计分方法如表4-2所示。

表4-2 中交集团业绩考核分档目标计分方法

目标值	完 成	未 完 成
第一档	指标得满分,同时根据完成情况给予不同加分奖励:完成目标值奖励1分;完成值比目标值增幅高于20%(含)或增加额大于3亿元(含),考核最终结果奖励3分;完成值较目标值增幅在20%以内或增加额在3亿元以内,按内插法计算奖励分数;目标值在1亿元(含)以内的,考核最终结果奖励减半	将基准值视为目标值。完成值高于基准值的,完成值每超过目标值2%,在基本分110%的基础上加基本分的5%,最多加至基本分的125%;低于基准值的,按照第二档标准计分

(续)

目标值	完成	未完成
第二档	每超过目标值2%在基本分110%的基础上加基本分的5%，最多加至基本分的130%	完成值每低于目标值2%，在基本分110%的基础上扣基本分的5%，最多扣至基本分的70%
第三档	每超过目标值2%在基本分的基础上加基本分的5%，加分受限。目标值比基准值低20%（含）以内的，最高得基本分的120%；比基准值低20%~50%（含）的，最高得基本分的110%；比基准值低50%以上的，最高得基本分的105%	完成值每低于目标值的2%，在本分的基础上扣基本分的5%，最多扣至基本分的70%

三、动态监控，严格差异化考核体系的过程管控

中交集团对子企业实施全方位动态监控，掌握其发展动态，找准其发展短板。

（一）建立考核指标库

截至2019年年底，中交集团共收录了包括EVA、利润总额、净利润、盈余现金保障倍数等在内的107项指标（包括22项管控指标），以满足精准差异化考核及全方位动态监控的需要，基于被考核主体细分类别，科学选取指标纳入其考核体系。指标库中对指标的定义及计算方式、目标确定方法和计分方法都有明确规定，使考核工作透明公正，指导效能充分发挥。

（二）建立业绩考核信息化系统

业绩考核信息化系统通过调用财务报表系统数据、生产经营采集平台数据以及二级子公司上报数据，对各考核主体的所有考核指标进行动态监测，全方位掌握各考核主体生产经营主要指标的变化情况、考核指标的执行情况和全年预计完成情况。

（三）建立预警机制

建立运营监控预警系统，充分运用信息化手段对考核指标库中的34项指标进行全过程监控，在"同比增减""完成进度"和"行业对标"三个维度设置黄色、红色预警阈值，每个月定期发布预警通知单，引导企业进行内部对标，在强项上发挥优势，在弱项上缩小差距。2019年共发出预警通知单504份，有力促进了企业提高整体盈利能力和效益水平，在确保全年各项任务目标完成的同时，实现了健康发展。中交集团下属某企业2019年10月运营监控预警通知单如表4-3所示。

表4-3 中交集团下属某企业2019年10月运营监控预警通知单

一、生产经营指标	单位	本年累计	同比增减幅度（%）	计划目标值	完成进度（%）
新签合同额	万元	2460976.46	-12.32	3200000.00	76.91
营业总收入	万元	1754137.00	4.83	2200000.00	79.73
利润总额	万元	33050.76	18.36	41000.00	80.61
净利润	万元	20714.76	8.69	30000.00	69.05

（续）

二、重要财务指标	单位	本年累计	同比增减幅度（%）	备注
经济增加值	万元	-53924.30	15.57	
经营现金净流量	万元	9050.00	-26.77	
毛利率	%	15.72	-2.07	
带息负债	万元	4113600.00	13.99	
存货（包含合同资产）	万元	2124237.80	2.60	
应收账款	万元	407526.00	-27.53	
成本费用占营收比重	%	99.47	0.57	

三、综合能力评价	单位	本年累计	同比增减数额/百分点	行业对标 优秀值	良好值	平均值	较低值	较差值
1．盈利能力状况								
盈余现金保障倍数	倍	0.44	-0.21	8.40	4.50	1.20	-0.60	-2.70
总资产报酬率	%	2.45	0.14	6.60	5.20	3.00	-0.10	-2.00
净资产收益率	%	1.76	0.28	13.70	9.30	3.80	-0.10	-8.30
营业利润率	%	1.84	0.22	15.40	10.10	3.70	2.20	-2.00
成本费用利润率	%	1.89	0.20	9.00	7.30	4.80	2.50	-5.80
成本费用占营收比重	%	99.47	0.57	86.80	93.40	100.00	105.80	114.00
2．资产质量状况								
总资产周转率	次	0.29	0.00	1.40	1.10	0.80	0.60	0.10
流动资产周转率	次	0.59	0.02	2.00	1.50	0.90	0.60	0.30
应收账款周转率	次	3.37	0.13	11.60	7.10	3.70	2.50	1.20
存货周转率	次	0.80	-0.67	5.60	3.80	2.30	1.70	1.00
两金占营收比重	%	120.28	-10.84	19.50	32.50	59.90	101.50	221.70
两金占流动资产比重	%	68.37	-7.55	38.90	48.70	53.90	60.90	66.50
3．债务风险状况								
已获利息倍数	倍	1.23	0.02	7.80	6.20	4.70	3.70	2.10
速动比率	%	35.42	-7.16	111.60	105.30	72.90	56.40	41.50
资产负债率	%	76.33	0.72	49.00	54.00	59.00	69.00	84.00
带息负债比率	%	72.55	3.72	11.80	24.60	35.00	47.10	59.30
4．经营增长状况								
营业总收入增长率	%	4.83	3.03	19.30	13.40	6.70	-7.60	-16.80
营业利润增长率	%	19.28	-31.30	25.20	16.50	8.70	-3.80	-14.80
总资产增长率	%	7.14	-8.62	19.50	14.40	8.10	-2.40	-12.10
资本积累率	%	3.99	-2.16	22.30	16.50	6.50	-6.00	-18.20
技术投入比率	%	2.45	2.45	7.10	5.50	4.00	2.70	0.50

（续）

5. 补充指标								
经济增加值率	%	-1.02	0.24	9.80	5.50	1.10	-3.60	-11.50
资产现金回收率	%	0.12	-0.06	11.60	8.00	3.40	-0.60	-3.00
现金流动负债比率	%	0.20	-0.18	21.60	13.70	4.20	-4.30	-8.60
综合得分	75.80			预警程度		一级预警		
预警提示	个别生产经营或业绩考核指标的完成有一定压力，提质增效工作亟待加强，各类财务指标中有一定比例与年初预算不符，需加以关注							

（四）建立动态调整机制

以监控结果为依据，调整优化考核指标。发现和找准企业的短板和主要风险，筛选出相应考核指标，纳入子企业下一年度经营业绩考核，促进差异化考核从类别差异化向个体差异化转变，持续增强业绩考核的时效性与针对性。

四、刚性兑现，突出差异化考核体系的结果应用

（1）考核结果与负责人薪酬紧密挂钩，形成"绩效升、薪酬升，绩效降、薪酬降"的绩效文化。根据行业特点设置不同的基薪确定因子，引入行业系数强化薪酬市场化水平，所有子企业负责人的基薪均有所差别。根据基薪和考核结果确定绩效薪酬，实现了负责人薪酬的充分差异化，2019年，中交集团子企业负责人的薪酬最大差距达到了2.62倍。

（2）考核结果与企业评优紧密挂钩，建立"金字塔"式企业评价体系。构建了考核结果A级、优秀企业、经济效益最优三位一体、层层递进的企业评价制度体系，层层选拔，优中选优，树立标杆，鼓励先进，鞭策落后。2019年，共有17家企业获评A级企业，占比为40.5%；其中优秀企业10家，占比为23.8%；经济效益最优奖9家，占比为21.4%。

（3）考核结果与干部选拔任免紧密挂钩，助力领导干部"能上能下"落在实处。颁布实施《中国交建推进领导人员能上能下实施细则》，将经营业绩考核结果明确列为推行干部能上能下的重要依据。明确规定对连续两年考核结果为D级或连续两年考核在本板块中排名最后且为C级以下的单位负责人进行调整，显著提高了经营业绩考核的地位和作用。2016年—2019年，中交集团党委对业绩考核成绩不佳的部分企业主要领导进行了及时调整。

（资料来源：中交集团林荣安撰写。）

中交集团顺应公司发展，不断修改、优化绩效管理体系，把经营绩效考评作为保障公司战略有效执行的重要工作，围绕公司战略构建和优化绩效管理体系，引导集团战略落地见效。绩效管理工作内容复杂，涉及方方面面，绩效管理系统设计是保证绩效管理有效性的重要前提。

第一节 绩效管理系统

绩效管理本身是一个复杂的系统。不能混淆绩效考评和绩效管理的概念，绩效考评只

是绩效管理中的一个环节，绩效管理一般包括绩效计划、绩效实施与管理、绩效考评、绩效反馈等多个环节。绩效考评一般可以由人力资源部或者公司直线经理牵头，要开展好绩效管理工作，一般需要由董事长或者总经理牵头。许多绩效管理工作开展得好的机构，一般都是把绩效管理作为"一把手工程"在运作。

一、绩效管理系统的内涵

莱文森（Levinson）曾于1976年指出："多数正在运用的绩效考评系统都有许多不足之处，这一点已得到广泛的认可。绩效考评的明显缺点在于：对绩效的判断通常是主观的、凭印象的和武断的；不同管理者的评定不能比较；反馈延迟会使员工因好的绩效没有得到及时认可而产生挫折感，或者为根据自己很久以前的不足做出的判断而难过。"实践证明，提高绩效的有效途径是进行绩效管理。因为，绩效管理是一种提高组织员工的绩效和开发团队、个体的潜能，使组织不断获得成功的管理思想和具有战略意义的、整合的管理方法。绩效管理可以帮助企业实现其绩效的持续发展；促进形成以绩效为导向的企业文化；激励员工，使他们的工作更加投入；促使员工开发自身的潜能，提高工作满意度；增强团队凝聚力，改善团队绩效；通过不断的工作沟通和交流，发展员工与管理者之间建设性的、开放的关系；给员工提供表达自己的工作愿望和期望的机会。所以，越来越多的企业开始构建绩效管理系统。

可以肯定地说，绩效管理是一个连续性的循环系统，即是一个由相互作用、协同工作、相互依存的构件组成的实现某种目标的共同体。绩效管理之所以是一个系统，因为它具备系统的特征。

（一）绩效管理系统有自己的组成构件和共同目标

一般来说，绩效管理系统有四个基本构件，分别是绩效计划、绩效实施与管理、绩效评估、绩效反馈。它们共同的目标是提高绩效。绩效计划就是管理者和员工就目标设定和目标分解达成共识的过程。绩效实施与管理中最重要的就是绩效沟通。绩效沟通就是一个管理者和员工双方追踪进展情况，找到影响绩效的障碍以及得到使双方成功所需信息的过程。绩效评估就是管理者和员工一起评估员工对绩效计划中所定目标的完成情况的过程。绩效反馈就是把绩效评估的结果以面谈的形式反馈到个人，双方通过沟通识别引致个人、部门甚至整个组织绩效问题的真实原因，以及解决问题、提高绩效的过程。

（二）绩效管理的构件之间相互依存、相互作用

绩效计划是启动绩效管理的关键点。在这个过程中，管理者和员工首先分析企业的战略经营计划、本单位的工作计划和上一年的绩效反馈报告，然后就本年度的工作计划展开讨论，就员工该做什么、为什么做、做到何种程度以及如何度量该工作（如形成关键指标体系）达成共识。有了一个好的绩效计划，绩效评估才有一个好的起点。但是，并不是说在制订了绩效计划之后，就等着绩效期结束后进行绩效评估，这是员工和组织最容易犯的错误之一。情况在不停地变化，意想不到的情况随时都可能出现，应该把绩效计划看成是动态的，发现不合理和过时之处需要随时调整。这个发现和处理问题的过程就是绩效实施与管理过程，该过程最重要之处就是在整个区间内管理者和员工双方持续沟通。它是连接计划和评估的必不可少的中间环节。接下来是绩效评估，有了详细的绩效计划和持续的沟通，绩效评估应该是一个比较轻松的过程。但如果指望仅仅通过绩效评估就能提高绩效，那么一定会失望，因为这并不是绩效管理的终结点，下一步是根据绩效评估提供的线索，分析出现问题的

原因并且讨论解决的办法，即绩效反馈。至此，一个周期结束，下一个周期的绩效计划紧接着开始。这就是绩效管理的全过程，一个由相互联系、相互依存的四个部分组成的循环系统，而绩效评估仅仅是这个系统中的一部分。

由此可见，一个高效的绩效管理系统必然具备以下特征：

（1）它是一系列管理活动的连续不断的循环过程，具体包括绩效计划、绩效实施与管理、绩效评估和绩效反馈四个环节。往往一个绩效管理过程的结束是另一个绩效管理过程的开始，通过这种循环，个体和组织绩效得以持续发展。

（2）作为一个系统，绩效管理强调全体员工的参与，是一个自下而上的过程。每一个员工都应该设计自己的绩效目标，并与领导达成一致；而且，高层管理者的支持和参与是决定绩效管理成败的关键。

（3）它是一个强调沟通的系统。沟通的内容具体包括：组织的价值、使命和战略目标；组织对每一个员工的期望结果和评价标准以及如何达到该结果；沟通组织的信息和资源；员工之间相互支持、相互鼓励。

（4）它是一个强调发展的系统。为每一个员工提供支持、指导和培训，提高员工的胜任特征；每一个员工都应该主动学习、相互学习。所以，绩效管理系统的目标之一就是将企业建成学习型组织。

（5）在绩效管理系统中，强调绩效导向的管理思想，其最终目标是建立企业的绩效文化，并形成具有激励作用的工作气氛。

从管理心理学的角度来讲，绩效管理就是一个管理者和员工之间持续双向沟通的过程。沟通按信息发送者与信息接收者的地位是否变换的角度，分为单向沟通和双向沟通。两者之间地位不变是单向沟通，两者之间地位改变是双向沟通。美国心理学家莱维特（H.J.Leawitt）根据实验得出结论：双向沟通比单向沟通准确，并且在双向沟通中，信息接收者对自己的判断比较有信心，知道自己对在哪里，错在哪里。所以，绩效管理应该是一个双向的沟通过程。

首先，绩效计划过程是一个沟通的过程。这里讲的绩效管理中的绩效计划不是一个传达过程，而是一个协调组织中管理者和员工对绩效计划和计划分解的意见从而达成共识的过程。因为群体中个体差异性的存在，这个过程必然需要沟通。如前所述，绩效计划的实施与管理是一个沟通过程，绩效评估和绩效反馈也不例外。通俗地说，绩效评估就是一个讨论会，会议期间，管理者和员工共同努力对员工过去一个绩效管理周期的工作绩效情况从开始的意见不一致经过不断沟通达成共识。在随后的绩效反馈中，管理者不可能仅凭自己的看法找到产生绩效问题的原因，因为影响绩效系统的环境是复杂而多变的。为了更准确地找到原因，管理者不仅要与员工，还要与客户、组织中的其他成员、其他部门人员甚至是上级主管进行有效的沟通。可以说，绩效反馈和诊断是绩效管理中最具有挑战性的一环，它要求管理者具备沟通、领导和解决问题等方面的高超的管理技能。管理者只有不断地改进与员工交流的方法，才能达到帮助其开发自身技能和改进绩效的目的。综上所述，绩效管理是一个管理者和员工之间持续的双向沟通过程，管理者和员工在这个过程中达到提高绩效的目的。

绩效管理需要人力资源管理部门和其他部门管理者的共同参与。一般来说，人力资源管理部门主要有两个职责：一是创建人力资源管理平台，建立各种操作系统，即进行制度建设；二是辅助、监督和评估其他部门按统一的制度实施人力资源管理政策，保证每个员工得到公正的对待。对于绩效管理来说，人力资源管理部门的任务是正确把握绩效管理的方向

(如鼓励个人绩效还是团队绩效);合理地制定有关绩效管理的基本政策;确定如何使用绩效评估数据和结果;接受来自各个部门的绩效反馈以及监督各部门绩效管理的执行情况等。显然,所有这些工作只有在部门管理者充分参与和合作的前提下,才能顺利完成,否则,绩效管理就成了空中楼阁。

二、绩效管理系统的内容

绩效管理作为人力资源中的一个子系统,其本身也是一个完整的系统,有着自己独特的工作内容,可以从其流程图中清晰地看到绩效管理系统的运作情况,也可以反映出绩效管理是如何发挥其重要作用的。

所以,绩效管理系统也是一个管理循环过程,具体包括四个环节:绩效计划(performance planning)、绩效实施与管理(performance managing)、绩效评估(performance appraisal)和绩效反馈(performance feedback)。绩效管理系统中的几个环节紧密联系、环环相扣,任何一环的脱节都将导致绩效管理的失败,所以在绩效管理过程中应重视每个环节的工作,力求做到完美。

绩效管理系统流程图如图 4-3 所示。

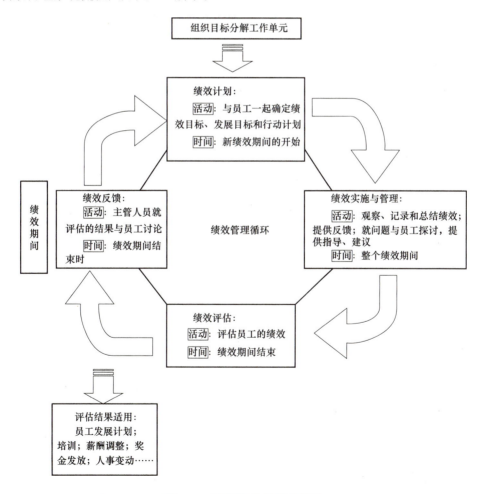

图 4-3　绩效管理系统流程图

三、绩效管理系统的环境因素

绩效管理系统并不是一个封闭的系统,而是一个动态的开放系统,有着自己特定的环境。这些环境因素包括企业文化、企业战略与经营计划、企业全面预算以及人力资源管理其他职能等。绩效管理系统与环境的关系如图 4-4 所示。

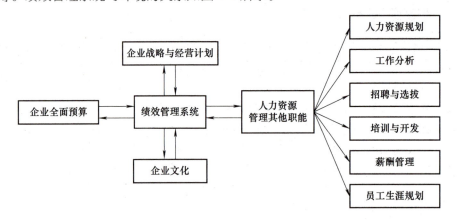

图 4-4　绩效管理系统与环境的关系

(一)企业文化

企业文化是企业长期以来形成的一系列信仰、价值观和行为方式的外在表现。企业文化与绩效管理的关系为:企业文化为绩效管理提供一种道德约束和行为准则;绩效管理本身也是企业文化的一部分,会对企业文化产生很大的影响,可以产生维持和修订现有企业文化的效果。

(二)企业战略与经营计划

企业战略是指企业为实现一定目标而设计的从各个方面与周围环境相互作用的计划。企业经营计划与企业战略是部分和整体、长期和短期的关系。企业的战略和经营计划是通过绩效计划与绩效管理联系起来的。绩效计划首先分析企业的战略和经营计划,然后把计划分解成各个小目标落实到各部门,再落实到每个员工身上;反过来,从绩效管理中得到的信息也影响着战略和经营计划的制订。

(三)企业全面预算

目前,大部分管理者对全面预算的概念理解仅限于财务预算,同时认为财务预算的制定是财务部门的工作。实际上,整个经营战略与计划均会体现在财务预算上。财务预算不仅仅是对销售收入及利润水平的预测,还应包含销售收入预算、费用与成本预算、需要配套的固定资产采购预算、人力资源管理中的工资预算及人数预算等内容。如果只有预算的制定而缺乏预算的监控,整个企业的运作就会与预算脱轨。绩效管理系统的运作可以有效地对预算进行监控,因为绩效管理系统中目标值的来源大部分取自预算中的数字。由此可见,绩效管理系统与全面预算的关系密切。要做好绩效管理,企业最好有一套完善的预算系统。

(四)人力资源管理其他职能

除企业文化、企业战略与经营计划、企业全面预算之外,人力资源管理的工作分析、

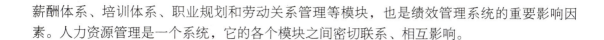

薪酬体系、培训体系、职业规划和劳动关系管理等模块，也是绩效管理系统的重要影响因素。人力资源管理是一个系统，它的各个模块之间密切联系、相互影响。

第二节 绩效计划

绩效计划是绩效管理系统中的第一个环节，是启动绩效管理和实现绩效管理战略目的的关键点。通常，制定绩效管理的主要依据是工作目标和工作职责。根据目标管理的原则，企业在制订绩效计划时，管理者和员工首先应该分析企业的战略经营计划、本单位的工作计划、员工的职责分工和上一年的绩效反馈报告，然后就本年度的工作计划展开讨论，就员工该做什么、为什么做、做到何种程度以及如何度量该工作（如形成关键指标体系）达成共识。在达成共识的基础上，员工对自己的工作目标做出承诺。管理者和员工共同的投入和参与是进行绩效管理的基础。绩效管理是一项协作性管理活动，由工作执行者和管理者共同承担。同时，它也是一个连续的管理过程，而不是一个管理年度中的一两次活动。因此，绩效计划在帮助员工找准路线、认清目标方面具有一定的前瞻性。它是整个绩效管理系统中最重要的环节之一。好的绩效计划也是好的绩效评估的起点。而且，绩效计划是一个动态的、持续的过程，需要随时发现它不合理和过时之处以便调整。这个发现和处理问题的过程就是绩效计划的实施与管理的过程。

一、绩效计划的内容

（一）绩效计划是关于工作目标和标准的契约

绩效计划是顺利进行绩效管理的前提和基础。许多管理者都认为绩效评估是绩效管理系统中最重要的一环，所以，在绩效管理过程中往往忽略了绩效计划。殊不知，没有好的绩效计划，绩效评估很容易引发企业和员工之间的争执和矛盾。所以，在绩效计划开始时，管理者和员工必须对员工的工作目标和标准达成一致的契约。在员工的绩效契约中，至少应该包括以下内容：

（1）员工在本次绩效期间内所要达到的工作目标。
（2）员工为达到目标所采取的方法、步骤。
（3）员工在完成目标时的权利和决策权限。
（4）具体衡量结果的内容和标准。
（5）获得员工工作结果的信息途径。
（6）员工工作目标的权重。

由于绩效包括结果绩效和行为绩效两个部分，因此，绩效计划必须清楚地说明期望员工达到的结果以及为达到该结果所期望员工表现出来的行为和技能，即确定工作目标（work objectives）和发展目标（development objectives）。

1. 工作目标及其衡量标准

工作目标是由主管领导与员工在绩效计划时共同商议确定的，通过这一过程将个人目标、部门或团队目标与组织目标结合起来。目标设定也是一个员工全面参与管理、明确自己的职责和任务的过程，是绩效管理中一个至关重要的环节。因为员工只有知道了组织或部门对自己的期望，才有可能通过自己的努力得到期望的结果。

在工作目标设定过程中，应注意使个人目标与部门或团队目标保持一致。个人目标是部门或组织目标的细化，个人目标的实现应能促进部门或组织目标的实现。同时，在确定工作目标时，应有主次之分，一般为 5～7 个目标，而且每一个目标都应赋予相应的权重，并按重要程度进行排序，最重要的排在最前面。

另外，所确定的目标的表述应简洁明了，要符合 SMART 原则。

2. 发展目标及其衡量标准

工作目标的实现离不开员工的实际工作行为表现，员工的行为表现应该保证主要工作目标的实现。因此，在确定工作目标的同时，还应该确定和认可相应的工作行为要求，即胜任特征。设计目标时考虑到发展目标，这是与目前绩效管理系统主张发展导向一致的。强调发展目标既可满足组织发展的需要，也可为员工个人赢得利益。

（1）胜任特征模型。确定胜任特征的方式就是建立该岗位要求的胜任特征模型（competency model）。具体包括：

1）确定绩效指标与标准。理想的绩效标准是硬指标，如销售额或利润、获得的专利和发表的文章、客户满意度等。如果没有合适的硬指标，可以采取让上级、同事、下属和客户提名的方法。

2）选择效标样本。根据已确定的绩效标准，选择优秀组和普通组，也就是达到绩效目标的组和没有达到绩效目标的组。

3）获取与效标样本有关的胜任特征的数据资料。收集数据的主要方法有行为事件访谈法、焦点小组法、360 度绩效考评法、问卷调查法、专家系统数据库法和观察法。目前主要采用的方法是行为事件访谈法。

4）分析数据资料并建立胜任特征模型。通过对从各种途径和方法中所得到的数据进行分析，鉴别出能区分优秀者和普通者的胜任特征。这一过程具体包括假设产生、主题分析和概念形成等环节。

5）验证胜任特征模型。一般可从三个方面来验证胜任特征模型：

① 选取第二组效标样本，再次用行为事件访谈法来收集数据，分析建立的胜任特征模型是否能够区分第二组效标样本（分析员事先不知道谁是优秀组、谁是普通组），即考察"交叉效度"。

② 针对胜任特征编制评价工具来评价第二组样本在上述胜任特征模型中的关键胜任特征，观察其评价结果是否与效标一致，即考察"构念效度"。

③ 使用行为事件访谈法或其他测验进行选拔，或运用胜任特征模型进行培训，然后跟踪这些员工，考察他们在以后工作中是否表现更出色，即考察"预测效度"。

根据 SMART 原则，个体所设计的工作目标应该是可达到但有挑战性的，即工作目标应略高于自己的实际能力。因此，为了保证顺利实现所确定的工作目标，员工必须有一个提高自己的胜任特征的过程，而且，通过提高自己的胜任特征，还可以促进员工完成更高的工作目标。

在这里，可以根据前面所建立的胜任特征模型，编制工作行为评价问卷，并采用 360 度绩效考评法来确定员工实际具有的胜任特征与岗位要求的胜任特征的差距（即培训需求），然后就可以确定员工的发展目标和计划了。

（2）制订发展计划时应注意的问题有：领导与员工应就员工的个人发展目标达成一致；员工有权利和有责任决定自己的发展目标；培训和发展活动应支持所确定的工作目标的实现；培训和发展活动应符合员工的学习风格。因此，应该采用多种方法，如在职培训、进修、研讨会等。

（二）绩效计划是一个双向沟通的过程

绩效计划不仅是一纸契约，也不仅是管理者的单向行为，它关系着管理者和员工的共同利益，是双方互相沟通、不断进步的过程。因此，建立绩效契约并不仅是管理者向员工提出工作要求，同时也是员工自己设定工作目标的过程。实质上，建立绩效计划的过程是一个双向沟通的过程，它更强调通过互动式的沟通手段使管理者与员工在如何实现预期绩效的问题上达成共识。在这个过程中，管理者需要向员工阐明的内容包括：①组织的整体战略目标；②本部门的发展目标；③对员工的期望；④具体的工作标准和完成时间。而员工需要向管理者表达的内容包括：①对工作目标的认识；②具体的工作计划和打算；③完成任务可能遇到的问题和所需的资源。

二、绩效计划的制订主体

由于绩效计划是通过实现个人的绩效期望促进组织目标实现的一个手段，因此，绩效计划必须在组织目标的大框架下进行。另外，由于绩效计划涉及如何控制预期绩效的实现过程方面的问题，因此，绩效计划需要人力资源管理专业人员、员工的直线管理者以及员工本人三方共同承担。

（一）人力资源管理专业人员

在许多组织中，人力资源管理专业人员与直线管理者一起设计一个符合各部门情况的有关绩效结果和绩效标准的框架，用以指导直线管理者与员工针对每个岗位的情况制订具体的绩效计划。同时，人力资源管理专业人员还会开发相关的培训材料，指导直线管理者和员工进行绩效计划的制订工作。

（二）员工的直线管理者

由于绩效计划的制订过程要求掌握许多有关的岗位信息，直线管理者在整个过程中承担了十分重要的角色，并且是整个绩效计划工作的最终责任人。他们能够根据每个绩效期间的特定工作，安排修订各个岗位的工作职责和绩效标准，以确保本绩效期间工作任务得以顺利完成。

（三）员工本人

员工参与是提高绩效计划有效性的重要方式。大量的实证研究证实，人们坚持某种态度的程度和改变态度的可能性主要取决于两个因素：一是他在形成这种态度时被卷入的程度，即是否参与态度形成的过程；二是他是否为此公开表态，即做出正式承诺。所以，在绩效计划阶段，让员工参与计划的制订并且签订正式的绩效契约，实际上就是让员工对绩效计划中的内容做一个公开承诺，这样他们就会更加倾向于坚持这些承诺，认真履行自己的绩效计划。同时，管理者对其应负担的责任也做出了承诺，从而增加了员工实施这一计划的信心。可见，员工参与并做出承诺是绩效计划的首要前提。

三、绩效计划的程序

（一）准备阶段

1. 相关信息准备

绩效计划通常是管理者与员工通过双向沟通达成的，因此，为了使绩效计划顺利执行，事先必须准备好相应的信息。需要准备的信息主要分为三类：组织信息、团队信息和个人信息。

（1）组织信息。组织信息包括企业的战略目标、年度经营计划和部门的工作计划等。管理者必须认识到将员工的个人发展纳入组织发展的轨道的重要性。所以，为了使员工的绩效计划能够与组织的目标结合在一起，在制订绩效计划之前，双方都需要重新回顾组织目标。员工对组织信息了解得越多，就越能在自己的工作目标中保持正确的方向。

（2）团队信息。团队信息包括团队目标、任务等。每个团队的目标是根据组织的整体目标逐级分解而来的。采用团队这种形式使得小单元内的目标责任更加明确和具体，直接与员工本绩效期的工作目标有关。管理者与员工必须清楚地知道团队的目标与任务。例如，企业的整体经营目标是市场占有率提高5%、产品成本降低15%……那么，作为一个业务支持性部门，人力资源部根据整体经营目标就可以制定出本部门的工作目标：进一步完善激励机制，鼓励开发新客户、创新、提高产品质量和降低成本的行为；进行开发新客户、提高创造性、成本管理等方面的培训等。

（3）个人信息。个人信息主要包括工作描述和上一个绩效期间的评估结果两个方面。工作描述是绩效管理的基础，它通常规定了员工的主要工作职责。从工作职责出发设定工作目标可以保证个人的工作目标与岗位要求相一致。但是，在这一环节一定要重新回顾其工作描述，随时根据环境的变化进行必要的调整。由于绩效管理的连续性和个人发展的延续性的特点，所以在制定本次绩效期间的工作目标时，有必要对上一个绩效期间的工作目标和评估结果进行一次全面的回顾，使上一个绩效期间存在的问题和有待改进的方面在本次绩效计划中得到反映，这有助于员工能力的全面提升和部门绩效的进一步改善。

2. 确定绩效计划沟通的方式

决定采取何种方式进行绩效计划的沟通也是非常重要的问题。一般来说，绩效计划的沟通方式有员工大会、小组会、面谈等。企业在选取沟通方式时，除了考虑要有利于绩效计划内容的了解与易于达成共识之外，还需要考虑环境因素，如企业文化与企业氛围、员工个性与特点、工作目标的难易程度等。

在通常情况下，如果希望借绩效计划的机会向员工做一次动员，那么不妨召开员工大会。如果工作目标只与某个小组的成员有关，可以开一个小组会，在小组会上可以就有关工作目标的问题进行讨论。这种方法可以进行得比较深入，成员对工作目标的协调与配合会有更深的认识，有利于今后工作的开展，也有利于在深入讨论中发现问题并及时解决。而面谈由于是管理者与员工面对面地沟通，相比较而言其针对性更强，也更容易与员工就工作目标达成一致。

（二）沟通阶段

沟通阶段是整个绩效计划阶段的核心。在这个阶段，管理者与员工经过充分交流，对员工本次绩效期间内的工作目标和计划达成共识。

1. 营造宽松的沟通氛围

良好、宽松的氛围对沟通效果至关重要。通常应该规定时间与地点，尽量避免有其他打扰，也应避免因其他事情打断谈话，保持沟通的连续性。同时，应确保管理者与员工之间对话的平等，这对沟通效果的影响极大。很多企业的管理者喜欢选择在咖啡厅或与员工一起进餐时沟通，这是不错的方法。

2. 沟通的原则

（1）平等原则。管理者和员工在沟通中是一种相互平等的关系，是共同为了业务单元的成功而制订计划。管理者要将自己放在一个与员工同等的位置上来讨论问题，而不能高高在上。

（2）信任原则。要相信员工是真正了解自己所从事工作的人，也应相信员工本人是自己工作领域的专家，所以在制定工作标准时应该更多地发挥员工的主动性，更多地听取员工的意见。

（3）协调原则。实质上，在绩效计划的制订过程中，管理者只是引导员工如何将个人工作目标纳入部门和组织的整体工作目标中，并充分发挥其协调作用，调动及合理配置相应的资源以实现工作目标。

（4）共同决策原则。绩效计划的最后达成应该是一个共同决策的过程。而且，员工自己做决定的成分越多，绩效管理就越容易成功。

3. 沟通过程

一般而言，沟通之前首先需要回顾一下已经准备好的各种信息，包括组织的经营计划信息、员工的工作描述和上一个绩效期间的评估结果等。

在回顾信息的基础上，每个员工都需要设定自己的关键绩效指标。所谓设定关键绩效指标，就是首先确定关键的工作产出，然后针对这些工作产出确定评估的指标和标准，并决定通过何种方式来跟踪和监控这些指标的实际表现。在设定关键绩效指标时，一定要注意关键绩效指标的具体性、可衡量性及时间性。

在沟通过程中，管理者还需要了解员工完成计划可能遇到的困难和障碍。管理者应对员工遇到的困难提供及时与切实的帮助。

通常要经过几次沟通方可达成共识，达成共识意味着沟通过程的结束。

（三）确认阶段

经过周密的准备并且与员工进行了充分沟通之后，绩效计划就初步形成了。还需要对绩效计划进行确认，以确保能顺利执行。

当绩效计划结束后，需要达到以下结果：

（1）员工的工作目标与组织的总体目标紧密相连，并且员工清楚地知道自己的工作目标与组织的整体目标之间的关系。

（2）员工的工作职责和描述已经按照现有的组织环境进行了修改，可以反映本绩效期间内主要的工作内容。

（3）管理者和员工对员工的主要工作任务、各项工作任务的重要程度、完成任务的标准、员工在完成任务过程中享有的权限都已经达成共识。

（4）管理者和员工都十分清楚在完成工作目标的过程中可能遇到的困难和障碍，并且明确管理者所能提供的支持和帮助。

（5）形成一个经过双方协商讨论的文档。该文档中包括员工的工作目标、实现工作目标的主要工作结果、衡量工作结果的指标和标准、各项工作的权重，而且双方都必须在该文档上签字确认。

绩效计划是绩效管理的起点。在绩效管理循环中，绩效计划的制订是非常重要的一个环节，如何科学、合理地制订绩效计划对绩效管理的成功实施具有重要的意义。许多企业绩效考评工作难以开展的原因在于绩效计划制订得不合理，与企业所处环境和实际发展方向不一致。因此，在制订绩效计划时要遵循两个原则：一是绩效计划要符合企业战略要求；二是绩效计划必须是可度量和可衡量的，并且计划定量要适宜，既不能过高或过低，也不能出现企业内部各部门之间完成绩效计划的难易程度相差过大等问题。

第三节 绩效指标体系设计

绩效指标体系的合理设计，是企业有效组织绩效考评、实现绩效管理目标的重要前提和基本保障。只有在结合企业的实际情况、进行有效的绩效沟通和选择合适绩效考评方法的基础上，设计出来的绩效指标体系才能使绩效考评发挥其真正的功能，推动企业的进步和发展，达成企业的战略目标。前文介绍关键绩效指标时，已经对绩效指标的有关内容进行了分析，本节继续对有关内容进行具体论述。

一、绩效指标的定义

（一）绩效指标的概念

指标是衡量目标的参数，预期中打算达到的指数、规格、标准。统计学中的统计指标也简称指标，是反映同类社会经济现象总体综合数量特征的范畴及其具体数值，是说明总体的综合数量特征的。绩效考评中，用以衡量员工绩效的依据称为绩效指标。绩效指标通常按照性质可划分为定量指标和定性指标两大类。

1. 定量指标

定量指标是经过研究和分析，事先确定的客观评价标准。它对每个员工可以独立进行评判。根据格利伯特（Glibert）四要素（数量、质量、成本、时效）法则，定量指标可以分为以下几类：

（1）工作的质量。通过计算工作的错误率来评价工作的质量。这里的错误指的是相对于工作标准的偏差。

（2）工作的数量。该指标的缺点是，由于工作的数量不仅由员工的能力和表现决定，还有其他的许多因素也会影响到工作的数量，因此可能出现不够准确的情况。并且，许多工作的产出无法由工作的数量来计量，如程序员、医生、消防员等从事的工作就具有这样的特点。

（3）工作的安全性。违反安全工作制度的员工可能会损坏机器设备或者受到身体上的伤害，从而使组织与员工遭受不必要的损失。

（4）成本。在工作过程中发生的成本包括原材料成本、能源成本、人工成本、机械成本等。

（5）时效性。该指标包括各种工作计划的完成情况是否按照计划节点完成，完成的比率如何等。

定量指标有自身的优点和缺点。其优点是不像主观评价那样容易存在偏见性的错误；但是，客观评价很少能完全反映出个人对组织的全部贡献。因此，许多组织采用定性指标来补充定量指标。

2. 定性指标

定性指标是指那些难以用数学手段进行计算的指标。它们主要由考评者利用自身的知识和经验，直接给员工打分或做出模糊判断，如职能部门的关系绩效指标、态度指标、满意度指标等。虽然定性指标的缺点众所周知，但它仍被众多组织使用。通过定性指标可以了解员工在工作过程中的所有付出，即使在员工没有生产出实际产品的情况下，此方法也能使用。

（二）有效绩效指标的特点

有效绩效指标的特点主要有可控性、符合实际、敏感性、可靠性、可接受性、实用性。

1. 可控性

所谓可控性，是指用来考核绩效的指标必须是被考评者可以影响和可以控制的。被考评者可以通过自己的努力来影响和改变该指标的数值，如会计可以通过自己的细心改变会计数据的出错数量。

无论是从激励的角度还是从学习的角度来看，绩效指标的可控性都非常重要。影响工作绩效的原因是多方面的，受自身不可控因素的影响越大，不可控因素对绩效指标信息的歪曲作用越大，人们的努力也就越容易被这些不可控的力量所压倒，以至于很难将个人努力的作用和外在因素的影响区别开来。整体经济大环境无论是萧条或繁荣，对部门和员工个人工作绩效的影响都是不容忽视的，在制定绩效指标时，应尽可能剔除那些不可控因素，公平、合理地衡量员工的努力和贡献。

2. 符合实际

所谓符合实际，是指在考评过程中要把绩效指标与组织目标联系起来，要把通过工作分析得到的绩效指标与考评范围，即被考评岗位的工作职责、业务重点以及考评着力点联系起来。

对一项工作数量和质量的要求就是工作要求。工作要求的具体表现形式就是工作绩效指标。工作绩效指标中规定了员工行为能够被接受的界限。

符合实际的含义还包括对工作分析、绩效指标以及绩效考评系统进行周期性的调整修改，以保证企业实行的绩效指标符合企业现在的实际情况。绩效指标并非静止不变的。如果企业的内外部环境变化，组织战略、目标和组织结构都要做出相应调整，企业的绩效指标也应随之而变化。

即使制定了明确的战略，并将其分解为一套自上而下、协调一致的绩效指标，也必须通过定期审核来保证指标的有效性和适用性。组织结构应随着组织规模和组织生命周期的不同成长阶段进行变革。既然组织结构明确规定了组织内各个部门和每个员工的职责权限，那么衡量部门绩效的考评指标及其权重也应该随结构而变化。

3. 敏感性

所谓敏感性，是指绩效考评系统区分工作效率高的员工与工作效率低的员工的能力。如果绩效考评系统缺乏这种区别的能力，就会出现不公正的局面，企业就无法依据该系统进行人事决策。更为严重的是，缺乏敏感性的绩效考评系统不仅毫无正面作用，反而会挫伤员工和主管的工作积极性。

研究表明，评估者对一些完全相同的工作评估信息会做出完全不同的处理，处理的方式取决于评估的目的。这一研究揭示了员工绩效考评用于管理目的和用于员工个人发展的矛盾，用于管理目的时，绩效考评系统需要收集有关员工之间绩效差别的信息；若用于促进员工个人的发展，则绩效考评系统需要收集每位员工在不同阶段自身工作情况差别的信息。这两类用于不同目的的信息不能交换使用，因此，同时满足管理和员工发展的绩效考评系统更为复杂。

4. 可靠性

所谓可靠性，是指不同的考评者对同一员工考评结果的一致性，即不同的考评者对同一员工所进行的独立考评结果应大体一致。由于主管、上级、下级和同事是处于不同角色的考评者，对同一员工的绩效考评的结果可能会有很大的差异，因此考评者必须有足够多的机会观察员工的实际工作情况。此外，实际绩效考评中的"真"和"假"是很难鉴定的，只要绩效考评系统满足科学和法律的要求，就可以认为考评效果是有效的。

5. 可接受性

所谓可接受性，是指包括员工绩效考评在内的任何人力资源管理方案都必须取得与该方案有关人员的支持或接受才能够真正实施，否则将会遇到巨大的阻力。因此，企业必须重视员工的参与和支持。如果不考虑组织中的人际因素，再好的考评方法也无济于事。任何人力资源管理措施的实施，并不是人与人之间的力量的较量，如果抱着这种态度，只会降低管理措施的可接受性。一般来讲，只要将工作要求详细、准确地告诉员工并征求员工的意见，可接受性就会大大提高。

6. 实用性

所谓实用性，是指绩效考评系统要易于被管理者和员工理解和使用。如果绩效考评系统过于复杂，员工看不清楚工作和绩效之间的联系以及考评结果的根据，管理者也不清楚或不理解绩效指标，就必然导致员工的不满和抵制。

二、绩效指标的种类

前面讲过，绩效指标按照性质的不同可以划分为定性指标和定量指标；如果按照绩效指标考察内容的不同，则又可分为三类：特征导向绩效指标、行为导向绩效指标和工作结果导向绩效指标。表4-4是这三类绩效指标实例。

表4-4　三类绩效指标实例

A. 特征导向绩效指标
根据下述特征对员工进行评级：
1. 对公司的忠诚度　　　很低　　低　　平均　　高　　很高
2. 沟通能力　　　　　　很低　　低　　平均　　高　　很高
3. 合作精神　　　　　　很低　　低　　平均　　高　　很高
B. 行为导向绩效指标
根据下述量级评定员工表现各种行为的频率：
1= 从来没有　　2= 极少　　3= 有时　　4= 经常　　5= 几乎总是
1. 以愉悦和友好的方式欢迎客户
2. 没有能力向客户解释产品的技术问题
3. 正确填写收费卡片
C. 工作结果导向绩效指标
根据生产记录和员工档案，提供员工的下述信息：
1. 本月生产的产品数目
2. 质检部门拒绝通过并销毁的产品数目
3. 质检部门拒绝通过并退回返修的产品数目
4. 本月中员工没有正式医院诊断情况下的缺勤天数

客观和可观察是员工绩效指标的两个基本要求。实际上，在对员工的工作绩效进行考评时，有很多种指标可以选择，其中包括员工的特征、行为和工作结果。员工的特征是员工行为的原因，员工的行为可以帮助管理者了解员工是否在努力完成工作任务，员工工作的结果则可被用来证实员工的行为和组织目标之间的联系。

1. 特征导向绩效指标

以员工特征为基础的绩效指标衡量的是员工个人特性，如决策能力、对企业的忠诚、人际沟通技巧、工作主动性等方面。这种绩效指标主要是回答员工的"人"怎么样，而不重视员工的"事"做得如何。这类绩效指标最主要的优点是简便易行，但是也有严重的缺陷：首先，以员工特征为基础的绩效指标有效性差，考评过程中所衡量的员工特性与其工作行为和工作结果之间缺乏确定的联系，例如，一名性情非常暴烈的员工在对待客户的态度上却可能非常温和；其次，以员工特征为基础的绩效指标也缺乏稳定性，特别是不同的考评者对同一个员工的考评结果可能相差很大；最后，以员工特征为基础的绩效指标无法为员工提供有益的反馈信息。

2. 行为导向绩效指标

在工作完成方式对于组织目标的实现非常重要的情况下，以员工行为为基础的绩效指标就显得特别有效。例如，一名售货员在顾客进入商店时应该向顾客问好，帮助顾客寻找需要的商品，及时地开票和收款，在顾客离开时礼貌地道谢和告别。这种绩效指标能够为员工提供有助于改进工作绩效的反馈信息，但是缺点是无法涵盖员工达成理想工作绩效的全部行为。例如，一名保险推销员可能用积极的、煽动性很强的方式在一个月内实现了100万元的保费收入；而另一名保险推销员可能用非常谨慎的、以事实说话的方式也在一个月内实现了100万元的保费收入。在这种情况下，如果员工的绩效考评体系只认为前一种方式是有效的，那么对另一名员工就很不公平。

3. 工作结果导向绩效指标

以员工的工作结果为基础的绩效指标是为员工设定一个最低的工作成绩标准，然后将员工的工作结果与这一明确的标准相比较。当员工的工作任务的具体完成方法不重要，而且存在着多种完成任务的方法时，这种结果导向的评价指标就非常适用。工作标准越明确，绩效考评就越准确。工作标准应该包括两种信息：一是员工应该做什么，包括工作任务量、工作职责和工作的关键因素等；二是员工应该做到什么程度。每一项工作标准都应该清楚、明确，使管理者和员工都了解工作的要求。而且，工作要求应该有书面的标准。其实，任何工作都有数量和质量两个方面，只不过是二者所占比重不同。由于数量化的工作结果标准便于应用，因此应该尽可能地把最低工作要求数量化。

工作结果导向绩效指标的缺点包括以下几个方面：①在很多情况下，员工最终的工作结果不仅取决于员工个人的努力和能力，也取决于经济环境、原材料质量等多种其他因素。因此，这些工作的绩效考评很难使用员工的工作结果来评价，即使勉强使用也缺乏有效性。②工作结果导向绩效指标有可能强化员工不择手段的倾向。例如，提供电话购物服务的企业如果用员工的销售额来评价员工的绩效，那么员工就可能中途挂断顾客要求退货的电话，结果损害顾客的满意程度，减少重复购买率。这显然不利于组织的长期绩效提升。③在实行团队工作的组织中，把员工个人的工作结果作为绩效考评的依据会加剧员工之间的不良竞争，妨碍彼此之间的协作和相互帮助，不利于整个组织的工作绩效。④工作结果导向绩效指标在为员工提供绩效反馈方面的作用不大，尽管这种方法可以告诉员工其工作成绩低于可以接受的最低标准，但是无法提供如何改进工作绩效的明确信息。

因此，在为具体的工作设计绩效考评方法时，需要谨慎地在这些类别中进行选择。除非员工的行为特征与工作绩效之间存在确定的联系，否则就不应该随便选择某一种单一而简便的考评方法。一般而言，将行为导向考评方法与工作结果导向考评方法有效结合，可以对绝大多数工作的绩效进行考评。

三、绩效指标设定的过程与方式

（1）进行工作分析（岗位分析）。根据考评目的，对被考评对象所处岗位的工作内容、性质以及完成这些工作所具备的条件等进行研究和分析，从而了解被考评者在该岗位工作所应达到的目标、采取的工作方式等，初步确定绩效考评的各项要素。

（2）进行工作流程分析。绩效指标必须从流程中去把握。根据被考评者在流程中扮演的角色、责任以及与上游、下游之间的关系，来确定其衡量工作的绩效指标。此外，如果流程存在问题，还应对流程进行优化或重组。

（3）进行绩效特征分析。可以使用图表标出各指标要素的绩效特征，按需要考评程度分档，如可以按照非考评不可、非常需要考评、需要考评、需要考评程度低、几乎不需要考评五档对所设计的指标要素进行评估，然后根据少而精的原则（即选取的指标尽量少，但是要涵盖被考评者80%以上的工作），按照不同的权重进行选取。

（4）进行理论验证。依据绩效考评的基本原理与原则，对所设计的绩效考评要素指标进行验证，保证其能有效、可靠地反映被考评者的绩效特征和考评目的要求。

（5）要素调查，确定指标。根据上述步骤所初步确定的要素，可以运用多种灵活方法进行要素调查，最后确定绩效考评指标体系。在进行要素调查和指标体系的确定时，往往将几种方法结合起来使用，使指标体系更加准确、可靠。

（6）修订。为了使确定的绩效指标更趋合理，还应对其进行修订。修订分为两种：一种是考评前修订，即通过专家调查法，将所确定的绩效指标提交给领导、专家及咨询顾问以征求意见，来修改、补充、完善绩效考评指标体系；另一种是考评后修订，即根据考评及考评结果应用之后的效果等情况进行修订，使绩效考评指标体系更加理想和完善。表 4-5 为某公司人力资源部经理年度绩效考评指标体系。

表 4-5　某公司人力资源部经理年度绩效考评指标体系

考评维度	绩效指标及权重	考评内容	考评主体
任务绩效 50%	人员供应 5%	保证人员供给	总经理
	招聘效果 5%	保证招聘质量	总经理
	培训效果 10%	培训计划执行情况	总经理
	人员教育结构提高程度 5%	促进员工自我教育，引进高素质人员	总经理
	考评、薪酬工作差错次数 10%	提高工作质量	总经理
	关键员工流失率 5%	降低关键员工流失率	总经理
	重要任务完成情况 10%	公司下达的其他重大任务	总经理
管理绩效 10%	预算控制 6%	控制费用、降低成本	总经理
	下属管理 4%	严格管理下属情况	总经理
周边绩效 20%	部门合作满意度 20%	促进部门配合保证公司业务正常运行	其他部门
能力 20%	能力/专业知识/技能 20%	工作能力、专业知识和专业技能	本部门员工

四、绩效指标设定示例

R 公司生产技术部门绩效考评方案设计，采用了以关键绩效指标为核心的部门绩效考评设计方案。因为 R 公司生产技术部采用计时工资制，故在各指标的平衡性方面考虑较多。针对该公司及生产部门的特点，在该方案设计中应遵循的流程是：确立企业目标；明确部门工作目标、关键任务和职责；设计部门绩效考评方案；明确部门绩效考评方案的实施任务、步骤、评估和责任鉴定；不断跟踪反馈。设计步骤如下：

（一）确定企业级 KPI

企业的目标有可控目标和可影响目标之分。可控目标是部门和人员通过努力可以直接实现的目标；可影响目标则是人员通过努力只能影响其中的一部分，而无法全部实现的目标，这类目标通常需要多个部门或多个人员承担，是目标分解的难点。需要从部门职能和人员入手，分清楚哪些是可控目标，哪些是可影响目标，针对不同的目标分别采取不同的分解方法。

1. 分解总目标

分解总目标的核心是寻找关键要素，寻找战略目标的关键支撑点，最好采用自上而下的系统思考方法，先从最终目的开始，确定实现的路径有哪些，需要具体做哪些事情才能保障其实行。同时，确定企业现存的最大短板，以及克服它的方法和手段有哪些。例如，R 公司的战略目标是不断开发新产品，实现产品的多元化，加强品牌推广力度，走品牌战略之路。这就要求有良好的质量作为支撑，发挥优势，克服劣势，实现企业的快速成长，保持其在行业中的领先地位。

2. 确定关键绩效领域

R 公司属于典型的制造业企业，需要关注的重点是生产和销售两个环节。企业经过多年的发展，已经形成一定的规模，有较高的产品知名度和市场地位，企业生命周期处于成长期向成熟期过渡的阶段，开发新产品控制生产成本、提高市场份额、提高产品质量是其关键的绩效领域。

3. 设计企业级关键绩效指标

利用鱼骨图的方法对企业的关键成功因素进行分析，得到企业级关键绩效指标。分析过程如下：

（1）确定关键成功要素（KPI 维度）。通过头脑风暴法，确定了 R 公司能够有效驱动战略目标的关键成果领域（KRA）是市场领先、优秀制造、客户服务、技术支持、人力资源及利润与成长。

（2）确定关键绩效指标要素（KPI 要素）。在确定了企业级 KPI 后，对多数部门和员工来说，企业级 KPI 还只是一个战略层次的目标，无法直接落实到其日常工作中。这就要求必须对企业级 KPI 进行细化，分解为部门的和个人的 KPI 来指导其日常工作，只有这样才能确保部门和员工的工作与组织战略保持一致，避免发生战略稀释现象。

（二）确定部门级 KPI

为了确保部门工作对组织目标的支撑，部门级 KPI 的来源主要有两个：企业级 KPI 和部门职责。把企业级 KPI 分配或分解到相应部门是部门级 KPI 的主要来源，只有这样才能通过实现部门目标来支撑组织目标的实现。但有些部门，如办公室、财务部、人力资源部等，不能或很少能够直接承接企业级 KPI，这些部门的 KPI 多来自其部门职责。R 公司的企业级 KPI 如表 4-6 所示。

表 4-6　R 公司的企业级 KPI

KPI 维度	KPI 要素	KPI
市场领先	质量控制	来料批次通过率 废次品降低率
	成本	单位产值费用降低率
	交货	准时交货率
优秀制造	市场份额	目标市场占有率 销售增长率
	销售网络有效性	销售计划完成率 贷款回收率 业务拓展效率

(续)

KPI 维度	KPI 要素	KPI
客户服务	新产品开发	新产品开发计划完成率 新产品立项数
	核心技术地位	设备维修平均时间 与竞争对手产品对比分析
技术支持	响应速度	服务态度 问题及时答复率
	主动服务	客户拜访计划完成率 客户拜访效率 产品售后调查及时性
	服务质量	质量问题处理及时性 质量问题处理成本
人力资源	资产管理	资产负债率 应收账款周转率 存货周转率 净资产收益率
	利润	销售利润率 成本费用利润率 销售毛利率
利润与成长	员工满意度	员工满意度综合指数
	员工开发	优秀员工流动性 绩效改进计划完成率 员工培训满意率

1. 企业级 KPI 的分解

获得企业级 KPI 后，首先要确认这些指标是否能够直接被企业内部相关部门承接，如果这些指标不能被直接承接或由一个部门单独承接，则必须对这些指标进行进一步分解。通过分析可以看出，企业级 KPI 分为两类：一类是可以由一个部门来承接的 KPI，如单位产值费用降低率、新产品立项数等，这些 KPI 可以根据部门职责直接分配到相关部门，成为该部门的 KPI；另一类是不能由一个部门来承接的 KPI，如来料批次通过率、废次品降低率等，这些 KPI 必须经过分解才可以被分配到相应部门，成为部门 KPI，采用业务流程——组织结构矩阵法对其进行了进一步分解（见表 4-7 和表 4-8）。

表 4-7 来料批次通过率分解矩阵

部　　门	质检部	采购部
质检部（销售技术支持和供应商评价）	销售合同技术评审准确性 原材料采购方案供方评价	—
采购部（采购和供应商评价）	—	采购合同差错率 供方评价（捆绑指标）

通过这种方式，可以将原来不能由部门直接承接的企业级 KPI 分解为部门能够承接

的部门级 KPI，从而引导各部门为企业目标的实现而努力，保证部门目标和企业战略的一致性。

表 4-8 废次品降低率分解矩阵

部　　门	采购部	质检部	生产部
采购部（原材料供应）	物资采购的有效性	—	—
质检部（产品检验）	—	批量不合格品再发生率	—
生产部（精密制造）	—	—	生产工艺改造、生产中技术问题处理的有效性、提高自检合格率

2. 部门职责

部门职责界定了该部门的所有工作，不可能也没有必要把所有的部门工作都细化为绩效指标。同样地，采用关键成功因素法确定部门级 KPI，其方法与企业 KPI 的建立方法基本相同，只是分析对象有所区别。

生产技术部 KPI 设计实例如表 4-9 所示。

表 4-9 生产技术部的 KPI

生产技术部的 KPI	目标值
产品和产品用物资检验的准确性	
新产品开发计划完成的及时性	
批量不合格品再发生率	
设备改造（大修）计划	
生产技术问题处理的及时性和有效性	
供方评价	
质量问题处理的及时性	
质量问题的处理成本	
问题及时答复率	
质量体系建设	
制度规程建设	
质量和技术培训满意率	

3. 确定个人 KPI

在企业级和部门级 KPI 确定之后，各部门的主管根据企业级 KPI、部门级 KPI、岗位职责和业务流程，采用与分解企业级 KPI 相同的方法将部门级 KPI 进一步细分，得到个人 KPI。目标分解的过程就是压力传递的过程，主管要在员工身上找到重点目标的对接点，而不是自己一人来扛、员工毫无压力。主管需要检查每个员工的职责，然后确定谁与这些目标有关，他们承担的比例是多少，从而做到目标分解上下贯通、不错位。

由此可以看出，员工的个人 KPI 是由企业、部门和岗位三个层面的 KPI 组成的。员工的绩效指标由工作结果类指标、工作能力类指标和工作态度类指标构成，其中工作态度类指标和工作能力类指标通过工作分析已经在工作说明书中给出，而工作结果类指标中还有选择哪些指标来进行评价和各个指标所占权重的问题。

第四节　绩效考评

一、绩效考评的内涵

（一）绩效考评的概念

绩效考评是指评估主体对照工作目标或绩效标准，选择合适的评估方法，评估员工的工作任务完成情况、工作职责履行程度和个人发展情况，并且将评估结果反馈给员工的过程。作为一种正式的员工评估制度，绩效考评是通过系统的方法对员工行为的实际效果及其对企业的贡献、价值进行评估。如前所述，绩效考评是一个动态的持续过程，绩效计划和沟通是绩效考评的基础。只有做好绩效计划和沟通工作，绩效考评工作才能顺利进行。从绩效管理的发展历程来看，绩效考评主要包括三个方面的含义：

（1）绩效考评是从企业经营目标出发对员工工作进行考评，并使考评结果与其他人力资源管理职能相结合，推动企业经营目标的实现。

（2）绩效考评是人力资源管理系统的组成部分，它运用一套系统的和一贯的制度性规范、程序和方法进行考评。

（3）绩效考评是对组织成员在日常工作中所表现出的能力、态度和结果做出的以事实为依据的评价。

（二）绩效考评的作用

明确绩效考评的作用有助于员工和管理者正视绩效考评，并以积极的态度参与这项工作。绩效考评主要服务于管理和发展两个方面，目的是提升组织的运行效率，提高员工的职业技能，推动组织的良性发展，最终使组织和员工共同受益。

绩效考评是与组织战略相连的，它的有效实施将有利于把员工的行为引导到战略目标上来。整个绩效考评体系的有效性对于员工和管理者都有重要意义。

对于员工来说，绩效考评可以为员工的薪酬调整、奖金发放提供依据，并作为员工晋升、解雇和调整的依据，以及让员工清楚企业对他的真实评价和期望，如确定员工以往的工作为什么是有效的或无效的，员工如何对以往的工作方法加以改善以提高绩效，员工的工作执行力和行为存在哪些不足，如何改善员工的行为和能力等。

对于管理者而言，绩效考评是直线管理者不可推卸的责任，员工的绩效影响着管理者的绩效。认真组织绩效考评不仅体现了管理者对员工、自身和组织的负责精神，而且反映了管理者自己的工作态度。通过绩效考评，管理者可以及时准确地获取员工的工作信息，并以此作为员工潜能开发和教育培训的依据。对这些信息的整理和分析也可以对企业的招聘、选拔、激励及培训制度的效果进行评估，及时发现政策中的不足和问题，从而改进企业政策。

二、绩效信息的收集

（一）收集绩效信息的目的

在绩效实施的过程中对员工的绩效信息进行记录和收集，是为了在绩效考评中有充足的客观依据。在绩效考评时，将一个员工的绩效判断为"优秀""良好"或者"差"，需要有证据做支持，也就是说，依据什么将员工的绩效评判为"优秀""良好"或者"差"。这绝对不能凭感觉，而是要用事实说话。这些信息除了可以作为对员工绩效进行评估的依据，也可以作为员工绩效改进和晋升、加薪等人事决策的依据。

同时，保留翔实的员工绩效表现记录也是为了在发生争议时有事实依据。一旦员工对绩效考评或人事决策的结果产生争议，就可以利用这些记录在案的事实依据作为仲裁的信息来源。这些记录一方面可以保护企业的利益，另一方面也可以保护当事员工的利益。可见，管理者需要认真记录和收集绩效信息。

（二）收集绩效信息的方法

信息收集的方法有观察法、工作记录法、他人反馈法等。

观察法是指管理者直接观察员工在工作中的表现并将之记录下来的方法。

工作记录法是指通过工作记录的方式将员工的工作表现和结果记录下来，如财务数据中体现出来的销售额数量，客户记录表格中记录下来的业务员与客户的接触情况等。

他人反馈法是指员工的某些工作绩效不是管理者可以直接观察到的，也缺乏日常的工作记录，在这种情况下就可以采用他人反馈的信息。例如，对于从事客户服务工作的员工，管理者可以通过发放客户满意度调查表或与客户进行电话访谈的方式了解员工的绩效；对于企业内部的行政后勤等服务性部门的员工，也可以从其提供服务的其他部门人员那里了解信息。

信息收集方法运用得是否正确，直接关系到信息质量，最终影响绩效管理成败。由于单一的方法可能仅能了解到员工绩效的一个或几个方面，在实际操作中这几种方法往往需要综合运用。

（三）收集绩效信息的内容

尽管收集绩效信息是一项非常重要的工作，但它也会耗费时间、金钱等成本，因此必须有选择地收集。首先要确保所收集的信息与关键绩效指标密切相关。所以，确定收集哪些信息之前需要回顾关键绩效指标。按照通常的关键绩效指标，所要收集的信息基本可以分为三类：第一类是来自绩效记录的信息，如年销售额为20万～25万元、税前利润率为18%～22%等；第二类是由管理者通过观察得到的信息，如绩效期间内至少有三种产品与竞争对手不同、使用高质量材料与样式提升企业形象等；第三类是来自他人评估的信息，如客户评估等。

在收集的信息中，有相当一部分属于"关键事件"的信息。关键事件是员工的一些典型行为，既有证明绩效突出的事件，也有证明绩效存在问题的事件。

（四）收集绩效信息中应注意的问题

1. 让员工参与收集绩效信息的过程

作为管理者，不可能每天总盯着一个员工观察，因此管理者通过观察得到的信息可能不完全或者具有偶然性。因此，教会员工自己做工作记录则是解决这一问题的一个比较好的方法。而且，员工自己记录的绩效信息比较全面，当管理者拿着员工自己收集的绩效信息与他们进行沟通的时候，他们也更容易接受这些事实。

但值得注意的是，员工在做工作记录或收集绩效信息的时候，往往存在有选择性地记录或收集的情况。有的员工倾向于报喜不报忧，他们提供的绩效信息中体现成就的会比较多，而对于自己没有做好的事情则持回避态度；有的员工则喜欢强调工作中的困难，甚至会夸大。所以，当管理者要求员工收集工作信息时，一定要非常明确地告诉他们收集哪些信息，最好采用结构化的方式，将员工收集信息的选择性降到最低。

2. 要有目的地收集绩效信息

收集绩效信息要根据绩效管理的需要。有些工作没有必要收集过多过程中的信息，只需要关注结果就可以了，那么就不必费尽心思去收集那些过程中的信息。如果收集来的信息最后发现并没有什么用途而被置之不理，那么这将是对人力、物力和时间的一大浪费。

3. 可以采用抽样的方法收集绩效信息

科学的抽样是节省时间、保证较高准确性的好方法。所谓抽样，就是从一个员工全部的工作行为中抽取一部分工作行为做出记录。这些抽取出来的工作行为就被称为一个样本。抽样关键是要注意样本的代表性。常用的抽样方法有固定间隔抽样法、随机抽样法、分层抽样法等。

4. 要注意区分事实与推测

作为管理者，一定要注意收集那些事实的绩效信息，而不应收集对事实的推测。管理者通过观察可以看到某些行为，而行为背后的动机或情感则是通过推测得出的。如果说"他的情绪容易激动"，这是对事实的推断得出来的，事实可能是"他与客户打电话时声音越来越高，而且用了一些激烈的言辞"。所以，管理者与员工进行绩效沟通的时候，一定要基于事实的信息，而不是推测得出的信息。这一点很重要。

三、绩效沟通

绩效沟通就是管理者和员工共同工作，并分享有关信息的过程。这些信息包括工作进展情况、潜在的障碍和问题、可能的解决措施，以及管理者应如何帮助员工等。它是连接计划和评估的中间环节。

（一）绩效沟通的目的

员工和管理者通过沟通共同制订绩效计划，但这并不代表后面的绩效计划执行过程就会顺利。管理者还需考虑：员工会完全按照计划开展工作吗？计划是否足够周全，考虑到全部需要考虑的问题了吗？而要了解这些问题的确切答案，就必须进行持续的绩效沟通。在绩效实施与管理过程中进行持续的沟通是确保绩效管理系统正常运转的必要条件。

沟通有助于应对变化，并对绩效计划进行调整。当下工作环境中的竞争日益激烈，变化的因素也逐渐增加，在绩效实施开始时制订的绩效计划很可能随着环境因素的变化而难以实现。所以，在绩效实施过程中需要员工与管理者进一步沟通，以便更好地适应环境因素变化的需要，使绩效计划切实可行。

另外，员工在执行绩效计划的过程中也需要了解有关的信息，如工作内容是否有所变动，如何解决工作中出现的困难，自己目前的工作是否得到赏识，自己所需要的资源能否得以满足等。没有必要的沟通，员工的工作就处于一种封闭的状态，容易失去工作热情。

同样，管理者也需要及时掌握员工的工作进展情况，了解他们在工作中的具体表现，并且，一旦员工在工作中遇到问题，管理者应给予必要的帮助。这样管理者才可以做到心中有数，在确保绩效考评真实可信的同时，也减少了彼此因考评结果而出现的矛盾与争执。

（二）绩效沟通的内容

究竟需要沟通哪些信息，取决于管理者和员工关注什么。绩效沟通是管理者与员工共同的需要，在通常情况下，绩效沟通的主要内容包括：①工作进展情况；②员工和团队是否偏离目标；③如果偏离方向，应该采取什么样的行动来扭转；④工作进展顺利的方面；⑤工作遇到障碍的方面；⑥工作目标需要调整的方面；⑦管理者可支持员工的措施。

（三）绩效沟通的方式

采取什么样的沟通方式在很大程度上决定了沟通是否有效。从管理实践来看，绩效沟通主要分为正式沟通方式和非正式沟通方式两大类。

1. 正式沟通方式

正式沟通方式是指在正式的情境下进行的事先经过计划和安排，按照一定规则进行的沟通。在绩效管理中常用的正式沟通方式有以下几种：

（1）书面报告。书面报告是绩效管理中常用的一种正式沟通的方式，主要有工作日志、周报、日报、季报、年报等。它节约了管理者的时间，解决了管理者和员工不在同一地点的问题，但容易流于形式。

（2）会议。会议是一种点对面的直接沟通方式。其最大的好处是管理者可以借助开会的机会向员工传递有关企业战略目标和组织文化的信息；但耗费时间较长，并且大家对会议的需求不同，会对信息进行选择性过滤。

（3）正式会谈。正式会谈是一种一对一的面谈式沟通方式。其最大的好处是可以进行深度沟通。所以，这种方式更多地用于知识型员工与管理者的绩效实施过程中。在面谈过程中，管理者应力图通过面谈使员工了解组织的目标和方向。在面谈时，不仅停留在员工个人所做的工作上，而且要让员工知道其个人工作与组织目标有什么样的联系，并且多让员工谈自己的想法和做法，及时纠正无效的行为和想法。在绩效管理过程中，管理者的角色定位应是辅导者、教练、咨询者。

2. 非正式沟通方式

随着企业管理中对员工参与的重视，一些更为人性化的非正式沟通方式开始受到广泛的欢迎。它避免了正式沟通过程中员工产生的紧张感和厌倦感，更容易让员工敞开心扉、更好地表达自己的想法，能够取得较好的沟通效果。

常见的非正式沟通方式主要有以下几种：

（1）走动式管理。管理者在员工工作期间不时地到员工座位附近走走，与员工进行交流，或者解决员工提出的问题；但要注意不要过多干预员工的工作行为，否则会适得其反，给员工一种"突然袭击"的感觉，反而更容易产生心理压力与逆反情绪。通常，这种方式更多地运用于工业企业。

（2）开放式办公。开放式办公主要是指管理者的办公室随时向员工开放，只要没有客人在办公室里或非开会时间，员工随时可以进入办公室与管理者讨论问题。其最大的优点就是将员工置于比较主动的位置上。员工可以选择自己愿意与管理者沟通的时间与其进行沟通，并且可以比较多地主导沟通的内容。绩效管理是管理者和员工双方的责任，员工主动与管理者进行沟通是他们认识到自己在绩效管理中责任的表现。而且，沟通的主动性增强也会使整个团队的氛围得到改善。

（3）工作间歇时的沟通。管理者还可以利用各种各样的工作间歇与员工进行沟通，如与员工共进午餐、在喝咖啡的时候聊天等。在工作间歇与员工进行沟通时，注意不要过多谈论比较严肃的工作问题，可以谈论一些比较轻松的话题，其目的在于与员工建立良好的关系，以便更好地沟通。

（4）非正式会议。非正式会议是指如联欢会、生日晚会等各种形式的非正式团队活动。非正式会议也是一种比较好的沟通方式，管理者可以在比较轻松的气氛中了解员工的工作情况和遇到的需要帮助的问题。而且，这种非正式会议往往以团队的形式举行，管理者也可以借此发现团队中的一些问题。

四、选择绩效考评方法的原则

"工欲善其事，必先利其器"，员工绩效考评方法的正确选择和使用不仅可以减少考评的混乱、错漏和误解，而且可以减少考评的时间和降低考评体系的难度，从而最大限度地提高员工绩效考评的有效性。企业所采用的绩效考评方法差异性比较大，传统的方法有排序法、对偶比较法、图式评估法、多重（混合）标准尺度法、关键事件法、行为观察等级法、BARS法、生产能力衡量法、MBO法、EVA法、强迫分布法、KPI法、BSC法等。其中MBO法、KPI法和BSC法使用较多。每种绩效考评方法都有其优点和缺点。无论是从理论还是从实践的角度考虑，要想找到一种适用于一切情况的考评方法是不可能的。在条件允许的情况下，实施绩效考评时可以同时采用多种绩效考评方法，这样可以从不同的角度考察被考评员工工作绩效的各个方面，同时各种绩效考评方法之间也可以互补。每种方法各有千秋，都有各自的适应性，并不是每一种方法都适用于任何场合的绩效考评，企业应具体情况具体分析，选择适合自己特点的考评方法。选择绩效考评方法时，需要考虑以下几个原则：

（一）企业的主导目标

企业绩效考评的主导目标类型决定了应选择何种绩效考评方法。例如，有的企业追求的是快速地实现企业绩效目标，非常看重员工"干出了什么"，则员工的留用与淘汰、奖励与惩罚完全取决于员工完成预定目标的情况，对凡是达到预定目标的员工都留用或提薪，对未达到预定目标的员工则辞退，而对由此导致的员工的频繁流动却并不十分在意。因此，目标考核法比较适合这类企业。然而，有的企业追求的是建设一支稳定的、高素质的员工队伍，至于企业短期的绩效目标完成情况并不是首先考虑的问题。因此，这类企业多采用强制分布法进行末位淘汰。例如，若制定的是5%的淘汰率，那么不管末尾5%的员工是否都已达到预定的目标，也不管前95%的员工是否都达到预定目标，只要是居于末尾5%的员工就予以辞退，以此促进员工队伍在合理的范围内不断更新优化，提升员工队伍的素质。

（二）绩效考评方法的特性

就绩效考评方法而言，KPI与平衡计分卡都强调绩效考评的战略导向，并以此将企业战略发展内化为企业及员工的具体行动，适应了大企业更重视管理的战略需要。虽然中小企业也有管理上的战略需求,但中小企业一般更重视市场开发。目标管理法通过目标的层层传递,重在实现目标所期望的结果,比较适应中小企业追求成长的战略要求。很多大企业对主管的要求是要具备较强的管理能力,360度绩效考评法作为一种有效的能力开发手段,可以应用于大企业对主管能力的考核评估;同时,这种考核评估可以与主管述职评估结合起来,以全面了解主管的工作技能、方法以及工作艺术,来评价一个主管的胜任能力。对于中小企业而言,更重要的是其推动其创新能力,则360度绩效考评法就不一定十分有效。

在绩效考评方法的应用上,许多大企业由于组织庞大、人员众多而需要不断激活组织人员,保持组织活力,因此可选择强制等级分布或排名法。例如,一些大企业采用5%淘汰和末位淘汰制就很有效。而对于具有创新动力的中小企业而言,这种方法的意义就不是很大,因此可以选择目标管理或标准评价来进行绩效考评。

(三)员工的工作特征

员工的工作可以从不同的角度划分多种特征,如图4-5所示。

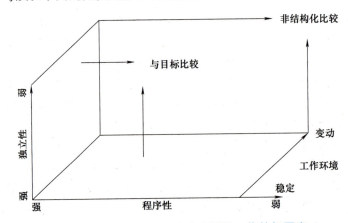

图 4-5　影响绩效考评方法选择的工作特征因素

在图4-5中,横轴代表工作内容的程序性,纵轴代表员工工作的独立性,第三轴代表工作环境的稳定性。从工作内容的程序性来看,可以有程序性很强的事务性工作到非常不确定的程序性很弱的工作;从员工工作的独立性来看,可以有非常弱的独立性要求到非常强的独立性要求;从工作环境来看,可以有非常稳定的工作环境到变动性很强的工作环境。实际上,每个员工的工作都是这三种因素的组合,相应地,对员工工作绩效的评价就需要有不同的方法。例如,在图4-5的左下角反映的是工作环境稳定、工作内容程序性强和员工工作独立性弱的情形,在这种情况下,工作绩效标准的客观性很强,就应该选择将员工的行为与工作标准进行对照的评价方法,如等级鉴定法等;图4-5右上角反映的是工作环境不稳定、工作内容程序性弱和员工工作独立性强的情形,在这种情况下,工作绩效的客观性很弱,因此就应该选择非结构化的比较方法,如书面报告等;图4-5的正中心反映的是三种因素的程度都居中的情形,在这种情况下,工作绩效的客观性也居中,对员工工作结果的考察要比对员工工作过程的考察重要,因此可以选择目标管理评价法。

(四)考评结果的用途

考评结果可以有很多的用途,例如可作为确立员工浮动报酬、加薪、晋升和奖励的重要参照标准和员工岗位调配的依据，也可据此确定培训、开发的对象与内容等。员工绩效考评方法的选择也要考虑考评结果的用途。有的考评方法可能非常适用于员工奖金的分配，但是不适合为员工提供反馈和指导；有的考评方法可能很适用于员工的培训和开发，但是不适合员工提薪、晋升和奖励等激励性人事政策的执行。例如员工比较评价法，由于它的评价基础是整体印象，而不是具体的比较因素，所以较难发现问题存在的领域，因此不适合用来对员工提供建议反馈和辅导，而且在为奖金分配提供依据方面的作用也是有限的。但是，如果企业进行绩效考评的目的是进行重大的人事决策（如晋升和提薪等），那么评价者就必须对员工进行相互比较，这时比较评价法就是不可或缺的。又如目标管理评价法，由于不同的岗位、不同的部门所设立的目标有所不同，因此员工之间、部门之间的可比性不强，使用这种方法的评价结果不便于为奖金分配提供依据，也不便于为日后的晋升决策提供支持。但是，这种方法能够发现具体的问题和差距，便于制订下一步工作计划，因此非常适合用来对员工提供建议反馈和辅导。

（五）企业内部人际关系和组织文化

融洽和谐的企业内部人际关系和积极健康的组织氛围是选择使用某些考评方法的前提条件。例如，360度绩效考评法的使用就对组织内部环境有较严格的要求，只有在企业内部员工之间人际关系和谐、上下级之间互相支持、部门之间交往模式非常健康的情况下，使用这种考评方法得出的结果才是公正、客观的。如果企业内部员工之间、部门之间缺乏信任、关系紧张或出现恶性竞争，那么就不适合使用360度绩效考评法，而应该使用强制选择系统，因为这种方法能够避免评价中的故意夸张。

绩效考评的精神就是要体现客观、公正、公平。一些传统大企业中人际关系复杂，"老好人"现象特别突出，导致绩效考评流于形式，从而使企业失去活力。显然，KPI模式讲求量化的管理，用数字说话，能够有效抑制这种文化的影响。当然，中小企业中人际关系比较简单，在绩效考评方法的选择上灵活性更大。

（六）企业承担考评成本的能力

绩效考评体系的价值在于绩效考评所产生的经济收益高于投入的成本。一些企业把考评系统的成本放入预算中给予合理考虑，企业承担考评成本的能力也就成为选择考评方法时的重要影响因素。复杂的考评方法需要花费大量的时间和精力，例如要请专家专门开发考评工具，要在考评运行中运用大量的统计分析，要考虑各类员工管理资料储存在计算机中的考评信息与计算机性能相匹配的问题等，因此成本较高。出于降低管理成本的考虑，很多企业更愿意选择一些便于操作、简单易行的方法，以减少考评时间、费用和精力。

一般而言，绩效考评的成本包括管理运作成本、组织成本以及考评信息收集与管理成本。企业规模的大小直接影响绩效考评的成本高低，如收集信息成本。一般而言，定量评价考评方法的成本要高于定性评价考评方法，但定性评价又会因为信息传递过程中的失真较大而增加成本，企业规模越大，绩效考评信息传递的失真也越大，甚至会超过定量评价。因此，大企业倾向于采用定量评价。定量评价的开发可以结合KPI与BSC法，采用等级评定和排名的绩效考评方法来实施。当然，为了提高绩效考评的效率和有效性，企业内部建立有效的信息系统作为支持也是必要的。中小企业组织扁平化、管理层次少、信息传递失真小，在绩效考评中可以考评更多的信息，因此可以采用MBO法，当然，借鉴与采用KPI方法也是相当有效的。

五、实施绩效考评

绩效考评作为一种有效的人力资源管理方法，其结果可直接应用于员工的晋升、离职、调动以及报酬的决定等方面。选择适合企业需要的绩效考评方法，对于实现绩效考评结果和绩效表现之间的良性互动具有重要意义。

（一）基于经验的绩效考评

在基于经验的绩效考评方法中，对员工的考评更多的是凭借直接上级主管的个人经验进行评价，只有对工作和员工本人比较熟悉，才可能起到绩效考评的应有作用。该方法适用于组织规模不大、上级主管熟悉业务并且能够直接观察到员工工作行为的场合。具体的考评方法有排序法和评定量表法。

排序法是指员工的绩效是通过与其他员工的绩效进行比较来评价的方法。也就是说，员工比较系统地使用排序而不是评分，排序形式有简单排序、配对比较、强制分布等类型。使用这种绩效考评方法，企业所花费的时间和精力较少，简便易行，因此它在许多企业中得到广泛应用。但是，它的评判标准是模糊的、不实在的，容易使人做表面文章。

评定量表法是通过设计量化指标对员工的绩效进行考评的方法。它的开发成本也很小，适用于组织中几乎所有的工作。但由于分数没有明确的规定，所以得到准确的评价相对困难，容易出现偏松或偏紧倾向。

（二）基于岗位职责的绩效考评

工作分析是用以了解工作信息与情况的一种科学手段，主要是以"事"为中心，对岗位进行全面、详细与深入的说明，为人力资源管理活动提供基础。岗位是组织的基本单元，组织的战略、目标与计划最终都要通过岗位功能的发挥得到落实，并以岗位目标与任务的达成为实现手段。

工作分析的最终成果是形成工作说明书，它既可以明确员工所在的岗位所要履行的主要职责和工作内容，也可以明确完成这些职责的绩效标准和行为表现，以及完成这些职责所需具备的知识和能力要求。因此，进行绩效考评时，工作分析是基础，工作说明书的完善是进行绩效考评的前提。具体来讲，基于岗位职责的绩效考评方法有行为锚定等级评价法、行为观察评价法、关键事件法等。这些绩效考评方法都依赖于深度的工作分析，因此被界定以及被衡量的行为和结果指标都是具有较高效度的。开发和设计这些绩效考评方法需要多数人的参与，因此其可接受性通常也很高，而且它们还可以将企业战略与执行这种战略所必需的某些特定的行为类型联系在一起，向员工提供关于企业对他们绩效期望的特定指导以及信息反馈，从而调动员工的积极性，提高绩效。

（三）基于战略的绩效考评

许多企业在一年一度的绩效考评中，各部门的绩效目标都完成得非常好，而企业的整体绩效却不是很好。其中的原因在于企业没有根据其发展战略和目标制定相关的绩效考评方案，也没有将企业的绩效目标分解到各相关部门。企业战略是关于如何完成企业或各业务单位的使命和目标的一系列决策和行动计划，那么战略的实施就必须落实到具体的行动主体上，即企业所有员工。因此，基于战略的绩效考评就为战略的实施提供了一种手段和途径，可以使企业的战略决策不断地由设想转变为现实，完成由战略决策到具体实施的转变。

基于战略的绩效考评方法主要有关键绩效指标法和平衡计分卡法。有关这两种方法的相关定义和运用前面已做过详细的介绍。

（四）提倡参与的绩效考评

提倡参与的绩效考评主要是指360度绩效考评法。它是对组织的成员进行自上而下、自下而上、本人的、平级的以及来自企业外部客户的全方位的考评。这种考评与传统的考评方法不同，它不仅把上级的评价作为员工绩效考评的来源，而且将组织内外部与员工有关的主体（其中包括员工本人）也作为绩效考评的信息来源。作为一种新的绩效改进方法，360度绩效考评法向被考评者提供反馈，以帮助被考评者提高其能力水平和绩效。360度绩效考评法的主要目的是服务于员工的发展，而不是对员工进行行政管理，如提拔、确定工资等。所以，这种考评方法更多地强调多方面的共同参与，其目的在于调动员工的积极性。如果应用时不以反馈为目的，而把它作为企业工资定级或晋升的依据，则360度绩效考评法的效果将大打折扣，甚至可能出现实际效果与预想目标的背离。

（五）实际工作中的绩效考评

在实际工作中，应当综合运用各种考评方法，以达到较好的评估效果。首先要端正观念，要知道没有适用于一切企业的考评方法，不同的考评方法有着各自的优势和劣势；然后要认清企业的现状和管理基础，在此基础上进行绩效考评设计。

在具体操作中，可以采用上下结合的绩效考评方法，即采用建立在工作分析基础上的绩效考评和以贯彻实施企业战略为目标的绩效考评相结合。

工作分析产生于泰勒的科学管理时代，经历了上百年的实践验证与持续改进。由于社会技术、经济的发展，组织最小构成单位——岗位不再作为工作边界固定下来，而传统的工作分析是对单个的和事先确定的岗位职责的静态描述，建立在传统工作分析基础上的绩效考评就成了实施管理创新的巨大障碍。现代工作分析着眼于工作流程、工作投入、工作产出与工作结构关系的分析。因此，即使单纯地讲工作分析，也不再是过去那种建立在以孤立的、静态的、描述性的传统工作分析基础上的绩效考评，而是建立在系统的、动态的、预测性的工作分析基础上的绩效考评，即工作分析要以战略为导向，强调在工作分析中明确地体现岗位对战略的价值和贡献，以及战略对岗位的要求和期望，从而在现实中将企业绩效考评指标从上而下和从下而上的分解结合起来，实现考评体系结构"静态的职责"与"动态的目标"的协调。

员工绩效考评方法多种多样，其应用和选择策略难以一一列举。但不可否认的一点是，各种方法都有其长处与局限性，仅采用其中的一种或几种都不利于绩效考评工作的开展和绩效管理实效性的真正提高，必须让它们优势互补，组合成方法体系，以扬长避短，发挥整体优势。另外，员工绩效考评是一种人力资源考评，人力资源又是一种不同于其他资源的特殊资源，它的主体是人，因此，它比其他资源的考评方法要复杂得多。有关各方在绩效考评过程中的相互信任、管理人员和员工的态度、考评的目的、考评的频率、考评的信息来源以及考评人员的水平等各种因素都对绩效考评的成败起到很重要的作用。只有各方面都协调到位，再配合以适当的考评方法，才能保证绩效考评目的的真正实现。

（六）培训考评者

用系统的观点来看，每个岗位上的员工与他周围的环境之间会相互作用。因此，如果条件允许，与被考评员工工作环境相关的所有人都可以列入考评者的范围，并将各种考评意见有效结合。参与考评的人员可能包括上司、同事、小组成员、员工自己、下属和客户。绩效考评的参与者应是多方面的，因为仅凭借一个人的观察和评价很难对员工做出全面的绩效考评。

绩效考评作为绩效管理的重要步骤，考评主体同时在绩效管理过程中承担重要的角色。绩效考评失败的原因多数在于考评者本身的主观错误，如对被考评者的偏见或其他一些并非恶意的主观性错误。这些常见的误区有：

（1）晕轮效应误差：考评者往往会因为被考评者在某一特性上得到高分（如信用管理）而高估其他特征（如客户关系）导致的误差。

（2）与我相似误差：考评者对和自己具有相似特征和专长的被考评者给予较高评价而导致的误差。

（3）中间趋向误差：考评者倾向于把大多数的被考评者都评为中等而导致的误差。

（4）过分宽容误差：考评者考评时过于宽容，打分过高而导致的误差。

（5）过分苛刻误差：与过分宽容误差相反，考评者打分过低而导致的误差。

（6）近期行为误差：考评者只根据被考评者最近的行为进行评价而导致的误差。

（7）对比效应误差：考评者倾向于通过将被考评者与其他人比较来对其评价，而不是根据工作要求评价而导致的误差。

（8）人际关系误差：考评者把被考评者与自己的关系好坏作为评价依据而导致的误差。

（9）世俗偏见误差：考评者对某些群体存在固有好恶偏见而导致的误差。

为了有效避免上述错误，在考评工作正式开始之前，有必要对考评者进行培训，提高他们的考评能力。可以通过制订正规的培训计划、对企业人力制度进行讲解、让考评者熟悉考评指标及标准等，纠正考评者在考评过程中经常出现的主观失误。

进行360度绩效考评，关键在于考评反馈。由于对员工的评分结果进行反馈需要一系列的信件传输，这个过程往往需要花费几周甚至几个月的时间才能完成。正是由于其操作复杂，极大影响了评分结果的准确性以及评分效率，尽管许多企业花费大量的资金用来进行360度绩效考评，但效果并不是很理想。因此，许多企业希望借助互联网来进行360度绩效考评。

六、组织各部门和人员在绩效考评中的职责

传统观念认为，绩效考评、招聘、员工培训等都是人力资源管理部门的职责，与其他部门管理者没关系。但随着现代绩效管理的发展，绩效考评作为企业中的一项多边活动，涉及多方面人员和不同部门，大家应该有全员绩效管理思想。为了使绩效考评工作顺利进行，需要相关部门进行合理的职责分工并相互协调。

（一）各级直线主管的职责

各级直线主管的职责包括：①与下属共同设计绩效指标，通过沟通与员工达成绩效目标协定；②在收到员工的考评表后，以员工的实际行为事实为依据，按照考评表的要求，对员

工进行逐项评分并写出评语；③向员工提供绩效反馈，随时记录员工绩效情况及收集相关资料；④与员工进行考评结果面谈，提出改进意见。

（二）人力资源部的职责

人力资源部的职责包括：①制定绩效考评体系。人力资源部门要根据本企业不同部门实际情况，制定一个科学合理的绩效考评办法，如考评量表的设计、标准核定等，考评标准制定得好坏将直接影响到绩效评估的最终实施效果。②组织考评者培训。其目的是让考评主体对绩效考评计划和过程有正确理解，实现全企业范围内采用统一的考评标准，并有效避免考评主体的各种主观错误。③进行考评结果的归档。各种考评资料反馈到人力资源部之后，人力资源部对考评结果要分类统计、审核存档，以备以后决策中使用。④监督绩效考评体系的实施。

（三）员工的职责

员工的职责包括：①协助主管确定考评目标。在绩效指标的设计阶段，被考评的员工要与部门主管积极配合，以制定客观的、有挑战性的绩效标准。②进行自我考评。员工根据考评办法，按照考评表要求，据实对自己进行各项评分。③申诉。对考评结果不满意时，员工本人可通过规定渠道进行申诉。

第五节　绩效反馈面谈

进行绩效考评后，管理者还需要与员工进行面对面的交谈，通过绩效反馈，使员工了解管理者对自己的期望，了解自己的绩效，认识自己有待改进的方面；同时，员工也可以提出自己在完成绩效目标的过程中遇到的困难，请求管理者的指导。绩效反馈面谈或许是整个绩效管理过程中最重要的一个部分。它给了管理者与员工一个讨论的机会，使管理者能与员工讨论其工作绩效并挖掘其工作中可提高和发展的空间。另外，通过面谈，管理者能够更全面地了解员工的态度和感受，从而促进双方的交流。

然而，在有些企业中，面谈却成了管理者和员工都颇为头疼的一件事。除了管理者不重视或缺乏技巧之外，讨论的内容过多（如同时讨论员工过去的工作绩效和未来的发展目标）会使绩效反馈面谈的参与者不堪重负。因此，将绩效反馈面谈分成两个部分，即工作回顾部分和发展计划部分，可以减轻压力，同时使员工明确每次面谈的重点。另外，对管理者而言，在同一次绩效反馈面谈中，既扮演考评者角色又扮演顾问角色是非常困难的。所以，将绩效反馈面谈进行分割可以促进各方面的交流，从而减少员工的压力和抵触感。

一、绩效反馈面谈的目的

尽管许多管理者都知道绩效反馈面谈的重要性，但是，有的企业仍然在工作中忽视了这个环节，从而影响了绩效改进的效果，也无法实现绩效反馈面谈的目的。一般而言，绩效反馈面谈的主要目的是：

1. 对绩效考评结果达成共识

对同样的行为表现，不同的人往往有不同的看法。管理者对员工的考评只是代表管理者的看法，而员工可能会对自己的绩效有另外的看法，因此，双方必须进行沟通以达成一致，这样才能制订下一步的绩效改进计划。

2. 使员工认识到自己的成就和优点

每个人都有被他人认可的需要。当一个人做出成就时，他需要得到其他人的承认或肯定。因此，绩效反馈面谈的一个很重要的目的就是使员工认识到自己的成就和优点，从而对员工起到积极的激励作用。

3. 指出员工有待改进的方面

人无完人，即使是优秀员工，在工作绩效中仍然存在需要进一步改进的地方，在绩效反馈面谈中有必要指出这一部分，这对于员工的个人成长与发展是非常重要的。

4. 制订绩效改进计划

在双方对绩效考评的结果达成一致之后，员工和管理者可以在绩效反馈面谈过程中一同制订绩效改进计划。通过绩效反馈面谈，双方可以就绩效改进的方法和具体计划进行充分沟通。

5. 协商下一个绩效管理周期的目标和绩效标准

绩效管理是一个循环，一个绩效管理周期的结束，同时也是下一个绩效管理周期的开始。因此，上一个绩效管理周期的绩效反馈面谈可以与下一个绩效管理周期的绩效计划面谈结合在一起进行。在制定绩效目标的时候，可以参照上一个绩效期间的结果和存在的待改进的问题，这样既能使员工的绩效得到改进，又可以使绩效管理活动连贯起来。

二、绩效反馈面谈的形式

绩效反馈面谈的形式很大程度上取决于面谈的目的、考评所选用的方法和面谈的组织。绝大部分的绩效反馈面谈是要给员工提供有关其工作绩效和未来发展的反馈信息，因此，应该尽早制定绩效反馈面谈日程，并通知面谈双方，以便双方有所准备。通常应提早10天至2周通知参加面谈的双方。

诺曼·梅尔（Norman R.F.Maiher）对绩效反馈的不同面谈形式做了深入研究。在其经典著作《评估面谈》中，他分析了谈与劝、谈与听和问题解决三种绩效反馈面谈形式的因果关系。

（一）谈与劝

使用谈与劝这种形式的绩效反馈面谈要求管理者具备劝服员工改变某一工作行为的能力。这种面谈可能会要求员工采用一种新的工作方式，并要求管理者能够熟练使用动机激励手段。

（二）谈与听

在面谈第一部分，使用谈与劝的面谈形式要求管理者具备与员工沟通其工作优缺点的能力。而在进入到面谈第二部分时，员工对评估结果的感受会彻底表达。尽管这时管理者的角色仍然是考评者，但谈与听的面谈形式要求管理者能够听取员工的不同意见并消除员工的抵触情绪，而不要去反驳员工的陈述。谈与听的面谈形式让员工在受到挫折时有机会发泄，可以减少或消除不良情绪。

（三）问题解决

在使用问题解决的面谈形式时，管理者应该具有的能力和谈与听的面谈形式相似，即倾听、接受和回应员工的感受。然而，这种方法并不仅仅是关注员工的感受，它还试图通过谈论自上次绩效反馈面谈后得知的员工的问题、需求、创新、满意与不满意之处，促进员工的成长和发展。

绩效反馈面谈应该使用一种弹性的方法，管理者应该有能力依据考评的目的或员工的工作类型使用一种或多种面谈形式。

三、绩效反馈面谈的原则

（1）信任原则。绩效反馈面谈是管理者与员工双方的沟通过程，沟通要想顺利进行，达到理解和共识的目的，就必须建立起相互信任的氛围。所以，绩效反馈面谈的首要原则就是信任原则，这直接影响面谈的效果。要建立彼此的信任，双方首先必须摆正自己的心态，开诚布公，坦诚沟通。一旦沟通过程中出现意见不一致，双方都应该本着真诚的态度将问题说清楚，避免对立和冲突。管理者如果习惯于用领导者的权威压服员工，往往会影响到与员工间的相互信任关系；如果能多从员工的角度出发，就会赢得员工的信任，实现双赢。

另外，在沟通环境方面，也应该努力营造轻松的氛围，使彼此更容易建立起信任关系。表4-10给出了两种不同面谈氛围的对照。

表4-10　两种不同面谈氛围的对照

信任的面谈氛围	缺乏信任的面谈氛围
• 自在、轻松	• 紧张、恐惧、急躁
• 舒适	• 不舒适
• 友善、温馨	• 冷漠、敌意
• 敢于自由地说话	• 不敢开口说话
• 信任	• 挑战、辩解
• 倾听	• 插嘴或打断
• 理解	• 不理解
• 开放的胸怀	• 狭隘的胸怀
• 乐于接受别人的批评	• 怨恨别人的批评
• 不同意时不攻击别人	• 不同意时争辩或侮辱对方

（2）直接原则。绩效反馈面谈的目的是帮助员工更好地改进工作绩效、更好地发展，所以，在面谈时应该直接进入主题，清楚地指出此次面谈的目的和希望达到的结果。

（3）鼓励原则。鼓励原则应该是每一个管理者必须牢记的。绩效反馈面谈是双向沟通，必须给员工机会让他们充分表达对本期绩效管理的意见。在平时的工作中，员工更多的是倾听管理者，因此，在绩效反馈面谈中，管理者要充分利用此机会鼓励他们说话，这也有利于建立彼此的信任。

（4）倾听原则。管理者在鼓励员工说话的同时，还应该注意倾听。倾听并不是保持缄默、不说话，而是要真正用心去理解对方，要了解对方所表达内容的真正含义，这对于帮助员工改进其工作中出现的问题非常关键。

（5）就事论事原则。只谈事，不谈人，这是绩效管理的核心。不要因为员工的性格等其他原因而抹杀了他的工作成果，否则就违背了绩效管理的公平、公正原则。

（6）未来原则。尽管绩效反馈面谈中有很大一部分是对员工过去工作绩效的回顾和评估，但是，这并不代表绩效反馈面谈只关注过去。实质上，绩效反馈面谈的重点不是过去，而是未来。回顾和评估过去是为了更好地发展，其核心目的是制订员工未来的发展计划。

（7）优缺点并重原则。在绩效反馈面谈中会指出员工的优缺点，不能只看一方面，而应该综合、全面地看待其优缺点，从而在绩效改进计划中有针对性地给予指导。

（8）积极主动原则。在整个绩效反馈面谈中，双方都应该积极主动地就本期出现的绩效问题和下期应该注意的问题等事项达成共识。面谈结束后，员工应该能以饱满的热情投身于下一个绩效管理周期中。

四、主持绩效反馈面谈时应注意的问题

尽管并没有一种既快又好的执行绩效反馈面谈的法则，但应该有一些执行原则能使员工更容易接受反馈信息、对面谈感到满意并愿意在未来有所提高。在执行绩效反馈面谈时需考虑的方面有：

（1）要求自我评估。在进行绩效反馈面谈之前先让员工进行自我评估是非常有益的。即使这些自我评估信息没有在正式考评时被采用，自我评估仍然可以引起员工对自己工作的思考。同时，自我评估也促使员工了解考评的标准，从而消除潜在的疑惑。研究证实，当员工可以参与其中时，他们会更为满意，并将考评体系看成是程序化的、公正的。在员工进行自我评估后，绩效反馈面谈就可以集中讨论管理者和员工意见不一致的地方，并努力寻求解决问题的方法，而不必面面俱到。

（2）要求参与。绩效反馈面谈的主要目的是创造一个对话机会以帮助员工提高工作水平。从员工积极参与谈话的程度来看，工作中的阻碍和根本原因被分析得越透彻，员工越容易提出提高工作水平的建设性意见。另外，研究显示，员工对绩效反馈信息的满意度和提高工作水平的意图均与其参与程度有很强的关联。因此，在绩效反馈面谈中，管理者讲话的时间应该仅占30%～35%，而余下的时间应该去倾听员工对问题的回应。

（3）表示欣赏。表扬是一种很好的促进，在绩效反馈面谈中尤其如此，因为员工总是期望得到积极的回应。在绩效反馈面谈开始时就对员工工作中的优点进行表扬对于面谈的顺利进行非常有益，因为这样会使员工减少抵触情绪，并更加愿意谈论其工作中的不足之处。然而，管理者应尽量避免明显地使用"三明治"方法，即在表扬之后就是批评，然后又是表扬。避免使用这种方法有多个原因。例如，表扬经常会使员工感到批评即将到来，而批评之后的表扬又使员工认为至少一段时间内不会再有批评。如果管理者按照考评表执行，"三明治"问题通常可以避免。另外，如果员工经常得到有关工作的反馈信息，也就不需要使用面谈这种反馈形式。

（4）尽可能不批评。那些与管理者有较好关系的员工可能会将管理者的批评处理得较好。然而，即使是最有自控力的员工，其对批评的接纳程度也是有限的，超过限度就会产生抵触。如果一个员工有很多方面需要改进，管理者应该尽量选择最严重的问题或对工作最重要的问题着重与其进行讨论。

（5）改变行为而不是改变人。管理者有时试图扮演心理学家的角色，来解释员工为什

么会有某种行为。所以，特别是在解决员工问题时，一定要记住错误的是员工的行为，而不是员工个人。管理者应避免提出有关改变个人性格的建议；相反，应提出让人更容易接受的改变行为的建议。例如，管理者不要针对员工的"不可靠"，而应针对员工"这个月经常迟到"这一事实。要求员工改变性格是很难的，但要求其改变某一行为则较容易。

（6）注重解决问题。在谈到工作话题时，管理者和员工经常会相互责备，从而陷入一种潜在的、无休止的有关事情发生原因的争论。尽管解决问题需要对原因进行分析，但绩效反馈面谈最终还是应该着重于提出解决问题的方法。

（7）表示支持。管理者询问员工"我能帮助你什么吗"，这种态度对员工解决问题是很有帮助的。员工经常会将工作问题归因于真实存在的或是感知存在的障碍（如官僚制度或资源不足）。如果管理者采取公开和支持的态度，那么他向员工传递的信息是：他将尽力为员工消除外部障碍，并与员工一起努力使工作达到更高的水平。

（8）建立目标。由于绩效反馈面谈的一个主要目的是为发展制订计划，即未来原则，因此，管理者应使员工将注意力放在将来而不是过去。在与员工一起制定目标时，管理者应注意以下几个方面：①应强调员工能够发展的强项而不是应该克服的缺点；②注重存在于员工现时岗位中的发展机会；③将发展计划限定为能在合理时间内完成的最重要的几项；④为特定项目制订计划，以详细描述达到每个目标的过程，这些项目计划可能包括合约、资源和时间表的清单，而这些资料可能对后继者有所帮助。

（9）经常重复。工作反馈成为管理者每日工作的一部分，这是一种比较理想化的情况。当反馈直接针对某一特定情况时，这种反馈最有效。然而，大多数管理者和员工都乐意尽快结束面谈，然后将考评表格存档了事。一个比较好的方法是定期进行非正式谈话，以了解绩效反馈面谈中所讨论问题的进展情况。例如，有些企业为了改变这种情况，重新设计了企业的绩效考评体系，明确将非正式信息反馈作为日常工作的一部分。这一改变使管理者真正担当起帮助者的角色（而不是法官的角色），同时也有利于企业绩效的持续提高和企业目标的顺利达成。

绩效管理是一个循环的动态系统，它所包含的几个环节紧密联系、环环相扣，任何一环的脱节都将导致绩效管理的失败。所以，在绩效管理过程中应重视每个环节的工作，并将各个环节有效地整合在一起，力求做到完美。

（1）绩效计划是绩效管理的出发点。绩效计划是管理者与员工合作，对员工下一绩效周期应该履行的工作职责、各项任务的重要性等级和授权水平、绩效衡量、直线主管提供的帮助、可能遇到的障碍及解决的办法等一系列问题进行探讨并达成共识的过程。因此，绩效计划在帮助员工找准路线、认清目标方面具有一定的前瞻性。它是整个绩效管理系统中最基本的环节，也是必不可少的环节。

（2）绩效组织和实施的过程就是实现绩效计划的过程。在这个过程中，持续的绩效沟通显得尤为重要。通过沟通，直线主管和员工可以共同工作并分享有关信息。这些信息包括工作进展情况、潜在的障碍和问题、可能的解决问题的措施以及直线主管如何帮助员工等。由此来看，绩效管理就是一种双向的交互过程。通过沟通，企业要让员工清楚地了解绩效考评制度的内容、制定目标的方法、标准、努力与奖酬的关系、工作绩效、工作中存在的问题及改进的方法。当然，更要聆听员工对绩效管理的期望及呼声，这样绩效管理才能达到预期目的。

（3）绩效考评本身也是一个持续的动态过程。所以，不能孤立地进行绩效考评，而应将绩效考评放在绩效管理系统中考虑，重视考评前期与后期的疏导工作。绩效计划和持续的绩效沟通是绩效考评的基础，只有做好绩效计划和沟通工作，绩效考评工作才能顺利进行。因为只要平时认真制订绩效计划并做好绩效沟通工作，考评结果一般不会出乎考评双方的意料，最终考评产生分歧的可能性会很小，也就减少了员工与直线主管在考评方面的冲突。绩效反馈面谈是考评的后续工作。绩效考评的一个重要目的就是发现员工工作中的问题并予以改进，所以考评工作结束后，要针对考评结果进行分析，寻找问题，并提供工作改进的方案供员工参考，帮助员工改进工作绩效。另外，在考评中还应将当前考评与过去的绩效考评结果联系起来，进行纵向比较，只有这样才可能得出客观、准确的结论。

（4）绩效反馈面谈作为一种有效的管理手段，它提供的不仅仅是一次绩效评估结果的通报，更重要的意义在于，它能为企业提供一个促进工作改进和绩效提高的信号。所以，在进行绩效反馈面谈时，不能停留在绩效考评资料的表面。考评所得到的资料可能仅仅是某些潜在管理问题的表面现象。正确地进行绩效管理，关键不在于考评本身，而在于企业的管理部门如何综合分析考评的资料并将之作为绩效改进的一个切入点，这才是最有价值和最有积极意义的，也就是绩效反馈的价值所在。通过绩效考评发现了导致绩效低下的问题，最重要的是找出原因，而员工是查找原因的重要渠道。这时企业要努力创造一个以解决问题为中心的接纳环境，鼓励员工实事求是地指出存在的问题，积极出谋划策，改善企业绩效低下的问题。一旦查出原因，管理者和员工就要齐心协力排除问题。此时，管理者要充当导师、帮助者的角色。

一个循环结束以后，绩效管理又回到起点——再计划阶段。此时，绩效管理的一轮工作就基本完成了。应在本轮绩效管理的基础上进行总结，制订下一轮的绩效管理工作计划，使得绩效管理持续进行下去，达到企业绩效再上一个台阶的目的。绩效计划属于前馈控制阶段，绩效组织和实施属于过程控制阶段，而绩效考评、绩效反馈面谈则属于反馈控制阶段，这些环节的整合使绩效管理过程成为一个完整的、封闭的环。只有这个环是封闭的，绩效管理才是可靠的和可控制的，同时也是不断提升和改善的保证。因为只有连续不断地控制才会有连续不断的反馈，而只有连续不断地反馈才能保证连续不断地提升。

第六节　绩效考评的保障

绩效管理是一项系统工程，在确定了绩效考评的方法，绩效考评指标、标准和权重之后，还需要其他一些措施来确保绩效考评的有效实施。

一、进行绩效管理培训

（一）绩效管理培训的必要性

1. 增进员工对绩效管理的了解和理解，消除误解和抵触情绪

员工和管理者对绩效管理的认识往往会有一定的偏差，如果不消除这些偏差，将会给绩效管理的实施埋下隐患。当实施了绩效管理之后再做纠正，会带来消极影响。

（1）员工对绩效管理会有各种各样的想法。

1）有的员工对任何正式的考评都很敏感，认为是在找自己的缺点，内心会感觉自己的品格和责任受到质疑。

2）有的员工非常想了解管理者对自己的评价，想知道管理者对他们的特别要求，希望了解管理者的期望和发展设想。

3）有的员工希望绩效考评工作公开和公平，害怕自己受到不公平的考评。

4）有的员工可能会因此产生升职和加薪的期望。

5）有的员工平时对管理者缺乏信任感，内心容易产生抵触情绪。

6）有的员工把绩效管理本身作为衡量管理者管理能力的指标，想看看管理者的水平如何。

7）有的员工认为绩效管理是形式主义、走过场，抱着无所谓的态度。

（2）管理者对绩效管理也有各种各样的想法。

1）有的管理者认为绩效管理是利用自己权力的机会，可以借此惩罚某些人，也可以拉拢某些人。

2）有的管理者担心给某些员工打低分会影响与他们的关系。

3）有的管理者想借此机会与某些员工好好交流沟通。

4）有的管理者非常想借此机会在部门内部树立一些榜样。

5）有的管理者认为自己只不过是走个过场，关键的责任还是在人力资源部门。

6）有的管理者担心下属给自己打低分。

管理者和员工对绩效管理有这么多不同的想法，哪些是对的，哪些是错的，哪些是好的，哪些是不好的，通过学习前面几章绩效管理的相关内容，可以做出正确的判断。但是如果没有经过前面的了解，很难想象绩效管理实施的效果如何。

2. 学会绩效管理的操作技能，保证绩效管理的有效性

绩效管理中有许多操作技能，如如何设定绩效指标和标准，如何做工作现场的表现记录，如何评分，如何进行绩效沟通等。如果实施绩效管理的人员不能掌握这些技能，就很难保证正确地运用绩效管理这个管理工具，也就无法达到绩效管理的目的。这些技能当中，有些是管理者需要掌握的，有些则是管理者和员工都应该掌握的。

（二）绩效管理培训

1. 树立绩效管理的理念

就目前绩效管理的实施情况而言，企业绩效管理培训的关键是树立绩效管理的理念。所以，企业实施绩效管理的有效途径是向全员宣传、渗透绩效管理的理念。为达到这个目的，要引导考评双方认识到：

（1）实施绩效管理的目的是提供管理者与员工之间真诚合作的途径，帮助员工和企业提高绩效，及时、有效地解决问题，而非批评和指责员工。

（2）通过宣传让企业所有成员明白，虽然绩效管理表面上关注的是绩效中存在的问题，实际上旨在成功与进步。

（3）绩效管理虽然平时需要投入大量的沟通时间，但能使企业防患于未然，最终将给企业带来长远效益。

鉴于此，在实施绩效管理前需要对员工实施系统培训。通过培训，让员工知道企业为何要推行绩效管理制度，如何推行，绩效管理制度能帮助个人、各部门以及企业达到什么目

标，从而使绩效管理的实施能得到员工的支持。对员工进行培训的同时，也要对管理者进行培训。通过培训，消除、澄清管理者对绩效管理的错误理解及模糊认识：绩效考评不是制造员工之间的差距，而是实事求是地发现员工的长处和短处，从而扬长避短，使之得以改进、提高。通过培训，管理者和员工才能真正掌握绩效管理的操作方法和沟通技巧，在企业绩效管理中发挥牵引力的作用，这样才能保证绩效管理的顺利进行。

2. 建设高绩效企业文化

事实证明，良好的企业文化会对企业的绩效产生强大的推动作用：能够带动员工树立与企业一致的目标，并在个人奋斗的过程中与企业目标保持步调一致；能为员工营造一种积极的工作氛围，且具有共同的价值观念和管理机制，从而产生了一个合适的、鼓励积极创造的工作环境。因此，要成功实施绩效管理制度，适应激烈多变的竞争市场，最大限度地发挥企业潜力，就必须致力于建设一种与企业的绩效管理制度相融合的高绩效企业文化。这样可以做到：

（1）奖惩分明，创造一种公平考评的环境，营造一种主动沟通的氛围。
（2）鼓励员工积极学习，为员工提供必要的学习、培训机会，使员工不断提高素质。
（3）营造一种良性竞争的工作氛围。如考评中适当采用相对考评方式，把属于同一工作水平的员工放在一起评比。因为比较的基点一致，所以能看出每个人在该工作领域的表现。
（4）使工作丰富化。
（5）提倡多变，鼓励承担责任。
（6）为高素质人才提供发展机会和有吸引力的工作环境。
（7）通过满足客户需求来保障股东利益。

当然，建设高绩效企业文化还要与一定的配套措施相结合。这些配套措施主要有：
（1）经常宣传高绩效企业文化的好处，说明企业实施某种政策、塑造某种文化的原因。
（2）提供各式各样的培训，帮助员工适应企业的变革。
（3）员工考评制度紧扣企业高绩效文化。
（4）将绩效考评制度与员工个人技能发展相结合、员工自我培训计划书与考评系统相结合，这样才有利于产生良性循环，创造更高的绩效。
（5）当宣传与培训都无法使某些员工与高绩效企业文化相容时，不必勉为其难，企业应该将其辞退。

总之，企业应把对员工的绩效管理当成一项系统工程来抓，全面管理员工的绩效，唯有这样，才能将绩效管理落到实处，不断地提高员工绩效，以促进企业整体绩效的提升，从而在激烈的市场竞争中立于不败之地。

二、确定合理的考评周期

在绩效管理中，考评周期就是指多长时间进行一次评价。设定考评周期的目的是更客观、有效地评价员工的绩效，因此，考评周期是绩效管理体系设计中的关键决策点之一。考评周期设置的一个原则是要针对企业的不同实际情况来进行设置，不宜过长，也不宜过短。如果考评周期过长，一方面评价结果会带来严重的"近因效应"，从而给评价带来误差；另一方面将使员工失去对绩效考评的关注，最终影响考评的效果，不利于员工的绩效改进。如果考评周期太短，一方面将导致考评成本的加大，最直接的影响是各部门的工作量加大；另一方面由于工作内容可能跨越考评周期，导致无法对许多工作表现进行评估。

一般来讲，影响考评周期制定的关键因素有企业所在行业的特征、职务职能类型、考评指标类型和绩效管理实施的时间。

（一）企业所在行业的特征

企业所在行业的特征主要包括所提供的产品类别、生产周期和特点、销售方式和特点等。不同的行业特征将对企业绩效考评周期造成不同的影响。

产品生产周期长短不同，考评周期必然受到影响。例如，生产和销售周期短的行业，如生产日用消费品的企业，其生产周期较短，一般一个月内就有几批成品生产出来或销售出去，这样对生产系统和销售系统都可以以月度为周期进行考评；而某些生产大型设备的行业或者以提供项目服务为产品的企业，生产周期一般都比较长，往往是跨月度、跨季度甚至是跨年度的，如果以月度作为此类企业的考评周期，显然是不合理的，其考评周期应该加长，或以生产周期（批次）、项目周期作为考评周期。

（二）职务职能类型

一般来讲，企业内部人员按照职能和层级可以划分为如下几类，针对不同人员的考评周期不同：

1. 中高层管理人员

对中高层管理人员的考评周期实际上就是对整个企业或部门经营与管理状况的全面评估过程，这种战略实施和改进计划的效果不是短期内就可以取得成果的，因此其考评周期适当放长，一般为半年或一年。并且，随着管理人员层级的提高，考评周期也要逐渐延长。另外，对于大型企业的中高层管理人员来说，其考评周期一般比小型企业中高层管理人员的考评周期要长。因为对于大型企业的高层管理者来说，无论是制定战略还是实施战略，都会由于组织的复杂性而需要更长的时间。

2. 营销或业务人员

对销售人员的考评往往是企业中比较容易量化的环节，因为其考评指标通常为销售额、回款率、市场占有率、客户满意度等所谓的硬指标，这些指标都是企业经营运作所关注的重要指标。企业的管理人员需要及时获取这些重要信息并做出调整或决策，因此对销售人员的考评周期应根据实际情况尽可能缩短，一般为月度或季度，或者先进行月度考评再进行季度考评，如表4-11所示。

3. 生产系统内员工

对于生产系统的基层员工，由于强调质量和交货期的重要性，比较偏好短期激励，因此一般应采用较短的考评周期，同时加强薪酬管理，缩短发放的时间，以此来强化激励的效果。因为对于生产系统的基层员工，如普通的操作工人和辅助人员，薪酬的激励作用强，薪酬的及时发放有助于提高他们的积极性。

另外，对于生产周期比较长的生产制造系统员工，如大型设备制造等行业的员工，会出现考评周期与指标周期不匹配的问题，而对于这种生产状况则可以延长考评周期，按照生产批次周期进行考评，年底再以年为单位进行考评，即在每个批次开始时制定目标，批次或阶段结束时进行考评，年底算总账。

表 4-11　某企业各序列考评周期

考评周期		月度			季度			半年度			年度										
	考评指标分类	KPI	能力	态度	KPI	能力	态度	KPI	能力	态度	月度KPI平均	月度能力平均	月度态度平均	季度KPI平均	季度能力平均	季度态度平均	半年度KPI平均	半年度能力平均	半年度态度平均	年度KPI平均	年度能力平均	年度态度平均
被考评者	高层管理人员	80%		20%				80%		20%							30%		10%	50%	10%	
	中层管理人员	80%		20%							30%		10%							50%	10%	
	基础管理人员	80%		20%							30%		10%							50%	10%	
	销售人员	80%		20%	100%									30%		10%				50%	10%	
	技术、职能、后勤人员	80%		20%							30%		10%							50%	10%	
	操作人员	80%		20%							70%		10%								20%	

4. 售后服务人员或技术服务人员

售后服务人员的绩效与销售绩效有着密切的关系，因此，售后服务人员的考评周期应与业务人员一样，尽可能缩短。同理，车间技术服务人员的考评周期也要与生产系统内员工的考评周期挂钩。

5. 研发人员

研发系统中普遍存在考评周期与指标周期不匹配的现象，而研发人员的绩效指标一般为任务完成率和项目效果评估，因此，一般采用考评周期迁就研发指标周期的做法，即以研发过程的各个关键节点（如概念阶段、立项阶段、开发设计阶段、小批试生产阶段、定型生产阶段等）作为考评周期，年底再根据各个关键节点和项目完成情况进行综合考评，如表4-12所示。

表4-12　某企业研发序列考评周期

考评周期		研发项目计划节点			年度					
考评指标		KPI	能力	态度	各节点KPI平均	各节点能力平均	各节点态度平均	年度KPI	年度能力	年度态度
考评者	研发序列	80%		20%	30%		20%	30%	20%	

另外，对研发人员的考评最忌讳的就是急功近利。因为研发人员需要一个宽松、稳定的环境，而不应增加太多的管制。如果采用常规的周期进行考评，有可能造成研发人员的逆反心理。这样不仅分散了研发人员的精力，影响研发进度，还有可能使研发人员疲于应对考评，使得考评效果适得其反。因此，对研发人员按照各个关键节点作为周期进行考评，既有利于让研发人员集中精力研发，又能公平地考评研发人员的工作成果。

6. 行政与职能人员

通常来说，行政与职能人员的考评标准不像业务人员那样有容易量化的指标，因此是考评工作中的难点。针对行政人员的工作特点，重点应该考评其工作过程中的行为而非工作结果，考评周期应该适当缩短，并采用随时监控的方式，记录绩效状况。该类人员的考评以月度考评为主。

（三）考评指标类型

一般来讲，岗位的产出与成果——绩效（performance）是绩效考评的主要内容，而对于绩效考评，一般采用关键绩效指标进行评估，能力和态度指标是支撑关键绩效指标得以实现的保证（即所谓的绩效管理"冰山模型"）。综合起来，一般企业进行绩效考评，其评价的内容主要分为三大类：结果指标、能力指标和态度指标。

工作结果是工作产生的结果，如数量指标、质量指标、完成率、控制率等，一般为短期之内就要取得的效果。因此，对结果指标的考评周期应该适当缩短，以使员工将注意力集中于短期绩效指标。

工作能力包括领导能力、沟通能力、客户服务能力等，根据不同序列和层次会有所不同。工作能力考评着眼于未来，但这些指标的改变往往不是短期内发生的，因此，对能力指标的考评周期应该加长，一般以年度或半年度作为考评周期。

态度指标的考评周期应该缩短，因为工作态度往往直接影响工作产出，也就是结果指标，正所谓"态度决定一切"。因此，将态度指标考评周期缩短有利于引导员工关注工作的态度与作风问题，从而确保结果指标的实现。在实际运用中，可以考虑使态度考评与绩效考评的周期一致。

（四）绩效管理实施的时间

考评需要成本，绩效管理系统的完善也不可能一蹴而就。刚开始进行绩效管理时需要的考评周期较长，随着时间推移，经验越来越丰富，则可以适当缩短周期，以减少"近因效应"，进行及时的反馈与激励。

绩效管理体系的建设是一项系统工程。绩效管理体系的设计有五个决策点：考评指标、考评周期、考评者、考评方法和结果运用，因此，考评周期的确定事关绩效管理的推行。在实际操作中，有些企业往往只考虑其中某些因素或照搬其他企业的经验，千篇一律地通过横切（按照层级）或竖切（按照岗位序列）来划分各类人员的考评周期，导致出现各种问题。正确的做法是除了考虑层级和各序列不同之外，还要综合考虑以上各种因素的影响，确定并细化适合企业采用的各级、各类和各岗位人员的考评周期，并将这些具体到岗位的考评周期列入绩效考评手册中，同时细化操作手册和优化流程，以保证绩效管理的顺利推行。

三、明确人力资源部门和直线经理的工作

实施绩效管理不仅是人力资源部门的工作，直线经理也承担着重要责任。这个问题必须明确，否则，绩效管理将不可避免地流于形式。

（一）人力资源部门的工作

人力资源部门在绩效考评中发挥着重要的作用。在考评过程中，他们一方面扮演着考评规则、方针的制定者，另一方面又扮演着考评过程中的咨询顾问和支持者，同时还是整个考评过程的组织者与监督者。

1. 考评规则的制定者

一套绩效考评体系的高效运作离不开一套完善有效的规则体系，人力资源部门就是这一套规则体系的策划者与制定者。

人力资源部门按其工作层次可以划分为人力资源管理委员会、人力资源部及其下属人力资源职能组。人力资源管理委员会作为企业战略决策层的参谋与智囊，它应决定绩效考评工作的原则、方针与政策。人力资源部作为企业职能部门，据此原则与方针拟订绩效考评各项制度和考评工作规划，组织协调各部门考评工作，并指导各部门设计符合自身特点的考评办法。

人力资源部门在制定各项考评办法的基础上，还要为绩效考评的运作准备好有关的考评表格及其他考评资料和考评管理工具。

2. 考评过程中的咨询顾问与支持者

人力资源部门同时要在考评过程中扮演好咨询顾问和支持者的角色。绩效考评是一项现代化的管理手段，考评者作为各部门的主管，需要有效地掌握这一手段，因此需要各个考评者及被考评者理解绩效考评的理念、程序、方法和运作规则。为了实现这一目标，人力资

源部门必须一方面对考评者进行培训，提高他们的考评技巧，另一方面培训被考评者，提高他们对绩效考评的认识与理解，使他们乐于接受绩效考评。

在绩效考评中，人力资源部门的重要作用还表现在对各部门绩效考评的有力支持上。虽然现代考评的发展趋势是各部门的直线管理者将承担更多的绩效管理责任，但这并不等于排斥人力资源部门的作用。英国人事管理学会（Institute of Personnel Management，IPM）就这样认为："如果要对政策进行开发，并使其有效、公正地发挥作用，人力资源部门能起到很大的促进作用和支持作用。在此，最重要的因素是人力资源部门平衡所有权和控制权之间的冲突，以及解决矛盾、提供信息。如果没有这种支持，绩效管理对部门经理的额外要求就太高了。"

3. 考评过程的组织者与监督者

绩效考评体系并不是一个孤立的体系，它是要与企业中的其他体系相联系的，否则考评结果就失去了应有的意义，绩效考评体系存在的价值也就大打折扣。人力资源部门是绩效考评结果与各种信息的接收部门，对各个部门的考评信息进行有效处理，并与有关部门一起制定相应的人事决策，然后将其落实到位，从而实现绩效考评工作的循环。

同时，绩效考评活动过程中，人力资源部门还要负责检查考评系统的运用情况，以确保考评活动的客观、公正、合法、有效。例如，有些考评中，部门主管可能存在部门保护的心理，使评价结果打分偏高。针对这种现象，人力资源部门就应该制定出有效的纠偏措施。此外，人力资源部门还要接受被考评者的申诉与投诉，对考评过程中不合理、不公正的地方进行审查，以保证考评中各方面的利益均得到有效的保护，让绩效考评在企业中发挥应有的作用。

4. 新时代的人力资源管理角色定位

面对人力资源管理职能的转变（见图4-6），通过人力资源管理创造企业竞争优势已经成为新时代企业竞争的新规则，在这一新规则下，人力资源部门应该如何进行角色定位，以迎接这一挑战？

人力资源管理职能的转变

从	到
职能导向	战略导向
内部重点	顾客重点
被动反应	主动出击
行政管理	咨询者
受活动驱使	受价值驱动
以活动为重点	以有效性为重点
视野狭窄	视野广阔
方法传统	思考非传统方法
互不信任	合作伙伴
决策权力集中	决策权力分散
行为型	解决问题型

图4-6　人力资源管理职能的转变（以重要性排序）

首先，人力资源管理的职能将逐渐从作业性、行政性事务中解放出来，更多地从事战略性人力资源管理工作。因此，企业人力资源部门已逐渐由原来非主流的功能性部门，转而成为企业经营业务部门的战略伙伴。美国人力资源管理协会（Society for Human Resource Management，SHRM）理事会主席盖尔·帕克（Gale Parker）指出，企业再造、结构重组、规模精简的变革大潮都要求人力资源部门成为首席执行官的战略伙伴，帮助计划、实施组织变革。人力资源经理越来越多地担当起企业战略制定、组织业务活动、领导企业变革、建立竞争优势、传播职能技术等职责，并担当起员工宣传者和倡议者的角色，对员工的绩效和生产率负责。许多国外企业由一位副总直接负责人力资源管理，以此提高人力资源在企业中的战略价值，保证企业的人力资源政策与企业发展战略相匹配。

其次，人力资源工作者需要具备相应的全球人力资源管理技能，能了解并掌握相当的业务知识，更要求能与业务部门说同样的"语言"。人力资源管理在企业价值链中的重要作用已日益凸显，这种作用就在于它能为"客户"（既包括企业外部客户，又包括企业内各部门）提供附加价值。这种附加价值的提供不仅可以实现为业务部门定制的服务，而且可以凸显人力资源管理的价值，巩固人力资源部门的地位。人力资源部门应该从"权力中心"（power center）走向"服务中心"（service center）。人力资源工作者必须具备一套全新的思维方式，考虑"客户"需要什么样的人力资源服务，以及怎样提供这些服务，借此树立在企业中的权威。

最后，重视人力资源管理的新角色。密歇根大学的戴维·尤里奇（Dave Ulrich）教授认为，作为企业获取竞争力的帮手，人力资源管理应更注重工作的产出，而不仅仅是把工作做好。根据人力资源管理的战略决策、行政效率、员工的贡献和变化能力这四种产出，尤里奇归纳了人力资源管理的四个基本角色，分别是管理战略性人力资源、管理组织的机制结构、管理员工的贡献程度、管理转型和变化（见表4-13）。

表 4-13 人力资源管理角色

角色/区分	有效产出/结果	形象化比喻	行　　为
管理战略性人力资源	实施战略	战略伙伴	把人力资源和经营战略结合起来
管理组织的机制结构	建立有效机制结构	职能专家	组织流程的再造："共享的服务项目"
管理员工的贡献程度	提高员工的能力和参与度	员工的支持者	倾听并对员工的意见做出反应："为员工提供所需的资源"
管理转型和变化	创建一个崭新的组织	变革的推动者	管理转型和变化："保证应变能力"

为适应上述新角色的要求，人力资源工作者需要掌握四大核心技能：①掌握业务。这一技能要求人力资源从业人员成为企业核心经营、管理层的一部分，了解并参与基本的业务活动，具有强烈的战略业务导向。②掌握人力资源。掌握人力资源是指人力资源管理要确保基本的管理和实践相互协调，并担当起行政职能。③具备良好的个人信誉。这一技能是指人力资源从业人员应具备良好的人际影响能力、问题解决能力和创新能力。④掌握变革。这一技能要求人力资源管理懂得如何领导企业进行变革与重组。

（二）直线经理的工作

直线经理是从英文词组"line manager"翻译过来的，通常称为"部门经理"，如销售部经理、市场部经理等。从表面来看,直线经理与人力资源管理的职能没有什么关系。但是,每一个经理人都是一个管理者,管理的职责就包括激励、沟通、授权、培训等人力资源管理方面的内容。

直线经理意识到尽管他们不是职业化的经理人,但也非常需要专业的管理方法和技巧,需要培训。普遍的做法是通过一系列培训来使直线经理具备作为职业经理人的基本素质和管理员工的素质。例如,招人、面试、留人、培养人等方面的专业技巧是直线经理应该掌握的素质,这实际上要求把人力资源管理的管理思想植入他们的脑海中,植入他们的日常工作中。

就绩效管理来说,直线经理要做以下工作:设定绩效目标;绩效辅导;绩效评价。

1. 设定绩效目标

绩效目标,即具体的指标值,如营业收入550亿元、净资产收益率12%等具体的指标数字。实践证明,"目标+沟通"的绩效管理方式最为有效和实用。只有目标确立了,经理才清楚怎么去进行有效管理,员工才明白怎么做才符合企业的要求、与企业的发展相一致。

绩效管理是服务于企业的远景和战略,帮助企业实现其任务与目标的,所以首先要明确企业的目标与任务是什么。这是直线经理和员工对话的一个重要内容。直线经理必须和员工共同分享企业的目标,然后将企业的目标分解到部门,再分解到员工。这里又出现一个问题,即分解企业目标的依据是什么,是不是按人数平均分配。当然不是。绩效管理的基石是员工的工作说明书,工作说明书是一切人力资源管理工作的基础,更是绩效管理的必备文件,离开了工作说明书,绩效管理就没有了基础,没有了准确性,就会成为空中楼阁。所以,直线经理和员工的手中都应该有一份员工的工作说明书,根据工作说明书的任务描述和职责要求,结合企业的战略目标与年度计划,在充分沟通和协商的基础上确立员工的年度绩效目标。

具体地讲,每个员工都应该拥有一份个性化的绩效目标管理卡,又称绩效合约。一份有效的绩效目标管理卡应着重体现两个方面的内容:一是业务目标,二是行为标准。内容不一定要罗列很多,管理和考核的应该是对员工成长、对企业发展起关键作用的绩效指标(KPI)。

确立绩效目标(指标值)主要应从以下几个方面考虑:

(1)员工本年度的主要职责是什么?
(2)员工为什么要从事他所做的那份工作?
(3)员工完成任务时有哪些权力?
(4)哪些工作职责是最重要的?哪些是次要的?
(5)员工工作的好坏对部门和企业有什么影响?
(6)如果一切顺利,员工应何时完成这些职责(如对某一个特定的项目)?
(7)直线经理如何判别员工是否取得了成功?
(8)直线经理如何才能帮助员工完成他的工作?
(9)员工是否需要学习新技能以确保完成任务?
(10)员工和直线经理在年中就工作任务问题如何进行沟通,以便了解工作进展的最新情况和防止出现问题?

绩效目标要符合SMART原则,每一项目标都应该是可以衡量和考核的,不可衡量的目标最好不要出现在目标管理卡里。

还要明确的一点是，绩效目标一定是直线经理和下属员工共同制定的，人力资源经理代替不了这项工作。每个部门都是一个具体的绩效管理单位，而直线经理就是这个单位的绩效负责人，只有直线经理有权对自己的下属下达目标并进行考核。这也符合"提倡什么考核什么"的管理哲学。

2. 绩效辅导

绩效目标设定以后，直线经理的主要工作就是辅导、帮助员工提高绩效操作能力，实现绩效目标管理卡的内容。

绩效辅导是绩效管理的一个关键环节，它贯穿于绩效管理全过程。实际上，绩效目标的设定就是绩效辅导，绩效辅导应从绩效目标的设定开始，到绩效考核结果反馈结束。

绩效辅导过程中，直线经理需做好如下工作：

（1）了解员工的工作进展情况。

（2）了解员工所遇到的障碍。

（3）帮助员工清除工作中的障碍。

（4）提供员工所需要的培训。

（5）提供必要的支持和智力帮助。

（6）将员工的工作表现反馈给员工本人，包括正面的和负面的。

绩效沟通时，直线经理应做到如下几点：

（1）每月或每周与每名员工进行一次简短的情况通气会。

（2）定期召开小组会，让每位员工汇报其完成任务和工作的情况。

（3）督促每位员工定期进行简短的书面报告。

（4）与员工进行非正式沟通（如直线经理经常走动并与每位员工聊天）。

（5）当出现问题时，根据员工的要求进行专门的沟通。沟通包括正面的沟通和负面的沟通。

在员工表现优秀的时候给予及时的表扬和鼓励，以扩大正面行为所带来的积极影响，强化员工的积极表现，给员工一个认可工作的机会；在员工表现不佳、没有完成工作时，也应及时、真诚地指出，以提醒员工改正和调整。这个时候，直线经理不能假设员工自己知道而一味姑息、不管不问，否则其最终结果只能是害了员工，对自己的绩效提高和职业生涯发展也无益。

需要注意的是，沟通不仅仅在于开始，也不仅仅在于结束，而是贯穿于绩效管理的整个过程，需要持续不断地进行。因此，绩效辅导也贯穿于整个绩效目标达成的始终。这对直线经理来说可能是一个挑战，但习惯成自然，帮助下属改进绩效应是现代管理者具备的一种修养、一种职业道德。当然，它更是一种责任，即一个优秀的直线经理首先是一个负责任的人。所以，绩效辅导贵在坚持。

3. 绩效评价

在绩效目标确定和持续、有针对性的绩效辅导的基础上，绩效考评周期期满或年底一般召开绩效评价会议。

绩效评价会议的意义和作用在于：

(1)给员工正式的、定期的并且是记录下来的反馈信息。
(2)提供决定员工涨薪、晋升、解雇等所需的信息。
(3)是一个研究如何能提高绩效的机会,而无论现在的绩效水平如何。
(4)是一个认可优点和成功的场合。
(5)是下一年绩效计划工作的基点。
(6)提供有关员工如何才能持续发展的信息。
(7)员工要知道自己的详细考评结果,企业有责任及时反馈考评信息并组织面谈沟通。

绩效评价的主要依据是员工的绩效目标管理卡,绩效目标是什么就考评什么,绩效标准是什么就按什么标准考评。

在绩效管理体系下的考评与原来的绩效考评的根本区别在于:它是透明的,目标是一致的,标准是确定的,因此是公平和公正的。

绩效管理中的绩效考评不再是暗箱操作,也不需要暗箱操作,因为直线经理已经与员工做好全面细致的沟通,两者已就目标和结果达成了一致。这里,经理也不仅仅是考官,更应该站在第三者的角度看待员工的考评,保证考评的公正性。

直线经理之所以可以作为公证员来进行考评,主要是过程对话的结果。在前面工作的基础上,员工的考评已不需要直线经理费心,可以说是员工自己决定了自己的考评结果。员工的工作做得如何,在绩效目标、平时的沟通、直线经理的记录里都得到了很好的体现,是这些因素决定了员工的绩效考评分数的高低,而直线经理只需保证其公平与公正。

所以,直线经理在绩效考评中应扮演公证员的角色,站在第三者的角度评价员工的表现。

通过这样的绩效管理过程,直线经理很好地承担了绩效管理的责任,扮演了绩效管理者的角色,把帮助员工提高绩效能力的责任落到了实处。实际上,这是一个双方受益的双赢局面,在这个过程中,直线经理和员工都在不同程度上获得了提升。

【关键词】

绩效管理系统　　指标　　指标值

【思考题】

1. 选择绩效考评方法需要考虑哪些问题?
2. 简述绩效指标设定的过程。
3. 如何确定指标值?
4. 绩效考评的保障因素有哪些?
5. 绩效管理系统包括哪些内容?绩效管理系统设计应该注意哪些问题?

【案例分析讨论】

中国兵器工业集团有限公司差异化绩效考核探索实践

中国兵器工业集团有限公司(简称兵器工业集团)是我军机械化、信息化、智能化装备发展的骨干,是全军毁伤打击的核心支撑,是现代化新型陆军体系作战能力科研制造的主体,是"一带一路"建设和军民融合发展的主力。兵器工业集团始终坚持国家利益至上,将装备保障放在首要位置,是各大军工集团中唯一一家面向陆军、海军、空军、火箭军、战略支援部队以及武警公安提供武器装备和技术保障服务的企业集团,除了为陆军提供坦克装甲车辆、远程压制、防空反导等主战装备之外,还向各军兵种提供智能化弹药、光电信息、毁伤技术等战略性、基础性产品,主营业务涵盖军品、民品、战略资源、流通服务等。现有50余家子集团和直管单位,主要分布在北京、陕西、内蒙古等29个省、市、自治区,在全球70余个国家和地区设立了100余家境外分子公司和代表处。

一、从无到有、从有到优：20余年绩效考核发展史

一套科学、有效的绩效考核机制的形成并不是一蹴而就的,而是一个循序渐进的过程。兵器工业集团从组建至今,走过了20余年的历史,绩效考核经历了从无到有、从有到优的过程,绩效考核体系不断健全完善。

1999年组建初期,兵器工业集团绩效考核以减亏额、主营业务收入为主要指标,实施经营者岗位绩效工资制,积极构建绩效管理闭环,初步建立了绩效考核体系。

2003年,兵器工业集团开始探索差异化绩效考核,将成员单位分为解困型、调整型、发展型和良性发展型四种类型。这种"四分法"主要是考虑到当时兵器工业集团开始由求生存向求发展转变,一些企业经营发展仍然面临困难、一些企业面临结构调整转型、一些企业已经步入良性发展阶段,企业在不同发展阶段面临着不同的矛盾和问题,因此必须对企业采取差异化考核。

2006年,兵器工业集团立足"十一五"发展,提出全面建设高科技现代化兵器工业,强调提升发展能力、提高发展质量与效益,实现又好又快发展。在这一背景下,兵器工业集团绩效考核体系完善了创新、环保等相关考核指标。同时,按照单位的功能定位不同探索完善差异化考核,将成员单位划分为工业企业、流通企业、设计勘察企业、金融企业、科研事业单位、技术基础单位等九种类型,分类提出不同类型的考核重点。"九分法"基于不同行业的特点对企业进行个性化差异考核,与"四分法"相比,"九分法"考核更加精细化、更具有针对性。

2009年,兵器工业集团深入开展学习实践科学发展观活动,为着力解决全系统科研生产资源分散问题,先后分四批推动结构调整与资源重组,将原先直接管理的130多家成员单位调整重组为44家子集团和直管单位。为提升各子集团和直管单位价值创造能力,兵器工业集团借鉴平衡计分卡等绩效管理方法,突出对各单位中长期发展目标、软实力目标等的考核,同时积极开展经济增加值考核研究,将经济增加值作为主要指标纳入绩效考核。

2015年,在全面推进实施全价值链体系化精益管理战略、构建质量效益型可持续发展模式的背景下,兵器工业集团充分吸收战略性绩效考核理论与实践成果,将成员单位划分为主要承担价值创造任务的单位、主要承担军品科研任务的单位和主要承担支撑服务任务的单位三大类、13个细分类型。"三分法"以成员单位最突出的承担任务性质为主要依据,突出不同单位的核心使命和功能定位,进一步完善差异化绩效考核。与此同时,兵器工业集团引入绩效目标对标管理,制定《绩效目标对标管理办法》,建立对标管理机制。

新时期,兵器工业集团确立了新时代发展方针,即履行好强军首责、推动高质量发展、

加强党的建设，努力建设具有全球竞争力的世界一流企业。在新时代发展方针的引领下，绩效考核聚焦履行强军首责、推动高质量发展、加强党的建设，对标世界一流企业绩效管理实践，把59家成员单位划分为装备保障类、民品主导类、国际经营类和支撑服务类四大类，突出军品和民品考核的差异性，突出考核各单位的核心使命和主责主业，推动履行强军首责和高质量发展实现协调统一。

二、平衡的艺术：处理好"四个关系"

（一）处理好履行强军首责与推动高质量发展的关系

绩效考核是风向标，怎么处理"履行强军首责"与"推动高质量发展"两者的关系非常关键。在兵器工业集团新时代发展方针确立之初，一些成员单位不能正确认识两者的关系，总认为这两者是矛盾的。其实恰恰相反，它们是相辅相成的。对于军品单位，履行好强军首责并不意味着一定实现了高质量发展，推动高质量发展也不简单代表履行强军首责。比如，一些单位也许履行了强军首责，但因为管理不善、经营不善等问题，离高质量发展还有较大差距。对于民品单位，要坚持在聚焦主责主业上下功夫，实现高质量发展。一些单位曾经因偏离主责主业，盲目地跟风"投资""布局"，给企业经营发展带来了重大风险，付出了巨大代价。因此，在新时期发展方针引领下，兵器工业集团绩效考核聚焦"履行强军首责"和"高质量发展"这两大方面，不同类型的单位在具体指标选择和权重配置上允许有一定差异，但绝不可偏废。为了更好地推动高质量发展落地实施，兵器工业集团研究制定了符合兵器工业特点的高质量发展指标体系并推动应用。兵器工业集团高质量发展指标体系涵盖有效供给能力、科技创新能力、跨国经营能力、高效运营能力、价值创造能力、风险防控能力、资本获利能力、绿色发展能力、社会贡献能力等九大能力、29个维度、79个具体指标。同时，为加强指标体系的应用，从操作性、通用性、综合性角度出发，制定了高质量发展监测指标体系。

实践证明，履行强军首责和实现高质量发展两者之间是相互促进、辩证统一的。比如2019年，一机集团在高标准完成各项装备建设保障任务的同时，发展质量和经济效益再创新高，主营业务收入、利润总额、经济增加值、劳动生产率等指标同比实现较大提升，成本费用率、存货、应收账款等指标均控制在年度计划之内，广大员工共享企业改革发展的成果，人均收入同比增长15%。

（二）处理好共性和个性的关系

企业内部考核中，被考核对象往往有"不患寡而患不均"的顾虑，因此，公平公正开展绩效考核至关重要。在构建绩效考核体系时，应处理好共性和个性之间的关系，不能过分追求共性而忽视差异性，也不能只关注差异性而忽视共性。考核指标必须在一定范围内保持一致性，便于同一类型内不同单位之间在绩效考核上具有可比性。同时，在一致性的基础上要突出不同企业的个性特点，从而确保对每家单位的重点任务和特殊事项进行个性化绩效考核。基于这一考虑，兵器工业集团在构建绩效考核指标体系时，特别注重共性指标和个性指标之间的平衡。

在共性方面，所有类型单位的一级指标都是一样的，包括重点任务、经营指标和约束性考核情况，确保成员单位之间的整体可比性；同时，每一大类单位均具有一定的共性考核指标，确保同一类单位之间的可比性，比如装备保障类的装备科研、重大专项和核心技术攻关、装备承制任务履约、重大装备服务保障、军工能力建设等，民品主导类的民品制造业收入、全员劳动生产率、行业市场地位、重点客户与供应商管理能力等。

在个性方面，针对每一细分类型单位的具体特点，均设置了个性化指标，比如装备科研生产类企业中的新产品贡献率、装备测试类企业的客户满意率、贸易流通类企业的电子商务平台建设，国际经营类企业的军贸出口成交、军贸出口生效等，北斗产业类企业的考核指标更为明确具体。绩效考核指标体系对提高差异化绩效考核的科学性、针对性具有重要意义。在确保绩效考核的客观公平的前提下，通过个性化指标，强化对不同单位重点工作任务和指标的考察，切实发挥绩效考核的督促和引导作用。

（三）处理好全面和重点的关系

绩效考核强调精准性，关键绩效指标不能过多，如何实现绩效考核的全面性和针对性，关键要处理好全面和重点的关系。

兵器工业集团绩效考核指标体系中的经营指标和重点任务，涵盖了经济运行指标、人力资源指标、研发及技术创新指标、生产及保障服务指标、基础能力建设指标、质量安全环保指标、改革推进指标等诸多方面。另外，通过约束性考核中加强对保密管理、合规经营、党风廉政建设等方面的考核。兵器工业集团通过差异化设定不同一级指标的权重，突出对某一单位年度考核的重点。比如，对于军品科研单位，重点任务指标占70%，而经营指标只占30%；而对于一些民品主导类单位，经营指标则占80%，重点任务只占20%。实践中，兵器工业集团的年度绩效考核由多部门协作完成。相关考核部门根据具体考核办法，也会根据不同单位的不同特点，重点考核相关指标的完成情况。比如，装备科研单位考核中，装备研发部等部门重点关注装备科研、重大专项和核心技术攻关情况，装备保障部重点考核装备承制任务履约、重大装备服务保障情况；人力资源部重点关注科研开发人员占比情况；而质量安全环保监管部重点考核质量损失率、产品一次交验合格率等指标。处理好全面和重点的关系，一方面通过考核督促引导企业实现全面健康发展，另一方面提高考核针对性，确保年度重点工作任务落地。

（四）处理好正向和负向的关系

辩证地处理好激励与约束的关系，对于激励干部担当作为具有重要意义。兵器工业集团在绩效考核中，通过完善绩效考核计分办法、加大奖励力度，建立责任追究和考核容错机制，处理好正向与负向、激励与约束的关系。

年度绩效考核得分采取初始积分和突出情形加减分相结合的方式，计算公式为年度绩效考核得分＝初始计分±突出情况加减分。存在加分的突出情形的，最高可以加10分，主要是在履行强军首责、民品发展、国际经营、科技创新驱动、深化改革、环境保护、重大风险等方面及专项工作推进等重点工作中做出超值贡献以及党风建设工作取得显著成效的情况，对于完成目标值达到行业或国际一流水平的，也可以直接加分。存在减分的突出情形的，最多可以减10分，主要是没有完成绩效考核责任书中约定的指标，视不同程度和影响给予扣分。同时，兵器工业集团通过引入约束性考核事项，加强对各单位保密管理、合规经营、安全生产、质量环保、党风廉政建设等方面的考核。约束性考核事项只进行评价，视发生事项造成的影响程度给予直接扣分，造成特别重大负面影响和损失的最高可实行一票否决。

近年来，兵器工业集团进一步加大绩效考核奖励力度，完成专项考核内容，按照责任书的约定考核并兑现相应的一次性专项奖励。如果没有约定但实际完成的特定专项工作和临时性重点任务做出了超值贡献，也可以按照"一事一议"的原则给予奖励。对于领导人员任期考核，综合完成任期绩效考核目标任务情况、解决本单位历史遗留问题和重大难题以及对集团公司的贡献情况，给予一次性的任期奖励。建立责任终身追究机制，对于出现责任追究情况的，依法依规依纪追究责任。同时，建立完绩效考核容错机制，激发领导干部干事创业的积极性。

三、体系的设计：做好"六个差异化"

（1）差异化的分类。对于大型企业集团来讲，对所属企业进行差异化分类是开展绩效考核的基础。如何对企业进行分类，理论和实践做法各不相同。兵器工业集团在企业分类方面进行了诸多探索，随着企业的发展不断进行调整优化。差异化企业分类并不是绝对的，也不是一成不变的。新时期，在"履行强军首责、推动高质量发展、加强党的建设，努力建设具有全球竞争力的世界一流企业"发展方针下，要求绩效考核必须聚焦主责主业和核心使命，尤其是要对军品单位和民品单位进行区分考核。为此，兵器工业集团建立了"4+N"差异化企业分类（见图4-7）。所谓"4"，即把成员单位划分为装备保障类、民品主导类、国际经营类和支撑服务类四大类；所谓"N"，即按照行业类型对每一大类又细分为不同小类，并且根据实际情况保持动态调整，目前主要包括总体科研院所、火炸药行业、装备科研生产、装备测试、火炮车辆、弹箭、贸易流通、民用化工与机械、北方公司、财务金融、北斗产业、勘察设计等16个细分行业。

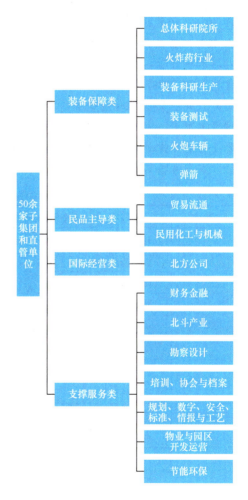

图4-7 兵器工业集团"4+N"差异化企业分类

（2）差异化的指标。在差异化分类的基础上，兵器工业集团坚持"一企一策"原则差异化构建各单位绩效考核指标。绩效考核体系由一级指标和二级指标构成：一级指标均为经营指标、重点任务和约束性考核情况；二级指标根据考核单位的核心使命和当期发展任务，个性化确定年度指标。比如，在经营指标方面，利润总额、净利润、应收账款、存货、增加值、经营活动现金净流量、全员劳动生产率等指标属于共性考核指标，所有单位均要考核；但是，民品制造业的收入指标则属于个性化指标，重点对军民融合类和民品主导类企业进行考核。在重点任务中，指标的差异化更为明显。比如，在对试验院的考核中，要求其合同履约率、客户满意率均达到100%；北斗研究院作为国家北斗产业发展布局平台，对其考核紧紧围绕着北斗地基增强系统的发展规划、重大项目推进和北斗技术的应用实施情况展开；对于规划院、信息中心、人才学院等支撑服务单位，其重点任务指标明确到工作具体事项，考核具有较强的针对性；有些企业属于军民融合类，在考核中要重点关注核心民品市场竞争力情况等。

（3）差异化的权重。绩效考核的权重配置不同，体现的考核侧重点和战略导向不同。兵器工业集团的考核权重按细化类型经营指标与重点任务，分为3:7、6:4、7:3、8:2、4:6、2:8、5:5、0:10共八种固定配比方式（见表4-14）。在装备保障类中，兵科院等总体科研院所类单位，重点任务占70%，经营指标占30%；导控所、动力院等装备科研生产类单位，重点任务占比40%，经营指标占60%；试验院这类装备测试类企业，核心使命是确保装备科研生产保障任务全面完成，重点考核装备科研试验测试、重大专项试验测试等，重点任务占70%，经营指标占30%；一机集团等装备科研生产类企业，经营指标占60%，重点任务占40%。在民品主导类中，凌云集团作为汽车零部件制造和塑料建材行业的大型企业集团，对其考核经营指标占80%，重点任务占20%；物资集团作为贸易流通类企业，对其考核经营指标占70%，重点任务占30%。北方公司作为国际经营类企业，军贸是企业核心使命，同时强调推动国际化经营高质量发展，对其考核经营指标占70%，重点任务占30%。在支撑服务类中，人才研究院、兵工学会、档案馆等作为以员工培训、学术交流及档案管理为主要业务的支撑单位，只考核其重点任务完成情况，不考核经营指标；规划院、信息中心等单位，重点考核其聚焦主责主业的支撑情况，重点任务占比70%，经营指标只占30%。

表4-14 兵器工业集团的差异化考核权重配置

四大类	16个细分行业	经营指标权重	重点任务权重
装备保障类	总体科研院所	30%	70%
	火炸药行业	60%	40%
	装备科研生产	60%	40%
	装备测试	30%	70%
	火炮车辆	60%	40%
	弹箭类	60%	40%
民品主导类	贸易流通	70%	30%
	民用化工与机械	80%	20%
国际经营类	北方公司	70%	30%
支撑服务类	财务金融	40%	60%
	北斗产业	20%	80%
	勘察设计	50%	50%
	培训、协会与档案	0	100%
	规划、数字、安全、标准、情报与工艺	30%	70%
	物业与园区开发运营	50%	50%
	节能环保	30%	70%

（4）差异化的目标。对企业来讲，绩效目标的确定面临许多问题。比如，由于外部市场是不确定的，计划赶不上变化，所以如何确保绩效目标相对准确是一大难题。目标要么定得太高，不切实际；要么定得太低，激励效果不够。为了解决这一问题，兵器工业集团建立

了绩效目标对标管理制度，一方面更加科学合理地确定目标；另一方面引导各单位主动与一流企业进行比较，促进各单位主动参与市场竞争和追赶先进。各单位结合实际情况，提出本单位的标杆企业及绩效目标，报集团公司绩效管理部门审定。集团公司根据各单位确定的标杆企业和目标，制订年度或3～5年的目标追赶计划，并将追赶计划纳入考核成员单位的战略规划、年度考核、专项考核和任期考核责任书中。2016年，为了进一步完善对标考核，构建"10K"绩效对标模型（见图4-8）。"10K"绩效对标模型以行业类型为基础，借鉴世界一流标杆企业九要素模型，建立了围绕直接创造价值和间接创造价值两大模块，涉及研发、采购、物流、生产、营销、战略、财务、质量、人力资源和基础管理等10个重要价值链环节，共计47项绩效指标，将全价值链体系化精益管理战略落实到业绩考核工作中。

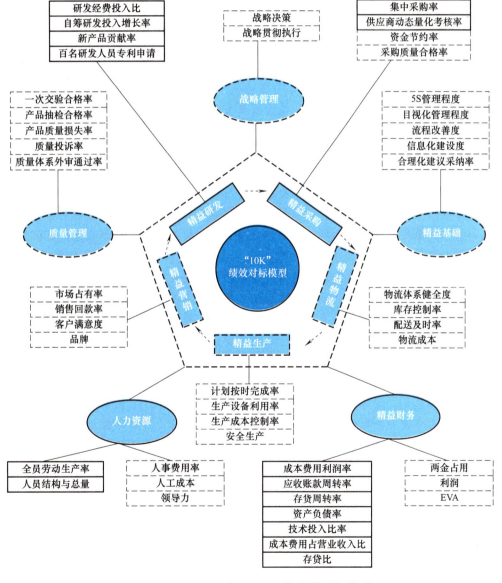

图4-8　兵器工业集团"10K"绩效对标模型

（5）差异化的结果。为了更好地区分考核结果，兵器工业集团在2015年引入考核结果ABCD评级机制（见表4-15）。考核分级结果与领导人员绩效年薪的确定紧密相关。年度绩效考核结果为C级及以上的单位，绩效年薪按以下公式计算：绩效年薪 = 基本年薪 ×（年度考核评价系数 + 绩效年薪调节系数）。其中，年度绩效考核评价系数根据企业所属类型和不同考核评级结果进行确定。在2018年的年薪兑现中，年薪增幅最高的达43.6%，年薪降幅最大的达到24.3%，真正体现了"业绩长、薪酬升，业绩降、薪酬降"。

表4-15　兵器工业集团年度绩效考核结果ABCD评级机制

年度绩效考核得分	年度绩效考核结果
年度绩效考核得分位列前20%，且未出现不能评为A级的事项	A级
年度绩效考核得分为100分（含）以上，未进入A级	B级
年度绩效考核得分为80～100分	C级
年度绩效考核得分为80分以下，或出现约束性考核事项中一票否决的事项	D级

兵器工业集团的绩效考核结果除了与领导人员的薪酬挂钩之外，还广泛应用在领导决策、领导班子建设、结构调整等方面，最大限度发挥绩效考核的作用。一是用在领导决策方面，考核结果力求客观合理反映经营成效和贡献，及时准确发现问题、揭示问题，为领导正确判断和科学决策提供依据；二是用在领导班子建设方面，根据年度和任期考核情况，对每个单位领导班子的经营效果和发展能力进行综合评价，反映领导班子的经营能力，为领导班子建设和推动干部"能上能下"提供依据；三是用在战略调整方面，在产业布局和结构调整中，绩效考核结果是一项非常重要的参考，兵器工业集团会根据各单位近些年重要指标的考核情况，对相关单位管理层级和战略定位进行调整，如对三级、四级单位进行提级管理。

（6）差异化的反馈。实践中，有些被考核单位不喜欢反馈，认为绩效反馈都是负面的、不好的，想方设法逃避接受反馈，对绩效反馈存在一定误解。而绩效管理部门为了避免打击单位和领导干部的积极性，往往也不太重视绩效反馈。兵器工业集团将绩效反馈作为实现绩效持续改善、绩效闭环管理的重要环节，绩效管理部门每年会根据绩效考核结果，实事求是地及时对相关单位进行差异化绩效反馈。反馈意见包括正反两方面内容：一方面，对被考核单位取得的进步予以肯定，将被考核单位在经营指标和重点任务指标中的加分项列明，让各单位知晓本单位的工作亮点；另一方面，明确指出被考核单位的扣分项，让被考核单位清楚认识到本单位的不足。同时，选取科研投入强度、成本费用率、利润率、劳动生产率等重点指标，与系统内外相关指标的平均水平和先进水平进行对标，让各单位清楚地认识到企业在行业内所处位置，明确自身差距所在，并针对性地提出进一步改善的建议。

四、赢在差异化：有效推动了集团新时代发展方针实施

（1）较好履行了军工核心使命。履行强军首责，必须大力推进武器装备科技创新，服务国防和军队现代化建设。近年来，兵器工业集团坚持并不断强化绩效考核的创新驱动导向，加大对装备科研、重大专项和核心技术攻关的考核和激励力度，涌现了一大批创新成果。国庆70周年阅兵，兵器工业集团自主创新研制生产的16型、140台（套）地面装备接受了检阅。陆军现役主战装备与世界军事强国已经没有代差，技术性能已经达到世界先进水

平。在装甲突击、远程压制、精准打击、防空反导、高效毁伤、光电夜视、网络信息等领域均具有一系列先进武器装备及核心技术。

（2）高质量发展不断取得突破。截至2020年，兵器工业集团主营业务收入4850亿元，比成立之初增加了4442亿元，增长率为1765%。在利润总额方面，2002年实现盈利，2013年利润上百亿元，2020年利润196亿元。在全员劳动生产率方面，由2015年的20.02万元/（人·年），增长到2020年的29.4万元/（人·年）。世界500强排名从2010年的348位上升到2020年的127位（见图4-9）。自2004年国务院国资委实施中央企业负责人经营业绩考核以来，兵器工业集团连续17年获得中央企业负责人经营业绩考核A级，是保持所有年度A级优秀业绩的8家中央企业之一（见图4-10）。

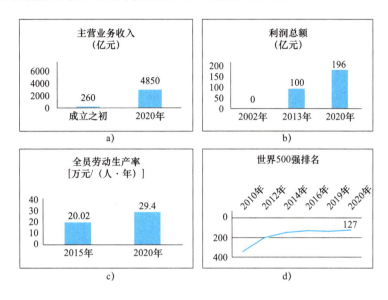

图4-9 兵器工业集团高质量发展情况

图4-10 连续17年获国资委经营业绩考核A级

（3）管理水平实现全面提升。兵器工业集团的绩效考核除了关注重点任务和经济指标之外，还不断加大对各单位管理能力的考核。比如，将科研开发人员占比、人才队伍建设情况作为考核指标，督促引导企业进一步优化人才队伍结构。将事业单位改革、压缩管理层级、控制法人户数、民品"双降"、改革脱困等事项纳入考核指标中，推动企业深化改革、提质增效。在绩效考核中，还通过约束性考核事项，加大对保密管理、信访维稳、法律事务、财务管理、风险防控、合规经营、质量环保、安全生产等事项的考核，根据情形扣减分数甚至一票否决，督促引导企业保护国家秘密、维护社会稳定、坚持绿色发展、确保安全生产，实现经济效益和社会效益兼顾，推动管理水平全面提升。

（资料来源：中国兵器工业集团李鹏等撰写。）

案例讨论题：

1. 兵器工业集团是如何处理绩效管理中的几对平衡关系的？
2. 兵器工业集团如何进行差异化考核？
3. 兵器工业集团如何确定考核目标？
4. 兵器工业集团绩效考核方法的变化给企业本身的绩效改进带来了哪些变化？

第五章

绩效指标标准与权重设计

本章要点

绩效指标标准与权重设计是绩效考评体系的重要内容,绩效指标标准保障了绩效考评体系的落实,绩效指标权重设计则决定了绩效考评体系的导向。本章主要介绍绩效指标标准和绩效指标权重的设计方法。

导入案例

国网上海市南供电公司的指标责任分解

2017年6月、7月,国网上海市南供电公司(简称市南公司)连续两个月因线损类指标完成率低于月度考核目标,被上级公司国网上海市电力公司(简称上海公司)考核,累计扣奖10万元。根据市南公司月度考核办法,在内部分析定责过程中,指标归口部门(发展部)与配合部门(运检部、营销部等)之间就责任承担比例出现很大分歧,内部月度考核会上部门经理之间针锋相对、互不相让。对此,公司总经理要求人力资源部就指标分解定责提出切实可行的解决办法,作为绩效主管的刘奇为这件事绞尽脑汁。

上海公司自2012年根据《国家电网公司全员绩效管理暂行办法》相关要求开始实行全员绩效管理,并对下属单位实行企业负责人业绩考核。上海公司以业务管理流程为核心,对公司的岗位职责、管理制度、管理标准、绩效指标、风险管控等进行了全面的梳理和完善,通过"五位一体"协同机制促进绩效管理体系的完善和绩效目标的实现,实现"五位一体"协同机制的深化应用。上海公司每年年初对各下属单位下达绩效考核指标,年末统一考核排名,考核结果与各单位下年度工资总额挂钩。同时,为加强绩效考核指标的过程管控,上海公司自2015年起开展月底考核,将关键绩效考核指标的目标值分解到月度,每月对下属单位开展考核,一旦月度指标值未达标,则予以一次性扣奖。

为落实上级公司全员绩效管理要求,市南公司在每年年初根据下达的企业负责人绩效考核指标,组织开展指标责任分解,要求各指标归口部门将每项指标分解落实到具体岗位、人员,并明确月度目标值,每月开展过程管控。同时明确,如被上级公司月底考核扣奖,则归口部门牵头进行责任分解,明确相关部门承担比例和扣奖金额。

在年度绩效考核指标分解和月度考核责任分解过程中,对于类似线损率等跨部门、跨专业的指标,始终存在分解难、管控难的问题。一旦被上级公司月度考核扣奖,部门之间就考核定责和承担比例常常争执不休。对此公司总经理也是头疼不已。

刘奇拥有 10 年绩效考核的实操经验，面对跨部门指标责任分解难的困局，他下发绩效考核指标分解表格，实地逐一走访了各业务部门，听取各部门在指标分解管控中的困难和想法。通过调研访谈，刘奇发现指标的归口部门和配合部门在具体指标管控中的作用确实存在非常大的差异。例如，线损率指标，归口部门是发展部，但是具体开展线损治理工作的是运检部和营销部，发展部仅仅负责每月数据统计工作；电费回收率指标，营销部是归口部门，同时也是主要开展电费回收工作的部门，运检部等其他部门主要是少量辅助性工作；管理创新指数指标，归口部门是办公室，但是各业务部门才是开展管理创新的主体，办公室主要负责组织开展年度管理创新申报和评选工作。

总而言之，每一项绩效考核指标的相关责任部门在业务实施和指标管控中的作用是千差万别的，一刀切地划定责任比例的确存在一定的不合理性。

通过对访谈结果的梳理和分析，刘奇基本明确了"不同业绩考核指标要采取差异化的责任分解方法"的思路。因此，他针对每一项业绩考核指标，深入了解了与之相关的业务流程和工作要求，并再次与相关部门进行了交流沟通，最终明确了将业绩考核指标分为三类，并分类确定归口部门和配合部门间的责任分担。

（1）根据业务模式划分指标类型。根据业绩考核指标所涉及的业务模式的不同，将指标分为综合类、任务类和流程类三类。

1）综合类指标：容易区分归口部门和配合部门。综合类指标归口部门承担计划、组织和数据归口职能，但在业务实施中不占据主导地位，需依靠配合部门开展工作。综合类指标的配合部门数量相对较多，甚至可能包括公司所有部门，如售电毛利、管理创新指数。

2）任务类指标：容易区分归口部门和配合部门。任务类指标归口部门除计划、组织和数据归口职能外，在业务实施中也占据主导地位。任务类指标的配合部门数量相对较少，也可无配合部门，如电费抄核收及电价执行管理成效。

3）流程类指标：较难区分归口部门和配合部门。根据"五位一体"协同机制运行机理，流程是"五位一体"协同机制的核心，制度、标准、绩效、风控等从不同的方面对流程的运行提出了要求。到 2020 年 9 月，上海公司有业务流程 1269 条，与流程相匹配的绩效指标共有 1743 个。流程类指标业务流程涵盖多个部门，涉及部门串联同责，任何一个部门发生质量问题均会导致该指标无法完成。市南公司的流程类指标只设归口部门进行数据汇总，如线损率。

（2）分类开展责任分解。针对不同类型指标特点，运用不同方法开展指标责任分解。

对于综合类指标，运用"管控细则＋重点工作"的方式进行责任分解。公司确认指标归口部门和配合部门范围，由归口部门负责制定指标管控细则。管控细则主要是相关细分指标的任务目标分解，并通过重点工作评价进行分数调节。综合类指标归口部门的责任分担比例原则上为 20%，余下 80% 的考核责任由各配合部门共同承担，按管控细则进行评价。可参考表 5-1。

任务类指标运用"主责＋次责"的方式进行责任分解。首先明确指标归口部门（主责部门），然后由归口部门根据考核内容确定配合部门范围。归口部门直接对配合部门进行考核，但考核成绩不能低于归口部门自身成绩。任务类指标归口部门的责任比例原则上不低于 50%，其他由次责部门共同承担。可参考表 5-2。

第五章 绩效指标标准与权重设计

表 5-1 市南公司综合类指标责任承担示例

指标名称	管控内容	管控目标	归口部门	责任承担比例	配合部门	责任承担比例
企业管理成效指数	管理创新指数	1. 管理创新项目申报数≥1 2. 管理创新项目获奖数≥1	办公室	20%	各部门	按管控细则分担 80%
	质量管理指数	1. QC小组成果率≥80% 2. 调研成果申报数≥1 3. 省部级（上海市、全国电力行业）优秀QC小组（包括信得过班组）数≥1				
	卓越管理年任务完成率	1. 卓越管理重点项目完成率=100% 2. 国网精益管理试点完成率=100%				
	制度标准执行指数	1. 制度标准执行得分≥87% 2. 制度标准一体化平台应用≥28%				
	改革任务完成率	1. 改革任务完成率=100% 2. 配合电力体制改革工作任务完成率=100% 3. 配合国企国资改革工作任务完成率=100%				

表 5-2 市南公司任务类指标示例

指标名称	考核内容	考核目标	归口部门（主责部门）	责任承担比例	配合部门	责任承担比例
电费抄核收及电价执行管理成效	电费回收水平	完成公司目标值	营销部	90%	运检部、调控中心	10%
	电价执行规范率					
	费控推广目标完成率					

流程类指标运用"流程节点管控"的方式进行责任分解。找出工作流程各节点涉及的所有部门，一并列为责任部门。流程类指标一般不事先设置责任分担比例，一旦进行考核，由发生质量坏点的责任部门承担100%的考核责任。可参考表5-3。

表 5-3 市南公司流程类指标示例

指标名称	考核内容	考核目标	责任部门
工程竣工决算完成率	电网出资项目转资率	完成公司目标值，发生坏点部门承担100%责任	运检部、营销部、建设部、项目管理中心、调控中心、办公室
	项目竣工决算按期完成率	完成公司目标值，发生坏点部门承担100%责任	

上海公司将所有的业务流程分为重点流程和关注流程，但重点流程与关注流程并非固定不变的，而是具有时段性，根据不同时段的不同要求，重点流程与关注流程之间可以相互转化。业务流程环节管控通过与其相匹配的绩效指标予以落实，根据重点流程环节与关注流

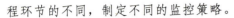

程环节的不同，制定不同的监控策略。

（资料来源：上海慧圣咨询公司数据库。）

上海市南供电公司这个案例，反映出绩效指标权重设计等难题。在绩效管理实践中，一些企业缺乏科学、规范的制定绩效指标标准和权重的方法，在未分析相关因素的影响的条件下随意确定绩效标准，制定出的绩效标准难以满足企业的竞争需求。有的企业制定出的绩效标准过高或过低，甚至有的企业直接照搬其他企业的绩效标准。在这种情况下，绩效指标无法有效指导员工工作，从而影响关键绩效指标作用的发挥。此外，有的企业对企业关键绩效指标的考评标准设计不科学，应用绩效标准考评时无法有效区分不同绩效水平的员工，"干好干坏一个样"，最终无法发挥绩效考评的激励作用。确定完整、合理的绩效指标是绩效考评的重要前提，但真正的难点是确定每个指标的标准及权重。对于如何确定绩效指标的权重，国内外学者进行了很多研究。本章在对绩效考评常见问题进行分析的基础上，指出了成功的绩效考评与选择合理的绩效指标体系是息息相关的，并结合企业实际，运用AHP等方法，提出了一套合理的绩效指标权重体系。

第一节 绩效指标标准概述

绩效指标标准在整个考评体系中占有重要地位，如果没有明确的考评标准，就无法实施具体考评，无从取得客观、公正的企业绩效考评结果。因此，制定绩效指标标准是实现企业绩效考评的前提。考评标准合适与否对考评结果的科学性和可靠性影响很大。

一、绩效指标标准的概念

绩效指标标准又称评价标准、指标值，是指客观评判评价对象优劣的具体参照物和对比尺度。它展示被考评者在各个指标上所应达到的水平或程度，是考评工作的基本准绳。绩效指标和绩效指标标准是两个不同的概念。绩效指标是指从哪些方面对绩效进行考评；绩效指标标准则是指各绩效指标应达到的结果或指标值。绩效指标解决的是"考评什么"的问题；而绩效指标标准则是要解决需要"达到多少""达到什么程度"或"做到怎样"的问题。在设计关键绩效指标之后，必须明确其绩效指标标准。

绩效指标标准的制定必须与组织的财物资源、生产能力、人力资源、职能分工等相匹配。如果标准过低，将失去其激励作用，同时会失去不少市场机会，造成企业资源的浪费；如果标准过高，怎么努力都无法完成，则同样会失去目标的激励作用，员工也失去了完成目标的信心和动力，还会抱怨。绩效指标值的设定，需要根据企业所处行业的特点及企业自身的特点科学设计。研究表明，目标难度适中时人们完成这一目标的动力最强，而目标定得太高或者太低都会降低人们的动力。因此，制定绩效指标值时，需要考虑实现该指标的难度，结合企业所处行业特点、所处发展阶段，综合考虑以下几方面因素：绩效计划中的目标，企业的历史经验数据，企业所选择的标杆。

二、绩效指标标准的来源

在实践中，绩效指标标准主要来自以下四个方面：

（1）历史来源。这是以企业上一年度的绩效状况作为衡量标准。它是一种自身最优判断方法，可以进行自身的纵向比较，具有排他性。这种纵向比较的好处是简单直观，能较好地衡量员工的进步程度。不足之处在于难以看出与同行业其他企业从事类似工作的员工绩效之间的差距，同时也很难区分绩效的取得究竟是因为行业的因素还是激励对象努力的结果，特别是在强周期性行业，甚至导致不该激励的反而得到了激励，该激励的却没有得到激励。

（2）外部来源。这是以其他同类企业的绩效状况作为考评标准。它是以一定时期一定范围内的同类企业为样本，采用一定的方法，对相关数据进行测算而得出的平均值，与企业自身状况进行横向比对。这种横向比较的好处是，过滤了行业整体性的因素，主要突出激励对象的绩效贡献，很大程度上能做到有效激励，同时能够及时发现与同行业其他企业之间的差距，培养企业敏锐的市场嗅觉。其缺点在于操作起来相对复杂，较难收集到同行业其他企业的相关信息，在很多情况下需要请专业的咨询公司来做。

（3）经验判断。经验判断就是请组织内部或外部专家，根据经济发展规律和长期的企业管理经验，以及同行业其他企业员工绩效发展变化规律和本企业员工绩效发展趋势做出判断，然后确定绩效标准的一种方法。这种方法的好处有两点：一是能够充分利用组织内外的经验；二是能够考虑到未来的发展趋势。其不足在于对经验依赖度太高，容易产生预测失误，从而影响员工情绪。

（4）规划标准。所谓规划标准，是指根据企业的战略计划而制定出的参考标准。通常是以事先制订的年度计划、预算和预期达到的目标作为绩效标准。这种方法的好处是有利于战略的执行，如果制定得科学合理，则激励效果比较好。其不足在于计划标准主观性较强，人为因素作用较强，实施难度较大。

在制定绩效指标标准时，上述四种来源必须与企业的实际结合起来综合运用。例如，可能对一些绩效指标需要确定计划标准，而对另外一些指标应采用经验判断等方式。

三、绩效指标标准的确定原则

绩效指标标准是衡量绩效完成程度的依据，因此科学、合理地设计绩效指标标准十分重要。在设计绩效指标标准时，必须遵守以下原则：

（1）以工作为基础原则。绩效指标标准的制定应当以企业战略目标的实现、企业的竞争需求以及工作本身的要求为基础，而不应由于任职者的不同而有所不同。也就是说，每一项工作的绩效标准是唯一的，而不是针对不同的被考评者而有不同的标准。

（2）公开原则。绩效指标标准应对所有人员公开：对被考评者来说，了解绩效考评的标准能够更好地理解组织意图，明确努力方向；对考评者来说，对绩效标准的了解能够帮助其更准确地进行员工考评；对其他人员来说，了解绩效指标标准能够帮助其判断自己是否受到公平对待。

（3）事先确定原则。绩效指标标准必须事先与被考评者商定，而不能在绩效产生过程中确定，更不能在绩效产生后确定，这样会给被考评者留下"考评具有针对性"的印象。

（4）员工参与原则。绩效指标标准的确定必须是经过协商讨论的，绩效指标标准在制定过程中有员工的充分参与，考评者和被考评者都认为该标准公平合理，是基于对企业绩效管理的充分理解而制定的。这样才能提高绩效指标标准的员工认可度。

（5）简明精确原则。绩效指标标准应当简单、明确、具体而不产生歧义，过于烦琐的绩效指标标准会给使用者带来不便。

（6）稳定性原则。绩效指标标准一旦确定，就构成了考评要件，具有一定的权威性，非重大变化不得更改。

（7）适应性原则。绩效指标标准既要体现先进性，也要与企业的资源能力、岗位职责、员工个人能力相适应，即应对员工具有激励性，考虑其可实现性，避免不可实现的绩效指标标准给员工带来的负面效应。

第二节　绩效指标标准的设计

如前所述，仅确定了绩效指标是无法直接得到考核评价结果的，企业还必须针对具体的指标设计绩效指标标准，具体包括指标的标度、评分规则和计算方法。这样才能准确地衡量和评价绩效。

一、绩效指标的标度

为了得到确切的绩效评分，仅有确定的标准是不够的，企业还需要确定绩效指标的标度。标度就是考评对象在绩效指标标准上表现出来的不同状态与差异类型划分。考评的标志是被考评者的最佳状态或最优水平的描述。标志实际上是一种最高级的标准特征表述。一般而言，考评对象在每个标志上的变化状态与差异状态都是无限多的，但这无限多种状态中，有实质差异的却是有限的几种，作为考评者实际可以辨别与把握的也只能是少数几种。对这少数几种状态类型与差异类型予以确定的过程便是指标标度划分的工作实质。

一般来说，指标标度的划分有以下几种方法：

（一）习惯划分法

习惯划分法是一种依据考评实践中人们对考评对象进行区分的心理习惯而划分标度的一种方法。常见的等级一般是3~9级，等级过少，考评者容易操作区分，但对象差异区分不明显且评判结果相对集中；等级过多，可以展示不同对象的差异，评判结果相对分散，但考评者不便把握与操作。心理学研究表明，超过9个等级，考评者往往就难以把握与平衡，一般来说，3、4、5、7四个等级标度较为合适。如划分为5等级标度时，可以采用"非常不满意、不满意、一般、满意、非常满意"等词语划分。表5-4为某企业的7等级标度。

表5-4　7等级标度

评分等级	1级	2级	3级	4级	5级	6级	7级
评分标准	不合格	需要重大改进	需要改进	合格	良好	优秀	杰出
评价分	60~69分	70~79分	80~89分	90~99分	100~109分	110~119分	120~130分

（二）两级划分法

两级划分法是根据考评对象在每个绩效指标标志上正反两种极端的表征，把每个指标标度划分为两个等级的一种方法。这种划分方法便于操作，但中间状态不好评判，因此，有人建议在两级划分法的基础上增设中间一档,成为三级标度。

(三)统计划分法

统计划分法是绩效指标标度的等级划分并非事先主观规定好的,而是根据考评对象在每个绩效指标标志上的实际表现统计和确定等级的一种方法,如根据聚类分析结果进行划分。

(四)随意标度法

随意标度法是在每个指标内容中,考评者可以根据被考评者与最佳状态的差异程度,酌情给予不同的分数或等级的一种方法。这种方法适用于指标和标准可以量化的情况。

从目前企业的应用实践来看,大多采用习惯划分法和随意标度法,这两种方法在操作简便性和有效性方面具有一定优势。不同的等级标度代表的考评导向也不同,如5等级标度较之3等级标度考评导向便趋于宽松,如图5-1所示。

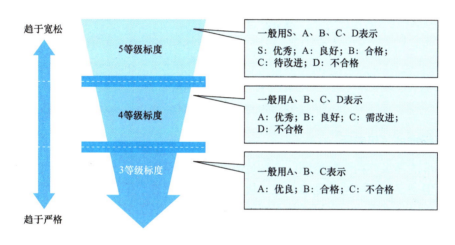

图 5-1 等级标度示例

二、评分规则

针对具体指标,分析其绩效考评结果的具体表现与绩效指标标准相比处于怎样的状态,应用事先规定好的指标标度,就可以得到具体的考评成绩,这就是评分规则的确定。例如,采用随意标度法,绩效考评可采用百分制评分,确定评分规则就是通过适合的标度划分将某一个具体的绩效指标与该指标标准相比后,得到一个处在一定区间的分数。

根据指标性质的不同,企业应采用不同的方法来确定其标准、标度与评分规则。不管采用怎样的标准、划分怎样的标度以及应用怎样的评分规则,企业必须紧紧把握绩效管理的目标,实现所需要达到的激励力度。一般来说,绩效指标分为可量化指标(又称定量评价指标)和不可量化指标(又称定性评价指标)两类,这两类指标要分别进行评分规则的设定。

(一)可量化指标评分规则

可量化指标是指能对其进行数值衡量、具有一定经济单位的指标。可量化指标标准的设计需要考虑两方面的问题:一是基准点的位置;二是指标标准的等级差距。

1. 基准点的位置

基准点的位置本质上就是预期的标准水平的位置，即正常情况下多数人都可以达到的水平。如图 5-2a 所示，在一个五级尺度绩效考评中，多数人只能达到第二个等级，就可以把第二个刻度作为基准点。

在实际操作中，一般会把基准值设于衡量尺度的中央，如图 5-2b 所示。部分特殊指标除外，如一些人身伤亡、火灾等重大事故的指标，期望值的基准点可能在尺度中央之外的位置。

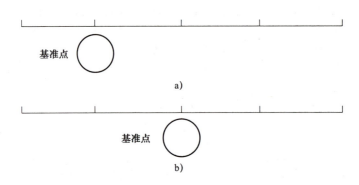

图 5-2 基准点的位置

a）传统考核 b）实际操作

2. 指标标准的等级差距

指标标准的等级存在两种差距：一种是尺度本身的差距；另一种是每一尺度差所对应的绩效差距。但是，这两种差距是结合在一起来描述绩效状态水平的。尺度差距实质上是标尺的差距，它可以是等距的，也可以是不等距的。图 5-3 给出了不同差距状态。

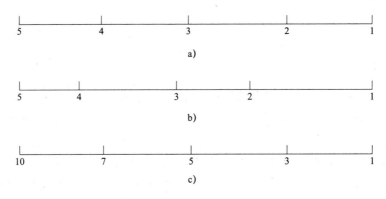

图 5-3 标尺差距

a）等距等差 b）不等距等差 c）等距不等差

常规上，人们习惯把标尺做成等距等差的，把指标标准做成不等差的，但绩效考评结果也常常做成等差的。至于指标标准是做成等差的还是不等差的，要根据具体情况而定。一般来说，指标标准的上行差距越来越小，而指标标准的下行差距越来越大。这是因为，从绩效基准点提高绩效的难度越来越大，边际效益下降；而在基准点以下，人们努力的边际效益比较大。但是，有时为了控制员工绩效，适当增加他们达不到绩效基准的压力，也可以把基准点以上的差距加大，而把基准点以下的差距缩小。表 5-5 是指标与指标标准分级示例。

表 5-5　指标与指标标准分级示例

1. 等级划分：绩效指标的评估等级按七级划分，7 级为最高，1 级为最低

2. 绩效指标说明

1）销售总量：各类品种销售量之和

2）销售收入：各类品种销售收入之和

3）资产利润率：利润额 / 量化资产额

4）总成本费用：生产成本 + 销售成本 + 管理费用 + 财务费用

5）净利润：以事业部为单位的内部利润

6）贷款回收率：回款数额 / 实际商品发出价值额

7）产品合格率：合格产品量 / 全部生产量

8）市场覆盖率：实际供货市场 / 目标供货市场

9）市场占有率：实际销售量 / 市场销售总量

10）设备利用率：设备运行 / 设备能力

11）安全生产：以人身伤残事故次数计算，重大事故定义为人员因事故致伤、致残，使之暂时或永久丧失劳动能力

3. 绩效标准说明

1）销售总量：以 85000t 为 4 级，每增加 3%，提升一个等级；每减少 2%，降低一个等级

2）销售收入：以 5.4 亿元为 4 级，每增加 2%，提升一个等级；每减少 1%，降低一个等级

3）资产利润率：以目标规定数额为 4 级，每增加 3%，提升一个等级；每减少 2%，降低一个等级

4）总成本费用：以目标规定数额为 4 级，每减少 5%，提升一个等级；每增加 3%，降低一个等级

5）净利润：以目标规定数额为 4 级，每增加 3%，提升一个等级；每减少 2%，降低一个等级

6）贷款回收率：以目标规定数额为 5 级，每增加 0.5%，提升一个等级；每减少 0.5%，降低一个等级

7）产品合格率：以目标规定数额为 5 级，每增加 0.5%，提升一个等级；每减少 0.5%，降低一个等级

8）市场覆盖率：以目标规定数额为 7 级，每减少 0.5%，降低一个等级；每增加 0.5%，提升一个等级

9）市场占有率：以目标规定数额为 4 级，每增加 1%，提升一个等级；每减少 0.5%，降低一个等级

10）设备利用率：以 80% 为 4 级，每增加 3%，提升一个等级；每减少 2%，降低一个等级

11）安全生产：以目标规定数额为 7 级，每发生一次重大人身事故，降低一个等级

（二）不可量化指标评分规则

对于不可量化的指标，通常采用习惯划分法直接对指标进行主观评分。例如，对于创新能力指标，可以将它分为 5 级，即很差、较差、一般、良好、优秀，与之相对应的分数为 20 分、40 分、60 分、80 分、100 分。但这种方式让直线经理很伤脑筋，因为他们弄不清楚到底什么才算是优秀，什么才算良好，优秀和良好之间的差别在哪里。而且，在每项标准的后面都有一个具体的分数，如优秀 =20，良好 =16，一般 =12，较差 =8，很差 =6。当直线经理不能准确理解每项标准含义的时候，他们往往会凭主观臆断来确定员工的绩效考评结果，所以考评出来的结果往往是大家都比较优秀，评分都很高，使得平均主义以考评的形式出现。因此，要尽可能详细地描述每项指标各个等级的标准。

在对绩效指标标准进行描述时，除了尽量量化以外，还要尽可能地对各个等级的标准进行详细的描述，帮助员工更加清楚地认识到每项指标对自己的要求，以便做到心中有数，更好地实现各项绩效指标。具体情况如表 5-6 所示。

表 5-6　定性评价指标标准界定

指标名称	财务制度、体系完善	指标编号	统 计 周 期	年度	权重
指标定义	公司财务相关制度、体系的建设、修订、总结、完善和外部审计情况				
相关说明	A：公司内几乎所有财务活动都有相应明确的制度依据或标准，工作流程运行顺畅，能够根据组织环境的变化及时预见到制度、标准的不足并及时修订，避免了原有制度和标准的缺陷造成的问题，同时通过外部审计				
	B：公司内几乎所有财务活动都有相应明确的制度依据，工作流程运转顺畅，能够及时发现问题并及时总结、分析，找到制度、标准的不足，不断修订，使制度逐渐完善，避免了问题再次发生，同时通过外部审计				
	C：公司内的主要财务活动都有相应明确的制度依据，工作流程运转正常，能够总结、分析已经发生的问题，找到制度、标准的不足，不断修订，使制度逐渐完善，避免了问题再次发生，同时通过外部审计				
	D：公司内的主要财务活动都有相应的制度依据，但不够明确，不能及时发现问题或对问题进行分析总结，制度完善较慢，或没有通过外部审计				
	E：公司内的一些主要财务活动缺少相应明确的制度依据，或没有通过外部审计				

三、计算方法

绩效指标标准的计算方法主要有四种：相对赋值法、加减赋值法、一般比例法和非此即彼法。

（一）相对赋值法

相对赋值法是一种对工作成果或工作履行情况在一定区间内进行等级划分，并对各级别用数据或事实进行具体和清晰的界定，据此对被考评者的实际工作完成情况进行评价的方法。相对赋值法的优点是能够清楚、直观地用数据或事实描述出各个级别的不同，且每一等级严格对应固定的分数，奖励和处罚的力度比较大，易于拉开考评分数差距；其缺点是分级描述比较复杂，指标标准设计的工作量较大。

本方法适用于对定量指标进行分值计算，如表 5-7 所示。

表 5-7　定量指标相对赋值表

绩效指标	指标解释	指标标准	考评频次	信息来源
管理费用/预算	（期内实际发生管理费用/预算）×100%	Ⅰ：$Y < N$ Ⅱ：$Y = N$ Ⅲ：$N + 5\% \geqslant Y > N$ Ⅳ：$N + 10\% \geqslant Y > N + 5\%$ Ⅴ：$Y > N + 10\%$	季度	财务部

注：1. Y 为实际完成值；N 为计划完成值。

2. 指标等级最多分为Ⅰ、Ⅱ、Ⅲ、Ⅳ、Ⅴ五个级别。

　　Ⅰ：单项得分 =（Y/N）×100 分时，Y 值越大越好；单项得分 =[1+($N-Y$)/N]×100 分时，Y 值越小越好。该项最高分为 120 分。

　　Ⅱ：单项得分 =100 分。

　　Ⅲ：单项得分 =80 分。

　　Ⅳ：单项得分 =60 分。

　　Ⅴ：单项得分 =0 分。

　　绩效考评总分 =∑（单项得分 × 单项权重）。

3. 并非所有指标都分为五个等级，指标等级的选择要根据指标的重要度、实现的难易程度和指标本身的特点而定。

本方法还适用于对定性指标进行分值计算，如表 5-8 所示。

表 5-8　定性指标相对赋值表

指标名称	优秀（100 分）	良好（80 分）	合格（60 分）	待改进（40 分）
组织与文化建设	建立了规范的内部沟通制度，能够及时有效传递和正确诠释企业文化导向，组织气氛良好；积极地在部门内部推行导师制，自身能很好地履行导师职责	建立了较规范的内部沟通制度，能够有效传递和正确诠释企业文化导向，组织气氛较好；较为积极地在部门内部推行导师制，自身能较好地履行导师职责	建立了内部沟通制度，能够传递和诠释企业文化导向，组织气氛一般；在部门内部推行导师制，自身能履行导师职责	内部沟通制度不完善，无法有效传递和正确诠释企业文化导向，组织气氛差；不能在部门内部推行导师制，自身不能履行导师职责

（二）加减赋值法

加减赋值法是一种针对工作中的关键事件，制定相应的扣分和加分标准对绩效考评结果进行评价的方法。与相对赋值法比较，其优点是形式简单、易于理解，且绩效指标标准设计的工作量比较小；缺点是奖励和处罚的力度不大，考评分数结果差距不明显。加减赋值法计算如表 5-9 所示。

表 5-9　加减赋值法计算表

绩效指标	被考评部门	指标标准
研发管理体系建设计划完成情况	研发部	根据工作计划中规定的各关键节点检查工作的完成情况，每个关键节点的成果每延迟一天扣 5 分，满分 100 分，扣完为止
贷款到位率（资金管理）	财务部	（期内贷款资金到位总额/期内计划到位总额）×100%，反映资金筹集与落实情况，每降低 1% 扣 5 分

（三）一般比例法

一般比例法是一种按照相应的计算公式得出绩效指标标准的方法，适用于计算方式比较明确的指标，如表 5-10 所示。

表 5-10　一般比例法计算表

绩效指标	权重	目标值	实现值	信息来源	绩效分
管理费用/预算	6%	≤100%	101%	财务科	[1−(101%−100%)/100%]×6= 6
举报调查率	10%	100%	95%	监审科	(95%/100%)×10=9.5
来信来访处理反馈率	10%	100%	100%	监审科	(100%/100%)×10=10
来信来访办结率	10%	100%	100%	监审科	(100%/100%)×10=10
来信来访满意度	5%	≥95%	94%	监审科	(94%/95%)×10=9.89
相关报表上报及时率	5%	100%	100%	监审科	(100%/100%)×5=5
违规、违纪案件查处率	10%	100%	100%	监审科	(100%/100%)×10=10

注：1. 目标值类型为 >N（N 为目标值）：绩效分 = 实现值/目标值 × 权重。
　　2. 目标值类型为 <N（N 为目标值）：绩效分 =[1−（实现值 − 目标值）/目标值] × 权重。

除以上情况之外，一般比较法中还可以设置有底线的情况，即完成值小于合格点，绩效分数为0，如图5-4所示。

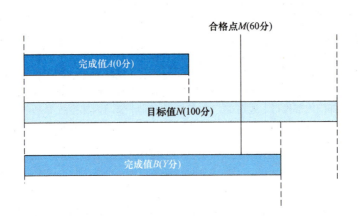

图5-4　一般比例法示例（有底线）

注：1. 完成值小于合格点，绩效分=0。
　　2. 完成值大于或等于合格点，$Y/100=$ 完成值 $B/$ 目标值。

（四）非此即彼法

非此即彼法是指一些指标的考评结果只有两种：要么达到标准，要么达不到标准，即要么满分，要么0分。例如，对于人力资源规划在规定时间内通过总经理批准这一指标而言，在规定时间内通过即达到绩效标准，在规定时间内没有通过则没有达到绩效标准。如表5-10的示例，如果改为用非此即彼法，计算结果如表5-11所示。

表5-11　非此即彼法计算表

绩效指标	权重	目标值	实现值	信息来源	绩效分
管理费用/预算	6%	≤100%	101%	财务科	0
举报调查率	10%	100%	100%	监审科	10
来信来访处理反馈率	10%	100%	100%	监审科	10
来信来访办结率	10%	100%	100%	监审科	10
来信来访满意度	5%	≥95%	94%	监审科	0
相关报表上报及时率	5%	100%	100%	监审科	5

（五）联合利润基数确定法

胡祖光教授在长期研究实用委托代理制度的基础上，形成了一种对代理人的有效的绩效指标标准测定方法——联合利润基数确定法，又称HU（胡氏）绩效考评法。其主要内容可以用20字概括，即"各报基数，算术平均，少报罚五，多报不奖，超额奖七"。其中，"各报基数，算术平均"是指年初确定利润基数时，首先由上、下级（总公司与分公司、董事会与总经理）各自提出一个认为合适的利润基数，然后对这两个基数进行算术平均，作为承包合同基数。在实际操作中，上级为了简化起见，一般还可以用下级的自报数乘以80%作为上级的要求基数，两个数字进行简单算术平均后，形成利润承包基数。"少报罚五，多报不奖"是 HU 绩效考评法成功的关键。"少报罚五"是指到年终实际完成数（假定为 100 万元）超过其年初自报数（假定为 80 万元）时，对少报部分要收取五成罚金，（即 20 万元 ×50%=10 万元）。"超额奖七"是指当年终实际完成的利润数（假定为 100 万元）超过了合同承包基数（假定为 90 万元）时，则利润超额完成部分的 70%（即 10 万元 ×70%=7 万元）归代理人所有，30% 部分归委托人所有。对于年终不能完成基数的，企业可以根据实际情况对代理人进行处罚或免于处罚。

严格的数学方法证明，如果委托人在给代理人确定承包基数时采用 HU 绩效考评法（即联合利润基数确定法），代理人会自觉地报出一个他通过努力可以达到的最大基数，而委托人则只需提出一个保底数或把代理人的自报数打八折作为委托人的要求数就行。假设某代理人能够完成利润的实际能力为 80 万元，他自报 60 万元，委托人也只要求 60 万元，则承包合同基数 $C=0.5S+0.5D=0.5×60$ 万元 $+0.5×60$ 万元 $=60$ 万元。代理人在期末超基数 20 万元（80 万元 -60 万元）。根据"超额奖七"的原则，他可以获得 20 万元 ×0.7=14 万元的奖金。但根据 HU 绩效考评法中"少报罚五"的规定，由于代理人的实际能力（期末实际完成数）为 80 万元，而他在年初只报了 60 万元，所以他还要交纳 20 万元 ×0.5=10 万元的罚金。两者相抵，代理人净获奖金为 14 万元 -10 万元 $=4$ 万元。类似地，如果代理人自报数为 70 万元，代理人的要求数仍然为 60 万元，则代理人可以拿到 5.5 万元奖金。当代理人的年初自报数超过实际能力，如为 90 万元时，由于基数提高，代理人年底只得到 3.5 万元的奖金。事实证明，只有当代理人的年初自报数与年终实际完成数相符时，代理人可以得到的奖金数最大，该例中为 7 万元。这一方法可以改变委托人与代理人之间的不合作博弈关系，形成一种激励相容机制，大大降低谈判、监督等交易费用，并使基数确定过程变得简单、友好。另外，HU 绩效考评法还可以应用于亏损企业的绩效考评，以减亏作为增赢目标进行减亏考评。

第三节　绩效指标权重的设计

绩效指标权重就是各项指标在整个绩效考评体系中的相对重要程度，或者说是各项指标在绩效考评体系中所占的比重。绩效指标权重设计得恰当与否直接影响组织战略目标的完成程度。这是因为：①科学合理的指标权重设计能够很好地引导员工行为，实现组织战略目标；②在不同时期组织的经营侧重点和资源占有情况有所不同，权重的设计能够较好地传达组织当期的经营侧重点和资源状况。

一、确定权重的原则

（一）针对性原则

考评对象的特征决定了某个评价指标对该对象整体工作的影响程度，不同岗位其不同考评维度的权重应该是不一样的。例如，责任感是评价员工工作态度时常用的一个指标，但是，对于不同工种的员工来说，责任感这一评价指标的重要程度就不相同。对于一名保安人员来说，责任感可能是工作态度中权重最大的指标；而对于其他类型的员工来说，责任感的权重可能就相对不那么重要。

（二）系统优化原则

在绩效考评体系中，每个指标对体系都有它的作用、影响和重要性。而每个指标虽然是独立地描述被评估对象的某一方面，但是从系统的角度来看，指标权重之间存在相关性。例如，一名工人的绩效指标除了产量指标完成情况外，还有质量、原材料消耗、能耗、出勤，甚至团结、服从、纪律等硬件和软件方面的指标，当某一个指标权重变动时，其他指标势必跟着变动，因为所有指标权重之和等于1。所以，在确定指标权重时，不能只从单个指标出发，而要处理好各指标之间的关系，合理分配它们的权重，应当遵循系统优化原则，把整体最优化作为出发点和追求目标。

在这个原则指导下，对绩效考评体系中各项评估指标进行分析比对，权衡它们各自对整体的作用和效果，然后对它们的相对重要性做出判断。确定各自的权重，既不能平均分配，又不能片面强调某个指标、单个指标的最优化，而忽略其他方面的发展。在实际工作中，应该使每个指标发挥其应有的作用。

（三）目标导向原则

绩效指标权重的设计应反映考评者和组织对组织成员工作的引导意图和价值观念，应成为组织影响成员观念、行动因素的重要手段之一。考评者或组织可以通过加大某一指标的权重以彰显其重要性，使组织成员在工作中给予此项指标相应的重视来获得较好的考评成绩。从这个意义来说，指标权重体系是企业文化制度层的一个构成部分。

当规定具体的权重是引导意图，并不需要明确到每个绩效指标时，通常的做法是将评价指标分为结果评价指标、能力评价指标和态度评价指标三大类，然后根据不同的评价目的分别规定这三个评价维度占多大的比重。

但员工工作的现实情况往往与其主观意愿不完全一致，因此，确定权重时应该综合考虑以下问题：①历史的指标权重和现实的指标权重；②社会公认的和企业的特殊性；③同行业、同工种间的平衡。所以，确定权重时必须考虑现实情况，把引导意图与现实情况结合起来。

二、权重的确定方法

权重的具体确定方法有很多，企业中比较常见的主要有以下几种：

（一）主观经验法

主观经验法是一种主要依靠历史数据和专家直观判断确定权重的简单方法。这种方法需要企业有比较完整的考评记录和相应的评价结果，而且它是决策者根据自己的经验对各项评价指标重要程度的认识，或者从引导意图出发，对各项评价指标的权重进行分配，也可以是集体讨论的结果。此方法的主要优点在于决策效率高、成本低，容易为人接受，适合专家治理型企业；主要缺点是方法获得数据的信度和效度不高，且具有一定的片面性，对决策者的能力要求很高。

（二）等级序列法

等级序列法是一种简单易行的方法，通常的做法是请一个考评小组对各绩效指标的相对重要性进行判断。首先让每个考评者根据各考评要素的重要性从大到小进行排序，如对营销员的六项考评要素A、B、C、D、E、F进行权重分配，就让他们分别对这六项指标按从最重要到最不重要进行排序。等级排列法得到的资料是次序量表资料，这种资料可以用以下公式转换成等距量表资料来比较各种绩效指标的顺序以及差异程度，即

$$P=\frac{\sum fR-0.5N}{nN} \quad (5-1)$$

式中，P 为某绩效指标的频率；R 为某绩效指标的等级；f 为对某一绩效指标给予某一等级的考评者数目；n 为绩效指标数目；N 为考评者数目。

求出各绩效指标的 P 值后，查正态分布表，将 P 值转换成 Z 值，从而区分不同考评要素之间重要性的具体差异，最后把各绩效指标的 Z 值转换成比例就可以得出每个指标的权重。

（三）对偶加权法

对偶加权法是一种将各考评要素进行比较，然后将比较结果进行汇总比较，从而得出权重的加权方法。如表 5-12 所示，将各考评要素在首行和首列中分别列出，将行中的每一要素与列中的各个要素进行比较，比较标准为：行中要素的重要性大于列中要素的重要性得 1 分，行中要素的重要性小于列中要素的重要性得 0 分。比较完后，对各要素的分值进行统计，即可得出各考评要素重要性的排序。对偶加权法在比较对象不多的情况下，比等级序列法更准确、可靠。与等级序列法一样，这种方法得到的结果也是次序量表资料，要把它转化成等距量表资料才能分辨出不同指标间的相对重要性大小。其方法是，先求出与其他指标相比认为某指标更重要的人数，然后把人数转换成比率，再查正态分布表，将 P 值转化为 Z 值，从而区分出不同考评要素之间重要性的具体差异，与等级序列法一样，把每个绩效指标的 Z 值转换成比例就可以得出每个指标的权重。

表 5-12　对偶加权法示例

	A	B	C	D	E	F
A	—	1	0	1	1	1
B	0	—	0	1	1	0
C	1	1	—	1	1	1
D	0	0	0	—	1	0
E	0	0	0	0	—	0
F	0	2	0	1	1	—
合计	1	3	0	4	5	2

（四）倍数加权法

倍数加权法的操作步骤是：首先选择出最次要的考评要素，以此为 1；然后将其他考核要素的重要性与该考评要素相比较，得出重要性的倍数；最后进行归一处理。例如，如表 5-13 所示，对营销员考核要素的加权中，假设"智力素质"最为次要，其他要素的重要性与"智力素质"相比，重要性倍数关系如表 5-13 所示。六项合计倍数为 1.5+2+1+3+5+2=14.5，因此各项考评要素权重分别为 1.5/14.5、2/14.5、1/14.5、3/14.5、5/14.5 和 2/14.5。最后换算成百分数，即为各考评要素的权重。倍数加权法的优点在于它可以有效地区分各考评要素之间的重要程度。另外，也可以不选用最次要考评要素，而选用更

具代表性的考评要素为基本倍数。

表 5-13 倍数加权法示例

考 核 要 素	与"智力素质"的倍数关系	考 核 要 素	与"智力素质"的倍数关系
A 品德素质	1.5	D 推销技巧	3
B 工作实践	2	E 销售量	5
C 智力素质	1	F 信用	2

(五)层次分析法

层次分析法(analytic hierarchy process,AHP)是在 20 世纪 70 年代中期由美国著名运筹学家萨蒂(Thomas L.Saaty)提出的,它是目前运用较为广泛的主观赋权法之一。该方法有机结合了定性分析与定量分析两种手段,能利用较少的定量信息对难以直接准确测量的问题进行科学的定量分析,操作性强。层次分析法是指依据排序标度,将系统因素按支配关系分组以形成有序的递阶层次结构,通过两两比较判断的方式确定每一层次中因素的相对重要性,然后在递阶层次结构内进行合成,以得到决策因素对于目标的相对重要性,从而为决策提供确定性的判断。这种方法可以更好地降低加权设计中的不确定因素,当然操作起来也更复杂。

以某企业基于平衡计分卡的绩效指标权重确定过程为例,对层次分析法在确定绩效指标权重应用中的建模过程描述如下:

1. 建立层次结构

根据所设计指标的维度将指标进行归类,形成如图 5-5 所示的递阶层次结构。

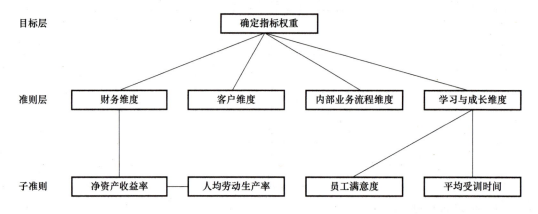

图 5-5 递阶层次结构

2. 构造两两判断矩阵

构造两两判断矩阵分两步进行:

(1)抽样统计调查。统计样本的选择标准是为人公道、经验丰富。样本还要兼顾管理者和员工比例的平衡、不同部门间人数的平衡。此外,还要考虑样本容量的代表性。在此基础上对所选员工进行"背靠背"的调查。

在调查问卷的设计上,要以九分制作为各个指标之间两两相对重要性比较赋值的标准。

九分制标度的含义如表 5-14 所示。

表 5-14　九分制标度表

标度 a_{ij}	含　　义
1	表示两个因素相比，具有相同重要性
3	表示两个因素相比，i 因素比 j 因素稍重要
5	表示两个因素相比，i 因素比 j 因素明显重要
7	表示两个因素相比，i 因素比 j 因素强烈重要
9	表示两个因素相比，i 因素比 j 因素极端重要
2，4，6，8	表示上述相邻判断的中间值
倒数	若 i 因素与 j 因素的重要性之比为 a_{ij}，那么 j 因素与 i 因素的重要性之比为 $a_{ji}=\dfrac{1}{a_{ij}}$。例如，两个因素相比，i 因素比 j 因素明显重要，标度为 5；如果两个因素相比，j 因素比 i 因素明显重要，标度就记为 1/5

（2）构造判断矩阵。在筛出无效调查表后，对有效问卷的各个数值分别求平均值，构造判断矩阵，如表 5-15 所示。

表 5-15　判断矩阵示例

	财　　务	客　　户	内部业务流程	学习与成长
财务	1	0.523	0.638	2.578
客户	1.921	1	0.363	3.652
内部业务流程	1.470	2.633	1	2.510
学习与成长	0.373	0.274	0.389	1

3.计算元素的相对权重

运用矩阵的相关知识求解矩阵特征值，所求特征值就是矩阵中元素的相对权重。该方法计算精确，但较为复杂。运筹学提供了一种简便、实用的近似求法。步骤如下：

（1）先求出两两比较矩阵每一列的总和，如表 5-16 所示。

表 5-16　比较矩阵的列总和

	财　　务	客　　户	内部业务流程	学习与成长
财务	1	0.523	0.638	2.578
客户	1.921	1	0.363	3.652
内部业务流程	1.470	2.633	1	2.510
学习与成长	0.373	0.274	0.389	1
列总和	4.764	4.430	2.390	9.740

（2）把两两比较矩阵的每一个元素除以其相应列的总和，所得商所组成的新的矩阵称为标准比较矩阵，如表 5-17 所示。

表 5-17　标准比较矩阵

	财　　务	客　　户	内部业务流程	学习与成长
财务	0.210	0.118	0.267	0.265
客户	0.403	0.226	0.152	0.375
内部业务流程	0.309	0.594	0.418	0.258
学习与成长	0.078	0.062	0.163	0.103

（3）计算标准两两比较矩阵的每一行的平均值，这些平均值就是各元素的相对权重，如表 5-18 所示。

表 5-18　相对权重矩阵

	财　　务	客　　户	内部业务流程	学习与成长	行 平 均 值
财务	0.210	0.118	0.267	0.265	0.215
客户	0.403	0.226	0.152	0.375	0.289
内部业务流程	0.309	0.594	0.418	0.258	0.394
学习与成长	0.078	0.062	0.163	0.103	0.102

从表 5-18 即可得出财务、客户、内部业务流程、学习与成长的相对权重分别为 0.215、0.289、0.394、0.102，其权重之和为 1，同时也就得出了两两比较矩阵的特征向量为

$$\begin{pmatrix} 0.215 \\ 0.289 \\ 0.394 \\ 0.102 \end{pmatrix}$$

4. 一致性检验

两两比较矩阵的元素是通过两个因素两两比较得到的，而在很多这样的比较中，有时候会得到一些不一致的结论。例如，可能存在如下情况：某人觉得"财务指标"比"客户指标"重要，"客户指标"比"内部业务流程指标"重要，而"内部业务流程指标"又比"财务指标"重要。这一评价显然是自相矛盾的，为解决这一问题，就需要引入一致性指标来检验判断的合理性。

对所求解进行一致性检验计算，再与标准值相比较，就可以对结论是否一致做出判断了。

一致性检验中要用到矩阵的最大特征值，同样可以运用矩阵的求解方法，但本书推荐简便的运筹学近似求法。一致性检验的步骤如下：

（1）由被检验的两两比较矩阵乘以其特征向量，所得的向量称为赋权和向量。

（2）将每个赋权和向量的分量分别除以对应的特征向量的分量，即第 i 个赋权和向量的分量除以第 i 个特征向量的分量。

（3）计算出第二步结果中的平均值，记为 λ_{max}，即最大特征根。在本例中经上述计算可得出 λ_{max}=4.19。

（4）计算一致性指标 CI=$\frac{\lambda_{max}-n}{n-1}=\frac{4.19-4}{4-1}$=0.063。

修正值 RI 可以通过查表 5-19 得出。当 n=4 时，查表 5-19 可得修正值 RI=0.96。

表 5-19　一致性检验修正值 RI 对照表

矩阵阶数	1	2	3	4	5	6	7	8	9
RI	0.00	0.00	0.58	0.96	1.12	1.24	1.32	1.41	1.45

一致性率 CR=$\frac{CI}{RI}=\frac{0.063}{0.96}$=0.066。

一般认为，当 CR≤0.1 时，矩阵具有满意的一致性。也就是说，通过层次分析法所确定的各影响因素的权重是客观的和可接受的。据此可以确定示例中四个纬度的权重分别为 21.5%、28.9%、39.4%、10.2%。

在确定了考评维度的相对权重后，还要对各维度下的具体指标（即子准则）求相对权重。例如，企业或许将学习与成长维度指标分解为人均劳动生产率、员工满意度、员工平均受训时间三个具体指标。按照前面建模的步骤加以求解，可以得到在学习与成长维度下三个指标对应于学习与成长准则的相对权重。

最后将这两个权重进行汇总计算，就得出各个具体细化指标在整个指标体系中的总体权重。

在确定指标权重时还要注意，对于同一层级的一组指标权重来说，必须满足所有权重介于 0~1，而且各权重之和等于 1。

（六）权值因子判断表法

权值因子判断表法的基本操作步骤是：

第一步，组成专家评价小组。小组成员包括人力资源专家、评价专家和其他相关人员，根据对象和目的的不同，可以确定不同的构成。

第二步，制定权值因子判断表，如表 5-20 所示。

表 5-20　权值因子判断表示例

序号	指标	指标1	指标2	指标3	指标4	指标5	指标6	评分值
1	指标1	×	4	4	3	3	2	16
2	指标2	0	×	3	2	4	3	12
3	指标3	0	1	×	1	2	2	6
4	指标4	1	2	3	×	3	3	12
5	指标5	1	0	2	1	×	2	6
6	指标6	2	1	2	1	2	×	8

第三步，由各专家分别填写权值因子判断表。填写方法是：将行因子与列因子进行比较，如果采取的是 4 分制，则非常重要的指标为 4 分，比较重要的为 3 分，同样重要的为 2 分，不太重要的为 1 分，很不重要的为 0 分。

第四步，对各位专家所填权值因子判断表进行统计，并将统计结果折算为权重，如

表 5-21 所示。

表 5-21 权值因子计算表示例

指标	考评者								评分总计	平均评分	权重	调整后的权值
	1	2	3	4	5	6	7	8				
指标 1	15	14	16	14	16	16	15	16	122	15.25	0.25417	0.25
指标 2	16	8	10	12	12	12	11	8	89	11.125	0.182542	0.20
指标 3	8	6	5	5	6	7	9	8	54	6.75	0.11250	0.10
指标 4	8	10	10	12	12	11	12	8	83	10.375	0.17292	0.20
指标 5	5	6	7	7	6	5	5	8	49	6.125	0.10208	0.10
指标 6	8	16	12	10	8	9	8	12	83	10.375	0.17292	0.15
合计	60	60	60	60	60	60	60	60	480	60	1.00001	1.00

1. 计算每一行指标得分值

每一行指标得分值的计算公式为

$$D_{iR} = \sum_{\substack{i=1\\j=i}}^{n} a_{ij} \quad (5\text{-}2)$$

式中，n 为指标的项数；a_{ij} 为指标 i 与指标 j 相比时的得分值；R 为专家序号。

2. 计算指标平均分值

指标平均分值的计算公式为

$$P_i = \sum_{R=1}^{L} \frac{D_{iR}}{L} \quad (5\text{-}3)$$

式中，D_{iR} 为每一行指标得分值；L 为专家人数。

3. 计算指标权值

指标权值的计算公式为

$$W_i = \frac{P_i}{\sum_{i=1}^{n} P_i} \quad (5\text{-}4)$$

式中，P_i 为指标平均分值。

（七）熵值法

以上这些方法得到的权重对员工工作具有导向和激励作用，但这种权重值存在相对稳定性，不能随具体情况的变化而变化。例如，即使某项员工绩效指标很重要，但如果在某次评定中所有待评人员对该指标的评价值都相似，则该指标在评定中的作用不大，其权重应根据总体评价结果适当调小；相反，若某项指标的评价值相差悬殊，则说明该指标对区分待评人员的优劣有重要影响，其权重应适当调大。这样有利于促进员工素质的均衡发展。用熵值法对指标权重进行调整是根据得到的评分结果对初步给定的权重调整，做到静态赋权和动态赋权相结合，从而增强评价的合理性和科学性。下面举例说明熵值法的计算方法。

1. 绩效指标的制定

企业进行员工绩效管理，是根据实际情况制定员工绩效评价指标体系。员工绩效指标一般应具备实用性、全面性、独立性、相关性、可靠性、可衡量性等特性。企业可采用的员工绩效指标、不同的考评者与权重如表 5-22 和表 5-23 所示。

表 5-22 员工绩效指标与权重

指标	工作绩效（u_1）				工作行为（u_2）			个性特征（u_3）					
权重	0.50				0.30			0.20					
指标	工作数量	工作质量	工作效益	安全生产	维护设备	遵守规则	按时出勤	工作知识	适应能力	创新精神	实践能力	独立性	果断性	忠诚度
权重	0.2	0.2	0.4	0.2	0.3	0.3	0.4	0.2	0.1	0.1	0.2	0.1	0.1	0.2

表 5-23 不同考评者与权重

考评者	专家	上级领导	同事	本人
权重	0.30	0.30	0.20	0.20

对员工绩效指标评分，可以将每个指标评分标准划分为五级，当指标评分标准超过五级以后，所增加的标度带来的效用很小，所以采用 1～5 级评分值，假设一类考评者对 m 个员工、n 项指标评价，得到指标矩阵 X 为

$$X = \begin{pmatrix} x_{11} & \cdots & x_{1n} \\ \vdots & \ddots & \vdots \\ x_{m1} & \cdots & x_{mn} \end{pmatrix}$$

根据给出的评分可以用熵值法对各项指标的权重进行调整。

2. 指标权重的调整

（1）熵值法的基本原理。设有 m 个待评对象、n 项指标的指标数据矩阵为 $X=(x_{ij})_{mn}$，对于某项指标 j，若各待评对象 x_{ij} 的指标值间的差距越大，则该指标在综合评价中所起的作用就越大；反之，作用越小。

在信息论中，信息熵是系统无序程度的度量，其表达式为

$$H(x) = \sum_{i=1}^{m} P(x_i) \ln P(x_i) \qquad (5\text{-}5)$$

式中，x_i 为第 i 个状态值（共有 m 个状态）；$P(x_i)$ 为出现第 i 个状态值的概率。

在指标数据矩阵 X 中，某项指标值差异程度越大，信息熵越小，则该指标的权重越大；反之，某项指标值的差异程度越小，信息熵越大，则该指标的权重越小。所以，可以根据各项指标的差异程度，利用信息熵对各指标初步给定的权重进行调整，做到动态赋权。

（2）调整权重的步骤。

1）计算指标值 x_{ij} 在指标 j 下的权重 $p(x_{ij})$

$$p(x_{ij}) = \frac{x_{ij}}{\sum_{i=1}^{m} x_{ij}} \qquad (5\text{-}6)$$

2）计算指标 j 的熵值 e_j

$$e_j = -k\sum_{i=1}^{m} p(x_{ij}) \ln p(x_{ij}) \tag{5-7}$$

式中，$k>0$，$e_j \geqslant 0$。若 x_{ij} 对于给定的 j 全部相等，则 $p(x_{ij}) = \dfrac{x_{ij}}{\sum_{i=1}^{n} x_{ij}} = \dfrac{1}{m}$，此时 e_j 取极大值，即 $e_j = -k\sum_{i=1}^{m} \dfrac{1}{m} \ln\left(\dfrac{1}{m}\right) = k \ln m$。若 $k = \dfrac{1}{\ln m}$，有 $0 \leqslant e_j \leqslant 1$。

3）计算指标 j 的差异性因数 g_j。对于给定的指标 j，x_{ij} 的差异性越小，则 e_j 越大；当 x_{ij} 全部相等时，$e_j = e_{\max} = 1$，此时指标 j 几乎无作用；当各指标值相差越大时，e_j 越小，该项指标对于待评对象比较所起的作用越大。定义差异性因数向量为 $G = (g_1, g_2, \cdots, g_n)$。其中

$$g_j = 1 - e_j \tag{5-8}$$

则当 g_j 越大时，指标越重要。

4）原始权重的调整。用差异性因数 g_j 对专家组给出的权重进行调整

$$a_j = b_j g_j \ (j=1,2,3,\cdots,n) \tag{5-9}$$

式中，b_j 为专家给出的原始指标权重，经过归一化处理后，得到熵值法调整后的权重值。

$$w_j = \dfrac{a_j}{\sum_{j=1}^{n} a_j} \ (j=1,2,3,\cdots,n) \tag{5-10}$$

3. 赋予权重实例

以工作绩效下的 4 个指标为例，假设专家对 10 名被评价对象评分，得到矩阵为

$$X = \begin{pmatrix} 5 & 5 & 5 & 5 \\ 4 & 5 & 5 & 5 \\ 4 & 4 & 4 & 3 \\ 5 & 5 & 4 & 3 \\ 3 & 4 & 3 & 2 \\ 5 & 4 & 3 & 3 \\ 5 & 5 & 4 & 3 \\ 4 & 3 & 2 & 4 \\ 5 & 4 & 2 & 3 \\ 5 & 3 & 4 & 4 \end{pmatrix}，根据式（5-6），p(x_{ij}) = \begin{pmatrix} 0.1110 & 0.1190 & 0.1389 & 0.1429 \\ 0.0889 & 0.1190 & 0.1389 & 0.1429 \\ 0.0889 & 0.0952 & 0.1111 & 0.0857 \\ 0.1111 & 0.1190 & 0.1111 & 0.0857 \\ 0.0667 & 0.0952 & 0.0833 & 0.0571 \\ 0.1111 & 0.0952 & 0.0833 & 0.0857 \\ 0.1111 & 0.1190 & 0.1111 & 0.0857 \\ 0.0889 & 0.0714 & 0.0556 & 0.1143 \\ 0.1111 & 0.0952 & 0.0556 & 0.0857 \\ 0.1111 & 0.0714 & 0.1111 & 0.1143 \end{pmatrix}$$

此时 $m=10$，则取 $k=\dfrac{1}{\ln 10}$，根据式（5-7）和式（5-8），求出差异性因数向量 $G=(0.0051, 0.0073, 0.0184, 0.0150)$，这 4 个指标已初步给定的权重 $B=(0.20, 0.20, 0.40, 0.20)$，利用式（5-9）和式（5-10）调整后得到指标权重 $W=(0.08, 0.12, 0.57, 0.23)$。由此结果可以看出，工作数量指标的主观权重为 0.20。由于专家给定的评分之间的差异不大，使其权重被重新调整为 0.08；工作效益指标分值之间的差异较大，使权重由原来的 0.40 调整为 0.57。由于在已初步给定的权重基础上用熵值法调整权重，所以不会完全脱离主观意愿。工作数量指标是企业员工绩效评价中一个很重要的指标，用此种方法赋权，不会因为指

标过于相近而使指标在绩效评价中变得毫无价值，只是因为此指标在综合评价中所起的作用较小，而把权重调小。考评者应对被考评者的评分根据此次绩效评价的所处时期、企业环境、员工整体工作状态调整权重，以更准确地反映评价中被评价对象的优劣程度；然后再用公式 $U=XW^T$，求出 10 名员工的主维度上工作绩效指标所得的分值。这可以扩展到某一类考评者对 m 个被评价对象的所有指标评分。根据此分值矩阵，按照上述步骤，可以分别得出工作绩效下的四个指标、工作任务下的三个指标和个性特质下的七个指标调整后的权重；再分别利用公式 $U=XW^T$ 加权求值后，得到 m 个员工主维度上三个指标的分值 U_{i1}，U_{i2}，U_{i3}，根据这些分值所形成的新矩阵，还可以调整这三个指标的权重。同理，也可以调整四类考评者的权重。

用熵值法调整权重是根据每次员工绩效评价的具体评分值对已经初步给定的静态权重进行调整，因而适应企业情况不断变化的需要，做到了动态赋权，使评价结果更加准确，同时实现了企业员工绩效评价的激励作用、导向作用和员工素质的均衡发展，得到了准确的评价结果，也为管理工作提供了依据，能够更好地促进企业和员工共同发展。

由于指标权重是企业评价的"指挥棒"，权重的设计应当突出重点目标，体现管理者的引导意图和价值观念，而且权重的设计还直接影响评价的结果，因此，运用上述方法初步确定的指标权重，还必须经过相关部门的审核和讨论，以确保指标权重的分配与企业整体指导原则相一致，同时确保指标层层分解下去。

【关键词】

绩效指标标准　　绩效指标权重　　指标标度　　主观经验法
等级序列法　　对偶加权法　　倍数加权法　　层次分析法

【思考题】

1. 绩效指标标准的来源有哪些？
2. 绩效指标标准的确定原则有哪些？
3. 绩效指标分值的计算方法有哪些？
4. 层次分析法（AHP）如何操作？

【案例分析讨论】

国投分类考核引导高质量发展

国家开发投资集团有限公司（简称国投）成立于 1995 年 5 月 5 日，是中央企业中唯一的投资控股公司和首批国有资本投资公司改革试点单位。自成立以来，国投不断调整发展战略，优化资产结构，逐步构建了基础产业、战略性新兴产业、金融及服务业三大战略业务单元。基础产业重点发展以电力为主的能源产业，以港口、铁路、油气管道为主的交通产业，以及战略性稀缺性矿产资源开发业务。战略性新兴产业通过控股投资与基金投资"双轮联动"，重点发展、先进制造业、新材料、生物能源、健康养老、医药医疗、生态环保等产业。金融及服务业发展证券、基金、信托、担保、期货等金融业务，稳妥开展资产管理、人力资源、国际贸易、咨询、物业等服务业务。

国投共有子公司19家，各子公司的功能定位、行业特点和战略定位不同，发展阶段也存在差异，因此，全面客观地评价各子公司的业绩面临很大挑战，同时，又要将各个差异化的子公司放在同一个平台上进行考核评价，进一步加大了考核评价的难度。多年来，国投结合国资委要求和自身发展实际，不断探索、完善绩效考核机制，逐步构建了一套适合投资控股公司特点的考核体系，并将考核结果与子公司的工资总额紧密联动，充分发挥了绩效考核的指挥棒作用，有效引导子公司落实战略、争创一流。

一、完善分类考核体系

国投很早就意识到，业务多元化企业的考核不能"一套衣服大家穿"，而要更好地兼顾共性与个性，使考核既能体现集团总体要求，又能适应各业务板块特点。

根据集团对各业务板块的战略定位及其发展阶段，国投将子公司考核分类调整为经营业绩、战略培育和协同服务三大类，不同类别对应不同的考核重点，并根据实际情况动态调整考核分类。其中，经营业绩类子公司的考核重点为经济效益、资本回报水平、市场竞争能力和经营短板等指标，引导提高资本运营效率、提升价值创造力；战略培育类子公司的考核重点为收入规模、业务拓展能力、重点工作推进等指标，引导加快新兴产业战略培育；协同服务类子公司的考核重点为服务满意度、市场化业务拓展能力、成本控制水平等指标，引导提升服务公司能力水平。同时，国投要求各子公司发挥专业化管理优势，结合控股投资企业实际，进一步细化分类考核，对于市场化程度较高的控股投资企业，实行行业通行的考核分配机制。

此外，即使计算同一考核指标，也要根据需要差异化选取计算参数。如计算经济增加值（EVA）时，应根据公司投资指导原则规定的各业务板块投资回报率分别确定股权成本率，体现差异化的投资回报要求。

二、优化目标管理机制和计分规则

为更好地衔接年度预算，引导子公司"自我加压、主动摸高"，国投针对效益类指标构建"高目标、强激励，低目标、弱激励"的目标管理机制；为避免"鞭打快牛"，针对效率类指标建立了"保底"机制；针对个性化考核指标，不断探索更为完善的计分规则。

在效益类指标计分方面，构建了目标分档、奖励分层的确定机制，将考核目标分为三档，不同档位对应不同的考核得分，并通过加大得分难度、拉大档间加分上限、拉开各档目标加分起点差距等，引导子公司自加压力、科学合理上报挑战性目标。在这种机制下，子公司报送目标时即已经决定了考核得分区间，大大减少了总部与子公司之间的预算博弈，强化了考核在预算编制中的导向作用。

在效率类指标计分方面，国投在根据自我改善程度计分的规则基础上，根据行业对标情况设置"保底线"，将自我改善和外部评价相结合，既鼓励持续改善，又避免盲目追高。比如，由于存量资产资源禀赋优异，国投电力的净资产收益率（ROE）水平持续保持在10%以上，已经处于行业优秀水平，一味要求其持续地较历史值改善，不符合行业实际和企业发展规律。因此，国投通过引入"保底"机制，只要ROE保持行业优秀水平，该指标得分原则上不低于110分（最高分120分），树立了更加科学合理的考核导向。

对于一些个性化指标，国投以问题为导向，依据企业实际不断优化完善计分规则。比如，在对战略培育类子公司业务发展指标的计分上，国投从项目落地个数和项目规模两个维度进行评价计分，既考虑发展速度，也关注发展质量；在对国投财务公司存贷比指标的考核计分上，不仅考虑历史改善水平，同时引入风险约束，要求日均备付率不得低于18%，强化流动性风险管理；在对内部资产处置专业化平台——国投资产公司项目退出的计分上，将退出项目分为力争退出和确保退出两类分别计分，鼓励其超额完成目标任务。

三、"一企一策"开展对标考核

国投始终认为，要培育一流的投资企业，不能只把眼光放在集团内部和企业自身，必须将企业放到市场和行业中去对比、检验，不断找差距、补短板，才能不断提升企业的市场竞争力。国投在分析各业务板块所属行业特点、格局及行业优秀企业的基础上，构建了行业宏观、行业企业标杆体系，对经营业绩类子公司全面引入对标考核。

在对标口径方面，对于业务单一的板块，原则上进行板块整体对标；对于业务多元的板块，针对不同业务分别进行对标后，再按照业务规模影响进行加权计算；对于业务可拆分为细分行业、区域的，进行细分行业、区域对标，最大限度提高对标的针对性。在对标组企业的选取上，国投一方面要求对标企业主营业务、发展阶段、区域布局和规模要与子公司类同，最大限度地做到标杆精准；另一方面，对标企业还应该是行业优秀龙头企业，原则上子公司在对标组中的排名不高于50分位，以确保对标组的先进性。在对标指标的确定上，国投针对各板块所处行业特点及发展趋势，选取体现所处行业领域核心竞争力及经营短板的关键运营或财务指标进行对标。比如，电力板块对标指标为火电设备利用小时数，交通板块对标指标为环渤海港口煤炭吞吐量区域占有率，贸易板块对标指标为毛利率，中成集团对标指标为《工程新闻纪录》（ENR）的国际承包商排名等。在对标考核结果应用方面，国投对业绩跑赢对标组的子公司给予额外经营业绩考核加分，对跑输对标组的予以经营业绩考核扣分，有效激发了子公司提升市场竞争力、跑赢大市、争创一流的积极性。

四、合理区分企业经营难度

国投下属板块行业跨度大、规模差距大，企业的经营和管理难度也存在较大差异，仅通过自身考核业绩变化计算考核得分，又在同一平台上排队比较，一定程度上有失公平。为合理区分各子公司的经营难度，国投在与国资委考核办法有效衔接的同时，结合自身实际，构建了净资产收益率、EVA、年末资产总额、营业收入和利润总额指标的模拟幂函数回归模型，并以不同权重加权汇总得出综合经营考核系数，用于确定最终的绩效考核结果，既反映了自身业绩改善情况，又通过考核系数放大了规模大、经营难度大的板块的经营成果。

五、统筹开展经营业绩和管理绩效评价

除了对各子公司的经营业绩进行评价外，国投还开展了包括职能管理和安全生产在内的管理绩效评价，分别反映子公司落实集团职能管理要求情况和安全生产工作成效，并根据外部监管要求及自身高质量发展需要，设置了科技创新、生态环保、风险管理、监督管理及提质增效专项工作等加减分项。经营业绩（含对标）考核与管理绩效考核结果加权计算后与

综合经营考核系数相乘，并经加减分项修正后，形成综合全面的绩效考核结果。

六、强化考核结果兑现

国投按照责任与激励约束相匹配的原则，不断加大经营业绩和绩效考核结果兑现力度。由于经营业绩由全员共同创造，建立了经营业绩考核结果与工资总额分配联动机制，经营业绩考核结果每一分均严格兑现板块工资总额增长率，大大提高了全员参与价值创造的积极性。而由于管理绩效及加减分项对应的考核内容主要体现在管理层的工作开展成效，因此将包含管理绩效及加减分项的综合绩效考核结果用于兑现企业的负责人薪酬，并与子公司本部绩效薪酬挂钩，逐级有效传导了考核压力。

通过不断优化完善考核分配体系，充分发挥考核分配的导向和激励约束作用，国投内生发展动力不断增强、经营业绩持续稳步增长。截至2019年年底，国投实现营业总收入1419亿元，利润总额201亿元，年均利润增长率18%，净资产收益率保持在10%左右，连续16年在国务院国资委业绩考核中荣获A级，为连续16A的8家央企之一，连续五个任期获得业绩优秀企业，在服务国家战略、优化国有资本布局、提升产业竞争力中发挥了积极作用。

（资料来源：国家投资集团杜晓宇撰写。）

案例讨论题：

1．对于业务多元化企业，应该坚持哪些绩效考核原则？
2．在效率类指标计分方面，国投如何设置"保底线"？
3．国投具体采用哪些办法体现责任与激励约束相匹配的原则？

第六章

绩效考评质量分析

本章要点

每家企业基本上都在以不同的方式进行绩效考评,有的企业的考评结果令大家满意,有的企业的考评结果却引起普遍不满。绩效考评本身的质量问题受到越来越多的关注。本章主要介绍如何对绩效考评结果的信度和效度进行技术评价,强调了对评价结果进行质量分析的重要性。评价结果分析是绩效管理进一步改进的前提。

导入案例

国网江西电力"3+1"体检式绩效诊断法

"3+1"体检式绩效诊断法是指三个指标和一套方法。其中,三个指标是员工月度考核结果离散率、员工考核结果与绩效奖金兑现匹配率、员工月度绩效奖金差异率;一套方法是累计分析法,即运用上述三个指标分析一定周期内员工绩效考核得分(绩效奖金)的累计值。以考核结果离散率、考核结果与绩效奖金兑现匹配率、绩效奖金差异率等量化指标构建"3+1"体检式绩效诊断模型,对绩效系统与薪酬系统大数据开展一键式量化分析,快速把脉绩效考核数据是否健康,便于各单位查找短板、改进提升,做真做实绩效管理。

一、使用说明

1.员工月度考核结果离散率

通过分析员工月度考核得分和员工所在组织的月度绩效考核平均分的差距,反映绩效考核结果拉开差距大小。指标值越大,表明员工月度考核结果拉开的差距越大;指标值越小,表示月度考核结果拉开的差距越小(见图6-1)。

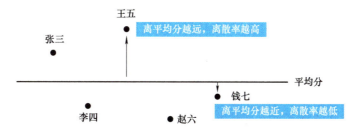

图6-1 员工月度考核结果离散率指标示意图

2. 员工考核结果与绩效奖金兑现匹配率

通过分析员工月度考核得分在组织单元内排名和月度绩效奖金在组织单元内排名的匹配情况，反映员工绩效考核结果和绩效工资兑现情况是否一致。指标值越大，表示员工考核结果与绩效奖金兑现的匹配率越低；指标值越小，表示员工考核结果与绩效奖金兑现的匹配率越高（见图6-2）。

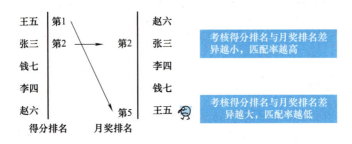

图6-2　员工考核结果与绩效奖金兑现匹配率指标计算示意图

3. 员工月度绩效奖金差异率

通过分析组织单元内月度考核得分前20%、后15%员工人均月度绩效奖金和组织单元内员工人均月度绩效奖金的比值，反映员工绩效工资兑现拉开差距的大小。指标值越大，反映月度绩效薪金拉开的差距越大；指标值越小，反映月度绩效薪金未拉开差距（见图6-3）。

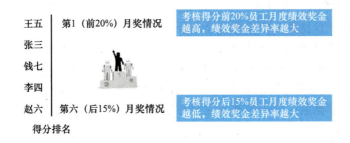

图6-3　绩效奖金差异率指标计算示意图

4. "3+1"体检式模型开展一键分析

从ERP系统中导出三个基础数据库，分别是"人员基础库信息""绩效考核信息"和"绩效兑现奖金"。将所有数据导入"3+1"体检式分析软件的原始数据对应的各个表格字段，检查数据格式是否正确，单击"分析"按钮，通过软件自动得出结果和排名，如表6-1和图6-4所示。

二、预期成效与注意事项

各部门、单位、班组的绩效考核效果评价的量化结果，可以与绩效管理评价挂钩，实时了解绩效考核开展效果，精准识别考核存在的差距不足、考核结果和"两张皮"等现象，促进绩效管理规范开展。

表 6-1　ERP 系统所需要的数据

数据字段名称	来源	导出方法
所在单位	ERP 员工管理模块	所需数据都能够直接从 ERP 系统中导出，具体导出方法请咨询 ERP 人力资源运维
部门名称	ERP 员工管理模块	
班组	ERP 员工管理模块	
岗位	ERP 员工管理模块	
员工编号	ERP 员工管理模块	
姓名	ERP 员工管理模块	
考核类型	ERP 薪酬模块	
组织编号	ERP 员工管理模块	
月度绩效工资	ERP 薪酬模块	
绩效得分	ERP 薪酬模块	

所在单位	部门名称	班组	岗位	员工编号	姓名	考核类型	组织编号	月度绩效工资	绩效得分	"3+1"体检分析模型
国网江西省电力有限公司检修分公司	变电二次检修中心	变电二次运检二班	变电二次检修（工作负责人）	10372859	韩旭光	工作积分制	20088839	3600	120	
国网江西省电力有限公司检修分公司	变电二次检修中心	变电二次运检二班	变电二次检修（工作负责人）	10372871	周小兵	工作积分制	20088839	3900	120.81	
国网江西省电力有限公司检修分公司	变电二次检修中心	变电二次运检二班	变电二次检修	10373212	杨慎飞	工作积分制	20088839	3360	112	
国网江西省电力有限公司检修分公司	变电二次检修中心	变电二次运检二班	变电二次检修	10373254	徐世杰	工作积分制	20088839	3670	109	
国网江西省电力有限公司检修分公司	变电二次检修中心	变电二次运检三班	变电二次检修	10373139	潘舒婷	工作积分制	20088840	3120	104	
国网江西省电力有限公司检修分公司	变电二次检修中心	变电二次运检三班	变电二次检修	10373206	黄伟俊	工作积分制	20088840	3330	111	
国网江西省电力有限公司检修分公司	变电二次检修中心	变电二次运检三班	变电二次检修	10373235	姚文昊	工作积分制	20088840	4060	122	
国网江西省电力有限公司检修分公司	变电二次检修中心	变电二次运检三班	变电二次检修	30038237	彭璐	工作积分制	20088840	3090	103	
国网江西省电力有限公司检修分公司	变电二次检修中心	变电二次运检四班	变电二次检修（工作负责人）	10372855	吴鹏	工作积分制	20088841	3888	116.29	
国网江西省电力有限公司检修分公司	变电二次检修中心	变电二次运检四班	变电二次检修	10373134	刘海飞	工作积分制	20088841	3300	110	
国网江西省电力有限公司检修分公司	变电二次检修中心	变电二次运检四班	变电二次检修（工作负责人）	10373229	严一凡	工作积分制	20088841	3150	105	
国网江西省电力有限公司检修分公司	变电二次检修中心	变电二次运检五班	变电二次检修	10372616	周盛	工作积分制	20088842	3660	122	
国网江西省电力有限公司检修分公司	变电二次检修中心	变电二次运检五班	变电二次检修	10373180	吴颖	工作积分制	20088842	3420	114.02	
国网江西省电力有限公司检修分公司	变电二次检修中心	变电二次运检五班	变电二次检修	10373232	孙扬	工作积分制	20088842	3326	110.88	
国网江西省电力有限公司检修分公司	变电二次检修中心	变电二次运检一班	变电二次检修	10373123	周东	工作积分制	20088838	4141	124.7	
国网江西省电力有限公司检修分公司	变电二次检修中心	变电二次运检一班	变电二次检修	10373152	李静	工作积分制	20088838	3244	108.15	
国网江西省电力有限公司检修分公司	变电二次检修中心	变电二次运检一班	变电二次检修	10373202	曾莹	工作积分制	20088838	3194	108.15	
国网江西省电力有限公司检修分公司	变电二次检修中心	变电二次运检一班	变电二次检修	30038240	陈健	工作积分制	20088838	4180	126	
国网江西省电力有限公司检修分公司	变电二次检修中心	信息通信运检二班	变电二次检修（通信）	10373116	刘湖钰	工作积分制	20088845	3390	99.09	

图 6-4　"3+1"体检式分析软件界面

只有每月各单位的薪酬数据和绩效数据按时发布，才能确保从 ERP 系统导出的人员基础库信息、绩效考核信息和绩效兑现奖金数据是完整的，否则会出现部分人员数据因未及时发布，而导致数据不准确。

三、实践案例

以国网江西检修公司 2019 年 6 月度考核结果分析为例。

（1）通过 ERP 系统进行系统取数和简单的数据汇总处理，将数据导入"3+1"体检式分析软件。

（2）单击一键生成可以快速得到各部门指标情况和所属班组指标情况（见表 6-2 和表 6-3）。

对本月检修公司各个部门、班组的考核数据进行批量分析，计算出每个部门、班组的健康指数，得出每个班组的绩效健康水平。从表中可以看出，新余运维分部、变电检修中心部门总体的绩效不佳，排名倒数。

表 6-2　各部门指标情况

所在单位	部门名称	月度考核结果离散率		月度考核结果与绩效奖金兑现匹配率		月度绩效奖金差异率		月度绩效管理规范指数（前三项指标综合）	
		数据	排名	数据	排名	数据	排名	数据	排名
国网江西省电力有限公司检修分公司	南昌运维分部	21.9%	1	1.033	2	1.137	2	74.29	1
	赣州运维分部	13.6%	2	1.133	1	1.109	6	54.29	2
	鹰潭运维分部	11.3%	4	0.929	3	1.124	4	48.57	3
	输电运检中心	6.3%	6	0.619	5	1.145	1	48.57	3
	变电二次检修中心	5.9%	7	0.417	6	1.134	3	28.57	5
	变电检修中心（检修基地）	11.5%	3	0.368	7	1.112	5	22.86	6
	新余运维分部	11.3%	5	0.826	4	1.083	7	22.86	6

表 6-3　各部门所属班组指标情况

部门名称	班组	月度考核结果离散率		月度考核结果与绩效奖金兑现匹配率		月度绩效奖金差异率		月度绩效管理规范指数（前三项指标综合）	
		数据	排名	数据	排名	数据	排名	数据	排名
变电二次检修中心	变电二次运检二班	4.3%	3	1	1	1.074	3	94.05	3
	变电二次运检三班	5.9%	2	0	3	1.194	1	94.59	2
	变电二次运检一班	7.4%	1	0.25	2	1.133	2	95.14	1
变电检修中心（检修基地）	变电检修二班	1.4%	4	0.6	2	1.035	3	92.43	4
	变电检修四班	25.0%	1	1	1	0.986	4	94.05	1
	变电检修五班	15.7%	2	0	3	1.181	2	93.51	3
	变电检修一班	8.2%	3	0	3	1.244	1	94.05	1
赣州运维分赣州运维分部	变电运维二班	11.9%	5	2	2	0.986	5	90.81	4
	变电运维三班	12.6%	4	0.667	3	1.19	1	93.51	2
	变电运维四班	12.7%	3	0.5	4	1.074	4	89.73	5
	变电运维五班	13.0%	2	0.5	4	1.132	3	91.35	3
	变电运维一班	16.3%	1	1.333	2	1.165	2	95.14	1
南昌运维分部	变电运维二班	17.9%	4	1.571	2	1.076	5	90.27	3
	变电运维六班	6.3%	6	0.5	5	1.157	3	88.11	6
	变电运维七班	39.1%	1	1.6	1	0.995	6	91.89	2
	变电运维四班	15.2%	5	0	6	1.193	2	88.65	5
	变电运维五班	32.1%	2	0.75	4	1.148	4	90.27	3
	变电运维一班	20.3%	3	1.167	3	1.252	1	94.05	1

（续）

部门名称	班组	月度考核结果离散率		月度考核结果与绩效奖金兑现匹配率		月度绩效奖金差异率		月度绩效管理规范指数（前三项指标综合）	
		数据	排名	数据	排名	数据	排名	数据	排名
输电运检中心	输电带电作业一班	5.0%	9	0.5	5	1.164	4	85.41	7
	输电检修二班	5.9%	5	0.8	2	1.125	6	88.65	2
	输电检修六班	5.8%	6	0.5	5	1.11	7	83.78	9
	输电检修七班	5.3%	8	1.2	1	1.076	8	85.95	5
	输电检修四班	9.0%	1	0.8	2	1.238	1	96.22	1
	输电检修五班	6.8%	2	0	9	1.217	2	87.03	3
	输电检修一班	6.6%	4	0.4	8	1.199	3	85.95	5
	输电运维三班	5.7%	7	0.5	5	1.145	5	85.41	7
	输电运维一班	6.6%	3	0.8	2	1.028	9	86.49	4
新余运维分部	变电运维二班	4.6%	3	0.333	4	1.09	3	90.81	4
	变电运维三班	4.6%	4	0.5	2	1.102	2	93.51	3
	变电运维四班	29.7%	1	2	1	0.933	4	94.05	2
	变电运维五班	5.1%	2	0.4	3	1.188	1	94.59	1
鹰潭运维分部	变电运维二班	6.8%	2	0.5	5	1.138	3	90.27	4
	变电运维六班	6.3%	3	1	3	1.097	4	90.81	3
	变电运维三班	4.3%	6	1.6	1	1.088	6	89.19	6
	变电运维四班	4.3%	5	1.429	2	1.095	5	89.73	5
	变电运维五班	36.5%	1	0.5	5	1.181	1	92.97	1
	变电运维一班	4.7%	4	0.667	4	1.171	2	91.35	2

（3）通过"3+1"体检式绩效诊断模型，可对各单位、部门月度考核指标开展诊断分析，倒逼各部门单位规范开展绩效考核，加大了绩效管理的过程管控力度。同时，该模型可"一键分析"，提高了绩效管理评价的工作效率，减少了评价的工作量，提高了数据的准确性。

绩效管理本身的质量是一个重要的技术问题。江西电力构建的"3+1"体检式绩效诊断模型值得借鉴。本章主要对绩效考评结果的信度和效度的评价问题进行专业的技术性探讨。缺乏高等数学知识的读者可能会感到十分困难，但是，如果不掌握评价技术，那么考评就是在不计后果地"走钢丝"。为了使考评真正成为自知知人的有效工具，克服考评弊端，需要树立这样一种观念：并非任何一种考评都可以用来作为人事测评和人事决策的依据，只有那些经过科学检验的考评才能被运用。那么，什么是科学的考评呢？科学的考评应该具有客观性，经得起实践检验，具有合适的难度和一定的区分能力。

第一节　信度与效度

一、信度

（一）考评信度的概念

任何一种测量都必须具有客观性和可靠性。所谓客观性和可靠性，就是测量结果不能随测量者、测量时间、测量地点的变化而变化。好比用尺子量东西，无论你量、他量、今天量、明天量、在房间里量、在房间外面量，结果都应该是一样的。只有这样，才能说这把尺子的测量是客观的、可靠的，否则就是靠不住的。好的考评首先应具有这种一致性。将反映考评可靠性和一致性的指标称为"信度"，是以不同次测量结果之间的相关系数来表示的，它反映考评受随机误差的影响。

考评信度，即考评的可靠性程度，它用于分析一种考评方法所得结果的前后一致性，并以这种一致性程度作为指标来判断考评量表和考评方法的可靠性。如果同一考评者在相近时间内对同一人考评两次，前后得分一致或相似，则说明考评是可靠的；相反，如果前后两次分数悬殊，根本无一致性可言，则考评结果就是不可靠的。

在大多数条件下，信度指标都是以信度系数形式呈现的。信度系数（reliability coefficient）一般是同一样本所得的两组资料的相关，在理论上表示为实际得分与真分数相关的平方，即

$$r_{xx} = r_{xr}^2 = \frac{S_t^2}{S_x^2} \qquad (6\text{-}1)$$

式中，r_{xx} 为测量的信度；S_t^2 为真分数方差；S_x^2 为实际得分方差；$r_{xr} = \frac{S_t}{S_x}$ 有时也称为信度指数，它是真分数标准差与实际得分标准差的比率。

信度系数就是两次考评得分的相关系数。信度系数越大，说明考评方法的可靠性越强；信度系数越小，说明考评方法的可靠性越弱。

影响考评信度的因素有两类：一类来自考评的主体，即考评者自身，包括由考评者的个人态度、动机、情境等人格因素引入的干扰；另一类来自考评的客体，即考评的总体和考评的工具，包括由考评量表或考评手段引入的干扰。主体因素和客体因素是相互作用、密切联系的。

即使有了好的考评工具，如果考评者偏执无能，也可能致使考评无效；相反，虽然考评者具备工作能力，但考评工具不科学，考评结果也难保可靠。

（二）如何评估考评信度

1. 重测信度

重测信度（test-retest reliability）又称稳定性系数，它的计算方法是，在不同时间对同一群体施测两次，两次分数的相关系数（采用积差相关）即为重测信度。它用于分析两次间隔

一定时间的考评结果之间的相关性。

例如，请20名专家来考评某人的绩效，考评的平均成绩为75分。间隔10天后，再请这20名专家对该人的绩效进行第二次考评，而这间隔的10天中并未发生什么重大变故，第二次考评的平均成绩为77分，则说明两次考评成绩是一致的，这种考评结果是值得信赖的。而如果第二次考评结果为98分或60分，则与前次结果相去甚远，说明考评人的态度不稳定，考评结果不可靠，自然不值得信赖。

影响重测信度的主要因素是主体因素，即人的干扰。例如，有些考评者对被考评者缺乏稳定的认识，知觉本身模糊不清；有些考评者对考评的态度不认真、马马虎虎、草率行事；有些考评者在两次考评中产生了评定效应（即第一次考评后，通过议论评定结果，被考评者受他人影响改变了自身行为）。这些都会使两次考评结果前后不一致。

在日常生活中，如果买了一斤青菜，感觉比上次少，可以再称一下，如果还是一斤，没有变化，那么可以相信青菜确实是一斤。人事考评难以像买菜那样用两次重量之差来揭示一斤青菜重量的一致性，因此常常把对个体考评的结果准确性的检验置于群体考评结果的相互关系中，转化为两次关系一致性分析。若同一对象的考评结果以同样的考评方式再次获得后，其顺序位置关系变异很小，则说明考评结果比较准确。例如，如果张某技能考评得分是88分，在全体被考评者中排第一位，这个分数靠得住吗？再测一次，得分变成95分，张某还是排第一名，而且其他被考评者的位置变化很小，那么，可以说第一次技能考评结果是可靠的。

对这种位置关系一致性的比较有许多办法，如逐对比较，但比较简单的办法是计算两次考评结果的皮尔逊相关系数，公式如下：

$$R = \frac{N\Sigma xy - \Sigma x \Sigma y}{\sqrt{[N\Sigma x^2 - (\Sigma x)^2][N\Sigma y^2 - (\Sigma y)^2]}} \tag{6-2}$$

式中，N 为两次考评结果数据配对总数；x 为被分析的考评结果（分数）；y 为重复考评得到的考评结果（分数）。

R 越接近1，说明一致性越高，否则说明一致性越低。例如，对某品德测评分数进行可靠性考评，随机抽取10个被考评者分数，分别为74、71、80、85、76、77、77、68、74、74，再次考评后，10个分数分别为82、75、81、89、82、89、88、84、80、87。先把这两组数字进行配对，本例中假设已经配对好了，计算方法如下：

$\Sigma x=756$　　$\Sigma y=837$　　$\Sigma x^2=57352$　　$\Sigma y^2=70245$　　$\Sigma xy=63369$　　$N=10$

代入式（6-2）得

$$R = \frac{10 \times 63369 - 756 \times 837}{\sqrt{(10 \times 57352 - 756^2) \times (10 \times 70245 - 837^2)}} \approx 0.48$$

经统计检验，相关系数未达到显著水平，因此该次品德测评分数不可靠。

重测方法可以评估绩效考评方法在不同时期的稳定性。这种方法假设员工的绩效一段时间以后是稳定的。它能使考评方法免于根据时间进行抽样调查导致的错误，如考评者标准或机器操作的随机变动。这就要求在两个或两个以上不同的场合，使用同一种工具测量同一部分人（如30人或更多）。不同时间的相似程度就是信度尺度。完全信度相关系数为1，相关系数为 $-1 \sim 1$。正相关意味着员工在这个时间绩效很好，下一次同样也很好；负相关则表示员工在时间 1 的绩效很好，在时间 2 很可能就很差。

当相关系数为 0 时，表明被考评者在两个时间的绩效没有关系；重测信度不会取 1。个体在不同时期，由于获得了更多知识和技能，绩效会有所改变，然而信度尺度的理想情况应该为 0.7 或更高。如果绩效考评不稳定，则反映的是随机波动，如疲劳程度或情绪波动等。如果使用的是行为标准，工作或疲劳的随机波动是考评者或员工不可避免的。

2. 复本信度

复本信度（alternative-form reliability）又称等值性系数，是指考评结果相对于另一个相同考评结果的变异程度，为两组考评结果的相关系数。"非常相同"一般以等值解释。所谓等值，是指考评在内容、效度、要求、形式上都一样，可以说其中一个是另一个的复制。例如，10 个被考评者接受一次技能水平的观察评定，名次分别是 1、2、3、4、5、6、7、8、9、10，为了检验上述考评结果的可靠性，同时进行了另一次等值的技能水平观察评定，10 个被考评者的名次分别是 2、3、1、4、7、6、10、9、8、5。此时用下列等级相关公式求出等值系数：

$$R = 1 - \frac{6\Sigma D^2}{N(N^2-1)} \quad (6\text{-}3)$$

式中，N 为考评结果的总个数（被考评者人数）；D 为对应同一个被考评者两次评定等级（名次）的差，一般以被检验的考评结果为被减数。本例中 D 为 -1、-1、2、0、-2、0、-3、-1、1、5，代入公式有

$$R = 1 - \frac{6\times[(-1)^2+(-1)^2+\cdots+5^2]}{10\times(10^2-1)} = 1 - \frac{6\times 46}{10\times 99} \approx 0.72$$

经统计检验，相关系数达到显著性水平，因此第一次所做的观察评定结果是比较可靠的。当考评结果是分数形式时，用皮尔逊积差相关公式，即式（6-2）计算。

3. 内部一致性信度

内部一致性信度（internal consistency reliability）主要反映考评内部题目之间的关系，考察考评的各个题目是否测量了相同的内容和特质。如果被考评者在第一个项目中比其他人分数高，在第二个项目中又比其他人分数高，在第三个项目中还比其他人分数高……相反，另一个人在第一个项目中比其他人分数低，在第二个项目中又比其他人分数低，在第三个项目中还比其他人分数低……那么毫无疑问，考评结果比较可靠。这里所展示的就是内部一致性信度的形式。

对于这种信度分析，常见的有两种方法：分半信度分析和同质性信度分析。

（1）分半信度。在考评实施后，将被考评者的考评分数分成奇偶两半，计算积差相关系数。因为分半系数实际上只是半个考评的相关系数，会低估信度，必须进行修正。常用的修正公式是斯皮尔曼－布朗公式。使用该公式前提条件为两半考评的方差相等：

$$r_{xx} = \frac{2r_{hh}}{1+r_{hh}} \quad (6\text{-}4)$$

式中，r_{hh} 为两半项目分数相关系数；r_{xx} 为修正后的信度。

当两半项目的方差不同时，应采用卢伦公式或弗朗那根公式进行修正。

卢伦公式为

$$r_{xx} = 1 - \frac{S_d^2}{S_x^2} \quad (6-5)$$

式中，S_d^2 为同一组被考评者在两半考评中得分之差的方差；S_x^2 为所有被考评者在整个考评中总量得分的方差。

弗朗那根公式为

$$r_{xx} = 2\left(1 - \frac{S_a^2 + S_b^2}{S_x^2}\right) \quad (6-6)$$

式中，S_a^2 和 S_b^2 分别为所有被考评者在两半考评中得分的方差；S_x^2 为所有被考评者在整个考评中总量得分的方差。

（2）同质性信度（homogeneity reliability）。同质性信度是指考评内部的各题目在多大程度上考察了同一内容。它反映了量表的内部一致性，显示了同一量表里的所有项目是否在考评同一维度（如质量）。它提供了一种方法来检查量表在何种程度上避免了内容样本失误。例如，如果量表是设计来考评产品质量的，那么提高市场份额就与质量无关，应该将其去掉。当同质性信度低时，即使各题目看起来是同一特质的，但考评实际上是异质的。同质性分析和项目分析中的内部一致性分析类似。

同质性信度是将量表的项目按奇数或偶数分成两组。理想状况是相关系数最低不小于0.8，这个数字比前两种（即重测信度和复本信度）要大，因为这种量表的资料来源和时间都更为稳定。在开发内部一致量表时还存在统计程序的问题，同时开发考评量表的人不能控制被考评员工的行为，也没有机会去观察和记录他们的行为。常用计算方法是库德－理查逊估计方法。其20号公式（简称KR20）为

$$r_{KR20} = \frac{n}{n-1}\left(1 - \frac{\Sigma p_i q_i}{S_x^2}\right) \quad (6-7)$$

式中，n 为考评题目数；p_i 为通过 i 题（即对 i 题做出正确反应）的人数比例；q_i 为未通过 i 题的人数比例，$p_i + q_i = 1$；$\sum p_i q_i$ 为所有题目答对与答错人数百分比乘积的总和。

一种考评方法有信度不一定有效，因为测量的也许不是要测量的对象（例如，考评结果反映的可能是两个或两个以上管理者的偏见而不是员工的行为）。而且，考评工具可能会使对员工行为的测量结果一致，但是如果将它用于判断该员工是否具有做其他工作的潜能，考评就可能无效，因为其他工作的要求大不相同。

4. 考评者信度

考评者信度（raters reliability）又称评分者信度，是指不同评分者对同一对象进行评定时的一致性。它可以通过两个或更多考评者独立评估员工的一致性来确定。其中，"独立"是关键。例如，"帕特，我在考虑让山姆担任销售主管。我认为他很不错。你和他一起共事过，你觉得怎么样？"下意识地，讲话人就有偏袒山姆的倾向。因此，如果考评者没有独立考评，即使结果一致，也无考评者内部信度可言。

评估考评者内部信度，就好比让两个或更多的摄影师来独立地比较同一时间给员工拍摄

的一大堆照片一样。完美的考评者内部信度很难获得，因为两个或两个以上的观察者很少同时或以同样的方式观察同一个体。然而，不同考评者之间的相关系数至少应为 0.6，如果小于 0.6，而且考评者有机会观察员工并有能力区分有效与无效表现，那么很有可能反映了考评者的态度和偏见。

最简单的估计方法就是随机抽取若干份答卷，由两个独立的考评者打分，再计算出每份答卷两个评判分数的相关系数。可用积差相关，也可用斯皮尔曼等级相关方法。

斯皮尔曼等级相关方法主要用于解决与称名数据和顺序数据相关的问题，适用于只有两列变量，而且是属于等级变量性质且具有线性关系的资料。其优点是适用范围广泛，对数据条件的要求没有极差相关系数严格。只要两个变量的观测值是成对的等级评定资料，无论两个变量的总体分布形态、样本容量的大小如何，都可以用斯皮尔曼等级相关方法来进行研究。当然，其缺点是精确度没有极差相关系数高。

如果考评者在三人以上，而且采用等级计分，就需要用肯德尔和谐系数来求考评者信度。其计算公式为

$$W = \frac{\sum R_i^2 - \frac{(\sum R_i)^2}{N}}{\frac{1}{12}K^2(N^3 - N)} \quad (6-8)$$

式中，K 为考评者人数；N 为被考评人数或答卷数；R_i 为每个被考评者所得等级或分数。

例如，某次考评后，考评者的评分情况如表 6-4 所示，可求得

$$\sum R_i = 19+11+6+8+17+23 = 84$$

$$\sum R_i^2 = 19^2+11^2+6^2+8^2+17^2+23^2 = 1400$$

$$W = \frac{1400 - \frac{84^2}{6}}{\frac{1}{12} \times 4^2 \times (6^3 - 6)} \approx 0.8$$

表 6-4　某考评者的评分情况

考评者	答卷编号及评分					
	一	二	三	四	五	六
甲	4	3	1	2	5	6
乙	5	3	2	1	4	6
丙	4	1	2	3	5	6
丁	6	4	1	2	3	5
R_i	19	11	6	8	17	23

二、效度

（一）考评效度的概念

一项好的考评应该有较高的信度，必须一致、可靠。但一致、可靠不一定就是好的考评，

即不一定有效。例如，选择尺子作为工具测量体重可能很"可靠"，在不同测量者之间、不同的时间、不同的地点，可能有很高的一致性。但尺子测不出体重，无论尺子的刻度多么精确。为什么？因为人有胖有瘦，高的可能很瘦，矮的可能很胖。把高矮看作轻重，比不测量还危险。又如，用智力考评选拔运动员、用短跑速度选拔数学系大学生等，即使信度很高，但效度也是很低的。

一项好的考评只有在适合某种目的时才是有效的。例如，尺子只有在测量长度时才能显示出有效性，对于测量重量就无效。所谓效度，就是考评实现考评目的的程度，是考评对于所要了解的绩效水平进行评定的准确程度。

考评效度即考评的准确性，是指运用量表或其他考核手段获得的结果达到期望目标的程度。一般而言，考评的效度高，其信度也高，而信度高的考评，其效度未必高。因此，效度是考评的中心问题。例如，某人的表达能力为优，但他的上级对他有偏见，第一次考评时给他差，第二次仍给差，则两次考评信度是高的，但效度就不高；如果他的上级两次都实事求是地进行考评，其效度高，信度也必然高。效度的鉴定大多通过效度系数来估计，效度系数就是考评得分与效标变量的相关系数。

一项绩效衡量指标要想有效，必须是没有缺陷的或不受污染的。如图 6-5 所示，其中的一个圆代表的是"实际的"工作绩效，即与成功完成工作相关的绩效的所有方面。另一方面，企业还必须采用一些绩效衡量系统，如由监督人员根据一套与工作的目标结果有关的维度或者绩效衡量指标来对下属的工作绩效进行评价。效度所涉及的就是如何使实际工作绩效和工作绩效衡量系统之间的重叠部分达到最大。

如果一种绩效衡量系统不能够衡量工作绩效的所有方面（图 6-5 中右边的半圆），那么这种系统是存在缺失的。例如，一所规模很大的大学更多地依据教员的科研成果而不是教学工作来对他们的工作绩效进行评价，那么这所大学就相对忽略了绩效的一个重要方面。

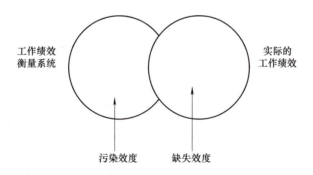

图 6-5　工作绩效衡量系统的缺失与污染

受污染的绩效衡量系统会对与绩效或者与工作无关的方面（图 6-5 中左边的半圆）进行评价。绩效衡量系统应当尽力使得污染降到最低程度，但是要想完全消除污染是不可能的，如用实际的销售额数字来衡量在完全不同的地理范围内从事销售工作的所有人的工作绩效。因为通常情况下，销售额高度依赖于地理因素（如潜在客户的数量、竞争对手的数量以及当地的经济状况等），而不是销售人员的实际努力。一名工作很努力也做得很好的销售人员却很有可能达不到很高的销售额，而仅仅是因为他所从事销售的地区根本就没有其他地区的市场。因此，如果仅仅运用销售额一个指标来进行绩效衡量，实际上是使用一种在很大程度上无法被员工个人控制的因素来衡量他们的绩效。

测量效度有两个广泛的维度，反映在下面两个问题中：①该测量能很好地预测我们感兴趣的成绩吗？②它真正测量的是什么？

这两个问题集中于判断两个问题：①考评预测的成功性的标准，即效标（criterion）；②考评的内在理论和心理构想。

（二）效度的基本评估方式

效度标准就是效标。例如，造秤可以用天平做效标。如果造出来的秤测量出来的重量与天平测量出来的重量相符，则这杆秤的效度就高。因为秤是用来称重量的，而天平测量出来的重量最精确，秤的测量结果与天平一致，就足以表明秤能够测量出它所要测量的东西。既然天平能精确地测量重量，何必再造秤呢？因为秤较便宜，用起来方便。

如果把编制考评指标和考评表比作造秤，那么到哪里去找天平呢？这是自人们研究考评以来最重要而又最困难、至今仍解决得不理想的问题之一。考评没有造秤那么容易找到标准，拿什么作为考评的标准？有以下几种解决途径：

1）结构效度，即构想关联效度（construct-related validity）。它被用来推测被考评者拥有的一些素质或结构的程度（如员工对组织的价值），而假定质量或结构在该绩效考评方法中可以反映出来。确定结构效度的大致程序是先收集几种不同的在逻辑上能够测量同一结构（如管理技巧）的绩效考评方法，然后观察这些方法之间的关系，高度相关则表示有结构效度。

2）考评工具必须具有内容关联效度（content-related validity）。

3）通过考评工具得到的考评结果与假定的客观标准之间必须存在一定的相关性，其相关程度即效标关联效度（criterion-related validity）。

1. 构想关联效度

构想关联效度是考评能够测量到理论上的构想或特质的程度。例如，考察智力考评的效度，从理论上讲，智力是在健康情况正常、动机强度相同的条件下，不取决于经验而取决于发育水平的、影响工作和学习效率的东西，那么凡能表现出这种东西的作业成绩，就可以作为智力测量的效标。这也是在考评题目编制上所要贯彻的一条重要原则。所以，题目的编制是保证效度的首要措施。从智力的理论认识来说，智力应该是随人的发育而增长的，那么用来测量智力的题目，其答对人数的百分比也应该随年龄增长而增加。从智力的理论认识来说，智力不取决于经验，那么题目答对人数的百分比在被考评者年龄相同的情况下，就不应该与他们的受教育年限有很高的相关性。这样就可以使测试题目的性质尽可能是属于测量智力的。

构想关联效度关注的问题是考评是否正确地反映理论构想的特性。例如，一项语言流畅性考评是否测出真正的语言流畅性，是否对语言流畅性理论概念中所包含的所有特点（如语速、语句间的逻辑性、口误的次数等）都进行了测量。

确定构想关联效度包括三个步骤：①建立理论框架，以解释被考评者在考评中的表现；②依据理论框架，推演出各种有关考评的假设；③以逻辑和实证的方法验证假设，根据这些材料决定这种理论是否能恰当地解释现有材料，如不能做出恰当解释，则应该修正上述假设，直到做出恰当解释为止。

常见的确定构想关联效度的方法有：①内部考评的方法，如考评内容效度、内部一致性指标等；②考评间的方法，如相容效度、因素分析、会聚效度、区分效度等；③效标效度的研究，如发展变化等；④实验和观察方法，检验是否有构想关联效度。

常用指标有：①发展变化；②与其他考评相关；③因素分析；④内部一致性。

有些考评，尤其是人格考评，多以内部一致性作为构想效度的指标。一般地，以考评的总分为标准，有时也以获得不同总分的被考评者差异为标准。

1960 年，坎贝尔（D.T.Campbell）指出，要确定一个考评的构想关联效度，则该考评不仅要与测量相同特质或构想等理论上有关的变量高相关，也应与测量不同特质或构想等理论上不同的变量低相关，前者称为会聚效度（convergent validity），后者称为区分效度（discriminate validity）。

2. 内容关联效度

内容关联效度是指考评要素和考评标准等子系统能够达到理想的考评内容的程度，是检查考评内容是不是所要测量的行为领域的代表性取样的指标，也就是指标与标准是否符合该类人员的功能特征。例如，成就考评往往采用内容关联效度的考评方法。

常用的评估内容关联效度的方法是请人力资源专家或其他精通该学科的专家，按照一定的标准评价某项考评是否具有代表性。

例如，运用考评量表进行绩效考评时，为了分析内容关联效度，常请 10～15 名人力资源专家对如下问题按"合理"与"不合理"的是非法进行判断：

（1）评定要素与量表结构的归属关系合理不合理？
（2）要素名称与定义、内涵的吻合程度合理不合理？
（3）测评等级与各级标准的相关程度合理不合理？
（4）各要素之间关系的协调性合理不合理？
（5）考评量表的总体结构与评定期望达到目标的一致性程度合理不合理？

当然，在实际考评工作中，由于问题的复杂性，常常很难用简单的合理与否进行判别，因此，更多部门采用专家分析、集体推理判断的描述形式进行内容关联效度的检验。

内容关联效度一般没有可以量化的指标，只能用推理和判断进行考评。其基本途径是比较全部题目所得总分多少与在每一题得分多少的关联情况。例如，对于智力考评题目的效度考评有一种简单办法：以同年龄的被考评者为例，如果答对某题的人的平均总分比答错该题的人高，就表明该题所测量的就是全部题目所测量的东西；反之，如果答对与答错某题的人的平均总分差别不大，就表明该题所测量的不是全部题目所测量的东西。这样选择题目较为合理，也就是以全部题目作为每一个题目的效标，理由是全部题目的考察比每一个题目的考察更全面，而考察越全面，效度就越高。

3. 效标关联效度

效标关联效度又称经验效度或统计效度，是指考评结果与效标的相关程度。这里的效标是指假定的客观标准，它可以是另一种评价的结果，也可以是标准测验的得分。效标关联效度按效标与考评时间关系的不同，可分为同时效度和预测效度。

（1）同时效度。同时效度是检验量表考评所获得的结果符合同时存在的效标的程度的指标。其中，效标可以是工作实绩、自我评估、组织评估或他人评估，并且可综合运用。

工作实绩是绩效考核中应用最广的效标之一。运用时需分析个体前一阶段的工作状况，根据工作效率、社会贡献、创造成就等指标来确定工作实绩。进行工作实绩考评时，注意将硬指标与软指标相结合。前者如产量、质量、论文、技术革新带来的经济效益等，后者如通过思想、品格的感染，提高员工觉悟水平、提高企业的社会知名度等。

自我评估是个体以"自我知觉"为基础，运用量表对自身行为和个体素质的评价，用它作为效标来检验考评结果，进行双向知觉的对照分析，具有较强的说服力。所谓自我知觉，是指个体通过自我观察与自我分析，产生对自己的德、才等素质的认识。

组织评估是组织人力资源部门进行的评估。由于这些部门的人员训练有素，是人力资源工作的专家，他们运用已有的知识、经验和直觉形成的对人的评价，往往具有一定的深度。因而可以集中组织人力资源人员的集体智慧，以他们获取的信息为标准，作为效标。

他人评估是指由熟悉个体的众多"他人"所产生的共同评价，以这个标准为效标，体现了民意，反映了考评结果的社会认可水平。

（2）预测效度。预测效度是检验考评所获得的结果符合未来产生的特定标准程度的指标。在实际工作中，常用考评半年或一年后的成际工作成绩作为效标，通过分析考评结果和半年或一年后的实际工作成绩之间的关系来度量预测效度。例如，用智力测验的成绩与一年后学术成绩之间的相关系数来分析智力测验的预测效度。

然而，只通过以上两种途径仍不能解决效度中的最关键问题，因为它们所考察的仍属于理论上的推理。

将反映考评目的、独立于考评之外的行为变量称为效度标准，即效标。例如，关于机械能力倾向的考评，其效标可以是机械师的工作表现。

常用效标有：①学术成就。②特殊训练成绩。例如，机械能力倾向考评的效标可以是工厂的技术培训成绩，言语能力用语文课成绩做比较，空间视觉能力用地理课成绩做比较。③实际工作表现。④团体对照。例如，音乐倾向考评可通过比较音乐学院学生的分数与其他专业大学生的分数获得效度。⑤等级评定。这种评定往往由被考评者的老师、同学、上下级等观察做出。评定的内容可以作为任何考评的效标。⑥先前有效考评。

另外，用职业或专业经历做效标的理论根据是在不同职业上取得成功所要求的性格特质不同。所以，如果从事需要某种性格特征的职业或专业的人在某种量表上得分高，就可表明这个量表所测定的就是这种性格特征。

第二节　信度系数与效度系数的计算

一、信度系数的计算

（一）重测信度系数

重测信度系数是同一群考评人用同一量表考评两次，所得结果的相关系数。其具体计算方法见例6-1。

【例6-1】某公司用"公司推销人员考评表"考评了20名推销人员,设每个被考评推销人员的平均成绩为 X(每个推销人员由30人考评)。为检验信度,间隔20天后,又请原来参加考评的所有考评人运用原考评量表再次对该20名推销人员分别进行第二次考评,设第二次平均成绩为 Y。表6-5汇总了两次考评成绩,求重测信度系数。

表6-5 推销人员的绩效考评成绩

推销员姓名	第一次考评成绩(X)	第二次考评成绩(Y)	X^2	Y^2	XY
魏强	15	15	225	225	225
郭飞	14	14	196	196	196
张力	13	16	169	256	208
乐乐	12	15	144	225	180
高杰	12	12	144	144	144
郭冰	11	13	121	196	143
蔡信	11	12	121	144	132
李创	10	11	100	121	110
常明	10	10	100	100	100
胡光	10	13	100	196	130
马新	10	12	100	144	120
施勇	10	11	100	121	110
王旭	9	11	81	121	99
王梅	8	11	64	121	88
李蕾	9	10	81	100	90
赵容	8	9	64	81	72
齐钢	7	10	49	100	70
杨林	6	8	36	64	48
邵龙	5	7	25	49	35
车鹏	9	8	91	64	72
合计	199	228	2111	2768	2372

解:

$\bar{X}=9.95 \quad \bar{X}=11.4$

$\sigma X=2.46 \quad \sigma Y=2.4$

$\sum X^2=2111 \quad \sum X=199$

$\sum Y^2=2768 \quad \sum Y=228$

$\sum XY=2372 \quad N=20$

$$R=\frac{N\Sigma XY-\Sigma X\Sigma Y}{\sqrt{[N\Sigma X^2-(\Sigma X)^2][N\Sigma Y^2-(\Sigma Y)^2]}}$$

$$=\frac{20\times 2372-199\times 228}{\sqrt{(20\times 2111-199^2)(20\times 2768-228^2)}}\approx 0.70$$

分析表 6-5 中的考评成绩。该例中，间隔 20 天的重测信度达到 0.70，已超过国内外同类考评量表的信度要求，说明考评量表信度合格。

（二）内在信度系数

内在信度系数是指同一组考核者用同一量表考评一次，把所得结果按随机方式分为两类而获得的相关系数。其计算方法见例 6-2。

【例 6-2】某企业用"技术人员考评量表"考评了 10 名工程技术人员。考评量表由 32 道题组成，题序按随机方式排列，并按奇数和偶数将量表划为两部分，要求检验内在信度。技术人员的绩效考评成绩如表 6-6 所示。

表 6-6　技术人员的绩效考评成绩

技术人员编号	奇数题考评成绩（X）	偶数题考评成绩（Y）	总　成　绩
1	16	16	32
2	15	16	31
3	13	14	27
4	13	12	25
5	11	11	22
6	10	9	19
7	10	11	21
8	9	8	17
9	8	6	14
10	7	7	14

解：$\sum X=112$　$\sum X^2=1334$　$\sum Y=110$　$\sum Y^2=1324$

$\bar{X}=11.2$　$\bar{Y}=11$　$S_X=2.82$　$S_Y=3.38$

$\sum XY=1324$　$N=10$

S_X 代表 X 的标准差，S_Y 则代表 Y 的标准差，根据标准差的计算公式，有

$$S_X = \sqrt{\frac{\sum X^2 - \overline{NX^2}}{N}} = \sqrt{\frac{\sum X^2 - N\left(\frac{\sum X}{N}\right)^2}{N}} = \sqrt{\frac{N\sum X^2 - (\sum X)^2}{N}} \quad (6\text{-}9)$$

$$S_Y = \frac{\sqrt{N\sum Y^2 - (\sum Y)^2}}{N} \quad (6\text{-}10)$$

将式（6-9）与式（6-10）代入式（6-2）中得

$$R = R_{XY} = \frac{N\sum XY - \sum X \sum Y}{\sqrt{[N\sum X^2 - (\sum X)^2][N\sum Y^2 - (\sum Y)^2]}} = \frac{N\sum XY - \sum X \sum Y}{(NS_X)(NS_Y)}$$

$$= \frac{\frac{\sum XY}{N} - \left(\frac{\sum X}{N}\right)\left(\frac{\sum Y}{N}\right)}{S_X S_Y} = \frac{\frac{\sum XY}{N} - \overline{XY}}{S_X S_Y} \quad (6\text{-}11)$$

由此可得

$$R_{XY} = \frac{\frac{1324}{10} - 11.2 \times 11}{2.82 \times 3.38} = 0.97$$

例 6-2 中，内在信度系数为 0.97。

运用斯皮尔曼－布朗公式来估计信度 0.97 可知，绩效考评量表的信度系数为 0.97，达到了理论上的信度要求。

（三）复本信度系数

复本信度系数是指同一组评定人用两个平行量表各考评一次，所得结果的相关系数。其具体算法见例 6-3。

【例 6-3】某公司用"财会人员绩效考评量表"和"工作人员绩效考评量表"分别对 20 名公司财会人员进行考评（假设两个量表的性质、形式和长度相同）。绩效考评结果如表 6-7 所示，要求分析复本信度。

表 6-7　绩效考评结果

财会人员编号	财会人员绩效考评量表成绩	工作人员绩效考评量表成绩
1	8	8
2	8	6
3	7	7
4	6	6
5	6	7
6	5	5
7	6	5
8	5	6
9	5	5
10	5	5
11	4	5
12	6	4
13	4	6
14	4	5
15	5	4
16	4	4
17	3	4
18	4	3
19	3	3
20	3	3

解：

可以根据表 6-7 中的编号顺序将两次考评量表的成绩进行排名，分别为

1、1、3、4、4、8、4、8、8、8、13、4、13、13、8、13、18、13、18、18

1、4、2、4、2、8、8、4、8、8、8、14、4、8、14、14、14、18、18、18

由此可以算得两次考评的名次差为

0、-3、1、0、2、0、-4、4、0、0、5、-10、9、5、-6、-1、4、5、0、0

因此复本信度系数为

$$R = 1 - \frac{6\Sigma D^2}{N(N^2-1)} = 1 - \frac{6 \times [0^2 + (-3)^2 + 1^2 + \cdots + 0^2]}{20 \times (20^2 - 1)} \approx 0.73$$

该例中,因为复本信度系数为 0.73,符合考评的信度要求,证明考评结果可靠。

二、效度系数的计算

(一) 分类法

分类法是通过考评成绩来检验效度的方法。常用的分类法是二分法,即把一个群体的考评成绩以中等水平为界划分为"成功"与"失败"两类。对效标"工作实绩"也可以中等水平为界划分为"成功"与"失败"两类,这样会产生四个组:①考评结果为成功而工作实绩也为成功(A);②考评结果为成功而工作实绩为失败(B);③考评结果为失败而工作实绩也为失败(C);④考评结果为失败而工作实绩为成功(D)。分类表如表6-8所示。

表6-8 分类表

效标预测		工作实绩	
		成功	失败
考评结果	成功	正确 A	失误 B
	失败	正确 D	失误 C

把正确的判断称为正确,把不正确的判断称为失误。分类法采用取舍正确性 P_{cr} 为指标度量效度,则

$$P_{cr} = \frac{A+D}{A+B+C+D}$$

分类法的具体计算方法见例6-4。

【例6-4】某出租汽车公司对240名司机进行了"反应速度"的测验,用"1~8"区间的不同数值代表个体反应的差异。又分析了这些司机三年中的事故率,把三年中未发生事故的司机定义为"成功",把发生过事故的司机定义为"失败"。240名司机的成绩与安全水平的分布表如表6-9所示。把反应测验成绩以60分为标准界限,60分以上者为成功,不足60分者为失败,如表6-10所示。

表6-9 240名司机的分布表

反应测验成绩(分)	未发生事故(人)	发生事故(人)	总计(人)
90	9	0	9
80	17	0	17
70	37	0	37
60	45	4	49

（续）

反应测验成绩（分）	未发生事故（人）	发生事故（人）	总计（人）
50	45	7	52
40	27	9	36
30	8	12	20
20	4	16	20
总人数（人）	192	48	240

表 6-10　例 6-4 的分类

反应测验/安全水平	成　　功	失　　败
成功	108	4
失败	84	44

解：

$$\text{取舍正确性 } P_{cr}=(108+44)\div 240=63\%$$

分类法的主要优点是与实际情况紧密相连，直接，易于理解；其缺点主要是分组划分太机械，常常把相近水平的事物完全割裂开来，有些生硬。

（二）相关法

相关法就是通过分析考评成绩与特定效标之间的相互关系，用相关系数代表效度系数的效度检验法。相关法因其具有含义明确、指标清晰的优点，已成为目前人员考评中应用最广的效度检验法。相关法的具体运用见例 6-5。

【例 6-5】某企业用手指灵巧测验选择新工人，半年后又以工作效率为指标评价新工人的实际工作成绩。图 6-6 汇总了手指灵巧测验成绩（1～8 分）和工作成绩评定（0～4 分）之间的人数分布，求手指灵巧测验的预测效度。

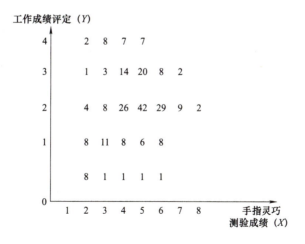

图 6-6　人数分布

解：
$$\bar{X}=4.2,\ S_X=1.66,\ \bar{Y}=2.13,\ S_Y=0.97$$
$$\sum XY=2463 \quad N=245$$

$$R = R_{XY} = \frac{\frac{\Sigma XY}{N} - \bar{X}\bar{Y}}{S_X S_Y} = \frac{\frac{2463}{245} - 4.2 \times 2.13}{1.66 \times 0.97} \approx 0.69$$

R_{XY}=0.69 这个数值就是效度系数，可以解释为工作成绩中 48% 的差异（即 $R^2=0.69^2=0.48$）可以从手指灵巧测验的成绩中预测。

（三）比例法

比例法是指运用分数表示考评的有效信息与整体信息之间的关系，并以此比例来代表效度的检验方法。比例法运算简单、通俗易懂，常常被基层单位所采用。比例法的具体应用见例 6-6。

【例 6-6】某公司人事部门用"德才素质考评量表"对下属三个公司的普通员工进行考评，考评结果分别采用"本人评""他人评""组织评"的手段进行检验，结果如表 6-11 ～表 6-13 所示。

"本人评"是把每个员工的考评成绩反馈给本人，请他以自我评估为标准判断考评结果是否属实，如表 6-11 所示。

表 6-11 "本人评"效度分析表

检验效标	评定单位（个）	被评总人数（人）	本人同意考评结果的总人数（人）	符合率
自我评估	3	106	98	92%

"他人评"是指以个别交谈的形式，把随机抽取的某些人员的考评成绩反馈给了解他各方面情况的其他人员，请他们以自己的认识为标准，判断考评结果是否符合被考评者的实际情况，如表 6-12 所示。

表 6-12 "他人评"效度分析表

检验效标	评定单位（个）	被评总人数（人）	他人同意考评结果的总人数（人）	符合率
他人评估	3	119	111	93%

"组织评"是指组织人事部门的干部以日常观察和考察结果为标准，判断考评结果是否符合每个被考评者的实际情况，如表 6-13 所示。

表 6-13 "组织评"效度分析表

检验效标	评定单位（个）	被评总人数（人）	组织同意考评结果的总人数（人）	符合率
组织评估	3	111	105	95%

该例中，运用三种不同的效标来检验同一考评结果的效度，符合率都高于 90%，说明有 90% 以上的人认为考评结果是有效的，因此这种考评具有较高的社会认可水平。

（四）反馈调查检验法

考核结果的检验除了可运用信度和效度这两个指标进行有效的理论分析外，还可用反馈式的民意调查来检验员工考评工作的可靠性和有效性。这种方法就是反馈调查检验法。它虽然不能为人力资源部提供理论上的信度和效度指标，但揭示了民意倾向，反映了有关考评者

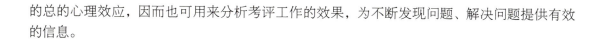

的总的心理效应,因而也可用来分析考评工作的效果,为不断发现问题、解决问题提供有效的信息。

第三节　提高绩效考评质量的对策

一、绩效考评准确性影响因素分析

(一)评价源与绩效考评信度和效度

绩效考评的评价源一般有上级、同事、自我、下属和客户五种。从理论上讲,如果不同评价源拥有相同的评价信息,那么对同一个人的评价结果应是一致的。但许多研究和实践结果都表明,不同评价源对同一个人的评价结果相关度极低,这不仅是因为处于不同地位的评价源对不同类型的信息有不同的优势,更是因为不同评价源在评价时的认知过程和信息处理过程也不同。研究表明,评价依据的信息类型差异、认知错误和动机错误差异,是不同评价源评价结果差异产生的主要原因(见表6-14)。

表6-14　异源评价产生差异的原因

评价源	信息类型	认知错误	动机错误
上级	结果(如产品等)	强调人的因素	政治性动机
同事	结果和行为	典型性认知错误	友谊/提升动机
自我	行为	强调环境的因素	自我提升动机
下属	行为	典型性认知错误	报复性动机
客户	结果/消费过程	典型性认知错误	不明确

一项对采用不同评价源测评被考评者活动频率的调查也证实了不同评价源的各自优势和不足,如表6-15所示。

表6-15　采用不同信息来源测评被考评者行为活动的频率

考评指标类型		评价源				
		上级	同事	下属	自我	客户
与任务有关的	行为	偶尔	经常	很少	总是	经常
	结果	经常	经常	偶尔	经常	经常
与人际关系有关的	行为	偶尔	经常	经常	总是	经常
	结果	偶尔	经常	经常	经常	经常

由于上级、同事、自我、下属和客户对被考评者的绩效拥有不同的信息,并且他们对信息的加工过程也大不相同,所以奢望他们对被考评者做出高度一致的评价是不切实际的;同时,正是由于这五种评价源在不同的绩效侧面所拥有的信息丰富程度存在较大的差异,而每种评价源在他们拥有较多信息的方面所做出的绩效评价具有较高的信度和效

度，所以，评价源的选择、评价源评价范围的确定对绩效考评的信度和效度都有着直接影响。

（二）绩效考评目的与绩效考评效度

绩效研究一直以理性模型为基础，即认为考评的目的就是对被考评者的绩效进行准确测量。但近年来，研究者提出了对绩效考评本质的另外一种看法，认为它是一种管理过程，考评的目的才是影响考评准确性的更重要的原因。基于管理基础的绩效考评只求能达到其管理的目的，并不追求考评的准确性。绩效考评的目的主要有以下三个：

1. 战略目的

绩效考评系统将员工的工作活动与组织的目标联系起来，以确保员工的工作态度、工作行为和工作结果能够保证组织战略目标的有效实现。这样的绩效考评系统具有较大的灵活性，因为当组织目标和战略发生变动时，绩效考评系统必须确保员工的工作态度、工作行为和工作结果也发生相应的变化。

2. 管理目的

组织在薪资管理、晋升决策、保留与解雇等管理过程中都要运用绩效考评的信息。绩效考评的目的之一就是为这些管理决策提供有价值的信息。

3. 开发目的

绩效考评的另一个目的是通过考评发现员工的弱点和不足，对员工进行进一步的开发，有效提高员工的工作绩效。

因此，绩效考评的目的直接决定了绩效考评的技术、程序、内容的选择和确定，从而影响绩效考评的效度。

（三）绩效结构与绩效考评效度

人们通常将绩效视为单维度的概念，或者简单地将绩效等同于任务绩效。近年来，学术界开始重视对绩效的内涵加以明确界定。坎贝尔、麦克洛伊（Mccloy）和奥普勒（Oppler）等于1993年提出的工作绩效理论则将工作绩效定义为"员工所控制的与组织目标有关的行为"。这一定义包含以下三个层面的意义：

（1）绩效是一个多维度的概念，即不存在单一的绩效变量，在大多数情境中，与组织有关的工作行为是多种多样的。

（2）绩效是行为，而不一定是结果。

（3）这种行为是员工所能控制的。

之所以不以任务完成或目标达到等结果作为绩效，主要有以下三个方面的原因：

（1）许多工作结果并不必然是员工的工作带来的，可能是其他与个人所做工作无关的促进因素带来的。

（2）员工完成工作的机会并不是平等的，而且，并不是在工作中所做的一切事情都必须与任务有关。

（3）过度关注结果将使人忽视重要的过程和人际因素，使员工误解组织要求。

博尔曼（Borman）和莫托威多（Motowidlo）在总结自己和前人研究的基础上提出"关

系绩效-任务绩效二维模式",认为工作绩效由任务绩效和周边绩效两个方面构成。

任务绩效是与具体职务的工作内容密切相关的,同时也与个体的能力、完成任务的熟练程度和工作知识密切相关的绩效。周边绩效是与绩效的组织特征密切相关的绩效,这种行为虽然与组织技术核心的维护和服务没有直接关系,但是从更广泛的企业运转环境与企业的长期战略发展目标来看,这种行为非常重要。

上述理论探讨与实际研究丰富了绩效的内涵,对绩效内涵的认识直接决定了绩效考评的内容。如果人们对绩效内涵的认知是残缺的,那么在这种认知下的绩效考评也必然是缺乏效度的。

二、具体对策

(一)重视绩效考评分数处理技术

在绩效考评实施的整个过程中,考评实施的组织方除了承担组织实施的工作,还要承担一部分专业技术工作。对多个企业在考评实施过程中面临的问题进行分析总结,发现集中的"技术难题"是对绩效考评分数的处理,准确地讲,是对多个评估主体参与评估后形成的考评分数差异的处理。

在绩效考评实施的过程中,往往存在着不同的考评主体对同一被考评者进行考评的情况。例如,各部门经理考评自己部门的员工,各分管领导考评所分管领域的员工,或者由于工作关联关系不同,不同的员工对与自己有工作关联的员工进行考评。这种分管、关联关系的考评必然会造成多个考评主体由于个人打分习惯不同、考评所把握的尺度不同,导致考评分数之间存在一定的不可比性。而考评分数会直接关系到员工的绩效工资、奖金,因而也成为绩效考评组织方的难点之一,同时也会成为员工就公平性提出质疑的问题之一。针对这一问题,考评实施的组织方可以从以下三个方面进行考虑:

首先,在绩效考评中尽量采取有交集的考评主体,同时尽可能地采取大样本量。考评分数之间存在一定的不可比性,其主要原因是多个考评主体的打分习惯不同、考评所把握的尺度不同。那么,如果各考评主体的交集越大,其考评一致性的可能性也越大。例如,分管副总的参与会平衡多个部门,而员工采取全员考评方式也会使得这种交集增大。如果重合的样本越多、不同的样本越少,那么由于个人打分习惯不同、考评所把握的尺度不同所造成的差异影响就会越小,考评的一致性也就越高。样本量大也是同样的道理。考评的样本量越大,由于个别考评差异所造成的影响会越小,考评的一致性也就越高了。因而在绩效考评中尽量采取交集、大样本量的考评方式,对于绩效考核中规避差异风险至关重要。

其次,统一考评标准。有些时候,由于诸如被考评者的工作只被少数人了解,或者担心考评工作量过大等客观因素的存在,考评无法实现交集或者大样本量。此时,对于各考评者考评标准的统一就会成为提升考评一致性的关键举措。为了尽可能地回避各考评者个人打分习惯的影响,促进对考评尺度的把握,提升各考评者的考评一致性,考评实施的组织方可以通过考评标准培训、试考评等方式,在绩效考评打分的前期先促成考评者对考评标准的有效统一,然后再开始真正的绩效考评。此时,各考评主体之间的差异就已经在一定程度上降低了,考评差异造成的考评结果不准确的风险也就得到了一定限度地控制。

最后,通过控制考评主体和考评标准,对考评中仍然存在的差异,可以采取数理的方法进行校正。比较常用的校正方法包括平均数校正、组织绩效数值校正、Z分数等方法。值得注意的是，每一种校正方法都存在着它的假设前提。例如 Z 分数的校正，其前提是"认为各被校正单元是一致的"，即认为各被校正单元的绩效表现是基本一致的。只有在明确了校正前提的情况下进行校正，才是有意义的校正。

（二）选择正确的考评工具及应用多种考评方法

绩效考评工具在整个人力资源管理与绩效考评系统中都处于核心地位，科学、合理的绩效考评工具本身就具有较高的客观性和区分度，开发或选择那些清晰、直截了当的绩效考评工具，对提高整个绩效考评的精确度无疑有着重要意义。绩效考评工具是工业组织心理学家关心和研究的焦点，其中影响较大的有强迫选择量表（forced choice scales，FCS）、行为尺度评定表（behaviorally anchored rating scales，BARS）和行为观察量表（behavioral observation scales，BOS）。

1. 强迫选择量表

强迫选择量表通过选项的设置使考评者无法猜测出他对被考评者的评价结果，这可以大大减少个人偏好或者偏见，使考评的客观性得到保证且考评者的主观性得到控制。但是该量表不能有效地引导和开发组织所希望的员工行为。

2. 行为尺度评定表和行为观察量表

行为尺度评定表和行为观察量表的共同之处是通过直接为考评者提供具体的行为等级和考评标准量表，为考评者建立统一的考评标准。它们不仅有利于管理者有效地对员工做出客观的评价，还有利于引导和开发员工的行为。两者的区别是，后者比前者更具内容效度，并且有助于员工的自我管理。

这些开发比较成熟的量表，大都经过了严格的信度和效度检验，具有较高的精确性，企业可以根据自身的条件选择适合的考评量表。另外，每一种考评方法都有自己的缺点和优点，在实际应用中，可以选取几种适合企业的考评方法，弥补单一考评方法存在的缺陷。但是，在采用多种考评方法时，也应该考虑到考评的成本，包括时间成本和经济成本。应用多种考评方法必然会比应用单一考评方法的成本高，实施者应综合考虑考评的信度、效度和成本，寻找适合企业的平衡点。

（三）培训考评者

绩效考评是一种高度感情化的过程，在考评的过程中，考评者难免会受心理和感情等主观因素的影响，导致考评出现误差。比较常见的误差有晕轮效应、中间趋向、过分苛刻和过分宽容等。减少考评者因主观因素造成误差的办法之一是对考评者进行培训。现在很多企业已经开发出大量的考评者培训项目。例如，让考评者观看一些员工实际工作情况的录像，然后要求考评者对这些员工的工作绩效进行评价，并让考评者进行绩效评价讨论，分析误差是如何产生的。实际情况表明，这种方法对减少考评误差是非常有效的。

（四）运用多源评价法

为了更好地利用各种评价源的优点，运用多源评价法是一种比较科学的选择。360 度绩效考评法是目前运用较广的一种多源评价法。360 度绩效考评法是一个组织或企业中各级别了解和熟悉被考评者的人员（如直接上级、同事及下属等），以及与其经常打交道的内部客户和外部客户,对其绩效、重要的工作能力及特定的工作行为和技巧等提供客观、真实的反馈信息,帮助被考评者找出其在这些方面的优势与发展需求的过程。很多实证研究都证明,360度绩效考评法所提供的信息最有效。

(五)进行科学的工作分析

工作分析的一个基本作用是能使人力资源工作人员开发出考评工具,方便人们考评自己和他人的绩效。美国的法律规定,企业的绩效考评工具必须依据工作分析。一些由员工向法院提起的绩效考评导致的歧视案件迫使企业为绩效考评的标准寻找合理合法的依据。加里·P. 莱瑟姆(Gary P.Latham)和肯尼斯·N. 韦克斯利(Kenneth N.Wexley)对 66 起绩效考评导致的歧视案件进行分析后,找到了自 1976 年以来使组织在这类案件中胜诉的六个变量。其中最为重要的变量是,企业必须肯定绩效考评工具的内容确实基于工作分析,绩效标准与工作相关,考评的内容是具体的工作内容,而不是基于考评者的偏见或者主管意见。基于深入而科学的工作分析所建立的绩效考评系统具有相对较高的信度和效度,这样的考评系统不仅能获得员工的认可,也更容易获得法律的支持和认可。

总之,绩效考评系统的信度和效度越高,预示着该考评系统越能精确地测量员工的工作绩效。在实际工作中,一方面要了解影响绩效考评系统精确性的种种因素,尽量控制和缩小考评偏差,提高精确性;另一方面也要避免陷入单纯地追求考评系统精确性的误区。很多在心理学上被证明是合理的考评量表并没有被组织广泛使用,因为这些量表没有考虑组织的具体环境。有效的绩效考评系统还必须在精确性和实用性两者之间达到很好的平衡。

【关键词】

绩效考评信度　　绩效考评效度　　信度系数　　效度系数　　考评者信度

【思考题】

1. 考评信度和考评效度的概念与分类是什么?
2. 影响绩效考评准确性的因素有哪些?
3. 提高绩效考评质量的对策有哪些?

【案例分析讨论】

关于中澳合作"中国领导人才绩效评估体系研究"项目开展情况的报告

(2006 年 12 月 18 日)
吴瀚飞⊖

各位领导、各位来宾:

中澳合作"中国领导人才绩效评估体系研究"项目在中澳双方的大力支持下,在项目

⊖ 吴瀚飞,时任中共中央组织部领导干部考评中心副主任。

合作与试点研究单位的共同努力下，从 2005 年 10 月正式启动到 2006 年 11 月结项，历时一年，圆满完成了各阶段的任务，取得了丰硕成果。下面，我就项目开展的基本情况、主要成效、经验体会及下一步打算报告如下：

一、基本情况

在我中心与澳大利亚国际发展署成功开展 2003 年—2004 年"中国领导人才能力测评子项目"基础上，在商务部、国家发改委的支持下，经我中心与澳大利亚国际发展署深入论证、认真协商，确定了中澳合作"中国领导人才绩效评估体系研究"项目框架。2005 年 10 月 26 日，我中心与澳大利亚国际发展署在澳大利亚驻华大使馆联合举办了项目签字暨启动仪式。中央组织部李智勇副部长与澳大利亚驻华大使唐茂思博士出席仪式并讲话。赵洪俊主任代表我中心与澳大利亚国际发展署代表张伯德参赞签署了"中国领导人才绩效评估体系研究"项目建议书。我中心是澳大利亚国际发展署的直接战略合作伙伴，联合开展"中国领导人才绩效评估体系研究"项目，旨在建立健全符合科学发展观要求的领导人才绩效评估方法技术，开发中国化的、基于平衡计分卡的领导人才绩效评估工具。

在"中国领导人才绩效评估体系研究"项目下，我中心联合四川领导人才考试测评中心开发基于平衡计分卡的"党政领导干部绩效考核系统"和"党政领导干部 360 度评估考核工具"；联合广州市企业经理人才评价推荐中心开发基于平衡计分卡的"企业经营管理者绩效评估系统"；同时，在黑龙江省海林市、四川省乐山市五通桥区开展"党政领导干部绩效考核系统"和"党政领导干部 360 度评估考核工具"的试点研究；在中国石油天然气股份有限公司及其下属的长庆油田、兰州石化、华南销售等单位以及广州珠江啤酒股份有限公司，开展"企业经营管理者绩效评估系统"的试点研究；此外，还在湖南省委组织部领导干部考试与测评中心、广西壮族自治区平南县等地开展了相关研究。

在澳大利亚专家格瑞汉姆先生、苏珊女士的咨询指导下，中澳双方全体参与单位精诚合作，优质高效地完成了业务培训、实地调研、组团考察、项目试点和评估等五方面的工作。

1. 邀请澳大利亚和国内专家，开展系统培训和专业研究

从 2005 年 11 月至 2006 年 2 月，先后于广州、成都、长沙、北京等地举办了四期领导人才绩效评估技术培训班，邀请澳大利亚和国内专家对广州市企业经理人才评价推荐中心与四川领导人才考试测评中心的研究团队，我部有关局室和 13 个省市区组织部门、解放军总政治部、国资委企业领导人员管理部门及中石油股份有限公司等试点研究单位的数百名业务骨干进行了培训，提高了对开展这一项目研究工作重要性的认识，帮助大家了解了平衡计分卡技术的基本原理，掌握了平衡计分卡技术的基本要求。2006 年 3 月，在中石油股份有限公司的大力支持下，在三亚召开了项目培训研讨会，邀请国内专家与项目合作单位与试点研究单位的核心成员，就项目研究开发中的重点难点进行了深入的研讨和交流，解决了很多关键技术问题，为顺利开展试点研究奠定了坚实基础。

2. 邀请澳大利亚专家来华，对项目合作单位与试点研究单位进行了实地考察并指导制订开发方案

2006 年 2 月 8 日至 3 月初，我中心按项目计划邀请澳大利亚专家，先后赴广州市企业经理人才评价推荐中心及珠江啤酒股份有限公司、四川领导人才考试测评中心、中石油股份

有限公司华南销售分公司和长庆油田分公司等单位进行考察,并分别与两个核心团队就开发企业经营管理者绩效评估系统和党政领导干部绩效评估系统进行了研讨,结合试点研究单位实际,制订了平衡计分卡绩效系统开发方案。

3. 组织核心团队和业务骨干,赴澳大利亚专项考察领导人才绩效评估方法技术

2006年4月21日—5月2日,按照项目计划,我中心组织广州市企业经理人才评价推荐中心、四川领导人才考试测评中心的九名业务骨干,赴澳大利亚考察了高级领导人才绩效评估方法技术。考察团先后访问了南澳大利亚州公共部门雇员管理办公室、悉尼国际贸易商会等政府部门,澳大利亚美世咨询公司、堪德乐咨询公司等中介机构,南澳大学、弗林德斯大学、悉尼科技大学等高校,与澳大利亚有关政府官员和专家学者就领导人才绩效评估方法技术,尤其是平衡计分卡和360度评估技术进行了座谈和研讨。为配合项目研究,10月,我们还协助中石油股份有限公司人事部组织本系统内参加试点研究单位的业务骨干,赴澳大利亚举办了业绩考察培训班,用比较研究方法全面考察学习了基于关键绩效指标、经济增加值和平衡计分卡绩效评估技术。我中心副主任修月娥等同志一起参与了考察学习。组团赴澳大利亚学习培训,提升了核心团队和业务骨干的绩效管理业务能力,使他们对于平衡计分卡方法在绩效管理中的重要作用有了更深刻的认识,对于绩效评估方法技术有了更深的理解和把握。

4. 组织项目合作与试点研究单位,集中力量开发领导人才绩效评估系统

2006年4月以来,项目合作单位与试点研究单位先后组织力量,结合本单位特点,着手开发基于平衡计分卡技术的领导人才绩效评估系统。

5月30日—6月7日、6月12日—16日,我中心有关领导和同志,组织澳大利亚专家先后赴珠江啤酒股份有限公司和海林市,分别开展了"企业经营管理者绩效评估系统"和"党政领导干部绩效考核系统"的试点研究,并进行现场指导。同时,组织其他项目合作与试点研究单位的同志进行了试点研究的全程观摩、参观学习和深入的业务研讨。

6月25日—29日,我们还组织中方专家与工作组在广西壮族自治区平南县平山镇就"党政领导干部绩效评估系统"工作进行了调研,听取了平山镇等单位关于开发基于平衡计分卡技术的党政领导干部绩效评估系统的汇报。

9月,我中心有关领导和同志与中石油股份有限公司人事部领导一起,先后赴长庆油田、兰州石化、华南销售等三家试点单位进行现场指导。中石油股份有限公司人事部及三家试点单位大力加强平衡计分卡研究,投入大量人力、物力、财力,经过近9个月的研究,取得了可喜的成果。

总之,通过集中开发,各项目合作单位与试点研究单位都相继开发出适合本单位实际的平衡计分卡绩效评估系统。

5. 组织澳大利亚专家,对试点研究的成果进行评估

2006年11月5日—10日,我中心在广州召开"中国领导人才绩效评估体系研究"项目结项评估会,组织澳大利亚专家格瑞汉姆先生、苏珊女士对广州市企业经理人才评价推荐中心、四川领导人才考试测评中心两家合作单位的核心团队及珠江啤酒股份有限公司、黑龙江省海林市委、四川省乐山市五通桥区委等试点研究单位的研究成果进行了评估。通过评估,认为试点研究工作达到预定目标,用格瑞汉姆先生的话说就是"very, very good"。

二、主要成效

此次中澳合作项目与以往项目相比，在执行上具有研究开发和协调管理难度大的显著特点。全体项目合作与试点单位在时间紧、任务重的情况下，优质高效地实现了预期目标，并取得了初步成效。

1. 提高了对研究开发基于平衡计分卡的绩效管理工具、技术重要性的认识

通过与中澳专家的互动式研讨与座谈、举办培训班、研讨会和组团考察、开展项目试点研究现场访谈，各合作与试点研究单位的领导、参与项目研究的业务骨干，以及开展试点研究单位的同志们认识到了平衡计分卡的主要功能。大家在参与中学习、在学习中研究、在研究中创新，进一步深刻认识到基于平衡计分卡的先进绩效管理与评估方法技术的重要作用，提高了对开发推广应用这一工具的必要性和紧迫性的认识。

2. 培训了一批熟悉基于平衡计分卡的绩效管理方法技术的专业化队伍

通过举办系统化的专题培训班，强化了项目合作单位与试点研究单位的能力建设，培训了数百人的专业化队伍。使他们初步掌握了先进的领导人才绩效评估理论、方法和技术。通过中澳合作项目，我们不仅学习了西方先进的绩效评估理念与方法技术，同时对我们过去开展领导人才绩效考核与评估工作进行了一次系统的梳理，深化了认识，理清了思路。

3. 开发了中国化的、基于平衡计分卡的绩效管理与评估工具和技术

在开展试点研究的过程中，我中心组织中外专家和项目核心团队集中攻关，坚持引进开发与消化吸收相结合，在现行的绩效管理技术的基础上，借鉴国际先进技术，开发出了中国化的、基于平衡计分卡的绩效管理与评估工具。具体有《珠江啤酒股份有限公司战略性绩效评估系统——平衡计分卡操作手册》、海林市海南乡平衡计分卡体系、长庆油田、兰州石化和华南销售公司的平衡计分卡、党政干部360度评估反馈系统、五通桥区属单位平衡计分卡绩效管理系统、平南县的平衡计分卡绩效评估系统。

4. 提升了试点研究单位的绩效管理水平

开发基于平衡计分卡的领导人才绩效管理工具和技术，主要是为了应用。平衡计分卡不仅是一种国际先进的绩效评价工具，更是一种战略管理工具。参加项目的合作与试点研究单位，用平衡计分技术培训了一大批业务骨干，并更新了管理理念、改进了管理技术、完善了管理手段、提高了管理能力。一些合作与试点研究单位已经把所开发的绩效评估工具应用到了实际工作中，并产生了良好的效果。

5. 促进了中澳双方、相关中央部委以及全体参与单位之间紧密的合作

通过这一项目，我们和澳大利亚驻华大使馆、澳大利亚国际发展署、中澳管理项目办公室、澳大利亚相关机构及专家之间建立了联系，增进了了解，培养了感情，加深了友谊，完成了合作。通过这一项目，我们与商务部、国家发改委的相关机构之间建立了良好的关系，也建立起深厚的友谊；我们全体项目合作单位之间、与试点研究单位之间、项目合作与试点研究单位之间，也建立起一个相互学习、取长补短、共同促进的良好平台。

三、几点体会

总结项目开展的情况，我们主要有以下几点体会：

1. 参与各方领导的高度重视是开展好这一项目的关键

对于这一项目，中组部领导高度重视，常务副部长赵洪祝、副部长沈跃跃和分管副部长李智勇多次听取汇报并做出重要指示。中心领导特别是赵洪俊主任对这一项目直接领导并组织实施，在项目立项、方案设计、组织实施、成果评估等各个环节都倾注了大量心血。商务部、国家发改委和中澳管理项目办公室的相关领导对项目都给予了高度关注、大力支持和及时指导。全体项目合作与试点研究单位的领导都高度重视、大力支持、周密安排、全力以赴。正是由于各方领导的高度重视，整个项目才能够顺利开展。

2. 选准合作的主题是成功开展中澳合作项目的根本前提

开展国际交流合作项目一定要选好题、立好项。从我们中心来看，选题一定要紧紧围绕组织工作的大局和部里的中心工作来确定，一定要紧密结合提高领导干部考试与测评工作科学化水平来确定。从项目合作单位与试点研究单位来看，选题一定要结合各自的实际需要来确定。同时，选题必须是在澳大利亚等西方国家有着成功实践并符合中国实际。总之，选题立项要有全局性、前瞻性、先进性和可行性。这是我们这一项目成功的根本前提，也可以成为今后我们开展国际合作研究的一条基本经验。

3. 注重主动协调、强化督促落实是开展好这一项目的重要保证

由于项目合作单位与试点研究单位多、协调管理难度大，因此，我们在执行项目时，主动协调、平等沟通，在协调中增进理解，在沟通中强化互信，形成了相互支持、资源共享、共同促进的良好局面；为了保证项目的顺利开展，我中心作为"方案设计者、组织实施者、过程管理者"，严格按照项目的实施计划，抓住关键环节，狠抓督促落实、跟踪检查。项目合作单位和试点研究单位的核心团队也按照要求，高度负责、全力投入、抓好落实，从而保证了项目的顺利开展。

此外，在开展这一项目的过程中，我们还深刻体会到，像这样一个具有挑战性、研发难度大的合作项目，一定要有一支责任心强、善于钻研、肯于奉献的高素质的研发团队。现在看来，无论是四川中心还是广州中心的核心团队，无论是海林市委还是五通桥区委、平南县委，无论是中石油股份公司及其长庆油田、兰州石化、华南销售还是珠江啤酒股份有限公司，都有这样的团队。上海交通大学、中国人民大学有关专家也参与了试点给予指导。他们在项目开发过程中克服了许多困难，付出了艰辛的努力，做了大量工作，取得了可喜的成果！在这里，让我们对他们所付出的辛勤劳动和取得的成绩表示衷心的感谢与热烈的祝贺。

四、下一步打算

为巩固和拓展中澳合作"中国领导人才绩效评估体系研究"项目成果，逐步推广应用基于平衡计分卡技术的绩效管理与评估方法技术，下一步我们计划做好以下几个方面的工作：

1. 组织项目合作与试点研究单位进一步完善研究成果，逐步推广应用

我中心将继续加强对项目合作与试点研究单位的工作支持，会同专家进行业务指导。在试点研究成功的基础上，深入开发具有通用性的"党政领导干部绩效管理评价指标体系"和"企业高级经营管理人员绩效管理评价指标体系"，重点开发能够体现领导人才绩效管理特点的软件系统。结合日常管理和考核，各项目合作与试点研究单位可进一步扩大使用范围，继续深入跟踪研究。待研究成熟之后，我们将选择有条件的单位进行推广应用研究，将

基于平衡计分卡的绩效管理系统与360度评估工具有机结合，配套应用。同时，将与各有关单位合作，在更高层次、更广范围内开展平衡计分卡技术的实证研究。

2. 编写出版"领导人才绩效管理丛书"，推广介绍先进绩效管理方法技术

为了系统总结中澳合作"中国领导人才绩效评估体系研究"的成果，加快在全国范围内的宣传、推广和应用步伐，我们初步计划组织有关院校专家及试点研究单位联合编与出版"领导人才绩效管理丛书"。

3. 继续抓好领导人才绩效管理方法技术培训，加强考试测评队伍能力建设

为建设一支合格的领导人才绩效管理人才队伍，我们将组织全国组织部门考试测评机构，邀请澳大利亚专家和国内有关专家，对全国组织部门考试测评机构及相关单位和企业的人力资源部门的领导和业务骨干，进行系统化和专业化的领导人才绩效管理与评估方法技术培训；并组织有关单位和人员赴澳大利亚等国考察领导人才绩效管理与评估方法技术。

4. 积极做好新一轮中澳合作项目的有关工作

在认真总结2006年国际合作项目成功经验的基础上，积极申报2007年新一轮中澳合作项目，努力抓好项目论证、方案设计及组织申报工作。

我相信，中澳新一轮合作项目，在今年成功合作的基础上，在各方的大力支持下，一定会取得更丰硕的成果！

谢谢大家！

（资料来源：2006年中共中央组织部领导干部考评中心BSC试点评审会议资料。）

案例讨论题：

1．中共中央组织部领导干部考评中心如何领导BSC在我国的试点工作的？

2．BSC在我国的试点工作取得的成效如何？对于其他企业的绩效管理具有哪些启发意义？

3．中共中央组织部领导干部考评中心领导成功推进BSC有哪些经验？

第七章

绩效考评结果应用

本章要点

绩效考评结果为包括薪酬调整、奖金发放、岗位调整（员工晋升、降级、调岗、辞退）、优秀评比与表彰、员工教育与培训计划、岗位设计与配置、职业生涯规划等在内的激励机制，员工绩效改善，企业运作流程的优化，以及企业战略目标的实现等提供了数据参考，对发挥员工潜力、留用关键人才，最终实现企业目标起到了至关重要的作用。本章基于对与绩效考评结果相关的各项应用的探讨，阐明如果能将考评结果及各项应用有机结合，不仅能对员工产生激励作用，而且能对企业的发展产生深远影响。

导入案例

IBM 公司基于绩效的激励措施

在 IBM，每一个员工的工资涨幅都会与一个关键的参考指标相联系，这就是个人业务承诺计划（PBC）。IBM 的员工都有个人业务承诺计划，制订承诺计划是一个互动过程，通常由员工和经理共同商讨达成一致。

在人员的绩效管理上，IBM 取消了以往绩效考评的评级方式，而改采用新的三等（1，2，3）评级方式，并实行纺锤形的绩效分配原则，即除非有例外状况，否则绝大多数的员工都能得到 2 的评级。除了由经理做年终绩效考评外，员工也可以自己另寻六位同事，以匿名方式给予考评，称为 360 度绩效考评法。当表现评级为第 3 级时，代表员工未达成业务承诺，可能会被要求启动为期 6 个月的业绩改善行动计划，必须更努力工作，以达到更好的业绩；评级 2 代表员工达成目标，是个好战士；得到评级 1 的员工是表现突出者，已超越自己的目标。这种方式的弊端在于，部分员工在收集他人评价时，往往只征求平时关系比较好的同事的意见并提前知会，这可能导致最终评价结果缺乏客观性。

IBM 的经理掌握对下属员工打分的权力，可以在政策指导下自主分配他所领导团队的工资增长额度，并根据员工的实际表现情况对员工的薪酬进行调整，从而履行 IBM 在管理员工薪酬时所倡导的高绩效文化。

IBM 的薪酬体系有一些看似简单却非常实用的原则，切实遵循这些原则是 IBM 薪酬体系取得成功的一个重要原因。

（1）双向沟通原则。在绩效计划、执行、评估及评估结果运用的过程中，都要与员工进行明确的沟通，不存在单向指令和无处申诉的情况。

（2）透明原则。满足员工的知情权，让员工知道目前成就及如何做得更好。业绩评估结果由主管和经理在第一时间直接与员工沟通。员工之间以公正、公开、透明的方式进行交往和沟通。

（3）正面激励原则。IBM对员工采取积极的激励政策，基本没有惩罚的方式，不允许从工资中扣减任何惩罚款项。清晰的PBC评估使没有达到承诺目标的员工意识到，没有得到激励，就意味着自己做得不好。

（4）指标精炼原则。复杂的事情简单做，最简单的往往是最本质的，因此设定三五个绩效指标远比设定无所不包的绩效指标效果要好。IBM一般最关心销售收入、存货周转、产品质量、客户满意度和利润等几个指标。

（5）强调执行原则。根据员工完成的绩效承诺结果进行评估。

为了保持薪资的竞争力，IBM定期参与专业咨询公司对相关行业人力资源市场的薪酬调研，将内部岗位与市场进行对标，了解市场最新的付薪水平，并对公司员工的薪酬根据市场情况进行调整，以确保公司的薪酬水平在市场上的竞争性地位。IBM的薪酬有严格的保密制度，背靠背实施。薪酬按工作类别和级别设有上下限参考值，员工的工资根据绩效承诺的具体完成情况涨幅不定，没有降薪情况，各员工的具体增长水平由PBC决定。所以，在IBM谈起薪酬时，人们最常说的一句话是"让业绩说话"。

IBM的薪酬与员工个人的绩效表现有着密切的联系，其高绩效文化表现在员工薪酬的高低与绩效有着必然且绝对联系。对于PBC成绩优秀的员工，下一年度基本薪金会得到较大幅调整，以此类推，较低的PBC成绩对员工的岗位升迁和薪资增长都不利。

IBM的薪酬福利结构相对复杂。其中，薪酬部分包括：

（1）月基本工资：对员工基本价值、工作表现及贡献的认可。

（2）综合补贴：对员工生活方面基本需要的现金支持。

（3）春节奖金：农历新年之前发放，让员工过一个富足的春节。

（4）休假津贴：为员工报销休假费用。

（5）浮动奖金：当公司完成既定的效益目标时发放，以鼓励员工的贡献。

（6）销售奖金：销售及技术支持人员在完成销售任务后的奖励。

（7）奖励计划：员工由于努力工作或有突出贡献时被给予的奖励。

福利部分包括：

（1）住房资助计划：公司将一定金额存入员工的个人账户，以资助员工购房，使员工能在尽可能短的时间内解决住房问题。

（2）医疗保险计划：员工医疗及年度体检的费用由公司承担。

（3）退休金计划：积极参加社会养老统筹计划，为员工提供晚年生活保障。

（4）其他保险：包括人寿保险、人身意外保险、出差意外保险等多种项目，关心员工的安全问题。

（5）休假制度：鼓励员工在工作之余充分休息，除法定假日之外，还有带薪年假、探亲假、婚假、丧假等。

（6）员工俱乐部：公司为员工组织各种集体活动，以强化团队精神，提高士气，营造大家庭氛围，包括各种文娱活动、体育活动、大型晚会、旅游等。

由此可见，IBM通过丰富的薪酬福利类别，全方位对员工进行激励。回顾IBM薪酬管理的具体实施措施，包括以下几点：

（1）基本薪酬水平以市场为基础，建立以客户满意为基础的激励工资，鼓励员工在新的生产流程中大胆创新，缩短从产品设计到客户购买产品之间的时差。

（2）提高可变薪酬比重，重视竞争对手分析，提高生产力注重效率。IBM重视系统控制成本和工作细分，注重对竞争对手的劳动成本、技术创新成本、操作成本的分析，精心研究操作流程，通过各环节节省成本的方法来控制成本，改革生产效率。

（3）以与客户的交往为依据评价工作和技能。建立灵活的工作描述机制，强调让客户满意，以此支持以客户为核心的战略，注重与客户的密切关系、售后服务体系建设，加强市场灵敏性和反应速度。

（4）关注及奖励对产品和生产过程有促进作用的创新和改革。

IBM薪酬管理的战略性、可执行性和可沟通性得到了员工的普遍认可。组织的财务结果、产品服务、客户、市场份额、营销以及质量等方面的特定战略目标成为公司制订薪酬方案以及进行薪酬沟通的重要基础；薪酬计划可以根据组织特定的经营状况以及所面临的人力资源挑战进行及时调整。另外，薪酬问题是沟通的主要内容，公司以薪酬为载体，将组织的价值观、使命、战略、规划及组织的未来前景传递给员工，界定员工在各因素中将要扮演的角色，从而实现企业和员工之间的价值观共享和目标认同。

（资料来源：根据公开资料编写。）

第一节　绩效考评结果与激励机制的互动效应

绩效结果在薪酬管理中的应用主要是为了刺激员工不断追求更好的业绩表现，体现对员工为公司做出贡献的认可，同时更大限度地调动员工的工作积极性。在上述案例中，可以看到IBM在进行薪酬管理的时候充分考虑了员工绩效表现，对提高员工的积极性以及绩效的发挥起到了积极作用。在日常工作中，怎样才能将好的案例实践运用于工作实际，设计出有效的薪酬激励方案呢？本章内容将有助于解答这个问题。

一、激励的目的和作用

（一）激励的目的

激励的目的是激发员工工作的正确动机，调动员工的工作积极性和创造性，充分发挥员工的智力效应，从而保证高绩效员工能够长期、稳定地为所在组织服务。从另一方面来说，这也是确保企业长期生存和发展的基础。如何才能使企业在激烈的市场竞争中立于不败之地？企业长久发展的动力在哪里？实践告诉我们，激励问题是人力资源管理最重要的内容之一。激励恰当与否，直接关系到人力资源运用的好坏。针对企业的人才外流现象，有效的激励正是解决这个问题的关键因素之一。激励就是创造满足员工各种需要的条件，激发员工的动机，使之产生实现组织目标的特定行为的过程。有效激励就是激发人的内在潜力，使人感到"劳有所得、功有所获"，从而增加自觉、努力工作的责任感。因此，能否建立健全基于绩效考评结果的激励机制，决定了能否有效地激励每一名员工。

1. 激励机制的过程模式

激励的一般过程模式是人员需求从未满足到满足的过程。首先要找出未被满足的需要，然后寻求和选择适当的方法去满足需要，设立绩效目标，并对绩效达成情况进行评价和奖惩，在完成这一系列操作以后，重新评估，以确定最初的需要是否得到满足，如图7-1所示。

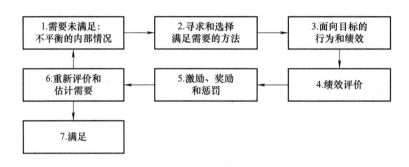

图 7-1　激励机制的过程

行为科学家做了大量实验，证明经过激励的行为与未经过激励的行为效果大不相同。哈佛大学教授威廉·詹姆斯（William James）发现，按时计酬的员工一般仅需发挥20%～30%的能力即可保住岗位而不被解雇；如果受到充分激励，则员工的能力可以发挥到80%～90%。这足以证明激励的重要作用。

激励是激发和鼓励人朝着所期望的目标采取行动的过程。组织的生命力来自组织中每一名成员的工作热情，如何激发和鼓励员工的创造性和积极性，是管理人员必须解决的问题。激励是有方向性、选择性、时效性、复杂性和能动性的。根据激励的特征，管理人员要注意寻求激励因素，以激发动机、驱使行为，选择激励的方向，并不断采取强化措施。管理人员的职责是把员工的动机有效地引向组织的目标，将员工作为资源加以开发，通过激励，了解动机，保留员工，激发创造性。

2. 与绩效考评结果紧密联系的激励机制

绩效考评结果在激励机制中的应用通常分为经济性激励和非经济性激励两大类。经济性激励强调以绩效为基础的差异化薪酬，包括工资、绩效奖金和内容丰富的短期及长期激励手段，如项目奖金、人才留用计划奖金、储蓄计划、股票期权等；而非经济性激励手段包括各类带薪假期、培训机会、职业发展的设计等。除此之外，越来越多的企业开始参考绩效考评结果进行与之相关的岗位设计和配置，便于员工在高绩效考评目标的驱动下，充分发挥自身优势进行工作。

激励机制要求绩效考评结果必须客观、公正、真实、准确，注重实效性，同时要经得起时间和历史的检验。在绩效考评结果运用上，要注意以下几点：①要与员工的经济性激励相结合。考评结果体现员工的工作努力程度、绩效大小、贡献大小，与工作报酬挂钩，对于绩效表现突出的员工不仅是精神鼓励，也是奖勤罚懒、赏罚分明的表现，并且能够为绝大多数员工所接受。②与非经济性激励相结合。把考评结果与评先评优挂钩，对考评结果不如意的员工，在一定程度上具有示范和激励作用；把考评结果与晋升任用挂钩，能体现能者上、平者让、庸者下的人才选拔任用机制。③与员工的教育培训相结合。考评结果不如意的员工，绝大多数情况属于素质缺陷，比如有的属于思想上的，有的属于作风上的，有的属于业务能力上的，可以通过教育培训强化内功、提升本领。④与上下级之间的沟通协调相结合。制度化的绩效考评，使下级更能明确上级的意图和各项要求，知晓努力方向；使上级更加关注下级的工作和问题。上下级之间有针对性地就某些问题进行沟通、协调，可以融通上下级之间的关系，形成良好的人文环境，让整个工作团队更加和谐。

总之，与绩效考评结果紧密联系的激励机制，通过在正确评估员工工作成果的基础上给予经济与非经济激励，可以有效激发员工内在的工作热情，保持员工行为的良性循环，通过与思想、文化和技术相关的培训，可以提高员工的素质，从而增强员工的进取精神和工作能力。

（二）激励的作用

激励机制所包含的内容极其广泛，对企业而言，既有外部激励机制，又有内部激励机制。外部激励机制是指消费者、政府、社区公众等对企业的激励；内部激励机制是指对企业成员（包括经营者和职工）的激励。总的来说，激励的作用一方面在于促进企业管理职能的完善；另一方面在于实现高水平组织目标，包括吸引人才、激励员工和提高工作效率。具体说来，科学的激励制度可以帮助企业在以下几个方面有所提高。

1. 吸引优秀人才

发达国家的许多企业，特别是那些竞争力强、实力雄厚的企业，都会通过各种优惠政策、丰厚的福利待遇、快捷的晋升途径来吸引企业需要的人才。

2. 开发员工的潜在能力，促进在职员工充分发挥其才能

美国哈佛大学的威廉·詹姆斯教授在对员工激励的研究中发现，受到充分激励的员工比在按时计酬分配制度下能力发挥高出 3～4 倍。两种情况之间 60% 的差距就是有效激励的结果。管理学家的研究表明，员工的工作绩效是员工能力和受激励程度的函数，即绩效 $=F$（能力 × 激励）。如果把激励制度对员工创造性、革新精神和主动提高自身素质的意愿的影响考虑进去，激励对工作绩效的影响就更大了。

3. 创造良好的竞争环境

科学的激励制度包含激发员工的竞争意识，它的运行能够创造出一种良好的竞争环境，进而形成良性的竞争机制。在具有竞争性的环境中，组织成员会受到环境的压力，这种压力将转变为员工努力工作的动力。在这里，员工的工作动力和积极性成了激励工作的间接结果。

一项完整的激励机制除了激励内容和形式之外，还必须有相应的支持系统，这样才能保证激励措施在企业中发挥作用。激励方案的成功实施，最重要的保障和支撑来源于绩效

考评的执行到位，因此，建立与之配套的绩效考评系统就显得非常重要。绩效考评系统是人力资源管理系统中各环节的重要依据，对激励措施的实施有很大的促进作用。只有当组织的成员对自己未来的努力结果可以预期且其个人的努力得到及时、合理的回报时，激励效果才最佳。

二、绩效考评和激励机制的关系

从本质上讲，绩效考评是激励机制的一部分。只有充分发挥激励机制对员工的激励作用，才能保障绩效考评制度的深入推广和有效运行；只有充分调动员工的工作意愿，才能使员工的努力方向符合企业的发展方向，实现员工与企业的共同成长。企业管理人员应清醒地认识到，与薪酬激励、培训及基于绩效考评结果的岗位设计和配置相联系的激励机制，是企业重要的激励手段之一，如果能有效发挥其作用，就可以达到企业与员工"双赢"的目的。客观、公正、合理地回报为企业做出贡献的每一位员工，既能保证员工获得经济上和心理上的满足，又有利于企业的发展。绩效考评管理与激励机制管理的互动是形成有竞争力的企业薪酬制度的保障，其产生互动效应的最佳状态是实现激励员工与控制企业劳动成本之间的平衡，使企业利润达到最大化。而这最佳结果离不开客观、公正的绩效考评标准，与绩效考评结果相联系的具有公平性、竞争力和激励性的薪酬管理体系，以及与员工个人实际情况相结合的培训体系和岗位配置。

公平、公正、合理的绩效考评结果是衡量人力资本能力的重要标志，而与该绩效考评结果紧密相连的有竞争力的激励机制是影响人力资本努力程度的重要因素。激励机制受企业内部治理结构和企业外部市场竞争的影响。实际上，企业治理结构是决定企业长期效益的一个基本因素。就治理结构对人力资本的激励约束作用而言，治理结构的重要作用不仅表现在人力资本的薪酬机制设计、培训体系、岗位设计和配置等方面，尤其重要的是体现在对人力资本控制权的动态调整上。制度决定行为，行为影响效益，其作用机制依靠人力资本的努力程度和人力资本的能力"传递"。而人力资本的努力程度和人力资本的能力通过企业治理结构，共同决定了人力资本的管理行为。其中，前者决定了人力资本"愿意"选择的行为，后者决定了人力资本"能够"选择的行为。对于企业而言，不断改善各项激励机制，使绩效考评结果在激励机制中得到更加充分有效的应用，最大限度地提高人力资本的努力水平，是企业绩效提升的关键。

三、绩效考评结果的应用举例

绩效考评机制是一种反馈机制，有助于提高员工绩效，帮助组织增强竞争优势。完善的绩效考评体系是推进员工行为改变的最有效的工具之一。绩效考评结果必须与有效的人力资源管理决策挂钩，才能真正发挥作用。

现代人力资源管理通常将绩效考评结果运用于劳动工资与报酬、人员培训与开发、岗位调动或晋升、基础管理的健全以及人力资源管理专题研究等领域，如图 7-2 所示。

企业需要将对员工工作态度、能力及绩效等方面的考评结果，作为对员工全方位激励及绩效改善的依据，如表 7-1 所示。

第七章 绩效考评结果应用

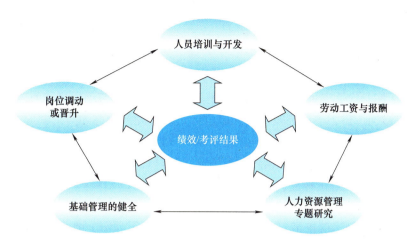

图 7-2 绩效考评结果的应用范围

表 7-1 绩效考评结果与运用

态 度	能 力	潜 力	关 键 性	业 绩	绩效考评结果运用
好	好	好	好	好	晋升
好	好	不限	好	好	加薪
好	好	不限	好	好	奖励
不限	差	好	好	差	培训
好	差	好	差	差	调岗
不限	不限	不限	不限	不限	沟通
差	差	差	差	差	降职
差	差	差	差	差	淘汰

第二节 绩效考评结果在经济性激励方面的应用

人力资源是现代企业的战略性资源，也是企业发展最关键的因素，而薪酬作为人力资源管理的一个重要工具，对激励员工起到举足轻重的作用。随着市场经济进程的深化和产业结构的调整，部分企业在薪酬方面虽然做出了一些改进，但仍然面临薪酬体系不尽科学、合理的局面，一方面不能调动员工的积极性，另一方面员工满意度低，导致优秀人才不断外流。这些问题如不加以解决，必将严重阻碍企业的长期发展。绩效考评结果在经济性激励方面的应用包括围绕薪酬激励机制的定薪考评、基于绩效结果的薪酬调整、浮动工资的确定、绩效定岗、晋升和降职等。建立以绩效考评为中心的薪酬激励机制，已经成为人力资源管理的重要挑战。企业的生命力和持续发展能力不仅取决于企业的战略方向是否正确，还取决于企业的战略是否能够得以有效执行。确保企业战略执行力的核心是企业的绩效管理体系和与之相对应的薪酬结构。面对激烈的市场竞争，企业需要构建基于企业战略执行力提升和有助于业务目标实现的薪酬与绩效管理体系,充分发挥绩效管理与薪酬管理机制的战略协同效应。

一、薪酬激励机制概述

我国传统上把一次性支付的报酬称为"酬",把以年计付的劳动报酬称为"薪"(如薪金、薪水等),而把以月、日、小时等较小时间单位计付的劳动报酬称为"工资"。那么,现在所提到的薪酬的概念与它们有何区别?

薪酬是市场经济条件下一个非常重要的概念。薪酬有广义和狭义之分。狭义的薪酬是指用人单位以现金或现金等价物的方式付出的报酬,包括员工从事劳动所得到的工资、奖金、提成、津贴以及其他形式的各项利益回报的金钱收入总和。而广义的薪酬还包括非货币报酬,从这一层次来说,薪酬不仅仅是一定数目的金钱,也代表了身份、地位以及在全公司中的绩效,甚至个人的能力及发展前景等。本章所探讨的薪酬特指狭义的薪酬。

作为企业对员工为企业所做贡献(包括他们实现的绩效,付出的努力、时间、学识、技能、经验和创意)而给予的相应回报,薪酬激励是众多激励手段中最重要、最直接、最简便易行的方法之一。对员工来说,薪酬不仅是自己的劳动所得,还在一定程度上代表了自身价值,也代表了企业对员工工作的认同,甚至代表了员工的个人能力和发展前景。

有效的薪酬激励机制有助于提高员工积极性,使员工更加主动地工作、创新性地思考;而如果绩效激励机制出现问题,则很容易打击员工的积极性,甚至给业务发展带来负面影响。因此,如何设定合理的薪酬水平,如何根据绩效考评结果进行薪酬调整,从而让员工对所获得的薪酬支付感到公平、公正和满意,增强他们的成就感和归属感,激发他们的工作热情,并促使他们更有效地发挥个人潜能,以促成企业目标的更快实现,已经成为人力资源管理面临的最大挑战。

(一)薪酬设计需要考虑的主要因素

薪酬设计的前提是在既定的薪酬策略和政策指导下,在遵循一定原则的基础上,对相应的影响企业薪酬设计的内外部因素进行分析。这些因素包括企业在不同发展阶段的战略目标、企业文化、市场和价值因素等。

企业在进行薪酬设计时,必须充分考虑所处的发展阶段,以及与不同发展阶段相吻合的战略导向,确保其一致性。不同的阶段对薪酬策略有不同的要求。一般来说,处于初创期的企业应侧重于薪酬政策的易操作性和激励性,报酬表现出相对个人化的随机性,在薪酬评价上以主观为主,高层管理人员拥有90%以上的决策权;而处于高速成长期的企业,在制定薪酬政策时,必须考虑薪酬的激励作用,这个时候设计的薪酬工资的激励作用较大,奖金的激励作用相对较大,长期报酬的激励作用比较大,福利水平的激励作用也比较大;但如果企业处于平稳发展期或者衰退期,薪酬策略又不一样了。

企业文化是进行薪酬设计应考虑的另一个重要因素。文化因素主要是指企业在工作中所倡导的文化氛围。企业文化一般分为功能型企业文化、流程型企业文化、时效型企业文化和网络型企业文化。功能型企业文化强调严密的自上而下的管理体系、清晰的责任制度、专业化分工等,在设计薪酬时一般以职能工资制为主。流程型企业文化则强调以客户满意度为导向来确定价值链、基于团队和相互学习的工作关系、共同承担责任,围绕流程和供应链来进行部门设计等。现在很多企业的企业文化都开始向流程型转变，这种企业文化在设计薪酬时主要以客户、市场导向为主，一般以职能工资制为主。时效型企业文化集中资源，抓住机会，迅速把产品和服务推向市场，强调高增长和新市场进入、项目驱动、跨部门团队以及高水平的专家等。在设计薪酬时主要考虑时效性和速度因素，同时考虑工作质量因素，一般以绩效工资制为主。网络型企业文化没有严密的层级关系，承认个人的特殊贡献，强调战略合作伙伴，以合伙人方式分配权力，强调对企业总体目标的贡献，以"合同"制方式形成工作网络，如律师事务所、会计事务所、一些咨询公司等，在设计薪酬时主要强调利益共享、风险共担。

同时，薪酬设计必须遵循一定的市场竞争原则，强调企业在设计薪酬时应该考虑哪些市场竞争因素。这些因素包括市场薪酬水平、市场人才供给与需求情况、竞争对手的薪酬政策与薪酬水平、企业所在市场的特点与竞争态势等。在充分调查和考虑以上因素后，企业制定出薪酬设计的市场参考薪酬标准。

价值因素是企业在支付薪酬时必须考虑的因素，通常分为三大类，即岗位因素、知识能力因素和绩效因素。岗位因素主要评价每个岗位所承担的责任大小，以及该岗位需要为企业创造的价值大小，它是确定岗位工资的基础；知识能力因素主要评价企业中每个员工身上承载的知识、能力和技能的多少，以及这些能力对企业发展战略的重要性，它是确定能力工资的依据；绩效因素主要评价员工为企业做出了多少绩效，以及这些绩效对企业发展的重要性，它是确定绩效工资的基础。

（二）薪酬设计的基本原则

企业在设计薪酬时必须遵循一定的原则，包括战略导向原则、经济性原则、差异化原则、激励性原则、内部公平性原则和外部竞争性原则等。

1. 战略导向原则

战略导向原则强调企业设计薪酬时必须从企业发展战略的角度进行分析，薪酬制度必须符合企业发展战略的要求。企业的薪酬不仅仅是一种制度，更是一种机制。合理的薪酬制度驱动和鞭策着有利于企业发展战略实施的因素，使它们得以成长和提高，同时使那些不利于企业发展战略实施的因素得到有效的遏制、消退和淘汰。

2. 经济性原则

企业设计薪酬时必须充分考虑企业自身发展阶段的特点和支付能力。例如，在企业初创时期，企业的销售收入扣除各项非人工（人力资源）费用和成本后，要能够支付企业所有员工的薪酬；在成长和成熟时期，企业在扣除所有人工及非人工费用和成本后，要能实现预期盈余，这样才能有足够的资金和资源支撑企业追加和扩大投资，从而获得可持续发展。

3. 差异化原则

企业内部的薪酬差别是实现公平的重要途径。岗位、技能、资历、绩效等要素是企业内部形成薪酬差别的主要依据。不同工种、不同岗位对企业的相对贡献有所不同；即便是同一个岗位，履行的人员不同形成不同的绩效，从而对企业的贡献价值也会不同，甚至存在很大的差距。企业必须重视员工的个人贡献和价值，将不同员工的薪酬拉开相应差距。在设计薪酬体系时，使之与企业绩效制度有机结合，并将企业效益和个人绩效关联起来，保持员工创造与员工待遇（价值创造与价值分配）之间的短期和长期平衡，使差异化薪酬设计成为企业人力资源战略的重要催化剂，充分体现薪酬的人才激励原则，为企业发掘和留住人才、不断提高整体绩效提供源源不绝的动力。

4. 激励性原则

激励性原则强调企业在设计薪酬体系时必须充分考虑薪酬的激励作用，即薪酬的激励效果。企业在设计薪酬策略时要充分考虑各种因素，确保企业薪酬（人力资源投入）与激励效果（产出）之间成正比，员工的付出和贡献得到认同和相应回报，员工对自己的薪酬感到相对满意，从而使薪酬的支付获得最大的激励效果。

5. 内部公平性原则

内部公平性原则是亚当·斯密（Adam Smith）公平理论在薪酬设计中的运用。其基本观点是：当一个人做出了成绩并取得了报酬以后，他不仅关心自己所得报酬的绝对量，而且关心自己所得报酬的相对量。因此，内部公平原则强调企业在设计薪酬时要保证其公平性。内部公平性原则包含三个方面：①横向公平，即企业所有员工之间的薪酬标准、尺度应该是一致的。②纵向公平，即企业设计薪酬时必须考虑到历史的延续性，一个员工过去的投入产出比和现在乃至将来都应该是基本一致的，而且还应该是有所增长的。这里涉及一个工资刚性问题，即一个企业发给员工的工资水平在正常情况下只能看涨，不能看跌，否则会引起员工很大的不满。③外部公平，即企业的薪酬设计与同行业的同类人才相比应具有一致性。

6. 外部竞争性原则

外部竞争性原则强调企业在设计薪酬时必须考虑同行业薪酬市场的薪酬水平和竞争对手的薪酬水平，保证企业的薪酬水平在市场上具有一定的竞争力，能充分吸引和保留企业发展所需的关键人才。

（三）薪酬策略

薪酬策略是指将企业战略、目标、文化和外部环境有机结合，进而制定的对薪酬管理的指导原则。薪酬策略为薪酬制度的设计与实施提供了指导思想，同时，薪酬策略也是评估薪酬体系是否健康、合理、有效的重要衡量指标。薪酬策略是人力资源部门根据企业最高管理层提出的企业发展战略方针而拟订的，它强调的是相对于同规模的竞争性企业而言，本企业薪酬支付的标准和差异。企业的薪酬策略既要反映组织的战略需求，又要满足员工的期望。薪酬与组织内部及外部环境之间存在一种依存关系，需要与企业的发展战略相契合。企业的发展战略决定了企业的薪酬策略，企业的薪酬策略支持企业发展战略的实现。薪酬策略对企业发展战略的支持作用表现在通过薪酬策略向员工发出有关企业期望的信息，并对那些与企业期望一致的行为予以认可和奖励。员工期望是企业制定薪酬策略时需要考虑的重要因素。企业要根据员工的特点和不同需要，制定适合各年龄段、各层次员工的薪酬福利策略。同时，薪酬策略的确定应首先明确薪酬设计要达到的目的和效果，以及薪酬设计要遵循的原则，分析当前薪酬体系中存在的突出问题，清楚企业需要激励的人员类别，特别应向支撑企业核心竞争力的人员倾斜；其次要分析对于需要重点激励的岗位，需要什么档次的人才，打算给出的薪资水平如何，对他们的绩效考评目标是什么，与之相对应的激励方式是什么，是否能够起到激励的作用等。

薪酬策略通常包括薪酬水平策略、薪酬激励策略、薪酬结构策略和薪酬组合策略。薪酬水平策略决定了企业的薪酬定位在市场的相对位置，即领先型、跟随型、滞后型、混合型；薪酬激励策略明确了企业的重点激励人群和激励方式；薪酬结构策略规定了企业薪酬的构成部分、各部分所占比例、薪酬层级以及各层级之间的关系；薪酬组合策略体现了各薪酬形式及其组合方式。

1. 薪酬水平策略

薪酬水平策略主要是指企业依据当地市场薪酬行情和竞争对手薪酬水平而制定的企业自身薪酬水平的策略。通常供企业选择的薪酬水平策略包括：

（1）市场领先策略。采用这种薪酬策略的企业，制定薪酬水平时尽可能使本企业的薪酬水平高于市场和竞争对手的平均薪酬水平，薪酬水平在其所处行业中是处于领先地位的。

（2）市场跟随策略。采用市场跟随策略的企业，一般都建立或找准了自己的标杆企业，本企业的经营与管理模式都向标杆企业看齐，薪酬水平也参照标杆企业而设定。

（3）市场滞后策略。市场滞后策略也称为成本导向策略，即企业制定薪酬水平策略时尽可能使本企业的薪酬水平低于市场和竞争对手的平均薪酬水平，不考虑市场和竞争对手的薪酬水平，只考虑尽可能地节约企业生产、经营和管理的成本。这种企业的薪酬水平一般比较低。

（4）混合薪酬策略。顾名思义，混合薪酬策略就是在企业中针对不同的部门、不同的岗位、不同的人才，分别采用领先型、跟随型或滞后型的薪酬策略。

2. 薪酬激励策略

在进行人力资源管理的过程中，企业应该设定合理的薪酬激励策略，充分激发员工的工作积极性和主动性。企业需要认识到薪酬激励措施对调动员工工作积极性和主动性的影响，采用多元化的薪酬激励方式，注重发挥薪酬激励策略的激励效果，才能够留住和吸引人才，确保企业在市场中的竞争优势。薪酬激励策略的确定需要首先明确所要重点激励的对象和重点激励的内容，才能制定与之相一致的激励策略。企业人力资源薪酬激励机制对员工的激励效果，能够体现出企业自身的运营状态。人力资源薪酬激励机制是衡量企业发展水平的重要参照标准，因此，企业在进行人力资源薪酬激励机制的设定时，应该在结合企业自身实际情况的同时，充分吸收、借鉴国内外企业的经验，只有这样才能让企业真正留住人才。市场经济体制不断完善，市场竞争环境日趋复杂，在这样的社会环境中，企业应该立足实际，制定适合企业自身的人力资源薪酬激励策略，只有这样才能够发挥出人力资源薪酬激励策略的优势。

（1）建立和完善人力资源薪酬激励机制。企业若想实现战略目标，在激烈的市场竞争中实现持续健康发展，首先需要建立和完善人力资源薪酬管理机制，按照按劳分配、奖惩分明的原则对员工进行薪酬分配，真正留住那些有能力的优秀员工，以确保企业有较强的战斗力和竞争力。同时，企业应该进一步完善对员工的绩效考评方式，在进行绩效考评时能够对员工的日常行为做出客观全面的评价，注重对员工工作实际情况的考评，还应该注重对员工德才的考评，并且细化相应的考评标准。在进行绩效考评时，应该针对不同的部门制定不同的绩效考评要求，因为各个部门之间的工作性质和工作内容都有所差别，避免因为考评标准的过分统一，而不能对员工工作实际情况进行客观全面的评价。另外，还应该注重对员工实际工作效率考评。在进行人力资源绩效考评时，应该采用定期考评和不定期考评方式相结合的方式，进一步提升绩效考评的全面性，加强考评的科学性。这对于员工来说，关乎企业能否看到其工作成果。上述考评结果应该和员工的工资结合起来，反映在员工的实际工资之中。企业应该进一步提升绩效工资在员工总体工资中的比例，让绩效考评对员工的工作成绩产生切实有效的影响力。企业还应该为员工打造畅通的晋升通道，让员工能够通过自己的努力，获得足够的奖励、晋升、任用、升职的机会，在企业中营造既合作又竞争的氛围，强化岗位的竞争性，让员工能够通过竞争的方式不断晋升。这对于调动员工的工作积极性和主动性具有重要作用。

（2）优化人力资源薪酬结构。企业员工的工资通常包括基本工资、绩效工资及各类津贴三部分，但是在不同企业中，绩效工资和基本工资的比例有所区别。为了激发员工的工作积极性和主动性，企业应该注重提升绩效工资在员工工资总数中的构成，让绩效考评结果能够真正对员工的工资产生实际影响。让员工感觉到自身行为和其工资之间的关系，从而进一步提升对绩效考评的重视程度。只有这样，才能让员工重视本职工作，约束自己的行为，不断提高个人绩效，激发更高的工作积极性和主动性。

（3）搭建交流与沟通平台。企业需要为员工创造开放、平等的交流平台，促使员工能够对企业绩效考评方式存在的问题进行表达，这对于优化企业人力资源薪酬考评机制具有重要作用。同时，也能够让企业的管理者了解当前绩效考评过程中存在的问题，及时进行调整。提供平等的绩效考评交流渠道，定期组织相关业务培训，提升员工的业务能力和业务水平，不仅能够大幅度提升企业的工作效率和工作成绩，也能够让员工产生更强的满足感，对企业的忠诚度也会不断提升。企业在与员工进行互动沟通的过程中应该注重搭建平等的对话平台，实现信息的双向交流，便于企业了解员工的所思所想，吸纳对企业发展具有积极作用的创新性建议，这对于吸引员工、保留人才以及企业自身发展均具有重要作用。

3. 薪酬结构策略

根据薪酬的构成部分和所占比例，可供选择的薪酬策略有：

（1）高弹性薪酬模式。高弹性薪酬模式是一种激励性很强的薪酬模型，绩效薪酬是薪酬结构的主要组成部分，基本薪酬等处于非常次要的地位，所占比例非常低（甚至为零），即薪酬中固定收入部分所占比例较低，而浮动部分所占比例较高。在这种薪酬模式下，员工所取得的薪酬完全或主要依赖于绩效考评结果的好坏，并以绩效考评结果为依据拉开员工的薪酬差距。当员工的绩效考评结果较好时，所取得的薪酬相对较高；而绩效考评结果较差时，所取得的薪酬相对较低，甚至为零。

（2）高稳定薪酬模式。高稳定薪酬模式是一种与高弹性薪酬模式完全相反的、稳定性很强的薪酬模型，基本薪酬是薪酬结构的主要组成部分，绩效薪酬等处于非常次要的地位，所占比例非常低（甚至为零），即薪酬中固定收入部分所占比例较高，而浮动部分所占比例较低。在这种薪酬模式下，员工的收入受绩效考评结果影响不大，非常稳定，几乎不用努力就能取得全额薪酬。

（3）折中模式。在实际应用中，一般都是绩效薪酬和基本薪酬各占一定的比例，这种薪酬模式称为折中模式。当两者比例不断调整变化时，这种薪酬模型可以演变为以激励为主的模型，也可以演变为以稳定为主的薪酬模型。薪酬结构策略通常与企业层级分配以及各层级之间的关系相关联。在操作上，如果层级差距较大，通常重点激励高层人员；而层级差距较小的，各层级薪酬分配较为平均。

以上三种薪酬结构模式策略均有各自的优缺点，表 7-2 将三者进行了比较。

表 7-2　薪酬模式的比较

比较项目 薪酬模式	优　点	缺　点	建　议
高弹性薪酬模式	激励作用较强，员工会为了取到较高的薪酬努力工作；薪酬与绩效紧密挂钩，不易超支，有利于节约管理成本	薪酬水平波动较大，不易核算成本；员工缺乏安全感，容易造成短期行为	需要加大奖金和津贴的比例，减小福利的比例；要求对员工的绩效考评及时、准确且公平、合理
高稳定薪酬模式	薪酬水平波动不大，容易核算成本；员工安全感强	缺乏激励作用，员工不用努力就可以拿到稳定的工资，易造成效率低下，容易形成较重的负担	需要加大基本薪酬的比例，减小奖金的比例；要求对个人奖金的设定与企业的经营效益挂钩，而非偏重员工的工龄
折中模式	既能激励员工的绩效，又能给员工安全感；薪酬制度灵活掌握，薪酬成本容易控制	员工得到的价值表现形式模糊，不能直观地判断薪金的发放依据	需要将薪酬体系的各个部分根据企业的具体生产经营特点、发展阶段和经济效益，进行合理的搭配；要能够保证员工的基本安全感，并配合与员工个人绩效紧密挂钩的奖金或提成；同样要求企业对员工的绩效考评及时、准确且公平、合理

4. 薪酬组合策略

薪酬组合策略是指企业调整薪酬形式的组合方法，从而激励不同层次员工的策略。薪酬组合策略包括组合类型策略和组合比例策略。

（1）组合类型策略。它是指企业对不同员工采用不同薪酬形式的策略，包括简单型策略与复合型策略。简单型策略是指对部分员工只采用单一的薪酬形式，而没有其他薪酬形式。复合型策略是指对员工采用多元的薪酬方式。

（2）组合比例策略。它是指企业在不同员工的薪酬形式上采取不同侧重比例的策略。例如，对销售人员实行以激励薪酬为主的策略，对行政人员实行以岗位薪酬为主的薪酬策略等。

企业根据其主要的薪酬形式决定采用何种薪酬组合策略。

5. 薪酬体系

薪酬体系是指薪酬中相互联系、相互制约、相互补充的各个构成要素形成的有机统一体。这些薪酬要素主要包括固定薪酬（基本工资等）、浮动薪酬（绩效工资、奖金等）、津贴和福利等，是企业薪酬管理整个过程中的一部分。

目前大多数企业的薪酬体系主要包括岗位薪酬体系、技能薪酬体系、能力薪酬体系及绩效薪酬体系，分别从岗位、技能、能力及绩效考评结果等方面与薪酬体系挂钩。企业在制定薪酬体系时，需要考虑以下因素：

（1）市场定位，即企业的薪酬定位对标市场同类企业的水平。

（2）岗位定价，即企业内部各岗位的付薪水平。

（3）各项薪酬组合要素之间的配比关系（如薪酬与福利之间的投入配比、固定收入与浮动收入的比例安排等）。

（4）薪酬项目关注的重点，通常与企业战略及人力资源战略相一致。

（5）薪酬结构的制定，比如构成全面薪酬的各要素分别是什么，按什么样的比例进行组合。

（6）薪酬管理政策和流程，通常包括与薪酬管理相关制度和政策，以及审批流程。

二、以绩效考评结果为基础的薪酬设计

（一）定薪考评

为了确保员工的基本工资被确定在一定的合理范围内，必须对员工的综合情况进行考评，然后才能定薪。为定薪而进行的考评是对员工工作能力、工作态度和绩效表现的综合评价。由于基本工资是员工在未来较长一段时期的固定收入部分，因此需要对员工的综合能力进行考评，然后根据各考评标准确定基本工资的具体数额。每年年终再以员工的绩效考评结果和员工对企业的相对贡献为依据来决定薪酬调整幅度和数额。

定薪考评主要针对员工以下方面的绩效因素进行考评：

（1）工作态度。工作态度是指员工在完成工作过程中表现出来的责任心、主动性和纪律性。

（2）核心能力。核心能力是指员工对企业业务发展来说非常重要的核心能力，包括团队协作能力、沟通能力和决策能力等。

（3）业务成果。业务成果是指员工完成岗位职责、任务和目标的结果，以及对企业的贡献大小。

（4）专业技能。专业技能是指员工完成某项工作必须具备的专业技术能力。不同的岗位对专业技术能力有不同的要求，有些专业技术能力可能会有交叉，可以结合工作绩效进行考评。

（5）关键性。关键性是指员工在一系列任务行为中，在现在或将来的特定时期为完成某一项目任务，或者在帮助企业业务目标的实现中所起到或即将起到的关键作用的大小和程度。

无论哪一层次的员工，均要按照定薪考评的结果确定其基本工资。定薪考评的过程应确保严格和科学，宜针对不同岗位和层次的员工确定不同的考评标准，采用混合量表法进行评定，以提高定薪考评的准确性。通常在一个薪酬范围内，绩效考评分数越高的员工，薪酬水平越高。绩效结果与薪酬的关系如图7-3所示。

（二）薪酬水平的应用

薪酬水平是指企业的总体薪酬在市场同行业企业中所处的相对位置。确定薪酬水平的因素包括岗位评价与工作价值分析、同行业企业水平和市场水平等。也就是说，在为各级别确定不同工资范围的基础上，需要根据员工的不同经验及能力拉开薪酬差距，而原来制定的薪酬水平就可为各级别工资的中间值提供参考。在此基础上，在确定员工薪酬时要更多地考虑内部公平性以及外部竞争性。过去企业在考虑薪酬水平的时候，通常借鉴以强调内部公平为基础的公平理论，并通过岗位评估来实现，侧重于对岗位难度的考虑。现在出于人才竞争的

迫切需要，企业在确定薪酬水平的时候会更多地考虑岗位的稀缺性，并强调外部公平，而且，市场信息的透明化也使得外部公平在薪酬水平的确定中显得更加重要。

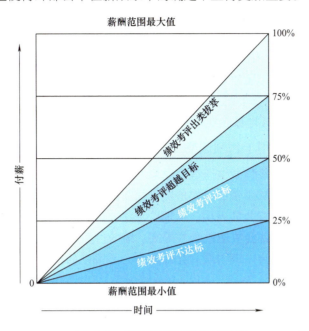

图 7-3　绩效结果与薪酬的关系

目前，大部分企业的薪酬水平定位在市场的 50 分位，而每一级别的薪酬跨度位于市场的 25 分位到 75 分位、20 分位到 80 分位或者 10 分位到 90 分位。跨度越大，则代表着该级别的薪酬灵活性越大。薪酬水平也随着各岗位在市场中的稀缺程度、人才供应情况以及岗位的关键程度有所调整。一般说来，50 分位的薪酬水平代表市场的中等水平，大于 75 分位的薪酬水平代表领先市场的薪酬水平，而低于 25 分位的薪酬水平通常代表滞后于市场的薪酬水平。为确保企业各岗位在市场中的竞争力，建议各企业根据市场同行业企业的薪酬调研结果，根据岗位种类的差异采取不同的薪酬定位，提高薪酬定位的灵活性。具体如下：

（1）对企业关键岗位，如中高层管理岗位，以及对企业业务发展至关重要或者市场上比较热门的技术技能岗位，可以采取市场 75 分位的领先薪酬定位。对这些核心人员采取市场领先的薪酬定位，能够极大地强化企业核心团队的心理优越感，激发其工作积极性和创造性。

（2）对企业非关键但人员素质要求较高的岗位，可以采取 50 分位的与市场同步的薪酬定位。

（3）对于那些工作内容特别简单、对人员素质要求不高、在市场上很容易获得相关人员的岗位，最低可以采取 25 分位的滞后薪酬定位。但鉴于对该岗位的稳定性考虑，一般不建议此操作。

综上所述，企业可以通过在三种不同的薪酬定位中取得整体平衡，从而实行以市场为主导的灵活的薪酬定位，确保整体竞争力。

同时，如果同一级别的薪酬跨度较大，有可能会导致不同级别之间的薪酬重叠部分较多。一方面，它有利于减少晋升带来的成本压力；但从另一方面来说，由于薪酬跨度较大，处在某级别的一部分员工由于在该级别的服务年限较长或资历较深，他们在被晋升之前的薪酬水平已经接近或达到该级别上限，而且很可能已经达到或超过下一个级别的下限，受晋升制度约束的因晋升而获得的加薪幅度就很小，导致晋升对他们的激励作用微乎其微，从而缺乏吸引力。为了适当拉开各级别之间的差距，可以考虑适当缩小中低级别之间的带宽，采用与市场中等水平相当或者略滞后于市场的薪酬水平，从而缩小中低级别的薪酬重叠部分。而对于较高级别，则可以采用领先于市场的薪酬跨度，这是因为越往上走，由于对各级别要求的差距越来越大，晋升变得越来越困难，较宽的薪酬跨度可以提供给处于该级别的资深员工在同一级别薪酬增长的机会，同时确保这些员工在同一级别若干年的增长以后，其薪酬水平仍然处于该级别范围内，使之很好地被企业既有的薪酬结构管理，从而避免薪酬越级的现象发生。

（三）绩效考评结果应用于薪酬调整

与绩效考评结果挂钩的薪酬调整通常被称为"绩效付薪"，这也是国际上薪酬管理中运用得最为广泛的方法之一。绩效工资的目的是奖励员工的个人绩效和贡献及同步实现企业绩效的增长，并鼓励员工持续的高业绩表现。从理论上讲，如果所有员工都在效率最高的情况下工作，那么企业的业务状况就会快速改善并提高。绩效付薪背后的逻辑其实很简单：如果薪酬取决于绩效表现，员工就会以取得最大化薪酬作为提高绩效的动机。绩效工资以三大激励理论为基础：

（1）强化理论。强化理论认为，人或动物为了达到某种目的，会采取一定的行为作用于环境。当这种行为的后果对其有利时，这种行为就会在以后重复出现；不利时，这种行为就减弱或消失。就绩效与薪酬的关系而言，将绩效结果与薪酬增长相关联，不断激励高绩效表现，同时基于绩效考评结果区分薪酬增长率，一个人的绩效表现越好，薪酬增幅就越大，那么由薪酬增长带来的效果反过来必将影响绩效表现的不断提升。

（2）期望理论。期望理论是管理心理学与行为科学的一种理论。这个理论强调人的积极性被调动的大小取决于期望值与效价的乘积。也就是说，一个人对目标的把握越大，估计达到目标的概率越大，激发出的动力越强，积极性也就越高。在领导与管理工作中，通常会运用期望理论来调动员工的积极性。绩效管理工作应该激励多元化形式的提高，以此实现薪酬的增加。

（3）公平理论。公平理论是研究工资报酬分配的合理性、公平性对员工工作积极性影响的理论。该理论认为，员工对收入的满意程度取决于一个社会比较过程，即一个人不仅关心自己绝对收入的多少，而且更关心自己相对收入的多少。每个人会把自己付出的劳动和所得的报酬与他人付出的劳动和所得的报酬进行社会比较，也会把自己现在付出的劳动和所得的报酬进行历史比较，从而判断是否公平合理。所以，绩效付薪必定带来绩效的提高，因为加薪被认为是员工在努力工作并产生相应绩效结果下的公平结果，越努力实现绩效的提升越高，收入增加越多。绩效与付薪的正相关性如图7-4所示。

图7-4　绩效与付薪的正相关性

在设计年度调薪计划时需要考虑绩效考评结果，并对每一档绩效考评分数赋予薪酬调整的一定范围。在严格将薪酬确定在该级别范围内的前提下，缩小相同条件下员工间的薪酬差距，同时拉开不同绩效表现员工间的薪酬差距，在消除员工不平衡心理的同时，维护员工薪酬的公平性和公正性。

常用的方法包括仅基于绩效考评结果的薪酬调整，以及同时基于绩效考评结果和当前薪酬水平的薪酬调整。仅基于绩效考评结果的薪酬调整示意如表 7-3 所示。

表 7-3　仅基于绩效考评结果的薪酬调整

绩效考评结果	推荐调薪百分比	调薪浮动范围
杰出	9%	7% ~ 11%
超越目标	6%	4% ~ 8%
达标	3%	1% ~ 5%
不达标	0%	0%

此方法为国际上组织中相对常见、简单易行、容易理解的方法。这种调薪政策意味着员工的薪酬增长范围将仅参考绩效考评结果，而不包括其他决定因素。绩效考评结果越好，薪酬增长幅度越大；结果越差，薪酬增长幅度越小。

同时基于绩效考评结果和当前薪酬水平的薪酬调整示意如表 7-4 所示。

表 7-4　基于绩效考评结果和当前薪酬水平的薪酬调整

绩效考评结果	推荐调薪百分比			
	区间一及以下	区间二	区间三	区间四及以上
杰出	12%	8%	5%	3%
超越目标	8%	5%	3%	2%
达标	5%	3%	2%	0%
不达标	0%	0%	0%	0%

在这种调薪政策下，员工的薪酬增长将由绩效考评分数和当前薪酬水平共同决定。结果越好，当前薪酬水平越低，薪酬增长幅度越大；反之，结果越差，当前薪酬水平越高，薪酬增长幅度越小。对于绩效考核结果在达标及以上的员工，给予基于绩效考评的调薪部分，并以不同绩效考评结果拉开调整范围的差距，从而对员工较好的绩效表现予以认可，同时，使他们的薪酬在市场上更具备竞争力；对于绩效考评结果不达标的员工，不再给予其基于绩效考评的调薪部分，鼓励他们在来年再接再厉，争取更好的绩效表现。

众所周知，绩效管理是一个周期性的行为，而绩效管理系统是一个持续的循环过程。对大多数企业来说，绩效管理周期通常为一年，虽然这个周期有时候取决于业务的财务核算周期而有所不同，对于新员工来说还会受试用期的影响，但这些都不会影响它以周期进行绩效考评的规律。而薪酬调整作为对绩效结果应用的一部分，也会基于同样的周期进行。比如，年度调薪通常以上一年度的全年贡献为基础，对于当年服务不满一年的员工，在全年基础上根据实际服务月数按比例分摊；对于调薪当年新加入的员工，不参加当年度调薪，或根据具体情况给予小于一般幅度的调薪标准。ABC 公司薪酬定位建议如表 7-5 所示。

表 7-5　ABC 公司薪酬定位建议

适用范围	市场分位数						
	0%	10%	25%	50%	75%	90%	100%
√关键岗位				最小值	中位值		最大值
√一般岗位			最小值		中位值	最大值	
√基础岗位	最小值			中位值	最大值		

（四）绩效考评结果应用于浮动工资的调整

为了更好地将个人的绩效考评结果与薪酬相结合，以及更有效地发挥薪酬的激励作用，激发员工的主观能动性，不断提升个人和组织绩效，不少企业逐渐加强与绩效考评结果紧密相连的浮动工资在全面薪酬中的设计和应用。事实上，绩效考评结果导向的浮动工资会根据浮动工资所占比例的大小，在薪酬结构中产生相应的薪资级差，有利于激励员工达成并超越绩效目标，同时也便于拉开绩优员工与绩差员工的收入差距。

下面以某企业销售人员的工资结构和浮动工资的计算为例来阐述绩效考评结果在浮动工资计算中的应用。

1. 浮动工资在工资总额中的比例

确定薪酬结构时，需要考虑不同级别、不同工作类别员工的工作内容，从而采取不同的薪酬结构。关键原则包括付出与回报对称，即员工对股东利益所承担的责任要与其薪酬形式相联系，薪酬形式的设计要有利于留住关键员工。其中，浮动工资在员工工资收入总额中所占比例要根据其具体工作性质和内容确定。通常，企业销售人员或其他业务相关人员的绩效考评结果与业务指标的完成密切相关，浮动工资在工资总额中所占比例应当相对较大；而后勤工作人员鉴于其工作与可量化的业务指标关联性不强，故浮动工资在其工资总额中所占比例可以相对减小。

以考评销售人员绩效且考评期限为一个月为例，如图 7-5 所示，当销售人员的销售指标完成率为 100% 时，该销售人员的总收入由占工资总收入 50% 的基本工资、占工资总收入 45% 的浮动工资（销售提成）以及占工资总收入 5% 的补贴工资组成。其中，浮动工资部分将按绩效考评结果确定最终绩效工资，而补贴工资则是根据企业相关补贴制度给予的额外补贴，如岗位补贴、住房补贴及其他补贴等确定，这部分收入不与绩效考评结果挂钩。

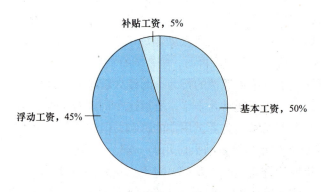

图 7-5　工资总收入的组成部分

2. 工资计算方法

还是依上例。

销售人员实际工资 = 基本工资（50%）+ 浮动工资（45%）+ 补贴工资（5%）

假设某员工的年度工资总收入为100000元，则按上述固定收入与浮动收入比例确定的各项工资收入分别为

100000元（实际工资）=50%×100000元（基本工资）+45%×100000元（浮动工资）
　　　　　　　　　　+5%×100000元（补贴工资）
　　　　　　　　 = 50000元（基本工资）+45000元（浮动工资）+5000元（补贴工资）

该企业对销售人员的考评为100%绩效结果导向，即浮动工资仅与销售额挂钩，并设置与销售完成率相关的奖金支付起付点、加速度及封顶数，如表7-6所示。于是，该销售人员的销售奖金支付金额将按销售达成结果计算如表7-7所示。

表 7-6　销售达成结果与销售奖金支付比例

销售达成结果	销售奖金支付比例
<70%	0%
70% ~ 100%	70%
100% ~ 130%	100%
130% ~ 150%	130%
150% ~ 200%	150%
>200%	200%

表 7-7　销售奖金支付金额与全年工资总收入

销售奖金支付金额（元）	全年工资总收入（元）
0	55000
31500	86500
45000	100000
58500	113500
67500	122500
90000	145000

由此可见，在此工资结构下，基本工资和补贴工资与绩效考评结果无关，但浮动工资受绩效考评结果影响较大。在实际操作中，绩效工资会受多种绩效考评指标影响，比上述案例更为复杂，故需根据具体情况设计相应的工资结构。

（五）绩效晋升

良好的绩效考评系统要满足两个条件：①考评标准要透明，考评结果要公正；②实行阶段考评和量化指标考评相结合的考评方式。

考评标准透明是指考核者与被考评者事先设定明确的考评标准，该标准在双方之间高度透明且被双方认可。考评结果公正是指考评者独立运用考评标准，针对被考评者的工作结果进行考评时，得出的考评结果应该与被考评者的实际表现高度一致或趋同。考评标准越透明，组织成员对自身工作所需达到的效果就越明确，自身为达成该目标所能释放的创造性能量就越容易被激发。考评结果公正是保证组织凝聚力、活力和创造力持续提升的必然要求。如果刻意贬低组织成员的工作绩效，就会打消其高涨的工作热情；如果过分夸大组织成员的工作绩效，就会扼杀其创造力，令其自满而裹足不前。为了保证考评标准的透明，需要将考评指标量化，而非进行模糊的定性描述；为了保证考评结果的公正，需要采用阶段考评办法。

严格要求下的公正评价是对组织成员过去表现的认定，为了做到"人尽其用""能人进，庸人退"，就必须有晋升系统做支撑。组织架构的设计是晋升系统运作的前提，在精心构建组织架构后，绩效考评系统的运作就会带动晋升系统启动运转。一般来说，组织成员的晋升前提有三个：组织需要、能力具备和绩效达标。

（1）组织需要永远是成员晋升的最主要内因，并与组织的战略目标和中长期计划相一致。评估人员的晋升机会主要取决于组织的需求，即人员晋升前，组织需要对人员将要晋升到的岗位进行评估，考虑此岗位的设置对于组织发展的必要性。

（2）组织的每一个岗位都有其需要的能力要求，如果组织成员不具备相应的能力，对组织和成员双方在一定时期内都有较大影响。

（3）组织要求成员绩效达标，通常是出于两方面考虑：①实实在在的绩效是对其能力的最好证明；②优异的绩效有助于成员建立其在组织内的公信力，对于组织的稳定和成员在组织内地位的稳定至关重要。只要满足晋升条件，就应该迅速落实组织成员晋升，这对于组织整体实力的提升也大有裨益。在组织成员能力到位、绩效达标，但组织暂无需要的情况下，最好能灵活调整，"因人设事"，即使做不到，也要及时进行物质的或荣誉的激励，防止人才流失，损伤组织实力。

良好的绩效评价与晋升系统如鸟之两翼、车之两轮，任废其一，都将导致组织成员工作热情、执行力和创造力的损伤，甚至导致人才流失。

实践操作中，对那些由于以往的绩效考评优秀而得到过大幅度涨薪，导致目前薪酬已达到或高于该级别薪酬范围上限的员工，企业可以考虑给予绩效持续优秀且符合下一个级别要求的人员晋升机会，让其薪资水平直接通过晋升落入下一个级别范围；对那些绩效持续优秀但尚不符合下一个级别要求的员工，给予较小幅度的薪酬增长；而对那些绩效表现一般且不符合晋升要求的员工，在一定时期内给予"冻薪"。反之，也存在目前薪酬低于该级别薪酬范围下限的员工。这部分员工或为新近晋升的员工，由于原级别薪水过低，即使通过晋升也未能达到该级别下限；或因绩效表现较差，一直未得到合适的加薪等。对于这种情况，企业可以考虑在预算足够的前提下，将这些人员的薪酬一次性提升至该级别薪酬下限，或者通过年度计划或计划外的调薪机会逐步提高薪酬，使其有机会慢慢向该级别薪酬下限靠拢。同时，需要不断向员工传递"以绩效为基础的薪酬"的概念。对绩效表现基本达到企业要求的人员，可以仅仅让其遵循企业年度调薪计划，在一定年限内逐步给予薪酬增长。

（六）以绩效考评结果为基础的薪酬体系

为确保绩效考评的有效性和实用性，需要建立以绩效考评结果为基础的薪酬体系，并设置与薪酬挂钩的绩效考评目标。针对管理岗位的员工和非管理岗位的员工，在薪酬的确定和管理上需要参考的考评指标各有侧重，需要进行严格区分。

对管理人员来说，在基本工资的确定上，要尽可能多地参考其领导力水平，而把其专业技术技能水平放在相对次要的位置；在对这类人员拟订加薪计划的时候，要多考虑其领导技能水平的进步和发展，而不仅考虑其个人表现；对管理人员的奖金发放，不应仅以其财务指标的达成情况作为依据，而需要更多地考量管理人员对团队人员的保留情况和团队发展状况；而长期激励计划的实行，要以其对稳固的组织发展所做出的贡献大小为依据，其次再考虑其个人的工作表现。具体情况如图 7-6 所示。

对非管理工作人员来说，在基本工资的确定上，要尽可能多地考虑其潜在的学习发展能力，而不要仅以目前所具备的专业技能技术作为依据；在考虑这类人员的加薪计划时，要侧重于他们对新技能技术、工作方法的创新和发展，而不要仅停留在目前的个人工作表现上；在奖金发放方面，可以较多地考虑其个人的工作绩效和行为表现，包括客户满意程度、解决问题的时效等,而不是单纯的财务指标;关于长期激励计划的实行,要较多地考虑其持续的职业发展可能,而不仅是个人工作表现。具体情况如图 7-7 所示。

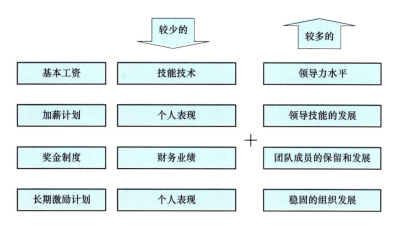

图 7-6　管理人员的薪酬目标与绩效考评关系

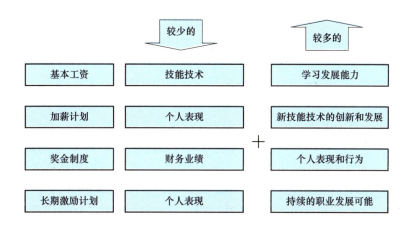

图 7-7　非管理人员的薪酬目标与绩效考评关系

以绩效考评结果为基础的薪酬激励的设计应确保及时性,实现企业绩效和员工绩效的有效关联。企业应当建立绩效导向的运作模式和价值观,多时间、多维度地对考评目标进行综合设计,杜绝僵化,强调有原则的灵活设计,避免模式化,提倡针对各层次绩效的统筹设计。同时,针对不同层级或类别的人员采用不同的薪酬模式。

除此之外,随着绩效工资制和弹性工资制的逐步推广和应用,对企业在员工收入分配方面的灵活性提出了更高的要求。目前一些西方国家的企业中出现的工资等级"宽波段化"就是这一措施的典型做法。

所谓"宽波段化",就是对多个薪酬等级以及薪酬变动范围进行重新组合,从而使它变成只有相对少数的薪酬等级以及相对较宽的薪酬变动范围。这就是目前薪酬管理中出现的"宽带薪酬"趋势。其主要优点在于以下三方面:

(1)使企业在员工薪酬管理上具有更大的灵活性。新的"波段"设置以后,同一工资水平的人员类别增加,而且员工薪酬浮动幅度加大,对员工的激励作用也加强了。

（2）比较适合一些非专业化的、无明显专业领域的工作岗位和组织。这些工作很难运用传统的工作评价和劳动测量计算员工的工资量。"宽波段"的工资制度则比较灵活，它只是划分一个工资范围，具体工资收入根据员工的绩效情况弹性处理。

（3）有利于增强员工的创造性和促进员工全面发展，抑制一些员工仅仅为获取下一个级别的工资而努力工作的单一追求倾向。

三、绩效薪酬制评述

良好的、具有导向性的薪酬激励制度应当是与企业发展战略相适应的，并且能支持企业战略的实现。因为薪酬制度有力地传达了这样的信息：在企业组织中什么是最重要的。薪酬激励制度越是成为支持企业战略的关键因素，员工就越能够更好地理解和评价企业战略。

（1）薪酬激励制度与战略之间的统一程度通常决定了战略是否能够被有效实施。与组织战略相一致的薪酬激励制度应与企业人力资源战略、核心技术、重组资源一样，成为企业的核心竞争力。

（2）需要设立灵活的薪酬激励机制。灵活的薪酬激励机制的优点在于废除了奖金多少与职位高低相联系的旧做法，充分体现了员工的个人价值、岗位重要性及贡献；同时，根据员工绩效、员工工作态度、企业经营状况的变化，适时调整奖励标准，使员工深刻体会到其奖金多少与个人表现、企业经营状况息息相关，形成一种危机感，最终促使员工努力工作。

（3）需要做好薪酬调查和薪酬定位。企业在确定工资水平时，需要参考劳动力市场的工资水平，进行薪酬调查。薪酬调查的对象最好选择与自己有竞争关系的企业或同行业的类似企业；薪酬调查的数据要有上年度的薪资增长状况、不同薪酬结构对比、不同岗位和不同级别的岗位薪酬数据、奖金和福利状况、长期激励措施以及未来薪酬走势分析等。在此基础上结合企业内部因素，如盈利能力、支付能力以及人员素质等，决定本企业的薪酬定位。

薪酬必须与企业、团队和个人的绩效完成状况密切相关，不同的绩效考评结果应当在薪酬中准确地体现，实现员工的自我公平，从而最终保证企业整体绩效目标的实现。薪酬只有与绩效紧密结合，才能够充分调动员工的积极性，提高员工绩效。如果仅普遍提高工资，而不考虑个人绩效，那么将导致绩效的降低。从薪酬结构上看，绩效工资丰富了薪酬的内涵，过去的单一薪酬体系越来越少，取而代之的是与个人绩效和团队绩效紧密挂钩的灵活的薪酬体系。同时，要及时进行薪酬沟通与绩效沟通，必要时需要进行面对面的沟通，要让员工不仅知其然、也知其所以然。

四、薪酬计划

当员工表现出与组织目标一致的行为并取得业绩成果时，这些行为往往与组织的战略业务计划和使命直接相关。一个完善的薪酬计划需要提供与贡献相称的奖励（通常为现金奖励，体现在增加的更多工资和绩效奖金的支付上）。一个有效的薪酬计划需要做到易于交流和理解；认清组织对底线的考虑以及组织能力，用合乎逻辑的方式进行理性和结构化的管理。当然还需要符合法律要求，使用充分有据、可信的评估业绩的手段，并与管理理念相一致。

如同大多数商业项目一样，企业的薪酬计划应该尽量确保其完整性和周密性，仔细周全。企业需要通过薪酬计划在绩效和薪酬之间建立一个强有力的联系。制订薪酬计划，需要考虑以下几方面因素：

（1）组织的价值观。
（2）确定奖惩目标群体，即哪一类员工行为或贡献应该受到嘉奖。
（3）组织的付薪能力。
（4）组织交流薪酬计划的能力和愿望。
（5）组织管理薪酬计划的能力。

绩效管理是一个周期性的行为，绩效管理系统是一个持续的循环过程。对大多数组织来说，绩效周期通常为一年。虽然这个周期有时候因业务的财务核算周期不同而有所不同，对于新员工来说还会受试用期的影响，但这些都不会影响它以周期进行绩效评估的规律。而薪酬调整作为对绩效结果应用的一部分，也基于同样的周期进行，如图7-8所示。

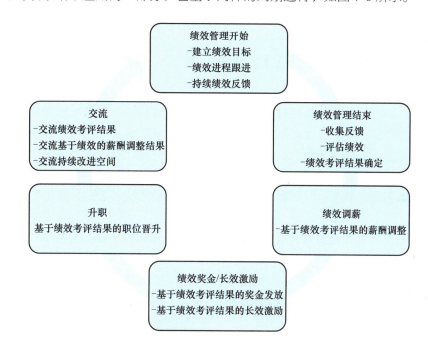

图7-8　绩效与薪酬管理的周期性作用和关系

绩效管理是管理人员和员工的对话过程，沟通是双方进行情感和工作交流的契机，目的是帮助员工提高能力，提升员工的参与感、工作积极性和满意度，鼓励员工通过自身努力，选择有挑战性的项目，达到超出主观想象的结果，充分展现个人工作能力、创新精神和综合素质，积累工作绩效。对员工来说，企业的激励应该明显而具体，要让员工知道达到一定绩效后将会得到多少报酬。对有特殊贡献的员工要进行表扬，同时要给员工表明自己观点和立场的机会。一些员工通过这样公开、公正的工作平台，展示了自己的能力和才华而成为全体员工学习的榜样，带动全体员工相互学习、相互赶超，使员工的个人努力与企业的远景规划和目标任务一致，从而使员工和企业实现同步发展。

基于绩效的企业薪酬激励制度是绩效考评与薪酬激励管理的有机统一，它既包含建立在绩效考评基础上的管理理念，又服务于企业薪酬管理制度。通过对绩效考评机制与薪酬激励机制的分析，可以知道绩效主要体现了员工对企业的行为承诺和付出，而薪酬则主要体现了企业对员工的物质承诺和付出。因此，基于绩效的企业薪酬激励制度，是以实现企业效益最大化为目标，以员工对企业所做贡献和价值为依据，通过科学的薪酬管理，激励员工努力工作，提升企业的核心竞争力，实现长远发展。

第三节　绩效考评结果在非经济性激励方面的应用

绩效考评结果为评价员工的优缺点和提高工作绩效提供了一个反馈的渠道。通过分析累积考评结果的记录，发现员工群体或个人与组织要求的差距，从而及时组织相关的培训教育活动。工作态度落后的员工需参加企业的适应性再培训，到生产部门接受企业文化的相关教育，重塑自我；而能力不足的员工需参加企业有针对性的培训活动，开发潜力，提高工作能力。

一、绩效考评结果与员工培训和开发

人才的培训教育是人力资源开发，特别是高层次人力资源开发并获取高素质人力资源的一种基本动力。培训教育的战略地位已经作为一项独立的职能，其领域地位早已在全球范围内确立。为此，许多企业的培训部从人力资源部独立出来，成立培训中心或企业大学，致力于对员工进行专业、系统的在职教育培训。虽然大多数企业已经意识到员工学习培训的重要性，但是调查发现，能够真正通过培训达到预期效果的企业不到 35.4%，部分企业培训效率低下、培训效果甚微，甚至已经严重地影响到企业的培训热情。为此，企业首先应对培训需求进行分析。

培训需求分析的主体具有多样性，既包括对组织整体和各个部门、各个岗位的分析，也包括对各类人员的分析。

培训需求分析的内容具有多层次性，既要通过对组织战略目标及企业员工的绩效目标、技能、知识的分析，来确定个体的现状与目标的差距、组织的现状与目标的差距，又要通过对组织及其成员的现状与目标之间差距的分析，来确定是否需要培训以及培训的内容。

企业通过收集并分析信息或资料来确定培训的必要性，确定是否需要通过培训来解决组织存在的问题。它包括一系列的具体方法和技术，绩效差距分析法是其中的一种重要方法。

绩效差距分析法也称问题分析法，它主要集中在问题方面而不是组织系统方面，关键在于解决问题而不是系统分析。绩效差距分析法把绩效考评的结果与绩效的标准和目标进行对比，分析绩效结果与绩效标准之间存在差距的原因，如是态度问题还是能力问题；然后进一步分析知识、能力和行为改善方面存在差距的程度；最后确定培训的具体选择，包括培训的类型、层次和方法。绩效差距分析法是目前被广泛采用的、行之有效的一种需求分析方法。

绩效差距分析法的起点是发现并确认问题，问题是绩效目标与实际绩效考评结果之间差距的一个指标，如效率问题、技术问题、流程问题等。然后，由培训人员进行直观判断，做出两项决定：一是如果发现了系统的、复杂的问题，就要运用全面分析法；二是决定应用何种方式收集资料。传统上，这种分析方法只考查实际绩效与绩效标准之间的差距；然而，现代培训需求分析的重点是考查未来组织需求和战略目标与现实绩效考评结果之间的差距。这样一来，组织战略目标、绩效考评结果和员工培训三者就结合在一起了。

通过绩效考评，对照考评结果与绩效指标的差距，重点分析产生差距的原因，因为这关系到培训是否能够解决问题。对问题原因的分析实际上就是弄清楚"不想做"和"不能做"。其中，"不想做"的原因可能来自组织，如薪酬设计不合理、激励手段运用不当、人际关系矛盾重重；也可能来自员工个人，如家庭变故而导致心理消极。而"不能做"的原因同样可能来自组织，也可能来自个人。来自组织的原因如工作设计不合理，标准定得太高，工作过程中组织没有提供必需的原材料、工具、设备和人际合作等；来自个人的原因可能是对职责、任务和任务标准不了解，更可能是缺乏胜任岗位所需的基础知识、技术和能力。

为确保企业员工保持不断向上的动力和持久的学习能力，需要为他们提供更多学习培训的机会，重视员工的个体成长和事业发展。企业员工更关心自身的价值，当生活有保障之后，他们会追求更高层次的自我完善和自我超越，因此，企业除制订与员工目前工作相一致的培训计划外，还需要提供给他们多一些的继续教育或全方位提高自身技能的学习机会，使他们获得不断向上的动力。另外，企业还可以根据员工个人需求给他们设计个性化的教育培训计划。有研究发现，员工对企业提供的培训机会的重视已经超过对很多其他激励因素的重视程度。当代企业之间的竞争是赢得竞争优势，而赢得竞争优势要解决的核心问题是形成和拥有关键成功要素。在信息飞速传播、科技日新月异的今天，能够使组织获得持续竞争力的方法之一是实现绩效管理和培训管理的无缝对接，即不断发现组织目标与现实绩效表现的差距，并适时针对这些差距进行培训，使绩效表现不断趋于组织目标。

二、绩效考评结果与岗位配置和职业发展方向

绩效考评结果通常作为岗位配置和调整的重要依据。通过对工作技能，如业务知识技能、管理决策能力、组织与领导能力、沟通与协调能力、开拓与创新能力、执行与贯彻能力等的考评，可以判断目前处于该岗位的员工是否具备完成工作所必需的工作技能；通过对工作态度，如团队意识和协作、职业道德和操守、工作目的和动机、责任心和奉献精神、进取心、积极主动性、是否服从工作安排等的考评，来判断该员工在该岗位的稳定性、工作目的和动机，从而降低相对风险。对工作绩效的考评往往是衡量该员工是否胜任工作的最直接的判断指标，同时，这也关系到个人及组织目标的实现。企业在对员工全方位考评的基础上来判断员工的工作能力、态度和绩效是否达到该岗位的要求，从而决定留任或调岗，以实现人岗配置最优化。

员工在其岗位最大限度地发挥其个人潜能的一个关键因素就是帮助他们完成自我实现，使他们能够在适合自己的岗位上充分发挥自己的潜能并获得成功。心理学家马斯洛指出，人的最终需要就是"自我实现"，即"越来越接近自己希望的那个样子，越来越变成自己能够成为的那种人"。马斯洛所说的自我实现是指"人能够做到的，他就一定要做到……它是指一种自我表现满足的愿望，即变成他具有潜在能力去做的那种人"。以职业发展为导向的企业注重以职业发展为导向进行绩效考评结果评价和应用，换言之，企业不仅仅评价员工过去的工作绩效，还负责把员工过去的工作绩效、职业偏好与他们的发展需要以一种正式职业规划的形式联系起来。事实上，能够实现自己的职业梦想、充分发挥才能、取得能力范围内最大的成就往往是员工最强烈的愿望和需求。所以，企业管理人员在与员工沟通绩效考评结果时，不能仅仅告诉员工一个结果，更重要的是要告诉员工为什么会产生这样的绩效结果，应该如何

改进，以及未来的努力方向等。实际上，双方在沟通的过程中也对下一阶段绩效重点和目标进行了计划，这就使整个绩效管理的过程形成一个不断提高的良性循环。通过绩效改善计划的制订，帮助员工在下一个绩效周期进一步改善自己的绩效，这同时也是帮助员工进行职业规划和职业生涯设计的一个重要过程。

三、绩效考评结果与员工绩效改善和提高

在绩效的实现过程中，常常会有员工无法完成预期绩效或者表现出较差的绩效水平，因此很多企业采用末位淘汰的办法来淘汰那些绩效较差的员工。总的来说，实施末位淘汰的根本目的有两点：①通过不断优胜劣汰，持续提高企业整体人力资源胜任力；②作为绩效管理的一个强化手段，迫使各级管理人员做出决定，向下属传递明确的绩效信息，使下属认清自己在组织中的位置，从而不断改善绩效。下面结合活力曲线理论来探讨绩效考评结果与员工职业生涯管理的关系。活力曲线也称末位淘汰法则、10%淘汰率法则，是指通过竞争淘汰来发挥人的极限能力。

如图7-9所示，以绩效为横轴（由左向右递减），以组织内达到这种绩效的员工的数量为纵轴（由下向上递增）。利用这张正态分布图，将很容易区分出绩效排在前面的20%的员工（A类）、绩效排在中间的70%的员工（B类）和绩效排在后面的10%的员工（C类）。

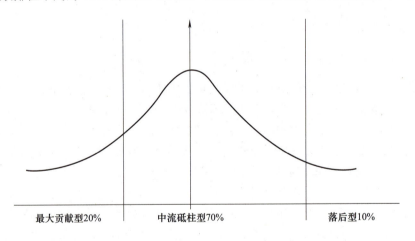

图7-9　活力曲线

A类员工是激情满怀、勇于负责、思想开阔、富有远见的一批员工，他们不仅自身充满活力，而且有能力带动自己周围的人提高企业的生产效率。是否拥有这种激情，是A类员工与B类员工的最大区别。公司投入大量精力去提高B类员工的水平，部门经理的主要工作之一就是帮助B类员工成为A类员工，而不仅是任劳任怨地实现自己的能量和价值，这就是绩效管理的魅力。C类员工是不能胜任自己工作的人。

活力曲线需要奖励制度来支持。A类员工可以得到大部分股权和利润，公司一定要热爱他们，不要失去他们，每一次失去A类员工都要事后检讨。最重要的是员工在不断地成长，有些人认为将员工从底部的10%清除出去是野蛮的行径，事情并非如此，在企业内部淘汰，他还有机会去寻找新的机会，如果放任自流，他最终很可能被社会淘汰。

活力曲线之所以能有效发挥作用，是因为在这种绩效文化里，人们可以在任何层次上进

行坦率的沟通和回馈。绩效管理是一个很好的管理工具，系统整合了其他的管理思想和办法，它在管理上虽然有深刻的内涵，但是易于操作，并可以在此过程中培育美好的企业文化。

活力曲线体现出来的末位淘汰法则，表面上是"将工作绩效靠后的员工淘汰掉"，其实质是企业运用绩效管理这一手段将绩效考评与员工绩效改善和提高很好地结合起来。

四、绩效考评结果与基础管理的健全

（一）绩效考评结果应用于流程管理与优化

1. 业务流程管理的内容

（1）建立业务流程管理制度。任何流程都必须建立一种流程管理制度来规范流程的运行。绘制流程图、编制流程文件、制定标准流程以及建立流程管理制度，是企业规范化管理的核心工作。

（2）测量、考评流程运作质量。流程的质量决定了产品能否满足客户的需求。流程性能是对流程运行所得到的实际结果的测量。要保证流程运行质量，必须对流程性能指标进行测量和考评。

1）流程测量。流程测量的内容包括对流程周期、流通效率等的测量。流程测量的目的在于制定测评方法，使流程输入、流程运行、流程输出、流程指标等处于实时监控之中。

2）流程考评。流程考评的内容包括考评核心、关键流程以及支持流程的能力、运营费用、周期长短、准时交货率等。流程考评的目的在于监控流程运行状态。只有通过流程考评，对比计划流程运行指标与实际运行指标，才能不断地修正流程指标，使流程运行能力符合企业的资源现状和客户需求。

（3）业务流程质量审核。在企业中负责业务流程质量审核的主要部门为技术质量部。质量审核即对流程运行进行跟踪，包括对所有业务流程的独立检查。审核流程质量是流程管理部门的流程控制工作。业务流程质量审核的内容包括流程所有者执行流程的规范性和业务流程运行的有效性。影响流程质量的重要因素是政策的执行情况和时间的控制，为此，企业应当把员工是否严格按照流程规范工作、是否超出了流程中规定的时间指标要求等作为流程质量审核的重点。流程质量审核的目的是加强流程执行力度，寻找流程优化的机会。

2. 业务流程优化

企业常用的业务流程质量评价方法有价值链分析法、关键成功要素法、平衡计分卡法和作业成本法。在企业诊断的过程中，充分运用这些方法能够更好地厘清企业存在的问题以及找到解决问题的方法。

（1）流程优化的基本概念。对现有工作流程的梳理、完善和改进的过程称为流程优化。流程优化不仅仅是指做正确的事，还包括如何正确地做这些事。流程优化是一项策略，通过不断发展、完善、优化业务流程来保持企业的竞争优势。在流程的设计和实施过程中，要对流程进行不断改进，以期取得最佳效果。对流程的优化，不论是对流程整体的优化还是对其中部分的改进，如减少环节、改变时序，都是以提高工作质量、提高工作效率、降低成本、降低劳动强度、节约能耗、保证安全生产和减少污染等为目的。流程优化应围绕优化对象要达到的目标进行。在现有的基础上，提出流程改进后的实施方案，并对其做出评价；然后针对评价中发现的问题，再次进行改进，直到满意后开始正式实施。

（2）基于均衡绩效指标，对业务进行分类优化。对企业目标的理解将决定企业的生存权，各个环节应以企业目标为中心，认真分析阻碍业务流程的环节；然后根据优化的流程，调整组织结构，明确岗位职责，并建立相应的绩效管理体系。同时，企业的业务以"流程"为中心，识别核心的业务对象进行优化。

（3）流程优化的作用。流程优化能帮助企业建立科学的流程体系，将业务纳入流程管理。管理模式由传统的职能管理向流程管理改进，缩短信息交互时间，提高客户反应速度，实现从传统的事后管理（静态管理）向实时管理（动态管理）转变、部门管理（职能管理）向岗位管理（流程管理）转变、定性管理（主观管理）向定量管理（客观管理）转变、分散管理向集中管理转变等。

均衡的绩效考评让部门之间的边界逐渐淡化。部门经理权力有限，一般只是制定战略、培训及管理员工，员工的直接服务对象是客户，而不是"上司"。由于将流程设为工作重点，分析并量化工作流程，因此对各级管理人员的考核评定依据将不再是各种行政级别，而是整个流程的执行结果；同时，也提高了配货效率，减少了库存积压，加快了资金周转速度，提高了库存周转率，降低了整个流程成本。优化后的流程确保了企业对客户的响应速度和沟通效果，提高了客户满意度和企业竞争力，为企业的迅速发展奠定了良好的流程管理基础。

（二）绩效考评结果应用于价值链优化

1. 价值链优化的内容和目标

绩效考评结果应用于价值链优化是指通过构建价值链优化绩效评价指标体系，分析与发现企业价值链管理系统中存在的问题，从而有针对性地采取相应的措施，以达到优化价值链的目的。

企业的价值创造是通过一系列活动构成的，这些活动可分为基本活动和辅助活动两类。基本活动包括内部后勤、生产作业、外部后勤、市场和销售、服务等；辅助活动则包括采购、技术开发、人力资源管理和企业基础设施等。这些互不相同但又相互关联的生产经营活动构成了一个创造价值的动态过程，即价值链。企业对价值链进行整合等一系列活动就称为价值链优化。

价值链优化的目标分为结果目标和行为目标两种。

（1）结果目标，即做什么，要达到什么效果。基于业务流程重组的价值链优化结果目标包括：确保企业的主要业务流程协调一致；降低组织和经营成本、控制经营风险；提高企业价值链的效率（投入产出比）和效益（客户价值）；增强企业的核心竞争力。

在此基础上，结果目标主要体现在实现更高的效率、提高质量、增强竞争力和防范企业风险等方面。

（2）行为目标，即怎么做，要采取怎样的行动。基于业务流程重组的价值链优化行为目标在于优化核心业务、业务流程、组织结构和信息流等，使企业由职能型向流程型转变。具体体现在用适当的业务控制满足并超越客户现在和将来的服务期望、降低资源消耗、争取竞争机遇、缩短业务处理时间、增加业务机会、超越客户需求、降低成本和提高质量等方面。

基于业务流程重组的价值链优化的根本目的是通过核心企业与供应商、分销商的密切合作和信息共享，提高产品质量，降低生产成本，加快新产品上市时间，增强价值链的反应速度和柔性，提高满足客户需求的能力，最终增强整个价值链的市场竞争力。

2. 建立价值链优化绩效指标体系的原则

价值链优化绩效的考评指标有其自身特点，其内容比现行的企业评价指标更广泛，不仅代替了会计数据，而且提出了测定价值链的上游企业是否有能力及时满足下游企业或市场需求的方法。在实际操作中，为了建立有效的绩效指标体系，应遵循以下原则：

（1）突出重点，对关键绩效指标进行重点分析。

（2）采用能反映价值链业务流程的绩效指标体系。

（3）评价指标要能反映整个价值链的运营情况，而非单个节点的运营情况。

（4）尽可能采用实时分析与评价的方法，把绩效度量范围扩大到能反映价值链实时运营的信息上。

（5）在衡量价值链绩效时，要采用能反映供应商、制造商及用户之间关系的绩效指标，将考评对象扩大到价值链上的相关企业。

除此之外，根据价值链优化绩效的内涵和基本目标，运用模块化结构设计原则，采用层次分析法来设计价值链优化绩效指标体系，包括基于业务流程重组的企业价值链优化绩效评价子体系和核心企业价值链结果绩效评价子体系。

3. 核心企业价值链优化结果的绩效指标的确定

企业价值链优化的基本目标是提高企业价值链的效率（即投入产出比）和效益（即客户价值）。因此，在选取衡量核心企业价值链优化结果的绩效指标时，可以参考平衡计分卡，从创新与学习角度、内部业务流程角度、客户角度、财务角度和战略目标角度等几个重要方面来观察企业价值链优化的结果绩效。

价值链优化是一个持续改进的过程，有助于企业达到以塑造核心竞争力为中心的战略目标。对企业而言，强大的核心竞争力和良好的基本情况是相辅相成、缺一不可的。在进行价值链优化的绩效评价时，必须同时强调核心竞争力和其他重要战略目标，并逐层建立评价指标体系。

（三）绩效考评结果应用于执行力提升

1. 执行力的内涵

执行力是指贯彻战略意图、完成预定目标的操作能力，是把企业战略、规划转化成为效益和成果的关键。

执行力包含完成任务的意愿、完成任务的能力和完成任务的程度。对个人而言，执行力就是办事能力；对团队而言，执行力就是战斗力；对企业而言，执行力就是经营能力。

而衡量执行力的标准，对个人而言是按时、按质、按量完成自己的工作任务；对企业而言就是在预定的时间内完成企业的战略目标，其表象在于完成任务的及时性和质量，但其核心在于企业战略的定位与布局，是企业经营的核心内容。

在管理领域，执行力一方面指的是对规划的实施，其前提是企业已经制订了规划；另一方面指的是完成某项困难的事情或变革，它不以已有的规划为前提。学术界和实业界对执行力的理解基本上也是如此，其差异在于侧重点和角度的不同。

执行力既反映了组织（包括政府、企业、事业单位、协会等）的整体素质，也反映了管理者的角色定位。管理者的角色不仅是制定策略和下达命令，更重要的是必须具备执行力。执行力的关键在于通过制度、体系、企业文化等来规范并引导员工的行为。管理者如何培养下属的执行力，是企业总体执行力提升的关键。

执行力分为个人执行力和团队执行力。个人执行力是指组织中每一单个的人把上级的命令和想法变成行动，把行动变成结果，从而保质保量地完成任务的能力。例如，总裁的个人执行力主要表现为战略决策能力；高层管理人员的个人执行力主要表现为组织管控能力；中层管理人员的个人执行力主要表现为工作指标的实现能力。团队执行力是指一个团队把战略决策持续转化成结果的满意度、精确度、速度的能力。它是一项系统工程，表现出来的就是整个团队的战斗力、竞争力和凝聚力。个人执行力的高低取决于本人是否有良好的工作方式与习惯，是否熟练掌握管人与管事的相关管理工具，是否有正确的工作思路与方法，是否具有执行力的管理风格与性格特质等。许多成功的企业家也对此做出过自己的定义。综上所述，团队执行力就是当上级下达指令或要求后，团队迅速做出反应，将其贯彻或者执行下去的能力。

2. 企业执行力低下的原因分析

纵观绝大多数因执行力低下而导致企业经营不尽如人意的管理实践，不难发现，在执行的过程中，除了管理制度不严谨、流程过于烦琐或不合理，更主要的是缺少科学的监督考评机制。这里一般有两种情况：一是没人监督；二是监督的方法不对。前者是只要做了就行，做得好与坏没人管；或者是有些事没有明确规定该由哪些部门去做，职责不明确，所以无法考评，常见由于企业中的"管理真空"或者"管理重叠"，导致出现问题无人负责。后者是监督或考评的机制不合理。1997年，美国安然公司为了保证员工不断进步，采用了一套绩效评估程序：对同层次的员工进行横向比较，按绩效将员工分为五个等级，这些级别将决定员工的奖金和命运。但是，事与愿违，这套系统实际上形成了个体重于团队的企业文化。有位老员工说："原因很简单，如果我和某人是竞争对手的话，我为什么要去帮他呢？"后来，这种压力拉动型的绩效评估机制逐步转化为一种拉帮结派的官僚系统，有些经理会借机赶走那些自己看不顺眼的员工。

在新经济环境下，企业之间竞争加剧，战略及其执行已经成为决定企业成败的关键。美国《财富》杂志指出，只有不到10%的企业战略能够得到有效执行，而竞争失败的企业至少有70%是因为战略执行失败，而不是战略本身的问题。执行环节的失败主要是由以下原因造成的：

（1）传统绩效考评和企业的战略执行脱节，结果与执行之间联系不强，考评缺乏全局性，难以促进企业内各部门有效协作。

（2）传统绩效考评仍受到财务报表的牵制，具有严重的滞后性，无法应对市场环境的多变性、复杂性和不确定性，同时又使管理人员过分重视短期的财务绩效，而对长期价值创造方面关注不够，忽视了企业的长期可持续发展。

（3）各部门之间存在交流壁垒，缺乏有效的沟通和协作，管理流程不畅通、效率低下，忽视了内部沟通与战略共识，导致战略目标执行力不够、理解不透，缺乏有效的激励机制。

（4）传统的绩效考评忽视了影响企业长期发展目标的要素和以知识、智力为代表的无形资产要素。

3. 利用平衡计分卡提高企业战略的执行力

（1）明确企业发展战略。通过调查采集企业的各种相关信息资料，系统地分析企业的内外部环境和现状，为企业总体战略的制定提供可靠依据。回顾目前业务发展状况和企业目标的差距以及市场竞争的趋势，确立企业的发展战略，并采取一定的量化指标去实现企业战略。

（2）建立平衡计分卡。企业的高层管理人员需要明确企业的战略重点，包括战略定位、财务目标、技术创新能力、客户满意度、组织绩效、员工发展等，决定在财务、客户、内部业务流程、学习与成长这四个执行方面的策略目标。这些策略目标之间必须互相呼应，有一定的因果联系。通过因果链的设计，将企业制定的企业战略发展目标设置成该企业平衡计分卡的目标，然后传达给企业各层级管理人员和员工。

（3）制订实施方案。企业可根据战略目标制订具体行动方案，并按照重要性分配企业资源。对各个绩效指标的数值进行反复审核和修改，与企业的各种计划和预算相结合，注重各类指标之间的相互依存关系；确定部门和个人平衡计分卡，并建立激励制度，将企业年度员工薪酬福利制度与平衡计分卡制度紧密联系在一起，强化组织与个人对战略执行的贡献。为确保平衡计分卡的顺利实施，企业应首先强化各种管理基础工作，使其有流程、有规范、有标准、有量化、有监督、有考评。

（4）战略的反馈和定期检查。企业的信息化工程建设可以帮助企业快速、高效地实现关键指标的数据采集、绩效工资的计算等，并且能够实时跟踪企业、部门以及个人的平衡计分卡的考评情况，自动计算个人、部门、企业的绩效分数，以数据为基础，进行奖惩和改进，有效地加强考评的客观性和及时性。企业通过对战略执行方面各个衡量指标的检查，及时发现、修补战略本身的问题或执行过程中的失误；同时，通过定期汇报各个部门的绩效成果，听取员工意见，能够及时进行考评与反馈分析，实时对相关考评指标做出调整。

平衡计分卡是实施企业战略的有效工具，其自身是不断发展的。平衡计分卡将战略贯穿于企业具体的每项工作中，提高了企业战略的成功率，已经从一个绩效考评工具变成一个战略管理系统。实施平衡计分卡是一项系统工程，其成功与否取决于计分卡的平衡结构以及高层管理人员的参与程度、部门协作能力、绩效管理力度等。平衡计分卡已经成为企业提高战略执行力的重要手段和工具。

【关键词】

薪酬　　绩效薪酬　　激励　　流程优化　　执行力

【思考题】

1. 怎样理解绩效薪酬的内涵？
2. 绩效考评结果在薪酬中的应用主要包括哪几方面？
3. 怎样正确认识当前我国企业在绩效考评结果应用方面存在的问题？

【案例分析讨论】

中国建筑以战略促增长、以业绩论英雄

中国建筑集团有限公司（简称中国建筑）正式组建于1982年，前身为原国家建工总局，是中央直接管理的国有重要骨干企业，成员单位的历史可追溯至新中国成立之初。

中国建筑是全球最大的投资建设综合企业集团之一，经营业绩遍布国内及海外100多个国家和地区，业务布局涵盖投资开发（地产开发、建造融资、持有运营）、工程建设（房屋建筑、基础设施建设）、勘察设计、新业务（绿色建造、节能环保、电子商务）等板块。

2020年，中国建筑合同额首次突破3万亿元大关，实现3.2万亿元，同比增长11.6%；完成营业收入1.62万亿元，同比增长13.7%；实现归属于上市公司股东的净利润449.4亿元，同比增长7.3%；基本每股收益1.07元，同比增长10.3%，是全球建筑行业唯一新签合同额、营业收入达到"双万亿"的企业。公司位列2021年《财富》世界500强第13位、中国企业500强第3位，稳居ENR"全球最大250家工程承包商"第1位，继续保持行业全球最高信用评级，市场竞争力和品牌影响力不断提升，行业领先地位进一步巩固。

近年来，中国建筑明确自身"战略管控型"总部定位，坚持"引领、服务、监督"的总部职能，充分发挥战略规划的指引作用，不断完善绩效考核的辅助机制。

一、坚持"市场化"战略，以业绩论英雄

我国的建筑行业进入门槛相对较低，是一个充分竞争甚至过度竞争的行业。全国现有建筑企业8万多家，其中，外资、私人建筑企业占比超过90%，无序竞争现象普遍存在。作为国务院部委中第一批政企分开、自负盈亏的独立法人企业，中国建筑不占有大量政府投资，不占用国家自然资源和经营专利，不享受国家和地方保护性政策，必须彻底地"市场化"，依靠自身实力在激烈的市场竞争中谋求发展。

（1）强化竞争机制，激发企业活力。竞争是市场化的重要特征，依靠竞争打破四平八稳的"大锅饭"机制，才能激发企业的活力。中国建筑以全球最优秀的建筑企业作为竞争对手，早在2003年就提出"一最两跨"的奋斗目标，力争成为"最具国际竞争力的建筑地产综合企业集团""跨入世界500强，跨入国际承包商前10强"；同时，不仅要求所属同类企业之间进行比较，而且要求与国内外优秀同类上市公司进行对标，并将对标结果作为确定子企业年度绩效考核指标目标值的重要依据，为子企业发掘比对的标杆，让子企业在比较中寻找差距、在比较中得到进步。

（2）尊重市场规律，满足客户需求。作为市场经济主体的中国建筑，始终坚守市场化的运营机制，尊重、恪守、适应并利用市场规律，逐步提高对市场规律的驾驭能力，创造性地挖掘并不断满足客户的现实和潜在需求，通过高品质的产品和超值服务，不断赢得和创造客户。过去10年，中国建筑的新签合同额以近30%的年均增速高速增长。目前，在现有技术能够充分满足客户需求的基础上，为发掘客户的潜在需求，中国建筑已完成"千米级摩天大楼建造技术"研究课题，并掌握全部核心技术。

（3）坚持绩效导向，完善激励机制。市场化的特征就是"多劳多得、少劳少得、不劳不得"，只有真正将这一原则贯彻到绩效考核、薪酬分配和职级晋升中，才能撬开市场化的

大门。中国建筑坚持"以业绩论英雄、以考核论奖罚"的绩效考评机制,按照"倡导什么就考核什么,考核什么就兑现什么"的原则,不断加大薪酬考核兑现挂钩力度,"业绩升、薪酬升;业绩降,薪酬降",在国家政策允许范围内"真奖真罚、重奖重罚"。同时,要求员工从基层开始历练,在市场中进行搏杀。只有在残酷的市场竞争中成长起来的才是企业需要的人才,没有丰富的市场经验的员工在公司中难以得到提拔。

在30多年的市场竞争中,中国建筑获得了市场的高度认可,积累了大量优质客户,创造了大批优秀建筑作品。同时,市场化的洗礼也极大地推动了中国建筑的成长,为公司培养了一大批忠诚于企业、忠于事业、懂技术、会管理、擅营销的人才团队,造就了公司彻底市场化的企业文化。基于这样的实践和认识,中国建筑将"市场化的运营机制"正式纳入公司"十三五"战略规划中,作为指导公司生产经营的核心理念之一。

二、坚持"差异化"战略,有所为有所不为

"差异化"是企业竞争优势的重要来源。作为国有企业的优秀代表,中国建筑始终坚持"差异化"战略,将"有所为有所不为"作为产品竞争策略,持续深化、优化"大市场、大业主、大项目"的市场策略,专注于高端市场,形成区别于对手的竞争优势。

(1)产品差异化。中国建筑在占据绝对优势的房建领域提出了"占领高端、兼顾中端、放弃低端"的"差异化"竞争策略,坚持"有所为有所不为"的发展理念。"为",就是要在高端领域与跨国公司竞争;"不为",就是不与民营企业争夺中低端市场,而是共生共赢、和谐发展。通过放弃低端市场,中国建筑获得了高端市场的持续增长,目前,全国90%以上的超高层地标性建筑和70%以上的大型机场均为中国建筑承建。

(2)区域布局差异化。中国建筑要求各工程局明确自身的重点产出区,并将资源向重点产出区域集中,集中力量做深做透重点区域市场,在施工领域,营业规模最大的前五个省的总收入应占到全部收入的70%以上。同时,在投资领域,各单位必须坚决贯彻"属地化"原则,集中资源和精力,积极参与所在地基础设施投资开发等项目。近年来,区域差异化策略得以坚决贯彻,从而确保中国建筑在重点区域的深耕细作,提高了经营效率,降低了运营成本。

(3)客户差异化。三大策略对工程局承接工程的规模设置了底线要求,但也加剧了工程局之间的竞争,导致其争夺市场时"同室操戈"的现象时有发生。为解决这一问题,中国建筑提出,为同一个大客户提供服务的工程局不得超过三家。这样既避免了内部无序竞争,也能聚焦重点客户,为客户提供更高品质的服务。

为支撑"差异化"战略,中国建筑不断探索分类考核、差异化考核,将集团公司对于子企业的战略定位与子企业所处行业的特征以及企业的发展阶段有机结合,真正发挥考核的导向作用。比如,对于建筑施工类企业,设置"区域化集中度"指标,引导子企业增强发展的规划性,将有限的资源集中到特定的区域市场,精耕细作,做强做大;对于勘察设计类企业,设置"院士、国家级工程勘察设计大师"加分指标,鼓励他们重视人才,尤其是高端精英人才的培育和引进,以增强企业核心竞争力。

三、坚持"国际化"战略,积极拓展海外市场

"国际化"不仅能带来收入、效益的增长,更重要的是通过与国际先进同行同台竞争,促使公司在更大范围内、更高水平上参与国际竞争与全球分工。作为我国第一批"走出去"

的企业，中国建筑一直坚守"国际化"战略，在做强我国市场的同时，积极融入国际市场，致力于成为一家在全球配置资源并高效运营的跨国公司。

（1）坚持扎根本土，属地化经营。中国建筑在北非、北美、中东、南亚、南洋等地区有30余年的长期稳定经营，是当地名列前茅甚至排名第一的外国建筑企业。公司在很多年前就提出了属地化的经营理念，不仅大量雇用当地劳工，使用当地分包和建筑材料，参与当地的经济和投资发展活动，同时还用开放性的管理思维吸引所在国和国际化人才加入。目前，中国建筑在美国的公司90%以上的管理人员均为属地化员工，在新加坡、中东、刚果（布）等国家和地区，本地雇用率也分别达到了70%、54%和69%。公司的这种做法既降低了项目成本，减少了企业对外沟通障碍，化解了因人力资源不足造成的履约风险，又赢得了政府、民众和合作方的认同。

（2）坚持服从国家战略、服务国家战略。中国建筑是我国最早"走出去"的企业之一，参与国家对外经济建设的历史可追溯到20世纪50年代末的援蒙、援越等援外工作。1979年，中国建筑成为我国最早拥有对外经营权的四家企业之一，由此开启了公司投身国际承包市场开展海外经营的序幕。几十年来，中国建筑累计在境外128个国家和地区承建项目8000多项，在海外拥有近万名高级管理人员及工程技术人员，"中国建筑"在许多国家已经成为知名品牌。

（3）坚持构建全球化供应链网络。通过多年国际化经营的实践和探索，依托多个深度经营的市场，中国建筑着力并持续培养打造对国际化资源的集成和驾驭能力。在项目跟踪阶段与国际知名企业开展强强联合、共同运作，在项目实施过程中，公司同一大批国内国际企业建立了长期的合作伙伴关系，逐步建立起以投资商、分供商为依托的组织管理结构，提升了企业竞争力。在巴黎，公司注册成立了博昂建筑贸易公司，作为在欧洲的采购平台，为非洲地区的项目实施提供采购支持。

（4）坚持多种手段、多种模式积极拓展国际化业务。在常规性的经营之外，中国建筑还通过资本运作，在法律完善、人文环境健康的成熟地区，开展战略并购。2014年，中国建筑美国有限公司成功收购美国Plaza建筑公司，由此一跃跨入全美最大承包商前40强行列。在伦敦，公司连续投资收购了伦敦的芬斯伯利圆形广场1号、61 Aldwych项目、维多利亚堤岸（Victoria Embankment）项目三栋甲级写字楼，总面积5.8万 m^2，收购总金额7.73亿美元；在巴哈马，中国建筑以融投资带动总承包模式运作实施了巴哈马大型海岛度假村项目，又投资收购了希尔顿度假酒店及周边地块；在阿联酋，中国建筑推进融投资带动总承包模式取得积极进展，成功运作迪拜朱美拉棕榈岛总督酒店项目。

为引导子企业积极参与国际化经营，中国建筑在设置具体国际化考核指标时，注意"因企而异"、量力而行。针对各子企业开展国际化经营的底子不同、抵御国际化经营风险能力不同的现状，对国际化经营时间较长、经验相对较为丰富的子企业，鼓励其在公司的统一组织下独立开拓海外市场，独立承担经营风险，独立对经营结果负责；对开展国际化业务时间短、经验相对不足的子企业，鼓励其系统内单位承接的项目担当分包任务，从而发挥其在项目履约和专业化施工等方面的优势和实力。这样的考核机制，有效地调动了子企业参与国际化经营的积极性，同时也在一定程度上规避了经营风险，保障了企业国际化成果。

四、坚持"相关多元和纵向一体化"战略，实现业务结构调整

始终生产或从事能够持续创造客户、服务客户、满意客户的产品或服务，是企业基业

长青的重要保证。中国建筑基于已经拥有的技术优势和市场优势,根据客户的需求,适时调整自身业务结构,实现相关多元化;同时,致力于投资、设计、建造、运营、服务等纵向一体化的拓展方式,在所从事的业务领域努力构建起独一无二的市场地位,形成竞争对手难以模仿的竞争优势。

(1) 整体业务结构调整。中国建筑在成立后相当长一段时间里,主营业务基本局限于房屋建筑施工。随着我国建筑市场重心的转移,特别是在国家加快城镇化建设和加大基础设施投资的背景下,公司为分散业务风险,抢抓市场机遇,提出"532"(房建、基础设施、房地产营业收入比例为5∶3∶2)的业务结构调整目标。公司对转型业务超常规集中投入资源,并将转型目标分解落实到相关子企业的年度绩效考核中,促使其在短期内取得突破性进展。2019年,中国建筑基础设施业务营业收入3181亿元,较2009年增长约8.3倍,年均增幅高达24%,大大高于公司整体收入增速。

(2) 推动子企业的相关多元化。中国建筑要求所属八个工程局结合自身优势,在房建、基础设施领域分别确定各自的目标细分市场。比如,三局、四局、八局聚焦于超高层建筑领域;六局聚焦于公路、地铁和桥梁;七局则聚焦于融投资带动总承包业务等。促使各工程局在有限的市场领域中集中投入资源,逐步形成各自差异化的拳头产品,在解决同质化竞争问题的同时,有效构筑起中国建筑的整体竞争优势。

(3) 打造"四位一体"经营模式。中国建筑充分发挥内部协同效应,打造"规划设计、投资开发、基础设施建设、房屋建筑工程四位一体"的商业模式,为地方政府推进城镇化建设提供一站式、全过程服务,实现企业从"单纯建楼"向"综合建城"的转型升级,打造全产业链服务能力,形成"系统对要素的竞争优势"。

通过相关多元和纵向一体化发展,公司结构调整取得了较好的成效。目前地产和基建业务合计占公司总收入的近40%,专业板块占公司总收入超过20%。这些调整有力地提升了中国建筑的核心竞争能力,而且相对多元的业务结构,使得公司在市场竞争中进退有据,面对市场波动时有了更大的回旋空间。

近年来,中国建筑充分发挥绩效考核在战略执行中的作用,在改革发展中取得了一定成绩,整体规模跃升至行业前列。但是,在取得成绩的同时,公司在体制机制、基础管理、国际化能力等方面相比国际优秀企业还存在一定差距。展望"十四五",中国建筑将继续深入贯彻落实党中央、国务院的决策部署,按照国务院国资委"创建世界一流企业"的要求,深入推进市场化改革,充分发挥骨干央企的带头和表率作用,紧随国家"三大战略",深入拓展绿色建筑、建筑工业化,以及以综合管廊、海绵城市为代表的城市基础设施领域,为我国的城镇化建设和全面建成小康社会做出应有的贡献。

(资料来源:中国建筑集团李翔宇撰写。)

案例讨论题:

1. 中国建筑如何坚持绩效导向、完善激励机制?
2. 中国建筑如何利用绩效考核支撑"差异化"战略?
3. 中国建筑总体上如何发挥绩效考核在战略执行中的作用?

第八章

绩效风险管理

本章要点

绩效考评有许多风险点，但是经常被组织所忽略。谁确定指标和指标值、谁牵头组织绩效管理、谁做评委、谁参与打分、谁处理原始分数、有多少人理解原始分数和导出分数的差别……绩效管理的具体事务一般都由人力资源部处理，许多单位的绩效管理委员会秘书处设在人力资源部，所以本章先介绍人力资源管理风险，然后介绍绩效风险管理的相关知识，包括绩效管理风险的内容及如何防范等。同时，健全绩效管理制度、完善绩效管理系统配套建设也是绩效风险管理的有效措施，本章也将对这些内容进行详细介绍。

导入案例

MSK 公司绩效管理制度（节选）

第一章　总则

第一条　绩效管理的目的

1．保证企业战略目标的实现

通过对团队、个人的工作绩效的考评和管理，提高个人的工作能力和工作绩效，从而提高组织整体的工作绩效，完善人力资源管理机制，最终实现企业战略目标。

2．促进组织和个人绩效改善

通过规范化的绩效指标、绩效目标设定，沟通、绩效审查与反馈工作，改进和提高管理人员的管理能力和管理绩效，促进被考评者工作方法和工作绩效的提升，最终实现组织整体工作绩效的提升。

3．利益分配的评判标准

考评的结果作为激励（工资调整、奖金分配）和人员调整（人员晋升、降职调职）的依据。

第二条　绩效管理的机构

（1）由公司人力资源管理委员会负责指导绩效管理相关工作。

（2）人力资源部作为绩效管理工作组织机构，负责绩效管理工作的计划、组织、培训、政策解释、协调和总结等工作。

（3）各一级部门综合办公室负责本部门绩效管理的组织、资料准备和整理汇总等工作。

第三条　绩效管理对象

本公司的绩效管理对象分为两大类，即部门绩效和个人绩效。部门绩效是指公司各一级部门的绩效；个人绩效则适用于公司所有正式员工，下列人员除外：

（1）执行集团公司薪酬制度及绩效管理制度的人员。

（2）严重违反公司规章、制度或违犯国家法律的人员。

（3）试用期内员工、岗位变动的员工、入职时间不足6个月或者有其他特殊原因的员工，经过人力资源管理委员会批准可以不参加当年年度考评，其考评分数视为所在部门平均水平。

为了便于进行绩效管理，现将公司人员进行分类：

A类为中高级管理人员，包括公司各一级部门主管（包括副主管）及以上的管理人员。

B类为中低层管理人员，包括公司各一级部门主管助理及二级部门主管、技术业务类人员中的部分人员。

C类为除A、B类以外的其他人员。

第四条　绩效管理的原则

1．公平、公正、公开原则

让被考评者了解考评的程序、方法及考评结果等事宜，使考评有透明度。

2．参与原则

鼓励动员全员参与，促使绩效管理体系有效运行。

3．多角度双向沟通原则

考评者与被考评者及时沟通，对被考评者工作中的成绩进行肯定，并及时帮助被考评者解决工作中出现的问题。

第五条　绩效考评方法

绩效考评是绩效管理的核心工作，应用以关键绩效指标为主，补充指标和基准指标为辅的考评方法。

第六条　绩效管理的流程

1．绩效计划阶段

2．绩效实施阶段

3．绩效考评阶段

4．绩效反馈和绩效改进阶段

第七条　绩效计划的内容及分类

在进行绩效管理的过程中，员工必须制订绩效计划，绩效计划的主要内容有绩效指标、绩效目标、绩效衡量标准等。员工绩效计划分类如下：

1．年度绩效计划

A类和C类人员都必须制订自己的年度绩效计划，其中A类人员仅制订年度绩效计划。

2．季度绩效计划

仅B类人员制订每一季度的绩效计划。

3．月度绩效计划

C类人员都要制订月度绩效计划，其月度绩效计划根据年度绩效计划分解得到，与年度绩效计划同时制订完成，但可以在以后的实施过程中，根据上月月度绩效考评实际情况和生产实际情况进行绩效计划的校正。

第八条　各类绩效计划的制订时间

（1）年度绩效计划由直接主管及被考评者在当年1月30日前，根据上年度的绩效考评结果和绩效反馈结果共同制订完成，并填写个人"绩效计划表"，由员工的上一级主管审核签字后留所在部门进行保管，同时交公司人力资源部备案。

（2）季度绩效计划在每一季度首月的第八个工作日前完成，并填写个人"绩效计划表"，经直接主管审核后交人力资源部备案。

（3）月度绩效计划与年度绩效计划制订同时完成，如果需要根据上月月度绩效考评实际情况和生产实际情况对C类人员年初所制订的月度绩效计划进行校正，由各岗位被考评人员向其直接主管提出申请，说明要进行本月度绩效计划校正的理由和事实依据，经其直接主管根据员工的实际情况与员工进行沟通后，双方在当月第六个工作日前完成对本月绩效计划的校正（与员工的上月月度绩效考评和绩效反馈同时完成），并更改年初所制订的个人"绩效计划表"的相关内容，由其上一级主管在1个工作日内由相关部门审核签字后留所在部门保管，同时交公司人力资源部备案。

第九条　信息收集的程序

绩效管理过程中，信息收集遵循由下而上的原则。信息收集的程序如下：

（1）员工每月的工作表现资料信息由其直接主管负责在平时记录并管理，报各二级部门管理员；各二级部门管理员对数据进行汇总整理后，报二级部门主管领导审核。

（2）二级部门内的生产经营信息资料由管理员到各信息来源处收集整理后，报主管领导审核。

（3）部门内的安全生产情况信息由各二级部门安全工作管理人员收集整理，报部门管理员汇总整理后，报部门主管审核。

（4）其他相关考评信息（如有效投诉等）由管理员一并收集整理后报主管审核。

第十条　绩效沟通的分类

绩效沟通一般分为正式沟通和非正式沟通。

1．正式沟通

（1）适用范围：本制度中所指正式沟通适用于公司内只进行年度绩效考评的A类人员。

（2）沟通时间：按季度进行，于每季度首月的20日进行（遇休息日顺延）。

（3）沟通形式：由人力资源部统一组织各被考评者及其直接主管领导进行沟通会议，采用书面述职报告的形式，由被考评者填写述职报告表，并在沟通前提前三天将报告提交直接主管和人力资源部各一份，以供沟通使用。

（4）沟通结果：沟通结束后，由各被考评者的直接主管在一份述职报告表中填写绩效沟通总结和绩效改进建议，双方签字确认后交人力资源部门备案。

2．非正式沟通

当直接主管发现员工工作中的不足或员工在工作过程中遇到问题时，员工与直接主管进行的非正式交谈，可以便于管理者及时发现问题，并解决员工的困难，从而及时改进绩效。

第十一条　绩效计划的调整

绩效计划在制订和签署之后通常不应予以调整，但如果企业的内外部环境发生了重大变化，足以影响绩效计划的顺利完成，则被考评者和其直接主管可以就绩效计划的目标值的调整进行沟通，达成一致后可对原绩效计划做出适当调整。但该计划的调整一定要有相关的依据，并得到直接主管和上一级主管领导以及人力资源部门的认可方可进行。绩效计划的调整必须在绩效考评进行前三天调整并审核完成。

第十二条 考评周期

本制度规定公司绩效考评的考评周期分为年度考评、季度考评、月度考评。

1. 年度考评

年度考评的主要内容是对员工在本年度的工作态度、工作行为、工作成绩和工作能力进行全面综合考评。年度考评作为晋升、淘汰，以及计算年终奖励、培训与发展的依据。公司所有员工均进行年度考评，其中A类人员只进行年度考评。

2. 季度考评

季度考评的主要内容是员工在本季度的工作行为和工作成绩。季度考评结果与季度绩效工资直接挂钩。季度考评的主要对象是本制度规定的公司B类人员。

3. 月度考评

月度考评的主要内容是员工本月的工作行为和工作成绩。月度考评结果与月度绩效工资直接挂钩。所有C类员工都要进行月度绩效考评。

第十三条 绩效考评的时间

月度考评于次月第十个工作日前完成；季度考评于下一季度的首月第十个工作日前完成；年度考评于次年1月第十五个工作日前完成。季度绩效正式沟通在下一季度首月的20日进行，由人力资源部门统一组织。

第十四条 月度考评程序

（1）直接主管在每月月初的第二个工作日前从信息收集者处获取考评数据。

（2）直接主管在每月月初的第六个工作日前与被考评人进行充分沟通后，根据收集到的信息填写上一月度个人"绩效考评表"，评出员工上月的绩效分数；同时与被考评员工进行绩效反馈（具体内容见绩效反馈部分），根据绩效考评结果和反馈情况，双方可以就下月的月度绩效计划做出校正。

（3）直接主管对本部门内所有被考评人上月的绩效考评综合得分进行汇总，在本月的第七个工作日前报上一级主管审核。

（4）上一级主管对考评结果进行审核，于本月的第七个工作日前报人力资源部。

（5）人力资源部于本月第十个工作日前完成对公司全部上月度考评结果和校正后绩效计划的审核。

第十五条 季度考评程序

（1）直接主管在每季度首月的第五个工作日前从信息收集部门获取考评数据。

（2）直接主管在每季度首月的第八个工作日前与被考评人进行充分沟通后根据收集到的信息填写上一季度"绩效考评表"，评出被考评人上季度的绩效分数，同时与其进行季度绩效反馈（具体内容见绩效反馈部分），并根据绩效考评结果和反馈情况指导被考评人签订本季度的"绩效计划表"。

（3）直接主管对本部门内所有被考评人上季度的绩效考评综合得分进行汇总，于本月第九个工作日前连同本部门B类人员的本季度"绩效计划表"一同报人力资源部。

（4）人力资源部于本月第十个工作日前对上季度考评结果和本季度绩效计划制订情况进行审核。

第十六条　年度考评程序

年度考评分为三部分：A类人员的年度考评（只做年度考评）、B类人员的年度考评和C类人员的年度考评。

1．A类人员的年度考评

（1）由人力资源管理委员会根据所收集到的绩效信息和每季度的绩效沟通的述职报告内容，在下一年的1月第十个工作日前完成对A类人员的年度绩效考评，并由被考评人的直接主管填写管理层的"绩效考评表"。

（2）考评结果在1月第十五个工作日前由人力资源管理委员会审核通过后报人力资源部备案。

2．B类人员的年度考评

（1）由直接主管在下一年1月的第十个工作日前，根据上一年四个季度的绩效考评结果和员工上年度的总体工作态度、工作能力、工作技能情况对被考评人进行考评，并填写"绩效考评表"。

（2）直接主管在1月的第十二个工作日前将被考评人的"绩效考评表"报人力资源部。

（3）人力资源部于1月第十五个工作日前对员工的年度考评结果进行审核，并备案。

3．C类人员的年度考评程序

（1）由直接主管在下一年1月的第十个工作日前，根据上一年12个月的员工绩效考评结果和员工上年度的总体工作态度、工作能力、工作技能情况对员工进行考评，并填写C类人员的《绩效考评表》。

（2）直接主管在1月的第十一个工作日前将汇总的员工"绩效考评表"报上一级主管审核。

（3）上一级主管对考评结果审核，于1月的第十二个工作日前报人力资源部。

（4）人力资源部于1月第十五个工作日前对员工的年度考评结果进行审核，并备案。

第十七条　绩效考评方法

绩效考评方法以关键绩效指标为主、补充指标和基准指标为辅。

第十八条　考评结果计算

（略）

第十九条　绩效反馈

常用的绩效反馈方式是进行绩效面谈。进行绩效面谈前一般要准备"绩效反馈表"。

第二十条　绩效反馈时间

C类人员的月度绩效反馈在月度绩效考评当日（时间见绩效考评部分第十四条规定）完成了绩效考评后，对考评结果进行绩效反馈。C类人员的绩效反馈不必填写"绩效反馈表"，由其直接主管将考评结果口头反馈给被考评者。

B类人员的季度绩效反馈、全体人员的年度绩效反馈在季度、年度绩效考评当日（时间见绩效考评部分第十五和第十六条规定）完成了季度和年度绩效考评后，对考评结果进行绩效反馈，并填写"绩效反馈表"，报人力资源部备案。

第二十一条　申诉和处理

被考评者对考评结果有异议，必须在考评结果公布后 3 个工作日内提出申诉，可以向上一级部门主管申诉（对年度考评结果有异议也可以直接向人力资源管理委员会申诉）。接到申诉的部门必须在 3 个工作日内就申诉的内容组织审查，并将处理结果通知申诉者。

第二十二条　绩效考评结果应用

绩效考评结果应用主要包括薪酬奖金、职务调整、是否继续聘用、培训与再教育等，具体内容见其他相关人力资源管理制度。

第二十三条　绩效改进

各级考评者和被考评者应及时针对考评中未达到绩效标准的项目分析原因，并制订相应的改进措施计划。考评者有责任为被考评者实施绩效改进计划提供指导、帮助以及必要的培训，并跟踪、检查改进效果。

（资料来源：上海慧圣咨询公司数据库。）

随着知识经济时代的到来，企业的生存环境变得更加复杂。在高度不确定的内外部环境中，企业的经营管理计划与实践经常发生背离，从而形成企业管理风险。绩效管理也是如此。为有效规避和防范绩效管理风险，企业要清楚地认识到风险的来源，建立相关的配套制度，加强风险控制。在企业中，一套完整的绩效管理制度是应对绩效管理风险的重要保障。通过本章内容的学习，结合该案例可以看出，在绩效管理制度中，许多要素都是必不可少的，对推动绩效管理顺利实施起着重要作用。

第一节　人力资源管理风险

一、风险管理概述

风险管理作为企业的一种管理活动，起源于 20 世纪 50 年代的美国，当时美国一些大公司发生的重大损失使公司高层开始认识到风险管理的重要性。随着人类经济、社会和技术的迅速发展，人类开始面临越来越多、越来越复杂的严重风险。科学技术的进步给人类带来巨大利益的同时，也给社会带来了前所未有的风险。风险管理是通过对风险的认识、衡量和分析，选择最有效的方式，主动地、有目的地、有计划地处理风险，以最小成本争取获得最大保证的管理方法。目前，风险管理已经发展成企业管理中一个具有相对独立职能的管理领域，在围绕企业的经营和发展目标方面，风险管理和企业的经营管理、战略管理一样具有十分重要的意义（见图 8-1）。

风险管理的整体目标就是使企业价值最大化。对于一个企业来说，企业的风险管理应当：

（1）是一个过程，它持续地流动于主体之内。

（2）由组织中的各个层级的人员实施。

（3）应用于战略的制定。

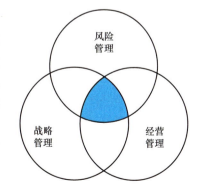

图 8-1　风险管理、经营管理和战略管理的关系

（4）贯穿于企业，在各个层级和单元中应用，还包括采取主体层级的风险组合观。

（5）旨在识别一旦发生将会影响主体的潜在事项，并把风险控制在风险容量以内。

（6）能够向一个主体的管理者和董事会提供合理保证。

（7）力求实现一个或多个不同类型但相互交叉的目标。

而企业风险管理的框架力求实现主体的以下四种类型的目标：

（1）战略目标：高层次目标，与使命相关联并支持其使命。

（2）经营目标：有效和高效地利用其资源。

（3）报告目标：报告的可行性。

（4）合规目标：符合适用的法律和法规。

企业风险管理包括八个相互关联的构成要素，它们来源于管理者经营企业的方式，并与企业过程整合在一起。这些构成要素是：

（1）内部环境。内部环境包含组织的基调，它为主体内的人员如何认识和应对风险设定了基础，包括风险管理理念和风险容量、诚信和道德价值观，以及所处的经营环境。

（2）目标设定。必须先有目标，管理当局才能识别影响目标实现的潜在事项。企业风险管理确保管理者采取适当的程序设定目标，从而确保所选的目标支持和切合该主体的使命，并且与它的风险容量相符。

（3）事项评估。必须识别影响主体目标实现的内部和外部事项，区分风险和机会，机会被反馈到管理者的战略或目标制定过程中。

（4）风险评估。通过考虑风险的可能性和影响来对其加以分析，并以此作为决定如何进行管理的依据。风险评估应立足于固有风险和剩余风险。

（5）风险应对。管理者选择风险应对：回避、承受、降低或者分担风险，采取一系列行动以便把风险控制在主体的风险容限和风险容量以内。

（6）控制活动。制定和执行政策与程序以帮助确保风险应对得以有效实施。

（7）信息与沟通。相关的信息可以确保员工履行其职责的方式和时机予以识别、获取和沟通。有效沟通的含义比较广泛，包括信息在主体中的向下、平行和向上流动。

（8）监控。对企业风险管理进行全面监控，必要时加以修正。监控可以通过持续的管理活动、个别评价或者两者结合来完成。

企业风险管理并不是一个严格的顺次过程，一个构成因素并不仅仅影响接下来的那个构成因素。它是一个多方向的、反复的过程，在这个过程中，几乎每一个构成要素都能够也的确会影响其他构成要素。

二、人力资源管理风险的含义

随着社会经济的发展，企业的内外部环境变得更加复杂。在高度不确定的环境中，企业人力资源管理的实践与计划经常发生背离，从而形成企业人力资源管理风险。如何有效规避或防范人力资源管理风险是企业人力资源管理工作的重要组成部分。

人力资源管理风险包括三个部分：事件、概率、后果。

人力资源管理风险的事件是指在人力资源管理活动中发生错误或意外收益的具体活动。事件的确定需要建立在对本企业的人力资源管理活动有充分了解和熟悉的基础上。

人力资源管理风险的概率是指所确定的事件在实际运作中发生的可能性。

人力资源管理风险的后果是指如果所确定事件在实际中发生，所造成影响的大小。

人力资源管理的风险来自人力资源管理各个模块，具体包括工作分析风险、招聘风险、绩效管理风险、薪酬管理风险、培训管理风险、员工关系管理风险和跨文化管理风险等。这些风险可归纳为三个层次：理念风险、制度风险和管理技术风险。

（一）理念风险

理念是企业最基本、最集中的价值取向，有什么样的理念，就有什么样的实践。人力资源管理也需要理念，落后和超前的管理理念都会深刻影响人力资源管理的制度和实践。

随着改革开放、市场竞争的国际化，我国企业开始越来越接受国外现代化的管理方法。人力资源管理不仅是一种实践，更是一种管理理念，并且是建立在深刻的内涵和理念基础上的。人力资源管理实践的得失成败主要取决于管理者对人力资源管理思想精髓的认识。真正限制人力资源管理体系建设的障碍在于观念。所谓观念障碍风险，是指企业管理者，特别是人力资源管理人员对企业的人力资源及人力资源管理系统的认识，没有形成全面、科学的认识，不能从根本上把握人力资源管理的基本观念而导致的在制度建设、实施与完善过程中的盲目性。

（二）制度风险

制度化的管理起源于社会化大生产。企业的人力资源管理当然也不能离开制度化的理性原则，它也要在一套行之有效的制度下实施管理。所以，缺乏现代人力资源管理理念指导的制度，或者制度本身不健全、不完善、缺乏系统性，都会造成人力资源管理风险。

企业建立各种人力资源管理制度，需要解决两大问题：一是制度的定位问题；二是制度的系统性问题。制度定位不准及制度不完善、不系统是人力资源管理制度风险的具体表现。缺乏先进理念指导的制度必然会造成制度的无效或者整体性不足。制度的系统性就是要使人力资源管理的各项制度，包括工作分析、招聘、考评、激励、薪资、晋升、奖惩等形成一个完整的体系。

（三）管理技术风险

人力资源管理的过程是相应的人力资源管理制度和技术的一体化和同步化的过程。这就说明人力资源管理技术的选择也会存在与理念和制度不相符的风险。人力资源管理技术包括岗位管理技术、绩效管理技术以及人才测评技术（心理测试、素质测试、评价中心、工作取样法）及形形色色的人力资源管理软件等。

进一步研究表明，无论人力资源管理有多少种风险，但一般都有一些共同的特点：

（1）客观性。人力资源管理的风险是客观存在的，人们只能设法防范和化解风险，但不能使其绝对消失。

（2）流动性。拥有高存量人力资本的知识型劳动者的高流动倾向性给企业带来的损失具有不确定性。

（3）正相关性。人力资源开发的投入越多，管理的风险就越大。对企业高层管理人员和高级技术人员的开发，其所耗费用很高，潜在的风险就大；反之，一般员工的开发费用较低，其开发风险就小得多。

（4）动态性。风险在人力资源管理各个环节发生的频率、影响其活动的强度范围都不尽相同，并具有动态变化的特征。风险的动态性特征增加了风险管理的难度，要求管理方法注重灵活性，避免僵化和一成不变。

（5）破坏性。人力资源是企业的核心资源，一旦发生风险，给企业造成的损失将是巨大的。它不仅危害企业物质资源的安全，甚至可能导致企业发展战略的彻底失败。

（6）可化解性。人力资源管理风险并不是完全不可抗力，只要开发符合实际、制度合理、管理严格、实施到位，是可以化解风险的。

三、人力资源管理风险的成因

根据现代企业的理论，企业所处的环境是不确定的，信息是不对称的，存在和充满各种难以预测的因素。这表现为行为和结果的不确定性，因此必然存在管理风险。影响人力资源管理、造成风险的因素很多，总的来说有以下几个方面：

（一）人的复杂性及信息不对称

个体在决定自己的行为时往往表现出不确定性，主要表现在个体信息获取、处理、输出及反馈与主观、客观的依赖性。同时，有限理性假说也揭示了人们在进行有目的的行为决策时并不能拥有所有可能的方案以及有关方案后果的详尽的信息，也就是存在信息不对称。这种信息不对称就使人们的生产经营活动存在风险。在企业人力资源管理中，如人才招聘中存在信息不对称，应聘者可能隐瞒个人真实信息，而企业对员工的身体素质、学识、能力等方面不可能完全了解。人才进入企业后仍存在着信息不对称，由于信息不对称，管理者的投入就很难被观察，这样管理者与被管理者关系中就容易产生非协作、低效率，经济主体在利己动机的驱动下便会导致道德风险的产生。同时，在目前的委托－代理关系中，由于缺乏有效的监控机制，有些高层管理者存在谋求私利的现象，如贪污腐败等。信息不对称是产生人力资源管理风险的首要因素。

（二）实现个人目标的手段对组织目标伤害的可能性

人是具有能动性的高级动物，组织中每个人选择某个岗位的原因并不相同。组织中个人目标与组织目标可能一致，也可能不一致，如果不一致，就会大大增加员工的机会主义倾向；即使个人目标与组织目标一致，如二者都是为使经济收入最大化，人为实现个人目标的手段也有可能使组织目标受损。

（三）人力资源素质的动态特征

人力资源具有自适应性特征，也就是说，人们可以通过"干中学、学中干"或其他渠道学习，使得人力资源素质不断提高。这种动态特征会使员工的能力大大增强，这就存在企业追求知识共享与员工倾向知识垄断的矛盾。同时，由于素质提高，员工可能会为了寻求更有挑战性的工作而跳槽，这种流失可能导致企业秘密外泄与树立竞争对手。

（四）人生中遭遇灾难的可能性

由于不同时期人的生理及心理承受能力不同，以及外界环境的不确定性和复杂性，人们在生命周期中可能会遭受各种各样的灾难，如疾病、工伤、车祸等，造成对员工的生命和健康的损害，将导致使用这些人力资源的企业造成损失，特别是企业中关键人物在任期中的突然死亡、伤残等会给企业造成重创甚至导致破产。

（五）环境的不确定性

环境的不确定性可能使企业人力资源错位，从而产生风险。例如，国家政策倾向的变化，科学技术的重大突破，以及在生产中的运用；国家产业结构的调整，新的有关企业法规的出台等不确定环境因素，导致企业人力资源跟不上形势，或吃不透精神，或缺乏针对性，企业因此而处于被动局面。另外，人力资源市场的规模大小、人力资源的供求状况、竞争态势、社会择业倾向与个人偏好、市场行为的规范性等也将直接影响企业的人才招聘风险的大小。

（六）企业的人力资源管理制度不健全

企业在人员招聘、员工培训、绩效考评、薪酬管理、激励机制、职业计划和福利制度等方面存在缺陷，不能对员工的能力状况、薪酬竞争力、工作经历甚至退休福利等做出正确评估，进而针对不同的人确定激励措施，真正做到招对人、用好人、管好人。

这就要求企业必须使人力资源管理的各项制度，包括工作分析、招聘、考核、激励、薪资、晋升、奖惩等形成一个完整的体系。

四、人力资源风险管理的策略

（一）树立人力资源风险管理意识

管理者如何防范人力资源风险已成为现代企业管理的一个重要课题。人力资源作为企业发展的战略性资源，其风险管理理应受到充分重视，但许多企业仍然只关心利润。管理者应分析环境不确定性产生的根源，对环境的变化进行预测，对将会导致的风险加以控制，实施有计划的人力资源风险管理。有条件的企业应设立风险管理部门或增加风险管理职能以提高企业风险管理能力，降低风险事件发生的频率以及风险事件发生后所造成的损失。

（二）加强人力资源风险的全程防范

在招聘阶段，工作分析的准确性、招聘人员的能力与素质、招聘方式等因素都不同程度地影响着招聘工作的质量。

在用人阶段，关键是要做好激励工作，这有待于企业建立合理的薪酬制度。要建立体现企业内部分配的公平性、激励性、经济性、竞争性以及合法性的激励制度，有待于建立卓有成效的绩效考评制度，它的建立必须遵循科学的程序与方法进行。

首先，必须给员工提供生活保证心理，提供安全与健康的工作环境。其次，加强企业文化建设，促进员工之间的交流与合作，提高信息和知识共享的程度，培养企业的团队精神，同时关心员工的生活，给员工家庭般的温暖以及采取股权激励等方式。

在育人阶段，高度重视培训工作是提高企业抵御风险能力的有效途径。为了避免出现培训名存实亡、收效甚微的不利后果，人力资源风险管理者有责任协助培训部门拟订系统的培训方案。培训的方式有多种，其中以在职培训为主，而定期请专家讲座或到外校进修等也是可采用的方法。与传统培训方式相比，网络培训具有耗时短、成本低等优势，是未来培训的主流方式之一。

在留人方面，要依据"多管齐下"的原则，包括高薪留人、平等融洽的工作环境留人、委以重任留人、个性化管理留人、沉淀福利留人、感情留人、约束力留人等方面的举措。

尽管企业采取了一系列措施，但还是不可避免会流失一部分员工。即使流失已成定局，企业也应该与这些员工交流，搞清这些员工流失的真正原因，为以后的人力资源工作积累经验。一般将要离职的员工没有太多心理负担，可以面对领导无所顾忌地畅所欲言，因此，这个时候是听取员工心声的最佳时机。同时，要做好关键人才的储备，以防因人才的突然离去导致工作中断。有鉴于此，企业必须建立人才储备库，减少由于人员流失产生的风险。

（三）建立人力资源管理信息系统

由于信息不对称是导致人力资源风险的关键因素，为了减少信息的不对称，可以建立和完善人力资源信息管理系统，加强监督管理和各项考评工作。人力资源信息系统的内容包括企业内外部两方面的信息。

企业内部信息包括在职人员信息、离职人员信息、员工工作动态跟踪信息、人才储备信息等。企业可以通过这些信息及时了解员工的各种情况，对可能发生的各种情况做到有备无患。如处理在职人员信息时，企业的人力资源部门在把握员工基本情况时，对了解到的信息做系统记录，包括员工的基本情况、家庭、受教育情况、背景、技能等，在制定员工激励政策时，就能有针对性地进行应用与执行。

企业的外部信息包括同业人员的信息、同业人才需求信息、人才供应状况信息等。通过这些信息，企业可以随时了解人才离职率变动情况以及离职原因，从而有针对性地采取相应的措施。通过对人才供给状况的了解，企业可以快速有效地为人才流失后的空缺岗位补充优秀人才。如从同业人员信息中了解其他企业，特别是直接竞争对手企业中人才的薪资福利水平和政策，以及行业平均薪资水平，可以帮助企业更好地制定本企业薪酬政策，防止因薪酬问题而导致人才流失。这样就降低了离职发生时岗位长期空缺的可能性。

（四）健全相关法律法规

从国家宏观管理的角度来看，国家应健全各项相关的法律法规体系，为企业控制人力资源风险提供法律依据。

首先，必须完善关于知识产权保护的法规。其次，必须健全职业安全卫生管理以及职工医疗保险、养老保险管理等一系列规章制度，让员工获得职业卫生教育、培训，职业性健康检查，职业病诊疗、康复等服务。要了解工作场所产生或可能产生的职业病危害因素、危害后果和应当采取的防护措施，要求用人单位提供符合要求的防护设施和个人使用的防护用品，改善工作条件，对违反职业病防治法律、法规以及危害生命健康的行为提出批评、检举和控告等。同时，相关法律规定企业必须为员工按比例缴纳养老保险、医疗保险等保障金，以防意外事故发生及作为将来养老的专项基金。最后，完善人才流动过程中技术秘密保护的法律法规，以防企业核心技术被竞争对手攫取，使人才的流动规范化。

第二节　绩效管理风险

人力资源风险涉及人力资源管理的整个过程，人力资源规划、招聘、员工培训、绩效考评、薪酬管理等各个环节都存在风险。在这里主要介绍绩效管理风险。绩效管理在实施过程中的风险无处不在，因此，如何控制风险、做好风险防范便成了关键问题。以下就绩效管理风险来探讨有效的防范措施。

一、绩效管理风险

以下以绩效管理中的几个关键要素来进行讨论分析，看看风险会在哪里产生。

（一）角色转变

绩效管理体系要优化，那么对现有的体系必然是一种冲击，需要企业全体人员转变角色。尤其对人力资源部门来说，将会担当更多的职责，同时也面临着更多的风险，如图8-2所示。

需求	关键成功要素	风险因素
制订由继任规划、绩效管理和能力管理组成的人力资源管理战略方案 优化人力资源管理流程，确保满足各职能部门的需求 建立人力资源管理信息系统 建立全方位的交流机制，特别有助于与各部门和集团及下属公司的交流 培训现有人力资源管理人员	人力资源部对管理工作定位的认可 培训现有人力资源管理人员 人事管理信息系统必须作为整个企业信息战略规划的一部分 与企业高层、各职能部门、集体及下属子公司之间的充分交流和信任 有效衡量人力资源管理工作的方式	对人力资源管理人员的能力和知识要求较高 需要较长的时间和付出巨大的努力 工作量增大，要求提高，人力资源战略分析质量有待保证 在推广人力资源最佳实践时，会有来自职能部门、集团及下属公司的阻力

图8-2 人力资源部门角色转变面临的绩效管理风险

（二）流程管理

绩效管理是一个系统，拥有完整的流程，但是这个流程并不是能一蹴而就的，而是需要一个产生过程。在这个产生过程中，绩效管理流程中可能面临的风险如图8-3所示。

需求	关键成功要素	风险因素
为目前正在实际操作的人力资源绩效管理流程建立规范性文件 对某些现有的流程需要进一步完善或重新设计 定期对流程执行情况进行内部审计，早期改善发现的问题 流程的执行与人力资源信息系统相互吻合，确保信息数据对各方面工作的支持	人力资源部与其他职能部门、业务群、业务单元充分合作 流程中每个步骤的负责人与其能力相互匹配 有良好的绩效管理体系来衡量流程的工作效益 整合的人力资源管理信息系统 人力资源管理体系的完善 流程衔接中所涉及的数据需要有规范化的格式，以便操作上的便利	绩效管理的流程可能与其他部门、业务单元的流程在时间操作上有冲突 部分绩效管理体系还未完善，所以会对流程的执行带来操作上的困难 流程具体的执行人需要有跨部门的运作意识

图8-3 绩效管理的流程风险

（三）信息系统更新

绩效管理要有效实施，还有一个必备条件就是绩效系统的跟进。因为绩效管理是一个非

常复杂的过程，如果只靠人力手工操作完成，绩效管理就会变成企业的负担。

绩效管理的信息系统风险如图 8-4 所示。

需求	关键成功要素	风险因素
规划绩效管理系统 建立操作性强的流程管理 处理全面的绩效信息 提供支持高层决策所需的报表和信息数据 实现信息共享和信息查询 建立一套完整的监督体系 实现员工自助服务 实现系统各模块间的集成性 设置信息系统的权限 系统安全性和保密性	获取高层领导的支持，赢得各部门、集团及下属子公司的理解，并保持上下左右的定期有效沟通，明确系统实施方向 组建团体领导力 保证信息系统的技术支持和维护 稳定系统的运作水平，经常进行内部培训 信息系统局部试点成功，然后再推广，可以使风险降低到最小，成功的经验又有助于系统的全面高效推广	对旧系统的习惯导致在推动并维系新系统时，会碰到一定的阻碍 没有充足的信息化设施及资源，往往未能有效而充分地进行系统实施 系统的有效运作需要有丰富的经验和知识 所需的信息无法及时获取，或即便获得但未必真实可靠

图 8-4 绩效管理的信息系统风险

（四）绩效体系完善

绩效管理要与企业的战略联系，为战略服务。这就给绩效管理提出了很高的要求。

如何完善绩效管理体系、解决体系中存在的潜在风险是企业的一大难题。绩效管理的体系风险如图 8-5 所示。

需求	关键成功要素	风险因素
建立企业绩效管理网络 制定公司层面的战略目标和核心成功因素 各部门、各业务单元制定具体的战略目标 根据战略目标设计部门和各业务单元的平衡计分卡 把平衡计分卡的KPI分解到绩效合同中 制定企业绩效管理制度和流程 确保个人绩效结果和其能力提升紧密挂钩	公司及下属企业管理层的全面支持和协助 年度性对各层面的战略目标和KPI进行调整 人力资源部充分指导其他职能部门、业务单元设计平衡计分卡 完善的能力管理体系，从而在把KPI分解到关键岗位时可以针对个人的能力给予责任 清晰具体的工作说明书，并且及时更新岗位内容的变动	人力资源部的工作任务加重，现有人数可能无法支持实施 企业战略目标和业务单元、职能部门的战略目标需要充分被理解与认同 绩效管理权力需要根据岗位能力而下放，所以企业文化必须支持主人翁精神 绩效管理体系的实施需试运行，所以无法很快地体现出其效益 部门和集团及下属公司可能会对绩效管理体系有抵触情绪

图 8-5 绩效管理的体系风险

二、绩效风险的危害与对策

绩效考评有许多风险，和投资一样，这些风险随着绩效考评的收益而产生，由绩效考评的本质特征所决定。绩效考评的结果与个人利益高度相关，而在个人利益得失问题上的沟通是非常艰难的，有时根本无法协调。考评体系建立之初，签订考评协议是一个较好的解决办法。

绩效考评的大量要素是主观的，如软指标的打分，确定优、良、中、下等级。这个方面几乎不可避免地会产生矛盾。减少主观因素，将主观因素仅用于工作的改进，而不用于与利益挂钩，是值得一试的对策。

绩效考评的大量目标是短期的，有时会对长期的战略目标产生偏离的力量。每个季度进行考评战略评审的方法可以降低短期行为的风险。所谓考评的战略评审，就是将每个月和每个季度的考评结果不仅用在对个人和团队的奖罚，而且要反馈到整个战略的实施过程中，进行动态修正，使其考评能不断地与战略意图保持一致。

绩效考评的大量指标是预测的，很难适应市场的不断变化。在企业外部环境和内部条件发生变化时，许多指标在考评时已没有意义。较好的对策是增加指标的概率计算，设置指标的同时，设置约束条件。

绩效考评的信息是不全面的，甚至有些信息的来源不清。解决办法是多渠道收集信息和反复验证信息的准确性和全面性。

绩效考评的工具都是有缺陷的，要慎重使用任何一种考评工具。

绩效考评的指标体系总是局部的。消除这个缺陷需要在日常管理中配合其他的管理方法和工具，如海尔公司创立的"日清日结"和一些公司所采用的内部网络每天、每时的电子共享沟通等管理方式，把绩效考评融合企业全面管理体系之中。

三、绩效管理风险防范

只要有行为，就会产生风险，可以说，风险存在于绩效管理的每个行为中。纵观这些行为可以得出，其实绩效管理的最大风险就是四个方面：考什么？怎么考？谁来考？为什么考？

（一）考什么

"考什么"就是"绩效考评的指标如何确定"。制定合理的指标，首先要了解制定指标需要收集哪些重要信息。这些信息包括：

（1）工作目标或任务完成情况的信息。

（2）来自客户的积极的和消极的反馈信息。

（3）绩效突出的行为表现。

（4）绩效有问题的行为表现等。

此外还要说明的是，关于绩效合同，绩效合同是决策者、指标制定者与员工在充分沟通后签订的。也就是说，里面的指标应该包含决策者认为对公司重要的指标、指标制定者认同可以区分优劣的指标以及员工觉得可以体现自己工作价值的指标。只有具备了这三种属性，才是有效指标，才能真正考评出绩效，起到促进、检验的作用。

（二）怎么考

"怎么考"的内容包括：运用怎样的考评方法？如何考得简单又有效？

1. 选择合适的方法

现有的考评方法有多种多样，从中选取正确的方法才能真正起到作用。绩效考评的方法直接影响到绩效考评的成效和考评结果的正确性。所以，考评方法应该有代表性，必须具备信度和效度，并能为组织所接受。一项好的考评方法应该具有普遍性，并可以鉴别员工的行为差异，使考评者以最客观的意见做出评价。

没有最好的、万能的考评方法，只有最适合的方法，有时候也有可能根据实际情况，用两种方法同时针对不同的时间、对象进行考评。在选择考评方法时，应该注意它们各自的侧重点、实用性。选择考评方法必须谨慎，因为一旦开始时使用了不适合的方法，就会导致考评失效，并且更换考评方法是一项浩大的工程，因此选择时一定要反复权衡。

2. 怎样考才能有效

平衡计分卡和岗位的 KPI，两者其实都是比较先进的考评办法。但是，人们往往觉得平衡计分卡似乎比 KPI 更加复杂，更喜欢选择 KPI。而 KPI 的精髓就在于"Key"——"关键"二字。

KPI 是以少量的指标（20%）体现 80% 的工作职责，从这一点来看，就实际操作来说，它的确比其他方法更加简便。KPI 讲究的是抓重点，忽略细节，与企业的战略紧密结合。因此，KPI 的每个指标都应该至少与企业战略中等程度相关，即指标比重不应当低于 5%。而针对一些企业尤其注重的劳动纪律、行为等事宜，可以运用加减分项予以调节。

事实上，职位越高，KPI 就越容易确定，因为它就是完整的企业指标；而对基层人员，由于只是从事某一具体操作，其 KPI 只是一个方面、一个支路。因此，在分解 KPI 时要自上而下、逐级分解，而且最后必须要再整合一次，避免遗漏某一"支路"，使得总体的 KPI 不完全。

此外，对于技术人员、借调人员的考评要注意变通，可以进行季度考评或年度考评，以准确方便为准绳。

绩效考评是一个持续的过程。在这个过程中，要及时纠偏，在过程中纠正差错，这对整个企业的绩效提升是有帮助的。

（三）谁来考

"谁来考"包括两类，分别是指标来源和考评人员。

1. 指标来源

绩效指标分为两类：一种是定性的，另一种是定量的。定量的指标来源比较明晰，基本上可以从相关部门取得。难点主要在于定性指标，这类指标通常都由上级主管或专门的考评人员根据自己的主观想法来打分。这里要解决的就是对考评人员的培训，以保证考评结果的准确性、可行性。

在绩效指标信息的获取上还有一个问题，就是如何、何时、向何人获取。这就需要信息系统的支持。绩效管理信息系统就是在内部建立起考评网络，建立每个人的指标库及权限，这样使得信息更加及时、透明。同时，运用绩效管理信息系统可以减少考评人员的工作量，降低管理成本。所以，在绩效管理中还要做好考评培训。

2. 考评人员

由于一些绩效指标无法量化，因此这些不能量化的指标就要通过直接主管来进行主观评分。而员工和主管对绩效管理往往会有一定的认识偏差，如果不消除这些偏差，将给绩效管理的实施带来很大的隐患；而如果等到实施绩效管理之后再纠正，则会带来很大消极影响。

绩效管理中有许多实施技巧，例如，如何设定绩效指标和标准，如何做工作现场的表现记录，如何评分，如何进行绩效沟通等。如果实施绩效管理的人不能掌握这些技能，就很难保证他们正确地运用绩效管理这个管理工具,绩效管理的目的也就无法达到。这些技巧当中,有些是需要主管掌握的,有些则是主管和员工都应该掌握的。而要让考评结果令人信服,最好的办法就是使主管与员工达成标准上的共识,消除个人偏见。

(四) 为什么考

明白"为什么考"就知道了完成绩效考评后的结果要如何运用。现在很多企业中,考评就是直接与绩效奖金挂钩的,以决定奖金多少为最终目的。这就与绩效管理的目的产生了偏差。奖罚是需要的,也是可取的、必要的,但是奖罚只能是一种辅助手段,考评的目的在于提高个人绩效,进而进一步提高组织绩效。

此外,考评结果还可以应用于很多方面,如图8-6所示。

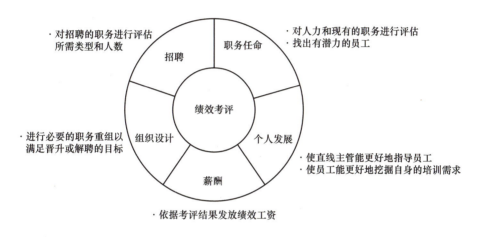

图 8-6　绩效考评结果的应用

由图8-6可见,绩效管理驱动着整个人力资源管理流程的运行,对人力资源管理的顺利进行有重大意义。

(五) 绩效考评偏差纠正

由于绩效考评是建立在从记忆库调出的汇总信息和考评者有意或无意附加的其他信息的基础上的,加之绩效考评过程是一个相对较长的过程,所以,考评信息有可能出现失真情况,很容易导致绩效考评结果出现偏差。由于绩效考评涉及各种因素,绩效考评的信度和效度都会受到一定程度的影响,因此需要采取有效的措施减小误差,使绩效考评的准确性最大化。通常而言,可以采取以下措施:

(1) 对工作中的每一个方面进行评价,而不是只做笼统的评价。
(2) 考评者的观察重点应该放在被考评者的工作上,而不要过多关注其他方面。
(3) 在考评表上不要使用概念界定不清的措辞,以防造成考评者的理解差异。
(4) 一个考评者不要一次考评过多的员工,以免考评过程前紧后松、有失公允。
(5) 对考评者和被考评者都要进行必要的绩效管理培训。

另外,对个人的考评可以增加一次自评,将自评和主管评定分开进行,并对两组数据进行对比,对偏差超过正常值的人员可以进行分析,或重新考评。这种方法可以最大限度地减少各种误差,但是由于工作量太大,在实际中难以真正运用,所以只是一种假设建议。如果配上电子绩效考评体系，开发相应的分数偏离计算软件，也许这种假设就可以真正实现。

还有一种方法是绩效申诉系统。被考评员工如果对考评结果不满或认为考评不公正，可以通过绩效申诉系统进行申诉。设立申诉程序，从制度上促进绩效考评工作的合理化。一般由人力资源部负责处理考评申诉。处理时要尊重员工，应认真分析员工的问题，找出原因。如果是员工的问题，应说服和帮助员工；如果是组织的问题，必须改正。

要把处理考评申诉过程作为完善绩效管理体系、促进员工提高绩效的机会。当然，这样的过程也要基于充足的人力、财力。由于是面对面沟通，所以还会遇到很多不确定因素，绩效申诉系统可能会变成员工诉苦、发泄情绪的工具，这样就会偏离原来的定位，使得真正的申诉工作无法展开。

第三节　绩效管理制度

绩效管理制度是保障绩效管理顺利实施、降低绩效管理中的不确定性和风险的必要手段。一项完整的绩效管理制度应该包括以下内容：绩效管理的宗旨和目的、绩效管理原则、绩效管理的组织和领导、绩效管理执行关系、绩效考评周期、绩效考评的内容、绩效管理的程序与步骤、绩效考评结果的要求和运用、绩效考评申诉等。

一、绩效管理的宗旨和目的

绩效管理的宗旨和目的一般需要同时阐述两个方面：一个是从企业的角度，另一个是从员工的角度。

（一）从企业的角度阐述绩效管理的宗旨和目的

（1）为企业诊断运营状况和制定决策收集信息。
（2）了解员工的工作态度、个性、能力状况、工作绩效等基本状况。
（3）为企业的人员选拔、晋升、绩效管理、调动、任免工作提供决策依据。
（4）为干部后备队伍的建设提供依据。
（5）为员工的职业生涯规划、人职匹配、培训、奖惩等提供参考依据。

（二）从员工发展的角度阐述绩效管理的宗旨和目的

1．加强员工的自我管理

绩效考评给员工强化了明确的工作要求，使员工增强了责任心，明确自己应该怎样做才能更符合期望。

2．发掘员工的潜能

绩效考评发掘了员工的潜能，可以将其调配到更有挑战性或更能发挥其潜能的工作岗位上，可能会取得意想不到的工作成效。

3．实现上下级之间高效沟通

绩效考评为上下级之间交流提供了一个契机，有助于上级更好地了解下级的想法，也有助于下级更好地了解上级对其工作期望。这样的沟通过程可以促使上下级之间目标一致、配合默契。

4. 提高员工的工作绩效

绩效考评使员工明确自己工作中的成绩和不足，促使他在以后的工作中发挥长处，努力改善不足，进一步提高整体工作绩效。

二、绩效管理原则

绩效管理应遵循以下原则：

（一）透明公开原则

企业的绩效考评标准、考评程序和考评责任都应当有明确的规定，而且在一段连续时间之内，考评的内容和标准不能有大的变化，至少应保持1年之内考评的方法具有一致性，考评中应当遵守这些规定。同时，考评标准、程序和对考评责任者的规定在企业内都应当对全体员工公开。这样才能使员工对绩效考评工作产生信任感，对考评结果也能持理解、接受的态度。

（二）客观考评原则

绩效考评应当根据明确规定的考评标准，针对客观考评资料进行评价，尽量避免掺入主观性和感情色彩。也就是说，首先要做到"用事实说话"。考评一定要建立在客观事实的基础上，要客观地反映员工的实际情况，避免由于晕轮效应、首因效应、偏见等带来的误差。其次要做到把被考评者与既定标准做比较，而不是在人与人之间做比较。

（三）考评内容与企业文化和管理理念相一致原则

考评内容实际上就是对员工的工作行为、态度、绩效等方面的要求和目标进行考核、评价，它是员工行为的导向。考评内容是企业组织文化和管理理念的具体化和形象化，在考评内容中必须明确企业鼓励什么、反对什么，给予员工正确的指引。

（四）侧重原则

考评内容不可能涵盖某岗位的所有工作内容。为了提高考评效率，降低绩效管理成本，并且让员工清楚工作的关键点，考评内容应该选择岗位工作的主要内容，不要面面俱到。不考评无关内容。绩效考评是对员工的工作考评，对不影响工作的其他任何事情则不要进行考评。例如，员工的生活习惯、行为举止等内容不宜作为绩效考评的内容，否则会影响相关工作的考评成绩。

（五）直线考评原则

对各级员工的考评都必须由被考评者的直接上级进行。直接上级相对来说最了解被考评者的实际工作表现（成绩、能力、适应性），也最有可能反映真实情况。间接上级（即上级的上级）对直接上级做出的考评评语，可以认同，也可以否决。

（六）反馈原则

考评结果（评语）一定要反馈给被考评者本人，否则就起不到考评的教育作用。在反馈考评结果的同时，应当向被考评者就评语进行说明解释，肯定其成绩和进步，说明不足之处，并提供今后如何努力的参考意见等。

（七）差异性原则

考评的等级之间应当有鲜明的差异和界限，考评评语在工资、晋升、使用等方面应体现明显差异性，使考评能激发员工的上进心。

（八）公平性原则

对同一岗位的员工使用相同的考评标准。

（九）针对性原则

对不同部门、不同岗位设定具有针对性的考评标准。

除上述原则之外，绩效管理还应当遵循以下原则：①简单易懂；②贴近业务实际；③数目有限；④定期化；⑤全面（有自我申报）；⑥关注客户需要；⑦灵活反映环境变化。

三、绩效管理的组织和领导

绩效管理制度中要明确企业内部各个部门、各个层面的管理者在绩效管理和评估中的职责分工，以及相应成立的专门机构的情况。

（一）人力资源部与直线经理在绩效管理上的职能分工

1. 人力资源部的职责

（1）开发绩效考评系统。

（2）为绩效考评者提供绩效考评方法和技巧的培训（定期召开绩效评审会议；为目标管理设定目标）。

（3）监督和评价绩效考评系统。

2. 直线经理的职责

（1）填写评分。

（2）提供绩效反馈。

（3）设定绩效目标。

（二）集团公司总部和子公司、分公司、各事业部人力资源部或岗位在绩效管理上的职能分工

1. 集团公司人力资源部

（1）提出公司统一要求的绩效考评计划。

（2）负责职能部门绩效考评的组织实施，并处理有关结果。

（3）负责公司任命干部的绩效考评及考评结果处理建议。

（4）指导事业部、分公司和研究院的考评工作，并对考评结果进行备案。

2. 子公司、分公司、各事业部人力资源部或岗位

（1）组织实施公司统一要求的绩效考评工作。

（2）组织实施本单位内部自定的绩效考评，并处理结果。

（3）负责本单位内部任命干部的绩效考评及考评结果处理建议。

（4）将考评结果及处理情况报公司人力资源部备案。

如果单独为考评成立相应的考评领导机构，则要在重新制定制度时说明其职责。例如，每期考评公司设考评领导小组，由公司总裁和主管人事工作的公司领导组成，负责部署和最终结果解释裁定；人力资源部具体负责考评的组织与实施；各级干部负有对下属干部和员工的考评责任；各子公司、分公司、各事业部可依此成立相应的考评裁决机构。

四、绩效管理执行关系

由谁对员工执行考核评价，也就是绩效管理的责任及其主体分析。

如前所述，在大多数企业中，人力资源部在绩效评价方面只负有协调设计和执行评价方案的责任，而最重要的实际操作则由直接管理人员负责。事实上，评价方案的成功实施，必须要有设计者直接参与到执行中来。要想使绩效管理有效进行，还必须确定由谁来实施考评，也就是确定考评者与被考评者的关系。

有些企业采用的方式是由考评小组来实施考评。这种方式有利于保证考评的客观、公正，但是也有一些不利的方面。如考评小组可能并不能直接获得某些绩效指标，因此，仅通过考评小组进行绩效考评是片面的。

通常来说，不同绩效指标的信息需要从不同的考核者处获得。应该让对某个绩效指标最有发言权的考核者对该绩效指标进行评价。

合格的考评执行者应当满足的理想条件是：

（1）了解被考评职务的性质、工作内容、要求及考评标准与企业政策。

（2）熟悉被考评者本人的工作表现，尤其是本考评周期内的，最好有直接的近距离密切观察其工作的机会。

（3）公正客观、不具偏见。

考评关系与管理关系保持一致是一种有效的方式，因为管理者对被管理者的绩效最有发言权。当然，管理者也不可能得到被管理者的全部绩效指标，还需要从被管理者有关的其他方面获得信息。例如，360度绩效考评法就是从与被考评者有关的各个方面获得对其评价。

考评执行人一般由五种人组成：①直接上级；②同级同事；③被考评者本人；④直属下级；⑤外界考评专家或顾问。

（一）直接上级

直接上级很符合上述条件中的前二条，由他们来考评也是企业组织的期望。他们应该握有奖惩手段，无此手段考评便失去了权威，但他们在公正性上不太可靠，因为频繁的日常直接接触，很易使考评掺入个人感情色彩。所以，有的企业用一组同类部门的干部共同考评彼此的下级，只有都同意的判断才作为结论。

（二）同级同事

他们对被考评的职务最熟悉、最专业，对被考评同事的情况往往也很了解，但同事之间必须关系融洽、相互信任、团结一致，相互之间有一定的交往与协作，而不是各自为政的独立作业。这种办法多用于专业性组织，如大学、医院、科研单位等，企业中专业性很强的部门也可使用；同时，还可用于很难由别类人员考评的职务，如中层干部等。

(三）被考评者本人

这就是常说的自我鉴定。这可使被考评者得以陈述对自身绩效的看法，而他们也的确是最了解自己所作所为的人。自我考评能令被考评者感到满意，抵触少，且有利于工作的改进。不过自评时，本人对考评维度及其权重的理解可能与上级不一致，常见的情况是自我考评的评语内容优于上级的评语。

（四）直属下级

一些人不太主张用此方法，这是因为下级如果提了上级的缺点，害怕被记恨而遭报复、给小鞋穿，所以只报喜不报忧；下级还易于仅从该上级是否照顾自己的个人利益的角度出发去评价，可能导致坚持原则、严格要求、维护企业利益的上级评价不良。对上级来说，常顾虑这些会削弱自己的威信与奖惩权；而且，一旦知道自己的考评要由下级来做，便可能在管理中缩手缩脚，投鼠忌器，充当老好人，尽量少得罪下级，使管理工作受损。

（五）外界考评专家或顾问

外界考评专家或顾问有考评方面的专门技术与经验，理论修养深厚；而且，他们在企业中无个人利益瓜葛，较易做到公正。聘请外界考评专家或顾问，会得到本应担任考评者的干部的欢迎，因为这可以省去他们本需花费的考评时间，还可免去不少人际矛盾。被考评的下级也欢迎这种方式，因为专家不涉及个人恩怨，较易客观公正。企业也较欢迎这种方式，因为专家专业性强，在各部门所用的考评方法与标准是一致的，具有可比性，而且较为合理。只是这种方式成本较高，而且专家对所考评专业可能不内行。

以上各种考评执行者的优缺点可以用表格来表示（见表 8-1）。

表 8-1 各种考评执行者的优缺点

考评执行者	优　　点	缺　　点
直接上级	①直接上级通常处于最佳位置来观察员工的工作绩效 ②直接上级对特定的单位负有管理的责任 ③下属的培训和发展与直接上级的评价紧密联系	①直接上级可能会强调员工绩效的某一方面，而忽视其他方面 ②直接上级可能并不完全了解员工的绩效而操纵对员工加薪和提升决策的评价
同级同事	①同事比任何人对彼此的绩效都更为了解，因而能更准确地做出评价 ②来自同事的压力对员工来说是一个有力的促进因素 ③认识到由同事评价，员工会对工作更加投入，生产效率提高 ④同事评价包括众多观点，互不针对某一个员工	①实施考评需要大量的时间 ②区别个人与小组的贡献会遇到很大困难 ③同事的评价中可能会有私心 ④没有让人们严格遵守规定的动力
被考评者本人	①员工处于评价自己绩效的最佳位置 ②能客观评价自己绩效并采取必要措施改进 ③自我评价会使员工变得更加积极和主动	①寻找借口为自己开脱 ②隐瞒或夸大实际情况
直属下级	①直属下级处于一个较为有利的位置来观察他们领导的管理效果 ②激励管理者注意员工的需要，改进工作方式	①员工有可能担心遭到报复而舞弊 ②在小部门中对被考评者保密很困难
外界考评专家或顾问	①专业性强 ②利用客观考评者来增加考评的客观、公正性	①削弱了直接上级的作用 ②由于时间限制，考评受组织影响较大

五、有效绩效管理制度的特征

任何制度无论好或不好，很重要的是要问与企业制度面、策略面合不合？适用不适用？我们可以找到世界知名企业的最佳典范，但不一定在自己的企业里可以执行成功，因为天时、地利、人和仍然是促成成功的主要因素。再者，要看看以下几点：该制度是否能与企业的经营策略相联结？这个方法是否可以成为帮助企业导向目标成功的途径之一？执行面、行政上的资源是否能有效配合？行政的流程是否顺畅？企业文化如何？员工接受改变的意愿如何？因为有时本意虽好，但选择了错误的时间和对象，造成制度推行不力，以致失败。

判断一个企业的绩效管理制度是否有效，可以从以下几个方面分析：

（一）与工作相关的标准

用以评价员工绩效的标准必须是与工作相关的。应该通过工作分析来确定工作的相关信息。对于主观因素，如主动性、热情、忠诚和合作精神显然是很重要的，然而，它们实际上难以界定和计量。因此，除非这些因素能够像那些能清晰地表现出与工作相关的因素一样，否则，它们不应在正式的评价中采用。

（二）绩效期望

在开始绩效考评之前，管理人员就必须清楚地说明对下属的绩效期望，否则，使用员工一无所知的标准来评价他们显然是不合理的。

建立高度客观化的工作标准，这对如制造、安装、销售等领域相对较简单，然而对许多其他类型的工作，这个任务就较为困难。但评价必须一直进行下去，因此绩效期望虽然难以捉摸，仍应该使用易于理解的术语给出其定义。

（三）标准化

对在同一负责人领导下从事同种工作的员工来说，应使用同一评价方法对其进行评价。对全体员工定期进行评价也是很重要的。此外，评价期应是相同的，虽然年度评价最为普遍，但许多具有超前观念的企业所进行的评价较为频繁。此外，还应定期安排全体员工的反馈评价会见时间。

标准化的另一方面是提供正规的文件。员工应在他们的考评结果上签字。如果员工拒绝签字，主管应为这种行为提供书面材料。记录也应该包括对员工职责的描述、期望绩效结果和在做评价决策时检查这些资料的方式。但并不要求规模较小的公司使用与大组织同样正规的绩效评价体系。

（四）合格的评价者

评价员工绩效的责任应分配给至少能直接观察到工作绩效典型样本的某个人或某些人。通常评价者是该员工的直接领导者。在矩阵式组织结构中，直接领导者客观评价绩效的能力可能不够。这是因为在这种结构的企业里，某些员工可能被正式地分配给一个部门主管领导，但实际上在另一个项目经理领导下工作。此外，处在新岗位的部门主管可能没有足够的员工绩效知识。在这种情况下，就可使用多方评价者进行评价。为了确保连贯性，评价者必须受过良好的培训。培训中应强调，绩效评价是每位经理工作中的一个重要组成部分。培训还应强调，部门主管的首要任务是保证下属了解对他们的期望是什么。另外，培训本身是一个不断持续的过程，对评价体系中的变化及部门主管由于种种原因可能会违背已建立的工作程序这一事实，都应做出反应。培训中还应包括如何评价员工、进行评价会见和书面说明，这些书面说明应非常详细，并且要强调做出客观和不带偏见评价的重要性。

（五）公开交流

大多数员工都渴望知道自己的绩效如何。好的评价体系会提供对员工这种渴望的持续性反馈。一个有价值的目标应避免评价面谈以外的事情。即使面谈给双方提供了一个相互交换思想的良好机会，它也不应替代日常的相互交流沟通。另外，绩效评价体系应允许相关管理人员直接了解主要员工的有关信息。绩效管理体系提醒经理留意那些如果不能提高绩效则可能会有解雇风险的员工，并允许人力资源管理者采取事先措施，如提供培训或转岗，来帮助那些表现欠佳的员工。

（六）让员工了解评价结果

对于许多被设计用来提高绩效的评价体系而言，不告知评价结果是令人难以想象的。

员工不知道评价结果，就不能更好地完成工作。此外，允许员工审查评价结果，也就相当于允许他们发现任何可能已出现的错误。否则，员工可能不同意这个评价，并且可能正式指责这个评价。应当对得到低标准评价的员工给予必要的培训和指导。部门主管必须尽力帮助那些勉强合格的员工，但也应特别告知这些员工，如果他们不提高自己的绩效将会发生什么。

第四节　绩效管理系统配套建设

绩效管理不是一个孤立的管理流程，它的有效实施需要企业管理其他方面的积极配合，才能降低绩效管理的风险性，得到最佳管理效果。

一、选拔与招聘

企业因扩大业务或原有岗位的员工离职而产生岗位空缺时，往往需要从企业中进行选拔或从社会上招聘新员工，在企业的选拔与招聘过程中，绩效考评的结果发挥着重要的作用。

（一）选拔对考评结果的依赖

所谓选拔，是指员工从一个工作岗位转到另一个工作岗位的过程。选拔往往表现为岗位的晋升或薪资的增加，相应地，其所承担的责任也增大，所需的知识、经验和技能也更多。因此，选拔是否科学有效，是企业人力资源决策的关键问题之一。

科学选拔包括两个方面：一是选拔程序要科学，这体现在整个选拔过程中；二是选拔方法要科学，在各个程序都采用科学的方式方法。这其中需要采用科学有效的绩效考评程序与方法来保证选拔的科学有效。

一般地，科学选拔在利用考评结果时应遵循以下规则：

1. 绩效与能力的有效统一

工作结果是绩效考评中排第一位的因素，而且在考评中占有相当大的比重（在很多企业的绩效考评中，考评工作结果这一因素占所有考评因素的 70% 左右）。良好的绩效意味着较高的工作质量、较高的工作效率、较低的工作差错率等。因此，可以将绩效考评结果作为人员选拔的先决条件，以鼓励员工创造出高绩效。

但如果仅凭绩效考评结果来进行人员选拔，可能会陷入彼得原理中，即企业的员工有被选拔到自己不称职、不胜任的岗位上的趋势。绩效是过去行为的结果，绩效优秀表明该员工胜任现在的工作岗位，但并不一定能证明他有能力胜任将要选拔上的工作岗位。不同等级的岗位对胜任者的能力、知识、经验的要求是不一样的（见图 8-7）。

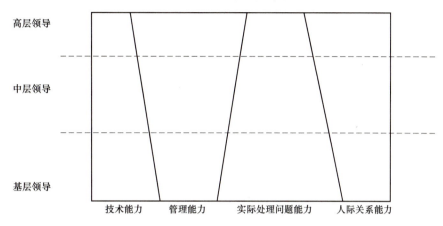

图 8-7　领导等级与能力之间的关系

在把绩效考评结果作为选拔先决条件的同时，将能力考评的结果作为人员选拔的制约性条件。这也是贯彻岗位设置中能级对应原则的要求，即每个人所具有的能级水平与其所处的层次和岗位的能级要求相对应，全面反映员工显在和潜在的能力，做到人尽其才、才尽其用。

2. 建立以岗位族为基础的晋升阶梯

在传统的选拔制度下，晋升仅意味着管理岗位的提升，如科长升为处长、员工升为经理。但管理岗位在企业中是相当有限的，如果把管理岗位的提升作为晋升的唯一阶梯，对广大员工和专业技术人员是不公平的。而且，仅仅以管理岗位的提升作为晋升，企业中往往会形成这样的现象：少了不少优秀的专业技术人员，却增加了平庸甚至不合格的管理者。因此，可以将企业的岗位划分为若干岗位族，如研发、工程、行政、事务、操作等专业类别，并建立起不同的等级，从而形成以岗位族为基础的晋升阶梯，借助绩效考评结果，来实现工作岗位的优势定位优化。

（二）考评结果对企业提高招聘有效性的作用

绩效考评既是对岗位人员现职工作的考核评价，又是对人员选拔结论进行的实绩检验，同时可以用来作为企业提高招聘有效性的参考与手段。

1. 对招聘有效性的检测

对企业来说，招聘是有成本的，而且招聘的成本还可能不低，如广告费、宣传费、招聘工作人员的人工成本等，还包括招聘到的人员并不适合而给企业带来的损失等。因此，很多企业都很重视对应聘人员的素质测评和其他筛选手段。这些手段的有效性如何，可以通过员工进入实际工作岗位后的绩效考评结果进行检测。将这些人员的绩效考评结果和他们申请工作时的测验结果进行比较来衡量，通过分析，就可以做出判断。例如，管理者可能会发现在挑选测验中得分大致相等的工作申请人一年后在工作岗位上的成绩却相差很大，就可以认为，这些测验没有精确地预测人员的行为。通过检测，可以对招聘筛选的方法与检测手段进行改进，从而提高招聘的准确性。

2. 对招聘筛选的参考

通过绩效考评结果和其他反馈，人力资源管理人员对企业内各个岗位优秀人员所应具有的优秀品质与绩效特征有了一定的理解，这将给招聘工作的筛选提供有益的参考。例如，通过对企业中优秀销售员的绩效特征进行分析，如果特征主要是能吃苦、有耐心等，那么在招聘销售员时，应挑选什么样的人就不言而喻了。

二、培训与开发

美国芝加哥大学教授西奥多·舒尔茨（Theodore W.Schultz）说过：“人力获得的能力是尚未得到解释的生产力提高的一个重要原因。获得这些能力显然不是无代价的，要耗费稀缺性资源，因此是分析研究人力资本投资问题的时候了。”在企业遇到困难时，为降低成本而首先削减培训费用是最不可取的；反之，向人力资源投资是最划算的投资。日本有关资料表明，受过良好教育和训练的管理人员，因创造和运用现代管理技术，有可能降低 30% 的成本。

人力资本投资在经营投资中具有优先性，人力资本增值快于财务资本增值已成为知识经济时代的企业增长法则。人力资源的培训与开发是现代人力资源管理运作的内在组成部分，同时也是企业对员工进行的一种人力资本投资。任何一项投资决策都讲求投资回报率，人力资本投资也不例外，为了提高人力资本投资的回报率、降低投资风险，企业必须保证人力资源开发与培训决策的有效性。绩效考评作为员工各个方面的评定过程，通过绩效考评的结果，能够有效地了解员工的不足与薄弱环节，也为人力资源开发与培训提供了决策依据。可以说，没有绩效考评，就无法做出最佳的人力资源开发与培训决策。

培训与开发这两个术语有时可以混用。传统上，开发是针对那些对未来有明确构想的经理人员；而培训更多地关注近期目标，用来提高非管理类人员在目前岗位上的知识和技能。但随着人力资源管理的发展，上述划分未免过于简单，因为现在的主导思想是所有员工的开发都至关重要。这里所说的开发可能反映在追求多种技能和灵活的经营方式上。另外一种认识是人力资源价值很高，组织要留住员工，并保持他们对工作的热情与责任感，就必须注重员工的开发。应该记住，管理人员也应随时随地接受培训，因为除了与管理开发有关的素质（如创造性、综合性、抽象推理、个人发展等）以外，他们还需要掌握最前沿的知识与技能。

三、薪酬方案的设计与调整

薪酬是员工收入总和的统称。薪酬方案是与绩效考评体系相联系的，没有薪酬方案的强化与正反馈的放大机制，绩效考评体系的有效性和激励约束功能就得不到保障。

（一）适应绩效考评的未来薪酬设计思路

具有灵活性的、与绩效考评结果相联系的薪酬方案对于发挥绩效考评的作用是必要的。以下思路可以作为设计薪酬方案的参考：

1. 人力资本投资下的利益分享

股东之所以对所投资的企业关怀备至，是因为他们通过投资，用资金资本与企业建立了密切关系。同样地，企业的经理人员和员工也一样用人力资本与企业建立了密切联系。激励他们的责任感与积极性，可以通过强化他们的人力资本与企业的关系来实现。

具体的做法可以把他们的工作岗位、绩效与他们的薪酬联系起来。伊斯特布鲁克（Easterbrook）和费歇尔（Fischer）指出，按照投资所有权与利润的关系，经理人员以及员工的这种人力资本投资理应享受利润分配权。经理参与利润分配的形式可以是高薪、奖金、赠送股票等。

2. 扩大风险收入的比例

美国学者尤森（Yussen）对美国 50 家大型企业的研究表明：从 1982 年到 1990 年，固定收入（基本工资）的比重由 64% 下降到 47%，变动收入中，远期收入的比重由 16% 上升到 33%。这种变动正在成为全球薪酬变化的一个趋势。

风险收入可分为年度奖金和远期收入，即股票、期权（或优先认股权）。奖金基于企业当年经营状况确定，具有激励作用，但易促成短期行为，不能完全反映经营者的真实贡献。股票及优先认股权在股票市场完善的情况下，在一定程度上能反映企业的真实绩效，极具激励作用，但风险也最大。它使企业的高层经理人员不仅关注企业的长远发展，更要关注其股票在市场中的表现，以更好地满足股东的要求。

3. 高管薪酬与员工工资分离

高管薪酬与员工工资在确立方式上有很大的区别。一般来说，高管薪酬是由董事会确定的，是建立在双方谈判与高管承诺的基础上的；而员工工资是由高管制定的，更多地参照市场因素来制定。因此，两者的分离管理是有必要的。

此外，由于我国国有企业的体制问题，将两者分离的要求更加迫切。目前我国现有的经营者收入分配表现为，在职工收入的各个方面，经营者都有相应的一部分。这就导致经营者给职工发的工资越多，则经营者自己的收入也越多，由此导致一些企业超过经济效益增幅滥发工资奖金，出现经营者与职工联手对付所有者的怪现象。企业通过改革经营者收入制度，可以增加经营者收入的透明度，减少和杜绝经营者的灰色收入。

（二）如何运用绩效工资

上一章已经对绩效考评与薪酬的关系进行了介绍，本部分基于风险管理的角度，再进行一些分析。绩效考评结果为增加薪酬提供了合理决策的基础。大多数管理人员认为，杰出的工作绩效应给予明确的加薪奖励。他们认为"你的薪酬是你应该得到的"。为鼓励出色绩效，许多企业设计开发了以公正的绩效考评系统为基础的奖励与付酬体制，这就是绩效工资制度（见表 8-2）。

绩效工资（performance-based pay，也称为 merit pay，奖励工资或与评估挂钩的工资，appraisal-based pay）。事实上，对绩效工资的强调也可能被误解，国外一些企业的调查结果并没有说明绩效工资会起到人们所期望的积极作用。确实，鉴于存在着操作和其他困难，绩效工资反而会产生某些不良的影响，比如员工的道德标准降低，以及对不公平的认识等

（见表 8-3）。

表 8-2　薪酬与工作绩效挂钩

薪酬	绩效水平	说明
涨 20% 涨 15% 涨 10% 涨 5%	工作表现超出预期目标	对卓越的绩效大幅度提高工资，可以起到激励作用
涨 2%	绩效达到预期	这是市场水平，与生产率没有关系
不涨	绩效低于预期	为什么给那些得过且过的人涨工资呢

表 8-3　绩效工资的操作困难

操作绩效工资时，首先应搞清楚以下这些问题： 绩效工资是否会鼓励短期行为？ 对个体绩效的注重是否会导致员工将自己的利益置于组织利益之上？ 绩效工资对团队工作和合作工作有什么影响？ 能否全面定义绩效工资？ 绩效工资是否适应组织文化？ 有多大部分的绩效是在个体控制之内的？ 用什么标准来测量绩效、产出和投入？又用什么标准同时测量产出和投入？ 能否客观而公平地测量个体的绩效？ 在员工眼里，多大金额才算是工资显著提高？ 绩效工资是否会产生性别歧视（或其他非法的歧视）？ 部门经理是否愿意，并且具有所需的能力来操纵绩效工资？ 绩效工资是否会造成员工之间的不和？ 如何对待绩效平平的员工？ 是否有信任的风气（特别是在部门经理同下属的关系中）？ 绩效工资是否会削弱原有奖励的价值？

从绩效工资结构图（见图 8-8）中可以发现，从其复杂性上可以从另一个角度了解到绩效工资实施和操作中的困难。

因此，要有效采用绩效工资，企业就应该满足以下必要条件：

（1）为使绩效衡量成为一项有意义的活动，必须使个人之间的绩效有显著差异。

（2）工资范围应该足够大，以便拉开员工工资的差距。

（3）绩效衡量必须准确、可靠，而且必须能将衡量结果与工资结构挂钩。

（4）考评人员应有熟练技能设定绩效标准，并操作评估过程。

（5）组织文化支持绩效挂钩体系。

（6）薪酬水平既有竞争性，又不失公平，组织在将工资与绩效挂钩方面富有经验。

（7）管理人员及下属之间相互信任，管理人员应做好充分准备，针对绩效指标进行积极的交流、说明，同时应对困难、解决问题。

管理学者赫尼曼（Heneman）从预期理论与绩效工资的关系中也指出了使绩效工资发挥促进作用的满足条件（见表 8-4）。为了使绩效工资有效，防止重视个人绩效对团队精神的侵蚀，可以增加以团队绩效为基础付酬（见表 8-5）。此外，还可以采用一些非经济奖励的形式（见表 8-6）。

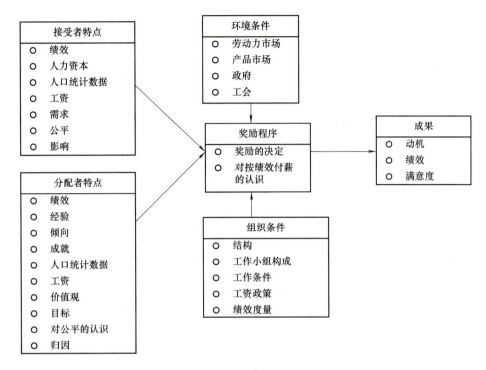

图 8-8　绩效工资结构图

表 8-4　预期理论与绩效工资

赫尼曼提出要使绩效工资起到促进作用，必须满足下列条件：
（1）必须精确地测量绩效。如果不能精确地测量绩效，员工就看不到努力与绩效（预期），以及绩效与奖励（手段）之间应该存在的关系
（2）增加工资必须是员工看重的结果。对于追求高水平的绩效的员工，这种绩效的最终结果必须具有吸引力，并且具有肯定作用。因此，增加工资必须比其他结果，比如休假，具有更大的作用。如果增加工资还没有休假有吸引力，那么员工只是得到工资的许诺，而得不到更多的休息时间，他们也不会感到很有动力

表 8-5　以团队为基础发放工资的要求

要使团队工资发挥作用，团队必须做到：
（1）作为单独的绩效单位，必须达到明确的目标和标准
（2）具有相当程度的自主权。只有在很大程度上能自我管理操作的团队中，团队工资才最有效
（3）应由工作独立的人组成。团队全体成员都应该认识到，只有团队成员共同努力，共同分担责任，才会取得成绩
（4）构成稳定，团队成员适合在一起共同工作，了解团队其他成员对自己的期望，明白自己与团队其他成员之间的相互关系
（5）构成合理，习惯于灵活地工作以达到所设定的目标，并且能够很好地运用团队成员的各种不同技能
（6）应该由灵活、掌握多种技能及具有团队精神的个体组成，但个体仍能够表达不同的意见，并且如果个体所提出的意见对团队有好处的话，就应该坚持下去

表8-6　非经济奖励的例子

（1）头衔
（2）正式表扬或奖励
（3）在公司出版物中的表扬
（4）工作责任上的自由
（5）工作时间上的自由
（6）对工作完成好的私下的、非正式的承认
（7）具有挑战性的职责
（8）多样的、有趣味的工作
（9）重要而有意义的职责和责任
（10）在设定目标和制定决策时有影响力

（三）以绩效考评为基础的薪酬方案设计与调整过程

以绩效考评为基础的薪酬方案的设计与调整，在人力资源管理及开发运用上一直受到相当的重视。但是在设计过程中，其耗费的人力、财力和时间也很多。一般而言，整套绩效考评制度的建立，根据企业的规模、发展和执行能力的不同，需花费8～18个月时间。而且，在试行该套制度的前三年内，制度本身不会在组织内自动运转，而必须实施周期性的检查。

绩效考评的薪酬制度最主要的贡献在于发展出一套薪酬分配计划，依照组织内的个人或部门对组织所做的贡献，制定支付薪酬的标准。为了使这套制度能够很好地落实，执行的单位必须循序渐进，充分掌握每一个因素。基本上，整套制度可以分为五个阶段，每一阶段有次序性，并且各有阶段性重点工作。

第一阶段：信息分享。企业管理层和员工之间必须充分沟通、交换信息，且必须将绩效考评与薪酬制度的内涵及企业组织目标等信息明示员工。管理人员和员工之间不仅在一开始要双向积极沟通，而且要贯彻整个制度的执行。如果员工没有提高或改进绩效的机会，那么他们在工作中做出的额外努力是徒劳的。如果不存在提高或改进绩效的机会，那么就不存在于其动力和结果动力。在对绩效进行预期之前，员工必须有完成任务所需的时间、设备、能力和监督，这就是机会。为了有效执行这个制度，哪些人员应该互相沟通，应该沟通些什么内容，以及何时进行沟通，都必须确定。以沟通的对象来看，凡是与绩效考评作业相关的部门和个人均应纳入沟通对象中。企业要向全体员工进行绩效考评的意见调查。通常组织内可以通过公告、备忘录、部门或小组会议，以及全体大会的方式，来进行不同层次的沟通。其中最有效的方式是面对面的意见交换，使员工可以很快获得有关制度疑点的解答。在开始推行绩效考评的薪酬制度时，密集而定期的沟通极有必要。必须使员工能充分了解企业推行整套制度的最新动态，并保持对制度的关注和热情。

第二阶段：绩效契约化建立。绩效考评的薪酬制度在此阶段要设定整套工作绩效的特殊测量标准。这一阶段最花费时间、难度最大，而且是决定整套制度成功与否的关键。组织内每个部门的工作都需要加以设计，必须明确划分责任，对考评每一项工作及其责任的测量标准也要详加定义。一般而言，每一项工作至少要有4～6项责任的陈述。此阶段中员工参与极为重要。通常管理层会完成一个初步的绩效考评，但是若没有部门内员工实际参与并参加讨论及修正，那么这个初步评估的资料将无法发挥绩效考评制度的功能。另外，在员工和管

理层讨论绩效初步评估的资料时，必须涉及以下内容：不同层级部门目标的优先性；其他特殊目标；检讨工作责任内涵；检讨某种绩效该用何种测量标准；附加的绩效内涵。

第三阶段：绩效的强化。此阶段有双重目标：一是管理层可以定期评估员工绩效，并可作为年度绩效考评的一部分；二是定期提供员工有关绩效反馈，使他们可以随时调整自己的行为。每个员工的绩效考评都应该定期强化，无论用正式或非正式的方式；而且考评内容必须立即反馈给员工，流程越短，越有助于员工绩效的改进。当组织决定奖励或讨论某些工作时，不应将其留在年终再做评估，而应在最短时间内反映出来。

第四阶段：年度绩效考评。相对于不定期及不定形式的绩效考评，年度绩效考评是在年度终了时，依工作责任的内涵和测量标准，整体地来评估员工一年内的工作表现。主管和员工双方展开相互的开放讨论，一方面讨论员工当年的工作成绩，另一方面则要规划下一年度的工作目标，同时制定出员工达到较高层次工作表现的考评标准。为达到绩效考评的目的，年度绩效考评至少应包括以下内容：讨论员工实际的工作表现，而非年资、受教育程度、资质等条件；确定员工本年度工作任务的完成率，而不是对以往或未来工作成果的回顾或预测。

第五阶段：绩效的认同。绩效认同会议和绩效考评会议必须分开进行，绩效认同会议要简短而积极，确定绩效认同和考评之间的关联性，使员工了解有关物质形式和非物质形式的薪酬。例如，将员工由较低的薪资向上调整，或是获得一笔奖金。最忌讳的是员工绩效佳，但是却因薪资已达最高层次而无法获得任何奖励。这种无效的绩效认同制度势必破坏绩效考评的精神，使绩效考评的效果大打折扣。想要采取绩效考评的薪酬制度，心理上一定要有准备，推行这套制度不是一件容易进行的短期工作，而且一旦实行，上述五个阶段应环环相扣，不得松懈，并要循环强化，使整套考评作业的内容随着环境和企业策略的变化不断调整配合，并不断推动更新，才能达到此制度的目标。

【关键词】

风险管理　　人力资源管理风险　　绩效管理风险　　绩效管理制度

【思考题】

1. 人力资源风险管理包括哪些？其管理策略是什么？
2. 如何防范绩效管理风险？
3. 绩效管理制度的要素有哪些？
4. 如何理解绩效管理系统配套建设？

【案例分析讨论】

OKR 与英特尔的绩效管理

英特尔是全球领先的计算机和服务器芯片的制造商，自 1968 年成立以来，经历了半个多世纪的考验，一直处于行业的领先地位。而它的成功除了技术以外，其绩效管理也起到十分重要的作用。英特尔内部有着以 OKR 为基础的战略目标管理，称为 IMBO（intel management by objectives），而绩效考评则有自己的 Focal 流程。每年公司在绩效管理上都会进行 OKR（IMBO）和 Focal 的沟通和培训，从上到下每位经理和员工对绩效管理和绩效考评形成了良好的共识，每位员工都非常了解什么是 IMBO，什么是 Focal，这对他们意味着什么，什么时间应该做什么，经理和员工在其中的职责是什么等，而这些正是组成其卓越绩效管理的主要部分，也成为公司在复杂多变的环境中不断前行的驱动力。

目标和关键绩效结果（objectives and key results，OKR）源自英特尔创始人安迪·格鲁夫（Andrew S. Grove）于20世纪70年代的管理创新，其灵感来自彼得·德鲁克的《管理的实践》一书中有关目标管理的概念。随后，约翰·杜尔（John Doerr）又把它引入到了谷歌，并在谷歌发挥到了极致。在2013年，谷歌的风险投资合伙人瑞克·克劳（Rick Klau）在电视采访中提到了OKR，从而使OKR广为大众所知晓，并被更多的企业应用，也成为许多企业推崇的管理工具和企业实现持续成长的动力所在。那么，什么是OKR呢？在《OKR：源于英特尔和谷歌的目标管理利器》一书中，作者保罗·尼文（Paul R.Niven）和本·拉莫尔特（Ben Lamorte）给出的定义是：OKR是一套严密的思考框架和持续的纪律要求，旨在确保员工紧密协作，把精力聚焦在能促进组织成长的可衡量的贡献上。在英特尔和谷歌，正是这样的聚焦和效率要求，保障了其在竞争环境中长期业绩的成长，它是一种哲学理念与实践指导和推动的有力结合。OKR与KPI的不同点在于，OKR更能有宏观的、激励人心的目标，对之前的业绩提出更多的挑战和创新，是CEO和公司高层管理人员推进公司业绩的一种战略性行为和工具。当员工在为绩效考评忙碌于其细枝末节的目标时，OKR很好地串联起宏伟的战略目标与团队和员工绩效之间的关系，从而更好地发掘团队和员工之间的内在驱动力。而这正是OKR的魅力，它就是为激发员工的内在驱动力而诞生的，是让员工更热爱自己的工作而主动发挥自己的能力，而不是为了绩效考评的结果去做事情，让每个人有理想、有抱负，在公司的成长中更努力地成长自己。这才是OKR的核心。

安迪·格鲁夫在其《给经理人的第一课》中曾经说过："绩效评估的结果将会对下属产生一定的影响，并且此影响会持续一阵子，这可能是正面的也可能是负面的，因此绩效考评是经理最具管理杠杆的活动。"在实际工作中，英特尔的每位经理人都会花大量的时间和精力与员工进行个人绩效目标的设定、一对一的沟通、绩效的跟进和考评，每个步骤都是审慎和慎重的。

OKR有六个关键要素：严密的思考框架、持续的纪律要求、确保员工紧密协作、精力聚焦、做出可衡量的贡献和促进组织成长。严密的思考框架需要在制定OKR时问对的问题，如何挑战现状、深入思考、发掘公司的潜力，而不是关注数字本身；持续的纪律要求代表了时间和精力的承诺，以结果为导向，周期性跟进OKR的达成情况，持续地进行修正；确保员工紧密协作需要OKR的设计促进组织的一致性，依靠OKR本身的透明性来帮助大家认识到跨部门协作的必要性，以及团队或个人在其中的价值；精力聚焦也意味着OKR不是一个任务清单，而是用于识别和优化关键目标和结果的战略工具，必须有所取舍；做出可衡量的贡献需要尽可能用定量的客观的方法而不是主观的评定；促进组织成长则需要用结果来判定其实际成果。

在英特尔，以每年的财年为时间轴，一般每年的第三、第四季度就会启动新一年的目标（OKR或IMBO）的提议和探讨，进行下一年度目标和计划的讨论。新年开始之初，公司和业务部门的总目标即确立并分解到团队和个人，年中每个季度跟进实施并进行适当的调整，而到年底则会开始绩效考评、建议和反馈的全过程。公司在设定其每年的战略目标时，都会根据OKR的精神设定具有挑战性的目标，因此也保障了自身不断进步的空间。

英特尔的OKR（IMBO）及绩效管理流程如图8-9所示。

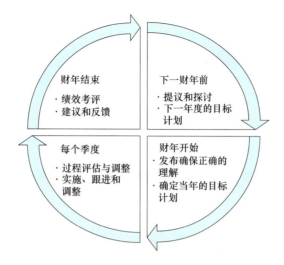

图8-9　英特尔的OKR（IMBO）及绩效管理流程

实施OKR，公司的使命、愿景及战略的制定是非常重要的一环，起着引导方向和鼓舞人心的作用。公司最高管理层通常需要花费大量的时间精力进行分析研究，用最简单、精准、概括性和激励人心的语言来描述其使命、愿景和战略，并通过不断沟通的方式深入人心。每一个过程都需要双向沟通或多向沟通，由上而下、由下而上地进行，最终确定真正可以实施的年度战略目标，同时也使一线主管和员工对公司的整体使命、愿景和目标有更好的了解，以便后期在实施具体工作任务时向着同一方向努力。在公司和业务部门的目标分解和确立之后，英特尔对员工的绩效管理可以分为以下四个步骤：绩效目标计划的设定；绩效计划的沟通和实施；绩效的考评和校正；绩效的反馈和跟进措施。英特尔绩效管理的四个步骤如图8-10所示。

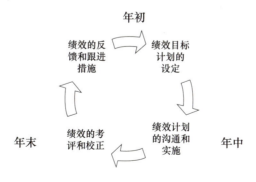

图8-10　英特尔绩效管理的四个步骤

1. 绩效目标计划的设定

在每年的1月—2月，当上一年度的绩效考评结束、部门IMBO清晰后，经理会与每位员工沟通，协商当年的个人绩效目标，并按照目标的情况形成年度及季度计划。目标和计划均要求用 SMART 的方式书写，关注关键成果，所以一般的业绩目标和计划不应是日常工作琐事。其主要内容是就员工的工作职责、任务目标或指标、时限和测量办法达成一致。其中，经理需要与员工一起探讨其个人绩效目标与团队和组织目标的关联性、可能存在的障碍及所需的帮助和支持、实现目标的方式方法等进行探讨并达成共识。同时，经理也会就绩效目标的合理性和延展性进行评估，以保障其可以完成并且有一定挑战性的，让员工更有动力。在个人的绩效目标中通常也会包涵对其行为要求以及个人的学习成长目标。个人绩效目标示例如图 8-11 所示。

2. 绩效计划的沟通和实施

在具体实施过程中，经理与员工以一对一或团队会议的方式保持持续双向沟通，以确保其进展并及时发现和排除障碍或在业务或环境有变化时及时做出调整。在英特尔，一对一的对话是一种非常普遍的通用沟通方法。根据工作内容和员工能力的不同，经理可以设置月度或者每两周一次的沟通会议，以适时了解目标计划的进程，及时发现和解决问题。同时，每个季度经理会与团队和员工个人对目标计划的进度进行沟通、审核，并适时做出调整或提供帮助。这些做法都很好地保障了绩效管理的成功。

英特尔的绩效跟踪过程如图 8-12 所示。

3. 绩效的考评和校正

在英特尔，绩效考评有专有的 Focal 系统，此系统与薪资激励系统直接挂钩，每年的 12 月会有针对 Focal 及绩效评估的培训，员工会做初步的绩效总结，并与经理就绩效进行沟通。其绩效考评流程如图 8-13 所示。

员工在自我评估时，要求用"三个三"概括，即三个最大的贡献、三个最大的优势和三个可以改善的地方。这种做法可以让经理和员工之间很好地关注于其关键结果，而非所有年度员工做过的所有事情。绩效考评表如表 8-7 所示。

此外，经理平时的绩效信息收集以及 360 度绩效考评也是非常重要的绩效参考。目前大多数企业所采用的 360 度绩效考评法最早是由英特尔实施的。除了员工本人对自己工作的评估以外，它还从与员工有工作联系的经理、同事、客户那里收集信息，是一个对员工进行全方位绩效信息收集的过程。这种做法可以更全面地了解员工的工作情况，避免经理在评估过程中的盲区和偏见，也为良好的绩效反馈打好基础。

360 度绩效考评信息的收集如图 8-14 所示。

在英特尔，为了保障部门和团队之间考评的公正、公平，在考评前期通常还会进行跨部门或跨团队的绩效校正会议，由各部门/团队经理在收集各自的考评信息后，将同类级别、同类工种的员工的绩效考评结果进行跨部门评估，以确保各部门之间衡量标准的一致性。尤其是对于绩效好和绩效差的员工，可以进行跨部门的比较，以保证其公平性。

4. 绩效的反馈和跟进措施

英特尔绩效评估的分级分为尤其突出（outstanding）、超预期（exceed expectation）、合格（successful）、低于预期（below expectation）及需要改进（improvement required）五档。每一档都有着不同的定义和要求，同时也有不同的激励、改进的措施要求。

员工个人绩效目标计划	
员工姓名	
经理姓名	
计划的年度/季度	
计划协商日期	

愿景、使命、战略目标（请填适合个人的内容）	
愿景	
使命	
战略目标	1. 2. 3.

关键结果		
结果/期望	成功指标	结束日期
1.	·	
2.	·	
3.	·	

员工的职业兴趣及目标
短期（1~2年） ·
长期（3年以上） ·

绩效期望	
1. 请选择1~2个与绩效相关的企业价值观	
关注点	期望的行动/行为及评估
○	·
2. 其他部门/团队的价值观或目标	
	·

我需要什么才能成功？
员工评论（如所需的帮助、组织层面的支持，请详细说明、优先顺序、资源或培训等） ·

经理反馈
（对过程方法及结果的反馈） ·

图 8-11　个人绩效目标示例

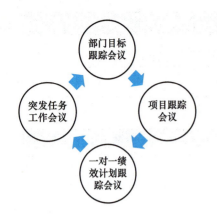

1.绩效考评的培训
2.员工自我评估
3.与经理的沟通与初步反馈
4.360度绩效考评信息的收集
5.经理对员工绩效的评定
6.跨部门的绩效校正
7.输入Focal系统
8.上级经理的审核
9.考评结果的沟通和反馈
10.后续激励或绩效改进措施

图 8-12　英特尔的绩效跟踪过程　　　　图 8-13　英特尔绩效考评流程

表 8-7　英特尔绩效考评表

绩效考评

员工姓名		工号	
经理姓名		考评年度	
岗位名称		级别	

岗位描述／个人绩效目标：

主要成绩／贡献及影响：

1.

2.

3.

评估：个人优势：

1.

2.

3.

评估：需要提升的方面：

1.

2.

3.

绩效总结：

直接经理		日期		员工		日期
二线经理		日期		人力资源顾问		日期

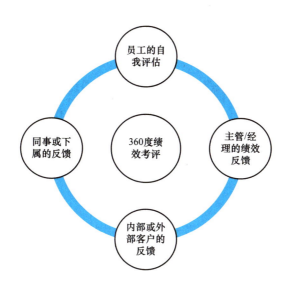

图 8-14　英特尔 360 度绩效考评信息的收集

英特尔的 Focal 系统在每年的 2 月结束，3 月下旬，经理开始与员工一对一地正式沟通其考评结果，同时也会沟通对其薪资福利及级别的调整，对于绩效合格或优秀的员工进行奖励，而对于绩效不合格的员工给予帮助要求其改进，长期改进还不达标的员工则会被淘汰。为保障员工的权益，公司在绩效评估之后，如员工有觉得经理评估不公平或流程不准确，可以参照公司专门的流程进行申诉，由再上一级的经理进行评定。

英才激励（meritocracy）是英特尔的绩效考评和薪酬激励理念：对绩效表现优异、能力出色的员工，其相对应的薪酬和股权激励的比例可能是合格员工的 2～3 倍，连续表现优异的员工更有岗位和管理幅度提升的机会，从而很好地激励了员工的工作积极性。

绩效管理在英特尔有着公平、公正的衡量指标和评价体系，很好地促进了良性的绩效管理循环，保障了员工积极性的发挥。这也是组织更有活力、创造力和凝聚力，能够不断发展的动力所在。

（资料来源：根据有关公开资料编写。）

案例讨论题：

1. 你如何理解"OKR 是战略管理工具，而不应该作为绩效考评工具"？
2. OKR 与 KPI 有哪些区别？
3. 如何理解 OKR 六个关键要素？
4. 绩效考评方法的不同可能给企业带来哪些风险？

第九章

综合案例：国家电网有限公司"全方位全动力"绩效管理体系

国家电网有限公司（简称国家电网）坚持集约管理与灵活创新相结合、国际化和本土化相结合，对组织绩效和个人绩效，综合利用BSC、KPI、MBO、积分制等国内外考核方法，以及不同单位自主创新的考核方法，推行"全方位全动力"绩效管理体系，对150余万名员工和他们所在的组织实施全方位分类考核，进行横向到边、纵向到底的全面激励。

一、绩效管理背景与发展历程

国家电网成立于2002年12月29日，是根据《中华人民共和国公司法》设立的中央直接管理的国有独资公司，以投资建设运营电网为核心业务，是关系国家能源安全和国民经济命脉的特大型国有重点骨干企业。国家电网连续多年位居世界500强前列，从2016年到2018年，国家电网连续3年位列《财富》世界500强第二位、中国企业500强第一位；2019年位列世界500强第五位、中国企业500强第三位；2019年营业收入26604亿元人民币，位列2020年世界500强第三位、中国企业500强第二位。公司经营区域覆盖我国26个省（自治区、直辖市），供电范围占国土面积的88%，供电人口超过11亿人。

国家电网成立和成长于一个大变革时代。经济社会持续快速转型发展，电力体制改革和国资国企改革持续深入推进，科技与产业革命孕育兴起，能源发展方式加快转变，全球竞争格局不断变化，给国家电网的发展既带来了难得的机遇，也带来了巨大挑战。电力体制改革不断深化，相关政策文件相继出台，对能源电力企业的发展产生了深远影响。2002年《国务院关于印发电力体制改革方案的通知》（国发〔2002〕5号）提出推进政企分开、厂网分开、主辅分开、竞价上网，发输配售一体化电力格局被打破，电网、发电、辅业等企业成为平等的市场主体。2015年《关于进一步深化电力体制改革的若干意见》（中发〔2015〕9号）提出"三放开、一独立、三加强"的电力体制改革方案。9号文件通过转变对电网企业的监管方式，深刻改变了电价形成机制和电网企业盈利模式，固化了电网业务利润增长空间，推动配售电市场出现新的竞争格局。电力体制改革的深入推进持续改变着电力行业的生态和监管环境，对国家电网找准定位、优化盈利模式、实现科学发展提出了更高要求。

国家电网大力实施科技强企战略，着力推进自主创新，获得了丰硕的科技成果，取得了一批世界水平的重大突破，使我国电网技术发展取得了长足进步。国家电网站在国际电网技术的最前沿，成为在全球范围内具有竞争力和影响力的科技强企，实现从跟跑到领跑。在国家电网的众多成就中，特高压输电技术是一项标志性成果。特高压输电技术即交流1000kV、直流±800kV及以上电压等级的输电技术，具有远距离、大容量、低损耗的特点。特高压输电技术是我国原创、世界领先的重大创新技术，也是世界电力工业迄今为止难度最大、最复杂的一项电力技术成就，彻底扭转了电力工业长期跟随西方发达国家发展的被动局面，诞生了"中国标准"，实现了"中国创造"和"中国引领"，使我国占领了世界输电领域的技术制高点。近20年来，国家电网持续创造全球特大型电网最长安全纪录，建成多项特高压输电工程，成为世界上输电能力最强、新能源并网规模最大的电网，专利拥有量连续9年位列央企第一。公司投资运营菲律宾、巴西、葡萄牙、澳大利亚、意大利、希腊、阿曼、智利等国家和地区的骨干能源网，境外资产超过650亿美元。国家电网连续16年获得国务院国资委业绩考核A级，连续8年获得标准普尔、穆迪、惠誉三大国际评级机构国家主权级信用评级。

国家电网的绩效管理体系，是为了满足公司改革和发展的需要逐渐建立和完善起来的。国家电网自2004年在公司系统层面开始全面实施绩效管理，经过多年的探索实践，形成了一套适用于大型国有集团公司的绩效管理体系。其间主要经历了以下五个阶段：

2004年—2008年，建章立制，从无到有。公司成立初期，着力转变思想观念，夯实管理基础，第一时间引进并推行了绩效考核。在借鉴国资委关于中央企业负责人经营业绩考核制度的基础上，建立了集资产经营、安全生产、党风廉政建设和相关分类业务指标在内的综合业绩考核制度。印发《企业负责人年度业绩考核管理暂行办法》《员工绩效考核管理办法（试行）》（简称《办法》），建立了绩效考核制度，开始推行绩效考核。《办法》首次提出实行全员绩效考核制度，明确了开展员工绩效考核的基本原则、内容、程序和结果应用要求。《办法》颁发后，国家电网各下属单位结合本企业实际，积极探索适合本企业特点的绩效考核实施办法，建立健全绩效考核体系，公司全员绩效考核工作初步走上轨道。

2009年—2011年，明确方向，积极探索。随着公司系统主辅分离，直属单位功能定位优化，产业、科研单位重组整合，公司实行人财物集约化管理。印发《关于加强全员绩效管理的意见》，开始对各单位全员绩效管理工作进行规范完善，提出了推进全员绩效管理工作的总体目标和主要任务，明确了全员绩效管理四个体系（组织体系、指标体系、评价体系和应用体系）建设主要内容，完善绩效管理工作流程，引导各单位从绩效考核向绩效管理转变。各单位结合实际情况，在考核模式、方法等方面积极探索实践。

2012年—2017年，统一理念，规范实践。公司持续加强集团化运作、集约化发展、精益化管理、标准化建设，开展绩效管理等人力资源"六统一"工作。2012年6月，印发《国家电网公司绩效管理办法》，建立科学、规范的全员绩效管理体系，统一制度标准和工作流程，实行"分级管理，分类考核"，国家电网考核省级单位、省级单位考核地市县级单位；规范三类人员（企业负责人、管理人员、一线业务人员）考核模式，管理部门和人员原则上实行定量考核和定性评价相结合的方式（即"目标任务制"）。考核内容包括目标任务指标和综合评价两部分。一线员工考核内容包括工作任务指标和劳动纪律指标两部分，一线业务员工绩效考核可实行"工作积分制"。2017年，国家电网经过调研，结合国资委要求、公司战略及下属企业管控模式，综合使用平衡计分卡、目标管理、关键指标法等多种绩效管理工具，完成了企业负责人考核体系的优化建构。同时，明确绩效管理结果的刚性应用要求，实现了制度化、规范化、标准化，建成了全员全覆盖的绩效管理信息系统。

2018年—2020年，放管结合，因地制宜。面对电力体制改革和国资国企改革新形势，公司不断优化创新企业负责人业绩考核工作，形成了"全方位、全动力"业绩考核体系，对所属单位实施分类差异化考核，全面激发企业内生动力。落实"三项制度"改革和"放管服"要求，打造"多元化、强激励"全员绩效管理体系，不断提高考核的针对性和实效性，增强队伍员工的工作热情。2018年6月，国家电网发布了《关于深入推进全员绩效管理工作的通知》，包括八方面、23条措施，从面到线、从线到点，以"多元化、强激励"为重点，在成熟的绩效管理框架下，鼓励各单位因地制宜，创新丰富各类人员考核方式，建设导向清晰、评价科学、激励有效的一流绩效管理体系。2019年，国家电网人力资源部印发了《国网人力资源部关于优化全员绩效考核结果评定和应用的通知》。2019年伊始，公司将集团"放管服"改革列为年度重点任务之一。这是一场从理念到体制的深刻变革，关乎每名员工绩效贡献的绩效管理要如何顺应趋势、改革创新，确保"放管服"改革措施落地。公司给出的解题"公式"是：主动对接基层需求，做好简政放权的"减法"、加强管控的"加法"、优化服务的"乘法"，真正把各级单位的积极性和主动性调动起来，把活力和创造力激发出来。2020年，国家电网人力资源部在《国网人力资源部关于做好2020年度各单位企业负责人业绩考核工作的通知》中指出，公司开展绩效考核工作的目的是：加快推进建设具有中国特色国际领先的能源互联网企业战略目标落地，有效应对宏观经济下行、新冠肺炎疫情、输配电价改革、国家阶段性降价政策等严峻形势，全面落实公司党组布置的工作要求，压实经营责任，充分发挥业绩考核"指挥棒"作用，促进各单位增强市场意识、改革意识，更加注重提质增效、创新发展，确保全面完成公司各项年度目标任务。

2021年，以高质量发展为主题，按照"高站位、高标准、高质量、高效率"要求，更加突出提质增效、绿色发展、创新驱动、风险防范，优化完善关键业绩指标体系、考核方式和激励约束机制，充分发挥业绩考核导向作用。修订印发《国家电网有限公司绩效管理办法》，全面优化各级组织、员工的绩效管理流程、考核方式和结果应用要求，更加注重投入产出效率效益考核，更加注重激发内生动力和员工活力，更加注重考核分配大数据分析应用，持续推动组织和员工绩效双提升。

国家电网下属单位积极贯彻落实总部制定的绩效管理办法。例如，国网山东电力公司（简称山东公司）于2004年推行绩效管理，2005年进入调研、试点、探索、推广阶段，2006年首次出台了《山东电力集团公司绩效管理实施办法（试行）》，后续修制订《国网山东省电力公司业绩考核办法》《国网山东省电力公司绩效管理实施细则》等十余项规章制度，并逐年滚动修编，指导基层单位持续建立健全各级组织和员工的绩效管理实施方案，形成了完备的绩效管理制度体系。打造了基层单位差异化业绩考核和员工量化积分、目标任务制、OKR等多项实用管用的绩效考核模式，编制印发了28项绩效管理工具箱，搭建了SAP绩效管理系统、绩效考核监控看板、绩效管理成效监控平台等信息化管理系统，实现了绩效管理系统与生产管理系统（PMS）、调控运营管理系统（OMS）、营销管理信息系统（MIS）等业务系统的数据贯通，建立了一套导向清晰、评价科学、激励有效的绩效管理体系。目前绩效管理已有效融入企业管理和专业管理当中，绩效管理氛围浓厚，充分调动了员工的积极性和主动性，山东公司业绩考核连续多年位居国网系统前三名。

国网上海电力公司（简称上海公司）从实际工作出发，2005年试点推行全员绩效考核管理，出台基层单位负责人年度业绩考核、本部部门业绩考核等管理制度，构成了公司绩效考核的基础模式。2012年，根据国家电网人力资源管理"六统一"要求，按照"战略为主导、目标有分解、管理全覆盖、考核全量化、员工全覆盖"的原则，全面推行管理人员"目标任务制"、一线员工"工作积分制"考核。通过制度建立和信息系统配套，构建起集组织绩效和员工个人绩效于一体的统一的全员绩效管理体系，初步实现考核结果与薪酬分配、职位晋升、人才评价等挂钩。2019年8月，结合上海公司股权投资管理需要，明确股权投资企业派出人员管理与考核细则，采用月度评价和季度汇报结合的模式，从对公司的勤勉尽责情况、完成公司安排重点工作情况及综合评价三个维度开展考核管理，进一步维护投资利益，也为国家电网开展类似的人员考核提供了先行先试样板。

国网江苏电力公司（简称江苏公司）自2005年开始，按照《国家电网公司员工绩效考核管理办法》，推行绩效考核，初步建立了绩效管理流程和体系，制定了企业负责人业绩考核和员工绩效考核基本制度，实现了从绩效考核向绩效管理的转变。2012年，江苏公司贯彻《国家电网公司全员绩效管理暂行办法》要求，积极推行企业负责人关键业绩制、管理机关目标任务制、一线员工工作积分制分类考核，实施了员工绩效结果分级管理和考核结果的刚性应用，有效解决了绩效管理局部不平衡不充分问题。同时，江苏公司积极落实国家电网战略目标要求，按照每年业绩考核重点，及时修订公司基层单位和本部部门业绩考核办法和指标体系，确保责任分解、考核传导和战略执行，实现了向战略性绩效管理的转变。2018年，在国家电网"全方位全动力"业绩考核体系指引下，江苏公司构建了具有自身特点的基层单位"效益+"分类考核体系，落实总部"放管服"要求，有序放宽员工绩效C、D级强制比例，组织各单位因地制宜地丰富各类人员考核和评定方式，充分激发各级组织和员工活力，实现了绩效管理向多元化、精准化的转变。

二、绩效管理流程

国家电网管辖范围广，员工数量在全世界位居前列，系统、规范的流程管理是推行整个绩效管理体系的重要工作之一。国家电网的绩效管理流程包括五个方面：围绕战略确定绩效管理框架、绩效管理组织设计、绩效考核实施、考核反馈与结果应用、绩效管理体系评估与优化。

（一）围绕战略确定绩效管理框架

绩效管理是一项复杂的系统工程，国家电网的绩效管理思路、考核原则、考核范围、考核重点，以及每年绩效管理体系的优化等工作，都是在公司战略引领下开展的。2020年3月16日，国家电网党组研究确定将"具有中国特色国际领先的能源互联网企业"作为公司战略目标。2021年进一步明确"一体四翼"的发展总体布局，规划2020年至2025年，基本建成具有中国特色、国际领先的能源互联网企业，服务大局再上新台阶，引领带动展现新作为，发展韧性实现新提高，业务布局达到新水平，经营业绩取得新成效，服务质效得到新提升，初步形成能源互联网产业生态，公司始终位列世界500强前列。2026年至2035年，全面建成具有中国特色国际领先的能源互联网企业。国家电网领导指出，战略是关系企业全局和根本的重大问题，要充分利用好公司战略深化研究的各项成果，优化完善研究报告，细化战略落地措施，深化战略闭环管理。要按照业务和职能分工，全面细化分解目标任务，落实到每一个领域、每一项工作中，确保可执行、可操作、可考核。要切实加强战略运行分析和跟踪评估，全面提高公司战略管理水平，保证公司始终在科学战略的引领下阔步前进、行稳致远。

国家电网领导强调，战略成功，重在执行。国家电网人力资源部以公司战略为引领，建立"全方位全动力"绩效管理体系，全面梳理改革发展、经营管理、依法治企、党的建设等方面的管理要求，运用平衡计分卡、战略地图等战略分解工具，分析提炼关键成功因素，形成公司战略地图，如图9-1所示。国家电网建设的世界一流能源互联网企业，是以投资、建

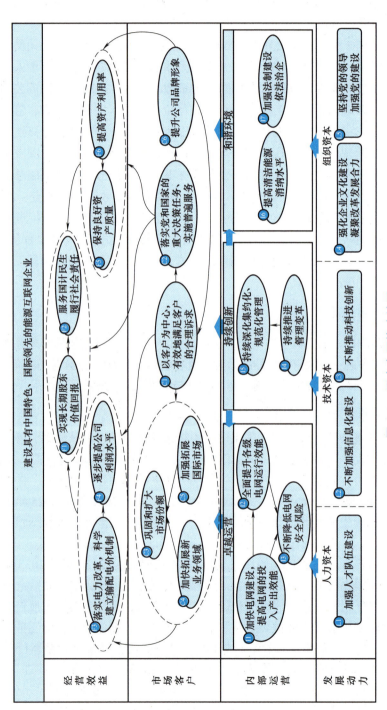

图 9-1 国家电网战略地图

设、运营能源互联网为核心业务,为各类能源(电力)生产和消费主体提供清洁、高效、智能、便捷的能源(电力)供应与服务的现代化企业。从电网企业到能源互联网企业,是新时代公司对电网企业的继承、创新与发展,需要发展理念、电网功能、业务模式等全方位的提升,对国家电网的各项工作提出了更高的标准和要求。国家电网人力资源部根据战略地图,结合各单位的功能定位、发展环境、基础条件,设置差异化关键业绩考核指标和考核权重,增强考核的战略牵引力。

(二)绩效管理组织设计

绩效管理涉及经营管理人员和一般员工的切身利益。这项工作容易吃力不讨好,没有坚强有力的组织机构作为保障,很难完成好。国家电网从总部到国内外的下属单位都提前谋划,设计了周密的绩效管理组织体系。

国家电网从集团到分子公司都成立了绩效管理委员会,坚持"一把手负总责",强化分级管理、逐级负责;坚持"谁主管、谁考核",实现责权利对等、充分授权。国家电网绩效管理委员会,公司董事长任主任,总经理任副主任,成员由其他公司领导组成,负责分解公司战略目标和确定各类单位考核重点,审议绩效考核方案、指标体系和目标值,审定考核结果和企业负责人薪酬兑现方案,指导开展考核工作。

单位一把手是否重视是能否开展好绩效管理工作的关键。为了丰富公司战略目标的内涵,完善战略体系"四梁八柱",更好地促进公司战略目标落地实施,国家电网党组专门成立了由董事长、党组书记为组长,总经理为副组长的公司战略目标深化研究工作领导小组。领导小组广泛调动力量,凝聚集体智慧,形成了《国家电网战略目标深化研究报告》。

公司绩效管理委员会下设办公室,办事机构设在国家电网人力资源部,国家电网总经理任主任,人力资源部负责人任副主任,成员由各部门主任组成,负责拟订业绩考核方案、指标体系和目标值,组织实施考核评价工作,审核考核意见,提出企业负责人薪酬兑现方案。

国际一流公司的绩效考核具体牵头部门一般设置在人力资源部,但是我国企业的绩效考核具体牵头部门的设置情况各不相同,有的设置在企业管理部,有的设置在发展部,有的设置在办公室,还有的设置在财务部。国家电网人力资源部下设绩效管理处,绩效管理处之上设置人力资源部分管副主任。

公司总部负责建立绩效管理体系,制定规章制度,明确原则要求,评估工作成效,开展各单位负责人业绩考核。各单位承担绩效管理主体责任,负责落实公司绩效管理制度,制定绩效管理实施细则,开展所属单位负责人绩效考核,结合不同层级、不同专业人员的业务特点,优化完善差异化考核方式和激励约束机制,组织、指导、监督所属单位绩效管理工作的具体实施。

国家电网积极发挥绩效管理委员会作用,要求各单位建立绩效管理委员会常态工作机制,一把手要定期组织召开会议,研究审定绩效管理制度,决策绩效管理重大事项,并与企业经济活动分析、预算管理、风险控制、安全生产、同业对标、巡视审计等经营活动紧密结合,协同推进绩效管理高效开展。绩效管理委员会办公室(人力资源部)负责制定、宣贯绩效管理制度,组织开展绩效管理工作,并进行督导评价。各专业部门负责提出本专业考核指标,跟踪分析执行情况,提出评价建议。

在国家电网实行的绩效经理人制度中,绩效经理人是员工的直接管理人,负责与员工确定绩效目标、签订绩效合约、实施绩效评价、进行沟通反馈、制订工作改进计划等。按照分级管理、逐级考核的原则,员工均需确定其绩效经理人。一般情况下,公司主要领导及分管领导是单位(部门)正职的绩效经理人;公司分管领导及单位(部门)正职是单位(部门)副职的绩效经理人;部门负责人是部门员工的绩效经理人;班长是班员的绩效经理人。绩效经理人是绩效管理组织管理体系的重要组成部分,通过各级绩效经理人的工作,将绩效管理工作层层落实,从而层层拉动绩效的提升。各单位充分授予绩效经理人考核权、绩效工资分配权和员工发展建议权。国网湖北检修公司从绩效经理人履职标准入手,搭建绩效经理人"1420"(1个目标、4项履职要素、20个能力项)履职能力模型,提炼"修自己、管他人、带队伍、培养人"4个维度20个要素的履职等级标准,形成修炼转身"三步法",有效提升绩效经理人的履职实战能力。国网上海松江供电公司开展绩效经理人履职能力分析,通过构建全流程多维度的履职模型分层分类履职测评,形成公司绩效经理人报告,寻找绩效经理人履职短板,分析优势及发展方向,构建绩效经理人履职健康码。

(三)绩效考核实施

国家电网高度重视绩效管理的日常宣传动员、培训工作。公司总部每年均会举办绩效管理宣贯培训班,深入解读政策、宣贯培训;组织各单位交流研讨,总结提炼绩效管理亮点;定期发布工作通报,展现工作推进情况和特色做法;开展网络大学全员绩效普考,以考促培检验宣贯成效。从省级公司到市县级单位,各单位层层宣贯、调研、督导,找问题、出思路,结合实际落实公司总部的制度和工作要求,明确目标、任务和要求,加快建章立制,优化各类组织与员工考核模式,全面深化全员绩效管理。

1. 考核目标值申报和调整

(1)目标值申报。考核期初前一个月,各单位通过信息系统报送考核目标建议值和说明材料;考核办公室会同考核责任部门对考核目标建议值进行审核,提交公司党组会(或绩效考核委员会)审定。

(2)目标值调整。考核期内目标值原则上不做调整,确需调整的,由相关责任部门会同考核办公室拟定目标值调整方案,报公司审定。经公司批准后,考核办公室下发目标值调整通知。

2. 签订责任书

考核期初,公司法定代表人与各单位主要负责人签订绩效考核责任书。

3. 过程监控与辅导

(1)建立业绩考核看板制度。每月月初3个工作日内,各单位通过信息系统将考核指标执行情况报公司考核办公室;每月月初5个工作日内,各考核责任部门将审核后的关键业绩指标执行情况和分析排序情况提交考核办公室;考核办公室汇总分析后编制"企业负责人业绩考核看板",并在公司网站发布。

(2)建立季度分析通报制度。每季度结束后3个工作日内,各单位将本单位上季度考核指标执行情况和分析报告报公司考核办公室;每季度结束后5个工作日内,各考核责任部门就指标季度执行情况和存在问题形成分析报告,报考核办公室;考核办公室按季度通报各单位业绩指标执行情况,对指标完成滞后单位提出督导意见,促进各单位改进工作,确保完成年度目标任务。

4. 考核评价

考核期末，各单位通过信息系统报送指标完成值和总结分析报告；考核责任部门审核指标完成情况，提出考核意见；考核办公室审核汇总考核评价意见，提出薪酬兑现建议方案，经公司党组会议（或绩效管理委员会）审定后，将考核结果和薪酬兑现标准反馈各单位。

各单位在考核过程中，结合本单位实际情况，因地制宜地开展绩效考核工作。国网四川电力公司（简称四川公司）设计效益型、管理型、综合型多套指标方案，基层自主组合指标权重，分档申报目标。山东公司统一制定供电企业员工绩效积分标准2718项，覆盖全部51类班组，推广考核积分按业务数据自动统计。上海公司加强业务流程整体监控和业务流程环节监控，业务流程环节管控通过与其相匹配的绩效指标予以落实，根据重点流程环节与关注流程环节的不同，制定不同的监控策略。对于重点流程环节和关键流程环节，公司从监控责任、监控标准、监控流程等方面构建了不同的流程监控机制，以实现不同的监控目标。

（四）考核反馈与结果应用

在绩效管理工作中，进行考核很重要，而沟通工作同样重要，有人甚至把沟通称为绩效管理的灵魂。国家电网要求建立绩效管理集体协商机制。各类班组、团队要按照绩效管理制度要求，组织员工就考核方式、工作量化标准、计分方法、绩效工资兑现规则等进行协商讨论，广泛征求意见，达成共识。在执行过程中，利用公示栏、网络信息平台等发布员工工作积分、考核结果等信息，增强绩效管理的认同度和透明度，引导员工积极支持、主动参与绩效管理。绩效经理人每季度要与员工开展绩效面谈，进行绩效沟通、反馈考核结果、制订改进计划，重点对排名靠后的员工进行专项辅导，帮助员工提升绩效和能力。

国网宁夏检修公司总结出"3+1"绩效沟通模式，把绩效沟通分为绩效计划沟通、绩效实施沟通和绩效考核沟通三步走，在沟通之外加一个控制环节，即记录沟通的过程。"3+1"绩效沟通模式可以有效地控制绩效管理过程的关键点，使绩效经理人能够紧扣主题开展沟通，有效提升绩效沟通的质量，促进组织和员工绩效的提升。全球能源互联网研究院有限公司采用"绩效过程管理例会"推进法，建立部门负责人－员工双向沟通平台，有效解决了职能部门管理人员工作考评难的问题。"绩效过程管理例会"推进法，即由部门负责人组织本部门员工每周召开一次部门例会，进行部门负责人－员工双向沟通，商定绩效计划、提升措施、结果应用，建立"事前计划、事中控制、事后总结"的过程管控机制。

国家电网各单位优化考核结果分级，强化考核结果在薪酬分配、评优评先、岗位竞聘等方面的应用。国网安徽电力公司（简称安徽公司）全面推广行为绩效改进模型，形成改进措施100余项；国网山西电力公司（简称山西公司）明确供电所核心绩效指标，组织全省934个供电所统一考核排名，结果与供电所绩效工资挂钩；国网江西电力公司（简称江西公司）建立绩效分配管控预警机制，按月通报结果离散度、考核兑现匹配率等指标，员工月绩效工资平均最大差异由10%提升至22%；国网重庆电力公司（简称重庆公司）依据所属单位考核结果、超缺员和三项制度改革的具体情况，弹性确定员工年度绩效等级比例；国网新疆电力公司（简称新疆公司）前置审核环节，严把员工绩效考核结果应用条件，建立追溯监督机制，确保考核应用到位。

（五）绩效管理体系评估与优化

国家电网重视对绩效管理工作本身进行评估，要求健全绩效管理工作评价制度。优化绩效管理工作评价指标体系，逐级开展绩效管理工作评价，重点针对绩效合约签订、考评方式创新、绩效经理人履职、考核结果分级、员工认同度，以及考核结果在薪酬分配、岗位晋升、评优评先、岗位退出等方面的应用情况进行考评，形成一对一的诊断分析报告，反馈并督导所属单位查找问题，分析原因，制定改进措施，不断提升管理水平。

国家电网各单位持续强化绩效考核责任的落实。众多单位加强绩效经理人的绩效理论和方法培训，开展经验交流，提高履职能力；建立绩效经理人履职评估机制，细化考评内容和标准。国网甘肃电力公司（简称甘肃公司）统一建立履职成效评价模型，考评员工成长、团队建设等内容；国网北京电力公司（简称北京公司）建立绩效管理分片交流工作机制，通过举办主题论坛，促进基层单位互通互鉴；国网冀北电力公司（简称冀北公司）在本部层面搭建绩效经理人履职评价体系，所属地市公司结合实际确定评价内容；国网河北电力公司（简称河北公司）强化绩效责任全员全覆盖，将业绩考核指标分解落实到每个岗位；国网河南电力公司（简称河南公司）加强绩效经理人年度履职成效评价结果应用，排名前25%的经理人可参评综合类先进评选。

江西公司总结出了"3+1"体检式绩效诊断法。"3+1"体检式绩效诊断法指的是三个指标和一套方法。三个指标是员工月度考核结果离散率、员工考核结果与绩效奖金兑现匹配率、绩效奖金差异率；一套方法是累计分析法，运用上述三个指标分析一定周期内员工绩效考核得分（绩效奖金）的累计值。以考核结果离散率、考核结果与绩效奖金兑现匹配率、绩效奖金差异率等量化指标构建"3+1"体检式绩效诊断模型，对绩效系统与薪酬系统大数据开展一键式量化分析，快速把脉绩效考核数据是否健康，便于各单位查找短板、改进提升，做真做实绩效管理工作。

在整个绩效管理过程中，国家电网深化绩效信息系统应用，要求各单位加强绩效信息系统的实施和应用，按照"高效易用"原则，结合自身实际优化完善功能配置，通过信息系统开展绩效合约签订、工作积分统计、考核评价、绩效结果反馈等工作，提高工作效率。试点开展与薪酬模块的集成应用，加强绩效数据统计分析，为优化劳动组织方式、人员配置、培训需求等提供决策支持。各单位多措并举，将各种创新、科学、信息化手段用于加强过程监控，提升绩效管理效益。在国网浙江电力公司（简称浙江公司），基于智能运检平台的员工绩效画像通过人与设备泛在关联、作业数据与绩效评价智能耦合，实现智慧绩效画像与智能派工，减轻班组负担、提升员工感知度；在国网辽宁电力公司（简称辽宁公司），利用大数据搭建的班组绩效薪酬辅助监控系统帮助精准督导员工绩效结果运用到位，同时，结果应用深度广度不断拓宽，绩效管理成果最终体现在晋升、评优、薪酬等各方面，收入差距合理扩大，绩优人员激励力度加大，绩效积分换假期、换车位，升级疗养和体检套餐等多种激励措施有效激发了员工在工作中争先的内生动力。

三、考核内容和指标

2018年，经国家电网党组研究，建立了"全方位全动力"绩效管理体系，搭建"全方位"考核框架，全面衡量企业绩效贡献。基于央企定位和公司战略，国家电网从"直接创造价值、提升内部效率、强化风险管控"三个维度系统搭建考核整体框架，构建了关键业绩考核、党建工作考核、专业工作考核、安全工作考核、公司领导评价五大考核模块。①关键绩效考核。对各单位主要经营业绩成果的量化考核评价，主要依据公司战略目标和国资委考核指标分解提炼确定，按照"结果导向、量化可比"的原则，突出考重点、考短板，根据各单位的管控模式和功能定位，实施差异化指标设置和考评方式，引导企业加快实现"六个领先"。②党建工作考核。重点考核各单位基层党建工作、领导人员队伍建设、党风廉政建设等内容，引导企业增强"中国特色"政治本色。③专业工作考核。主要考核公司"八大战略工程"重点工作任务，以及任务性、达标性战略目标指标，根据目标任务完成的"量、质、期"进行定性评价，确保公司战略举措执行到位。④安全工作考核。重点对安全生产事故、党风廉政、依法治企等方面重大违规违纪事件，以及严重影响公司形象的负面事件进行考核扣分，增强安全意识、底线意识、风险意识。⑤公司领导评价。由公司领导班子成员对各单位的整体业绩表现进行评价，引导各单位树立全局意识、找准战略定位。

各类单位关键业绩指标设置如表 9-1 所示。

表 9-1　各类单位关键业绩指标设置情况简表

单位类别	考核维度（权重）	关键业绩指标
省电力公司	经营效益 (33%)	利润、经济增加值、带息负债、营业收入利润率
	运营效率 (35%)	发展投资效率、电网优质运行指数、综合线损率、人力资本效率
	市场服务 (17%)	清洁能源利用率、客户服务满意度、市场占有率
	创新成长 (15%)	科技创新与数字化发展指数、改革创新目标实现率
市场化产业公司	经营效益 (70%)	利润、净资产收益率、营业收入利润率、资产负债率、人工成本利润率
	市场竞争 (30%)	国际业务（境外收益回流目标达成率、资产保值增值率、境外运营资产回报率、合规风险防控达标率等） 装备制造（科技创新与数字化发展、改革创新及产业升级发展、两金余额等） 新兴业务（平台规模和质量、科技创新与数字化发展、改革创新目标达成率、两金余额等）
市场化金融企业	经营效益 (70%)	利润、成本收入比、净资产收益率、人工成本利润率
	市场竞争 (15%)	服务质量、改革创新目标实现率
	风险防范 (15%)	风险防控达标率、金融业务杠杆率
运营保障单位	核心业务 (80%)	科研单位（重大奖项、专利、技术标准、重大攻关任务等） 教培单位（培训质量、资源开发、重点培训项目等） 专业公司（技术支撑、保障质量等）
	成本控制 (20%)	可控费用、人均管理费用
支撑服务单位	核心业务 (50%)	实行"一企一策"（抽水蓄能发电量、直升机巡线、物资采购、新闻宣传、后勤服务、资金归集等）
	经营效益 (50%)	利润、可控费用、营业收入利润率、净资产收益率、资产负债率

国家电网要求科学制定考核指标及评价标准，要求各单位根据部门和岗位职责，细化分解业绩考核指标和年度重点工作任务，明确考核目标，确保单位、部门、员工目标协调一致。指标任务依据重要程度分为单位级、部门级、日常工作级三个级别，设置不同的加减分幅度，从量、质、期三个维度制定评价标准。绩效经理人与员工就考核指标和评价标准沟通一致后，正式签订绩效合约，将考评规则写在明处，形成事前约定，提高考核的针对性和约束力。

公司总部各部门负责按照职责分工研究提出本专业的考核指标、评价标准和目标值建议，分析监控指标执行情况，提出考核评价意见。公司各单位负责提出本单位考核指标目标值设置与调整建议，落实完成考核指标，按公司要求及时报送相关考核信息等。

山西公司对管理机关的考核围绕目标任务指标的量、质、期三个维度设置考核目标和评价标准。工作数量考核按照完成任务级别给予不同分值的加分鼓励，如一项单位级工作加1~3分，部门级工作加1~2分，日常级工作加1分，既肯定员工工作的重要程度，也鼓励员工积极争取承担高级别的工作任务；工作质量考核对工作任务完成效果进行评价，如组织员工承担的工作任务受到上级单位通报表扬或者推广，给予加分鼓励，如果出现工作失误或通报批评等，给予扣分警告；工作进度考核按照二十四节气表、月度工作计划对工作任务完成的及时性进行评价，因客观原因未完成不扣分，因主观原因未完成，每项扣1~3分，提前完成给予加分。国网湖南供电服务中心（计量中心）运用动态任务分解抢单制，加强任务分解的双向沟通，提升技术人员主动做事的意愿，有效提升员工积极性，改进工作质量。动态任务分解抢单制是指绩效经理人将部门承担的所有工作任务细化并设置分值，先按职责分工派发给员工，对于无人接单的综合事务、临时性工作，或员工因故不能接单的专业工作，实行全员抢单，建立多劳多得分配机制，绩效评价结果与承担工作量挂钩。国网青海黄化供电公司部分司机转岗分流至送电工区一线班组，面对更高强度和更高专业要求的工作任务，他们往往力不从心，对高绩效只能望洋兴叹。为此，该公司扬长避短，在安排他们从事力能胜任的值守类任务的同时，根据输电线路反外损值守工作特点，突破常规制定出一套"包干制"考核法，实现了工区安全目标和转岗人员高绩效的双赢。国网上海长兴公司建立"1+2+3"月度组织考核体系：以关键业绩指标为1项首要考核内容，以重点任务和党建工作落实情况为2项监控考核内容，以特色亮点自评、上级专业点评和综合评分为3项评价考核内容，全面加强指标管控和绩效多维评价。部门考核系数从0.95~1.05与部分绩效工资分配挂钩，实现各部门组织绩效工资拉开差距，不同部门同级别人员绩效工资的最大差异值约为15%，同部门同级别人员的最大差异值约为5%。国网四川宜宾供电公司围绕"提升关键业绩、突出工作重心、夯实日常管理"的思路，通过对战略目标和年度重点工作的层层分解，在省公司企业负责人业绩考核责任分解的基础上，增设公司内部关键业绩指标考核16个，梳理各专项指标的全业务流程、执行标准，提取业务环节关键要素，有针对性地制定考核规则。国网山西运城供电公司总结出了战略目标逐级承接分解法（DOAM法），对战略目标通过确定任务方向（D）、任务目标（O）、任务计划（A）和衡量标准（M）四个维度，从工作流程上体现逐级向下的责任分解，从跟踪方式上体现逐级向上的业绩承诺，从而快速完成目标分解，准确定位目标责任，精准衡量部门贡献，确保战略目标全面实现。

近年来，企业副职负责人业绩考核的传统做法是由绩效经理人进行评价，这种做法存在一定局限性，不能全面反映副职负责人的工作业绩。国网西藏电力创新实施企业副职负责人全方位评价法，采取"季度+年度"、多维度、全方位的考核方式，按季度兑现奖罚金额，有效提高了二级单位副职负责人的工作积极性。

四、绩效考核方式方法

国家电网自成立以来，瞄准世界一流企业发展目标，发挥国有企业集中力量办大事的优势，以"集约"为变革主线，坚持"规范统一、扁平高效、以客户为中心、精益智能"的变革方向，推动形成统一的集团运作模式、统一的制度标准体系、统一的资源配置方式和统一的组织架构体系，加快经营管理的数字化、精益化转型，不断强化集团总部的领导力、基层单位的执行力和整个企业的创新力，推动企业发展方式的根本性转变。根据国资委考核分类原则，结合所属企业功能定位、发展目标和责任使命，兼顾行业特点和企业经营性质，按照与电网主营业务联系紧密程度和市场竞争程度两个维度，国家电网将集约管理与灵活创新相结合，对于组织绩效和个人绩效，国家电网根据企业功能定位和业务特点，将各单位划分为省电力公司、运营保障单位、支撑服务单位、市场化产业公司、市场化金融企业六类，实施分类管理和差异化考核。明确不同类型企业的功能定位和考核重点，建立差异化的考核指标、目标核定、考评方式和薪酬激励机制，增强考核的针对性和有效性，综合利用 BSC、KPI、MBO、积分制等国内外考核方法，以及不同单位自创的考核办法，实施全方位分类考核。

完善差异化考评机制，激发企业内生动力。国家电网根据各单位管控模式和业务特点实行差异化考评机制，省电力公司实行"三维比较＋国际对标"（与目标比、与历史比、与标杆比）考评方式；运营保障和支撑服务单位实行"基准得分＋突出贡献加分"考评方式；市场化产业公司和市场化金融企业实行"赛马制＋行业对标"考评方式，优化考核结果分级评价制度，按单位分类和考核得分划分为 A+、A、B、C、D 五个等级，实行"过线晋级制"评级制度，并设置安全工作考核扣分约束条件，客观评价企业价值贡献，合理拉开考核差距，有效激发企业内生动力，如表 9-2 所示。

表 9-2　分类差异化考核方式

考核分组	考核方式
省电力公司	省电力公司按照"战略＋运营"管控模式，考核指标重点围绕经营效益、运营效率、市场服务、创新成长等方面设置，实行"三维比较＋国际对标"考评方式。考核目标与公司综合计划、财务预算、专业管理相衔接，统筹考虑各单位的地域特点、经营基础等因素差异化设置。目标值原则上应优于基准值（上年实际完成值或前三年平均值）。完成考核目标得指标分值的 100%，并依据超额完成、同比提升、贡献大小以及与国际先进企业对标情况进行加分，最高加至指标分值的 130%；未完成考核目标的，按评价标准进行扣分
运营保障和支撑服务单位	运营保障和支撑服务单位关键业绩指标重点围绕核心业务和成本控制进行设置，考核指标按照"一企一策"差异化设置，实行"基准得分＋突出贡献加分"考评方式。目标值与公司综合计划、财务预算、专业管理相衔接，原则上应优于基准值（上年实际完成值或前三年平均值）。完成考核目标得基准分 100 分，考核加分由各单位自主申报突出贡献事项，考核办公室评价加分，业绩考核委员会审核确定，最高加 30 分；未完成考核目标的按评价标准进行扣分
市场化产业公司和市场化金融企业	市场化产业公司和市场化金融企业按照"战略＋财务"管控模式，考核指标重点围绕经营效益、市场竞争、风险防范等方面设置，实行"赛马制＋行业对标"考评方式 （1）主要效益指标。目标值分为基本目标、进取目标、卓越目标三档，由各单位自主申报，申报档位越高，完成后得分越高。完成基本目标，得指标分值的 100%～110%；完成进取目标，得指标分值的 110%～120%；完成卓越目标，得指标分值的 120%～130%；未完成考核目标的，按评价标准进行扣分。同时引入行业对标考核，达到行业领先水平的，得指标分值的满分 （2）其他指标。目标值与公司年度综合计划、财务预算、专业管理相衔接，完成考核目标得指标分值的 100%，并按较基准值（行业均值或前三年均值）的先进程度进行加分，最高加至指标分值的 130%；未完成考核目标的，按评价标准进行扣分

个人绩效实施全员分类考核，层层落实考核责任。国家电网为有效增强员工考核的针对性和操作性，避免考核方式"一刀切"，根据各类员工的不同业务性质和工作特点，将员工分为管理人员和一线业务员工两类，分别设计不同的考核方式。其中，管理人员实行"目标任务制"考核，重点加强对工作绩效、专业水平、沟通协作、责任担当、调查研究、工作作风等方面的考核，促进各级管理部门提升破解难题、创新发展、协同管理的能力；一线业务人员实行以"工作积分制"为主的多元量化考核，重点加强对规章制度、工作标准、操作规范的执行和完成工作数量、质量、时效的考核，促进一线班组员工不断提高执行力和技能水平。员工考核结果分 A、B、C、D 四个等级，统一各级别的比例分布，A 级占比不超过 20%，C、D 级合计占比不低于 15%。为充分发挥各级管理者在绩效管理工作中的作用，公司在各级管理机关和一线员工中推行绩效经理人制度。考核分类和评价方式根据形势变化和经营状况进行改进，如 2020 年国家电网就对考核分类和评价方式进行了优化，对各级组织、员工的 C、D 级评级比例不再做统一强制规定，设置了"黄红线"强制评定条件，由各单位结合实际制定 C、D 级评级细则。

国家电网对一线员工的考核构建"工作价值量化考核"绩效模式。2008 年以来，公司组建专业团队，研究国内外知名公司的绩效管理理念，借鉴各大型集团公司的绩效管理运作机制，结合公司内部专业类别多、发展规模和地域文化差异性大、员工工作贡献量化难等现状，于 2012 年初步建立了完整的全员绩效管理制度体系和运行机制。其中，企业负责人（各级组织）的绩效管理应用平衡计分卡（BSC）模型，管理人员采用"目标任务制"，一线员工采用"工作价值量化考核"等管理模式。"工作价值量化考核"是对一线员工的工作数量和工作质量完成情况进行量化累积计分的考核方式。国家电网在一线人员绩效管理的战略探索应用中，不断汲取实践经验，注重结合自身实际，循序渐进、逐步深化，形成具有国网特色的一线人员工作价值量化考核机制，不断提高公司整体业绩，提升员工能力素质。

"工作价值量化考核"绩效模式推广以来，国家电网对考核机制进行动态完善，2014 年开发并推广绩效管理信息系统，系统高度灵活、可配置性强，能有效满足不同地区管理差异，尤其是快速提升了基础薄弱地区的管理水平。2016 年对部分专业和地区试点推出了工分定员定额标准、工时同价标准等优化措施，在 10kV 配网运检、高压变电检修、高压输电运检等专业以工作时长作为计量单位，折算工时单价，以工时量直接与薪酬兑现，着力推进劳动价值量化考核，满足部分难以计件量化的专业及工作类别，有效衡量不同专业班组、人员工作总量以及业绩贡献。2017 年开展了一线员工绩效考核结果的深化应用，编制绩效管理操作手册，巩固绩效管理运行模式，指导各基层单位工作开展。2018 年赋能一线班组长，授予班组长"三权"（考核权、绩效工资分配权、员工发展建议权），拓宽绩效应用渠道、提高薪酬兑现金额、加大考核兑现力度等，进一步健全深化"工作价值量化考核"机制。例如，浙江台州椒江区大陈供电所结合《椒江公司 2019 年动态绩效考核办法》，以绩效承包制的形式制定了自己的绩效二级考核办法。

对标是发现差距、补齐短板的绩效考核方法之一，是引导企业高质量发展、建设世界一流的有效抓手。国家电网的对标工作自 2005 年年初开展，经历了从无到有、持续完善的发展历程。目前，对标已成为国家电网的常态工作机制。国家电网搭建了国际、国内、内部三个对标平台，并建立了"完善指标体系——发布对标指标和标杆单位——开展对标评价与诊断分析——总结推广典型经验，实施管理改进"的对标工作闭环管理过程。通过开展同业对标，

第九章 综合案例：国家电网有限公司"全方位全动力"绩效管理体系

始终瞄准世界一流标准，发现国家电网与各类标杆企业的发展差距，持续开展了一系列管理提升活动，促进了管理精益化水平和企业效率效益的不断提升。国际对标平台着眼于与国际一流企业开展年度对标比较研究，包括与国际一流企业对标和与世界一流电网对标。其中，与国际一流企业对标是指与国际能源电力前10名企业以及世界500强前10名企业对标；与世界一流电网对标是指选取世界上供电面积较大、电网技术先进的国家（地区）电网，开展对标。在对标指标体系方面，"国际一流企业"包括企业规模、财务绩效、业务市场、战略与管理、创新与成长五个维度，共20个指标；"世界一流电网"包括技术装备、安全质量、运行效率、资源配置及绿色发展四个维度，共9个维度。

国家电网鼓励下属单位探索多种绩效考核办法。国网天津电力公司（简称天津公司）推行"一站式"管理人员考核法。通过总结表，"一站式"将工作总结计划、考核评价和沟通辅导同步完成，解决管理人员绩效考核流程复杂的问题。它适用于管理部门对管理人员的内部考核模式，将整个绩效管理流程固化为《管理人员月度绩效考核总结表》。国网开封市祥符供电公司实行"平衡计分卡"进班组。2007年，国网河南开封祥符供电公司开始引用"平衡计分卡"绩效管理工具，实施组织绩效考核；2012年，借鉴海尔集团"日清管理"理念，推广日清岗位绩效考核模式，全面深化公司全员绩效管理体系。福建省龙岩市连城县供电所作为国家电网最基层的班组，引进阿米巴经营管理模式，让供电所像街道小企业一样，通过独立核算进行管理，建立基于内部模拟市场建设的绩效利益分配体系，将供电所经营业绩与员工利益直接挂钩的方式，激发组织员工活力。苏州三新供电服务有限公司昆山分公司开发区供电所对供电所基层员工的考核，采取MBO和KPI等方法进行考核。浙江海宁盐官供电所采取一线班组"五星"绩效管理机制。"五星"绩效管理模式是指根据一线班组员工的工作特点，将员工考核分为技能水平、工作数量、工作质量、安全责任和团队建设五个方面，分别建立技能星、设备星、业绩星、安全星和团队星，明确各个维度的星级评价标准，并与绩效奖金直接挂钩，直接驱动员工内在动力。"五星"绩效管理体系创新引入绩培联动管理模式，实现了一线员工"哪里薄弱补哪里"的绩效提升目的。国网黑龙江黑河供电公司应用业绩指标QQCT分解法，从数量（quantity）、质量（quality）、成本（cost）、时效（time）四个维度分解关键业绩指标、重点工作任务，促进公司整体业绩提升。

国家电网基层单位的绩效考核工具中，对积分制的探索比较广泛。四川公司采用词典式绩效打分法。"绩效词典"收录了班组各项工作的基础积分及最终绩效得分的评定细则，根据班组实际情况，多维考虑人员结构、工种类型、生产任务风险及劳动强度的差别，总结出五类绩效考核指标，包括现场安全风险、承担安全责任、人员技能水平、是否为额外工作、是否为弹性工作，以此作为工作基础积分及最终绩效得分的评定标准。宁夏石嘴山供电公司采用"4+x"工作积分标准核定法，是综合分析一线班组的专业及业务特点，按照所涵盖各类专业工种及作业内容属性等方面的特征划分三个类型的单位，并依据各类单位的实际情况，有针对性地制定差异化的积分定额标准核定方法。其中，"4"指四种方法，即实录法、标杆比对法、数据模型演算法、等级序列归类法；"x"指不同类型、不同工种业务特点。该公司通过"4+x"工作积分标准核定法的使用，科学合理地制定出一套基于工区层面的覆盖生产、营销、服务类专业的工作积分定额标准，实现了对不同工种业务工作积分的科学核定和计量，更好地体现出不同工种间同价同酬、按分兑酬的客观和公平性，使一线员工工作积分制考核方式发挥作用。

五、考核与激励

国家电网要求薪酬政策统一制定。建立和完善规范统一、覆盖全员、分级分类的绩效考核体系，加大量化考核力度，提高绩效考核的针对性和导向性。在整顿和规范内部收入分配秩序的基础上，优化工资综合计划管理，充分运用绩效考核结果改进薪酬总额决定机制。深化薪酬分配制度改革，逐步推广建立岗位绩效工资制，将职工的工资收入与工作岗位、能力素质和工作绩效紧密挂钩，形成以岗定薪、重能力、讲贡献的薪酬分配制度体系。进一步理顺内部收入分配关系，形成公开透明、公正合理的收入分配秩序。考虑供电、科研、金融、国际商务等不同业务板块的特点，建立差异化收入分配制度。建立完善统一的福利保障管理制度和标准，规范福利项目分类和列支渠道，确保合法合规，保障员工合法权益。

国家电网岗位绩效工资制度构建与推广。2014年，国家电网公司基于华东片省公司多年的实践经验，经多次反复研讨完善、广泛试测和征求意见，研究制订了《岗位绩效工资制度实施总体方案》。2015年，根据研究成果，经公司2015年第七次党组会审议通过后，在公司系统内全面推广实施，取得了良好应用效果。岗位绩效工资与岗位价值、绩效贡献、能力素质三个要素相挂钩，由岗位薪点工资、绩效工资、辅助工资三个工资单元构成。其中，岗位薪点工资主要体现岗位价值、职工绩效和能力积累贡献，根据岗位薪点数和薪点点值确定；绩效工资主要体现职工的实际工作绩效贡献，包括绩效考核兑现和专项奖；辅助工资包括年功工资、加班工资、表彰奖励、五项福利性补贴、人才津贴和其他津贴补贴。国家电网以"统一工资结构、统一薪点标准、统一岗级职级、统一项目名录、统一初始定级、统一调整机制"为主要制度构成，推进岗位绩效工资制度全面实施。

国家电网高度注重考核结果的深化应用。统一建立员工绩效等级积分制度，员工按照年度绩效等级进行累积计分，A级计2分，B级计1.5分，C级计1分，D级计0分，连续年度绩效为A级的员工可额外获得0.5分。将绩效考核结果与企业负责人薪酬、职工工资总额、职务职级晋升、评先评优、岗位调整等直接挂钩，强化业绩考核的激励约束作用。国家电网要求加大考核结果与薪酬分配挂钩力度。建立单位工资总额分配与企业负责人业绩考核结果、经营效益、特殊贡献等联动挂钩机制，推行"增人不增资、减人不减资"的做法。合理拉开各类人员的考核分配差距，建立与考核方式相匹配的绩效工资分配机制，实现员工绩效工资与所在组织、个人考核结果直接挂钩，占比不低于50%。安全生产等专项考核奖要严格控制发放额度，奖励总额不得超过绩效工资总额的10%，人力资源部门负责归口管理，相关专业部门负责配合制定奖励标准，避免"多头管理、多头发放"。严格员工绩效结果应用，近三年绩效等级积分累计达到4.5分且上年绩效达到B级及以上的员工，方可聘任更高层级岗位、职务和职员职级，方可参加各类专家人才选拔，上年考核评级为C、D级的不得参与评优评先；近三年积分累计达到5.5分的员工，优先聘任更高层级岗位、职务和职员职级；连续三年绩效为A级的员工，可适当缩短职员职级晋升、岗位晋升、评聘专家人才、职称和技能等级评定等方面的年限要求。员工考核退出管理方面，年度绩效为D级的员工降低职员职级，取消专家人才称号；年度绩效为D级且上年为C级的员工予以降岗；连续两年绩效为D级的员工予以待岗，参加待岗学习培训，待岗期满考试不合格或重新上岗后当年绩效仍为D级的，依法解除劳动合同。首次订立固定期限劳动合同的员工，连续两个年度绩效等级均为D级，原则上用人单位不得与其续订劳动合同。

第九章　综合案例：国家电网有限公司"全方位全动力"绩效管理体系

国家电网为了调动员工的创新积极性，发扬敢闯敢试精神，建立了考核激励容错制度。因实施重大科技创新、发展前瞻性战略性产业、创新业态商业模式等，对绩效产生重大影响的，可在绩效考核中不做负向评价。

安全无小事，国家电网实行安全生产责任事故惩处制度。对发生安全生产事故的单位进行考核降级和扣罚负责人薪酬，并依据企业安全责任大小和风险程度，将各单位分为安全责任一类单位（包括供电、发电、检修、施工、信通运维、设备制造企业）和二类单位（其他单位），设置不同的考核降级标准。

在绩效考核结果应用、根据考核结果进行有效激励等方面，国家电网各下属单位涌现出了丰富多彩的创新方案。下面列举国家电网部分下属单位的做法。

国网陕西电力公司（简称陕西公司）构建内部市场化管理体系。坚持以经营电网理念为指引，坚持市场经济原理与电网企业经营实际相结合，在公司内部按市场原则设计交易主体，按市场机制细分交易要素，按市场规律核定价格标准，按市场规则确认价值贡献，按市场运行要求调整预算管理，按市场方式开展绩效考核，充分发挥市场对供求、价格、竞争等调节机制，形成以价值和市场为核心的"1331"内部市场化管理体系："搭建一个市场"——搭建一个包含省、市、县三级的内部市场，对经营管理进行业务流程再造，变行政管理关系为买卖交易、有偿服务的契约关系。"实施三项联动"——实施内部市场交易要素、市场运行管理、绩效评价考核三联动。"强化三大支撑"——建立标准制度、信息系统、理念和专业培训三大基础支撑；"建成一套机制"——建成一套将市场经济理论与经营电网实践有机融合的内部市场运行机制，形成内部市场的全范围覆盖、全要素分解、全价值量化、全过程考核的管理闭环。经过近三年内部市场化管理的成功实践，陕西公司经营效益、效率显著提升，全面激发了各级员工增利创效主动性和企业精益高效运营驱动力，促进各交易主体主动优化资源配置、改善经营活动、积极参与竞争、提高投入产出，经营活力明显增强。

国网江苏淮安供电公司推行动态绩效管理"721"绩效管理体系。考核体系将各部门的绩效考核内容分为绩效指标考核、重点工作考核、互为支撑考核三部分。其中，绩效指标考核分数权重为70%；重点工作考核检验"量质期"执行情况，分数权重为20%；互为支撑考核则是对考核部门和相关单位间的支撑协同情况进行评估，分数权重为10%。

国网蒙东林西县供电公司通过实施供电所二次分配考核法，直接将指标分解到人，使每个员工明确了目标和任务，根据工作完成情况进行奖金分配，对员工进行绩效考核激励约束，实现了按劳分配、多劳多得的目标，合理拉开薪酬分配差距，形成了一套有效的激励模式。

甘肃公司制定的绩效管理实施细则中，将绩效考核结果广泛应用于薪酬分配、岗位调整、人才评价、评优评先、培训开发、福利保障等方面。2019年4月，甘肃公司开展本部岗位公开竞聘，所有中层以下岗位面向本部及二级单位员工公开竞聘。为全面衡量员工的岗位胜任能力和工作业绩水平，该公司制定了公开竞聘显性能力加分标准，明确员工近三年绩效等级积分加分标准。其中，连续三年绩效考核等级积分6分者（三年均为A级）加1分，等同于获得博士研究生、正高级职称或国家电网公司级专家人才加分标准；连续三年绩效考核等级积分5.5分者（两年A级、一年B级）加0.5分，等同于获得硕士研究生、高级职称或省公司级专家人才加分标准。

国网山东潍坊五洲电气公司以"岗"定薪、以"能"定级、按"绩"取酬、因"才"施励、以"人"为本，以绩效考核为抓手，五个维度全面激励，通过用薪酬激励手段传导压力、激发活力、凝聚合力，引导员工与企业同向而行、同频共振。五洲电气的2300多名员工工作充满激情，公司业绩明显提升。国网山东济宁曲阜供电公司实施差异化绩效工资激励，科学设计安全、营销专项奖励，创新增设百强线损总经理奖优奖，薪酬收入有力向一线倾斜，供电所各层级员工平均收入比同岗级其他员工高出1.2倍以上。

国网宁夏银川供电公司采取绩效工资优化分配方案，按照"正向分布，层级清晰，设置合理，动态优化"的薪酬分配原则，将月度绩效工资在一级核算时进行重新优化分配。按照机关部室和基层单位两个核定层级，针对技术管理专责及班组长设置Ⅰ～Ⅲ级三个等级的月度绩效工资系数。其中，机关本部专责三级奖金系数区间为1.1～1.2；基层单位专责、班组长三级奖金系数区间为1.05～1.15，均按等差设置。压力成就动力，"三级考核"——建立单位级、部门级、日常级考核框架，根据各级目标完成值，在100分基础上进行相应的加减分，找准、落实三级考核责任；"双轮驱动"——以员工承担的岗位重点工作任务及同业对标指标数量两个维度为考核内容，确定部室专责Ⅰ～Ⅲ级月度绩效奖金分配系数，相互协调、统筹推进部室专业工作。这一模式的运用有效缓解了机关部室同业对标指标压力，鼓励了部室专责勇挑单位级重点工作任务。

国网四川德阳供电公司采取重点项目"过程+目标"双向激励机制，是指按年度确定重点项目工作，明确牵头部门、协同部门和配合基层单位职责，实行过程考核与目标奖励相结合的绩效工资分配机制，将重点项目奖惩结果与团队、企业负责人、员工绩效薪金联动挂钩。其中，过程考核是在任务推进过程中，按"量、质、期"三个维度进行负向强化；目标奖励是在任务目标达成后，根据完成情况给予正向激励。

国网上海电科院创新构建了"绩效考核目标引导、薪酬激励全程助推，成果孕育价值传递"的团队绩效激励机制，通过"一导一推一递"，打造员工成长与企业发展"共享、共担、共赢"的良好生态。上海电科院采用团队工分制考核法，结合公司发展战略，统筹规划各团队重点任务，设置任务工分，综合考虑任务价值、投入时间、完成质量等因素进行团队工作量化评估，指导团队奖励分配，充分调动科研技术人才的创新热情，激发内生动力，助力人才成长。团队工分制考核法的实施步骤共三步，分别为设定绩效考核目标、实施薪酬激励分配、发挥绩效体系价值。

国网国际发展有限公司实施"突出贡献奖励法"，精准确定组织绩效考核责任贡献，更有针对性地进行考核评价，合理拉开差距。"突出贡献奖励法"是指部门或团队可就某一项重点工作申报突出贡献奖励，并根据工作贡献情况酌情分配一定权重给其他配合部门或团队的方法。各部门（团队）在报送季度重点工作时，自主选取其中一项重点工作任务进行申报，公司领导班子成员根据申报内容的完成情况，给予加分意见。

有些单位在员工绩效考核中往往较为关注重点工作任务的完成情况，而缺乏对员工日常关键行为表现的及时评价反馈，因此员工容易懈怠。国网南瑞集团国电南瑞配电公司实施"员工激励卡"工作法，对全体员工进行日常评价和及时激励，鼓励员工通过主动对标、改善个人行为获得成长进步，引导员工主动积极推进企业的业务发展，持续保持高涨的工作热情。

有些公司对分公司领导班子副职，一般按级别、任职时间进行定岗定薪，绩效薪酬占比较低的现象普遍存在，机构规模大小、班子分管工作内容对分公司领导班子副职的绩效影响不明显、激励约束成效不高。针对这一问题，英大泰和财产保险股份有限公司坚持从按劳分配向管理要素分配转变的原则，实现分支机构领导班子副职薪酬根据其分管条线业绩直接核定,从制度设计上杜绝了收入分配上的"搭便车"行为,有效提升了分支机构领导班子副职的积极性。

吉林公司 2020 年 4 月 10 日启动县公司模拟法人考核激励机制试点工作,全面部署县公司模拟法人考核试点工作任务。选取长春、通化、延边 3 家市公司、4 家县公司实施模拟法人考核,在县公司建立了"6+4+N"提质增效考核指标体系,以模拟利润等 6 项增效指标为主考指标,新增电能替代电量等 4 项增收指标为辅考指标,其他 N 项选考指标由市公司结合县公司实际确定。设立了超额利润奖,超额完成利润目标的情况下,根据超额多少按 10%~30% 的比例直接兑现工资总额,充分调动县公司增收节支积极性。通过半年的运行,试点单位取得了较好的工作质效。4 家试点县公司取得突出成效:德惠公司线损率压降 1.13 个百分点,新增电能替代电量同比增长 31 倍;九台公司营业总收入同比增长 17.72%,综合电压合格率达 99.999%;梅河口公司售电量同比增长 6.77%,新增业扩报装容量同比增长 134.45%;敦化公司模拟利润同比提升 10.11%,可控费用压降 26.95%。

国家电网继往开来,把"全方位全动力"绩效管理体系作为破解国有企业三项制度改革经典难题的抓手,并注重总结提炼所属单位的绩效优秀做法,在公司系统内及时推广,共同提升管理水平。江西省玉山县供电公司过去一直受困内部冗员、绩效激励不明显、薪酬体系不完善等问题影响,导致员工的工作积极性不高。针对这一现象,江西公司指导玉山县供电公司用好绩效管理这一关键抓手改善现状。玉山县公司领导班子充分发扬讲政治、顾大局、敢担当的改革精神,用盯问题、求实效、接地气的工作作风,民主化、透明化、制度化的决策方法,以实现"目标与价值双提升"为导向,以绩效考核与专项奖励为载体,以供电所绩效量化积分为重点,将组织目标与员工个人收入绑定,实现绩效管理的全员、全业务、全过程覆盖,达到了员工收入能增能减,"干多干少不一样、干好干坏不一样"的目的。国家电网经过深入调研总结这一优秀实践,于 2020 年 6 月 4 日下发了《关于在市县公司层面推广国网玉山县供电公司经验持续深化三项制度改革的通知》,要求学习借鉴国网江西省玉山县供电公司三项制度改革经验,实现绩效管理的全员、全业务、全过程覆盖。

(1) 定员核定绩效奖金。定员标准应当精简清晰,绩效工资总额核定应当易懂易操作,关键设备台账、项目多次征求员工意见,开展民主讨论,做到制度透明、执行有据,达到理想效果。

(2) 实施考核必扣机制。实施必扣制,发挥绩效考核杠杆作用,补齐管理"短板",压实领导班子及各部门单位考核责任,有效推动分管专业及跨专业间协作,促进绩效考核落地。

(3) 供电所量化积分管理。统一供电所的积分量化项目,质量积分内容和标准可以根据重点工作、关键指标变化适时动态调整;通过质量积分反映员工承载力,作为数量积分重新调整分配参考。

(4) 薪酬分配向一线倾斜。对一线生产技能班组上浮绩效系数,发放生产一线津贴;对生产部门及供电所负责人上浮绩效系数;专业考核奖金池年度清账分配时,再次向配网、营销、供电所生产一线岗位倾斜。

经过多年绩效管理实践,国家电网领导认为,绩效管理是保障企业战略执行、提升效益效率的有力工具,是实现"管理人员能上能下、员工能进能出、收入能增能减"、调动员工工作积极性的基础性工作。国家电网要求各单位提高认识、统一思想,进一步增强做好全员绩效管理工作的自觉性、责任感和紧迫感,加快创新完善各类人员考核方式,健全激励约束机制，强化绩效契约意识，不断增强员工活力、团队合力和企业竞争力。"努力超越，追求卓越"，国家电网为了更好地应对不确定的环境，将公司打造为基业长青的百年老店，仍在不断对绩效管理体系、绩效管理工具进行优化。

案例讨论题：

1. 国家电网的绩效管理理念是什么？
2. 国家电网绩效管理遵循哪些原则？
3. 国家电网开展了对绩效管理本身的评估，这项工作还可以进行哪些改进？
4. 分析 BSC、KPI、MBO 等考核工具的优势和局限性。
5. 绩效考核结果应用对绩效管理有哪些影响？
6. 绩效考核结果、薪酬激励的具体数据，应该公开还是保密？
7. 你认为什么样的绩效管理组织设计有利于绩效管理提高效率、落到实处？
8. 你如何看待积分制考核方法？积分制考核方法的管理思想基础是什么？

参 考 文 献

[1] 颜世富 . 绩效管理 [M]. 北京：机械工业出版社，2007.
[2] 颜世富 . 管理要务 [M]. 北京：机械工业出版社，2010.
[3] 晁龙 . 绩效考核管理与企业竞争力的关系研究 [J]. 中国市场，2020(9)：78-79.
[4] 周丽 . 基于作业成本的绩效考评 [J]. 现代营销 (经营版)，2020(12)：104-105.
[5] 陈雪林 . 电镀企业绩效管理体系的研究 [J]. 电镀与环保，2020，40(3)：125-126.
[6] 谭诗昂，谭诗奇 . 人力资源绩效管理体系的构建研究 [J]. 科技经济导刊，2020，28(25)：201-202.
[7] 姜永 . 对构建企业人力资源绩效管理体系的思考 [J]. 现代经济信息，2020(6)：50-51.
[8] 张然 . 基层国有企业人力资源绩效考核体系构建初探 [J]. 中国管理信息化，2020，23(1)：123-124.
[9] 孙一，牟莉莉 . 生态文明背景下民营环保企业绩效管理：基于模糊综合评价法的应用分析 [J]. 技术经济与管理研究，2020(2)：3-7.
[10] 李艳波，黄炬 . 机械制造企业绿色供应链管理绩效评价研究 [J]. 机械工业标准化与质量，2020(2)：33-36；40.
[11] 于静 . 浅谈集团公司绩效考核评价体系的构建及实施 [J]. 财会学习，2020(16)：210-211.
[12] 赵健美 . 集团公司绩效考核评价体系的构建及实施 [J]. 现代经济信息，2019(7)：44-45.
[13] 阎文嘉 . 集团公司绩效考核评价体系的构建及实施 [J]. 今日财富，2019(7)：98-100.
[14] 章娣 . 集团公司绩效考核评价体系的构建 [J]. 商业故事，2019(8)：195-196.
[15] 李辉 . 基层国有企业人力资源绩效考核体系的构建与完善探究 [J]. 现代商业，2019(21)：60-61.
[16] 韩琳 . 人力资源绩效考核体系的构建研究：以山东信通铝业有限公司为例 [J]. 全国流通经济，2019(25)：88-89.
[17] 许白 .SJM 公司 KPI 绩效考核存在的问题及对策分析：基于 OKR 工具的导入 [J]. 时代经贸，2019(27)：59-60.
[18] 申云凤 . 煤化工企业的人力资源配置与绩效考核管理策略分析 [J]. 粘接，2019，40(9)：140-142.
[19] 周晓卫 .KPI 与 OKR 绩效指标体系浅析 [J]. 中小企业管理与科技 (上旬刊)，2019(4)：12-13.
[20] 黄泽群，颜爱民，陈世格，等 . 资质过高感对员工敬业度的影响：组织自尊和高绩效工作系统的作用 [J]. 中国人力资源开发，2019，36(9)：18-31.
[21] 姚琼 . OKR 敏捷绩效管理你学得会 [M]. 北京：中华工商联合出版社，2019.
[22] 杨荣华 . 行政事业单位预算绩效管理存在的问题与对策 [J]. 财会学习，2019(22)：62；65.
[23] 刘建明 . 大数据时代事业单位人力资源绩效管理创新研究 [J]. 中国市场，2019(22)：165-166.
[24] 李杰义，来碧波 . 学习导向、技术导向与人力资源管理系统：基于组织均衡的视角 [J]. 科技管理研究，2019，39(16)：159-166.
[25] 冯明，闫敏 . 企业组织绩效管理问责制与绩效管理有效性：多层次线性模型的分析 [J]. 管理工程学报，2017，31(4)：26-33.
[26] 李玲，杨建刚 . 基于 BSC- 物元模型的人力资源管理绩效评价 [J]. 统计与决策，2019，35(11)：183-185.
[27] 周桂云，黄炜 . 人力资源管理中绩效考核问题研究 [J]. 发展，2019(12)：114.
[28] 唐贵瑶，陈琳，陈扬，等 . 高管人力资源管理承诺、绿色人力资源管理与企业绩效：企业规模的调节作用 [J]. 南开管理评论，2019，22(4)：212-224.
[29] 孙瑜，于桂兰，梁潇杰 . 战略人力资源管理对工作绩效跨层次影响的实证检验 [J]. 统计与决策，2018，34(16)：185-188.

[30] 马振耀.协同论视角下行为组织绩效系统演化机制与模拟仿真[J].统计与决策，2018，34(19)：178-181.

[31] 宝斯琴塔娜，齐二石.制造系统精益设计的绩效评价体系构建[J].统计与决策，2018，34(10)：174-177.

[32] 李群，王宾，杨琛.经济评价的理论、方法与实证研究[M].北京：中国社会科学出版社，2018.

[33] 杨玉洁，段勇勇，吴宗玲.工业企业基于质量评估的绩效管理体系建设[J].商场现代化，2018(5)：112-113.

[34] 刘萌，赵蔚.科研项目绩效评价中存在的问题与对策研究[J].农业科技管理，2018，37(6)：76-78.

[35] 廖泉文.人力资源管理[M].3版.北京：高等教育出版社，2018.

[36] 沈丽丽，杭宁.联合多种边缘检测算子的无参考质量评价算法[J].工程科学学报，2018，40(8)：996-1004.

[37] 尹云磊.中国上市公司高管业绩与薪酬关系评价：REP理论的可行性[J].河北北方学院学报(社会科学版)，2017，33(6)：57-62.

[38] 徐建华，苏廷.基于价值点的绩效考评管理系统构建研究[J].现代经济信息，2017(18)：16-17.

[39] 张玉强，胡思琪.科技创新券政策评估指标体系构建[J].科技管理研究，2017(19)：10-14.

[40] 徐晓.专业科研机构创新绩效与成果转化率评价研究[J].科学管理研究，2017，35(2)：43-46.

[41] 张先治，池国华.企业价值评估[M].大连：东北财经大学出版社，2017.

[42] 蔡永鸿，于思文.产学研深度融合的技术创新评价指标体系构建研究[J].科技经济导刊，2019(17)：190.

[43] 陈艳平.基于平衡计分卡的家电企业绩效评价体系构建：以A集团公司为例[J].企业改革与管理，2017(4)：50；63.

[44] 沃特克.OKR工作法：谷歌、领英等顶级公司的高绩效秘籍[M].明道团队，译.北京：中信出版社，2017.

[45] 杨中安.浅谈集团公司绩效考核评价体系的构建及实施[J].经贸实践，2017(3)：154-155.

[46] 曹堂哲，罗海元，孙静.政府绩效测量与评估方法：系统、过程与工具[M].北京：经济科学出版社，2017.

[47] 刘辉.集团公司绩效考核评价体系的构建与实施[J].中国市场，2016(24)：167-168；185.

[48] 吴瑞英.当前中小工业企业预算绩效管理模式实践探析[J].中国市场，2016(25)：46；48.

[49] 汤继荣.加强工业企业绩效考核管理的建议与思考[J].中国管理信息化，2016，19(11)：122-123.

[50] 周云，尹露，贾岩亮.以绿色供应链为依托的农产品冷链物流企业绩效评价[J].商业经济研究，2016(16)：102-103.

[51] 黄淑和，等.十年磨一剑：业绩考核的探索与创新[M].北京：经济科学出版社，2016.

[52] 官正聪.论述基层国有企业中人力资源绩效考核体系的构建与完善[J].商场现代化，2016(11)：94-95.

[53] 房桂祥，王彩霞，张东，等.事业部模式下的考核评价体系构建与实践[J].航天工业管理，2016(10)：28-30.

[54] 石义.事业部考核的"六档五星"制管理[J].中国农村金融，2016(8)：64-66.

[55] 郭楚凡.老板就要抓绩效重考核：员工不做你想要的，只做你考核的[M].北京：人民邮电出版社，2015.

[56] 黄崇江，孙卫兵，邓建军.科研团队中科研人员绩效考评初探[J].科研管理，2015，36(增刊1)：321-323.

[57] 解学梅，吴永慧，赵杨.协同创新影响因素与协同模式对创新绩效的影响：基于长三角316家中小企业的实证研究[J].管理评论，2015，27(8)：77-89.

[58] 姜滨滨，匡海波.基于"效率－产出"的企业创新绩效评价：文献评述与概念框架[J].科研管理，

2015，36(3)：71-78.

[59] 黄亮，彭璧玉. 工作幸福感对员工创新绩效的影响机制：一个多层次被调节的中介模型 [J]. 南开管理评论，2015，18(2)：15-29.

[60] 郭玉明. 企业创新绩效影响因素实证研究 [J]. 河北工业大学学报，2014，43(1)：101-106.

[61] 李青东. 积分制管理 [M]. 成都：电子科技大学出版社，2014.

[62] 颜世富，李娟. 心理资本对民营企业新生代员工绩效的影响：以浙江 3 家民营上市公司为例 [J]. 上海管理科学，2013 (6)：42-45.

[63] 朱焱，张孟昌. 企业管理团队人力资本、研发投入与企业绩效的实证研究 [J]. 会计研究，2013，32(11)：45-52；96.

[64] 刘冠颖，王聪聪. 基于 KPI+BSC 的企业绩效管理系统研究 [J]. 机械设计与制造工程，2013，42(8)：42-46.

[65] 黄雪萍. 浅析供电企业绩效考核存在的问题及对策 [J]. 江西电力，2013，37(3)：26-27.

[66] 张姗姗. 煤炭企业绩效考核中的问题与对策思考 [J]. 产业与科技论坛，2013，12(11)：220-221.

[67] 提姆，莫斯利，迪辛格. 绩效改进基础：人员、流程和组织的优化 第三版 [M]. 易虹，姚苏阳，译. 北京：中信出版社，2013.

[68] 青铜器软件公司. 研发绩效管理手册 [M]. 北京：电子工业出版社，2012.

[69] 聂挺. 基于企业战略的绩效考核制度探析 [J]. 文史博览（理论），2012(10)：64-66.

[70] 颜世富. 阴阳理论与五行管理模式 [J]. 上海管理科学，2012 (6)：9-13.

[71] 王焱. 工程项目核算与施工企业绩效考核问题研究 [J]. 河北企业，2012(5)：32.

[72] 宋劝其. 绩效在细节 [M]. 北京：中国经济出版社，2012.

[73] 胡蓓，张文辉. 职业胜任力测评 [M]. 武汉：华中科技大学出版社，2012.

[74] 樊文德. 煤炭企业绩效考核存在的问题及对策 [J]. 现代经济信息，2011(12)：8.

[75] 查存年. 企业绩效管理的发展趋势研究 [J]. 中小企业管理与科技（上旬刊），2011(4)：22-23.

[76] 戚海峰，赵晓民，杨阳. 绩效管理中容易被忽略的"软因素" [J]. 科技管理研究，2010，30(7)：214-215；220.

[77] 魏钧. 绩效考核指标设计 [M]. 北京：北京大学出版社，2010.

[78] 李建民. 事业单位绩效工资改革操作实务手册 [M]. 北京：机械工业出版社，2010.

[79] 罗瑞荣. 基于企业绩效价值的经营者绩效考核研究 [M]. 北京：知识产权出版社，2010.

[80] 渠宝珠. 如何提升绩效管理的有效性 [J]. 航天工业管理，2010 (6)：6-10.

[81] 刘秀丽，姜传志. 创新导向的技能人才绩效评价指标体系初探 [J]. 现代商业，2010 (18)：115-117.

[82] 李小华. 企业绩效考核体系设计及其实施 [J]. 管理观察，2009 (15)：73-74.

[83] 伊藤嘉博，矢岛茂，黑泽耀贵. 平衡计分卡实战手册 [M]. 渠海霞，译. 北京：机械工业出版社，2009.

[84] 秦杨勇. 平衡计分卡与绩效管理 [M]. 北京：中国经济出版社，2009.

[85] 邓毅. 绩效预算制度研究 [M]. 武汉：湖北人民出版社，2009.

[86] 秦杨勇. 战略绩效管理：中国企业战略执行最佳实践标准 [M]. 北京：中国经济出版社，2009.

[87] 布朗. 超越平衡计分卡：利用分析型指标提高商业智慧 [M]. 谢军容，等译. 北京：中国财政经济出版社，2009.

[88] 张志红. 绩效管理本土化问题研究 [J]. 山东社会科学，2009 (8)：102-104.

[89] 蒋蓉华，李升泽. 企业战略管理与绩效管理一体化软件系统研究 [J]. 科技进步与对策，2008，25(10)：128-131.

[90] 彭剑锋，伍婷，王鹏，等. 绩效指标体系的构建与维护 [M]. 上海：复旦大学出版社，2008.

[91] 帕门特. 关键绩效指标：KPI 的开发、实施和应用 [M]. 王世权，杨斌，张倩，等译. 北京：机械工

业出版社，2008.

[92] 李永壮. 基于个体的绩效管理体系研究 [M]. 北京：中国财政经济出版社，2008.

[93] 卡普兰，诺顿. 平衡计分卡战略实践 [M]. 上海博意门咨询公司，译. 北京：中国人民大学出版社，2008.

[94] 秦杨勇. 平衡计分卡与流程管理 [M]. 北京：中国经济出版社，2008.

[95] 池国华. EVA管理业绩评价系统模式 [M]. 北京：科学出版社，2008.

[96] 苏俊. 常用管理分析评价方法汇编 [M]. 北京：中国科学技术出版社，2007.

[97] 李贵卿，范仲文. 人力资源管理的量化技术研究 [M]. 成都：西南财经大学出版社，2007.

[98] 方少华，胡颖颖. 绩效管理咨询 [M]. 北京：机械工业出版社，2007.

[99] 陈为民. 绩效仪表盘 [M]. 李辉，陈海生，译. 上海：上海财经大学出版社，2007.

[100] 滕祖军. C公司的分层级事业部考核激励 [J]. 人力资源，2007(9)：56-57.

[101] 陈加洲. 动态系统绩效评价法：以卷烟销售公司督查考评体系设计与实施为例 [M]. 北京：知识产权出版社，2007.

[102] 秦杨勇. 平衡计分卡与战略管理 [M]. 北京：中国经济出版社，2007.

[103] 秦杨勇. 平衡计分卡与薪酬管理 [M]. 北京：中国经济出版社，2007.

[104] 尼尔. 平衡计分卡实战精要 [M]. 邓小芳，译. 北京：机械工业出版社，2007.

[105] 黄超吾. 成功导入平衡计分卡首部曲：战略拟定直射靶心 [M]. 北京：中国劳动社会保障出版社，2006.

[106] 赵新. 生产部门岗位绩效考核与薪酬设计模板 [M]. 北京：中国海关出版社，2006.

[107] 刘爱东. 在华跨国公司绩效管理 [M]. 上海：复旦大学出版社，2006.

[108] 张浩. 高层领导职位绩效考核与薪酬设计模板 [M]. 北京：中国海关出版社，2006.

[109] 叶义成. 系统综合评价技术及其应用 [M]. 北京：冶金工业出版社，2006.

[110] 罗振军. 七步打造完备的绩效管理体系 [M]. 哈尔滨：哈尔滨出版社，2006.

[111] 向显湖，彭韶兵，江涛. 企业业绩评价研究 [M]. 成都：西南财经大学出版社，2006.

[112] 兰佩萨德. 全面绩效计分卡 [M]. 梁东莉，译. 北京：机械工业出版社，2006.

[113] 中共中央组织部干部一局. 干部综合考核评价工作指导 [M]. 北京：党建读物出版社，2006.

[114] 卡普兰，诺顿. 组织协同：运用平衡计分卡创造企业合力 [M]. 上海博意门咨询公司，译. 北京：商务印书馆，2006.

[115] 尹隆森，孙宗虎. 目标分解与绩效考核设计实务 [M]. 北京：人民邮电出版社，2006.

[116] 全笑蕾，盛靖芝. 超越平衡计分卡的绩效管理新框架：绩效棱柱 [J]. 科技创业月刊，2006 (3)：87-88.

[117] 全笑蕾，盛靖芝. 绩效管理新框架：绩效棱柱 [J]. 经营管理者，2006 (2)：56-57.

[118] 秦杨勇，田志宝. 平衡记分卡与绩效管理 [M]. 北京：中国经济出版社，2005.

[119] 吕嵘，冉斌. 拒绝短板：平衡记分卡战略实施 [M]. 北京：中国发展出版社，2005.

[120] 休斯理德，贝克尔，贝蒂. 员工记分卡：为执行战略而进行人力资本管理 [M]. 吴雯芳，译. 北京：商务印书馆，2005.

[121] 霍利. 绩效改进19讲：问题员工背后的解答 [M]. 曾沁音，徐琇萍，孙卿尧，译. 北京：中国财政经济出版社，2005.

[122] 拉姆勒，布拉奇. 绩效改进：消除管理组织图中的空白地带 原书第2版 [M]. 朱美琴，彭雅瑞，译. 北京：机械工业出版社，2005.

[123] 丁少中，武璇. 层次分析法在确定绩效指标权重中的应用 [J]. 中国电力教育，2005 (4)：29-31.

[124] 姜定维，蔡巍. BSC"平衡计分"保证发展 [M]. 北京：北京大学出版社，2004.

[125] 段波，周银珍. 关键绩效指标体系的关键设计技术 [J]. 中国人力资源开发，2006(5)：59-61.

[126] 奥尔韦，彼得里，罗伊，等.使平衡计分卡发挥效用：平衡战略与控制[M].裴正兵，译.北京：中国人民大学出版社，2004.

[127] 沃尔德曼，阿特沃特.360°反馈：方法与案例[M].魏娟，译.北京：人民邮电出版社，2004.

[128] 劳勒三世.卓越的价值：基于绩效的薪酬方案设计[M].北京爱丁文化交流中心，译.北京：电子工业出版社，2004.

[129] 侯坤.绩效管理制度设计[M].北京：中国工人出版社，2004.

[130] 卡普兰，诺顿.平衡计分卡：化战略为行动[M].刘俊勇，孙薇，译.广州：广东经济出版社，2004.

[131] 付亚和，许玉林.绩效考核与绩效管理[M].北京：电子工业出版社，2003.

[132] 林俊杰.平衡计分卡导向战略管理[M].北京：华夏出版社，2003.

[133] 德瓦尔.成功实施绩效管理[M].北京爱丁文华交流中心，译.北京：电子工业出版社，2003.

[134] 饶征，孙波.以KPI为核心的绩效管理[M].北京：中国人民大学出版社，2002.

[135] 佛尼斯.绩效！绩效！[M].丁惠民，游琇雯，译.北京：中国财政经济出版社，2002.

[136] 仲理峰，时勘.绩效管理的几个基本问题[J].南开管理评论，2002(3)：15-19.

[137] 张涛，文新三.企业绩效评价研究[M].北京：经济科学出版社，2002.

[138] 王忠宗.目标管理与绩效考核[M].广州：广东经济出版社，2002.

[139] 莱瑟姆，韦克斯利.绩效考评：致力于提高企事业组织的综合实力 第2版[M].萧鸣政，等译.北京：中国人民大学出版社，2002.

[140] 陈芳.绩效管理[M].深圳：海天出版社，2002.

[141] 罗瑾琏.企业绩效的人力资源整合[M].上海：同济大学出版社，2000.

[142] 刘语平.动态目标管理[M].长春：吉林人民出版社，1998.

[143] 邱宝林，吴仕龙.中国历代官员考核[M].昆明：云南教育出版社，1996.

[144] 余绪缨.以ABM为核心的新管理体系的基本框架[J].当代财经，1994(4)：54-56.

[145] STEPHAN U, ANDRIES P, DAOU A. Innovation willingness, innovation behavior and innovation results[J].Journal of product innovation management, 2019, 6(36)：721-743.

[146] CHOI B K, MOON H K KO W. An organization's ethical climate, innovation, and performance：effects of support for innovation and performance evaluation[J].Management decision, 2013, 51(6)：1250-1275.

[147] AGUINIS H. Performance management[M]. London：New Pearson/ Prentice Hall, 2009.

[148] FOLAN P, BROWNE J. A review of performance measurement：towards performance management[J]. Computers in industry, 2005 (56)：663-680.

[149] PODSAKOFF P M, MACKENZIE S B, PAINE J B, et al. Organizational citizenship behaviors：a critical review of the theoretical and empirical literature and suggestions for future research[J]. Journal of management, 2000, 26(3)：513-563.

[150] AUSTIN R D, GITTELL J H. Anomalies of high performance：reframing economic and organizational theories of performance measurement[M]. Boston：Harvard Business School，1999.

[151] BALLANTINE J, BRIGNALL S, MODELL S. Performance measurement and management in public health services：a comparison of U. K. and Swedish practice[J] . Management accounting research, 1998, 9(1)：71-94.

[152] TAYLOR M S, MASTERSON S S, RENARD M K, et al. Managers' reactions to procedurally just performance management systems[J]. Academy of management journal, 1998, 41(5)：568-579.

[153] FARH J L, EARLEY P C, LIN S C. Impetus for action: a cultural analysis of justice and organizational citizenship behavior in Chinese society[J]. Administrative science quarterly, 1997, 42 (3): 421-444.

[154] BITITCI U S, CARRIE A S, MCDEVITT L. integrated performance measurement systems: an audit and development guide[J]. The TQM magazine, 1997, 9(1): 46-53.

[155] ATKINSON A A, MCCRINDELL J Q. Strategic performance measurement in goverment[J]. CMA magazine, 1997 (4): 20-23.

[156] ATKINSON A A, WATERHOUSE J H, WELLS R B. A stakeholder approach to strategic performance measurement[J]. Sloan management review, 1997, 38: 25-37.

[157] TZINER A, LATHAM G P, PRICE B S, et al. Development and validation of a questionnaire for measuring perceived political considerations in performance appraisal[J]. Journal of organizational behavior, 1996, 17(2): 179-190.

[158] KAPLAN R S, NORTON D P. The balanced scorecard: measures that drive performance[J]. Harvard business review, 1992, 70(1): 71-79.

[159] JOHNSON H, KAPLAN R. Relevance lost: the rise and fall of management accounting[M]. Cambridge: Harvard Business School Press, 1987.